百川學海

續百川學海·廣百川學海

【宋】左圭【明】吴永 馮可賓 輯

中國社會科學院歷史研究所文化史研究室 编

人民出版社

第三冊目次

兩同書

唐 羅隱

貴賤第一

夫一氣所化陽尊而陰卑三才肇分天高而地下龜龍爲鱗介之長麟鳳處羽毛之宗金玉乃土石之標芝松則卉木之秀此乃貴賤之理著之於自然也龜龍有神靈之別麟鳳有仁愛之異金玉有鑑潤之奇芝松有貞秀之姿是皆性禀殊致爲衆物之所重也然則萬物之中唯人爲貴人不自理必有所尊亦以

明聖之才而居億兆之上也是故時之所賢者則貴之以爲君長才不應代者則賤之以爲黎庶然處君長之位非不貴矣雖溢力有餘而無德可稱則其貴不足貴也居黎庶之内非不賤矣雖貧弱不足而有道可採則其賤未爲賤也何以言之昔者殷紂居九五之位孔丘則魯國之逐臣也齊景有千駟之饒伯夷則首陽之餓士也此非不尊卑道阻飛伏理殊然而百代人君競慕丘夷之義三尺童子羞聞紂景之名是以貴賤之途未可以窮達論也故大人主所以

稱尊者以其有德也苟無其德則何以異于萬物來是故明君者納陛軫慮旰食興懷勞十起而無疲聽八音而受諫蓋有由矣且崆峒高卧黄軒致順風之請頴水幽居帝尭發時雨之讓夫以縲夫獨善之操猶降萬乘之尊況天子厚載之恩而爲百姓所薄者哉蓋不患無位而患德之不修也不憂其賤而憂道之不篤也易曰聖人之大寶曰位何以守位曰仁苟無其仁亦何能守位乎是以古之人君乾乾而夕惕豈徒爲名而已哉實恐墜聖人之大寶辱先生之餘

慶也故貴者榮也非有道而不能居賤者辱也雖有力而不能避也苟以修德不求其貴而貴自求之苟以不仁欲離其賤而賤不離之故昔虞舜處於側陋非不微矣而鼎祚肇建終有揖讓之美夏桀親御神器非不盛矣而萬姓莫輔竟罹放逐之辱古公避賊而遷居豈求其貴也行未輟策邑城岐下胡亥笑尭禹之陋豈樂其賤也死不旋踵地分灞上夫以虞舜之微非有穀帛之利以悦於衆也夏桀之盛非無戈戟之防以禦於敵也古公之興非以一人之力自强

於家國也胡亥之滅非以萬乘之尊願同於黔首也貴者愈賤賤者愈貴求之者不得得之者不求豈皇天之有私惟德佑之而已矣故老氏曰道尊德貴其是之謂乎

強弱第二

夫強不自強因弱以奉強弱不自弱因強以禦弱故弱爲強者所伏強爲弱者所宗上下相制自然之理也然則所謂強者豈壯勇之謂耶所謂弱者豈怯懦之謂耶蓋在乎有德不在乎多力也何以言之夫金

者天下之至剛也水者天下之至柔也金雖剛矣折之而不可以續水雖柔矣斬之而不可以斷則水柔能成其剛金剛不輟其弱也故晏嬰之侏儒耳齊國之宰臣甘羅之童子耳秦國之良相僑如大人也魯人椿其喉矣長萬壯士也宋華醢其肉矣晏嬰身短不過人此非不懦矣甘羅年未弱冠此非不幼矣修如大可專車此非不壯矣長萬力能扶輦此非不勇矣然則僑如長萬智不足以全身晏嬰甘羅謀可以制一國豈非德力有異強弱不同者歟由是乾以健

剛終有亢極之悔謙以卑下能成光大之尊則其致也然夫所謂德者何唯慈唯仁矣所謂力者何且暴且武耳苟以仁慈則天地所不違鬼神將來舍而況於邇乎苟以暴武則九族所離心六親所側目而況於遠乎是故德者兆庶之所賴也力者一夫之所持也矜一夫之用故不可得其強乘兆庶之恩故不可得其弱是以紂能索鐵天下懼之如虎狼尭不勝衣天下親之如父母然虎狼雖使人懼之豈可言虎狼強於人耶父母能令子親之豈可言父母弱於子耶

則強弱之理固亦明矣是以古之明君道濟天下知衆心不可以力制大名不可以暴成故處德以自修柔仁以禦下用能不言而信洽垂拱以化行將乃八極歸成四方重譯豈徒一邦從服百姓與能而已哉嗟乎古之昏君驕酷天下捨德而任力忘已而責人壯可行舟不能自制其嗜慾材堪舉鼎不足自全其性靈至令社稷爲墟宗廟無主永爲後代所笑豈獨當時之弱乎悲夫老氏曰勝人者有力自勝者強其是之謂乎

損益第三

大萬姓所賴在乎一人一人所安資乎萬姓則萬姓爲天下之足一人爲天下之首也然則萬姓衆矣不能免塗炭之禍一人尊矣不能逃放戮之辱豈矣之於足實在於元首也夫以水動舟移風行草偃處唐虞之代則比屋可封居桀紂之朝則比屋可戮夫天下者豈賢於彼而愚於此易於上而難於下哉蓋人君有所損益也然則益莫大於主儉損莫大於君奢奢儉之間乃損益之本也且夫日月者天下之至明也然猶有不及之處爾其儉主之理則天下無爲天下無爲則萬姓受其賜其於日月亦已大矣豺狼者天下之至害也然猶有不傷之所爾其奢君之理則天下多事天下多事則萬姓受其毒其於豺狼亦已甚矣是故古先聖君務修儉德土堦茅宇綈衣麤裘捨難得之貨捨無用之器薄賦斂省徭役損一人之愛好益萬人之性命故得天下歡娛各悦其生矣古先暴主志在奢淫瑶臺象牀錦衣玉食購難得之貨蓄無用之器厚賦斂煩徭役益一人之愛好損萬人之生命故使天下困窮不畏其死矣夫死且不畏豈可畏其亂乎生且是悦豈不悦其安乎故人安者天子所以得其安也人亂者天子所以離其亂也人主欲其已安而不念其人安恐其人亂而不思其已亂此不可謂其智也且夫剖腹蹈口不足謂其美也煙動心不足謂其勢也夫心日所以存者爲其煙腹也腹之且剖豈異口之剖耶煙之且溫豈異心之溫耶故人主所以稱至尊者徒以有其人也人且共益則君孰與其損哉人且共損則君孰與其益哉是故損已以益物者物既益矣而物亦益之堯舜所以成其上聖克保耆頤之壽也益已以損物者物既損矣而物亦損之癸辛所以陷其下愚自取誅戮之敗也是助彼之自損者豈非自益之道歟此之自益者豈非自損之道歟損益之途因亦明矣嗟夫性命者至重之理也愛好者不急之事也今我捨一身之不急濟萬姓之至重不言所利廣遂生成永居南面之安常有北辰之效則普天率土孰爲我損乎夫以嗜慾無厭貪求莫止士饑糟糠犬馬餘其粟肉人衣皮毛

土水榮其錫厲崇盛丧實捨利取危枳棘生於梗途鯨鯢遊於沸海則九州亞㳅孰爲益乎故老氏曰天之道損有餘補不足其是之謂歟

敬慢第四

遠古之代人心混沌不殊於草木取類於羽毛後代聖人乃道之以禮樂教之以仁義然後君臣貴賤之制坦然有章矣然則禮之所先莫大乎敬禮之所弊莫甚於慢故以敬事天則神降以敬理國則人和以慢事天則神欺以慢理國則人殆下之不敬則不足

以奉君上之不敬則不足以御臣是以地中有山大易發謙尊之吉海下於水老氏著谷王之喻相鼠有體風詩刺其失儀飛鳥能言古人譏其無禮則敬慢之間美惡殊致是故明王之於天下也設壇授將側席求賢貴束帛於丘園降安車於途巷故得真龍就位振鷺來庭天下榮之願從其化也昧主之於天下也披裘接士露髮朝人視賢良若草芥比黎庶爲豕畜是以白駒投谷飛鴻逝雲天下惡之願逃其恥也然夫敬人者不必自賤蓋欲用其人也慢人者不必增貴適足怨其人也何以言之昔文侯式干木之閭昭王築郭隗之館故得羣才必至駿足攸歸何則以敬之所致也齊桓有葵丘之驕漢祖輕過趙之罵故有諸侯不附大臣構逆何則以慢之所致也然夫向之所敬者豈徒敬人而已哉蓋以自敬也向之所慢者豈徒慢人而已哉蓋以自慢也故敬一人則千萬人悅慢一人則千萬人怨皆欲知好人之敬而不知行其所以敬皆欲知惡人之慢而不知去其所以慢此猶南望以求燕北行以適越誠有不可得也且夫

人主者天下之表也行書國策言記史官有一善若慶雲之浮輝天下之所欣賀有一惡若朝日之帶蝕天下之所傷嗟不可類於匹夫不慎其敬慢也故人問田子方曰富貴者驕人貧賤者驕人乎子方曰諸侯而驕人則失其國大夫而驕人則失其家貧賤者行不合道言不合同則去之楚越若脫屣奈何同之是以虎豹墜谷頓爲齏粉螻蟻隨風無傷絲髮輕重之理不同年而語也故周公文王之子握吐爲勞馭者晏嬰之僕驕矜自若豈非君子小人之道敬慢

殊途者乎夫尺蠖求伸亦因其屈鷙鳥將擊必先以卑以貴下賤大得人也故老氏曰後其身而身先其是之謂歟

厚薄第五

夫大德曰生至貴唯命故兩儀產於四海萬物生於一身雖稟精神於天地託質氣於父母然亦因於所養以遂其天理也且夫松栢者有凌雲之操也若壅之以糞壤沃之以鹹流則不及崇朝已見其憔悴矣冰雪者無逾時之堅也若藏之於陰井庇之於幽峰

則苟涉盛夏未聞其消解也夫松栢之性非不貞矣終以速朽冰雪之性非不液矣竟以遐延此二者豈天使之然哉果以養之所致也况夫人者異乎松栢之派矣養之失其所雖賢可以不朽乎豈徒冰雪之倏忽也養之得其道則安可以不延乎故壽之脩長短由養之有厚薄也悲夫飲食男女者人之大欲存焉人皆莫不欲其自厚而不知其厚所以薄也人皆莫不惡其爲薄而不知薄之所以厚也何以言之昔信陵孝惠爲縱長夜之娛淫酒色之樂極情肆志此非不自厚也然卒逢夭折之痛自殞於泉壤之下是則爲薄亦已甚矣老氏彭公修延年之方遵火食之禁拘魂制魄此非不自薄矣然克保長久之壽自致於雲霄之上是則爲厚亦已大矣夫外物者養生之具也苟以養過其度則亦爲喪生之源也是故火之所宜者膏也水之所宜者水也今以江湖之水清其尺燊斛庾之膏沃其星燭則必見壞滅也故性命之分誠有限也嗜慾之心固無窮也以有限之性命逐無窮之嗜慾亦安可不困苦哉是以易存飲食之節

禮誡男女之際蓋有由矣且夫居九五之尊此天下之至貴也有億兆之衆此天下之至富也苟以養生之不存則五臟四支猶非我有而况身形之外安可有乎夫美玉投蛙明珠彈雀捨所貴而求所賤人郎以爲惑矣今以至尊性命之重而自輕於嗜慾之下豈得爲不惑乎是故土能濁河而不能濁海風能拔木而不能拔山嗜慾者適足以亂小人不足以動君子故魯仲尼渴而過盜泉之水義而不飲鄭子公則染指以求羮柳下惠與女子同寢終不爲亂宋華父

則危身以竊色周公遺酒誥之旨殷紂沈湎而致亡婕好辭同輦之嫌姜氏遜淫而無恥豈非貞濫有異厚薄不同者與夫神大用則竭形大用則勞神形俱困而求長生者未之聞也為人主者誠能內實神氣外損嗜慾念馳騁之誡宗頤養之言求保神仙之壽常為聖明之主豈不休哉故老氏曰外其身而身存其是之謂

理亂第六

夫家國之理亂在乎文武之道也昔者聖人之造書

契以通隱情剡弓矢以威不伏二者古今之所存焉然則文以致理武以定亂文雖致理不必止其亂武雖定亂不必適其理故防亂在乎用武勸理在乎用文若手足之遞使舟車之更載也是以漢祖矜嫚陸賈諭以為學魯公赴會仲尼請其設備蓋有由也然夫文者道之以德德在乎內誠不在乎誇飾者也武者示之以威威在乎自全不在乎強名也苟以強名則吳雖多利只適足彰其敗也苟以誇飾則魯雖盡儒服不足救其弱也是故始皇築長城修戰伐勞役不休人不堪命遂使陳涉之流坐乘其弊禍起於強名也王莽構靈臺興禮樂賦斂無度人不聊生遂使聖公之徒行收其利敗始於虛飾也故始皇用武於天下也若陶者之埏器雖務欲求其大而不知薄者之所以反脆也王莽用文於天下也若匠者之斲材雖志在矜其妙而不知細者之所以速折也二者皆以理之終以為亂也此未得其大體也且夫文者示人有章必存乎簡易簡易則易從將有恥且格武者示人有備必在乎恬淡恬淡則自守恒以逸而待勞

恒以逸而待勞則攻戰無不利有恥且格則教化無不行化行而眾和戰利而寇息然後澄之以無事濡之以至仁此聖主所以得其理也然二子不求之於內而索之於外不撫之以性而縱之以情煩文以黷下暴武以困眾此不可得意於天下也雖然猶有其弊何者昔伯益鑿井燧人鑽木水火之利于今賴之然智伯因之以灌趙城董卓因之以焚漢室是乃為害亦以甚矣然則文武者理國之利器也而盜竊者亦何嘗不以文武之道亂天下乎故章邯以軍旅而

分原地田常以仁義而篡齊國則有理不能無其亂唯人主之所制也是故牧馬者先去其害驅羊者亟鞭其後後之不鞭羊之所失也害之不去馬之所亡也魯不能去三家之害國之所叛也晉不能鞭六卿之後地之所分也苟亦不能則雖有簡易之文恬淡之武適足助其亂也安可得其理乎故聖人不得文武之道不理賊臣不得文武之道不亂非文武有去就之私蓋人主失其柄也故孔子曰天下有道禮樂征伐自天子出其是之謂乎

得失第七

夫駒駼騁遠必以四足之力鸞鷟翔遐莫非六翮之用也是以聖人撫運明主乘時亦以杞梓之林而爲股肱之任然則地有山川其險可見天有冬夏其時可知至於凡人之心杳然無所素王以之不測帝堯猶以爲難將欲用之不無得失也何以言之夫君者舟也臣者水也水能浮舟亦能覆舟臣能輔君亦能危君是以三傑用而漢興六卿强而晉滅陶朱在而越霸田氏盛而齊亡雖任是同而成敗尤異也夫人者姦宄無端真僞匪一或貌恭而心慢或言親而行違或賤廉而貴貪或貧貞而富黷或忿大以求變或位高而自疑或見利而忘恩或逃刑而構隙此則蓍筮不足決鬼神不能定且利器者至重也人心者難知也以至重之利器假難知之人心未明真僞之情徒信毀譽之口有霍光之才者亦以得矣有王莽之行者亦以失矣是故考之於宗親則管叔周公不無忠僻驗之於戚屬則竇嬰呂祿不無正邪推之於功臣則王陵黥布不無逆順論之於故友則樊噲盧綰

不無去留取以刀筆之能則若張湯之欺詐賞以頰舌之用則厭主父偃之倒行若智策有餘則陳平不可獨任若英謀出衆則韓信慮其難制夫天下之至大也無其人則不可獨守有其人則又恐爲亂亦何不取其才而不制其亂也且夫毛髮植於頭也爪以揣之爪甲寇於指也月以鑢之爪之不鑢長則不便於使也髮之不揣久則彌成於亂也夫爪甲毛髮者近在己躬本無情識苟不以理猶爲之難況於臣下非同體之物人心有易遷之慮委之以殘否隨之以

是非益不可以容易也是故逐長路者必在於駿馬之力理天下者必求於賢臣之用然駿馬苟馴出不可以無轡也賢臣雖任終不可以失權也故夫御馬者其轡煩則其馬躁而不進其轡縱則其馬驕而好逸使夫縱不至逸煩而毋進者唯造父之所能也夫御臣者其權峻則其臣懼而不安其權寬則其臣慢而好亂使夫寬而不至亂峻而能安者唯聖人之所明也恐馬之多逸捨馬而徒行則長路不可濟也懼臣之為亂捨臣而獨任則天下莫能理也知馬之可

乘而不執其轡則不能禁其逸也知臣之可用而不執其權則不能止其亂也是故項羽不用范增是捨馬而徒行漢帝雖有曹操是乘馬而無轡苟欲不敗其可得乎故孔子曰唯名與器不可以假於人其是之謂歟

真偽第八

夫主上不能獨化也必資賢輔物心不為易治也方俟甄識使夫小人退野君子居朝然後可為得矣然則善惡相生是非交蹤形彰而影附唇竭而齒寒苟有其真不能無其偽也是以歷代帝王統御家國莫不側身馳心以恭英乂及所封授則猶是慈小莫不攘臂切齒以疾姦佞及所誅逐則謬亦賢良此有識者之所嗟痛也夫山鷄無靈買之者謂之鳳野麟嘉瑞傷之者謂之麏然麟鳳有圖麏鷄無識猶復以真為偽以偽為真況忠逆之情靜躁之性愚靖者類直智狂者類賢絜己者不能同人犯顏者短於忤主情狀無形象可見心慮非視聽所知欲使銀鉛不雜淄澠殊味其有得者亦萬代之一遇也是以吳用宰嚭

致戮於子胥魯退仲尼委政於季氏秦誅白起以舉應侯趙信郭開而殺李牧卞和獻玉反遇楚刑北郭吹竽濫食齊祿若斯之類實繁有徒然則所是不必真所非不必偽也故真偽之際存變衛焉不可不察也何者夫衆之所譽者不可必謂其善也衆之所毀者不可必謂其惡也我之所親者不可必謂其賢也我之所疎者不可必謂其鄙也何以明言昔堯理洪水舜鯀為衆所舉而洪水莫除魏伐中山樂羊為衆所慢而中山卒拔鄧通延夢於漢主而非傅說之才

屈原見逐於楚王而無共工之罪此則衆議不必是獨見未爲得也是故明主疇咨在位詳省已慮先雖而後易考者以究徵使夫登用者不愧其賞盲罪者不逃其責然後可爲當矣然則良馬駿之於馳驟則駑駿可分不藉孫陽之舉也采刃徵之於斷割則利鈍可見不勞風胡之談也苟有難知之人試之以任事則眞僞自辯以塞天下之訟也故先王之用人也遠使之而觀其忠節近使之而察其敬勤令之以謀可識其智慮煩之以務足見其材能雜之以居視以

貞濫委之以利詳以貪廉困窮要之以仁危難思之以信尋其行而探其性聽其辭而别其情盡呂尚之八徵驗皐陶之九德然後素絲皆染白璧投泥而不渝黃葉並彫青松凌霜而獨秀則僞者去而眞者得矣故孔子曰衆善者必察焉衆惡者必察焉其是之謂乎

同異第九

夫同聲相應同氣相求雖虎異谷風虎嘯而谷風起蛇非山霧蛇騰而山霧興理所同耳夫異類殊羣異情同行雖蛤因雀化而蛤不與雀游鴛自鼠爲而鴛不與鼠匹理所異耳然父子兄弟非不親矣其心未必同君臣朋友非不疏矣其心未必異故瞽叟愚而重華聖盜蹠貪而柳下廉劉季困而紀信焚伯桃餓而角哀死亦猶烟灰同出飛沉自分膠漆異生而堅固相守也然則情性不等同異難并大易雖云同人於門三爻復云伏戎於莽此則於同不能無異也故有面同而心不同者有外異而内不異者有始同而終異者有初異而未同者有彼不同我而我與之同

者有彼不異我而我與之異者何以明之昔者陳平面向呂后而心歸劉氏程嬰外逆孫臼而内存趙孤張耳陳餘始則刎頸之交終構參商之隙夷吾小白初有射鉤之怨未爲魚水之歡田氏懷詐義於齊君齊君彌信亞父盡至忠於項羽項羽益疑是則同異之心不可以一二而測也是故明者徐視而審聽高居而遠望也隨時之宜唯變所適因其可同而與之同矣因其可異而與之異矣故衛青豎耳漢武委之以軍旅由余虜耳秦穆授之以國政夫以衛青由余

希通錄

宋　蕭參

書名曰希通者蓋取范甯云雖我之所是理未全當安可以得當之難而自絕於希通哉嘉定癸未通岩居士識

晉語胥臣對文公曰昔者太妊娠文王不變沙瘦於豕牢而得文王不加疾焉韋氏云瘦小也沙便也豕牢廁也不加疾言易也設有是事猶當蔽焉況於誣乎老泉帝嚳論嘗闢吞卵等事爲庶幾胥臣之言無

稽甚矣

雪山祁連山白山其實天山明帝擊破白山虜於蒲類海上章懷註曰此山冬夏有雪故曰白山匈奴謂之天山過此皆下拜焉杜詩註天山即祁連山在伊州一名雪山其名雖四其實則一

何彼穠矣唐棣之華曷不肅雝王姬之車韋昭曰車古皆音尺奢及漢已來始音居恐未必然莫赤匪狐莫黑匪烏惠而好我攜手同車以此協韻攷之則古亦有居音矣

東坡詩三郎官爵如泥土爭唱弘農得寶歌註皆不載出處蘋真子錄嘗記開元中有劉朝霞獻俳文於明皇云遮莫你古來五帝怎如我今代三郎明皇兄弟六人二人早亡故明皇太子時號五王宅寧王薛王明皇兄也申王岐王明皇弟也

荀子仲尼之狀如蒙俱韓退之註四目爲方相兩目爲俱楊倞註俱蒙茸按子虛賦蒙公先驅慎子云毛嬙西施天下之至姣也衣之以皮俱則見之者皆走

也者是則蒙俱爲二物俱音欺韻略無此字有魌字類楊倞說非

晉語盟詛切切然恐其下之不我信至於假天地神明以誘之亦甚費力矣如堯舜時都俞吁咈四字成就天下無限大事二典三謨叙寥簡短則知未施信於民而民信信感德不可及如此

王元之待漏院記相君至止煌煌火城按李肇國史補正旦曉漏院已前三司使大金吾皆以樺燭擁馬謂之火城

杜子天籟地籟人籟杜詩陰壑生虛籟注並云簫也

按釋文三孔籥大者謂之笙小者謂之箹其中謂之
籟籟者乃管之中虛也中虛然後有聲所謂樂出虛
是也非直以爲簫
佛名上加南無南謨按韻社十虞韻内謨字注胡人
拜稱南謨音無因知佛胡神也胡人拜而并誦其號
故就錄之譯經者誤作南謨
光武復南頓田租一歲父老願復十年帝曰天下重
器常恐不任安敢遠期十年乎吏民又言陛下實惜
之何言謙也帝大笑復增一歲此如家人父子相唯

諾是想當時中興之氣象文叔少時與人不欵曲豈
信然哉
楊子祖述孟子文勢極是然楊子刻畫不若孟子渾
然
李斯曰非博士官所職天下有敢藏詩書百家語者
皆詣守尉雜燒之則是天下之書雖焚而博士官猶
有存者惜乎入關收圖籍而不及此竟爲楚人一炬
耳前輩嘗論之但坑儒一事未有究極之者僕按史
書所坑特侯生盧生四百六十餘人非能盡坑天下
儒者爲其所坑又非儒者何以知之始皇三十二年
使盧生求羨門刻碣石門壞城郭決通隄防又盧生
入海還因奏錄圖書曰亡秦者胡也始皇乃遣蒙恬
發兵三十萬北伐匈奴起臨洮築遼水又盧生說始
皇曰月方中人主時爲微行以避惡鬼惡鬼避真人
至願上所居宮毋令人知然後不死之藥始可得也
其後建阿房宮千間萬落亦自此言發之觀此二事
皆盧生等稔其惡又從臾之特方技之流耳豈所謂
儒者哉始皇因封禪之議謗口紛紛已懷殺意及其

一怒而坑之或者天理之不容方其求藥海上也則
挾童男童女以行皆取於民間奪其無告之孤肆厥
不軌之狀如今所謂妖教其中死無辜者多矣此一
罪也因亡胡之讖與北伐之師築長城斷地脈南北
生靈因是役而死者不可勝筭骸積如山血流成川
謫發頻仍劖及閭左原始要終誰生厲階此二罪也
獻避鬼之術覬真人之來咸陽宮觀二百七十複道
相連有言其所幸之處者罪死梁山之上其語一泄
時在旁者盡殺之自是莫知上之所在此三罪也有

一於此罪不容於死況兼有之以四百六十餘人之坑償萬民之命良不爲過天網恢恢䟽而不漏眞可畏哉始皇曰盧生等吾尊賜之甚厚今乃誹謗我諸生在咸陽者吾使廉問或爲妖言以亂黔首於是使御史按問諸生傳相告引僕亦信盧生非吾儒中人況始皇自謂尊賜甚厚豈非如前三者方術圖讖之類有以中其欲歟尊賜之初不名其誦孔子之言以進古今相承皆曰坑儒葢惑於扶蘇之諫扶蘇曰諸生皆誦法孔子皇上皆重法繩之臣恐天下不安嗚

呼若盧生者何嘗誦法孔子自扶蘇一言之誤使儒者蒙不韙之名自我一洗亦萬世之快也不然如兩生四皓伏生之流鴻飛冥冥弋人何慕肯搖唇鼓吻自投於陷穽哉僕故曰盧生四百六十餘人皆方伎之士也天下之大所謂儒者固不止此其坑之者此而已矣有道之士秦不能坑火德一炎兩生以講禮聞四皓以羽翼之功聞伏生以口授古書顯豈非天壽其脈留此數公以見吾儒不可磨滅而明好惡小人終不能爲常久計商君以變法禍秦竟遭車裂盧生等以方技禍秦坑於咸陽其罪等也天其或者儒手於秦歟商君裂矣盧生坑矣而秦以不祀抑自相擠陷之明報而禍淫之道爲不偏矣僕甚惡坑儒之名故論其顛末云

項羽夜聞漢軍四面皆楚歌泣數行下歌曰力拔山兮氣葢世時不利兮騅不逝騅不逝兮可奈何虞兮虞兮奈若何又東坡志林載李後主去國之詞云二十餘年家國數千里地山河幾曾慣干戈一旦歸爲臣虜沈腰潘鬢消磨最是倉皇辭廟日教坊猶奏別

離歌揮淚對宮娥東坡謂後主當慟哭於九廟之下謝其民而後行顧乃揮淚對宮娥其詞悽愴同出一揆然羽爲差勝其悲歌慷慨猶有喑嗚叱咤之氣後主渾是養成兒女之態耳如梁武帝稔侯景之禍壽流江左乃曰自我得之自我失之亦復何恨此說雖與二者不同如窮兒呼盧驟勝驟負無所愛惜特付之一擲耳嗚呼安得此亡國之言哉

田文好賢下士溫公鄙之爲逋逃主萃淵藪王介甫亦謂鷄鳴狗盜之出於門下此士之所以不至僕謂

此不足責有一事最無耻請槩白之戰國策孟嘗君舍人有與君之夫人相愛者或以聞孟嘗君曰為君舍人內與夫人相愛亦甚不義矣君其殺之君曰睹貌而相悅者人之情也其措之勿言也逛之君子尚以為當時有一子思不在三千之數且田文志趣如此而顧以此責之過矣就使其能以禮招聘而子思且噃去不暇詎肯以車魚之故而就之哉戰國策言非眞有此事亦惡之甚耳

周亞夫細柳營見文帝不拜而揖人以為羅罪威嬰

之身擐甲冑亦所不能拜按公羊僖公三十三年晉人及姜戎敗秦師于殽百里子與蹇叔子送其子而戒之子揖師而行何休云揖其父於師中介冑不拜為其拜如蹲存音觀此則知亞夫之不拜有由矣

史記始皇本紀至雲夢浮江下過丹陽至錢唐臨浙江上會稽立石刻頌秦德西漢地理志會稽有錢唐縣令人以唐為塘非也其失本於世說世說云晉人有沈姓而令其縣者將築塘患土不給詭曰致土一畚以錢一畚易之土旣集詭曰今不復須土矣人皆棄去因取以築故名殊不知秦漢以前已有此名豈云晉而然乎

本朝以居士稱者實繁即孟子所謂處士也六經中惟禮記玉藻有曰居士錦帶注道藝處士也居士之稱昉乎此

今人以寄居之官為寓公禮記郊特牲諸侯不臣寓公注寄公之子寄公字亦新

左傳燭之武見秦伯曰若舍鄭以為東道主史紀鄭使謂秦穆曰君何不解鄭得為東道後漢彭寵傳以

一身從我不如以一代為北道主人今世專以主人為東道古人各指其地之所向而言之

今以宮奴為官奴即官婢其字原於周禮天官酒人奚三百人注今之侍史官婢

漢昌邑王賀清狂不惠注如今白癡也僕謂以清狂對白癡字亦新後讀左氏傳成十八年周兄無慧蓋世所謂白癡則知師古之注本於杜預惠慧字異而意同

杜牧之息夫人廟詩至竟息亡緣底事可憐金谷墜

樓人至竟畢竟也詩人習用至竟字按後漢樊英傳
論朝廷若待神明至竟無他異其餘史書未見用此
字

俚談以不可用爲不中用自晉時已有此語左傳成
二年郤子曰克於先大夫無能爲役杜預注不中爲
之役使

今人多曰執券取償按史記田敬仲世家蘇代謂田
軫曰公常執左券以責於秦韓又平原君傳虞卿其
兩權事成操右券以責券者取其合符之義曰左曰

右皆可

俗斥年長者爲老物實非惡語人亦物也故曰人物
況六經中已有之周禮籥祭章祭蜡以息老物

利市之說世俗皆然其實六經中已有此字易說卦
巽爲利市三倍

周邦彥樂府有蘇幙遮之曲按唐書宋務光傳比見
坊邑相率爲渾脫隊駿馬胡服名曰蘇幙遮蓋本於
此今誤爲幙

寇字音鼻出羯鼓錄嵇康琴賦云間遼故音痺絃長故
徽鳴痺者虺也兩絃之間遠則有虺故云

資暇錄

隴西李濟翁

車馬有行色

今見將首途者多云車馬有行色按莊子㑹柳下季逢夫子自盜跖所回云此也意者以其車有塵而馬意殆今有涉遠而來者用此宜矣南華既非僻經殊所覩習奚不根其文意而正其謬歟一本歟其謬歟

不拜單于

近代浩虛舟作蘇武不拜單于賦爾來童稚特便諸

誤詠至於垂白夫悟賦題之誤抑皆詮寫昇在甲等何不詮史漢正傳不拜單于是鄭衆非蘇武也余宗人翰蒙求亦明言蘇武持節鄭衆不拜況梁元帝亦著論曰漢世銜命 因而不辱者二人而已子卿手持旄節臥伏冰霜仲師固無下拜隔絕區外學者豈能尚醉而不解醒耶一本無解字

行李

李字除菓名地名人姓之外更無別訓義也左傳行李之往來杜不研窮意理遂注云行李使人也遂俾今見遠行結束次第謂之行李而不悟是行使爾按舊文使字作𡴝傳寫之誤誤作李焉舊文使字山下人人下子

祿里

漢四皓其一號角里角音祿今多以覺音呼乖也是以魏子及孔氏祕記荀氏漢紀慮將來之誤直書祿里可得而明也案玉篇等字書皆云東方爲角音錄祿或作角字亦音祿魏子祕記漢紀不書錄而作祿者以其字僻又慮誤音故也以愚所見角是當東方何者案陳留志稱京師亦號爲灞上儒生㒒既在京

之東則角㒒爲東方不疑矣字書言角直宜作錄爾然錄字亦音角角音覺者樂聲也或亦通作膟角之角字是以今人多亂其音呼之稍留心爲學者則妄穿鑿云音祿之角字與音覺之角字點畫有分別處又不知角錄各有二音字體皆同而其義有異也又禮記君夫人縿爪實于綠中鄭司農注云綠當爲角聲之誤也既云聲誤是鄭讀角中爲祿中祿與綠是雙聲若讀角爲覺覺是腭際聲綠是舌頭之聲何以破聲誤之說也注復云角中謂棺內四隅也據此則

又似音祿之角與音覺之角義略同矣陸氏釋文孔
公正疏不能窮聲盡義亦但云祿當爲角何怨後學
之甚故愚自讀漢之角里禮之祿中皆作祿音亦豈
敢正諸君子耶然好學者幸試詳之

客散

今見賓旅出主人之門必曰客散孟嘗門但風聞便
用不尋其源使主人知其源必惡而不樂矣蹇爲客
去就不可不知也此是王右丞維悲府主已沒之句
上句云秋風正蕭索蓋痛其主人歿後同儕皆散其
可用乎

蟲霜旱潦 曲子名并辭

飲坐令作有不悟而飲罰爵者皆曰蟲傷旱潦或云
蟲傷水旱且以爲薄命不偶萬口一音未嘗究四字
之意何也蟲傷宜爲蟲霜蓋言田農水旱之外抑有
蟲蝕霜損此四者田農之大害六典言之數矣呼曲
子名則下兵爲下平闘羅鳳爲闘羅鳳著辭則河內
王爲何奈王橋竿上爲長竿上如斯之語豈可殫論

生子給

俗生男必給云女女給云男意者以其形新魄怯慮
見物知而逼攝不欲誠告當由高齊斛律皇后誕女
後王苟欲悅后兄光意詐稱生男而大赦後大臣家
效之因主失德不道或以此戲漸至成風今爲忌諱
乖歟

戲源驛

京兆昭應縣東有戲源驛案其地在戲水之傍漢書
陳涉將周章西入關至戲蘇林云在新豐東南三十
里小顏又云今有戲源驛音平聲人所知也何爲舉
世皆以去聲呼此驛號彼從徒爾我輩其可終誤哉

梅槐

叢有似薔薇而異其花葉稍大者時人謂之枚櫰音瓌
實語訛强名也當呼爲梅槐在灰部韻音回案江陵
記云洪亭村下有梅槐樹當因梅與槐合生遂以名
之今似薔薇者得非分枝條而演亂哉至今葉形尚
處梅槐之間取此爲證不乃近乎且未見梅櫰之義
也直使便爲玫瑰字豈百花中獨珍是耶取象於玫
瑰耶玫瑰瑰亦音回不音瓌其瑰字音瓌者是瓊瑰

言回者是玫瑰字書有譌也

藥欄

今園廷中藥欄欄即藥藥即欄猶言園援幷花藥之欄也有不悟者以爲藤架蔬圃堪作切對是不知其由乖之矣按漢宣帝詔曰池藥未御幸者假與貧民蘇林注云以竹繩連綿爲禁藥使人不得往來爾漢書闌入宮禁字多作草下闌則藥欄作藥蘭尤分明易悟也一本無作藥闌三字

月令

禮記之月令者今人咸依陸德明所說云是呂氏春秋十二紀之首後人合爲之誤也蓋出於周書第七卷周月時訓兩篇蔡邕王篇云周公所作是也呂紀自采於周書則不得言戴禮取諸呂紀明矣

晝寢

論語宰予晝寢鄭司農云寢臥息也梁武帝讀爲室之寢晝作胡卦反且云當爲畫字言其繪畫寢室故夫子歎朽木不可雕糞土之牆不可圬然則曲爲穿鑿也今人罕知其由咸以爲韓文公愈所訓解也

問馬

傷人乎不問馬今亦爲韓文公讀不爲否言仁者聖之亞聖人豈仁於人不仁於馬故貴人所以前問賤畜所以後問然而乎字下豈更有助詞斯亦曲矣況又非韓公所訓按陸氏釋文已云一讀至不字句絕則知以不爲否其來尚矣誠以不爲否則宜至乎字句絕不字自爲一句何者夫子問傷人乎乃對曰否既不傷人然後問馬又別爲一讀豈不愈於陸云乎

字辨

稷不有諺曰學識何如觀點書書之難不唯句度義理兼在知字之正音借音若某字以朱發平聲即爲某字發上聲變爲其字去入又改爲某字轉平上去入易耳知合發不發爲難不可盡條舉之今略推一隅至如亡字無字毋字並是正無非借音也今見點書但遇亡有字必以朱發平聲其遇毋有亦然是不知亡字亾字毋字母字點畫各有區分亡字之亡從一點一畫下觀篆文當知矣是以無字正體作亾失之亾毋中有人毋有字其畫盡通也父母字中有兩

點劉伯莊音義云凡非父母字之毋皆呼爲無字是
也義見字書其无无上无下旡今多混書陸德明已有論
矣學者幸以三隅反焉可不起予乎

非五臣

世人多謂李氏立意注文選過爲迂繁徒自騁學且
不解文意遂相尚習五臣者大誤也所廣徵引非李
氏立意蓋李氏不欲竊人之功有舊注者必逐每篇
存之仍題元注人之姓字或有迂闊乖謬猶不削去
之苟舊注未備或興新意必於舊注中稱臣善以分
別旣存元注例皆引據李續之雅宜殷勤也代傳數
本李氏文選有初注成者覆注者有三注四注者當
時旋被傳寫之其絕筆之本皆釋音訓義注解甚多
余家幸而有焉嘗將數本並校不唯注之贍略有異
至於科段互相不同無似余家之本該備也因此而
量五臣者方悟所注盡從李氏注中出開元中進表
反非斥李氏無乃欺心歟且李氏未詳處將欲下筆
宜明引憑證細而觀之無非率爾今聊各舉其一端
至如西都賦說遊獵云詩少施巧秦成力折李氏云
許少秦成未詳五臣云昔之捷人壯士搏移猛獸施
巧力折固是捷壯文中自解矣豈假更言況又不知
二人所從出乎又注作我上都云上都西京也何大
淺近忽易歟必欲加李氏所未注何不云上都者君
上所居人所都會耶況秦地厥田上上居天下之上
乎又輕改前賢文旨若李氏注云某字或作某字便
隨而改之其有李氏不解而自不曉輒復移易今不
能繁駮亦略指其所改字曹植樂府云寒鱉炙熊蹯
李氏云今之腊肉謂之寒蓋韓國事饌尚此法復引

資暇錄　一八

鹽鐵論羊淹雞寒劉熙釋名韓羊韓雞爲證寒與韓
同又李以上句云膾鯉臇胎鰕因注詩曰炰鱉膾鯉
五臣兼見上句有膾遂改寒鱉爲炰鱉以就毛詩之
句又子建七啓云寒芳蓮之巢龜膾西海之飛鱗五
臣亦改寒爲搴搴取也何以對下句之膾耶況此篇
全說修事之意獨入此搴字於理甚不安上句旣入
寒爲搴卽下句亦宜改膾爲取縱一聯稍通亦與諸
句不相承接以此言之明子建故用寒字豈可改爲
炰搴耶斯類篇篇有之學者幸留意乃知李氏絕筆

之本懸諸日月焉方之五臣猶虎狗鳳雞耳其改字也至有翩䎘對恍惚則獨改翩䎘爲翩翩與下句不相收又李氏依舊本不避國朝廟諱五臣易而避之宜矣其有李本本作泉及年代字五臣貴有異同改其字知犯國諱豈唯矛楯而已哉

杜度

世徵名與姓音同者必稱杜度愚或非之曰杜不名度其入則吟哂曰韓文公諱辨亦引之子獨不然妄也愚見其信韓文公如信周孔故不敢與之言歸而

自紀曰按篤論云杜伯度名操字伯度善草書曹魏時以其名同武帝故隱而舉字猶劉通名徵字犯漢武諱稱字通是也後人見其姓杜字伯度遂又削去伯字呼爲杜度明知度非名也且篤論是杜恕所著恕亦曹魏時人也與伯度實爲一家豈可不信杜篤論之本眞而從韓文公之末説也

初學記對

初學記月門中以吳牛對魏鵲吳牛以不耐熱見月亦喘然魏鵲者引魏武帝歌行月明星稀烏鵲南飛爲據斯甚疎闊如此則盍言魏烏乎漢武帝秋風詞云秋風起兮白雲飛草木黄落兮鴈南歸今月門既云魏鵲則風事亦用漢雁矣若是採掇文字何所不可東海徐公碩儒也何乖之甚

七步

陳思王七步之捷用事者移於常人宜矣若褒今朝諸王則大不佳何者七步所成詩即燃萁煮豆之二十字也細而思之其可當諸王所用哉梁代任昉褒竟陵王行狀云淮南取貴於食時陳思見稱於七步

雖梁人褒王固無忌諱然欠審爾若以諸王爲捷幸有十步事相當而新何不採於後魏耶

渭陽

徵舅氏事必用渭陽前輩名公往往亦然兹失於識豈可輕用亦耶審詩文當悟皆不可徵用矣是以齊陽愔幼時其舅源子恭問讀詩至渭陽未脩便號泣子恭亦對之欷歔又有思戀二字亦不可輕用其義類此故附說之亦見詩矣

方寸亂

今見他人稍惑楝未決則戲云方寸亂矣此不獨誤也何失言其歟按蜀志潁川人徐庶從昭烈王率兵南行被曹公追破而庶母爲其所　庶將辭昭烈以詣曹公乃自指心曰本欲與將軍共圖王霸之業以此方寸地耳今母爲彼獲方寸亂矣無益於事遂辭蜀入魏苟事不相類其可輕用耶若撰節行倡妓傳引用雖非正文其爲此事則云善矣

綠竹猗猗

詩衛淇澳篇云綠竹猗猗按陸璣草木疏稱郭璞云

綠竹王芻也今呼爲白脚蘋成云即鹿蓐草又云篇竹似小藜赤莖節韓詩作薄音篤亦云薄篇竹則明知非笋竹矣今爲辭賦皆引猗猗入竹事大誤也當時謝莊竹賛云瞻彼中唐綠竹猗猗便襲其謬殊乖爾按謝賛若徍何不預文選所以爲昭明之棄也故盡引陸郭之注疏云陸璣字從玉旁非士衡也愚宗人大著作䄍嘗有題論今祕閣西南廊新碑古人姓名若此叅誤多矣故愚撰十四代蹈疑史目以別白也

萬類

萬幾字出於尚書皐陶謨兢兢業業一日二日萬幾也案孔安國云幾微也言當戒萬事之微也史以晉太宗爲丞相時於事動每經年桓溫患其稽遲而問對之曰萬幾那得速耶斯對眞得書義近者改爲樞機之機豈尚書之前別有所見始未聞也當由漢王嘉奏封事引用誤從木旁也顏氏不引孔注以證又後人不根其本遂相承錯謬且曰漢書尚爾曾不知班顏亦自誤後學也

請長纓

終軍請長纓今多云將係單于分門書策亦然所未喻也按漢書本傳云南越與漢和親乃遣軍使南越說其王欲令入朝比內諸侯自請願受長纓必羈南越王而致之闕下斯文甚明何其相承而乖正史耶蓋由終軍傳內有當發匈奴使軍自請行之處旋又叙請纓事讀者誤合爲一段遂此乖謬矣終軍自請使于匈奴曰臣願盡精厲氣奉佐明使畫吉凶之前今將說者宜云終軍請畫吉凶於虜廷不則言請長纓以羈南越王若係單于乃賈誼之事非終軍也按

班贄云誼欲試屬國施五餌三表以係單于且非以長纓係之也又按陳思王表云賈誼弱冠求試屬國請係單于之頸而制其命終軍以妙年使越欲得長纓占其王羈致北闕斷可知矣

酇侯

漢相蕭何封爲酇侯舉代呼爲髗有呼賛者則反掩口而哂深可訝也鄒氏分明云屬沛郡者音嵯屬南陽者音賛又茂陵書云蕭何國在南陽合二家之説音賛不音髗明矣司馬貞誠知音賛不能痛爲指揮

將來而但云字當音賛今多呼爲嵯遂使後學見今呼爲嵯字咸曰且宜從衆是誤也可歸罪於司馬氏學家自文頴孫檢妻龍駒及小顔之徒皆作賛音郎不得云今多呼爲嵯矣所以更舉之者貴好學如司馬公之失矣

栢臺烏

御史臺有栢及烏固在朱博之前也漢書叙朱博請罷大司農復置御史大夫云是時御史府吏舍百餘區井水皆竭又入府中列栢樹常有野烏數千棲宿其上晨去暮來號曰朝夕烏烏去不來者數月長老異之益史言御史大夫之職休廢也井竭烏去後二年朱博爲大司空慮久廢御史大夫職業無以典正法度固請罷所任大司空得爲大夫願盡力爲百僚率哀帝從之正史甚明今多以爲栢自郵栽烏自博集職由蒙求朱博烏集而復白家六帖注引不盡然也

除授

除授二字當路分明今多不能窮審意義俗吏非謂選得官者皆自大曰我乃堂除而亦有隨俗語新拜官者曰某乙除某官至有遺賀書題之云送上新除

某官以除故乃以詛新官俾除去之也案漢書凡言除其官以除故官就新官而晉宋已降史書既非班馬之筆多不根義理或以拜授爲除及載本語則義吉宛在今聊舉其一如晉王導讓中書監請爲三師表云臣乞得除中書監竭誠保傅是也又漢王彭祖每二千石至其國則迎之除舍注云初除所至之舍此注亦須細味之者以初到之舍乃州宅也蓋初除賛移出之館亭俾以臨岐路故迎之於此除之義明如皎自其可不悟哉今授代無新拜之官者云有除

無授唯此語允當其有謂之除書者乃除去前人舊官與新人也

海謝

近有因覧授之説問予曰今新拜官非恩爲之地僉申謝禮無乃不誠乎斯甚無謂予曰却是故事劉歆拜黄門侍郎其父向戒曰今若年少得顯處新拜宜皆謝貴人叩頭謹慎戰戰慄慄乃可免也今之徧謝其暗合耶當行學家之教也

甘羅

世咸云甘羅十二爲秦相大誤也案史記云羅事相吕不韋（戰國策云爲吕不韋庶子）因説趙有功始封爲上卿不曾爲丞相也相秦者是羅祖名茂

押牙

武職今有押衙之目衙宜作牙此職名非押其衙府也蓋押牙旗者今又有押節者之類是也案兵書云牙旗者將軍之旌故必竪牙旗於門是以史傳咸作牙門字今者押牙既作押衙而牙門亦爲衙門乎

揚州

揚州者以風俗輕揚故號其州今作楊柳之楊謬也

星貨

肆有以筐以筥或倚或垂鱗其物以鬻者曰星貨鋪言其列貨叢雜如星之繁今俗呼爲星火鋪誤也

合醬

人間多取正月晦日合醬是日偶不暇爲之者則云時已失大誤也案昔者王政趨民正月作醬是日以農事未興之時俾民乘此閑隙備一歲調鼎之用故紿云雷鳴不作醬腹中當鳴所貴令民不於二月作醬恐奪農事也今不躬耕之家何必以正晦爲限亦不須避雷但問救趨得法否耳

座前

身卑致書於宗屬近戚必曰座前降几前之一等案座者座於牀也言卑末之使不當授受置其書於所座牀之前俟隙而發不敢直進之意今或貽書中外言座前則以重空前則以輕遂初坐前無義也其字既不居下是使前人坐於地非禮之甚歟不爾直云座字容前可矣

起居

又甲致書將結其語云附狀起居狀字下直加候字也案王肅云起居猶動靜也若不加候字其可但言附狀動靜乎語既不了理遂有乖末㪅短啟亦然也

不備

又今尺題多云不備人情備字訓考不劣人情是何言歟苟云備旬備別則如此之類可用矣不爾爻不近人情也

彭原公

今代多稱故丞相彭原李公謂其子廓曰吾不如爾有令子蓋言廓子晝蚤修辭賦而廓不辨屯毛寀劉氏代說張憑父不才憑祖鎮謂憑父曰我不如汝有佳兒時憑年數歲斂手對曰阿翁詎宜以子戲父好事者見彭原公尚談諧遂移之以資一時之噱而不知小將丞相之甚其誣厚矣不然者彭原公豈不見張憑之語耶（武云是彭原公引舊事以勉廓）

朝祥

今俗釋服多用昏時斯頗非禮按戴記曾人有朝祥面暮歌者子路笑其是日便歌夫子雖抑子路云三年之喪亦已久矣而復曰踰月則其善明知月晦之朝去縞從吉也明日則踰月矣故夫子譏其不待明日而歌斯久是以傷云又多乎哉今之免服準式給晦日假者蓋以朝既從吉使竟是日吉服盡與親賓相見偏示禮終至明日復參公務無樂不爲之義又禮書皆云前一夕除某物又曰夙興云云足知前之除廢以爲明晨之漸凡曰釋服悉宜從朝矣（今在服假內反不見賓友也）禮云大喪不避涕泣而見人者言既不行求見人人來見之不避涕泣以表至哀無飾今見卒哭之後月旦月半以朔望爲詞不見親賓遇節復如是出何典歟至有尊高居喪弔者以是日客多不敢求見遽自告退宜矣若以爲辭未敢問命（朞功之服朔望冬至俗禮外早安縞素而又公除之後官人貞此般堅囊襆多似爲中措哉）

辰日

辰日不哭前哲非之切矣國朝又有故事誠爲不能明矣今抑有孤辰不哭其何云耶

成服

三日成服之制聖人斷決著在不刊之經無敢喻之矣今或見不詳典禮取信巫師有至五日之僭者夫禮等於天實祟大之事也非小生所宜該但以前序從朝故略舉此見禮記第十八卷

出城儀

寒食拜埽案開元禮第七十八云昔者宗子去在他國庶子無廟孔子許望墓爲壇以時祭祀今之上墓或有憑焉又云主人去塋百步下馬公服無者常服則是吉禮分明矣其上饌與時饗何殊今多白衫麻

鞋者衣冠在野與黎庶雷同大錯大誤也且春秋二仲月公卿拜陵並具公服則曰時之例矣又案唐禮凡參辭並是公服故松栢非遠之家每新改授皆見所以示仕祿朱紫之榮釋褐結綬抑亦如之其四時之享布素暫去襴板即可矣若悉白衫麻鞋何以表斬冕耶必申哀敬豈在如斯今或往往仍有自宅便麻衣絲屨而去允爲不可

忌日

忌日必哀又日不樂今或其日匿訃不聞哀停喪不成服不面親戚不留尺題拆有前一日晚便絕賓者未知出於何典也代說云前輩人忌日唯不飲酒作樂近之矣然加以不出齊閤飯不暈之蔬晨受親戚慰早見不唯別異外賓揶容畫得議事暮當賓朕弱不必黃昏客遠者固也其盡也尺題留而不復親戚來而不拒言不近娛志不離戚斯可謂中禮矣若乃送客挾彈訪人辭酒立時之輩攝祭之流固無足言者至如子就三日之不飡叔治七歲之至性豈唯不樂必哀所可折制耶或問近代有其日焚紙錢既非典禮所載余未之信

豹直

新官併宿本署曰爆直僉作爆迸之字余常膺悶莫究其端近見惠郎中寔云合作武豹字曾有得處偶忘之言豹性潔善服氣雖雲雨霜霧伏而不出慮汚其身自聆所聞每詳所未見因覽列女傳見陶答子妻所云南山有文豹霧雨七日不下食者欲以澤其毛衣而成文章乃知惠說自此爾小謝詩云雖無玄豹姿終隱南山霧是也南華亦云豹棲於山林伏於嵒穴靜則併宿公署雅是豹伏之義宜作豹直固不

舜也

引從

常憶㓜時見在事或三五人同行其中笏囊位下卑行者俾前行呵逐開路位高行尊者得以緊而近馬其高尊之殿乘亦不離馬後蓋饒謙之去就也意者偏遂便於高尊處令則反是笏前引以爲尊殿乘訖而無序何耶

拜禮

夫拜者禮之特爲以申敬恭之儀故周禮有稽首頓首振動吉凶奇褒肅九等之拜以示威靈而觀容止也其非至親行卑者拜則接捧示止之不敢當之意今卑謙太過反不敢接捧而鞠躬側立惕受翻令前人得以盡禮深拜又書狀弟慶辭竭並削去拜字以敬尊官都乖古風

卜則嫗

非卜筮者必話乘道茂之行有嫗一無所知大開小四自乘而卜回者必曰嫗於乘門責卜其神子俾來復之乘言休則嫗言咎乘言咎則嫗言休顧後中不乘嫗各半或有折話者曰斯管公明門前嫗也咸誤矣案符子云齊有好卜者十而中五鄰人不好卜常反之亦十中五與不卜等耳蓋是予家設理之詞後人呼聲而至是愚欲歸實故證之

急急如律令

符祝之類末句急急如律令者人皆以爲如飲酒之律令速去不得滯也一說漢朝每行下文書皆云如律令言非律非令之文書行下當亦如律令故符祝之類末句有如律令之言並非之也案律令之令字宜平聲讀爲零（音若毛詩盧重令之令昔人姓令狐氏之令也）律令是雷邊捷鬼學者豈不知之此鬼善走與雷相疾速故云如此鬼之疾走也

永樂冢

永樂坊內古冢今人皆呼爲東王公墓有祠堂加其上俗以祈祀稱造化東王公大謬也案韋氏兩京新記云未知姓名時人誤爲東方朔墓也當時時人已誤今又轉東方朔爲東王公後代必更轉爲東野子産矣

蜀馬

成都府出小駟以其便於難路號爲蜀馬今宣城郡亦有小馬時人皆呼爲宣州蜀馬語習不悟良可笑焉有似中宗時時人呼姚丞相爲陝州吳兒同州柱鼈亦然

慼融

今有奕局取二道人行五棊謂之慼融融宜作戎此戲生於黃帝蹙鞠意在軍戎也殊非圓融之義庾元規著座右方所言慼戎者今之慼融也學者固已知之

錢戲

錢戲有每以四文爲一列者即史傳云云所意錢是也俗謂之攤錢亦曰攤鋪其錢不使疊映欺惑也疾道之故謂其音音攤爲灘𪗋反音鋪爲蒱厥義此耳今人書此錢戲率作樗蒱字何距樗蒱之甚耶案樗蒱起自老子今亦爲呼盧者不宜雜其號於錢說攤鋪之義皎然可見

寓直

常見直宿公署咸云寓直徒以當直字俗稱貴文言而不究其義也案字書寓寄也寓直二字出於潘岳之爲武賁中郎將晉朝未有將校省故寄直散騎省今百官各當本司而直固是當直安可云寓何異坐自居第而稱僑僦也

端午

端五者案周處風土記仲夏端五烹鶩角黍端始也謂五月初五日也今人多書午字其義無取爲余家元和中端五詔書並無作午字處而近見醴泉縣尉廳壁有故光福王相題鄭泉記處云端五日豈三十年端五之義別有見耶

俗字

俗字至䝨芻字已有二草𦬙芻今或更加草非也因芻又記得趨丢之趨今皆以多居走非也馳音焦下已有火今復更加一火剩也瓜果字皆不假更有加草瓜字已象剖形明矣俗字甚衆不可殫論

俗譚

俗之誤譚不可以證者何限今人呼郡刺史爲刺史謂般涉爲官涉謂茜爲塹食魚謂鱖爲桂以𩺰爲鮭

人擤鼻爲噴涕吐口爲愛富（殊不知噴嚏癡癖嚏者音避瘢府氣瘛齒）熨斟爲醞剪刀爲箭帽爲幕禮爲里保爲補袞爲逋暴爲步觸類甚多不可悉數

挽歌

代云挽歌始自田橫門人非也左傳曰魯哀公會吳伐齊將戰齊將公孫夏令歌虞殯杜注虞殯送葬歌也如是則已有久矣

上馬

自便服乘馬已來既無帷蓋乃漸至大裁帽席帽之

障蔽近年藩態唯修處事至於致恭尊高不敢戴上馬宜矣直有出門猶露首面如之何

非麻胡

俗怖嬰兒曰麻胡來不知其源者以爲多髯之神而驗刺者非也隋將軍麻祜性酷虐煬帝令開汴河威稜既盛至稚童望風而畏牙相恐嚇曰麻祜來稚童語不正轉祜爲胡只如憲宗朝涇將郝玼蕃中皆畏憚其國嬰兒啼者以玼怖之則止又武宗朝閭閻孩孺相脅云薛尹來咸類此也況魏志載張文遠遼來之明證乎

不及剉

諺云千里井不反唾蓋由南朝宋之計吏瀉剉殘草於公館井中且自言相去千里豈當重來及其復至熱渴汲水遽飲不憶前所棄草草結於喉而斃俗因相戒曰千里井不反剉復訛爲唾剉

三臺

今之嗺酒（嗺合作啐啐嘬送酒聲音碎今訛以平聲促樂是也故且作嗺字貴賤近易識爾）三十拍促曲名三臺何或曰昔鄴中有三臺石季倫

常爲游宴之地樂工倦怠造此以促飲也一說蔡邕自治書御史累遷尚書三日之間周歷三臺樂府以邕曉音律製此曲動邕心抑希其厚遺亦近之

借書

借借（上子亦反下子夜反）書籍俗曰借一癡借二癡索三癡還四癡又案王府新書杜元凱遺其子書曰書勿借人古人云古諺借書一嗤還書二嗤（嗤笑也）後人更生其詞至三四因訛爲癡

卷白波

飲酒之卷白波義當何起按東漢既擒白波賊戮之如卷席故酒席倣之以快人情氣也

龍鍾

亟有孔文子之徒下問龍鍾之義且未知所自輙以愚見鍾即涔爾涔與纏並蹄足所踐爲則龍之致雨上下所踐之鍾固淋漓濺灑矣義當止此餘俟該通

嚏呪

今人每嚏必自祝所祈云云案邶終風篇注願猶思也言猶我也蓋他人思我我則嚏之也鄭又稱古遺語每嚏云人道我以爲他人說我我則嚏此正得其願言者非呪願之願非語言之言今則自祝乃由誤解詩句爾

阿茶

公郡縣主宮禁呼爲宅家子蓋以至尊以天下爲宅四海爲家不敢斥呼故曰宅家亦猶陛下之義至公主已下則加子字亦猶帝子也又爲阿宅家子阿助詞也急語乃以宅家子爲茶子既而亦云阿茶子或削其子遂曰阿家以宅家子爲茶子既而亦云阿茶子削其子字遂曰阿茶一說漢魏已來宮中尊美之呼曰大家子今急訛以大爲宅焉

下俚

俗呼下俚家爲嘉李家者秦人呼云以俚與國姓音同不敢聦下字呼因改爲嘉下聲遂近亦以家美故也

揚聲

喪筵之室俾妓婢唱悲切聲以助主人之哀者謂之揚聲不知起自何代按其聲嘒然宜呼爲羊聲義取報羔羊跪爾不唯助也抑用邀之豈不深乎哉

屋頭

俗命如廁爲屋頭稱并州人咸鑿上爲室廁在所居之上故也一說北齊文宣帝怒其魏郡丞崔叔瓚以溷汁沃頭後人或食或避親長不能正言溷因影爲沃頭焉

車輊

俚語以車頓前爲質者乃由不識輊字故也輊音致詩云如輊如軒前重爲輊後重爲軒俚見輊字似桎字便以支乙音呼矣至如見馬首之似者遂爲頭質乃俚語之謬放此皆觸類而思從可知

由車質之誤也亦宜云頸輕其義與車固矣

竹笪

篚籧篨因江東呼爲笪今京洛皆呼爲竹笪今俗字音笪爲但蓋此字音旦又音闥當是有於笪旁書旦闥二音者遂誤合二音反謂是但遂以成俗余嘗因市此呼作闥音爲輕薄所嗤曰眞村裏書生余聽之曰聲亦呼作旦音如乎若是者又多難悉言

驢爲衛

代呼驢爲衛於文字未見今衛地出驢義在斯乎或說以其有軸有槽譬如諸衛有胄曹也自目爲衛自前漢有直廬郎吏居之今則衛士處之至今紫宸宣政殿外皆有廬舍以宿衛士是也

奴爲邪

呼奴爲邪者蓋舊謂僮僕之未冠者曰豎人不能直言其奴因號奴爲豎高歡東魏用事時相府法曹辛子炎誤犯歡奴杖之歡諱樹而威權傾於鄴下當是鄴寮以豎同音因目奴爲邪義取邪君樹塞門以句內有樹字假豎爲樹故歡後爲言今兼刪去君字呼之一說邪字類拜字言奴非唯郎主是賓則拜

措大

代謂士流爲醋大言其峭醋而冠四人之首一說云冠儼然黎庶望之有不可犯之色犯必有驗比於醋而更驗故謂之焉或云往有士人貧居新鄭之郊以驢負醋巡邑而賣復落魄不調邑人指其醋馱而號之新鄭多衣冠所居因總被斯號亦云鄭有醋溝士流名家其州溝之東尤多甲族以甲乙叙之故曰醋大愚以爲四說皆非也醋宜作措止言其能舉措大事而已

抱木

南土有木以抱爲名者言其輕滿不能成斤亦以造器滿抱如無因以懷抱名之也南土多陂塘多生水松其抱木感水沫依松而成似松之疣贅浮繞其株悉去水面三寸原其化質假松之氣爾故其臭方其質輕抱木實輕於赤腳誠哉斯言然余爲南漳守命工爲函匣筒鞞抑造清明毬卵輕齋而歸北人莫不稱便而異焉

薛陶牋

松花牋代以爲薛陶牋誤也松花牋其來舊矣元和

初薛陶尚斯色而好製小詩惜其幅大不欲長（賸長之長）乃命匠人狹小之蜀中才子既以爲便後減諸牋亦如是特名曰薛陶牋今蜀紙有小樣者皆是也非獨松花一色

石鏊餅

石鏊餅本曰㗁餅同州人好相㗁將投公狀必懷此而去用備狴牢之糧後增以甘辛變其名質以爲貢遺矣

李環餳

蘇乳煎之輕餳成云十年來始有出河中余實知其由也武臣李環家之法也余弱冠前步月洛之綏福里方見夜作問之云乳餳時新開是肆每斤六十文明日市得而歸不三數月滿洛陽盛傳矣開成初余從叔聽之鎮河中自洛招致餳者居於蒲蒲土因有是餳其法寧聞傳得唯博俑軍人竊得法之十八九故今奉天亦出輕餳然而劣於蒲者不盡其妙焉

風爐子

以周繞通風也一說形像名烽爐子理亦逝焉

相思子

豆有圓而紅其首烏者舉世呼爲相思子即紅豆之異名也其木斜斫之則有文可爲彈博局及琵琶槽其樹也大株而白枝葉似槐其花與皂莢花無殊其子若穩豆處于甲中通身皆紅李善云其實赤如珊瑚是也

甘草

所言甘草非國老之藥者乃南方藤名也其叢似薔薇而無刺其葉似夜合而黃細其花淺紫而蘂黃其實亦居甲中以枝葉俱甜故謂之甘草藤土人異呼爲草而已出在潮陽而南漳亦有故備載之

投子

投子者投擲於盤筵之義今或作頭字言其骨頭所成非也因此兼有作骰字者案諸家之書骰即股字爾不音投（史記蔡澤說范雎曰博者或欲大投裴駰云投瓊也則知以玉石爲投擲之義安有頭骰之理哉）

熊白啗

貞元初穆寧爲和州刺史其子故宛陵尚書及給事

已下尚未分官列侍寧前時穆氏家法切峻寧命諸子直饌愁不如意則杖之諸子將至直日必探求珍異羅於鬥沮之前競新其味計無不爲然而未嘗免笞叱之過者一日給事直饌鬥前有熊白及鹿修忽曰白肥而修瘠相滋其宜乎遂同試曰甚異常品卽以白裹修改之而進寧果再飽宛陵與諸季望給事盛形美色曰非唯免笞兼當受賞給事頗亦自得寧飯訖戒使令曰誰直可與杖俱來於是罰如常數給事將拜杖遽命前曰有此味奚進之晚耶於是聞者

笑而傳之

生肝鏤

今鏤生肝肚爲飯食之一味曰生肝鏤剸言其細切如影鏤之義一說名生肝一胙言似〻祭之餘胙聲譌故云鏤剸也凡諸飯食名號字余撰變王子泉㿥約弁辯字在集中言之詳矣所未該者今之五味醬煸瓜茄及豬肉俗謂之丑甲音者而膃肭膗脥字反是字書內爆字音丑獵者譌呼丑山反爾此字火旁云下木別有火旁世世下木音士甲反是沸湯淋菜字其音丑獵者義出暗爚也

畢羅

畢羅者蕃中畢氏羅氏好食此味今字從食非也混飩以其象渾沌之形不能直甚渾沌而食避之從食可矣至如不托言舊未有刀機之時皆掌托烹之刀機既有乃云不托今俗字有餺飥乖之且甚此類頗多推理證非可也元和中有姦僧鑒虛以羊之大府特造一味傳之于今時人不得其名遂以其號目之曰鑒虛今往往俗字又加食旁率多此類也

琴甲

今彈琴或削竹爲甲以助食指之聲者亦因汧公也嘗患代指而舊甲方墮新甲未完風景廓澄援琴思之假甲於竹聊爲權用名德既崇人爭倣效好事者且曰司徒甲夫琴韻在乎輕清且竹於自然之甲厚薄剛柔殊矣況棄真用假捨清從濁予恭靡知其由也至如箜篌之與秦箏若能去假還真其聲宛美矣集中客樂論云絲不如竹竹不如肉稍同孟嘉此義嘉曰以其漸近自然故知甲宜從真矣

茶托子

始建中蜀相崔寧之女以茶盃無襯病其熨指取楪

子承之既毀而盃傾乃以蠟環楪子之央其盃遂定即命匠以漆環代蠟進於蜀相蜀相奇之爲製名而話於賓親人人爲便用於代是後傳者更環其底愈新其製以至百狀焉貞元初青鄆油繪爲荷葉形以襯茶椀別爲一家之楪今人多云托子始此非也蜀相即今昇平崔家訊則知矣

折封刀子

起於郭汾陽書吏也舊但用刀子小者亦汾陽雖大度廓落然而有晉陶侃之性動無廢物每收其書皮之右所務下者以爲逐日須取文帖餘悉卷貯每歲

終則散主守家吏俾作一年之簿所務之處多不端直文帖且又繁積胥吏不暇剪正臨曲斜聯糊一日所出務刀忽折不餘寸許吏乃銛以應急覺愈於全時漸出新意因削木如半環勢如於折刃之上使纔露鋒樁其書而務之汾陽嘉其用心曰眞郭子儀部吏也言不廢折刃也每話于外後因溥之益妙其製

書題籤

大僚題上紙籤起於丞相李趙公也元和中趙公權傾天下四方緘翰日滿閽者之袖而潞帥郄士美時有珍獻趙公喜而回章盈幅曲叙殷勤誤卷入振武封內以遺之而振武別紙則附于潞時阿跌光進帥麟覽盈幅手字知誤畫時飛還趙公趙公因命書吏凡有尺題各令籤記以送故于今成風也

門狀

文宗朝以前無之自朱崖李相貴盛於武宗朝且近代稀有生一品百官無以希取其意以爲舊刺輕刺則今之名紙相扇留具銜候起居狀而今又益競以善價紙如出印之字巧諂曲媚猶有未臻之遺恨并丹稱正

平生於今日其亦如是乎

席帽

永貞之前組藤爲蓋曰席帽取其輕也後或以太薄冬則不禦霜寒夏則不障暑氣乃細色罽代藤曰氈帽貴其厚也非崇貴莫戴而人亦未尚元和十年六月裴晉公之爲臺丞自化理第早朝時青鎮一帥拒命朝廷方參議兵討而晉公預焉二帥俾捷步張晏等傳刃伺便謀害至里東門導炬之下霜刃数飛時晉公繫帽是賴刃不即及而帽折其簷既發禍朝貴

乃尚之近者布素之士亦皆戴焉（折言帽尚在裴氏私第中）大和末又染繒而復代翦曰疊絹帽雖示其妙與皀帽之庇懸矣會昌已來吳人衒巧抑有結絲帽若網其巧之淫者織花鳥相廁焉（近又染藥爲紫復以輕相尚）

被袋

非古製不知孰起也比者遠游行則用大和九年以十家之累者還迤竄謫人人皆不自期常虞倉卒之遣每出私第咸備四時服用舊以細革爲腰囊置於轂乘至是服用既繁乃以被易之成俗于今大中已來吳人亦結絲爲之或有向遺豪徒翫而不用也

注子偏提

元和初酌酒猶用樽杓所以丞相高公有斟酌之譽雖數十人一樽一杓挹酒而散了無遺滴居無何稍用注子其形若罃而蓋觜柄皆具大和九年後中貴人惡其名同鄭注乃去柄安系若茗瓶而小異目之曰偏提論者亦利其便且言柄有礙而屢傾仄今見行用

承床

近者繩床皆短其倚衙曰折背樣言高不及背之半倚必將仰眷不遑縱亦由中貴人衚意也蓋防至尊賜坐雖居私第不敢傚逸其體常習恭敬之儀士人家不窮其意往往取樣而製不亦乖乎（繩床當作承字言輕齋可隨人來去）

蠡海錄

宋　王逵

諺云月如仰瓦不求自下月如張弓少雨多風蓋月有九行月行八道青白赤黑各二道皆出入于黄道之中故曰九行道不中而過南則爲陽道道不中而過北則爲陰道行陽道則旱行陰道則潦月借爲光月生如仰瓦則行陰道如張弓則行陽道也明矣

雪者雨之凝也因高而寒極故雨凝而爲雪也其雨雪相雜者雲有高低之異也低者則爲雨高者則爲

雪

夫潮之生必自東而起其故何也蓋百川之水盡皆東趨及其氣之至也潮從東起者返本之義存焉然東方卯辰之位卯爲升氣之盛辰爲龍變之鄉是以潮起于東不在于他方也

人之水溝穴在鼻下口上一名人中蓋居人身天地之中也天氣通于鼻地氣通于口天食人以五氣鼻受之地食人以五味口受之穴居其中故名之曰人中或曰人有九竅自人中已上者皆兩自人中已下者皆一若天地交泰之義者則鑿矣

禽獸之音偏于一故無智雖有智亦偏一巧舌雖多轉聲亦不具五音也人之音外配五行内應五臟各無欠缺故人爲萬物之靈也

人之手心抓而不痒人之足心抓之則痒者何也蓋人手心通心氣心屬火喜動故不痒人足心通腎氣腎屬水喜静故痒

鳥之咮方者趾方近于陰故夜不眠而能飛鳴鳥之咮尖者趾尖純于陽故夜宿而不能飛鳴鳥咮尖而能夜飛鳴者色純于陰也若鴉鵲既白而不純故夜不能飛鳴也

鼠之前爪四指陰也後爪五指陽也故爲陰陽之始終龜之前後爪亦同于鼠故爲陰陽之大用或曰鼠前四後五四時五行也龜前五後四五湖四海也

飛禽爲陽皆食果穀得天陽之氣也走獸爲陰皆食芻藁得地陰之氣也

或問曰獸有牝禽無牝何也答曰獸得陰數陰數無始爲無上故無翼禽得陽數陽數無終爲無下故一

竅而無尿也

五行惟火無定著由木而見形依土而附質因金而顯性遇水而作聲

水火乃陰陽之極坎離之象著坎內含一陽生氣也故水中能容物離中含一陰死氣也故火中不能容物

斷土始則重燥則輕伐木始則重槁則輕是知形附質則重形離質則輕水附土液附木乃重生則重也水離土液離木乃輕絕則輕矣

或問海錯生鹹鹵而其味每淡及獲之醃漬以鹽其味即鹹矣其理何在答曰生氣臨之者常死氣臨之者變生生氣也死死氣也故海錯在海皆澹及其離海鹽醃之即鹹生則氣血行故味不入死則氣血凝故味能入

梓潼文昌君從者曰天聾曰地啞蓋帝君不欲人之聰明盡用故假聾啞以寓意且夫天地豈可以聾啞哉

紫色乃水火陰陽相交既濟流通之義也故天垣曰紫宮又曰紫微者紫宮微妙之所也是以天子之居亦曰紫宸面南拱北之情合矣

凡草木經牛齕之餘必重茂經羊齕之餘必粹稿諺有之曰牛食如澆羊食如燒信夫是蓋生殺之氣致然也

晉陽秋

晉 庾翼

太興中衡陽區純作鼠市四方丈餘開門門有一木
縱四五鼠於中欲出門木人輒以椎椎之此機巧凡術之
吳有葛衡字思真明達天官能於機巧作渾天使地
居中以機動之若天轉而地止以上應晷度
高貴鄉公神明爽儁德音宣朗景王曰上何如主也
鍾會對曰才同陳思武類太祖景王曰若如卿言社
稷之福也

有星赤而芒角自東北徃西南沒于諸葛亮營俄而
亮卒
張華將死中台星遂拆太元中復還合正太傅謝安
爲相所致也
袁宏字彥伯謝安賞其機捷辯速自吏部郎出爲東
陽郡乃祖之於冶亭時賢皆集安欲卒迫試之執手
將別顧左右取一扇而贈之宏應聲答曰輒當奉揚
仁風慰彼黎庶合坐歎其要捷
丁卯葬高貴鄉公于洛陽西北三十里瀍澗之濱下
車數乘不設旌旐百姓相聚而觀之曰是前日所殺
天子也或掩面而泣悲不自勝

蜀檮杌

宋 張唐英

王建字光圖其先許州郾城後徙居項城隆眉廣額身長七尺與晉暉輩以剽竊為事被重罪繫許昌而獄吏縱之使去武當僧處洪謂曰子骨相異常貴不可言何自陷為盜感其言因隸軍於忠武而節度使杜審權拔列校從討王仙芝有功所乘馬死剖之得一小蛇於心間私自異之秦宗權處淮西募建補軍虞候廣明中僖宗大喜乃分其兵使建等五人主之號

隨駕五都田令孜皆錄為假子駕還分典神策軍光啓元年令孜與河中王重榮有隙移鎮易定重榮遂舉兵向闕二年正月僖宗再幸興元以建為清道使負玉璽以從至當塗驛而顧寧李昌符朱玫等遣人焚棧道建翼僖宗過於煙焰中夜宿坂下僖宗枕建膝而寢賜以金券至褒中以建遙領壁州刺史令孜懼禍求為西川監軍以楊復恭代為觀軍容復恭慮建不附已出為利州防禦使十月駕還楊守亮鎮興元屢召建建疑圖己遂招募亳猾八千攻陷閬州殺

殺行選入據其城自稱刺史十一月招宗節使陳敬瑄拔於成都迎建於東川顧彥朗內顧為患厚遺之令孜於子也可折簡召之遂與建曰中原向多事唯三蜀可以偷安陳公愷廓無疑同建大事若父子遇之無不可也建大喜領兵詣成都敬瑄參謀李乂謂曰建為人姦雄狼顧久矣必不為人下若為將校亦非公之利建至東川敬瑄遣人止之建怒進攻破鹿頭入據漢州進攻成都顧彥朗懼建反戈相襲上表雪其罪建亦奏請擇大臣帥蜀乃召宰相韋昭度為

成都尹割邛蜀黎雅置永平郡於邛州以建為節度發兵迎昭度於劍門敬瑄不受代昭度於城東置行府以建為衙內都指揮使大順元年十月建度敬瑄垂敗心與全蜀乃入白昭度曰相公興數萬之衆未有討叛之効而饋運不繼大衆嗷然今關東藩鎮相噬圖傾國家社稷朝廷姑息不暇相公為國大臣其心安忍不如東還以清中原此根本之策也劍外之事願以相委必不負驅策昭度猶豫未決建陰令軍士擒昭度帳下吏駱保若頭保臠臠食之昭度懼乃

以符節付建郎日東還詔復敬瑄官令建罷軍歸邛州建不孜急攻成都令孜權登城與建語曰老夫與八哥素厚何苦相扼如此建曰建與軍容有父子之恩何心敢忘但太師負國而朝廷使建討之苟太師改心便可釋憾令孜與敬瑄議以勢不可敵其夕令孜擕符印郎建營受之翌日以成都讓建自稱留後表陳其事龍紀元年春制授成都尹西川節度監軍使知節度事管內觀察處置雲南八國招撫等使敬瑄廢處雅州以其子爲刺史旣行建遣殺於三匹令

孜仍監其事四月以令孜陰附鳳翔檢下獄餓死光化三年詔建私門立戟加中書令封琅琊王四年封建西平王三年昭宗還長安建奉表貢茶布等十萬八月封建司徒蜀王四年八月朱全忠殺昭宗建率將吏百姓舉哀制服七年全忠篡位改元開平巨人見青城山鳳凰見萬歲縣左右勸進三遜而後從九月僭卽位號大蜀改元武成以王宗佶爲中書令韋莊爲散騎常侍判中書門下事唐道襲爲樞密使任知元潘峭爲宣徽南北院使王宗裕爲太傅王宗侃

爲太保兼侍中以唐觀軍容嚴遵美爲內侍監授唐室舊臣王進等三十二人官爵有差十月下詔改堂宇廳舍爲宮殿其署曰帝君之居上應辰象朝貢臻集華夷會同宮闕殿閣之深嚴臺省府寺之完壯須分名號以美觀瞻況我肇啓丕圖類有嘉瑞允協上玄之貺式光萬世之基至於廚廐之標題倉庫之曹列並宜從華用永惟新大衙門爲宣德門節子門爲神獸門大廳爲會同殿毬場門爲武門毬場廳爲神武殿蜀王殿爲承乾殿清風樓爲壽光閣西廳子爲

咸宜殿九項堂爲承乾殿會仙樓爲龍飛樓西廳門爲東上閤門廳子西門爲西上閤門節堂南門爲日華門庫角門爲月華門萬里橋門橋爲光下門笮橋門爲坤德門大東門爲萬里春門小東門爲瑞昇門大西門爲乾正門小西門爲延秋門北門依舊大玄門子城南門爲宗禮門中隔門爲神雀門東門爲神政西門爲興義鼓角樓爲大定門北門爲大安門中隔爲玄武門日橋爲應聖橋舊宅爲昭聖宮堂爲金華殿摩訶池爲龍躍池設廳爲韶光殿甲資庫爲國

討庫衙庫爲內藏庫衙內麴佑庫爲齊庫大衙內維庫爲廣潤庫賞設庫爲常盈庫賞設行庫爲殿前庫南倉爲天富倉瞻軍東庫爲左藏北庫倉爲大倉甲狀庫爲天富庫舊役三院爲彰信門尚書省於舊使院置御史臺於府司置府城爲皇城使防使司依舊兩馬步使爲左右街使廂虞候爲街廵使後槽飛龍廄客司馬客省使藥管爲教坊使厨爲御食戟門添置六戟三十六戟神策營爲粮科司六軍爲支計院成都府爲在子城外遂穩便處置立府所司新曲宅

爲啓官堂爲玉華殿武城二年正月祀南郊御樓肆赦赦韋莊爲吏部侍郎張格爲中書侍郎並平章事因謂曰不恃權不行私惟至公是守此宰相之任也

三月灌州奏武部郎中張道古卒道古臨淄人少有文詞慕朱雲梅福之節景福中舉進士釋褐爲者郎遷右拾遺時播遷之後方鎮阻道古上疏言五危二亂七事責授施州司戶參軍未幾以左補闕徵由蜀赴闕陳田之亂乃更姓名賣卜於溫江韋問其名奏爲節度判官又上建時敘二亂五危事爲同僚所嫉送茂州安置開國召爲武部郎中至玉壘關謂所親曰吾唐室諫臣終不能拳跽與雞犬同食今召還須再貶於此死之日葬之日葬我於關東不毛之地題曰唐左補闕張道古墓至蜀果不爲時所容復貶茂州卒於路五月立周氏爲皇后宗懿爲太子十月讌武星宿山步騎三十萬遂宴於行宮謂左右曰得一二人如韓信而將之中原不足平也宗佶跪曰臣雖不才自顧可策取兵部郎中張扶進曰陛下雄才大畧尚不能得岐隴尺寸之土宗佶小子狂妄願陛下

無以中原爲意宗佶憾之論庖人置堇而毒殺之扶字子持廣都人博學善文凡書奏牋檄皆屬之贈諫議大夫制封諸子爲王建十一子馬嬡生宗仁白嬡生宗輅陳嬡生宗智宗時裔嬡生宗傑褚嬡生宗鼎宗澤宗平徐嬡生衍撲殺晉國公王宗佶本姓甘氏建未有子錄爲養子以戰功累遷中書令恃位隆功高所爲不法速上表求爲太子建勉諭令出而不肯去言詞甚悖因叱衛士撲殺之

三年六月下詔勸農桑曰昔劉先主入蜀武侯勸其

閉閣勸民十年而後舉兵震搖關內朕以猥劣托居人上爰念蒸民久罹干戈之苦而不暇力於農桑之業今國家漸寧民用休息其郡守縣令務在恵綏無侵無擾使我赤子樂於南畝而有豳風七月之詠焉八月吏部侍郎平事韋莊卒莊字端己杜陵人見素之後乾寧中舉進士建奏爲掌書記昭宗遇弑梁祖即位遣使諭與元節度王宗綰馳驛白建建謀興復莊以兵者大事不可倉卒而行乃爲建草宗綰書其畧曰吾常主上恩有年矣衣襟之上宸翰如新墨詔

之中淚痕猶在犬馬猶能報主而況人之臣子乎自去年三月東還連貢二十表而絕無一使之報天地阻隔叫呼何及聞上至穀水臣僚及宮僚千餘人皆爲汴州所害及至洛果遭弑逆自聞此詔五內糜潰今兩川銳旅誓雪國耻不知來使何以宣諭示此告勒令自決進退梁使遂還梁祖復遣使通好以建爲兄莊得書笑曰此神堯驕李密之意也建之開國制度號令刑政禮樂皆莊所定拜平章事卒有浣花集二十卷十二月大赦改元永平

永平元年十一月周德權卒德權汝南人建之妻弟從建入蜀以戰功累遷眉州刺史梁祖旣篡德權上表曰案讖文李祐西王逢吉昌土德允興丹莫當李祐者唐王也西王者王氏興於西方也逢吉昌者逢字如殿下之名也土德坤維也允興亦西方也丹莫當者丹朱也言朱與不敵與殿下抗也願稽合天命仰膺寶籙使天地有主人神有依建大悅曰成我者叔舅也建即位累遷太保中書令卒贈太師

二年正月贈張魯扶義公諸葛亮安國公二月朔游

龍華禪院召僧貫休坐賜茶藥綵段仍令口誦近詩時諸王貴戚皆賜坐貫休欲諷之因誦公子行曰錦衣鮮華手擎鶻閑行氣貌多輕忽稼穡艱難總不知五帝三王是何物建稱善貴倖皆怨之貫休本蘭溪人善詩與齊己齊名有西岳集十卷三月詔平章事張格專編纂開國以來實錄獲玉璞於田令孜之第其文曰有德承天其祚永昌八月什邡縣獲銅牌石記有廣昌之文改什邡爲通計縣改太子名爲元膺三年七月太昌軍使徐瑤等脇太子元膺舉宮以叛

儲君討之斬元膺瑾伏誅以衍為太子瑾字伯玉長葛人從建入蜀勇猛善格鬭建初在韋昭度幕府其兵皆文身黧黑衣裝詭異衆皆稱為鬼兵稱瑾為鬼魁建克成都瑾多污辱衣冠士女富人李希妻俞氏有異色瑾　而逼之俞氏曰吾夫嘗為鄉貢進士風流儒雅人比之相如尚亦非我匹爾鬼兒也焉得無禮於我瑾仗劒謂曰而畏此乎俞氏曰吾寧死必不受辱瑾欲殺之左右謂曰城中婦人無限何必暴至於此遂往而釋之

四年二月以太子衍判內外六軍事詔以東宮為崇賢府凡文學道德之士得以延納訪問重陽建出游寶曆寺后妃皆從其日宮女四人逃匿搜尋不獲明日得之乃寺僧誘之藏於民家與僧二十二人同斬於龜化橋十月內樞密使潘炕字凝夢其先河西人有氣量家人未嘗見其喜怒然嬖於美妾解愁恙成疾解愁姓趙氏其母夢吞海棠花蕊而生頗有國色善為新聲及工小詩建嘗至炕第見之謂曰朕宮無此人意欲取炕曰此臣下賤人不敢以塵於君其實嬖之弟峭謂曰綠珠之禍可不戒邪炕曰人生貴於適意豈能愛死而自不足於心耶人皆服其有守其十二月御大安門受秦鳳階成之信大赦改元通正將大霖雨禱于奇相之祠唐英按古史震蒙氏之女竊黃帝玄珠沉江而死為此神即今江瀆廟是也

通正二年正月梁遣使來聘二月翰林學士庾傅昌卒傅昌周義成庾信之後富文藻著金行啓運錄二十卷青宮載筆記十五卷玉堂集二十卷三月弘農郡王晉暉卒暉許州人少有膽勇初與建為盜夜泊

武陽古墓中聞人呼墓中鬼曰潁州設無遮會可同否墓中應曰蜀王在此不得相從二人相會曰蜀王誰是也暉曰行哥狀貌有異於人必有不常之事建嘗與飲敘舊暉曰武陽墓中言果不誣耳建笑曰始念不及此卒建親往臨吊十一月大赦改元天漢元年國號改稱天漢以廣成先生杜光庭為戶部侍郎天漢元年正月封張飛為靈應王鄧艾為彰順王張儀為昌化王五月祀皇帝于南郊翌日祀皇帝於方丘六月賜百官飛帶凡十一月祀昊天上帝於圜丘

夫風拔木幞幄皆裂改元光天依舊稱大蜀國
光天二年四月有狐嗥於寢室鵂鶹鳴於帳中鷄鵶
集於摩訶池建因感疾甚篤召大臣賜坐示手書曰
朕比遭亂離以干戈定秦蜀賴卿等忠勤夾輔遂正
名號輔有神氣旋乾纂業懼不負荷幸賴天地之靈
廟社之祝方隅底定民黎康樂二氣叶和五穀豐稔
然以萬機之大不免勤勞於夙夜感此一恙藥石弗
救太子雖幼有賢德然次不當立卿等固請于外妃
后亦甚篤愛勢不能違立爲儲王兒力輔無墜我邦

家之休又謂曰太子若不克荷但置之別宮選立賢
者愼勿害之徐氏兄弟但優與俸祿以豐其家勿令
掌兵以速其禍帝太子入侍疾六月建薨年七十二
僞諡武神文聖孝德明忠皇帝廟高祖葬永陵
黃松子曰唐自廣明之亂天下凌遲姦猾亡命之徒
攘袂仇眾於萑蒲之下而所在橫潰建於此時乃與
晉暉輩攘竊於許蔡之郊藏匿於墟墓之閒其暴固
不足以警動郡縣及得罪被繫死在旦夕而孟彥暉
縱之使去此獄吏知其必貴而祐之耶抑天爲之

遂能奮迹士伍奔赴行在忠義感激誠貫白日執戈
被銳翼衛乘輿於烟熖之中其勤至矣巨閹猜忌自
望遷利遂舉兵據閬上謀自全之計洎陳田召而不
納遂抗表請師猶有勤王之節而韋昭度章句書生
柔雅醞藉非具有將帥之才駕馭之術建察其可取
而代中以幾智奪其符印遂推敵克城節制全蜀而
納貢述職道不絕使及梁祖受禪非有湯武高光之
德建嘗卑而爲岐隴所阻自視才畧不在梁下
其肯心降俛首而爲之臣耶因僭竊位號亦將使之

然也觀其委任將佐擢用才智撫養士卒惠綏黎庶
勸課農桑輕省徭賦臨終顧托至誠無疑前視劉備
可以無愧矣

趙后遺事

宋 秦醇

余里中有李生世習儒術而業甚貧余嘗過其家牆角一破筐藏古抄書數十冊中有趙氏瑣事雖紙墨脫落尚可觀覽余就李生乞之以歸補正編次成篇傳諸好事者

趙后腰骨尤纖細善踽步行若人手執花枝顫顫然他人莫能學也在主家時號爲飛燕入宮後復引援其妹得幸爲昭儀昭儀尤善笑語肌骨秀滑二人皆

天下第一色色傾後宮自昭儀入宮帝益希幸東宮昭儀居西宮后日夜欲求子爲自固久遠計多用小犢車載年少子與通帝一日惟從三四人往后宮后方與人亂不知也左右急報后驚 出迎帝冠髮散亂言語失度帝固亦疑焉帝坐未久復聞壁衣中有人嗽聲帝乃去由是帝有害后意以昭儀故隱忍未發一日帝與昭儀方飲帝忽攘袖瞋目直視昭儀怒氣怫然不可犯遽起避席伏地謝曰臣妾族孤寒下無強近之親一旦得備後庭驅使之列不意獨承幸御濃被聖私立於衆人之上恃寵邀愛衆謗來集加以不識忌諱冒觸威怒臣妾願賜速死以寬聖抱因涕淚交下帝自引昭儀曰汝復坐吾語汝汝無罪汝之姊吾欲梟其首斷其手足置溷中乃快吾意昭儀曰何緣而得罪帝言壁衣中事昭儀曰臣妾緣后得備後宮后死則妾安能獨生況陛下無故而殺一后天下有以窺陛下也願得身實鼎鑊體膏斧鉞因大慟以身投地帝驚遂起持昭儀曰吾以汝之故不害后第言之耳汝何自恨若是久之昭儀方就坐問壁

衣中人帝陰窮其迹乃宿衛陳崇子也帝使人就其家殺之而廢陳崇昭儀往見后言帝所言且曰姊曾憶家貧寒餓無聊姊使我共鄰家女爲草履入市貨履市米一日得米歸遇風雨無火可炊飢寒甚不能成寐使我擁姊背同泣此事姊豈不憶也今日幸富貴無他人次我而自毀敗或再有過帝復怒事不可救身首異地爲天下笑今日妾能拯救也存殁無定或爾妾死尚誰攀乎乃泣涕不已后亦泣焉自是帝不復往后宮承幸御者昭儀一人而已昭儀方浴帝

私類之侍者報昭儀昭儀急趨蜀後避帝瞥見之心愈眩惑他日昭儀浴帝黙賜侍者特令不言帝自屏罅覘蘭湯灔灔昭儀坐其中若三尺寒泉浸明玉帝意思飛揚若無所主帝常語近侍自古人主無二后若有則吾立昭儀爲矣后知昭儀以浴益寵幸乃具湯浴請帝以觀既往后入浴裸體而立以水沃之后愈親近而帝愈不樂不幸而去后泣曰愛在一身無可奈何后生日昭儀爲賀帝亦同往酒半酣后欲感動帝意乃泣數行下帝曰他人對酒而樂子獨悲豈

有所不足耶后曰妾昔在主宮時帝幸其第妾立主後帝視妾不移目甚久主知帝意遣妾侍帝竟承更衣之幸下體常汚御服童欲爲帝浣去帝曰留以爲憶不數日備後宮時帝齒痕猶在妾頸今日思之不覺感泣帝惻然懷舊有愛后意傾視嗟歎帝欲留昭儀先辭去帝遇暮方離后宮后因帝幸心爲姦利經三月乃詐托有孕上牋奏云臣妾久備掖庭先承幸御遣賜大號積有歲時近因始生之日復加善視之私特屈乘輿俯臨東掖久侍宴私再承幸御臣妾數

月來內宮盈實月脈不流愛食美甘不與常日知聖躬之在體夢天日之入懷虹初貫日總是珍符龍據妾胸玆爲嘉瑞更約務育神嗣抱日邀庭瞻望聖明踴躍臨賀謹此以聞帝時在西宮得奏喜動顏色答云因閱來奏喜慶交集夫妻之私義均一體社稷之重嗣續其先任體方初保綏宜厚藥有性者勿舉食無毒者可親有表上字勿煩牋奏口授宮使可矣兩宮候問使交至后慮帝幸見其詐乃與宮使王盛謀自爲之計盛謂后曰莫若辭以有姙者不可近人近

人則有所觸焉觸則孕敗后乃遣王盛奏帝帝不復見后第遣問安否而已俯及誕月帝具浴子之儀后召王盛入宮中謂曰汝自黃衣郎出入禁掖吾引汝父子俱富貴無憾吾爲自利長久計托孕乃吾之私意實非也已及期子能爲我謀焉事成子萬世有後利盛曰臣爲后取民間才生子攜入宮爲后子但事密不泄亦無害后曰可盛訪郭外有生子者幾數日以百金取之以物囊之入宮見后既發器則子死后驚曰子死安用也盛曰臣今知矣載子之器氣不

運此所以死也臣當穴其上使氣可出入則子不死盛得子趨宮門欲入內子驚啼尤甚盛不敢入少選復攜之趨門子復如是盛終不敢攜入宮盛來見后言子驚啼事后泣曰為之奈何時已踰十二月矣帝頗疑訝或奏帝云堯之母十四月而生堯后所姙當是聖人后終無計乃遣人奏帝云臣妾昨夢龍臥不幸聖嗣不育帝但歎惋而已昭儀知其詐乃遣人謝后曰聖嗣不育豈日月不滿也三尺童子尚不可欺況人主乎一日手足俱見妾不知姊之死所也時後

庭掌茶宮女朱氏生子昭儀曰從何而得也乃以身投地大慟帝自持昭儀起坐昭儀聲呼宮吏蔡規曰急為吾取子來規取子上昭儀語規曰為吾殺之規修慮未行昭儀怒罵曰吾重祿養汝將安用也不然吾併戮汝規以子擊殿礎死投之井後宮宮人孕子者皆殺之後帝行步遲澀氣憊不能御女有方士獻而獻丹其丹養於火者百日乃成先以大甕貯水滿卻下丹水中水即沸又易去復貯新水如是十日不沸方可服帝日服一粒頗能行幸一夕在大慶殿昭儀醉連進十粒初夜絳帳擁昭儀帝笑聲吃吃不止及中夜昏昏不能起坐向仆臥昭儀急起秉燭視帝精出如泉湧有頃帝崩太后遣人理昭儀且急窮帝得疾之端昭儀乃自絕后居東宮忽寐中驚啼甚久侍者呼問方覺乃言曰適吾夢中見帝帝自雲中賜吾坐帝命進茶左右奏帝云向日侍帝不謹不合啜此茶吾意既不足吾又問帝昭儀安在帝曰以數殺吾子今罰為巨黿居北海之陰水穴間受千歲水寒之苦乃大慟後梁時北鄙大月支王獵如海上見巨

黿出於穴其首猶貫玉釵顒望波間惓惓有戀人之意大月支王遣使問梁武帝帝以昭儀事報之

焚椒錄序

鼎于成太之際方侍禁近會有懿德皇后之變一時南北面官悉以異説赴權互爲證足遂使懿德蒙被淫醜不可湔浣嗟嗟大黑蔽天白日不照其能戸説以相白乎鼎婦乳媼之女蒙哥爲律耶乙辛寵婢知其奸搆最詳而蕭司徒復爲鼎道其始末更有加于嫗者因相與執手歎其冤誣至爲涕淫淫下也觀變已來忽復數載頃以待罪可敦城去鄉數千里視日如歲觸景興懷舊感來集乃直書其事用俟後之良史若夫少海翻波變爲險陸則有司徒公之實録在

大安五年春三月前觀書殿學士臣王鼎謹序

焚椒錄

遼　王鼎

懿德皇后蕭氏爲北面官南院樞密使惠之少女母耶律氏夢月墜懷已復東升光輝照爛不可仰視漸升中天忽爲天狗所食驚寤而后生時重熙九年五月己未也母以語惠惠曰此女必大貴而不得令終且五日生女古人所忌命已定矣將復奈何后幼能誦詩旁及經子及長姿容端麗爲蕭氏稱首皆以觀音目之因小字觀音二十二年今上在青宮進封燕趙國王慕后賢淑聘納爲妃后婉順善承上意復能歌詩而彈筝琵琶尤爲當時第一由是愛幸遂傾後宮及上即位以清寧元年十二月戊子冊爲皇后后方出閤升坐扇開簾捲忽有白練一段自空吹至后御位前上有三十六三字后問此何也左右曰此天書命可敦領三十六宮也后大喜宮中爲語曰孤穩壓帕女古鞾菩薩喚作耨斡麼蓋言以玉飾首以金飾足以觀音作皇后也二年八月上獵秋山后率妃嬪從行在所至伏虎林上命后賦詩后應聲曰威風

萬里壓南邦東去能翻鴨綠江靈怪大千都破膽那
教猛虎不投降上大喜出示羣臣曰皇后可謂女中
才子次日上親御弓矢射獵有虎突林而出上曰朕
射得此虎可謂不媿后詩一發而殪羣臣皆呼萬歲
是歲十一月羣臣上皇帝尊號曰天祐皇帝后曰懿
德皇后三年秋上作君臣同志華夏同風詩后應制
屬和曰虞廷開盛軌王會合奇琛到處承天意皆同
捧日心文章通鹿蠡聲教薄雞林大寓看交泰應知
無古今明年后生皇子濬皇太叔重元妃入賀每顧
影自矜流目送媚后語之曰貴家婦宜以莊臨下何
必如此妃銜之歸罵重元曰汝是聖宗兒豈虎斯不
若使教坊奴得成可敦加吾汝若有志當除此悵管
撻此婢于是重元父子合定叛謀于九年七月駕幸
灤水聚兵作逆須臾軍潰父子伏誅而討平此亂則
知北樞密院事趙王耶律乙辛與有功焉尋進南院
樞密使威權震灼傾動一時惟后家不肯相下乙辛
每爲怏怏及咸雍初皇子濬冊爲皇太子益復蓄奸
爲圖后計矣后常慕唐徐賢妃行事每于當御之夕

進諫得失國俗君臣尚獵故有四時捺鉢上既擅聖
藻而尤長弓馬往往以國服先驅所乘馬號飛電瞬
息百里常馳入深林邃谷扈從求之不得后患之乃
上疏諫曰妾聞穆王遠駕周德用衰太康佚豫夏社
幾危此游佃之往戒帝王之龜鑑也頃見駕幸秋山
不閑六御特以單騎從禽深入不測此雖威神所屆
萬靈自爲擁護倘有絕羣之獸果如東方所言則溝
中之豕必敗簡子之駕矣妾雖愚闇竊爲社稷憂之
惟陛下尊老氏馳騁之戒用漢文吉行之旨不以其
言爲牝雞之晨而納之上雖嘉納心頗厭遠故咸雍
之末遂稀幸御后因作詞曰回心院被之管絃以寓
望幸之意也埽深殿閉久金鋪暗游絲絡網塵作堆
積歲青苔厚階面埽深殿待君宴拂象牀憑夢借高
唐敲壞半邊知妾臥恰當天處少輝光拂象牀待君
王換香枕一半無雲錦爲是秋來轉展多更有雙雙
淚痕滲換香枕待君寢鋪翠被羞殺鴛鴦對猶憶當
時叫合歡而今獨覆相思塊鋪翠被待君睡裝繡帳
金鉤未敢上解却四角夜光珠不教照見愁模樣裝

繡帳待君既疊錦茵重重空自陳只願身當白玉體不願伊當薄命人疊錦茵待君臨展瑶席花笑三韓碧笑妾新鋪玉一牀從來婦懽不終夕展瑶席待君息剔銀燈須知一樣明偏是君來生彩暈對妾故作青熒熒剔銀燈待君行爇熏爐能將孤悶蘇若道妾身多穢賤自沾御香香徹膚爇熏爐待君娛張鳴箏恰恰語嬌鶯一從彈作房中曲常和窻前風雨聲張鳴箏待君聽時諸伶無能奏演此曲者獨伶官趙惟一能之而宮婢單登故重元家婢亦善箏及琵琶每

與惟一爭能怨后不知已后乃召登與對彈四旦二十八調皆不及后彈媿恥拜服于時上常召登彈箏后諫曰此叛家婢女中獨無豫讓乎安得輕近御前因遣直外別院登深怨嫉之而登妹清子嫁為教坊朱頂鶴妻方為耶律乙辛所暱登每向清子誣后與惟一淫通乙辛具知之欲乘此害后以為不足證實更命他人作十香婬詞用為誣案云青絲七尺長挽出內家裝不知眠枕上倍覺綠雲香紅綃一幅強輕闌白玉光試開胸探取尤比顫酥香芙蓉失新艷蓮

花落故妝兩般總堪比可似粉腮香蝤蠐那足並長須學鳳凰昨宵歡臂上應惹領邊香和羹好滋味送語出宮商定知郎口內含有暖甘香非關兼酒氣不是口脂芳却疑花解語風送過來香既摘上林蕊還親御苑桑歸來便攜手纖纖春筍香鳳靽抛合縫羅襪罷輕霜誰將暖白玉雕出軟鉤香解帶色已戰觸手心愈忙那識羅裙內消魂別有香咳唾千花釀肌膚百和裝元非噉沉水生得滿身香乙辛陰屬清子使登乞后手書登時雖外直常得見后后善書登紿

后曰此宋國忒里蹇所作更得御書便稱二絕后讀而喜之即為手書一紙紙尾復書已所作懷古詩一絕云宮中只數趙家妝敗雨殘雲悞漢王惟有知情一片月曾窺飛鳥入昭陽登得后手書特出與清子云老婢婬案已得況可汙性忌早晚見其白練挂粉脰也乙辛已得書遂搆詞命登與朱頂鶴赴北院陳首伶官趙惟一私侍懿德皇后有十香婬詞為證乙辛乃密奏上曰太康元年十月二十三日據外直別院宮婢單登及教坊朱頂鶴陳首本坊伶官趙惟一

伺要結本坊入內承直高長命以彈箏琵琶得召入內沐上恩寵乃輒干冐禁典諜侍懿德皇后御前忽于咸雍六年九月駕幸木葉山惟一公稱有懿德皇后旨召入彈箏于時皇后以御製回心院曲十首付惟一入調自辰至酉調成皇后向簾下目之遂隔簾與惟一對彈及昏命燭傳命惟一去官服着綠巾金抹額窄袖紫羅衫珠帶烏韡皇后亦着紫金百鳳衫杏黃金縷裙上戴百寶花髻下穿紅鳳花韡召惟一更入內帳對彈琵琶命酒對飲或飲或彈至院鼓三

下敕內侍出帳登時當直帳不復聞帳內彈飲但聞笑聲登亦心動密從帳外聽之聞后言曰可封有用郎君惟一低聲言曰奴具雖健小蛇耳自不敵可汗眞龍后曰小猛蛇却賽眞懶龍此後但聞惺惺若小兒夢中啼而已院鼓四下后喚登揭帳曰惟一醉不起可爲我喚醒登叫惟一百通始爲醒狀乃起拜辭后賜金帛一篋謝恩而出其後駕還雖時召見不敢入帳后深懷思因作十香詞賜惟一惟一持出誇示同官朱頂鶴朱頂鶴遂手奪其詞使婦淸子問登愆

惺事發連坐乘暇泣諫后怒痛笞遂斥外直但朱頂鶴與登共悉此事使含忍不言一朝敗壞安免株坐故敢首陳乞爲轉奏以正刑誅臣惟皇帝以至德統天化及無外寡妻匹婦莫不刑于今宮帳深密忽有異言其有關治化良非渺小故不忍隱諱輒據詞并手書十香詞一紙密奏以聞上覽奏大怒卽召后對詰后痛哭轉辯曰妾托體國家已造婦人之極况誕育儲貳近且生孫兒女滿前何忍更作淫奔失行之人乎上出十香詞曰此非汝作手書更復何辭后曰

此宋國忒里蹇所作妾卽從單登得而書賜之耳且國家無親蠶事妾作那得有親桑語上曰詩正不妨以無爲有如詞中合縫靴亦非汝所着爲宋國服耶上怒甚因以鐵骨朶擊后后幾至殞卽下其事使參知政事張孝傑與乙辛窮治之乙辛乃繫械惟一長命等訊鞫加以釘灼盪錯等刑皆爲誣服獄成將奏樞密副使蕭惟信馳語乙辛孝傑曰懿德賢明端重化行宮帳且誕育儲君爲國大本此天下母也而可以叛家仇婢一語動搖之乎公等身爲大臣方當燭

照奸宄洗雪冤誣烹滅此輩以報國家以正國體奈何欣然以為得其情也公等奉更為思之不聽遂具獄上之上猶未决指後懷古一詩曰此是皇后罵飛燕也如何更作十詞孝傑進曰此正皇后懷趙惟一耳上曰何以見之孝傑曰宮中只數趙家妝惟有知情一片月是以二句中包含趙惟一三字也上意遂决即日族誅惟一併斬長命敕后自盡時皇太子及齊國諸宮主咸被髮流涕乞代母死上曰朕親臨天下臣妾億兆而不能防閑一婦更何施眉目覥然南

面乎后乞更面可汗一言而死不許后乃望帝所而拜作絕命詞曰嗟薄祜兮多幸羌作儷兮皇家承昊穹兮下覆近日月兮分華托後鈞兮凝位忽前星兮啓耀雖釁累兮黃牀庶無罪兮宗廟欲貫魚兮上進乘陽德兮天飛豈禍生兮無朕蒙穢惡兮宮闈將剖心兮自陳冀迴照兮白日寧庶女兮多漸遏飛霜兮下擊顧子女兮哀頓對左右兮摧傷其西曜兮將墜忽吾去兮椒房呼天地兮慘悴恨今古兮安極知吾生兮必死又焉愛兮旦夕遂閉宮以白練自經上怒猶未解命裸后屍以葦席裹還其家春秋三十有六正符白練之語聞者莫不冤之皇太子投地大叫曰殺吾母者耶律乙辛也他日不門誅此賊不為人子乙辛遂謀害太子無虛日矣嗟嗟自古國家之禍未嘗不起于纖纖也將觀懿德之變固皆成于乙辛然其始也由于伶官得入宮帳其次則叛家之婢使得近左右此禍之所由生也第乙辛凶慘無匹固無論而孝傑以儒業起家必明于大義者使如惟信直言毅然諍之后必不死后不死則太子可保無恙而上

亦何慚于少恩骨肉哉乃亦昧心同聲自保祿位卒使母后儲君與諸老成一旦皆死于非辜此史冊所書未有之禍也二人者可謂罪通于天者乎然懿德所以取禍者有三曰好音樂與能詩善書耳假令不作回心院則十香詞安得誣出后手乎至于懷古一詩則天實為之而月食飛練先命之矣

余讀焚椒錄乃知元人修史之謬也即如宣懿皇后諫道宗單騎馳獵僅百二十餘言其辭意並到有宋人所不及者其他若陰屬單登家后書及諡懷古詩

予帝前此乙辛孝傑罪案也可刪而不載乎一書去
取如此其他挂漏可知矣惟此錄言皇后生于五月
五日而道宗本紀稱坤寧節在十二月又云重元父
子伏誅則重元走出大漠自殺耳豈別有所據邪至
于錄中所載詩詞雖淫靡不足道如解卸四角夜光
珠不教照見愁模樣只願身當白玉體不願伊當薄
命人偏是君來生彩暈對妾故作青熒熒若道妾身
多穢賤自沾御香香徹膚此等皆有唐人遺意恐有
宋英神之際諸大家無此四對也併識于此以俟博

雅君子西園歸老題

予得焚椒錄讀之何讒人罔極戕害天倫一至于此
亦宇宙一大變也然與漢武前後一轍惟道宗因妻
以及其子漢武因子以及其妻而兩孫亦皆嗣位第
天祚不敢望孝宣耳荀卿氏曰雖有親父安知其不
為虎予于此錄而益信矣吳寬記

此錄有西園歸老跋不知為誰當是國初僞齊其品
藻亦當但謂坤寧節在十二月則彼不詳考清寧八
年十二月行道宗母仁懿皇太后再生禮耳且管象

朔日未重曆九年五月乙卯朔則五日正己未也至
君后跳以絕羣之獸為東方朔所言此乃后誤以相
如為東方也不可不一正之更按王鼎傳云清寧五
年擢進士第乃八年放進士王鼎等則五年為誤矣
不然豈有兩王鼎邪又按鼎作此錄在謫居鎮州時
時乙辛已囚萊州孝傑亦死故敢實錄其事但天祚
時尚在如懿德皇后第二女趙國公主以匡救天
祚竟誅乙辛及乙辛孝傑剖棺戮屍以家屬分賜羣
臣事並不補錄一快觀者亦此錄之不可公案也海

鹽姚士粦叔祥跋

國語解附

南北面官遼制北面治宮帳南面治漢人耶律遼節
輿地曰世里譯曰耶律因為國姓　蕭氏遼律皇后
兄子名蕭翰后族因以為姓可敦突厥皇后之稱
孫穩玉也　女古金也　耨斡后土也麼母也　虎
斯有力也　四時捺鉢謂四時取漁行在所也　四
旦二十八謂遼大樂也　忒里蹇皇后也　有用郎
君遼有著帳郎君皇太后等帳皆有蓋宮官也　宮

帳遼宮中亦有帳房　各縫韝遼后服有雙同心帕

絡合縫韝　鐵骨朶遼刑法有鐵骨朶之數擊之或

五或七也秀水殷仲春方叔識

契枝錄

元氏掖庭記　　天台陶宗儀

元祖肇建内殿制度精巧題頭刻螭形以檀香爲之螭頭向外口中銜珠下垂珠皆五色用綵金絲貫串負柱融滚霞沙爲猊怒目張牙有欲動之狀尾滑琉璃與天一色朱砂塗壁紅垂胭脂彤撩華搃金槅雕欞務窮一時之麗殿上設水精蘂堦琢龜文繞以曲檻檻與堦皆白玉石爲之太陽東升殿中燦爛皆更飛輝古謂天子有金殿玉堦名不虛也又有紫檀殿以紫檀香木爲之光天玉德七寶搖光通雲凝翠廣寒等殿其餘不可一一數也

元妃静懿皇后旦日（一作誕日）受賀六宮嬪妃以次獻慶禮時南朝宫人亦有選入後庭者亦以所珍進獻一人獻寒光水玉魚一人獻青芝雙虬如意一人獻椰金簡翠腕闌（似今之手鐲類但彼扁而用背者耳）係是太真潤肺物如意是六朝宫人所遺闌又建業景陽宫臙脂井物（疑是麗華所墜）后不悦

宫中以玉板笋及白兎胎作羹極佳名換舌羹（玉板笋吉州土産）傳載尤良名饌錄及高廸詩叙

大内有德壽宫興聖宫翠華宫擇勝宫連天樓紅鸞殿入霄殿五花殿（亦名五華）殿東設吐霓餅曰玉華西設七星雲板曰金華南設火齊屏風曰珠華北設百藥龍脉曰木華并中央木蓮花紫香琪坐千鈞案九朵雲蓋爲五華

大内又有迎凉之所曰清林閣四面植喬松脩竹南風徐來林葉自鳴遠勝絲竹旁立二亭東名松聲西名竹風又有温室曰春熙堂以椒塗壁被之文繡香桂爲柱設烏骨屏風鴻羽帳規地以罽賓氍毹

九引臺（臺）七夕乞巧之所至夕宫女登臺以五采絲穿九尾鍼先完者爲得巧遲完者謂之輸巧各出資以贈得巧者焉

至大中洪妃寵于後宫七夕諸嬪妃不得登臺臺上結綵爲樓妃獨與宫官數人升焉剪綵散臺下令宫嬪拾之以色艶淡爲勝負次日設宴大會謂之鬬巧宴負巧者罰一席

刺繡亭冬至則候日于此亭邊有一線竿竿下爲纈

聚堂至日命官人把剌以驗一線之功
九龍墀龍形九曲金鬚玉鱗繞羅亭植紅梅百株延
香亭春時宮人各折花傳杯于此拱璧亭亭六角六
壁旋拱中置夜光珠一顆瑜夜燦若白晝光燭數十
步外又名夜光亭探芳徑旁爲逍遙市集賢堂左徑
除御道外植垂楊海棠指甲花徑中十步起一亭皆
松栢竹樹爲之苑中每一花開携置亭下以備觀玩
市上鋪陳九州四方珍異揭錦爲招又立庖人烹鮮
飪香以供倦游之飲集寶臺凡遠夷貢獻上古所遺

器物一皆貯之又有眺遠閣留連館萬年宮並在禁
苑又有龍泉井碼碯石爲井牀雨花臺石爲井湫香
檀爲蓋離朱錦爲索雲母石爲汲缾
宮中飲宴不常名色亦異碧桃盛開舉杯相賞名曰
愛嬌之宴紅梅初發携尊對酌名曰澆紅之宴海棠
謂之暖粧瑞香謂之撥寒牡丹謂之惜香至于落花
之飲名爲戀春催花之設名爲奪秀其或繒樓幔閣
清暑回陽佩蘭採蓮則隨其所事而名之也
酒有翠濤飲露囊飲瓊華汁玉團春石凍春葡萄春

屑子腦薔薇露綠膏漿酷有杏花酸㮈棗酸潤腸酸
者蘇漿鹽有水晶鹽香霜鹽五色鹽醬有蟻子醬鶴
頂醬提蘇醬油有蘇合油片腦油臘肭臍油猛火油
得水愈熾
后妃侍從名有定制后二百八十人冠步光泥金帽
衣翻鴻獸錦袍妃二百人冠懸梁七曜巾衣雲肩絳
繒袍嬪八十人冠文穀巾衣青絲縷金袍並謂之控
鸞昭儀
燕嬪性耐寒嘗于月夜遊梨花亭露袒坐紫斑石元

帝見其身與梨花一色因名其亭曰聯縞亭
宮中制五雲車車有五箱以火樹爲檻式烏稜爲輪
轅頂懸明珠左張翠羽蓋曳金鈴結青錦爲重一作層
雲覆頂旁建青龍旗列磨鍔雕銀戟五右張白鴆絹
毳蓋曳玉鈴左宜玉右爲金結素錦爲層雲覆頂旁建白虎
旗列豹絨連珠槍五前張紅猴毛氈蓋曳木鈴結赤
錦爲重雲覆頂前建朱雀旗列線鋒火金戈五後張
黑兎闘毫蓋曳竹鈴結墨錦爲層雲覆頂後建玄武
旗列畫于五中張雕羽曲柄蓋曳石鈴結黃錦爲層

雲覆頂建勾陳旗中箱爲帝座外四箱爲妃嬪坐每
遇夜遊幸苑中御此以行不用燈燭
附 陳剛中雲車夜遊詩云金根雲蓋輅移玉露花
不墜瑤草綠明珠照乘秋月懸天風吹下簫韶曲
萬年枝上清光滿八鸞導引雙龍管夜深如青翠
華來三十六宮碧雲煖
己酉仲秋之夜武宗與諸嬪妃泛月于禁苑太液池
中月色射波池光映天綠荷含香芳藻吐秀游魚浮
鳥競戲群集於是畫鷁中流蓮舟夾持舟上各設女

軍居左者冠赤羽冠服斑文甲建鳳尾旗執泥金畫
戟號曰鳳隊居右者冠漆朱帽衣雪氅裘建鶴翼旗
執瀝粉雕戈號曰鶴團又綵帛結成採菱採蓮之舟
輕快便捷往來如飛當其月麗中天彩雲四合帝乃
開宴張樂薦蜻翅之脯進秋風之鱠酌玄霜之酒唱
華月之辭令宮女披羅曳縠前爲八展舞歌賀新凉
一曲帝喜謂妃嬪曰昔西王母宴穆天子于瑤池人
以爲古今莫有此樂也朕今與卿等際此月圓共此
佳會液池之樂不減瑤池也惜無上元夫人在坐不

得聞步玄之聲耳有駱妃者素號能歌趨出爲帝舞
月照臨而歌曰五華兮如織照臨兮一色麗正兮中
域同樂兮萬國歌畢帝悅其以月喻己賜八寶盤玳
瑁盞諸妃各起賀酒半酣菱舟進鮮紫角玉心之奇
山聳而至蓮艇奉實絳房金的之異陵疊而來由是
下令兩軍水擊爲戲風旋雲轉戟刺戈橫戲既畢軍
中樂作唱龍歸洞之歌而還
癸巳秋順帝乘龍船泛月池上池起浮橋三處每處
分三洞洞上結綵爲飛樓樓上置女樂橋以木爲質

飾以錦繡九洞不相直達
附 陳剛中太液秋風詩云一鏡拭開秋萬頃碧天
倒浸琉璃影寒颸夜捲雪波去貝闕珠宮縈光冷
三千歌棹搖綠烟濕鬟吹墮黃金蟬琪樹颼颼紅
縱躍豕龍正宴瑤池仙
順帝宮嬪進御無紀偏夫人貴妃即者不下百數如
淑妃龍瑞嬌程一寧戈小娥麗嬪張阿玄支祁氏才
人英英凝香兒尤見寵愛所好成之所惡除之位在
皇后之下而權則重于禁闈宮中稱爲七貴云

錦遷上巳日令諸嬪妃祓于內園迎祥亭漾碧池池用紋石爲質以寶石鏤成奇花繁葉雜砌其間上張紫雲九龍華蓋四面施幃幄皆蜀錦爲之跨池三匝橋上結錦爲亭中扁集鸞左扁凝霞右扁承霄三扁鴈行相望又設一橫橋接乎三亭之上以通往來祓畢則宴飲于中謂之爽心宴池之旁一潭曰香泉潭至此日則積香水以注于池池中又置溫玉狻猊白晶鹿紅石馬等物嬪妃浴澡之餘則騎以爲戲或執蘭蕙或擊球筑謂之水上迎祥之樂唯小娥體白而

紅著水如桃花含露愈爭妍美帝曰此天桃女也因呼爲賽桃夫人寵愛有加焉

麗嬪張阿玄性號機敏帝或視朝而退即與諸嬪嬉遊後宮常曰百歲光陰等于馳電能幾何哉日夜爲樂猶不滿十萬况其間疾病相侵年壽難必如白雲有期富貴皆非我有矣何爲自苦以虛度一生乎於是長歌大舞自暮達旦號曰遣光諸嬪貴妃百媚其前以求容悅阿玄乃私製一崑崙巾上起三層中有樞轉玉質金枝紉綵爲花團綴于四面又製爲蜂蝶雜處其中行則三層磨運百花自搖蜂蝶欲飛皆作鑽蘂之狀又置爲飛瓊流翠之袍趨步之際飄緲若月宮仙子帝見之指謂衆嬪曰張嬪氣宇清越服帝予雲霓之服玄爲帝製纈絲紋布之裘雪疊三山之履以進御帝服其裘穿其履冠春陽一線巾乃方士所進云是東海長生公所服帝珍重之作寶光樓以藏焉至是始出服之顧謂宮人曰使朕服此不食不饑傲遊臺島間得與金仙羽客爲侶視弃天下如土塊耳內豎衆行進曰陛下冠服不異神仙海池瓊

島亦壺島之匹也即今逍遙百歲猶足爲樂何必遠有所慕哉帝于是自稱玉宸館佩瓊花第一洞烟霞小仙以玄爲太素仙妃一寧爲太真仙妃就于萬歲山築垣狀如天台赤城亦號紫霓城建玉宸館疊石爲瓊花洞以居焉

淑妃寵端嬌貪而且妒宮人少有不如意笞撻至死有不欲置之死地者則百計千方致其苦楚以醋沃鼻謂之酸刑以穢塞口謂之臭刑夏則炙圍謂之蒸骨冬則卧冰謂之煉肋不能酒者強令之飲多至十

樹是名醉鬼削木埋地相去二尺高三尺令女立上
又以一木拄其腰兩手各持重物不得失墜名曰懸
心之刑凡此類者甚多帝嘗賞賜金帛比他妃有加
麒麟鸞鳳白兎靈芝雙角五爪龍萬壽福壽字赭黄
等段以巨萬數嬪乃開市于左掖門内發賣諸色錦
段如有買者仍給一帖令不攔禁宦官牛大攔掌之
由是京師官族富民及四方商賈爭相來買其價增
倍歲得銀數萬錠呼爲繡市又號麗色多春之市
凝香兒本部下官妓也以才藝選入宮遂充才人善

鼓瑟曉音律能爲翻冠飛履之舞舞間冠履皆翻覆
飛空尋如故少頃復飛一舞中屢飛屢復雖百試不
差帝嘗中秋夜泛舟禁池香兒着瑣里緣蒙之衫瑣
里夷名產撒哈剌蒙茸如氊毯但輕薄耳宜于秋時
着之有紅綠二色至元間進貢帝又命工以金絲之
撚出鸞鳳之形製爲十大衫香兒得一焉至此服之
又服玉河花葉之裳于闐國烏玉河生花葉草採其
葉織之爲錦香兒以小艇蕩漾于波中舞婆娑之隊
歌弄月之曲其詞云蒙衫兮蔥裳瑶環兮瓊璫之子

兮芳渚擊予楫兮徜徉明皎皎兮水如鏡弄蟾光
兮捉娥影露團團兮氣清風颼颼兮力勁月一輪兮
高且圓華綵發兮鮮復妍願萬古兮每如此予同樂
兮終年帝復置酒于天香亭爲賞月飲香兒復易服
趨亭前衣絳綃方袖之衣帶雲肩迎風之組執千昂
鸞縮鶴而舞乃歌曰天風吹兮桂子香來閶闔兮下
廣寒塵不揚兮玉宇淨萬籟泯兮金堦凉玄漿兮進
酒兎霜兮爲佾舞亂兮歌狂君飲兮一斗雞鳴沈兮
夜未央樂有餘兮過霓裳吾君吾王兮壽萬歲得與

秋香月色兮酬酢乎樽觴歌畢帝笑曰昔唐明皇遊
月宮見女娥數十着素衣歌舞于樹下朕今酌醁靈
酒對才人歌香桂長秋曲可謂絳綃娥唱小搖金調
者矣邀香風于屏圍呼華月以入座衆嬪俱寂綠竹
交奏人間之樂當不減天上京城北三十里有玉泉
山山半爲呂公巖帝于夏月嘗避暑于北山之下曰
西湖者其中多荷蒲菱芡帝以文梓爲舟伽南爲楫
刻飛鸞翔鵠施于船首隨風輕漾又作採菱小船縛
綵爲棚木蘭爲槳命宮娥乘之以採菱爲水戲時香

見亦在焉帝命製採菱曲使篙人歌之遂歌水面剪
青之調曰伽南楫兮文梓舟泛波光兮遠夷猶波搖
揣兮舟不定揚予袂兮金風兢棹歌起兮纖手揮青
角脫兮水潔洄歸去來兮樂更誰篙人歌之聲滿湖
上天色微曛山銜落日帝乃周遊荷間取荷之葉或
以爲衣或以爲蓋四顧自得畢竟忘歸又命作採蓮
之曲于是渊折新荷而歌曰放漁舟兮湖之濱剪荷
柄兮折荷英鴛鴦飛兮翡翠驚張蓮葉以爲蓋兮緝
藕絲以爲衿雲光淡微烟生對芳華兮樂難極返予

棹兮山月明

程一寧未得幸時嘗于春夜登翠鸞樓倚闌弄玉龍
之笛吹一詞云蘭徑香銷玉輦蹤梨花不忍負春風
綠窗深鎖無人見自碾朱砂養守宮帝忽于月下聞
之問宮人曰此人何吹也有知者對曰程才人所吹
帝雖知之未召也及後夜帝復遊此又聞歌一詞曰
牙牀錦被繡芙蓉金鴨香銷寶帳重修葉羊車來別
院何人空聽景陽鐘又繼一詞曰淡月輕寒透碧紗
窗屏睡夢聽啼鴉春風不管愁深淺日日開門掃落
花又吹惜春詞一曲曰春光欲去疾如梭冷落長門
苔蘚多懶上粧臺脂蓋蠹承恩難比雪兒歌歌中音
語咽塞情極悲愴帝因謂宮人曰聞之使人能不悽
愴深宮中有人愁恨如此誰得而知蓋不過者亦衆
矣遂乘金根車至其所亭見龍炬簇擁遂趨出叩頭
俯伏帝親以手扶之曰卿非玉笛中自道其意朕安
得至此憂懷中遺況無地是以來接其恩耳攜手至
栢香堂命寶光天祿廚設開顏宴進兎絲之膳翠濤
之酒雲仙樂部坊奏鴻韶樂列朱戚之舞鳴雎之曲

笑謂寧曰今夕之夕情圓氣聚然玉笛卿之三青也
可封爲圓聚侯自是寵愛日隆改樓爲奉御樓堂爲
天怡堂

帝爲英英起采芳館于瓊華島内設唐人滿花之席
重樓金線之衾浮香細鱗之帳六角雕羽之屏唐人
高麗島名麗滿花草性柔折屈不損光澤可佳土人
編之爲席重樓金線花名也出長白山花心抽絲如
金長至四五尺每尺寸縛結如樓形山中人取以織
之成幅大德間尾灑夷于清源洞得一物如龍皮薄

可相照鱗鱗攢簇玉色可愛又間成花卉之形或紅或綠暑月對之凉生自生遣人進貢時無識者有一胡僧言曰此瑶花玉虬殼也

帝在位久怠于政事荒于游宴以宫女一十六人按舞名爲天魔舞首垂髮數辮戴象牙冠身披纓絡大紅綃金長裙襖各執加巴剌般之器又宫女十一人練槌髻勒帕常服或用唐巾窄彩所奏樂用龍笛頭管小鼓箏纂琵琶笙胡琴響板每宫中讃佛則按舞奏樂帝又于内院造龍船首尾長一百二十尺廣二十尺上有五殿龍身并殿宇俱五采金裝日于後宫海子内游戲船行則龍首尾眼爪皆動又自製宫漏約高六七尺爲木櫃藏壺其中運水上下櫃上設四方三聖殿櫃腰設玉女捧時刻籌時至輒浮水而上左右列二金甲神人一懸鐘一懸鉦夜則神人自能按更而擊

鄴中記

晉　陸翽

錦有大登高小登高大明光小明光大博山小博山大茱萸小茱萸大交龍小交龍蒲桃文錦班文錦鳳凰朱雀錦韜文錦桃核文錦或青綈或白綈或黃綈或綠綈或紫綈或蜀綈工巧百數不可盡名也

石季龍作雲母五明金薄莫難扇薄打純金如蟬翼二面采漆畫列仙奇鳥異獸其五明方中辟方三寸或五寸隨扇大小雲母帖其中細縷縫其際雖掩盡

而彩色明澈看之如金可取故名莫難也季龍出時以扇挾乘輿

織錦羅在中尚坊三署皆數百人有班文錦

華林園有春李冬華春熟

石季龍左右直衛萬人皆著五色細鎧光耀奪目

二銅駞如馬形長一丈高一丈足如牛尾長三尺脊如馬鞍在中陽門外夾道相向

石虎皇后出女騎千人皆着五采靴

趙王虎建武六年造棃馬臺在城西漳水之南約六為臺虎常於此臺簡練騎卒虎牙宿衛號雲騰黑矟騎五千人每月朔晦閱馬于此臺乃于漳水之南張幟鳴鼓列騎星羅虎乃登臺射髇箭一發五千騎一時奔走從漳水之南齊走至于臺下隊督以巳皆班賚虎又射一箭騎五千又齊走于漳水之北其五千流散攢促若數萬人皆騎以漆矟從事故以黑矟為號季龍又常以女弟一千人為鹵簿皆着紫綸巾熟錦褲金銀鏤帶五文織成靴遊臺上

石虎苑中有安石榴子大如椀盞其味不酸

石虎作流蘇帳頂安金蓮花花中縣金薄織成綩囊囊受三升以盛香注帳之四面上十二香囊采色亦同

解飛者石虎時工人作旃檀車左轂上置碓右轂上置碓每行十里磨麥一石舂米一斛

石虎有華林園種眾果民間有名果虎作蝦蟆車四搏掘根面去一丈深一丈合土載之植之無不生

石虎有西王母棗冬夏有葉九月生花十二月乃成三子一尺又有羊角棗亦生三子一尺

二鍮駞如馬形長一丈高一丈足如牛尾長三尺
如馬鞍在中陽門外夾道相向
石季虎大饗群臣于太武殿佛圖澄曰殿乎殿乎棘
子成林將壞人衣龍殿右有棘生
虎以五月發五百里內萬人營華林苑至八月天暴
雨雪雪深三尺作者凍死數千人太史奏作役非時
天降此變虎誅起戶部尚書以塞天災
有春車作木人反行碓于車上動則木人踏碓舂行
十里成米一斛

石虎冬月施熟錦流蘇斗帳四角安純金龍頭銜五
色流蘇或用黃地博山文錦或有紫綈及小明光文
錦
石虎中尚方御府中巧工作錦織成署皆數百人有
青綈或白綈或緋綈或黄綈或綠綈或紫綈
石虎御府罽有巳頭文罽鹿子罽花罽
石虎皇后出女騎一千冬月皆着紫綸巾
石虎會上御食遊槃兩重皆金銀參帶百二十盛彩
飾並同其參帶之間茱萸畫微如破彩近看乃得見
動遊槃則圓轉也
石虎以胡粉和椒塗壁曰椒房
石虎御床辟方三丈其餘床皆局腳高下六尺後宮
別院中有小形玉床又有轉關床射鳥獸
石虎作席以錦雜以五香施以五彩綖編蒲皮緣之
錦
石虎作金銀鈕屈膝屏風衣以白縑畫義士仙人禽
獸之像讚者皆三十二言高施則八尺下施四尺或
施六尺隨意所欲也

石虎冬月爲複帳四角安純金銀鑿鏤香爐
石虎太武殿西有昆華殿閣上輒開大窓皆施以絳
紗幌
石虎御床辟方丈冬月施熟錦流蘇斗帳四角安純
金龍頭御五色流蘇或用青綈光錦或用緋綈登高
文錦或用紫綈大小錦絲以房子錦百二十斤白縑
裡名爲裹複帳四角安純金銀鑿金香爐以石黒焼
集和名香帳頂上安金蓮花中懸金薄織成椀囊香
秋但錦帳表以五色總爲夾帳夏用紗羅或綦文丹

羅或紫縠文爲單帳

石虎皇后女騎腰中着金環參鏤帶

石虎臨軒大會着碧紗袍

石虎時着金縷合歡袴

石虎詔書以五色紙着鳳雛口中

石虎正會置三十步皷吹三十步輒置一部十二人

皆在平閣上去地丈餘又有女皷吹

石虎大會禮樂既陳虎緣兩閣上窓幌宮人數千陪

列看坐悉服飾金銀熠熠文于閣上作女妓數百衣

鄴中記

皆給以珠璣鼓舞連到琴瑟細妓畢備

北轅錄

宋　周煇

淳熙丙申十一月二十九日詔敷文閣待制張子政
假試戶部尚書充賀金國生辰使皇叔祖右監門衛
大將軍士褒假明州觀察使知東上閤門兼客省四
方館事副之明年正月七日陛辭出國門初九日離
行在二十一日至淮陰二十六日燕館置儀二十八
日北行引接傳御使副即館坐受其謁上中節序立
其傍　遣接伴使昭武大將軍尚書戶部郎中李倜

廣威將軍尚書兵部員外郎完顏宗卞偕賓立飲引
接三盃而退二十九日盱眙置酒餞使介度淮午至
泗州津亭使副望拜如儀接伴戎服陪立叉帶銀牌
牌樣如方響上有蕃書急速走遞四字上有御押其
狀如主字之法出使皆帶牌有金銀木之別紉服對
立于庭至展起居狀三節人講叅禮使副陞廳茶酒
三行之法先湯後茶少頃聯轡入城夾道甲士執兵
直抵於館旋共晚食果飣如南方齋筵先設茶筵一
瓶若七夕乞巧其瓦壠桂皮雞腸銀鋌金剛鐲西施

舌取其形密和麪油煎之　甚珍此（茶食謂未行酒先設此品進茶一盞又謂之茶筵）　次供饅頭血羹畢羅肚羹湯羊餅子解粥
肉齋羹索麪骨頭盤子自後大同小異酒味甚漓食
畢即鎖門內外不通二月一日甫交睫閧接伴所㬎
衙三節謂北家聲喏各相呼而起時猶未至三鼓旋
覓盃水洗漱冠櫛畢點心已至灌肺油餅棗糕麪粥
有供糕糜處或未暇舉筯忽一人呼官員認馬三節
出門馬已預定上一上二貼於背上以防差誤馬料
於民謂之戶馬御者不俟據鞍即散恭防與之語言

泄穢事也細車四輛奉南北使副亦以序行車之形
製既不美觀出館各有細紗二燭籠為導氣象甚不
佳亦有羌管從後聲頓悽怨永夜修途行人為之感
愴車每輛用驢十五頭把車五六人行差遲以巨梃
擊驢謂之走車其震蕩如逆風上下波濤間麤車三
十六輛每輛輓以四牛禮物私覿使介三節行李皆
在焉自起程至三許所車（真宰汴京燕山也）　益常先一兩程
而往來人夫及輓車牛驢至州縣更易六十里至臨
淮縣縣有徐城本徐國有徐君墓季札掛劍處即此

是日行循汴河河水極淺洛口卽塞理固應然承平漕江淮米六百萬石自楊子達京師不過四十日五十年後乃成汚渠可寓一笑隋隄之柳無復彷彿矣二日至虹縣晚宿靈壁縣汴河自此斷流自過泗地皆荒瘠兩岸奇石可愛（石產於縣鳳凰山以小爲貴）或云花石綱所棄者虞姬墓在西岸雖無碑却有村墅名陰陵並璧舊爲鎮亦名獻齒頭虹本紅陽夏丘二縣地漢書紅陽侯立是也訛而不改遂名曰虹五日至永城縣縣本敬丘縣地漢更敬丘曰太丘陳寔爲之長縣北

有芒山與碭山相接六日至穀熟縣十八里至南京入陽熙門市樓榜曰睢陽夾道甲兵甚盛張巡許遠廟在西門外謂之雙忠廟其傍則宋玉臺此地高辛氏子閼伯所居商丘也武王封微子杞爲宋國後唐號歸德軍本朝王業所基陞爲南京詔卽衙城以爲大內以歸德爲名後陞應天府太上皇於此登位上今改歸德府及門數妓來迓北使妻皆騎驢不約束步武便乘騎也入境男子衣皆小窄婦女衫皆極寬大有位者便服立止用阜紵絲或番羅繫版縧與阜

隷略無分別縧反插垂頭於腰謂之有禮無貴賤皆著尖頭靴所頂之巾謂之蹋鴟七日至寧陵縣縣本甯城古葛伯國六國時屬魏爲信陵君無忌之封甯拱州襄陵驛今改曰濉州濉河在十里外本襄邑縣宋襄公葬于此故曰襄陵八月至雍丘縣縣故杞國武王封禹後東樓公縣東有葵丘齊桓公所會也行二十里過空桑伊尹所生之地又里許卽伊尹墓地名三家次過范郎廟其地名孟莊廟塑孟姜女偶坐配享者蒙恬將軍也又六十里至陳留縣縣本鄭邑

爲陳所并故名實張良之封邑或云陳思王亦生於此九日至東京今改曰南京未到城先過皇城寺宜春苑使副易朝服三節更衣帶從跨馬入新宋門舊曰朝陽一名洪仁樓櫓濠塹甚設次入甕城次入大城人煙極凋殘至會同館舊貢院也接伴所得私覿盡貨於北行戶倍償都窮晚食酒貯以黃釭味差嬌有以柑子餉承應人得之甚喜云謂之孔果子按東京春秋衛陳鄭三國之境古大梁城也十三日至黃河浮航以渡自南抵北用船八十五隻各濶一丈六

七尺其布置相去又各丈餘上實築于木復覆以草
曳車牽馬而過如履平地一以順天名橋予觀駢頭
巨艦綷以寸金規制堅壯掃兵守護甚嚴不□□□
家□復河□過師枕席上云當知此橋爲利之博焉
十八里至建津津即袁紹渡處十四日至湯陰縣湯
陰本蕩陰晉侍中嵇紹死節之所又有羑里城羑河
羑市文王所囚之地十五日至相州闤闠繁盛觀者
如堵二樓曰康樂曰月白風清又二樓曰翠樓曰秦
樓時方賣酒其上牌書十洲春色酒名也或云韓魏

公晝錦堂今爲一貴人宅石記猶在好事者叩門打
碑不禁也相出茜草故纈名天下銅雀臺講武城章
河紂之朝歌城皆在境內講武南有塔間是舊鄴於
高丘相望名七十二冢世謂曹孟德狙詐惑後人使
迷其葬所相實古鄴相魏文侯始封之地十六日至
邯鄲縣縣古趙國邯山名鄲盡也邯山至此而盡凡
城郭字從邑故字皆從邑趙王叢臺在縣之北聞每
年三月二十四日空巷上簡子冢冢形如硯世謂硯
子冢程嬰公孫杵臼墓亦在焉路逢一細車蓋以青

氈頭段人家也頭段者謂貴族及將相之家十七日
至邢州古鉅鹿郡故邢侯國也秦兼天下於此置信
都縣十八日至內丘縣內丘本漢之中丘未至內丘
西望太行山岡巒北丕崕谷秀傑如昔所聞山延袤
八十里十九日至柏鄉縣縣本春秋晉鄗邑之地漢
光武即位於鄗之南六十里至趙州道經光武廟有
二石人首橫於路俗傳光武欲渡河二人致餉慮洩
其蹤乃除之又云遇二人問途不答怒而斬之已而
皆石也未至城五里渡石橋橋從空架起工極堅緻

南北長十三丈闊四之一實隋人李春所造元祐間
賜名安濟有張果老驢迹二十日至真定府未至城
先過滹沱河河流不甚闊聞當春漲時殊湍急也真
定在春秋時屬鮮虞國二十二日至新樂縣縣古鮮
虞國漢中山孝王母馬昭儀隨王就國王於是建宮
於樂里而呼爲西樂城語訛西爲新四十五里至中
山府堯始封于此二十四日至安肅軍過白溝河二
十五日至涿州黃帝戰蚩尤於涿鹿即此地二十六
日至良鄉縣入內通侍郎李慶和賜銀合湯藥貼用

有綾勅書云勅某卿遠持慶幣來賀誕辰馳軺燕次長勞次郊亭而伊邇宜有節宣之餽以彰眷遇之優二十七日過盧溝河即盧龍也燕人呼水為龍呼黑為盧亦謂黑水河色黑而濁其急如箭至燕山府外燕賓館赴班荆宴少定傳銜館伴使昭武大將軍太子少詹事蒲察明少中大夫侍御史鄧儼為之副奇使與之互展起居狀繼與接伴互展辭狀天使散是賜宴單仲賜酒果酒九行禮畢趨入城初入端禮門次入南門次入豐宜門次過龍津樓樓亦分三道過

用奇玉石扶闌上琢為嬰兒狀極工巧次入宣陽門山馳道西南入會同館甫就次有天使完顏游傳宣撫問二十八日忠勇校尉劉彥忠忠翊校尉何彥來交禮物天使烏古論賜酒果宣威將軍充東上閤門副使郭喜說朝見儀二十九日辨色副使率三節入見行再拜國書於馬上前行初出館横過馳道行品御廊東西曲尺各二百五十間至掖門下馬自專德門由會通承明二門入左嘉會門趨而南至幕次少頃鳴鐘罷衛士山呼百官衷見時方辰正斯須於幕間見曳玉帶者五人先出後知為東宮親王平章令公也繼獨引副使捧國書頂之閤門綠衣吏來引都轄以下都轄三節之長先入宣明門次行政門於嚮門上面北序立門之裏即殿庭隙門見副使舞蹈之節俟禮物過副使由右出三節自東入拜于大殿上上有一品至七品黑漆黃字牌子蓋其朝署也一殿可容數百人遍地製成鸞鳳殿九楹前設露臺柱以文繡兩廊各三十間中有鐘鼓樓兩外垂金漆簾額飾以繡廊之西馬有鞴紅纓鞍者數疋乃高麗所進殿門

外衛士二三百人分兩傍立盡戴金花帽錦袍宣明門外直至外廊皆甲士青絹甲居左旗執黃龍紅絹甲居右旗執紅龍外廊皆銀鎗左掖門入皆金鎗人依一柱以立焉仁政門左門用甲士亦見無一人跛倚者凡門序下皆青隊執弓矢人數各有差若乃經從之處宮殿門名悉不具載北宮營繕之制初雖取則東都而竭民膏血終殫土木之費瓦悉覆以琉璃日色暉映樓觀翬飛圖畫莫克摹寫佐佑之初役民兵一百二十萬數年方就死者不計其數三節既出

副使疾作依往以立扶策至幕次未畢餘禮小底入報（小底二人）傳旨免禮數至於殿門外受衣帶三節繼之是日麗夏使人同見少留俟其禮竟閤門來引復舊路出至嘉會門駐立久之以麗人在門外受賜未畢也歸館久之宣威將軍客省使兼東上閤門盧璣到館押伴置酒殿上近例止就賜副使免坐第拜表謝三節各受衣帶五事尚書公獨以病辭館伴所服以禮例應給使副衣帶各七事有靴而無笏一無象簡所用皆木壓也三十日就館宴天使李顯全賜宴

并酒果燕山酒固佳是日所餉極爲醇厚名金瀾蓋用金瀾水以釀之也三月一日雨免入賀不爾必致露服失容有習來此者言雖雨立移時不恤也二日天使完顏奕賜分食者分御膳以賜之也九日入辭使副受書而歸十日離館燕古冀州地武王封堯後於薊卽薊縣也隋立涿郡唐爲幽州天寶間曰范陽郡陞爲盧龍軍遼曰燕京名析津府金朝改曰燕山府一曰大興府二十三日至東都未至城三十里車夫指一土岡云是名愁臺乃晉少帝北狩之路二十

四日押宴鎮國上將軍鎮南軍節度使兼懷州管內觀察使高蘇賜宴并酒果天使趙泳食畢啟行四月十六日至家是行往返凡九十六日

西使記

元　劉郁

壬子歲皇弟旭烈統諸軍奉詔西征凡六年拓境幾萬里己未正月甲子常德字仁卿馳驛西覲自和林出兀孫中西北行二百餘里地漸高入站經瀚海地極高寒雖暑酷雪不消山石皆松文西南七日過瀚海行三百里地漸下有河闊數里曰昏木輦夏漲以舟楫濟數日過龍骨河復西北行與别失八里南以直近五百里多漢民有二麥黍穀河西注瀦爲海約

千餘里曰乞則里八寺多魚可食有碾磑亦以水激之行漸西有城曰業䐽又西南行過孛羅城所種皆麥稻山多柏不能林絡石而長城居肆囿間錯土屋牕戶皆琉璃城北有海鐵山風出往往吹行人墮海中西南行二十里有關曰鐵木兒懺察守關者皆漢民關徑崎嶇似棧道出關至阿里麻里城市井皆流水交貫有諸果唯瓜蒲萄石榴最佳回紇與漢民雜居其俗漸染頗似中國又南有赤木兒城居民多并汾人有獸似虎毛厚金色無文善傷人有蟲如蛛毒中人則煩渴飲水立死惟過醉蒲萄酒吐則解有嗇酒孛羅城迤西金銀銅爲錢有文而無孔方至麻阿中以馬拖犂床遞鋪負重而行疾或曰乞里乞四易馬以犬二月二十四日過亦堵兩山間土平民夥溝洫映帶多故壘壞垣問之蓋契丹故居也計其地去和林萬五千里而近有河曰亦運流洶洶東注土人云此黃河也二十八日過塔剌寺三月一日過賽藍城有浮圖諸回紇祈拜之所三日過別石蘭諸回紇貿易如上巳節四日過忽章河渡船如弓鞋然土人

云河源出南大山地多產玉疑爲崑崙山以西多龜蛇行相雜郵亭客舍甃如浴室門戶皆以琉璃飾之民賦歲止輸金錢十文然貧富有差八日過尋思干城大而民繁時羣花正開唯梨花薔薇玫瑰如中國餘多不能名城之西所植皆蒲萄粳稻有麥亦秋種滿地產藥十數種皆中國所無藥物療疾甚効曰阿只兒狀如苦參治馬鼠瘡婦人損胎及打撲內損用豆許嚥之自消曰阿息兒狀如地骨皮治婦人產後衣不下又治金瘡膿不出嚼碎傅瘡上即出曰奴哥

撒兒形似桔梗治金瘡及腸與筋斷者嚼碎傅之自績餘不能盡錄十四日過暗不河夏不雨秋則雨溉田以水地多蝗有鳥飛食之十九日過里丑城其地有桑棗征西與會屯駐于此二十六日過馬蘭城又過納商城草皆苜蓿藩籬以栢二十九日過姊埽兒城滿山皆鹽如水晶狀近西南六七里新得國曰木乃奚牛皆駝峯黑色地無水土人隔山嶺鑿井相沿數十里下通流以溉田所屬山城三百六十已而皆下惟檐寒西一山城名乞都不孤峰峻絶不能矢石

丙辰年王師至城下城絶高險仰視之帽爲墜諸道並進敵大驚令相大者納失兒來納款已而兀魯兀乃算灘出降算灘猶國王也其父領兵別據山城令其子取之七日而陷金玉寶物甚多一帶有直銀千笏者其國兵皆刺客俗見男子勇壯者以利誘之令手刃父兄然後充兵醉酒扶入窟室娛以音樂美女縱其欲數日復置故處既醒問其所見教之能爲刺客死則享福如此因授以經呪日誦蓋使蠱其心志死無悔也令潛從未服之國必刺其主而後已雖爲

人亦然其木乃奚在西域中最爲兇悍威脅鄰國觀四十餘年王師既克誅之無遺類四月六日過訖立兒城所產蛇皆四跗長五尺餘首黑身黃皮如鯊魚口吐紫艷過阿剌丁城禡咱蒼兒人被髮率以紅帕勒首衣青如鬼然王師自入西域降者幾三十國有佛國名乞石迷西在印毒西北蓋傳釋迦氏衣鉢者其人儀狀甚古如世所繪達摩像不茹葷酒日啖粳一合所談皆佛法禪定至暮方語丁巳歲取報達國南北二千里其王曰合法里其城有東西城中有大

河西城無壁壘東城固之以甓繪其上甚盛王師至城下一交戰破勝兵四十餘萬西城陷皆盡屠其民尋圍東城六日而破死者以數十萬合里法以舸走獲焉其國俗富庶爲西域冠宮殿皆以沉檀烏木降真爲之壁皆以黑白玉爲之金珠珍貝不可勝計其妃后皆漢人所產大珠曰太歲彈蘭石瑟瑟金剛鑽之類帶有直千金者其國六百餘年傳四十主至合法里而亡人物頗秀於諸國所產馬名脫必察合法里不悅以橙漿和糖爲飲琵琶三十六絃初合法里

患頭痛醫不能治一伶人作新琵琶七十二絃聽之
立解上人相傳報達諸王之祖故諸王皆臣服報達
之西馬行二十日有天房內有天使神人之祖葬所
也師名癖顏八兒房中懸鐵絙以手捫之心誠可及
不誠者竟不得捫經文甚多皆癖顏八兒所作轄大
城數十其民富貴西有密乞兒國尤富地產一人夜
視有光處誌之以灰翌日發之有大如棗者至報達
六千餘里國西即海海西有富浪國婦人衣冠如世
所畫菩薩狀男子之服皆善寢不去衣雖夫婦亦異

處有大鳥駝蹄蒼色鼓翅而行高丈餘食火其卵如升
許其失羅子國出珍珠其王名換思阿塔卑云西南
海也採珠盛以革囊止露兩手腰絙石墜入海手取
蚌并泥沙貯于囊中遇惡蟲以醋噀之即去既得蚌
滿囊撼絙舟人引出之往往有死者印毒國去中國
最近軍民一千二百萬戶所出細藥大胡桃珠寶烏
木雞舌賓鐵諸物國中懸大鐘有訴者擊之司鍾者
紀其事及時王官亦紀其名以防姦欺民居以蒲為
屋夏大熱人處水中已未年七月兀林國阿早丁算

灘來降城大小一百二十民一百七十萬山產銀黑
契丹國名乞里彎王名忽教馬丁算灘聞王大賢亦
來降其拔里寺大城獅子雄者鬃尾如纓拂傷人吼
則聲從腹中出馬聞之怖溺血狼有鬃孔雀如中國
畫者惟尾在翅內每日中振羽香貓似土豹糞溺皆
香如麝鸚鵡多五色風駝急使乘日可千里鵓鴿傳
日亦千里珊瑚出西南海取以鐵網高有至三尺者
蘭赤生西南海山石中有五色鴉鶻價最高金剛鑽
出印毒以肉投大澗底飛鳥食其肉糞中得之撒八

兒出西海中蓋瑇瑁之遺精蛟魚食之吐出年深結
成價如金其假者即犀牛糞為之也骨篤犀大蛇之
角也解諸毒龍種馬出西海中有麟角牝馬有駒不
敢同牧被引入海不復出皁鵰一產三卵內一卵生
犬灰色而毛短隨母影而走所逐禽無不獲者壠種
羊出西海以羊臍種土中溉以水聞雷而生臍系地
中及長驚以木臍斷便行嚙草至秋可食臍內復有
種又一女婦解馬語即知吉凶甚驗其怪異等事不
可殫紀往返凡一十四月郁款日西域之開始自張

壽其土地山川固在也然世代浸遠國號變易事亦
難考今之所謂瀚海者即古金山也印毒即漢身毒
也曰駝鳥者即安息所産大馬爵也密昔兒即唐拂
菻地也觀其土産風俗可知已又新唐書載拂菻去
京師四萬里在西海上所産珍異之物與今日地里
正同蓋無疑也中統四年三月劉郁記

三楚新錄

宋　周羽沖

馬氏諱殷上蔡人也自云伏波之後唐末羅亂所在豪俠競起時殷方處卒伍隨秦帥何氏南侵長沙據之殷戰頻有功何乃擢爲裨將命爲邵州刺史殷寬厚大度得士死力何氏卒諸將在外者皆擁兵歸以爭其位惟殷素服發喪識者謂之知禮未幾衆軍各殺其帥使人迎殷爲主初衆軍之迎殷也值夜殷甚疑懼欲拒不行將曉忽覩一人黑色而貌甚偉執大

旆鞠躬趨報曰軍國內外平安俄而不見由是殷以爲嘉兆心始安乃謂所親曰此行未必不爲福及至衆果奉之殷立使人間道上表莊宗在蜀甚悅據其表遣使朱書御札許自開國立臺置卿相分天子之半伐爲楊行密據有淮南閼其建國遣舟師數萬伐之比至城下殷登樓指麾一鼓破之伏屍流血湘水爲赤自是四方懾伏無敢侵之嶺外廖光圖自部陽叛舉族來奔部曲隨至者數千人殷以其豪而衆多將拒不納武諫曰廖者料也馬得料必肥是家國嶔

霸之兆何爲拒之遂待以禮因命光圖爲永州刺史光圖具陳南越可取狀言甚激切殷亦將闢拓疆土聞其陳甚善因使部將李勳將數萬衆擊南越未數月援桂管十八城劉龔懼而乞盟勳即李老虎勇壯絕倫每一食肉十數斤劄大臠而啖之人號曰李老虎先是桂管兒童每聚戲呼曰大蟲來號呼而走及勳援桂管論者以爲應莊宗反正下詔徵諸侯入覲武穆以年老不行命長子希範入朝希範多辯善應對及至莊宗謂曰朕聞卿部內有洞庭湖其波無際

有之乎對曰有之陛下一旦南巡狩則此湖不足以飲馬耳莊宗大悅既而曰比聞馬氏之國必爲高郁所圖今有子如此高郁何能可得耶高郁殷之謀臣也莊宗將去其爪牙故以是言間之而希範不察及歸果使人搆其罪郁竟棄市識者知其不克霸焉初希範入覲途經淮上時桑維翰旅遊楚泗間知其來遽謁之曰僕聞楚之爲國挾天子而令諸侯其勢不可謂之卑也加以利盡南海而公室大富足下之來非傾府庫之半則不足以供芻粟之費今僕貧者敢

以萬金爲請惟足下濟之希範輕蔑公子覩維翰形短而腰長語魯而且醜不覺絶倒而笑旣而贈與數百縑維翰大怒拂衣而去及殷甍希範立時維翰已爲宰相奏削去半仗止稱天策上將軍楚王而已其卿相臺閣皆罷之然希範性剛愎好以誇大爲事雖去半仗而軍國制度皆擬乘輿乃大興土功建天策府中構九龍殿以沉香爲八龍各長百尺抱柱相向作趨捧勢而已坐其間自謂一龍也淩晨將坐先使人焚香於龍腹中烟氣鬱然而出若口吐焉近古以

來諸侯王奢僭未有如此之盛也處士戴偃賢而有才嫉其過度自稱元黄子作漁父詩百篇諷之希範閲而不悅遂禁錮士庶無與之交偃竟餓死麾下將丁思覲雄傑之士以希範器度不廣乃上書曰今四海分裂中原之地纔十數州而大王克紹先業爲諸侯之長未聞拓一馬箠爲天子討愚臣所以爲耻也惟大王思之希範覽而怒削思覲官希範淫而無禮先王妾媵無不烝通又使尼潛搜士庶家女有容色者强娶之前後數百猶有不足之色曰吾聞軒轅御

五百女以昇天吾其庶幾乎未幾死識者笑之先是高郁數見形將死又書見時謂寘報爲異母弟希蕚爲永州刺史聞其死自以當立具舟楫以歸及至長沙衆且立嫡弟希廣矣遽命希蕚爲鼎州刺史初牙將張萬敵建議以希蕚居長立之則順而記室李皐爭之曰吾聞立嗣以嫡希蕚乃婢妾所生安可立乎萬敵退而歎曰惜哉李公禍自此始未幾希蕚果自鼎州舉兵叛將襲長沙希廣聞之命將許可瓊拒之可瓊倒戈以降希廣計無所出然素好釋氏乃披緇

服召僧念佛以禳北城陷不輟其愚昧皆此類也尋爲希蕚縊之且命捕李皐有擒至者希蕚責之曰吾雖生於庶孽然託體先君汝何見毁而不吾立耶皐無以對命壯士臠而殺之旣而希蕚淫於酒色多爲不道小門使謝延澤有美貌希蕚幸之引入内閣與妻妾間坐而飲爲衆所惡其弟希崇乘釁作亂擒希蕚囚於衡陽旣而悔焉遽命舟楫追之約於長沙南五十里昭澤沉之路經衡山縣豪族廖光圖子仁勇聞其來與叔凝議曰希蕚長而被廢今又見追此必

不免吾屬受先王恩不能爲之除禍亂安社稷豈無謂居水上乎乃率數百人劫而立之號衡山王以衡山縣爲府且使人募兵數日衆及一萬郡縣多起兵應之希崇懼求救於吳吳命邊鎬將兵來救其實伐也初童謠云鞭打馬馬急走鎬至希崇知其謀又將拒焉或以童謠爲諫希崇不得已遂降及希萼見鎬且請之吳於是鎬以禮遣希萼及希崇擧族而行先是吳欲加兵於楚以鎬多藝使詐爲僧以遊長沙弄鈸行乞未幾亡去故吳以爲將而鎬非將才每出師

皆載佛而行祝以請福由是三軍解體及王逵兵至竟宵遁焉初馬氏之强聞海内諸院公子長幼八百餘人皆以侈靡爲務識者多非之公子之徒聞而且怒時有國師張氏紿之曰彼所見非者恐祚之不永也以君昆仲之衆使更而王亦有八百年之家國何憂何懼乎時郊外有鄧翁者聞而歎曰文武之道未嘗介意而更納虛誕之說以自安吾見其死於溝壑有日矣及邊鎬師至果驗星散寒餓而卒者過半焉

周氏諱行逢武陵人也世業農嘗犯法顯德中馬氏荒亂吳命邊鎬將兵伐之盡有湖中之地時鎬雖越勝然不能安撫民多怨叛武陵酋豪王逵劉晈牙等十數人乘時擧兵襲之數日而有八千之衆行逢與焉部衆兼行遇夜奄至城下鼓譟斬門而入時鎬軍驟勝士卒解甲不復防禦又昏黑之際忽聞兵入倉卒驚駭計無所出皆束手就戮遲明歿者十有八九鎬以單騎遁走於是逵據其境上表於朝廷天子嘉之就除湖南節度兼中書令逵素雄豪得志之後不拘小禮車服制度擬於王者先是吳有術士言南楚

之分氣色甚盛將有王氏起焉僞主聞而憂之且問曰今之郡將處南楚者誰爲王姓或對曰有永州刺史王溫耳僞主疑之遣使拜溫征南將軍賜以印綬中帶密於市中置毒使至溫拜命著巾幘頂腦裂而卒未幾逵擧兵襲長沙據之即其應也時行逢已爲麾下將衆頗伏其才畧逵因命爲副試行逢雖受命然終以逵非君長才密謀圖之未幾逵領兵侵南越留行逢知留後事行逢因謂所親曰王公必不返然以後事付吾者所謂以雲雨資蛟龍也及逵至桂楊

果為越兵所破，僅以身免，竟歿於路。行逢果代其位。時軍吏多武陵人，咸有戀土之心，或說行逢曰：富貴不還鄉，如衣錦夜行。公起於徒步，為列侯，可謂富且貴矣。然無西還意，使鄉人父老何以瞻望風采邪？行逢感悟，即日命駕歸武陵，以武陵為西府，使人迎其妻潘。潘貌素陋，然性剛烈，雖行逢已為侯王，待之蔑如也。先是所待皆勸之使詣行逢，對曰：人心自非聖賢，必多變動，以吾老醜，雖往，公豈以曩時心相向哉？我有歿而已。聞者未以為然，及使至，果不從命，惟躬

率婢僕以耕織自給，賦稅亦及時輸納，未嘗逋懸。行逢止之而不從，曰：賦稅官物也，豈以已為主而自免之哉？行逢聞而有慚色。時兵革之後，郡邑官吏以聚斂為務，行逢患之，潛使人察其姓名，一旦除去，管內稍清。至於建官設職，亦皆慎選。有女婿乞補吏，行逢曰：吏所以理民也，觀汝不堪其事，吾當為汝置耕牛數具，汝能用之鉏耰以養老幼，亦是美事，何祿之求？竟不補焉。時一方翕然靡為英主，然多猜忌，好發人陰事，故麾下恐其不免，多有謀叛，而行逢亦能預為

之備，往往未發而誅，於是公府凜然，入者若履冰雪。先是前進士何景山為王逵記室，每輕行逢，行逢得志，命景山為益陽令，未幾因事縛而投之江，曰：汝嘗佐王逵，今王逵歿，且為我告龍王。其殘忍皆此類也。故天策學士徐仲雅有清才，然性奸滑稽。國破之後，傷於凍餒，行逢素聞其名，且以窮困謂必能改節，因召為節度判官。初王逵之起兵也，欲其得衆，苟能塵募，皆置司空太保以誘之，自是武陵村落廛市豪猾之輩稱司空太保者無筭。及仲雅至，行逢問曰：自吾

遷鎮西土，控雄盛之地，四境懼之乎？仲雅對曰：今管內滿天太保，滿地司空，何不懼之？行逢不悅。未幾大宴僚吏，仲雅在座，行逢夷音，每呼字多誤，仲雅戲曰：不於五月五月剪却舌頭，使語音乖錯如此。行逢大怒，然仲雅嘗歷事馬氏諸王，民信之矣，故不敢加誅。後仲雅竟以忤旨去職，因退居山寺，暇日咏櫻樹曰：葉似新蒲綠，身如亂錦纏，任君千度剝，意氣自衝天。蓋怒行逢而發也。有鄧洵美，連郡人也，登進士第，將歸連上，行逢署館驛巡官。洵美背傴，時謂之鄧駝，為

性迂僻類其形衆不悅之雖處幕府僚而食貧不暇及同年王溥爲相聞洵美不得志乃爲詩曰綠衣我已登黃閣白社君猶困故廬自是行逢稍優給之未幾給事中李昉至昉亦洵美同年也相見話舊不覺號慟久而忤行逢貶爲易俗場官須臾使人詐爲山賊突入公署殺之聞者無不痛惜後李昉再奉命祠南嶽知洵美墳在近爲詩弔之曰今日向君墳畔過不勝懷抱暗酸辛李觀象爲節度使以行逢嚴酷恐及禍乃寢紙帳臥紙被行逢信用之凡軍府事無輕

重皆取決焉而觀象性多嫉忌好蔽人之好零陵儒士蔣密能吟咏頗得風騷之旨嘗題桑云綺羅因片葉桃李謾同時爲作者所許觀象聞之佯驚曰此僕詩何蔣密之能爲士林鄙之及行逢疾病命子保權尊師之且謂保權曰麾下將校兒狠難制者除之已盡惟衡州張文表耳吾歿之後此人必叛萬一不可敵當舉族北歸無使骨肉落虎狼之口言訖而逝數月文表果叛舉舟師順流而下以襲長沙時行軍司馬廖簡知留後事方與軍吏聚會有報文表至簡素

輕殊不介意謂軍吏曰黃口小兒到而擒之何憂乎伐鼓飲酒如初是晚文表入城麾軍直至會所簡已醉不能發弓矢惟按膝作氣而已文表親以戈戮之座間遇害者數十人時保權年方十三英爽有膽氣聞叛嘆曰先君可謂知人矣僕雖無能安可使寧國落此賊手乎據命部將楊師璠率萬餘衆討之及師璠將行親出餞送泣對三軍曰先君塋背墳土未乾而兒賊悖逆實保權不孝所致安敢勞於諸君幸以先君之故無怠戮力苟滅此賊於地下足矣各希勉

之吐氣發言義形於色三軍無不感激然保權猶慮其敗且馳表乞師未逾旬師璠大破文表於亭津梟其首餘黨皆戮初文表將叛猶豫未定有從者夜夢文表頷上出一龍文表大喜曰此天命也於是舉兵及敗論者以龍神物也而出於頷是禍將作神去焉保權以文表已滅命使止師而王師已破江陵逼境矣保權懼召李觀象議之觀象曰夫請師以討文表也今文表已破而師不還豈非朝廷將有事南地乎我國所恃者江陵之在北境耳今江陵已束手不悲

自救欲與相拒所謂魚入沸鼎而更鼓腮掉尾其可免乎惟公善自圖之無失子孫萬世利也保權不得巳乃出郊迎且請入覲天子聞而悅命以禮遣既至宗族封拜有差初行逢以淫祀爲患管内祠廟非前代有功及民者皆毀折一時有識之士忻然以爲明斷及來年酷信釋氏毎歲設大會齋者四破耗國用仍度僧建寺所在不輟因暇復召羣僧於府中講唱而已自執爐焚香以聽凡披緇之士雖三尺童子皆搶地伏拜之雖梁武篤好未之加也故君子知其不克永世矣

高氏諱季興字貽孫峽州峽石人也東魏司徒昂之后幼好武而有膽氣乾符末所在寇賊競起時梁祖爲帥專征潛有跋扈之志思得義勇者與之同力季興潛察之乃謁梁祖於郊祖見之悅拔爲制勝軍使累從征討以功授宋州團練使未幾移授荊南兵馬留後及禪代正拜江陵尹兼管節度觀察處置等使季興以江陵古之重地又當天下多事有割據之志乃大興力役重築城壘跳畚者十數萬人皆將校賓友負土助焉郭外五十里墳冢皆令發掘取磚以甃之及土工畢陰慘之夜皆聞鬼哭鬼火數起累月方定論者以爲幽魂不安故也時諸侯爭霸急於用人進士梁震登第後薄遊江陵季興請爲掌書記震性抗直臨事敢言時莊宗反正下詔徵諸侯王入覲季興奉詔將行震諫曰朝廷自反正後有吞併諸侯心我繕甲自守猶恐不保況敢拋棄軍國千里入覲哉今之諸侯爲梁朝舊人者惟公耳安知朝廷不以讐敵相待耶幸熟圖之無使懷王之患復見於今日也

季興曰吾已決矣多言奚爲及至莊宗果欲留之及歸值夜將吏出迎郊外季興握震手曰不聽君言幾罹虎口初季興方對莊宗謂之曰今天下負固不服者惟吳蜀耳朕欲先有事於蜀而蜀地險阻尤難江南纔隔荊南一水朕欲先之卿以爲何如季興對曰臣聞蜀國地富民饒獲之可建大利江南國貧地狹民少得之恐無益臣願陛下釋吳先蜀時莊宗意亦欲伐蜀及聞季興之言大悅未踰年聞莊宗伐蜀季興私自喜曰此吾以計紿之彼乃信而用耳未幾遣

使湖季興爲南平王季興謂震曰此恐吾與蜀連衡故也及蜀破書至季興方食落筯而嘆曰此吾失計也所謂倒持太阿授人以柄梁震曰大王勿憂今蜀雖破未必爲福未幾莊宗宴駕果再亂一如震言初季興嘗從梁祖出征引軍且發至逆旅未曉有一嫗秉燭開門而迎其禮甚謹季興頗疑而問之嫗對曰妾適夢神人推門呼曰宜速起有王者來及起開門而君子至豈非所謂王者邪所以不敢褻慢耳季興大悅洎季興卒從誨立震獨不悅謂所親曰先王平

生與吾相見弟兄之不若也今日安能屈節北面復事其子邪遂求解職退處郊外灌園蒔蔬爲業稱處士每以事召至府則倒跨黃牛直造廳事前呼從誨不以官閥止稱郎君而已從誨以其先王舊人不忍殺之有李載仁者唐之後也避亂於江陵季興署觀察推官載仁自負文學常爲季興見知每從容接待不爲少禮然爲性迂緩一日將赴從誨名方上馬無何部曲相毆載仁怒命急於廚中取飯并猪肉令相毆者對食之仍戒曰如敢再犯必當於猪肉中加之

以酥聞者無不笑之及從誨嗣立有孫光憲者本成都人也旅遊江陵方圖進取從誨辟爲掌書記自是牋奏書檄皆出其右載仁充位而已由是載仁遂與光憲有隙光憲猶能避之故論者多光憲光憲每患兵戈之際書籍不備遐發使諸道未嘗不厚與金帛購求焉於是三年間收書及數萬卷然自負文學常快快不得志又常慕史氏之作自恨諸侯幕府不足展其才力每謂交親曰安知獲麟之筆反爲倚馬之用因吟劉禹錫詩曰一生不得文章力百口空爲飽

煖家有梁延嗣者景陵人唐天成中將兵守復州監利季興之入覲也莊宗欲殺之既而逃歸益懷怨憤遂以兵攻取復之監利玉沙二縣延嗣兵敗爲季興所獲至從誨既立擢爲大校遂承制授歸州刺史未幾又遷復州團練使仍掌親軍延嗣諱健兒士卒之語每聚談有犯者往往交遊變爲仇讐光憲與延嗣年甲相亞居常自謂筋力不衰一日赴毬場上馬左右扶持者甚衆延嗣且在後笑曰孰謂大卿年老而彌壯觀其上馬輕捷良由扶持者爾光憲乃回顧曰

非因衆扶蓋是老健延嗣不勝怒謫者少之有王惠範者平江軍節度保義之子美風儀好讀書初保義之奔荆南也季興以爲行軍司馬未幾生惠範及長以門蔭爲文學累遷觀察推官從誨立以女妻之欲使自幕府事掌內外軍政惠範爲人閒談不觸闒之不悅入告從誨辭之自是以從誨爲不知己至軍國之事皆不參預但以金帛購求古書圖畫日以披閱爲志焉建隆三年武安軍節度周行逢薨子保權立衡州刺史張文表不服舉兵反保權告急朝廷乞師爲援朝廷遣宣徽使李處耘領兵萬餘救之李以路由江陵慮繼冲不測遣使諭之曰比者王師救應東道之主誠在足下然利在急速故不淹留但假一鄉道使於城外經過幸矣繼冲將許之猶豫未決有大校李景威者素勇悍越次白繼冲曰兵尚權變城外之說實不可信以臣觀之彼實欲乘釁伐我耳況今精兵數萬訓練備矣景威雖不才願盡以相付不顧命爲大王拒之繼冲曰事未可知爾勿憂也及王師至果如景威之言繼冲大懼不得已乃出郊迎且詣

李公乞上表入朝李公以聞天子大悅遣使就除繼冲徐州節度使便道赴任蓋孫光憲之謀也景威以不用己謀扼喉而死繼冲傷之先是荆南尚使甆器皆高其足而公私競置用之謂之高足碗至大軍一臨舉族東遷高足之讖一朝應之蓋由天命信矣歟

江南野錄　宋　龍袞

先主名昪字正倫朱梁統制天下楊行密專據淮南大將徐溫出師濠上見先主携歸爲已子遂用巳姓吳主委正先主遷左僕射遂受吳禪奉吳主爲讓皇義父溫爲武王攺元昇文復姓李氏

世宗即位遣孫忌奉表稱藩既而背約世宗問忌江南虛實忌曰本國雖小甲兵尚三十萬未易可圖世宗曰江南不見十數郡何可期也忌曰精兵雖止十

餘萬然長江一條飛湍千里可敵十萬之師國老宋齊丘乃王猛謝安之徒可敵十萬後主名顯字重光

周世宗怒不割淮南地將征建康見白氣貫空使覘之乃後主與衆獵焉歎曰彼有人焉未可圖也乾德二年始與鐵錢以當銅錢十之一是歲納國初先主之世均量民田以奠科賦家出一卒號爲義師又於客戶三丁抽一謂之團軍至嗣主許諸郡民競渡每端午較其殿最勝者加以銀盌謂之打標至是盡覊爲卒號凌波軍又率民間傭奴子婿謂之義勇軍又募豪民自被緡製兵器招集無賴輩謂之自在軍王師圍急乃招百姓老弱外能被執者謂之排門軍

初後主違旨拒命嘗曰他日王師見討孤當躬擐戎服背城一戰如其不獲聚室自焚太祖曰此措大兒語耳徒有其口必死其志果然

孫忌鄙延巳謂人曰玉巵象琖盛穢鷄樹鳳池棲集梟翟遂罷相

嗣主如南都既數日詰旦殿庭忽見殘狩一脚覘之乃獸食之餘詢宿衛莫知所以使往詢陳陶陶曰昨

暮有猿星直日故爾嗣主嘆曰眞鴻儒矣

世宗怒江南失約召晟責之乃置晟于樓車

李後主酷信浮屠有僧與后頂僧伽帽衣袈裟誦佛書拜跪頓顙至爲瘤贅視爲桑門削作厠簡子試之腮頰少有澁滯者再爲治之其手不扠學佛握印而行僧犯姦有司具牘還俗後主令禮佛三百拜免刑

王師旭池州令僧俗兵士念救苦觀世音菩薩

韓熙載初知貢舉人皆以爲巨題熙載是夕自賦五言且視諸生皆有可觀及著格言五十餘篇特童空

及誘掖後進號韓夫子性好譴浪有投贄荒惡者使妓炷艾爇之俟來嗅曰子之卷軸何多艾氣也

陳彭年大中祥符中同知貢舉省試榜出有朔不預選怒入其第會彭年未來於几上得黄勑乃題其背曰彭年頭惱太鬼烘眼似朱砂鬢似蓬紕繆幸叨三字内荒唐仍在四人中取他權勢欺明主落却親情賣至公千百孤寒齊下淚斯言無路達宸聰彭年怒抱其勑入奏章聖見而不悦然釋其罪

明道雜志

宛丘張耒

白樂天作紫毫筆詩云宣城石上有老兎食竹飲泉生紫毫余守宣時問筆工毫用何處兎答云蓋陳亳宿數州客所販宣自有兎毫不堪用蓋兎居原田則毫全以出入無傷也宣兎居山出入為荆棘樹石所傷毫例短禿則白詩所云非也白公宣州發解進士宜知之偶不問耳

用事謬誤雖文士時有之韓文公作孔子廟記云社

稷之祀不屋而壇豈如孔子巍然當坐用王者禮若以謂壇祭之禮不如屋則何必社稷天地圜丘方澤初不屋也孔子之禮雖極隆比天地則有間矣豈以壇屋分隆殺乎又巍然端坐後世為土偶乃有此古祭用主安能巍然而坐乎退之未之思也今文人作文稱亂世曰板蕩此二詩篇名也板為不治則可蕩則詩云蕩蕩上帝下民之辟蕩豈亂意乎人師舉篇首一字名篇耳小序言蕩蕩無綱紀文章非其本義堯無能名亦蕩蕩也

采石中元水府祠有韓幹畫馬一軸是一武臣過祠下舍之蓋模本也而人皆以為真余曾取視之其典刑乃幹法落筆洗色常工所為耳祠前人說頃年張唐公罷太平守過祠下見之不能舍乃令畫工模易取去以模者納廟中及行他舟皆發獨載畫一舟引之不動其勢自沉張公大恐還舊本舟乃安余紹聖丙子歲罷守宣城道采石見此畫其秋寓苦宛丘於外氏李家見所畜模本甚多一馬與中元祠中正同乃信其為模本決也真幹畫乃可寶模本固易得唐

公何用愛之如此而神亦甚寶之由此言之非獨唐公之鑒未精雖廟神亦誤信也

余所聞相工之驗者固多其尤異非常法所到者有三事其一歐陽文忠公應舉時常游京師浴室院有一僧熟視公公因問之曰吾師能相人乎僧曰然足下貴人也然有二事耳白於面當名滿天下脣不掩齒一生常遭人謗罵其後公以文章名世而屢為言者中以陰事然卒踐二府其二江鄰幾學士在館閣有時名諸公多欲引之而鄰幾流落不偶與故相吳

正憲相善時有一僧能相人且善醫游江吳二家無
幾江被召修起居注吳相甚喜一日謂僧曰江舍人
修注殊可賀也僧愀然曰事未可知吳詰其故僧曰
江舍人金形人於法當貴而留滯至今久不解其故
近方能了耳吳曰何也僧曰非作金銛金耳修注當
日在君側本朝火德銛在火側安能久也吳亦未以
爲信後百餘日江得肺疾不起其三事蘇舜欽除名
居姑蘇唐詢彥猷守湖州蘇與唐善因挐舟自蘇訪
之時湖有報本長老居簡有異術善知人唐因謂居

簡使相蘇簡曰試使來院中蘇他日往過簡簡乃設
食具榻留之竟日遂留宿中夜簡乃登蘇卧榻若聽
其息者蘇覺乃診其臂若切脉然良久曰來得也曷吳人謂曷如速
更無他語他日唐問簡簡亦以前四言對之
唐亦不曉蘇將行又過簡因問之曰來得也曷是何
等語耶簡從容曰若得一州縣官肯起否蘇大不意
因不復言而舜欽以明年蒙恩牽復爲湖州別駕遂
不赴官無幾何物故此三事相術之異者
某初除秘書省正字時與今劉端明奉世同謝劉時

除左史余舊見相人術貴天地相臨謂顧頷之勢相稱余見
劉有此相又精爽明潤心頗奇之歸謂同舍晁無咎
曰劉左史不遲作兩府晁不以爲然劉竟再歲簽書
西府無咎嘗惟余言之驗許將罷成都入北門晁二
言沖元非學士可留非久當執政不知何以知之已
而許果除右轄晁二謂余言君言劉簽書固如神我
相許右丞也不踈
呂與叔長安人話長安有安氏者家得明皇髑髏光
作紫金色其家事之甚謹因爾家富數佳甲于長安

遂爲盛族後其家析居爭髑髏遂斧爲數片人分一
片而去余因謂之曰明皇生死爲姓安人極惱合坐
大笑時秦學士觀方爲賈御史彈不當授館職余戲
秦曰千餘年前賈生過秦今復爾也聞者以爲佳謔
而秦不歡
河豚魚水族之奇味也而世傳以爲有毒能殺人中
毒則覺脹亟取不潔食乃可解不爾必死余嘗守丹
陽及宣城見土人戶食之其烹煮亦無法但用蔞蒿
荻笋菘菜三物云最相宜用菘以滲其膏耳而未嘗

見死者或云土人習之故不傷是大不然蘇子瞻是
蜀人守揚州晁無咎濟州人作倅河豚出時每日食
之二人了無所覺但愛其珍美而已南人言魚無頰
無鱗與目能開闔及作聲者有毒而河豚備此五者
故人畏之而此魚自有二種色淡黑有文點謂之斑
子云能毒人而土人亦不甚以捕也蘇子瞻在資善
堂與數人談河豚之美云人極口譬喻稱贊子瞻但
云據其味眞是消得一死人服以爲精要余在眞州
會上食假河豚是用江鮰作之味極珍有一官妓謂

余曰河豚肉味頗類鮰而過之又鮰無脂肆也肆論蚩反
河豚腹中白腴也上人謂之西施乳晁無咎謂味似鰻鱺而肉差緊多
食不令人逆此魚出時必成羣一網取數十初出時
雖其鄉亦甚貴在仲春間吳人此時會客無此魚則
非盛會其美尤宜再溫吳人多晨烹之羹成候客至
率再溫以進或云其子不可食其子如一大粟而浸
之經宿大如彈丸也或云中其毒者亦不必食不潔
水調炒槐花末及龍腦水皆可解余見人有說中此
毒急服至寶丹亦解橄欖最解魚毒其羹中多用之
而吳人悉不論此直云用不潔解河豚是戲語耳惡
烏頭附子之屬丁騭吳人因食河豚而死或云丁自
是中風非因食魚

韓少師持國每酒後好謳柳三變一曲其一句云多
情到了多病有老婢每聽之輒云大官體中每與人
別我天將風雨輒體中不佳而貴人多情致病耶又
有一官人談語好文嘗謁一班行臨退揖而前曰未
敢款談且夕專候宇下班行作色曰何如趣取今日
晴煖說了而此官人了不解

先人嘗任三司檢法官以親老求知吳江縣將之官
名公多作詩送行而吳正憲王中甫詩工吳詩云全
吳風景好之子去絃歌夜犬驚胥少烹鱸餉客多縣
樓疑海蜃橋鼓答江鼉遙想晨鳧下長橋正綠波王
詩云乍被軒綬寵新辭計省繁三江吳故國百里漢
郎官烟水蓴芽紫霜天橘顆丹優游民政外風月即
清歡

王中父名介衢州人以制舉登第性聰悟絕人所學
讀書皆成誦而任氣多忤物以故不達終於館職卽

州共作詩多用助語足句有送人應舉詩落句云上林春色好携手去來兮又贈人落第詩云命也豈終否時乎不暫留勉哉藏素業以待歲之休此前古未有也平生所嗜唯書不治他事其談語多用故事淺聞者未易曉知湖州日判司理請覆檢官狀云督郵所由得此狀遍尋督郵無知者乃復入白之介曰督郵卽録參也據爾如此全不讀書聞者皆笑

杜甫之父名閑而甫詩不諱閑某在館中時同舍屢論及此余謂甫天姿篤於忠孝於父名非不獲已宜

不忍言試問王仲至詩論之果得其由大抵本誤也寒食詩云田父邀皆去鄰家問不違仲至家有古寫本杜詩作問不違作問字乃勝閑又諸將詩云見愁汗馬西戎逼曾閃朱旗北斗閑寫本作殷字亦有理語更雄健又有娟娟戲蝶過閑幔片片驚鷗下急湍本作閑幔閑幔語更工因閑幔見蝶過也惟韓幹畫馬贊有御閑敏寫本無異說雖容是閑敏而禮卒哭乃諱馬贊容是父在所爲也

先君嘗從趙周幹授易與周翰稍密先君嘗與客語周翰作詩極有風味據此風流是溫飛卿韓致光之流而世以樸儒處之非也嘗作梅詩有一聯云霜女遺靈長着素玉妃餘恨結成酸又有一詩以向來爲題其詩曰向來精思巳陳陳旅思無端不及春潘子形容傷白髮沈郎文字暗丹脣此詩奇麗之極豈野儒所爲乎

七言五言四言三言雖論詩者謂各有所起然三百篇中皆有之矣但除四言不全章如此耳韻雖起沈休文而自有三百篇則有之矣但休文四聲其律度

尤精密耳余嘗讀沈休文集中有九言詩休文雖作者至牽於鋪言足數亦不能工僅成語耳黃九說雄雌詩何以見取於夫子應是取韻耳謂瞻彼日月以下至篇終韻極不倫也韓吏部此日足可惜詩自嘗字入行字又入江字崇字雖越逸出常制而讀之不覺信奇作也子瞻說韓吏部古詩凡七言者則覺上六字爲韻設五言則上四字爲韻設如君不強起時難更持一念萬漏之類是也不若老杜語韻渾然天成無牽強之迹則退之於詩誠未臻其極也韓退

之窮文之變毎不循軌轍古今人作七言詩其句脉多上四字而下以三字成之如老人清晨梳白頭先帝天馬玉花驄之類而退之乃變句脉以上三下四如落以斧斤引纆徽雖欲悔舌不可捫之類是也退之作詩其精工乃不及栁子厚子厚詩律尤精如愁深苑猿夜夢知越雞晨亂松知野寺餘雪記山田之類當時人不能到退之以高文大筆從來便忽畧小巧故律詩多不工如陳商小詩叙情賦景直是至到而已脫詩人常格矣栁子厚乃兼之者良田栁少習

明道雜志 八 九

時文自遷謫後始專古學有當世詩人之習耳

南唐平徐鉉入朝見朝中士大夫寒月衣毛衫乃嘆曰自五 猾夏乃有此風鉉鄙之不肯服在邠州中寒疾夾鉉之為此言是不甘為亾國之俘為醜言以薄中朝士大夫耳不然豈不讀毛詩也迎詩曰無衣無褐鄭玄注褐毛布也毛布牛今段子乎則其來自三代也古人衣裘并皮衣之為裘取毛織之為褐理何爽乎

蘇長公有詩云身行萬里半天下僧卧一庵初白頭黄元云初日頭問其義但云若此僧負暄於初日耳余不然黄甚不平曰豈有用白對天乎余異日問蘇公公曰若是黄九要改作日頭也不奈他何

讀書有義未通而輒改字者最學者大病也老杜同谷詩有黄精無苗山雪盛後人所改也其舊乃黄獨也讀者不知其義因改為精其實黄獨自一物也本處謂之土芋其根唯一顆而色黄故名黄獨耳饑歲土人掘食以充糧故老杜云耳鄭玄解經以緑為褖以犠為莎亦此類也古說黄目乃尊上畫人目而禁

明道雜志 八 十

中有古樽乃畫龜或言蟲中惟龜目最黄不然人目黄乃病也杜子美有問人求小猢猻詩曰聞說夔州路山猿樹樹懸猢猻與猿兩物也而子美乃謂猿而覓猢猻亦大鹵莽矣

潞公以太尉鎮洛師遇生日僚吏皆獻詩多云五福全者潞公不悅曰遽使我考終命耶有一客詩云綽約肌膚如處子蓋用莊子姑射仙人事也洛人笑之曰願爾得婦色若此潞公色黯也蘇惠州常以作詩下獄自黄州再起遂遍歷侍從而作詩每為不知者

玭珠以爲有識詆而實不然也出守錢塘來別潞公
公曰願君至杭少作詩恐爲不相喜者誣謗再三言
之臨別上馬笑曰若還興也但有箋云時有與處厚
者取蔡安州詩作注蔡安州遂遇禍故有箋云之戲
興也蓋取毛鄭孫詩分六義者又云願君不忘鄙言
其雖老悖然所謂者希之歲不妨也善之言其論監
黄州市征有一舉子惠簡求免稅書札稍如法乃言
舟中無貨可稅但奉大人指揮令往荆南府取先考
靈柩耳同官皆絶倒

錢穆内相本以文翰風流著稱而尹京爲近時第一
余嘗見其剖决甚閑暇雜以談笑諢語而胥吏每一
顧問皆股慄不能對一日因决一大滯獄内外稱之
會朝處蘇長公譽之曰所謂霹靂手也錢曰安能霹
靂手僅免葫蘆蹄也葫音鶻

蘇侍郎言每見州府召客觀其品别人類已足觀政
矣

錢穆嘗言三世仕宦方會着衣喫飯故錢公每饗客
致饌皆精要而不繁

售說宋莒公通小學好證人誤書坐此亦招怨如李
獻臣三子名皆從累字長壽朋次復圭次徒芻也莒
公曰朋象鳳羽之形非兩月也正此類甚多又有以
方回首類之曰不知回字直屈一畫耳非兩口也

漢陽武昌濱江多魚土人取江魚皆剖之不加鹽暴
江岸上數累千百雖盛暑爲蠅蚋所敗不顧也候其
乾乃以物壓作䱹謂之淡魚載往江西賣之一斤近
百錢饒信間尤重之若飲食祭享無淡魚則非盛禮
雖臭腐可惡而更以爲佳一船淡魚其直數百千稅

額亦極重黄州稅物每有三淡魚船則一日課利不
憂

貢父劉公作給事中時鄭穆學士表請致仕狀過門
下省劉公謂同舍曰宏中請致仕爲年若干也荅者
曰鄭年七十三矣劉公遽曰慎不可遂其請問曰何
故也劉曰且留取伴八十四底時潞公年八十四再
起平章事或云濳公鬪之甚不懌宏中穆字也

熙寧中有班中一大校姓李忘其名嘗監牧馬於陳
留雍丘之間野中有叢祠俗傳以爲周襄王公主墓

李固取紙錢就墓拜焚之紙錢不化因忽昏仆地不知人久之甦謂其徒曰屬公主召我又嘆曰乃爾富貴因不復語雖問亦不答牧事已歸家飾與其妻異寢後亦寢疾元豐中忽一日顧左右取衣冠甚急又云備馬云當從駕其父問從何駕也答曰是太后駕也既被衣冠良久遂卒乃慈聖太后崩日也

殿中丞丘浚多言人也嘗在杭謁珊禪師珊見之殊傲俄頃有州將子弟來謁珊降階接禮甚恭浚不能平子弟退乃問珊曰和尚接浚甚傲而接州將子弟

乃爾恭耶珊曰接是不接不接是接浚勃然起摑珊數下乃徐曰和尚莫怪打是不打不打是打

沈存中博學多能天文曆數鍾律壬遁皆極其妙尤善用算然甚好奕棊終不能高嘗著書論棊法謂連書萬字五十二而盡棊局之變而余見世工棊者豈盡能用算知此數此有不分菽麥臨局便用智特妙而括欲以算數學之可見其迂矣括又自言推數知死時在稱意中嘗言括死時頗熱鬧然括之死乃在謫廢中非稱意也

王聖美嘗言經傳中無嬸與妗字考其說嬸字乃世母字二合呼也妗字乃舅母字二合呼也（二合如真言中合兩字音為一）

司馬溫公當世大儒博學無所不通雖已貴顯而刻苦記覽甚於韋布嘗為某言學者讀書少能自第一卷讀至卷末往往或從中或從末隨意讀起又多不能終篇光性最專猶嘗患如此從來惟見何涉學士案上惟致一書讀之自首至尾正錯校字以至讀終末終卷誓不他讀此學者所難也何涉蜀人

余游洛陽大字院見歐公謝希深尹師魯聖俞等避暑唱和詩牌後有一和者稱鄉貢進士王復有一聯押權字特妙早蟬嬌有信多雨暑無權後不甚顯名洛人云仕亦至典郡正郎

古人作詩賦事不必皆實如謝宣城詩澄江淨如練宣城去江近百里州治左右無江但有兩溪耳或當時謂溪為江亦未可知也此猶班固謂八川分流

王荆公為相大講天下水利時至有願乾太湖云可得良田數萬頃人皆笑之荆公因與客話及之時劉

貢父學士在坐遽對曰此易爲也荆公曰何也貢父曰但旁別開一太湖納水則成矣公大笑貢父滑稽而解紛多此類

掌禹錫學士厚德老儒而性涉迂滯嘗言一生讀書但得佳賦題數箇每遇差考試輒用之用亦幾盡嘗試監生試砥柱勒銘賦此銘今具在乃唐太宗銘禹功而掌公誤記爲太宗自銘其功宋湜中第一湜賦悉是太宗自銘韓玉女時爲御史因章劾之有無名子作一闋嘲之云砥柱勒銘賦本贊禹功勳試官親

處分贊唐文秀才冥上子裏鑾駕幸并汾恰是鄭州去出曹門冥子裏俗謂昏也

世傳朱全忠作四鎮時一日與賓佐出游全忠忽指一方地曰此可建一神祠試召一視地工驗之而召工久不至全忠怒甚見於辭色左右皆恐良久工至全忠詰地視之工再拜賀曰此所謂乾上龍尾地建廟固宜然非太貴人不見此地全忠喜薄賜而遣之工出賓僚或戲之曰爾若非乾上龍尾當坎下驢頭矣東北人謂斫伐爲坎

世傳謝仙火字云謝仙是雷部中神名主行火此乃木桃上各私記其主姓名耳火銜甲也乃謝仙火中木也今桃商皆刻木記主名不惟謝仙也意或偶介道藏所載乎未下知也

莊子論萬物出入於機有程生馬馬生人而沈存中筆談乃謂行關中聞人云此中有程遂以爲生馬之程而不知秦聲謂蟲爲程蟲即虎也豈莊子之謂歟生馬生人之論古今未見通者未可遽解也

王黃州詩云刺史好詩兼好酒山民名醉又名吟而

黃州呼醉爲沮呼吟爲垠逆斤切不知呼醉吟竟是何名也黃州廝役多無名止以第行爲稱而便稱爲名

余自能守宣城至今且二年所過州府數十而有佳酒者不過三四處高郵酒最佳幾似內法問之其匠故內庫匠也其次陳州瓊液酒陳輔郡之雄自宜有佳匠其次乃黃州酒可亞瓊液而差薄此謫官中一幸也平生飲徒大抵止能飲五升已上未有至斗者惟劉仲平學士楊器之朝奉能大盃滿酌然不過六七升醉矣晁無咎與余酒量正敵每相遇兩人對飲

輒盡一斗纔微醺耳

范丞相司馬太師俱以閑官居洛中余時待次洛下一日春寒中謁之先見溫公時寒甚天欲雪溫公命至一小書室中坐對談久之爐不設火語移時主人設栗湯一杯而退後至留侍御史臺見范公纔見主人便言天寒遠來不易趣命溫酒大盃滿釂三杯而去此事可見二公之趣也

士人有雙漸者性滑稽嘗為縣令因入村治事夏暑憩一僧寺中方入門主僧半酣矣因前曰長官可同

飲三盃否漸怒其容易叱去而此僧猶不已曰偶有少佳酒同飲三盃如何漸發怒令拽出去俄以屬吏漸亦就憩至晚吏呈案漸乃判云談何容易邀下官同飲三盃禮讓往來請上座獨喫八棒竟笞遣之

蘇舜元字才翁舜欽字子美兄弟也舜欽名籍甚才翁人少稱之然才翁書字清勁老健實過子美至為詩有嘉句子美亦不逮也才翁有宿僧院詩一聯云斷香浮缺月古像守昏燈可謂佳絕

高郵崔伯易龍圖性信鬼神屢典郡所至必繕祠廟其居家亦常祭享甚專精也嘗為余言任兵部員外郎時一日下直出名其直舍有火爐盡去火以大鐵罩覆之明早入省去鐵罩則灰上有一名字舍中不得人崔已怪之遂復罩爐乃視之曰若果有所告來日當別有字來早去罩視之有一表字崔了不解至後不數日遷禮部郎中初視事吏持一印來曰此名表郎印也蓋禮部掌撰賀慰諸表表後署所司郎官名故有此印伯易以謂神告

楊大年奉詔修冊府元龜每數卷成輒奏之比再降

出真宗常有簽貼有少差誤必見至有數十簽大年雖服上之精鑒而心頗自愧竊揣上萬幾少暇不應能如此稍訪問之乃每進本到輒降付陳彭年彭年博洽不可欺毫髮故謬誤處皆簽帖以進大年乃盛薦彭年文字請與同修自是進本降出不復簽矣

東觀奏記卷上

宋 裴庭裕

孝明鄭太后潤州人也本姓朱氏李錡據浙西有相言於錡曰朱氏有奇相當生天子錡取致於家錡誅死后入掖庭爲郭太后侍兒憲宗皇帝愛而幸之生宣宗皇帝爲母天下十四年懿宗即位尊爲太皇太后又七年崩以郭太后配享出祭别廟

上性至孝奉鄭太后供養不居别宫只於大明宮朝夕侍奉親舅鄭光即位之初連任平盧河中兩鎮節度使大中七年自河中來朝上因與光商較政理光素不曉文字對上語時有質俚即命宰臣别選河中節度使留光奉朝謁后或以光生計爲憂即厚賜金帛不復更委方面

憲宗皇后宴駕之夕上雖幼頗記其事追恨先陵商臣之酷即位後誅鋤惡黨無漏網者時郭太后無恙以上英察孝果且懷慚懼時居興慶宮一日與二侍兒同升勤政樓倚衡而望便欲殞於樓下欲戚上過左右急持之即聞於上上大怒其夕后暴崩上志也

懿安郭太后既崩喪服許如故事禮院檢討官王皥抗疏請后合葬景陵配享憲宗廟室疏既入上大怒宰臣白敏中召皥詰其事皥曰郭太后是憲宗春宮時元妃汾陽王孫逮事順宗爲新婦憲宗厭代之夜事出暗昧母天下五朝不可以暗昧之事黜合食之禮敏中怒甚皥辭益厲宰臣將會食周墀駐敏中廳門以俟同食敏中傳語墀正爲一書生惱亂但乞先之墀就中廳問其事皥益不撓墀以手加額於皥賞其孤直翌日皥貶潤州句容令墀亦免相大中十三年秋八月上崩宰臣令狐綯爲山陵禮儀使奏皥爲判官又皥拜章論懿安合配享憲宗始升祔焉

上延英聽政問宰臣白敏中曰憲宗遷座景陵龍輴行次忽値風雨六宮百官盡避去惟有一山陵使髯而長攀靈駕不動其人姓氏爲誰爲我言之敏中奏景陵山陵使令狐楚上曰有兒否敏中奏長子緒見任隨州刺史上曰可任宰相否敏中曰緒小患風痺不任大用次子綯見任湖州刺史有台輔之器上曰追來翌日授考功郎中知制誥到闕召充翰林學士

開歲遂立爲相時人感歎敏中亮直無隱不掩人於
上
上因讀元和實錄見故江西觀察使韋丹政事卓異
問宰臣孰爲丹後宰臣周墀奏臣近任江西觀察使
見丹行事餘風遺愛至今在人其子宙見任河陽觀
察判官上曰速與好官持憲者聞之奏爲侍御史
加贈故楚州刺史尚書工部侍郎李德修禮部尚書
德修憲宗朝宰相吉甫長子也吉甫薨太常謚曰簡
度支郎中張仲芳以德宗好用兵吉甫居輔弼之任
不得謂之簡仲芳貶開州司馬寶曆中仲芳徵諫議
大夫德修不欲同立朝連牧舒湖楚三州時吉甫少

子德裕任荆南節度使檢校司徒平章事上即位普
恩德裕當追贈祖父乞廻贈其兄故有是命
白敏中守司徒兼門下侍郎充邠寧行營都統討山
南平夏党項發日以禁軍三百人從敏中上論請依
裴度討淮西故事開幕擇廷臣不阻大吏上允乃以
右諫議大夫孫商爲左庶子行軍司馬駕部郎中知
制誥蔣名廷裕恭與諱同爲右庶子節度副使駕部員外李
禧爲節度判官戶部員外李玄爲都統掌記將軍弁
厚陳君從爲都虞候
上親妹平安公主下嫁駙馬都尉劉異上命宰臣與
一方面中書擬平盧節度使上謂曰朕只有一妹時
欲相見平盧隔越淄青去京敻遠卿別思之宰臣乃
奏邠寧節制近於平盧仍許平安公主歲時乘傳入
京
劉異將赴鎮安平入辭以異姬人從安平左右皆宮
人上盡記之忽見別姬問安平曰此誰也安平曰劉
郎聲音人（俗呼如此）上悅安平不妬喜形於色顧左右曰
便令作主人不令與宮娃同處上之甄別防閑纖微
不遺如此

萬壽公主上愛女鍾愛獨異將下嫁命擇郎壻鄭顥
相門子首科及第聲名籍甚婚盧氏宰臣白敏中奏
選上顥銜之上未嘗言大中五年敏中免相爲邠寧
都統行有日奏上曰頃者陛下愛女下嫁貴臣郎壻
鄭顥赴婚楚州會有日行次鄭州臣堂帖追廻上副
聖念顥不樂國婚銜臣入骨臣且在中書顥無如臣

何一去玉階必媒孽臣短從無種矣上曰朕知此事久卿何言之晚耶因命左右便殿中取一檀木小函子來扃鐍甚固謂敏中曰此盡鄭郎說卿文字便以賜卿若聽顥言不任卿如此矣敏中歸戚益感上聰察宏恕常置函子於佛前焚香感謝大中十二年敏中任荊南節度使假日與前進士陳鍇銷憂閣靜話感上恩泣語此事盡以示鍇

杜悰通貴日久門下有術士李（失其名）悰待之厚悰任西川節度使馬植罷黔中赴闕至西川術

士一見謂悰曰受相公恩久思有效答今有所報矣黔中馬中丞非常人也相公當厚遇之悰未之信術士一見客於悰曰相公將有禍非馬中丞不能救悰始驚信發日厚幣贈之仍令吏爲植於都下買宅從生之計無闕焉植至闕方感悰不知其旨尋除光祿卿報狀至蜀悰謂術士曰貴人至闕作光祿卿矣術士曰姑待之稍進大理卿又遷刑部侍郎充諸道鹽鐵使悰始驚憂俄而作相懿安皇太后崩後悰懿安子壻也忽一日內榜子檢責宰相元載故事植諭旨翌日延英上前萬端營救植素辨博能回上意事遂中寢

武宗朝任宰臣李德裕雖丞相子文學過人性孤峭嫉朋黨如仇讐擠牛僧孺李宗閔崔洪於嶺南楊嗣復貞穆李公珏（庭裕親外叔祖）以會昌初冊立事亦七年嶺外上即位之後嶺表五相同日遷北以吏部尚書李珏爲檢校尚書左僕射充淮南節度使珏字待價趙郡贊皇人早孤居淮陰事母以孝聞弱冠從之舉明經李絳爲華州刺史一見謂人曰日角珠庭非常人

也當擢進士科明經碌碌非子發跡之路一舉不第應進士許孟容爲宗伯擢居上第釋褐署烏重胤三城推官調進書判高等授渭南尉遷左拾遺左遷下邳令丁母憂廬居三年不入室免喪諸侯羔鴈四府齊至門皆不就牛僧孺爲武昌節度使奏章先達銀臺授殿中侍御史內供奉武昌掌書記徵歸御史府韋處厚秉政一見笑曰清廟器豈擊搏者乎擢拜禮部員外改吏部員外李宗閔爲相以品流程式爲己任擢掌書命改司勛員外庫部郎中文宗召克翰林

學士珏風格端肅屬詞敏贍恩傾一時累遷戶部侍郎承旨許立相者屢矣鄭注以藥術為侍講學士李訓自流人召入內庭珏未嘗私焉訓注交譖貶江州刺史未幾訓為相造假甘露謀上左右與王涯等一十一人赤族伏誅人方伏珏守正之節徵為戶部侍郎與楊嗣復同日命相上雖求理心切終優游不斷同秉政者陳夷行鄭覃請經術孤單者進用珏與嗣復論地胄詞采者居先每延英議政率相矛盾竟無成政但寄頰舌而已文宗宴駕以猶子陳王成美當

壁為託建桓立順事由兩軍頴王即位貶昭州刺史上即位累遷河陽三城節度使吏部尚書至是崔鄲薨於淮南輟之撫理凡三載薨謚貞穆

上臨御天下得君人法每宰臣延英奏事喚上階後左右前後無一人至纔處分坐宸威不可仰視奏事下三四刻龍顏忽怡然謂宰臣曰可以閒話矣自是詢閭里閒事話宮中燕樂無所不至一刻已來宸威復整肅是將還宮也必有戒勵之言每謂宰臣曰長慮卿負朕撓法後度不得相見度量如此趙國公令

狐綯每謂八曰十年持政柄每延英奏對雖嚴冬盛寒亦汗流洽背

李廓為武寧節度使不理右補闕鄭魯上疏曰臣恐新麥未登徐師必亂乞速命良將救此一方上未之省也麥熟而徐師亂上感魯言即擢為起居舍人

吏部侍郎孔溫業白執政求外任丞相白敏中曰我輩亦須自點檢孔吏部不肯居朝矣至理之世丞相畏人也如此

上微行至德觀女道士有盛服濃粧者赫怒亟歸宮

亦宣左街功德使宋叔康令盡逐去別選男道士二七人住持以清其觀

上將命令狐綯為相夜半幸含春亭召對盡蠟燭一炬方許歸學士院乃賜金蓮花燭一作炬送之院吏忽見驚報院中曰駕來俄而趙公至吏謂趙公曰金蓮花乃引駕燭學士用之莫折是否頃刻而聞傳說之命

侍御史馬植與三院退朝入臺路遇集賢校理楊收不為之却植為朝長臺中故事三院退朝入臺人謂之朝長拉收僕笞

管之集賢大學士馬植奏論玄宗開元中幸麗正殿
賜酒大學士張說學士副知院事徐堅以下十八人
不知先舉酒者說言學士以德行相先非具員吏遂
十八爵齊舉今馬紙管收僕者是管植僕隸一般乞
黜之御史中丞令狐綯又引故事論救之上兩釋之
始著令三館學士不避行臺
李丕以邊城從事上召至案前問系緒丕奏系屬皇
枝上曰師臣已有一李丕朕不欲九廟子孫與之同
名良久以手畫案曰丕字出脚平字也卿宜改名平

舞蹈而謝平後終於邠寧節度使
武宗好長生久視之術大中宮築望仙臺勢侵天漢
上始即位道士趙歸眞杖殺之罷望仙臺院大中八
年復命繕之右補闕陳凝已下抗疏論其事立罷修
造以其院爲文思院上英睿妙理尤長於納諫從之
如轉九李璲除嶺南節度使間一日以命中使頒旄
節給事中蕭倣封上詔書上政聽樂不暇別召中使
謂優人曰汝可就李璲宅却喚使來旄節及璲門而
反劉潼自鄭州刺史除桂州觀察使右諫議大夫鄭
裕疏言不可中使至鄭頒告已數日却命追制納
諫從善皆此類也
馬植爲相與左軍中尉馬元贄有亢宗之分上初即
位元贄恩澤傾內臣曾賜寶帶內庫第一者元贄輒
以遺植一日便殿對上覩植帶認是賜元贄者詰之
植色變不敢隱翌日罷爲天平軍節度使行次華州
取植客吏董侔下御史獄盡鬧植交通之狀再貶常
州刺史
杜濛授左拾遺庭裕先父任左補闕以濛家行不至

薄妻孥爲衆所聞不可處諫臣之列丞相魏謩盛怒
項濛上事先君見魏於政事堂曰必要任濛乞先移
他官丞相重違郎改授濛太常博士
上追感元和舊事但聞是憲宗朝卿相子孫必加擢
用杜勝任刑部員外郎內次對上詢其祖父勝以先
父黃裳永貞之際首排奸邪請憲宗監國上德之面
授給事中
裴諗爲學士一日加承旨上幸翰林諗寓直便中謝
上曰加官之喜不與妻子相面得否便放卿歸

謝上以御盞果實賜之諗即以衫袖張而跪受上顧一宮嬪領下諗父度元和中君臣魚水之分遂於諗恩禮亦異焉

上雅尚文學聽政之暇常賦詩尤重科名大中十年鄭顥知舉後宣宗索科名記顥表曰自武德巳後便有進士諸科出鶯谷而飛鳴聲華雖茂經鳳池而閱視史策不書所傳前代姓名皆是私家記錄虔承聖旨敢不討論臣尋委當行祠部員外趙璘採訪諸家科目記撰成十三卷自武德元年至朝謹專上進方

俟無彊勑宜付翰林自今放牓後便寫及第人姓名及所試詩賦題目進入內仍仰所司逐年編次

術士柴嶽明動陰陽術數於公卿間聲名籍甚上一日召於便殿對上曰朕欲爲諸子孫垗卿宜相其地嶽明奏曰人臣遷移不常有陽宅陰宅入陰宅入陽宅者禍福刑尅師有傳授今陛下居深宮有萬靈護衛陰陽二宅不言帝王家臣不敢奉詔上然之賜束帛

遷司封員外郎充史館修撰權審於衢路突尚書左僕射平章事崔鉉判曰宰相之統庶僚僕射之臨郎吏豈有導騎巳過被擧橫衝權審久在班行合諳典故便知素履且舉舊條送都省罰七直審以素履之言難　就壽左遷宿州刺史自爾不獲立朝矣

貶前鄉貢進士楊仁贍爲康州叅軍馳驛發遣仁贍女弟出嫁前進士于懷納函之朝有期周恤仁贍不易其日憲司糺論逐坐貶

東觀奏記卷中

上每命相盡出睿旨人無知者一日制詔樞密院兵部侍郎判度支蕭鄴可同中書門下平章事仰指揮學士院降麻處分樞密使王歸長馬公儒以鄴先判度支再審聖旨未審落下爲復仍舊上意責迎蕭也乃宸翰付學士院戶部侍郎判戶部事崔慎由可工部尚書平章事落下判戶部事宸斷如此

河東節度使劉瑑在內署日上深器異大中十一年上手詔追之令乘遞赴闕初無知者瑑奏發太原人方信之旣至拜戶部侍郎判度支十二月十七日次對上以御按曆日付瑑令於下旬擇一吉日瑑不諭旨上曰但擇一拜官日卽得瑑跪奏二十五日甚佳上曰此日命卿爲相秘無知者高湜自集賢校理爲蔣係鳳翔從事湜卽瑑舊寮也二十四日辭瑑於宣平里私第湜曰竊度旬日必副具瞻之望瑑笑曰來日具瞻何旬日也湜驚不敢發詰旦果爰立矣始以此事泄於湜旣入相深有异乎之嫌與慎由議政於上前慎由曰惟當甄別品流上酬萬一瑑曰王夷甫當晉衰之末祟尚浮虛祖述流品終致中原版蕩晉室淪夷今當盛明之朝不能循名責實使百吏各稱其職而上酬陛下臣未知致理之日慎由不能對因此恩澤浸衰罷爲東川節度

魏國公崔鉉秉政鄭魯楊紹復段瓌薛蒙一時俊造鉉所取信凡有補吏議事或與之參酌時人語曰炙手可熱楊鄭段薛欲得命通魯紹瓌蒙時魯爲刑部侍郎鉉欲引以爲相聖旨授河南尹不測其事赴後上問曰鄭魯發後除改卿還自由否鉉驚恐奏以此事訪於左右云御扆上題此四句鉉益畏

上聽政之暇多賦詩多令翰林學士屬和一日賦詩賜寓直學士蕭寘令和寘手狀謝曰陛下此詩雖挂水日千里因之平生懷亦無以加也明日召學士韋澳問此兩句澳奏曰宋太子家令沈約詩寘以睿藻清新可方沈約爾上不悅曰將人臣比我得否恩遇漸薄執政秉之出觀察使

崔罕爲京兆尹內園巡官不避馬杖之五十四方死上赫怒令與遠郡宰臣論救上曰罕爲京兆尹抑強

撫弱是其職任但不避馬便杖之可矣不合問知是
內園巡官方決一錯也又人臣之刑止行二十過此
是朕刑也五十四杖顛髮聞聽宰臣又論救上曰與
一廉察奮擬者宜抵罪根本輕致罪過制耳宰臣益
賀上無幽不察罕止貶湖南觀察使
故事京兆尹在私第但奇日入府偶日入延院崔鄆
為京兆尹囚徒逸獄而走上始命造京兆尹廨宅京
兆尹不得離府上以崔罕鄆併敗官而召翰林學士
韋澳授京兆尹便令赴上賜度支錢二萬貫令造府

宅澳公正方嚴吏不敢欺委長安縣尉李信主其事
造成廨宇極一時壯麗尚有羨緡却進
韋澳為京兆尹豪右斂手國舅鄭光莊不納租澳縶
其主者期以五日不足必抵法太后為言之上延英
問澳澳具奏本末上曰今日納租是放否曰尚在限
內來日即不得矣澳既出半廷上連召之曰國舅莊
租今日納足放主者否澳曰必放上入告太后曰韋
澳不可犯且與送錢納却頃刻而放
先是京兆府進士明經解送設殊次平等三級以甄

別行實近年公道益衰止於奔競至解送之日威勢
撓敗如市道焉至是澳牓曰朝廷獎柙教化廣設科
場當開元天寶之間始專重明經進士及貞元元和
之際又益以薦送相高當時務尚切磋不分黨甲絕
僥倖請託之路有推賢讓能之風等列標名僅同科
第既為盛事固可公行近日已來前規頓改互爭強
弱多務奔馳定高卑於下第之初決可否於差肩之
日曾非考覈盡繫經營奧學雄文例捨於貞方寒素
增年矯貌盡取以黨比羣強中選者曾不足云而爭

名者益熾其事澳明司畿甸合貢英髦非無藻鑒之
心懼有愛憎之謗且李膺以不察孝廉去任胡廣以
輕舉茂才免官況其管窺實難裁處況禮部格文本
無等第府庭解送不合區分今年合送省進士明經
等並以納策試前後為定不在更分等第之限詞科
之盛本以京兆府等第級建中二年崔元翰崔敖崔
備三人府元府副府第三人于邵知貢舉放及第並
依府列益推崇藝實不能易也自文學道喪朋黨道
興紛競既多澳不勝憤遂此釐革益救一時之弊人

多惜之
上至孝動遵元和故事以憲宗曾幸青龍寺命複道開便門至青龍佛宮永日昇眺追感元和勝蹟悵望久之
上敦睦九族於諸侯王尤盡友愛卽位後於十六宅起雍和殿每月三兩幸與諸侯王擊鞠合宴錫賚有差進士司馬櫃爲雍和殿賦詞雖不典亦志一時之事實
牛蘩任拾遺補闕五年頻上封事上盡記之後蘩自

東觀奏記　卷中　五

司勳員外爲睦州刺史中謝上命至軒砌問曰卿頃任諫官頗能舉職今忽爲遠郡得非宰臣以前事爲嫌否蘩曰陛下新有德音未任刺史縣令不能任近侍官宰臣以是奬擢非嫌忌上曰賜卿紫蘩退謝畢前曰臣所衣緋衣是刺史借服不審陛下便賜紫爲復別有進止上遽曰且賜緋且賜緋上愼重名器未嘗容易服色之賜一無所濫
李藩自司勳郎中遷駕部郎中知制誥衣緑如故鄭裔綽自給事中以論駁楊漢公忤旨出商州刺史始賜緋衣銀魚沈珣自禮部侍郎爲浙東觀察使方金綬苗恪自司勳員外除洛陽令藍衫赴任裴處權自司封郎中出河南少尹到任本府奏薦賜緋給事中崔罕駁還上手詔褒奬曰有事不當卿能駁還職業旣修朕何所慮
上每孜孜求理焦勞不倦一日密召學士韋澳盡屏左右謂澳曰朕每便殿與節度觀察使刺史語要知所委州郡風俗物産卿宜密採訪撰次一文書進來雖家臣輿老不得漏泄澳奉宣旨卽以十道四蕃志

東觀奏記　卷中　六

更博採訪撰成一策題曰處分語自寫面進雖子弟不得聞也後數日薛弘宗除鄧州刺史澳有別業在南陽召弘宗餞之弘宗曰昨日謝聖上處分當州事驚人澳訪之卽處分語中事也君上親總萬機自古未有
上校獵城西漸入渭水見父老一二十人於村佛祠設齋上問之父老曰臣醴泉縣百姓本縣令李君奭有異政考秩已滿百姓借留詣府乞未替兼此祈佛力也上默然還宮後於御扆上大書君奭名中書兩

擬醴泉令上皆抹去之踰歲以懷州刺史闕請用人
御筆曰醴泉縣令李君奭可懷州刺史莫測也君奭
中謝宸旨獎勵始聞其事
大理寺直王景初與刑部郎中唐技議讞不平景初
爭貶潭州司戶參軍制下景初趨登聞鼓稱冤再貶
昭州司戶制曰不遵嚴譴輒冒登聞以懲不恭也
京兆府參軍盧甚昇進士第入官甚孤貧有文學京
兆君遣巡館驛左補闕崔瑄婚姻迥與甚長亭相遇
爭廳甚以官雖卑乃公行晷不讓瑄瑄責其不遜遂

相詆訶甚來下御史臺按問吏云當服白衫甚曰非
國恤不素服上聞之以甚言涉大不敬除籍爲民投
之嶺表行至洛源驛賜死瑄左遷河南府陽翟縣令
大理卿馬曙任代北水運使代北出犀甲曙罷職以
一二十領自隨故事人臣家不得蓄兵器曙既在朝
乃瘞而藏之一日奴有犯罪者曙笞之即告於御史
臺稱曙蓄兵器有異謀命吏發曙私第得甲不虛坐
貶邵州刺史諫官上論以奴訴郎主在法不赦上命
杖殺曙奴於青泥驛曙再貶嶺外人臣無不感悅

司農卿韋廑夜令術士爲厭勝之術御史臺劾奏貶
永州司馬
優人祝漢貞詞辨敏給恩傾一時嗣朝王乾祐以金
帛結之求刺史盡納賂矣而未敢言御史臺劾奏漢
貞杖二十流天德軍乾祐竄嶺外
上推重詞學之臣於翰林學士恩禮特異宴遊密召
無所間隔惟於遷轉皆守彝章皇甫珪自戶部員外
召入內廷改司勳員外計吏員二十五箇月限轉司
封郎中知制誥孔溫裕自禮部員外改司封員外入

內廷二十五箇月改司勳郎中知制誥動循官制不
以爵祿私近臣也
廣州節度使紇干泉以貪猥聞貶慶王府長史分司
東都制曰鍾陵問俗澄清之化靡聞南海撫封貪黷
之聲何甚而又交通詭遇溝壑無厭蹟固異於澹臺
道殊乖於吳隱舍人韓琮之詞也書上一報不進用
矣工部尚書楊漢公前任荊南節度使以不廉聞公
議益喧左遷秘書監制曰考三載之績謫最無聞致
多士之朝人言未息既起風波之論難安喉舌之司

舍人沈詢詞也自至大中十三年漢公除同州刺史
給事中鄭公輿裔綽三駁還制書上自即位但聞諫
官論執左曹駁正無不立從其奏至是惑於左右三
下漢公同州之命亦不允所論時屬寒食内宴百寮上
因擊毬巡班慰勞至給事中班謂公輿裔綽曰卿先
有駁議朕無不允從唯論漢公事涉朋黨裔綽前曰
同州是太宗皇帝興王之地陛下爲子孫尤爲慎擇
牧守漢公在荆南日貪殘已經朝責陛下豈可以祖
宗重地私於此人上色變而迴馬翌日裔綽貶商州

東觀奏記　卷中　九

刺史
武昌軍節度使苗（名與廷家諱同）恐責同子嚴不避馬輸至
幕笞其背嚴母詣闕稱冤苗貶江州司馬制曰避馬
雖垂於嚴敬鞭人合顧於彝綸舍人楊紹復之詞也
苗自此爲清議所薄
高品吳居中承恩澤甚厚訪術者欲固其事術者令
書上尊號於襪有告者上召至視之信然居中棄市
藍田尉直弘文館柳珪擢爲右拾遺弘文館直學士
給事中蕭倣鄭裔綽駁還曰陛下高懸爵位本待賢
良既命澆浮恐非懲勸珪居家不稟於義方奉國豈
盡於忠節刑部尚書柳仲郢詣東上閤門進表稱子
珪才器庸劣不合塵玷諫垣若誣以不孝即冤屈爲
甚太子少師柳公權又訟冤[illegible]之枉上令免珪官且
在家修省貞元元和已來士林家禮法嚴整以韓皐
柳公綽柳仲郢爲稱首一旦子孫不孝簪紳歎惜
太尉衛國公李德裕上即位後坐貶崖州司户參軍
卒於貶所一日丞相令狐綯夢德裕曰某已謝明時
幸相公哀之許歸葬故里綯具爲其子滈言滈曰李

東觀奏記　卷中　十

衛公犯衆怒又崔魏二丞相（崔鉉　魏謩）皆敵人也見持政
必將上前異同未可言之也後數日上將坐延英綯
又夢德裕曰某委骨海上思還故里與相公有舊幸
憫而許之既寤召其子滈曰向來見李衛公精爽尚
可畏吾不言必掇禍明日入中書具爲同列言之既
於上前論奏許其子蒙州立山縣尉（名與今上御名同）護喪
歸葬
翰林學士駕部郎中知制誥庾道蔚勅曰以藝文擢
居近密乖檢慎難處禁林宜守本官續連州刺史鄭

朗爲御史大夫道蔚以事干之乞庇罪人者朗嚀之
朗旣大用積前事盡聞於上故及此罪
監修國史門下侍郎兼禮部尚書平章事鄭朗奏當
館修撰直史共四員准故事已通籍者爲修撰未昇
朝者爲直館以修史重事令選廷臣秩序或俾筆削
不稱其直館伏請停廢更添置修撰兩員敕旨宜依
直館萬年縣尉張範涇陽縣尉李節勤守本官以戶
部郎中孟穆駕部員外郎李潰並充史館修撰通籍
爲四員分修四季之事

以左拾遺鄭言爲太常博士鄭朗自御史大夫命相
朗先爲浙西觀察使言實居幕中朗建議以諫官論
時政得失動關宰輔鄭言必括囊形迹請移爲博士
至大中十一年崔慎由自戶部侍郎秉政復以左拾
遺杜蔚爲太常博士蔚亦慎由舊僚也踵爲故事至
理之代動循至公後代方知難矣
以楚州刺史裴坦爲知制誥坦罷任赴闕宰臣令狐
綯擢用宰臣裴休以坦非才不稱是選建議拒之力
不勝坦命旣行政事堂謁謝丞相故事謝畢便與本
院上事四輔送之施榻歷所而坐坦巡謁執政至休
聽多輸感謝休曰此乃省台謬選非休力也力命肩
昇使出不與之坐兩門吏云自有中書未有此事也
人多爲坦羞之至坦主貢舉擢休之子弘上第將人
云欲蓋而彰此之謂也

東觀奏記卷下

大中九年正月十九日制曰朝議郎守尚書刑部郎中柱國賜緋魚袋唐技將仕郎守尚書職方員外郎裴（庭裕先父）早以科名薦由臺閣聲猷素履亦有可嘉昨者吏部以爾秉心精專請委考覈而臨事或乖於公當物議遂至於沸騰豈可尚列彌綸是宜並分符竹善綏凋瘵以補悔尤技可虔州刺史散官勳封如故裴可申州刺史散官如故舍人杜德公之詞也

吏部侍郎兼判尚書銓事裴諗左授國子祭酒吏部

侍郎周敬復罰一月俸監察御史馮顓左授祕書省著作佐郎考院所送博學宏辭科趙秬等十人並宜覆落不在施行之限初裴諗兼上銓主試宏詞兩科其年爭名者衆應宏詞選前進士苗台符楊嚴薛訢李詢古敬翊已下一十五人就試諗寬豫仁厚有賦題不密之說前進士柳翰京兆尹柳憙之子也故事宏詞科只三人翰在選中不中者言翰於諗處先得賦題託詞人溫庭筠爲之翰既中選其聲聒不止事徹宸聽杜德公爲中書舍人言於執政曰某兩爲考官未試宏詞先鏁考官然後考文書者自先得賦題者必佳糊名考文書得佳者考官乃公當罪止銓爲考官不合坐宏詞趙秬丞相令狐綯故人子也同列將以此事嫁患於令狐丞相丞相遂之盡覆去初日官奏文星暗科場當有事沈詢爲禮部侍郎聞而憂焉至是三科盡覆日官之言方驗

上自党項叛擾推其由乃邊將貪暴利其羊馬多欺取之始用右諫議大夫李福爲夏州節度使刑部侍郎畢諴爲邠寧節度使大理卿裴識爲涇原節度使

發日臨軒戒勵禀奉宸威絕侵奪之貪邊方帖息烽燧不復告警矣

浙東觀察使兼御史中丞李訥爲軍士噪逐坐貶朗州刺史馳驛赴任訥性褊狷遇軍士不以禮人皆怨之遂及於難監軍使王景宗責撫循無狀杖四十流恭陵自此戎臣失律監軍皆連坐

宰臣鄭朗自中書歸宣平私第內園使李敬寔衝路衝之朗列奏上召敬寔面語敬寔奏供奉官例不避上曰聞天子之命橫絕而過可矣安有私出不避輔

相乎剝紫綬配南衙
太常卿封敖於私第上事御史臺彈奏左遷國子祭
酒故事太常卿上日廷設九部樂盡一時之盛敖拜
太常卿欲便於親闕遂就私第視事法司舉奏遂薄
責焉
上勵精理天下一紀之內欲臻昇平自大中十二年
後藩鎮繼有叛亂宣州都將康全泰逐出觀察使鄭
勳湖南都將石再順逐出觀察使韓琮廣州都將王
令寰逐出節度使楊發江西都將毛鶴逐出觀察使

鄭憲上赫怒命淮南節度使檢校左僕射平章事崔
鉉兼領宣池歙三州觀察使以宋州刺史温璋爲宣
州刺史以右金吾將軍蔡襲爲湖南觀察使以涇原
節度使李承勳爲廣州節度使以光祿卿宇宙爲江
西觀察使只取隣道兵送赴任兗渠如期授首皆不
勞師斬定誅鋤盡副聖旨
李景讓爲吏部尚書抗疏言穆宗至敬宗文宗武宗
四廟當遷出以穆宗是上兄弟文宗已下是上猶子
陛下拜兄尚可拜姪可乎使陛下得新事七廟宜重

昇太宗已下入廟以正三昭三穆之序事下百官集
議不定而止時人以上方嚮穆宗深爲景讓希旨多
不直其事
劉皐爲鹽州刺史甚有威名監軍使楊玄价誣奏皐
謀叛函首以進闔朝公卿面折廷諍上重違百辟之
言始坐玄价專殺不辜之罪
上晚歲酷好仙道廣州監軍使吳德鄘離闕日病脚
已蹣跚矣三載監廣師歸闕足疾都平上詰之遂具
爲上說羅浮山人軒轅集醫整上聞之甘心焉驛詔

軒轅集赴京師既至館於南亭院外廷莫之面也諫
官恐害政屢以爲言上曰軒轅道人口不干世事卿
勿以爲憂留歲餘放歸授朝奉大夫廣州司馬集堅
不受臨與上別上問理天下當得幾年集曰五十上
聞之慰悅及遇害之歲春秋五十
李景讓夏侯孜偘偘立朝俱勵風操景讓爲御史大
夫視事之日以侍御史孫玉汝監察御史盧搢王觀
不稱職請移他官孜爲右丞相以職方郎中裴誠虞
部郎中韓瞻俱聲績不立訴諸取容誠政太子中允

贍改鳳州刺史

于延陵授建州刺史中謝上問之曰建去京師遠近延陵曰八千里上曰朕前後左右皆建人也郡極不惡卿若爲我廉潔奉公綏輯凋瘵長在我面前無異武撓法度使遠人無聊即朕三尺階前便是萬里卿知之否延陵悸慴失序上撫而遣之

越人仇甫聚衆爲亂攻陷剡縣諸暨等縣浙左騷然上用王式爲浙東觀察使以武寧軍健卒二千人送之式生擒仇甫以獻斬於東市

始選前進士于琮爲駙馬拜秘書省校書郎右拾遺賜緋左補闕賜紫尚永福公主事忽中寢丞相上奏聖旨上曰朕此女子近因與之會食對朕輒折匕箸性情如此恐不可爲士大夫妻許琮别尚廣德公主亦上次女也

上委信宰輔言發計從就中於元輔恩禮殊異白敏中赴邠寧行宮上幸興福樓送之自樓上授下朱書御劄一封與敏中言君臣倚注之分崔鉉赴鎮淮南幸通化樓送之并賜詩四韻以寵行邁鉉刻其詩於宣化驛

僧從晦住安國寺道行高潔兼工詩以文章應制上每擇劇韻令賦亦多稱旨晦積年供奉望紫方袍之賜以耀法門上兩召至殿上謂之曰朕不惜一副紫袈裟與師但師頭耳稍薄恐不勝耳竟不之易晦悒悒而終

憲宗鼎成之夜左軍中尉吐突承（下一字犯懿宗諱）實死其事上即位追感承灌死於忠義連擢其子士（下一字與今上御名同）至顯貴爲右軍中尉開府儀同三司恩禮始終無替焉

畢諴本估客之子連昇甲乙科杜琮爲淮南節度使置幕中始落鹽籍文學優贍遇事無滯在翰林上恩顧特異許用爲相深爲丞相令狐綯所忌自邠寧連移鳳翔昭義北門三鎮皆綯緩其入相之謀也諴思有以結綯在北門求得絕色非人世所易有盛飾朱翠專使獻綯綯一見之心動謂其子曰尤物必害人畢太原於吾無分今以是餌吾將以吾家族也一見返之等人不敢將迴驛候諴意諴又瀝血輸啓事於

紬繒終不納乃命郡吏貨之東頭醫官李玄伯上所
御昵者以錢七十萬致於家乃舍之正堂玄伯夫妻
執賤役以事焉踰月盡得其歡心矣乃進於上上一
見惑之寵冠六宮玄伯推伏火丹砂進之以市恩澤
致上瘡疾皆玄伯之罪也懿宗即位玄伯與山人王
岳道士虞紫芝俱棄市

大中十二年始用左諫議大夫鄭漳兵馬郎中李鄴
爲鄆王已下侍讀時鄆王居十六宅夔昭以下五王
居大明宮內院數日追制改克夔王以下侍讀五日

一入乾符門講讀鄆王即位後其事遂停

武寧軍節度使康季榮不卹軍士部下噪而逐之投
於嶺外上以右金吾大將軍田牟曾任徐州有政聲
特開延英殿召對再命往建鎮一方於是安帖

韋澳在翰林極承恩遇自京兆尹出爲河陽三城節
度使當軸者擠之也大中十二年魏博節度使何弘
敬就加中書令上命宣徽南院使王居方往魏博賜
麻制假道河陽上以薄紙手詔澳曰密飭裝秋當與
卿相見戒居方曰過河陽以此賜澳無令人知居方

既至密以宸翰授澳上七月寢疾八月晏駕遂中寢

命監察御史楊戴往浙西道勘覆軍額大中十二年
宣州叛將康全泰噪逐觀察使鄭薰朝廷用宋州刺
史溫璋問罪時蕭寘爲浙西觀察使地與宣州接連
遂擢用武臣李琢代寘務建鎮海軍節鎮撫之以張
犄角之勢兵罷後論者言琢虛署官健名廣佔衣糧
沒入私家上遂命戴往按覆軍籍無一卒虛額者戴
還條奏謗者之言始不勝

度支奏狀言漬污疋段誤書清污上一覽異之樞密

使承旨孫隱中謂上未省添成漬字及中書覆入上
赫怒勘添改奏者罰責有差

大中十一年正月一日上御含元殿受朝太子太師
盧鈞年八十矣自樂懸之南步而及殿墀稱賀上前
聲容朗緩舉朝服之至十二年元日含元受賀太子
少師柳公權年亦八十矣復爲百官首含元殿廷負
遠自樂懸南步至殿下力已綿憊稱賀之後上尊號
聖敬文思和武光孝皇帝公權誤曰光武和孝御史
彈出之罰一季俸料七十致仕舊典也公權不能克

遵典禮老而受辱人多惜之
太常卿高銖決罰禮院禮生博士李慤引故事見執
政以禮院雖係太常寺從來博士自專事無關白者
所以太常三卿初涖事博士無參集之禮今銖重罰
禮生有違典故丞相以銖夙德唯唯而已銖曰吾老
不能退一旦爲後生所辱遂乞罷
勅鄉貢進士溫廷筠早隨計吏夙著雄名徒負不羈
之才罕有適時之用放騷人於湘浦移賈誼於長沙
尙有前席之期未爽抽毫之思可隨州隋縣尉舍人

裴坦之詞也廷筠字飛卿彥博之裔孫也詞賦詩篇
冠絶一時與李商隱齊名時號溫李連舉進士竟不
中第至是謫爲九品吏進士紀唐夫嘆廷筠之寃贈
之詩曰鳳凰詔下雖承命鸚鵡才高却累身人多諷
誦上明主也而廷筠反以才廢制中自引騷人長沙
之事君子譏之前一年商隱以鹽鐵推官死商隱字
義山文學宏博牋表尤著於人間自開成二年升進
士第至上十二年竟不升於王廷而廷筠亦栖栖不
涉第豈以文學爲極致已靳於此遂於祿位有所愛

耶不可得而問矣
山南西道觀察使奏渠州犀牛見差官押赴闕廷既
至上於便殿閱之仍命華門外宣示百僚上慮傷物
性命終使押還本道復放於渠州之野
上命左軍中尉王宗實治道將幸華清宮兩省供奉
官拜疏極諫上爲宰臣曰華清宮是祖宗舊宮又朝
元閣聖祖現真容地朕一紀在位未嘗瞻拜深覺缺
儀今排比皆是軍司不勞州縣亦宜勉諭諫官勿更
論列宰臣奉旨而退召兩省官宣諭俄而諫表再入

上謂宰臣曰諫官疏極懇切且言自穆宗巡幸之後
列聖未嘗出宮居安慮危乞留聖慮朕聞此語爽不
爲遊華清之行矣卿宜召兩省官說我此意
十二年七月十四日三更三點退朝惟宰臣夏侯孜
獨到衙以御史大夫李景讓爲檢校吏部尙書充劒
南西川節度使時中元休假通事舍人無在館者麻
案既出孜受麻畢乃召當直中書舍人馮圖宣之捧
麻皆兩省胥吏自此始令通事舍人休澣亦在館俟
命

上自不豫宰輔侍臣無對見者瘖甚令中使往東都太僕卿裴翊宣索藥中使往返五日復命召醫瘖方士院生對於寢殿院言可療旣出不復召矣上大漸顧命內樞密使王歸長馬公儒宣徽上院使王居方以䕫王當璧爲託三內臣皆上素所恩信者泣而受命時右軍中尉王茂玄心亦感上左軍中尉王宗實素不同歸長公儒居方患之乃矯詔出宗實爲淮南監軍使宣化門受命將由右銀臺出爲左軍副使亓元實謂宗實曰聖人不豫踰月中尉止隔門起

居今日除改未可辨也請一面聖人而出宗實始悟却入即諸門已踵故事添人守捉矣亓元實翼導宗實直至寢殿上已晏駕東頭環泣宗實叱居方下責以矯宣皆捧足乞命遣宣徽北院使齊元簡迎鄆王於藩邸即位是爲懿宗歸長公儒居方皆誅並籍沒其家

晁美人甍上震悼久之美人在上藩邸時承恩遇實生鄆王萬壽公主焉甍後詔翰林學士蕭寘爲志文皆刻其事及䕫昭已下五王居內院而鄆王獨還藩邸大中末副位之後人間切有擬議者寘以此事言於公卿方辨立長之順鄆王嗣位後美人追崇爲皇太后太常杜宣猷獻謚曰元昭配享宣宗廟室

幽閑鼓吹

唐 張固

宣宗囑念萬壽公主蓋武皇世有保護之功也駙馬鄭尚書之弟顗嘗危疾上使訊之使廻上問公主視疾否曰無何在曰在慈恩寺看戲場上大怒且歎曰我怪士大夫不欲與我爲親良有以也命召公主公主走輦至則立於階下不視久之主大懼涕泣辭謝上責曰豈有小郎病乃親看他處乎立遣歸宅畢宣宗之世婦禮以修飾

宣宗暇日召翰林學士時韋尚書澳遽入上曰要與卿款曲少間出外但言論詩上乃出新詩一篇有小黄門置茶訖亦屏之乃問曰朕於勑使如何韋公即述上威制前朝無比上閉目搖首曰總未總未依前怕他在於卿如何計將安出韋公既不爲之素備乃率意對曰以臣所見謀之於外庭即恐有太和末事不若就其中擇拔有才識者委以計事如何上曰此乃末策朕已行之初擢其小者自黄至綠至緋皆感恩若紫衣挂身即一片矣公慙汗而退噫大君之問社稷之福對敗止此惜哉

裴公休在相位一日奏對宣宗曰今賜卿無畏有何貯畫言乎公嘗著論儲宮之意至是乃頓首以諫上曰若立儲君便是閑人公不敢盡言而退

宣宗坐朝次對官趨至必待氣息平均然後問事令狐相進李遠爲杭州宣宗曰比聞李遠詩云長日惟銷一局棊豈可以臨郡哉對曰詩人之言不足爲實也仍薦遠廉察可任乃俞之

宣宗視遠郡謝上表左右曰不足煩聖慮也上曰遠

郡無非時章奏只有此謝上表安知其不有情懇乎吾不敢忽也

張長史釋褐爲蘇州常熟尉上後旬日有老父過狀判去不數日復至乃怒而責曰敢以閑事屢擾公門老父曰某實非論事但覩少公筆跡奇妙貴爲篋笥之珍耳長史異之因詰其何得愛書答曰先父愛書兼有著述長史取視之曰信天下工書者也自是備得筆法之妙冠于一時

白尚書應舉初至京以詩謁顧著作顧覩姓名熟視

白公曰米價方貴居亦弗易乃披卷首篇曰咸陽原上草一歲一枯榮野火燒不盡春風吹又生卽嗟賞曰道得箇語居卽易矣因爲之延譽聲名大振

喬彝京兆府解試時有二試官彝日午叩門試官令引入則已醺醉視題曰幽蘭賦不肯作曰兩箇漢相對作此題速改之爲渥洼馬賦曰校些子奮筆斯須而就警句云四蹄曳練翻瀚海之驚瀾一噴生風下胡山之亂葉便欲首送京尹曰喬彝崢嶸甚宜以解副薦之

李藩侍郎嘗綴李賀歌詩爲之集序未成知賀有表兄與賀筆硯之舊者召之見託以搜訪所遺其人敬謝且請曰某盡記其所爲亦見其多點竄者請得所葺者視之當爲改定李公喜併付之彌年絕跡李公怒復召詰之其人曰某與賀中外自小同處恨其傲忽常思報之所得兼舊有者一時投於溷中矣李公大怒叱出之嗟恨良久故賀篇什流傳者少

李賀以歌詩謁韓吏部吏部時爲國子博士分司送客歸極困門人呈卷解帶旋讀之首篇鴈門太守行曰黑雲壓城城欲摧甲光向月金鱗開却援帶命邀之

苗帝師困於名場一年似得復落第春景暄妍策蹇驢出都門貰酒一壺藉草而坐醺醉而寐久之既覺有老父坐其旁因揖敘以餘杯飲老父媿謝曰郎君縈悒耶寧要知前事耶苗曰某應舉已久有一第分乎曰大有事但更問苗曰某困於窮變一郡寧可及乎曰更向上曰廉察乎曰更向上苗公乘酒猛問曰將相乎曰更向上苗公怒全不信因肆言曰將相向

上作天子乎老父曰天子眞者卽不得假者卽得苗都以爲怪誕揖之而去後果爲將相及德宗昇遐攝冢宰三日

賓客劉公之爲屯田員外郎時事勢稍異旦夕有騰超之勢知一僧有術數極精寓直日邀之至省方欲問命報韋秀才在門外公不得已且令僧坐簾下韋秀才獻卷已略省之而意色殊倦韋覺之乃去與僧語不對吁嗟良久乃曰某欲言員外必不愜如何公曰但言之僧曰員外後遷乃本行正郎也然須待適

來章秀才知印處置公大怒揖出之不旬日貶官章秀才乃處厚相也後三十餘年在中書劉轉屯田郎中

朱崖李相在維揚封川李相在湖州拜賓客分司朱崖大懼遣專使厚致信好封川不受取路江西而過非久朱崖入相過洛封川憂懼多方求厚善者致書乞一見欲解紛復書曰怨即不怨見即無端初朱崖封川早相善在中外致力及位高稍稍相傾及封川在位朱崖爲兵部尚書自得岐路必當大拜封川多

方阻之未効朱崖知而憂之邠公杜相即封川黨時爲京兆尹一日謁封川封川深念杜公進曰何戚戚也封川曰君揣我何念杜公曰非大　乎曰是也何以相救曰某即有策顧相公必不能用耳曰請言之杜曰大戎有辭學而不由科第于今怏怏若與知舉則必喜矣封川默然良久曰更思其次曰更有一官亦可平治慊又曰何官曰御史大夫封川曰此即得邠公再三與約乃馳詣安邑門門人報杜尹來朱崖迎揖曰安得訪此寂寞對曰靖安相公有意旨令某傳達遂言亞相之拜朱崖驚喜雙淚遽落曰大門官小子豈敢當此薦拔寄謝重疊杜遽告封川封川與虔州議之竟爲所隳終致後禍

朱崖在維揚監軍使楊欽義追入必爲樞近而朱崖致禮皆不越尋常欽義心銜之一日邀中堂飲更無餘賓而陳設寶器圖畫數牀皆殊絕一席祇奉亦竭情禮起後皆以贈之欽義大喜過望旬日行至汴州有詔令監淮南軍欽義至卽具前時所獲歸之朱崖笑曰此無所直奈何相拒一時却與欽義感悅數倍後竟作樞密使武皇一朝之柄用皆自欽義也

李師古跋扈憚杜黃裳爲相未敢失禮乃命一幹吏寄錢數千緡并氈車子一乘亦直千緡使者未敢遽送乃於宅門伺候累日有綠輿自宅出從婢二人青衣繿縷問何人曰相公夫人使者遽歸以告師古師古折其謀終身不敢失節潘炎侍郎德宗時爲翰林學士恩渥極異其妻劉氏晏相之女也京尹某有故伺候累日不得見乃遺閽者三百縑夫人知之謂潘曰豈有人臣京尹願一見遺奴三百疋縑帛其危可

知也遂勸潘公避位
子孟陽初爲戶部侍郎夫人憂惕謂曰以爾人材而在丞郎之位吾懼禍之必至也戶部解喻再三乃曰不然試會爾同列吾觀之因遍招深熟者客至夫人垂簾視之既罷會喜曰皆爾之儔也不足憂矣末座慘綠少年何人也答曰補闕杜黃裳夫人曰此人全別必是有名卿相元相在鄂州周復爲從事相國常賦詩命院中屬和周正郎乃簪笏見相公曰某偶以大人往還高門謬獲一第其實詩賦皆不能也相國

嘉之曰遂以實告賢於能詩者矣
裴寛尚書罷郡西歸汴流中日晚維舟見一人坐樹下衣服極弊因命屈之與語大奇之遂爲見知以君子識必自當富貴何貧也舉船錢帛奴婢貺之客亦不讓所惠語訖上船奴婢偃蹇者鞭撻之裴公益奇之其人乃張徐州
安祿山將反前三兩日於宅宴集大將十餘人錫賚絕厚滿廳施大圖圖山川險易攻取剽劫之勢每人付一圖令曰有違者斬直至洛陽指揮皆畢諸將承命不敢出聲而去於是行至洛陽悉如其圖也
張正甫爲河南尹裴中令銜命代淮西置宴府西亭裴公舉一人詞藝好解頭張相公正色曰相公此行何爲也爭記得河南府解頭中令有慙色
崔咸舍人嘗受張公之知及懸車之後公與議行止崔時爲司封郎中以感知之分極言贊美公便令製表表上值無厚善者而一章允請三數月後門館闃寂家人輩竊罵之公後亦悔每語子弟曰後有大段事勿與少年郎議之

崔造相將退位親舊皆勉之長女賢知書獨勸相國遂請退一二歲中居閑躁悶顧謂兒姪曰不得他諸道金銅茶籠子物掩也遂復起
相國張延賞將判度支知有一大獄頗有冤濫每甚扼腕及判使即召獄吏嚴誡之且曰此獄已久旬日須了明日視事案上有一小帖子曰錢三萬貫乞不問此獄公大怒更促之明日帖子復來曰錢五萬貫公益怒命兩日須畢明日復見帖子曰錢十萬貫公曰錢至十萬可通神矣無不可回之事吾懼及禍不

得不止
元相載在中書日有丈人自宣州所居來投求一職
事中書度其材不任事贈河北一函書而遣之丈人
恍怒不得已持書而去既至幽州念彼產而來止公
一書書若懇切猶可望乃拆而閱之更無一辭唯署
名而已大悔怒欲回心念已行數千里試謁院寮問
既是相公丈人豈無緘題曰有判官大驚立命謁者
上白斯須乃有大校持箱復請書書既入館之上舍
留連數日及辭去奉絹一千疋

元載子伯和勢傾中外福州觀察使寄樂妓十人既
至半載不得送使者窺伺門下出入頻者有琵琶康
崑崙最熟厚遺求通即送妓伯和一試奏盡以遺之
先有段和尚善琵琶自製西涼州崑崙求之不與至
是以樂之半贈之乃傳焉道調涼州是也
丞相牛公應舉知于頔相之奇俊也特詣襄陽求知
住數月兩見以海客遇之牛公怒而去去後忽召客
將問曰累日前有牛秀才發未曰已去何以贈之曰
與之五百受之乎曰擲之于庭而去于公大恨謂賓
佐曰某恭事繁有闕違者立命小將賚絹五百書一
函追之曰未出界即領來如已出界即送書信公將
於界外追及牛公不啓封擲迴

是書爲有唐張固撰共二十五篇固在懿僖間採
摭宣宗遺事簡當精嚴誠可以補史氏之闕余家
藏有匹宋本將刻而傳焉嘉靖壬午春三月吳郡
大石山人顧元慶

隋唐嘉話　　唐　劉餗

薛道衡聘陳為人日詩云入春纔七日離家已二年南人嗤之曰是底言誰謂此虜解作詩及云人歸落鴈後思發在花前乃喜曰名下固無虛士

隋高熲僕射每以盤盛粉筆於臥側思得一公事輒書其上至明則錄以入朝行之

京城南隅芙蓉園者本名曲江園隋文帝以曲名不正詔改之

李德林為內史令與楊素共執隋政素功臣豪侈後房婦女錦衣玉食千人德林子百藥夜入其室則其寵妾所召也素俱執於庭將斬之百藥年未二十儀神雋秀素意惜之曰聞汝善為文可作詩自敘稱吾意當免汝死後解縛授以紙筆立就素覽之欣然以妾與之并資從數十萬

煬帝善屬文而不欲人出其右司隸薛道衡由是得罪後因事誅之曰更能作空梁落鷰泥否

煬帝為燕歌行文士皆和著作郎王胄獨不下帝帝每銜之胄竟坐此見害而誦其警句曰庭草無人隨意綠復能作此語耶

僕射蘇威有鏡殊精好曾日蝕既鏡亦昏黑無所見威以為左右所汙不以為意他日日蝕半缺其鏡亦半昏如之於是始寶藏之後櫃內有聲如磬尋之乃鏡聲也無何而子夔死後更有聲無何而威敗後不知所在云

洛陽南市即隋之豐都市也初築外垣之時掘得一塚無甎甓棺中有平上朱衣銘云筮言居朝龜言近

市五百年間於斯見矣校其年月當魏黃初二年

隋文帝夢洪水沒城意惡之乃移都大興術者云洪水即唐高祖之名也

平陽公主聞高祖起義太原乃於鄠司竹園招集亡命以迎軍時謂之娘子兵

秦王府參曹李守素尤精譜學人號為肉譜虞秘書世南曰昔任彥昇善談經籍時稱為五經笥宜改倉曹為人物志

隋司隸薛道衡子收以文學為秦王府記室早亡太

宗追悼之謂梁公曰薛收不幸短命若在當以中書令處之

太宗將誅蕭牆之惡以匡社稷謀於衛公李靖靖辭謀於英公徐勣勣亦辭帝以是珍此二人

太宗燕見衛公常呼爲兄不以臣禮初嗣位與鄭公語恒自名由是天下之人歸心焉

太宗每見人上書有所裨益者必令黏於寢殿之壁座臥觀覽焉

太宗每謂人曰人言魏徵舉動疏慢我但覺其嫵媚

耳貞觀四載天下康安斷死刑至二十九人而已户不夜閉行旅不賫粮也

太宗謂羣臣曰始人皆言當今不可行帝王道唯魏徵勸我今遂得功業如此恨不得使封德彜等見之

衛公旣滅突厥斥境至於大漠謂太宗曰陛下五十年後當憂北邊高宗末年突厥爲患矣突厥之平僕射溫彥博請其種落于朔方以實空虛之地於是入居長安者且萬家鄭公以爲不亂非久遠策爭論數年不決至開元中六胡州竟反叛其地復空也

衛公始困於貧賤因過華山廟訴於神且請告以位宦所至辭色抗厲觀者異之佇立良久乃去出廟門百許步聞後有大聲曰李僕射好去顧不見人後竟至端揆隋大業中衛公上書言高祖終不爲人臣請速除之及京師平靖與滑儀衛文昇等俱收衛骨既死太宗慮因見靖與語因請於高祖而免之始以白衣從趙郡王南征靜江漢擒蕭銑蕩一楊越師不留行皆武之於武德末年突厥至渭水橋控弦四十萬太宗初親庶政驛召衛公問策時發諸州軍未到長

安居人勝兵不過數萬胡人精騎騰突挑戰日數十合帝怒欲擊之靖請傾府庫賂以求和潛軍邀其歸路帝從其言兵遂退於是據險邀之弃老弱而遁獲馬數萬匹玉帛無遺焉

隋吏部侍郎高孝基銓人至梁公房蔡公杜愕然端視良久降階與之抗禮延入內廳其食甚恭曰二賢當爲興王佐命位極人臣杜年壽稍減於房耳願以子孫相託貞觀初杜薨於右僕射房位至司徒秉政三十餘載

太宗之爲秦王府僚多被遷奪深患之梁公曰餘人不足惜杜如晦聰明識達王佐才也帝大驚由是親寵日篤杜僕射薨後太宗食瓜美愴然思之遂輟其半使置之於靈座

鄭公嘗拜掃還謂太宗人言陛下欲幸山南在外悉裝了而竟不行因何有此消息帝笑曰時實有此心畏卿嗔遂停耳

太宗會罷朝怒曰會殺此田舍漢文德后問誰觸忤陛下帝曰豈過魏徵每廷事辱我使我常不自得后

退而具朝服立於庭帝驚曰皇后何爲若是對曰妾聞主聖臣忠今陛下聖明故魏徵得直言妾幸備數後宮安敢不賀

太宗得鷂絕俊異私自臂之望見鄭公乃藏於懷公知之遂前白事因語古帝王逸豫微以諷諫語久帝惜鷂且死而素嚴敬徵欲盡其言徵語不時盡鷂死懷中

太宗謂梁公曰以銅爲鏡可以正衣冠以古爲鏡可以知興替以人爲鏡可以明得失朕嘗寶此三鏡用防己過今魏徵殂逝遂亡一鏡矣

太宗令衛公教侯君集兵法既而君集言於帝曰李靖將反至於微隱之際輒不以示臣帝以讓靖靖曰此君集反耳今中夏乂安臣之所教足以制四夷矣而求盡臣之術者是將有他心焉

衛公爲僕射君集爲兵部尚書自朝還省君集馬過門數步不覺靖謂人曰君集意不在人必將反矣

太宗中夜聞告侯君集反起繞床而步亟命召之以出其不意既至曰臣陛下幕府左右乞留小子帝許

之流嶺南爲奴庶君集既誅錄其家得二美人容色絕代太宗問其狀曰自爾已來常食人乳而不飯又

君集之破高昌得金簟二甚精御府所無亦隱而不獻至時并得焉

英公始與單雄信俱臣李密結爲兄弟密既亡雄信降王充勣來歸國雄信壯勇過人勣後與海陵王元吉圍洛陽元吉恃其膂力每親行圍王充召雄信告之酌以金碗雄信盡飲馳馬而出槍不及海陵者尺勣惶遽連呼曰阿兄阿兄勣王雄信攬轡而止顧笑

曰胡兒不勞你且了竟充既平雄信將就戮英公請之不得泣而退雄信曰我固知汝不了此勣曰平生誓共爲灰土豈敢念生但以身已許國義不兩遂雖死之願兄妻子何如因以刀割其股以肉啖雄信曰示無忘前誓雄信食之不疑

英公雖貴爲僕射其姊病必親爲粥釜燃輒焚其鬚姊曰僕妾多矣何爲自苦如此勣曰豈爲無人耶顧今姊年老勣亦年老雖欲久爲姊粥復可得乎

英公嘗言我年十二三爲無賴賊逢人則殺十四五爲難當賊有所不快者無不殺之十七八爲好賊上陣乃殺人年二十便爲天下大將用兵以救人死

鄂公尉遲敬德性驍果而尤善避槊每單騎入敵人刺之終不能中反奪其槊以刺敵海陵王元吉聞之不信乃令去槊刃以試之敬德云饒王著刃亦不畏傷元吉再三來刺既不少中而槊皆被奪去元吉力敵十夫由是大恚恨太宗之禦竇建德謂尉遲公曰寡人持弓箭公把長槍相副雖百萬衆亦無奈我何乃與敬德馳至敵營叩其軍門大呼曰我大唐秦王能屬者來與汝決賊追騎甚衆而不敢逼禦建德之役既陳未戰太宗望見一少年騎驄馬鎧甲鮮明指謂尉遲公曰彼所乘馬真良馬也言之未已敬德請取之帝曰輕敵者亡脫以一馬損公非寡人願敬德自料致之萬全及馳往并擒少年而返即王充兄子僞代王琬宇文士及在隋亦識是馬實內廄之良也帝欲旌其能並以賜之

太宗將征遼衛公病不能從帝使執政以起之不起帝曰吾知之矣明日駕臨其第執手與別靖謝曰老臣宜從但犬馬之疾日月增甚恐死於道路仰累陛下帝撫其背曰勉之昔司馬仲達非不老病竟能自強立勳魏室靖叩頭曰老臣請轝病行矣至相州病篤不能進駐蹕之役高麗與靺鞨合軍方四十里太宗望之有懼色江夏王進曰高麗傾國以抗王師平壤之守必弱假臣精卒五千覆一本根則數十萬之衆可不戰而降帝不應既合戰爲賊所乘殆將不振還謂衛公曰吾以天下之衆困於蕞爾之夷何也靖曰此道宗所解時江夏在側帝顧之道宗具陳前言

帝悵然曰時忽遽不憶也駐蹕之役六軍爲高麗所
乘太宗命視黑旗英公之麾也候者告黑旗被圍帝
大恐須臾復曰圍解高麗哭聲動山谷勳軍大勝斬
首數萬俘　亦數萬
鄭公之薨太宗自製其碑文并自書後爲人所間詔
令仆之及征高麗不如意深悔爲是行乃歎曰若魏
徵在不使我有此舉也既渡遼水令馳驛祀以少牢
復立碑焉
征遼之役梁公留守西京勑以便宜從事不請或詐

詣臺稱有密者梁公問密謀所在對曰公則是也乃
驛遞赴行所及車駕於相州太宗聞留守有表送告
人大怒使人持長刀於前而後見之問反者爲誰曰
房玄齡帝曰果然叱令斬腰璽書責梁公以不能自
任更有如此者得專斷之
太宗嘗止一樹下曰此嘉樹宇文士及從而美之不
容口帝正色曰魏公常勸我遠佞人我不悟佞人爲
誰意常疑汝而未明也今日果然士及叩頭謝曰南
衙群臣面折廷爭陛下嘗不得舉手今臣幸在左右若
不少有順從陛下雖貴天子復何聊乎帝意復解
太宗使宇文士及割肉以餅拭手帝屢目焉士及佯
爲不悟更徐拭而便啗之
趙公宴勳貴酒酣樂闋顧羣公曰無忌不才幸遇休
明之運因緣寵私致位上公人臣之貴可謂極矣公
視無忌富貴何與越公或對爲不如或謂過之曰自
揣誠不羨越公所不及越公一而已越公之貴也老
而無忌之貴也少
武衛將軍秦叔寶晚年常多疾病每謂人曰吾少長

戎馬經三百餘戰計前後出血不啻數斛何能無病
乎
秦武衛勇力絶人其所將槍踰越常制初從太宗圍
王充於洛陽馳馬頓之城下而去城中數十人共拔
不能動叔寶復馳馬舉之以還迄今國家每大陳設
必列於殿庭以旌異之
太宗令虞監寫列女傳以裝屏風未及求本乃暗書
之一字無失
太宗將致櫻桃於酅公稱奉則以尊言賜又以卑乃

問之虞監曰昔梁帝遣齊巴陵王稱餉遂從之太宗嘗出行有司請載副書以從上曰不須虞世南在此行祕書也

太宗稱虞監博聞德行書翰詞藻忠直一人而已兼是五善太宗稱虞監亡哭之慟曰石渠東觀之中無復人矣虞公之爲祕書於省後堂集羣書中事可爲文用者號爲北堂書鈔今此堂猶存而書盛行於代

太史令李淳風校新曆成奏太陽合日蝕當既於占不吉太宗不悅曰日或不蝕卿將何以自處曰有如

不蝕則臣請死之及期帝候日於庭謂淳風曰吾放汝與妻子別對以尚早一刻指表影曰至此蝕矣如言而蝕不差毫髮

李太史與張文收率更坐有暴風自南而至李以南五里當有哭者張以爲有音樂左右馳馬觀之則遇送葬者有鼓吹焉

潤州得玉磬十二以獻張率更叩其一曰是晉某歲所造也是歲閏月造者法月數當十三今缺其一宜於黃鍾東九尺掘必得焉勑州求之如其言而得之

貞觀中景雲見河水清張率更以爲景雲河水清歌名曰燕樂今元會第一奏是也

太宗之平劉武周河東士庶歌舞於道軍人相與爲秦王破陣樂之曲後編樂府云

破陣樂被甲持戟以象戰事慶善樂廣袖曳屣以象文德鄭公見奏破陣樂則俛而不視慶善則覩之而不厭

太宗閱醫方見明堂圖五藏之系咸附於背乃愴然曰今律杖笞奈何令髀背分受乃詔不得笞背貞觀

中有河內人妄爲妖言大理丞張蘊古以其素狂病不當坐太宗以有情令斬之尋悔以無所及自後每決死刑皆令五覆奏

梁公以度支之司天下利害郎曹當闕求之未得乃自職之

張賓客文瓘之爲大理獲罪者皆曰張卿所罰不爲枉也

中書令馬周始以布衣上書太宗覽之未及終卷三命召之所陳世事莫不施行舊諸街晨昏傳呼以警

行者代之以鼓城門入由左出由右皆周發也舊官人所服惟黃紫二色而已貞觀中始令三品以上服紫四品以上朱六品七品綠八品九品以青焉貞觀中揀材力驍捷善持射者謂之飛騎上出遊幸則衣五色袍乘六閑馬猛獸皮韉以從李義府始召見太宗試令詠烏其末句云上林多許樹不借一枝棲帝曰吾將全樹借汝豈惟一枝　上

宋謝朓詩云芳洲多杜若貞觀中醫局求杜若度支郎乃下芳洲令貢州判司報云芳州不出杜若應由

謝朓詩誤太宗聞之大笑判司改雍州司法度支郎免官

太宗病甚出英公為疊州刺史謂高宗曰李勣才智有餘屢更大任恐其不厭伏於汝故有此授今若即發者我死後可親任之如遲疑顧望便當殺之勣奉詔不及家而行有梟晨鳴於張率更庭樹其妻以為不祥連唾之文收云急灑掃吾當改官言未畢賀者已在門

貞觀中西域獻胡僧呪術能死生人太宗令於飛騎中揀壯勇者試之如言而死如言而蘇帝以告太常卿傅奕奕曰此邪法也臣聞邪不犯正若使呪臣必不得行帝召僧呪奕奕對之初無所覺須臾胡僧忽然自倒若為所擊者便不復蘇

貞觀中有婆羅僧言得佛齒所擊前無堅物於是士馬奔湊其處如市時傅奕方臥病聞之謂其子曰是非佛齒吾聞金剛石至堅物不能敵唯羚羊角破之汝可往試之焉胡僧緘縢甚固求良久乃得見出角之應手而碎觀者乃止今理珠玉者皆用云

閻立本家代善畫至荊州視張僧繇舊迹曰定虛得名耳明日更往曰名下定無虛士坐臥觀之留宿其下十日不能去張僧繇始作醉僧圖道士每以此嘲僧群僧於是聚錢數十萬貿閻立本作醉道士圖今並傳於代

率更令歐陽詢行見古碑索靖所書駐馬觀之良久而去數百步復還下馬佇立疲則布毯坐觀因宿其傍三日而後去

貞觀中彈琵琶裴洛兒始廢撥用手今俗謂搊琵琶

是也

貞觀初林邑獻火珠狀如水精云得於羅刹國其人朱髮黑身獸牙鷹爪也

太宗宴近臣戲以嘲謔趙公無忌嘲歐陽率更曰聳髆成山字埋肩不出頭誰家麟閣上畫此一獼猴詢應聲云索頭連背暖俒襠畏肚寒只由心溷溷所以面團團帝改容曰歐陽詢豈不畏皇后聞趙公后之弟也

高開道作亂幽州矢陷其頰召醫使出之對以鏃深不可出則佣斬之又召一人如前對則又斬之又召一人如前曰可出然王須忍痛因鑿面鑿骨置楔於其間骨裂開寸餘抽出箭鏃開道奏伎進膳不輟

太宗之征遼作飛梯臨其城有應募為梯首城中矢石如雨而競無為先登英公指謂中書舍人許敬宗曰此人豈不大健敬宗曰健要是不解思量帝聞將罪之

太宗謂鄂公曰人言卿反何故答曰臣反是實臣從陛下討逆伐叛雖憑威靈幸而不死然所存皆鋒刃也今大業已定而反疑臣乃悉解衣投於地見所傷之處帝對之流涕曰卿衣矣朕以不疑卿故此相告何返爲以恨

太宗謂尉遲公曰朕將嫁女與卿稱意否敬德謝曰臣婦雖鄙陋亦不失夫妻情臣每聞說古人語富不易妻仁也臣竊慕之願停聖恩叩頭固讓帝嘉之而止

薛萬徹尚丹陽公主太宗嘗謂人曰薛駙馬村氣主羞之不與同席數月帝聞而大笑置酒召對握槊賭所佩刀子佯為不勝解刀以佩之罷酒主悅甚薛未及就馬遽召同載而還重之逾於舊梁公夫人至妬太宗將賜公美人屢辭不受帝乃令皇后召夫人告以媵妾之流今有常制且司空年暮帝欲有所優詔之意夫人執心不迴帝乃令謂之曰若寧不妬而生寧妬而死乃遣酌卮酒與之曰若然可飲此酖一舉便盡無所留難帝曰我尚畏見何況於玄齡

許敬宗性輕傲見人多忘之或謂其不聰曰卿自難記若遇何劉沈謝暗中摸索著亦可識

虞監草行本師於釋智永嘗樓上學書業成方下其所弃筆頭至盈瓮褚遂良問虞監曰某書何如永師曰聞彼一字直錢五萬官豈得若此曰何如歐陽詢曰聞詢不擇紙筆皆能如志官豈得若此褚恚曰既然某何更留意於此虞曰若使手和筆調遇合作者亦深可貴尚褚喜而退

褚遂良其父亮尚在乃别開門勅嘗有以賜遂良使者由正門而入亮出曰彔自有門

褚遂良爲太宗哀册文自朝還馬誤入人家而不覺

也

太宗征高麗高宗留居定州請驛遞表起居飛奏事自此始也

高宗之將册武后河南公褚遂良謀於趙公無忌英公勣將以死諍趙公請先入褚曰太尉國之元舅脫事有不如意使上有怒舅之名不可英公曰勣請先入褚曰司空國之元勳有不如意使上有罪功臣之名不可遂良出自草茅無汗馬功蒙先帝殊遇以有今日且當不諱之時躬奉遺詔不効其愚衷何以下見先帝揭一公而入帝深納其言事遂中寢

王義方將入彈之比之稷卨鄭公每云王生太直高宗朝李義府引爲御史義府以定册武后勳恃寵任勢王惡而彈之坐是見貶坎軻以至於終矣

薛中書元超謂所親曰吾不才富貴過分然平生有三恨始不以進士擢第娶五姓女不得修國史

有患應聲病者問醫官蘇澄云自古無此方今吾所撰本草網羅天下藥物亦謂盡矣試將讀之應有所覺其人每發一聲腹中輒應唯至一藥再三聲過至

他藥復應如初澄自爲處方以此藥爲主其病自除

楊弘武爲司戎少常伯高宗謂之某人何因輒授此職對曰臣妻韋氏性剛悍昨以此人見囑臣若不從恐有後患帝嘉其不隱笑而遣之

盧尚書承慶總章初考内外官一官督運遭風失米盧考之曰監運損糧考中下其人容止自若無一言而退盧重其雅量改注曰非力所及考中中既無喜容亦無愧容亦無愧詞又改注曰寵辱不驚考中上

唐初宮中少樹孝仁后命種白楊謂何力曰此樹易

長二數年間宮中可得陰映何方一無所應但謂右詩云白楊多悲風蕭蕭愁殺人意謂此是塚墓間木非宮中所宜種孝仁遽令拔去更樹梧桐也

許高陽敬宗奏流其子昂於嶺南及敬宗死博士袁思古議謚曰繆昂子彥伯於衆中將擊之袁曰今爲賢尊報讐何爲反怒彥伯慚而止

李義府既居榮寵葬其父祖自京至於三原七十餘里役者相繼始國家以來人臣喪事之盛所未有也

京城東有塚極高大俗謂呂不韋塚以其銳上亦謂

之尖塚咸亨初布政坊法海寺有英禪師言見鬼物云秦莊襄王遇其舍求食自言是其塚而後代人妄云不韋也

祕書少監崔行功未得五品前忽有鸜鵒銜一物入其堂置案上而去乃魚袋也快快數日而加大夫

劉仁軌爲左僕射戴至德爲右僕射人皆多劉而鄙戴有老婦陳牒至德方欲下筆老婦問左右曰此劉僕射戴僕射曰戴僕射因急就前曰此是不解事僕射卻將牒來至德笑令授之戴僕射無異迹當朝似

不能言及薨高宗歎曰自吾喪至德無可復聞當朝在時事有不是者未嘗放我過因索其前後所陳章奏盈篋閱而流涕朝廷始追重之

高宗乳母盧本滑州總管杜才幹妻才幹以謀逆誅故盧沒入於宮中帝既即位封燕國夫人品第一盧既藉恩寵屢訴才幹枉見構陷帝曰此先朝時事朕安敢追更先朝之事卒不許及盧以亡復請與才幹合葬帝以獲罪先朝亦不許之

高宗承貞觀之後天下無事上官侍郎儀獨持國政

嘗凌晨入朝巡洛水堤步月徐轡詠詩云脈脈廣川流驅馬歷長洲鵲飛山月曉蟬噪野風秋音韻清亮羣公望之猶神仙焉

高宗時司農欲以冬藏餘菜賣之百姓以墨勑示僕射蘇良嗣判曰昔公儀相魯猶拔去園葵況臨御萬邦而販蔬鬻菜事竟不行

楊汴州德幹高宗朝爲萬年令有宦官恃貴寵放鷂不避人禾稼德幹擒而杖之二十悉拔去鷂頭宦者涕泣袒背以示於帝帝曰你情知此漢獰何須犯他

百姓意不之問

高宗朝以太原王范陽盧滎陽鄭清河博陵二崔隴西趙郡二李等七姓恃其族望恥與他姓爲婚乃禁其自姻娶於是不敢復行婚禮飾其女以送夫家

武后以吏部選人多不實乃令試日自糊其名暗考以定等第判之糊名自此始也

武后將投匭者或不陳事而謾以嘲戲之言於是乃置使先閱其書奏然後投之匭中有司自此始也

徐大理有功每見武后將殺人必據法廷爭嘗與后

反復辭色逾厲后大怒令拽出斬之猶迴顧曰臣身雖死法終不可改至市臨刑得免除名爲庶人如是再三終不挫折朝廷倚賴至今猶懷之其子預選有司皆曰徐公之子豈可拘以常調者乎

皇甫文備武后時酷吏也與徐大理論獄誣徐黨逆人奏成其罪武后特出之無何文備爲人所告有功訊之在寬或曰彼將陷公於死今公反欲出之何也徐曰汝所言者私忿也我所守者公法也安以私害公

李昭德爲內史婁師德爲納言相隨入朝婁體肥行緩李顧待不即至乃發怒曰叵耐殺人田舍漢婁聞之反徐笑曰師德不是田舍漢更阿誰是婁師德弟拜代州刺史將行謂之曰吾以不才位居宰相汝今又得州牧叨據過分人所嫉也將何以全先人髮膚弟長跪曰自今雖有唾某面者某亦不敢言但拭之而已以此自勉庶免兄憂師德曰此適所謂爲我憂也夫前人唾者發于怒也汝今拭之是惡其唾而拭之是逆前人怒也唾不拭將自乾何若笑而受之武后之年竟保其寵祿率是道也

武后初稱周恐下心不安乃令人自舉供奉官正員外多置裏行拾遺補闕御史等至有車載斗量之詠有御史臺令史將入臺值裏行御史數人聚立門內令史下驢衝過其間諸御史大怒將杖之令史云今日之過實在此驢乞先數之然後受罰御史許之謂驢曰汝伎藝可知精神極鈍何物驢畜敢於御史裏行於是羞而止

武后臨朝薛懷義勢傾當時雖王主皆下之蘇良嗣

僕射遇諸朝懷義偃蹇不爲禮良嗣大怒使左右
捽搭面數十武后知曰阿師當向北門出入南衙宰
相往來勿犯他
武后使閻知微與田歸道使突厥歸道還云突厥叛
知微爭之后乃令知微多持金帛以武延秀往聘其
女突厥果留使者而入寇尊知微與可汗等以示華
人大破趙定等州自河以北騷然朝廷以爲知微賣
國乃族閻氏知微不知無何逃還武后業已致戮乃
云其惡臣子所嫉賜百官甘心焉於是兵刃交下非

要職者或不得其次云
武后初爲明堂明堂後又爲天堂五級則俯視明堂
矣未就並爲天火所焚今明堂制度卑狹於前猶三
百餘尺
武后爲天堂以安大像鑄大儀以配之天堂既焚鍾
復梟絕至中宗欲成武后志乃斲像令短建聖善寺
閣以居之今明堂始微於西南傾工人以木於中薦
之武后不欲人見因加爲九龍盤紏之狀其圓蓋上
本施一金鳳至是改鳳爲珠羣龍捧之

武后將如洛陽至閿鄉縣東騎忽不進召巫言晉龍
驤將軍王濬云臣墓在道南每爲樵者所苦聞大駕
至故求哀后敕去墓百步不得耕殖至今荆棘森然
將軍王果嘗經峽口見一棺於崖側將墜使人遷之
平遽得銘云更後三百年水漂我臨長江欲墮不墮
逢王果
張易之昌宗初入朝官位尚卑諂附者乃呼爲五郎
六郎自後因以成俗
張昌儀兄弟恃易之昌宗之寵所居奢溢逾於王主

末年有人題其門曰一絇絲能得幾日絡昌儀見之
遽下筆書其下曰一日即足無何而禍及
張昌宗之貴也武三思謂之王子晉後身爲詩以贈
之詩至今猶傳
補闕喬知之有寵婢爲武承嗣所奪知之爲綠珠篇
以寄之末句云百年離別在高樓一旦紅顏爲君盡
寵者結於衣帶上投井而死承嗣驚惋不知其故既
見詩大恨知之竟坐此見構陷亡
沈佺期以工詩著名燕公張說嘗謂之曰沈三兄詩

直須還他第一

武后遊龍門命羣官賦詩先成者賞錦袍左史東方虬既拜賜坐未安宋之問詩復成文理兼美左右莫不稱善乃就奪袍衣之

狄內史仁傑始爲江南安撫使以周赧王楚王項羽吳王夫差越王勾踐吳夫槩王春申君趙佗馬援吳桓王等神廟七百餘所有害於人悉除之唯夏禹吳太伯季札伍胥四廟存焉

魏僕射元忠每立朝必得常處人或記之不差尺寸

魏僕射本名真宰武后朝被羅織下獄有命出之小吏聞者以告魏驚喜曰汝名何曰元忠乃改從元忠焉

朱正諫敬則代著孝義自宇文周至國家並令旌表門標六闕

中宗反正後有武當縣丞壽春周憬存慨有節操乃與王駙馬同皎謀誅武三思事發同皎見害憬遁於比干廟中自刎臨死謂左右曰比干忠臣也

神龍中洛城東地若水影纖微必照就視則無所見御史李承嘉上表慶賀

崔融司業作武后哀策文因發疾而卒時人以爲三二百年來無此文

朝儀魚袋之飾唯金銀二等至武后乃改五品以銅中宗反正從舊

景龍中中宗遊興慶池侍宴者遞起歌舞幷唱下兵詞方便以求官爵給事中李景伯亦起唱曰迴波爾時酒巵兵兒志在箴規侍宴既過三爵諠譁竊恐非宜於是乃罷坐

景龍中多於側門降墨勑斜封以授人官爵時人號爲斜封官

景龍中妃主家竟爲奢侈駙馬楊慎交武崇訓至油灑地以築毬場

兵部尚書韋嗣立景龍中中宗與韋后幸其莊封嗣立爲逍遙公又改其居鳳凰原爲清虛原鸚鵡谷爲幽棲谷吏部南院舊無選人坐韋嗣立尚書之爲吏部始奏請有司供褥自後因爲故事

昆明池者漢孝武所穿有捕魚利京師賴之中宗朝

安樂公主請爲帝曰前代以來不以與人不可主不悅因大役人徒别掘一池號曰定昆池旣成中宗往觀令公卿賦詩李黄門日知詩云但願暫思居者逸無使當時作者勞及睿宗即位謂之曰當時朕亦不敢言非卿中正何能若是無何而遷侍中

李侍中日知初爲大理丞武后方肆誅戮大卿胡元禮承旨欲陷人死令日知改斷再三不從元禮使謂李曰胡元禮在此人莫覓活李起謂使者日知諮卿李日知在此人莫覓死竟免之

中宗崩旣除喪吐蕃來弔深衣練冠待於廟令定陵自有寢廟若擇宗室最長者素服受禮於彼其可乎衆翕稱善而從之

徐彦伯常侍睿宗朝以相府之舊拜羽林將軍徐旣文士不悅武職及遷謂賀者曰不喜有遷且喜出軍

崔司知琬中宗朝爲侍御史彈宗楚客反盛氣作色帝優之不令問因召勑彈人必先進內狀許乃可白後以爲故事

代有山東士大夫類例三卷其非士族及假冒者不見錄署云相州僧曇剛撰後柳常侍沖亦明於族姓中宗朝爲相州刺史詢問舊老云自隋已來不聞有有僧曇剛蓋嫉於時故隱名氏云

裴知古自中宗武后朝以知音直太常路逢乘馬者聞其聲竊曰此人即當墮馬好事者隨而觀之行未半坊馬驚墮殆死嘗觀人迎婦聞婦佩玉聲曰此婦不利姑是日姑有疾竟死云其知音皆此類也又善於攝衛開元十二年終年且百歲近代言樂衛道弼

爲最天下莫能以聲欺者曹紹夔沇之弼皆爲太樂令享北郊監享御史有怒於夔欲以樂不和爲之罪雜扣鐘磬使夔暗名之無誤者由是反歎服

元行沖賓客爲太常少卿有人於古墓中得銅物似琵琶而身正圓莫有識者元視之曰此阮咸所造樂具乃令匠人改以木爲聲甚清雅今呼爲阮咸是也

太平公主於京西市掘池贖水族之生者置其中謂之放生池墓銘云龜言水蓍言市

今上之爲潞州別駕將入朝有軍人韓凝禮自謂知兆上因以食箸試之既布卦一箸無故自起凡三偃三起觀者以爲大吉徵既而誅韋氏定天保因此行也凝禮起家五品至今猶存

今上既誅韋氏擢用賢俊改中宗之政依貞觀故事有志者莫不想望太平中書令元之璟御史大夫構河南尹傑皆一時之選時人稱姚宋畢李焉

張同州沛之在州也任正名爲錄事劉幽求爲朝邑尉沛奴下諸官而獨呼二公爲劉大任大若平常之

交

今上之誅韋氏沛兄涉爲殿中監見殺并令誅沛沛將出就州正名時假在家聞之遽出曰朝廷初有大難同州京之佐郡奈何單使一至便害州將請以死守之於是勒兵衛沛因送沛於獄曰正名若死使君可憂不然無慮也時方立元勳用事於中竟脫沛於難二公之力

蕭至忠自晉州之入也蔣大理欽緒即其妹壻送之曰以足下之才不憂不見用無爲非分妄求至忠不答蔣退而曰九代之卿族一舉而滅之可哀也哉至忠既至中書令歲餘以誅死

開元始年上悉出金銀珠玉錦繡之物於朝堂若山積而焚之示不復御用也

姚開府凡三爲相而必兼兵部至於軍鎮道里與騎卒之數皆暗能計之矣

郭尚書元振始爲梓州射洪令徵求無厭至掠部人賣爲奴婢者甚衆武后聞之使籍其家唯有書數百卷後令閱資財所在知皆以濟人於是奇而免之後爲涼州都督路不拾遺蕃國聞其風多請朝獻自國家善爲涼州者郭居其最

今上之初吐蕃供國作寇其官薛訥爲元帥以禦之大捷而還時有賀者退曰薛公謙而有禮宜有凱旋

故事每二月三日九月九日賜王宮以下射中鹿賜爲第一院賜綾其餘布帛有差至開元八年秋舍人許景先以爲徒耗國賦而無益於是乃破執之其禮至今遂絕

京城諸州邸貞觀初所造至開元初李尚書人悉賣

與尿人以錢入官

崔湜之爲中書令，河東公張嘉貞爲舍人，湜輕之，嘗呼爲張底。後會商量數事，意皆出人右，湜驚美久之，謂同官曰：知無張底，乃我輩一般人，此終是其坐處。湜死十餘載，河東公竟爲中書焉。

東封之歲，洛陽平御路北市東南隅得銘：漢丞相長史朱買臣墓。云著言市手藏之後，阿誰是七十年丞相。

源乾曜、張說以八月初五今上生之日，請爲千秋節，

百姓祭皆就此日，名爲賽白帝，報田父，上萬歲壽。王公戚里進金鏡綬帶，士庶結絲承露囊，更相遺問。十九年春，詔州縣社及釋奠不得用牲牢，薦脯醢而已。十九年夏，詔京都置太公廟於孔子廟之西，以秋春仲月上戊日致祭，漢留侯張良配享，置令丞錄事各一員。

后土祠隔河與梁山相望，舊立山神像以配座，如妃匹焉。至開元中年，始別建室而遷出之，或云張燕公之爲也。

忻州北有丹水，其源出長平山下，傳云秦殺趙卒，其水變赤，因以爲名。今上始幸太原，知其故，改爲懷水。

蒲津關爲周寄

開元初，司農卿姜師度引洛水灌朝邑，澤盡發以修堤堰，墓爲水所湍擊，今浸頹削焉。

崔潞府日知歷職中外，恨不居八座，及爲太常，於都寺廳事後起一樓，正與尚書省相望，人謂之崔公望省樓。

晉謝靈運鬚美，臨刑施爲南海祇洹寺維摩詰鬚，寺

人寶惜，初不虧損。中宗朝，安樂公主鬭百草，欲廣其物色，令馳驛取之，又恐爲他人所得，因剪弃其餘，遂絶。

雲陽縣界多漢離宮故地，地有似槐而葉細，土人謂之玉樹。楊子雲甘泉賦云玉樹青葱，後左思以雄爲假稱珍怪，不詳也。

江寧縣寺有晉長明燈，歲久火色變青而不熱，隋文帝平陳，已訝其古，至今猶存。

舊人皆服衮巾，後周武始爲四脚，國初又加巾子焉。

高齊蘭陵王長恭白類美婦人乃著假面以對敵與周師戰於金墉下勇冠三軍齊人壯之乃為舞以效其指麾擊刺之容今人面是

靈州鳴沙縣有沙人馬踐之輒鎗然有聲持至他處信宿之後而無復聲矣

今開通元寶錢武德四年鑄其文歐陽詢率更所書也

王右軍蘭亭序梁亂出在外陳天嘉中為僧永所得至太建中獻之宣帝隋平陳日或以獻晉王王不之

寶後僧果從帝借搨及登極竟未從索果師死後弟子僧辯得之太宗為秦王日見搨本驚喜乃貴價市大王書蘭亭終不至焉及知在辯師處使蕭翊就越州求得之以武德四年入秦府貞觀十年乃搨十本以賜近臣帝崩中書令褚遂良奏蘭亭先帝所重不可留遂秘於昭陵

晉平南將軍侍中王廙右軍之叔父工草隸飛白祖述張衛法後得索靖書七月二十六日一紙每寶翫之遭永嘉喪亂乃四疊綴於衣中以過江今蒲州桑泉令豆盧器得之疊迹猶存

王右軍告誓文今之所傳即其藁草不具年月日朔其真本云維永和十年三月癸卯朔九月辛亥而書亦真小開元初年潤州江寧縣瓦官寺修講堂匠人於鴟吻內竹筒中得之與一沙門至八年縣丞李延業求得上岐王獻便留不出或云後却借岐王十二年王家失火圖書悉為煨燼此書亦見焚云

盧黃門思道仕高齊久不得進時和士開方貴寵用事或謂盧曰何不一見和王思道素自高欲往恐為

人所見乃未明而行比至其門立者衆矣盧駐馬望之彼何人斯森然而與槐柳齊列因鞭馬疾去有過盧黃門思道者見一鄙人在座問此何等答曰從兄浩友詰盧浩尚為老胡

集常侍徐陵聘於齊時魏收文學北朝之秀收錄其文集以遺陵令傳之江左陵還濟江而沉之從者以問陵曰吾為魏公藏拙

南唐近事

朱　江表鄭文寶

烈祖輔吳之初未踰强仕元勳碩望足以鎮時靖亂然當時同立功如朱瑾李德誠朱延壽劉信張崇柴再用周本劉金張宣崔太初劉威韋建王綰等皆握强兵分守方面由是朝廷用意牢籠終以跋扈爲慮上雖至仁長厚猶以爲非老成無以彈壓遂服藥變其髭鬢一夕成霜洎曆數有歸讓皇內禪諸藩入覲竟無異圖

烈祖嘗晝寢夢一黃龍繚繞殿檻鱗甲炳煥照耀庭宇殆非常狀逼而視之蜿蜒如故上既寤使視前殿即齊王凭檻而立候上之安否問其至止時刻及視向背皆符所夢上曰天意諄諄信非偶爾成吾家事其惟此子乎旬月之間遂正儲位齊王即元宗居藩日所封之爵也

江都縣大廳相傳云陰有鬼物所據前政令長升之者必爲瓦礫所擲或中夜之後毀去案几或家人染疾遺火不常斯邑皆相承居小廳蒞事始獲小康江夢孫聞之嘗憤其說然夢孫儒行正直衆所推服無何自祕書郎出宰是邑下車之日升正廳受賀訖向夜具香案端笏當中而坐誦周易一遍明日如常理事箴爾無聞自始來至終考莫覩怪異後之爲政者皆飲其惠焉

金陵城北有湖周迴十數里幕府雞籠二山環其西鐘阜蔣山諸峰聳其左名園勝境掩映如畫六朝舊跡多出其間每歲菱藕罟網之利不下數十千建康實錄所謂玄武湖是也一日諸閣老待漏朝堂語及

林泉之事坐間馮謐因舉玄宗賜賀鑒三百里鏡湖信爲盛事又曰予非敢望此但賜後湖亦暢予平生也吏部徐鉉怡聲而對曰主上尊賢待士常若不及豈惜一後湖所乏者知章爾馮有慚色

朱鞏侍郎童蒙日在廣陵入學其師甚嚴每朝午歸餐指晷爲約其時不至當行檟楚朱雖稟師之命然常爲里巷中一惡犬當道過輒嗥吠鞏乃整衣望犬再拜祈之曰幸無齧我早入學中免爲夫子笞責精誠所至涕泗交流犬亦狂吠不顧是夕犬暴卒于家

處士史虛白北海人也清太中客遊江表十居于潯陽落星灣遂有終焉之志容貌恢廓高尚不仕嘗對客奕棋旁令學徒四五輩各秉紙筆先定題目或為書啟表章或詩賦碑頌隨口而書握管者略不停綴數食之間衆製皆就雖不精絕然詞彩磊落旨趣流暢亦一代不羈之才也晚節放達好乘雙犢板轅挂酒壺於車上山童總角負瓢以隨往來廬阜之間任意所適當時朝士咸所推仰保大末淮甸未寧割江之際虛白乃為割江賦以諷曰舟車有限淼汀島以俱閑魚鱉無知尚交游而不止又賦隱士詩云風雨揭却屋渾家醉不知其譏刺時政率皆類此元宗南幸道由蠡澤處白鶴氅杖藜謁鑾輅於江左元宗駐蹕存問須之穀帛又知其嗜酒別賜御醞數壺以厚其意也他日病將終謂其子曰皇上賜吾上樽飲之略盡固留一榼藏之於家待吾死日殮以時服置挂杖一條及此酒於棺中葬之足矣四時慎勿享奠有益勞費何利死者吾當不歆矣洎卒家人一遵遺命而其子頓絕時祀每因節序必修奠芘爇紙錫於靈座紙皆不化用意焚之火則自滅遂不復更祭奠矣

嚴續相公歌姬唐鎬給事通犀帶皆一代之尤物也唐有慕姬之色嚴有欲帶之心因雨夜相第有呼盧之會唐適預焉嚴命出妓解帶較勝於一擲舉座屏氣觀其得失六骰數巡唐彩大勝唐乃酌酒命美人歌一曲以別相君宴罷拉而偕去相君悵然遺之

昇元初許文武百僚觀內藏隨意取金帛盡重載而去惟蔣廷翊獨持一縑還家餘無所取士君子以是而多之終尚書郎

鍾謨性聰敏多記問奏疏理論頗脫時輩自禮部侍郎聘周忤旨左授耀州典午盛夏之月自周徂秦每見道旁古碑必駐馬歷覽皆默識或止郵亭命筆繕寫一日之行不過數里而已又見一圭首豐碑制度甚廣約其詞旨不下數千餘字臥諸荒灘之中半為水潦所淹無由披讀謨欣然解衣游泳灘中以手捫揣默記其文志諸紙墨他日徵還重經是路天久不雨無復沈碑之泉乃發篋得舊錄本就灘較之無一字差誤

爲諸總戎廣陵爲周師所陷乃削髮披緇以給周人
求圖間道南歸爲譏者所擒送至行在時鍾謨亦使
周人或譏之曰昔日旌旗擁出坐籌之將今朝毛髮
化爲行脚之僧世宗甚悅因釋罪歸之終中書侍郎
賈崇自統軍拜使相鎮江都周師未及境盡焚其井
邑棄壘而濟元宗引見於便殿責其奔潰之由且曰
朝野謂卿爲賈尉遲朕甚賴卿一旦敵兵未至棄甲
宵遁何施面目至此耶崇扣首具陳舒元既叛大軍
失律城孤氣寡無數旅之兵以禦要害雖眞尉遲亦

無所施其勇臣當孥戮惟陛下裁之以忤旨釋罪長
流撫州
元宗少躋大位天性謙謹匑接臣下恭愼威儀動循
禮法雖布素僚友無以加也一日御小殿欲道服見
諸學士必先遣中使數使宣諭或祈以小苦巾裹不
及冠禍可乎常目宋齊丘爲子嵩李建勳爲史館皆
不之名也君臣之間待遇之禮率類於此
沈彬長者有詩名保大中以尚書郎致仕閒居于江
西之高安三吳俟伯多餉粟帛嘗荷杖郊原手植一

樹於平野之間召諸子戒曰異日葬吾此地違之者
非人子也居數年彬終諸子將起墳於植樹之所尋
有術士語以吉凶事近樹北數尺之地卜塟家人諾
之是夕諸子咸夢家君訶責擅移塟地復違吾言禍
其至矣詰朝乃依遺命伐樹掘土深丈餘得一石椁
工用精妙光潔可鑒蓋上刊八篆字云開成二年壽
椁一所乃舉棺就椁而塟之廣狹之間皆中其度彬
第二子道者亦能爲詩以色絲繫銅佛像長寸餘懸
于襟上衣道服辟穀隆冬盛夏惟單褐布裙跣足日

日馳數百里狂率嗜酒罕接人事多往來玉笥浮雲
二山林棲野宿不常厥居至今尚在南中人多識之
位崇文以舊德殊勳位崇台袞巨鎭名藩節制建之
坐鎭浮競出入三朝喜慍莫形世推名將臨武昌日
閱兵於蹴踘場武昌廳有古屋百餘間久經霖雨一
旦而頹出乎不意聲聞數里左右色動心恐惟崇文
指縱點閱安詳如故亦無所顧問
何敎洙善彈射性勇決微時爲鄂帥李簡家僮李性
嚴毅果於殺戮左右給使之人小有愆僁鮮獲全宥

何嘗因薄暮與同輩戲於小廳下有蒼頭取李公所愛硯擊于手中謂諸豎曰誰敢破此何時餘酣乘興厲色而應曰死生有命吾敢碎之乃擲硯于石階之上鏗然毀裂羣豎迸散無敢觀者翊日李衙退視事責碎硯之由主者具以實對李極怒即命擒何以至欻不旋踵矣李之夫人素賢明知何有奇相貌曰異日當極貴至是匿何後堂中旬浹之間李怒未解夫人亦不敢救一日李獨坐小廳有一烏申喙向李而噪其聲甚厲李惡之遂拂衣往後園池亭中烏亦隨

其所之呌噪不已命家人多方驅逐略無去意李性旣褊急怪怒愈甚顧左右曰何敢沫善彈亟召來能斃此畜當釋爾罪何應召而至捄丸挾彈精誠中激應弦斃之李佳賞至再遂捨其罪洎成立擢爲小校以軍功累建旌鉞建隆初自江西移鎮鄂渚下車之日小亭中復見一烏頡頏而鳴何曰昔日全吾之命得非爾乎乃取食物自置諸掌烏翩然而下食何掌中其後何位至中書令守太師致仕功冀崇極時莫與比靈禽之應豈徒然哉

憑供郎刑部尚書諡之子也舉進士初年少衆譽籍籍以爲平折丹桂秋賦之間假一夕夢登崇孝寺播刹極高處打方響先是徐幼文能圓夢遂詣徐請圓之徐曰雖有聲價至下地洎來春與俄成名於侍郎韓熙載榜下或有責徐之言謬者徐曰誠如吾語後當知之放榜數日中書奏主司取士不當遂追榜御試焉果覆落

鄧匡圖爲海州刺史有野客潘扆謁之鄧不甚禮遇館於外廡忽一日鄧命潘觀獵近郊鄧妻因詣廡中

覘扆棲泊之所弊榻莞席竹籠而已籠中有錫彈丸二枚其他一無所有艾夜扆從禽歸啟籠之際忽爲嘆駭之聲且曰定爲婦人所觸幸吾朝來攜其光鋌不爾斷婦人頸久矣閨人異之乃聞於鄧鄧詰其由室家具以實告鄧頗驚異遂召潘升堂屏左右曰先生其有劒術乎潘曰素所習之鄧曰願先生陳其所妙使某拭目一覩可乎潘曰何不可也明日公當齋戒三日擇近郊平廣之地可試吾術鄧如其約至期命潘攜鋌而出至城東其始潘自懷袖中出二彈丸

覽掌中俄有氣兩條如白虹之狀微微出指端須臾上接於天若風雨之聲當空而轉又繞鄧之頸左盤右旋千餘匝其勢奔掣其聲錚摐躍震電迅雷無以加也鄧據案危坐喪精褫魄雨汗浹體莫知已身之所從乃稽首祈謝曰先生神術固已知矣幸攝其威靈無相見怖潘笑舉一手二白氣復貫掌中若雲霧之作收數食間復爲二錫彈丸矣鄧自此禮遇彌厚表薦於烈祖納焉其後欲傳之於人一夕夢其師怒辰擅洩靈術傳非其人陰奪其法既寤不復能刼矣

尋病終於紫極宮臨終上言乞桐棺葬於近地後嘗尸解上從之使中貴人護葬於金波園至保大中元宗命親信發塚觀之骸骨尚在迄無異焉

進士黄可字不可孤寒朴野深於雅道詩句中多用驢字如獻高侍郎詩云天下傳將舞馬賦門前迎得跨驢賓之類又嘗謁舍人潘佑潘教服槐子云豐肌郤老明旦潘公趨朝天階未曙見槐樹煙霧中有人若猿狙之狀追而視之即可也恠問其故乃攀條而謝曰昨蒙明公教服槐子法故今日齋戒而掇之潘大噱而去

孫晟爲尚書郎上賜一宅在鳳臺山西岡壠之間徙居之日羣公萃止韓熙載見其門卑巷陋謂孫曰湫隘若此豈稱爲相第耶舉座莫喻其旨明年孫拜御史大夫旬日之間果正台席

昪元格盜物直三緡者處極法廬陵村落間有豪民暑雨初霽曝衣篋于庭中失新潔衾服衣少許計其資直不下數十千居廬僻遠人罕經行唯一貧人隣垣而已因訪蹤狀必爲隣人盜之乃訴于邑邑白郡

郡命吏按驗歸罪于貧人詐服爲盜詰其贓即言散鬻于市蓋不勝捶掠也赴法之日寃聲動人長吏察其詞色似非盜者未即刑戮遂具案聞於朝廷烈祖命員外郎蕭儼覆之儼持法明辯甚有理聲受命之日乃絕葷茹齋戒理神冥禱神祇晝夜兼行佇雪寃枉至郡之日索案詳約始末迄無他狀儼是夕復焚香于庭稽首冥禱願降儆戒將行大辟翊日天氣融和忽有雷雨自西北起至失物之家震死一牛盡剖其腹腹中得所失衣物乃是爲牛所噉猶未消潰遂

救貧民而償驟獲大用

諫議大夫張義方命道士陳友合還丹於牛頭山頻年未就會義方遘疾將卒恨不成九轉之功一旦命子弟發丹竈竈下有巨虺火吻錦鱗蜿蜒其間若爲神物護持乃取丹自餌一粒瘠瘖而終當時識者以爲氣未盡服之陰者不壽也

劉仁贍鎮壽春用師堅壘三載感而不降一夕愛子泛舟於敵境艾夜爲小校所擒疑有叛志請于贍贍將行軍法監軍使懼救不廻復使馳告其夫人夫人

曰某郎妾最小子携提愛育情若不及奈軍法至重不可私也名義至大不可虧也苟屈公議使劉氏之門有不忠之名妾與令公何顏以見三軍遂促令斬之然後成其喪禮戰士無不墮淚

高越燕人也將舉進士文價藹然器宇森挺時人無出其右者鄂帥李公賢之待以殊禮將妻以愛女越竊論其意因題鷹一絕書于屋壁云雪爪星眸衆鳥歸摩天專待振毛衣虞人莫謾張羅網未肯平原淺草飛遂不告而去後爲范陽王盧文納之爲婿與王

前歸烈祖累居清顯終禮部侍郎與江文蔚俱以詞賦著名故江南士人言體物者以江高爲稱首焉

朱匡業劉存忠雖無勳略然以宿舊嚴整皆處環衛之長劉彥貞壽陽既敗我師屢北京師危之元宗臨軒旰食問其守禦之方匡業對曰時來天地皆同力運去英雄不自由遂忤旨流撫州存忠在側賛美匡業之言不已流饒州

韓寅亮渥之子也嘗爲予言渥捐館之日溫陵帥聞其家藏箱笥頗多而緘鐍甚密人罕見者意其必有

珍翫使親信發觀惟得燒殘龍鳳燭金縷紅巾百餘條蠟淚尚新巾香猶鬱有老僕泫然而言曰公爲學士日常視草金鑾內殿深夜方還翰苑當時皆宮妓秉燭炬以送公悉藏之自西京之亂得罪南遷十不存一二矣余丱歲延平家有老尼嘗說斯事與寅亮之言頗同尼即渥之妾云耳

張易爲太弟賓客方雅真率而好乘醉支人時論憚之嘗侍宴昭愛宮儲后持所愛玉杯親酌易酒捧翫勤至有不顧之色易張目排座抗音而讓曰殿下輕

人重器不止虧損至德恐乖聖人慈儉之旨言訖碎
玉杯于殿柱一座失色儲后避席而謝之
廬山九天使者廟有道士忘其姓名體貌魁漳飲酒
酒肉有兼人之量晚節服餌丹砂躁於沖舉魏王之
鎮潯陽也郡齋有雙鶴因風所飄憩于道舘迴翔嘹
唳若自天降道士且驚且喜焚香端笏前瞻雲霓自
謂當赴上天之召命山童控而乘之羽儀清弱莫勝
其載毛傷背折血洒庭除俛按久之是夕皆斃翌日
馴養者詰知其狀訴于公府王不之罪處士陳沆聞

之爲絶句以諷云昔聞先生欲上昇黄雲踏破紫雲
崩龍腰鶴背無多力傳語麻姑借大鵬
慶王茂元宗第二子也雅言俊德宗室罕倫未冠而
薨上深軫悼每顧侍臣曰子夏喪明不爲異也或對
曰臣聞仁而不壽仙經所謂鍊形於太陰之中然慶
王必將侍三后於三清友王喬於玉除伏望少寢矜
念上泫然焉
烈祖輔吳將有禪讓之事人情尚懷彼此一二不樂
渴宗請之上曰吾夜夢爲人引刎斷吾之頸意所惡

之宗遽下堦拜賀曰當策立耳居數日而內禪
王曾爲喬塗宰頗以資產爲務會部民連狀訴主簿
貪賄于縣尹曾乃判曰汝雖打草吾已蛇驚爲好事
者口實焉
鄧亞文高安鄉野之人也烈祖時自尚書郎拜青陽
令升廳就案而食自謂尊顯彌極還語兒子輩云當
思爲學自致煙霄吾爲百里之長聲鼓喫飯騎後樓
筆此吾稽古之力也
宋齊丘微時目者相之曰君貴不可說然亞夫下獄

之相君實有之位極之日當早引退庶幾保全齊丘
登相位鼓戱致仕復以大司徒就徵保大末坐陳覺
謀干記事乃餓死于青陽
元宗幼學之年馮權常給使左右上深所親倖每曰
我富貴之日爲爾置銀靴焉保大初聽政之暇命親
王及東宮舊僚擊鞠歡極頒賚有等語及前事即日
賜銀三十斤以代銀靴權遂命工鍛靴穿焉人皆哂
之
元宗嗣位之初春秋鼎盛留心內寵宴私擊鞠略無

盧石常乘醉命樂工楊花飛奏水調詞進酒花飛唯歌南朝天子好風流一句如是者數四上既悟覆杯大懌厚賜金帛以旌敢言上曰使孫陳二主得此一句固不當有銜璧之辱也翌日罷諸權宴留心庶事圖閭弔楚幾致治平

常夢錫爲翰林學士剛直不附貴近側目或謂曰公罷直私門何以爲樂常曰垂幃痛飲而已蓋馮魏擅權之際也

周業爲左街使信州刺史本之子也與劉郎素有隙劉郎長公主壻時爲禁帥無何昇元中金陵告災業方潛飲人家醉不能起有聞上者上顧親信施仁望曰率衛士十人詣災所見其馳救則釋不然就戮于牀仁望既往亟使召業家語之業大怖衣女子服奔見仁望仁望怒之洎火息復命至使殿門會劉郎先至亦將白災事仁望揣劉意不能蔽業又懼與之偕罪計出倉卒遽排劉越次見上曰火不爲災業誠如聖旨上曰戮之乎仁望曰業父本方臨敵境臣未敢即時奉詔上撫几大悅曰幾誤我事仁望自此大獲獎用業乃全怒

陳誨嗜鴿馴養千餘隻誨自南劒牧拜建州觀察使去郡前一月羣鴿先之富沙舊所無孑遺矣又嘗因早衙有一鴿投誨之懷袖中爲鷹鸇所擊故也誨感之自是不復食鴿矣

章齊一爲道士滑稽無度善於嘲毀倡里樂籍多稱其詞長曰齊二次曰齊三保大中任樂坊判官一旦暴疾齊一齰舌而終

女冠耿先生鳥爪玉貌甚有道術獲寵於元宗將誕前三日謂左右曰我子非常產之夕當有異及他夕果震雷繞室大雨河傾半夜雷止耿身不復孕左右莫知所產將子亦隨失矣

陳繼善自江寧尹拜少傅致仕富於貲產性鄙嗇別墅林池未嘗暫適既不嗜學又杜絕賓客惟自荷一鋤理小圃成畦以真珠之餘顆若種蔬狀布土壤之間記顆俛拾周而復始以此爲樂焉

烈祖鎮建業日義祖薨于廣陵致意將有奔喪之計康王已下諸公子謂周宗曰幸聞兄長家國多事宜

拆情損禮無勞西渡也宗慶王似非本意竪請報簡示信於烈祖康王以怨遽爲詞宗袖中出筆復爲左右取紙得故茗紙貼乞年札康王不獲已而札曰幸就東府舉哀多壘之秋二兒無以奔喪爲念也明年烈祖朝覲廣陵康王及諸公子果執上手大慟誣上不以臨喪爲意詛讓百端冀動物聽上因出王所書以示之王靦顏而已

兵部尚書杜業任樞密有權變足機會兵賦民籍指之掌中其妻張氏妒悍尤急室絶婢妾業畢之如事

嚴親烈祖嘗命元皇后召張至内庭誡之曰業位望通顯得置妾媵何拘忌如此豈婦道所宜耶張雪涕而言曰業本狂生遭逢始運多壘之初陛下所藉者駑馬未竭耳而又早衰多病縱之必貽其患將誤于任使耳烈祖聞之大加獎嘆以銀盆綵段賞之

烈祖輔吳四方多壘雖一騎一卒必加姑息然禁校多從禽聚飲近野或撓擾民庶上欲糾之以法而方藉其材力思得酌中之計問於嚴求求曰無煩繩之易絶耳請敕泰興海鹽諸縣罷採鷹鸇可不令而止烈祖從其計朞月之間禁校無復游墟落者

嚴求徽特爲陽邑吏陽宰器之待以賓禮舅曰卿當自愛他日極人臣之位吾不復見卿之貴幸以遺孤留意朞年嚴亟登公輔宰歿既久其子理遺命候謁嚴門嚴賻擔石束帛而已其子慊悵而退嚴不甚顧密遣家人賫黄金數十斤伺于逆旅賵謝之曰非廢宰之子乎相君使奉金以備行李又薦一官地宅僕馬畢爲之置其子他日及門致謝嚴曰聊以報尊府君平昔之遇耳一見後終身謝絶焉

烈祖輔吳日與諸侯會射延賓亭劉信擘牙注矢揖讓四座小校孫漢威疑不利于上忽引身障烈祖以巳當之上自此益加寵遇位至侍中九江帥

劉信攻南康終月不下義祖譴信使者而杖之詈曰語劉信要背即背何疑之甚也信聞命大怖并力急攻次宿而下凱旋之日師至新林浦犒錫不至亦無所存勞他日謁見義祖命請元勲爲六博之戲以紓前意信酒酣掬六骰于手曰令公疑信欲背者傾西江之水終難自滌不負公當一擲徧赤誠如前言斯

衆彩而已信當自拘不煩刑吏耳義祖免釋不暇投之於金六子皆赤義祖賞其精誠聊感復待以忠貞焉

李建勳鎮臨川方與僚屬會飲郡齋有送九江帥周宗書至者訴以赴鎮日近器用儀注或闕求輟于臨川李無復報簡但乘醉大批其書一絕云偶罷阿衡來此郡固無閒物可應官憑君爲報羣胥道莫作循州刺史看

趙王李德誠鎮江西有日者自稱世人貴賤一見輒分王使女妓數人與其妻滕國君同妝梳服飾偕立庭中請辨良賤客俯躬而進曰國君頭上有黃雲羣妓不覺皆仰首日者曰此是國君也王悅而遣之

陳覺微時爲宋齊丘之客及爲兵部侍郎也其妻李氏妒悍親執尼爨不置妾媵齊丘選姿首之婢三人與之李亦無難色奉侍三婢若舅姑禮問其故李曰此令公寵倖之人見之若面令公何敢倨慢三婢既不自安求還宋第李笑而許之

馮延巳鎮臨川聞朝議巳有除替一夕夢通舌生毛翌日有僧解之曰毛生舌間不可剃也相公其未替乎旬日之間果巳寢命

張洎計偕之歲爲閩帥燕王僎所薦首謁韓熙載韓一見待之如故謂曰子好一中書舍人頃之韓主文洎擢第不十年果主綸閤之任

進士李冠子善吹中管妙絕當代上饒郡公嘗聞於元宗上甚欲召對屬淮甸多故盤桓朞月戎務日繁竟不獲見出關日李建勳贈一絕云韻如古澗長流水怨似秋枝欲斷蟬可惜人間容易聽新聲不到御樓前

鍾傳鎮江西日客有以覆射之法求謁傳以曆日包一橘致袖中使射之客口占一歌以揭之云太歲當頭立諸神莫敢當其中有一物常帶洞庭香

程員舉進士將過試夜夢烏衣吏及門告員曰君與王倫廖徹陳度魏清並巳及第員夢中驚喜理服馳馬詣省門見榜遂張觀會頒立衢中謂曰榜在雞行何忽至此員悵然而覺祕不敢言其年考功員外郎張祕權知貢舉果放楊遂等三人員輩卒無微應既

夏内降御札尙慮遺賢命張洎舍人取所試詩賦就
中書重定務在精選洎果取員等五人附來春別榜
及第明年歲在癸酉也
李德來任大理少卿持法甚峻忌刻便佞時號李猫
見本無學術詐稱博聞毎呼馬爲韓盧樂工爲伶倫
諂佞爲審謬以此貽譏於世
木平和尙不知何許人也保大初徵至闕下傾都瞻
禮闤闠里巷金帛之施日積數萬常出入宮禁中他
日從上登百尺樓上曰新建此樓制度佳否木平曰

尤宜望火上初不喻其旨居數歲木平卒淮甸大擾
自壽陽置烽堠以應龍安山旦夕上多登覽以瞻動
靜又上最鍾愛慶王王初幼學上問壽命幾何木平
曰郎君聰明哲智預知六十年事壽當七十是歲疾
終年十七蓋反語以對之也
李徵古宜春人也少時賤遊嘗宿同郡潘長史家是
夜潘妻夢門前有儀注鞍馬擁劍錯錄衙隊約二百
人或坐或立且云太守在此洎見乃寓宿秀才覺後
言于潘曰此客非常人也妾來晨略見餞酒一鍾贈
之金釵脕曰郎君他日富貴愼勿相忘李不可知其
來年至京一舉成名不二十年自樞密副使除本州
刺史離闕日元宗賜內庫酒二百瓶
韓熙載放曠不稽所得俸錢即爲諸姬分去乃著衲
衣負筐令門生舒雅執手板于諸姬院乞食以爲笑
樂使中國作詩云我本江北人去作江南客舟到江
北來舉目無相識不如歸去來江南有人憶
陶穀學士奉使恃上國勢下視江左辭色毅然不可
犯韓熙載命妓秦弱蘭詐爲驛卒女毎日弊衣持帚

埽地陶悅之與狎因贈一詞名風光好云好因緣惡
因緣只得郵亭一夜眠別神仙琵琶撥盡相思調知
音少待得鸞膠續斷絃是何年明日後主設宴陶辭
色如前乃命弱蘭歌此詞勸酒陶大沮即日北歸
韓熙載北人仕江南致位通顯不防閑婢妾有北齊
徐之才風侍兒往往私客客賦詩有的云最是五更留
不住向人枕畔著衣裳之句熙載亦不介意

開元天寶遺事

唐 王仁裕

玉有太平字

開元元年内中因雨過地潤微裂至夜有光宿衛者記其處所曉乃奏之上令鑿其地得寶玉一片如拍板樣上有古篆天下太平字百僚稱賀收之内庫

步輦名學士

明皇在便殿甚思姚元崇論時務七月十五日苦雨不止泥濘盈尺上令侍御者擡步輦召學士來時元崇爲翰林學士中外榮之自古急賢待士帝王如此者未之有也

開元天寶遺事

賜筯表直

宋璟爲宰相朝野人心歸美爲時春御宴帝以所用金筯令内臣賜璟璟雖受所賜莫知其由未敢陳謝帝曰所賜之物非賜汝金蓋賜卿之筯表卿之直也璟遂下殿拜謝

截鐙留鞭

姚元崇初牧荊州三年受代日闔境民吏泣擁馬首遮道不使去所乘之爲鞭鐙民皆截留之以表瞻戀新牧具其事奏之褒詔美焉就賜中金一千兩

戇顔厚如甲

進士楊光遠惟多矯飾不識忌諱遊謁王公之門干索權豪之族未嘗自足稍有不從便多誹謗常遭有勢撻辱略無改悔時人多鄙之皆曰楊光遠慙顔厚如十重鐵甲也

七寶山座

明皇於勤政樓以七寶裝成山座高七尺召諸學士講議經旨及時務勝者得升焉惟張九齡論辯風生升此座餘人不可階也時論美之

癡賢

右拾遺張方回精神不爽時人呼爲癡漢子每朝政有失便抗疏論之精彩昂然進不懼死明皇常謂右拾遺張方回忠賢人也

蜂蝶相隨

都中名妓楚蓮香者國色無雙時貴門子弟爭相詣之蓮香每出處之間則蜂蝶相隨蓋慕其香也

掃雪迎賓

巨豪王元寶每至冬月大雪之際令僕夫自本家坊巷口掃雪為逕路躬親立於坊巷前迎揖賓客就本家具酒炙宴樂之為暖寒之會

夢虎之妖

周象者好畋獵後為汾陽令忽夢一乳虎銜尾驚而睡覺因茲染疾後有僧游寧者因過象門謂閽吏曰此居有妖氣久則不可救也閽吏遂聞於象象召僧令視之僧曰當與君禳之遂揖退設壇持劍禹步誦

咒自大門而入至於寢所繞患人數匝而叱之忽於牀下作一虎聲家人悉驚奔散周象亦不覺投牀下伏死於地僧以水噀之須臾如故

記事珠

開元中張說為宰相有人惠說一珠紺色有光名曰記事珠或有闕忘之事則以手持弄此珠便覺心神開悟事無巨細渙然明曉一無所忘說祕而至寶也

遊仙枕

龜茲國進奉枕一枚其色如瑪瑙溫溫如玉其製作甚樸素若枕之則十洲三島四海五湖盡在夢中所見帝因立名為遊仙枕後賜與楊國忠

隨蝶所幸

開元末明皇每至春時旦暮宴於宮中使嬪妃輩爭插艷花帝親捉粉蝶放之隨蝶所止幸之後因楊妃專寵遂不復此戲也

記惡碑

盧奐累任大郡皆顯治聲所至之處畏如神明或有無良惡跡之人必行嚴斷仍以所犯之罪刻在立本

人門首再犯處於極刑民間畏懼絕無犯法者明皇知其能官賜中金五千兩璽節褒獎焉故民間呼其石為記惡碑

自暖盃

內庫有一酒盃青色而有紋如亂絲其薄如紙於盃足上有鏤金字名曰自暖盃上令取酒注之溫溫然有氣相次如沸湯遂收於內藏

辟寒犀

開元二年冬至交趾國進犀一株色黃如金使者請

以金盤置於殿中漉漉然有暖氣襲人上問其故使者對曰此辟寒犀也頃自隋文帝時本國曾進一株直至今日上甚悅厚賜之

傳書鴿

張九齡少年時家養群鴿每與親知書信往來只以書繫鴿足上依所教之處飛往投之九齡目之爲飛奴時人無不愛訝

牽紅絲娶婦

郭元振少時美風姿有才藝宰相張嘉正欲納爲婿

元振曰知公門下有女五人未知孰陋事不可倉卒更待忖之張曰吾女各有姿色即不知誰是匹偶以子風骨奇秀非常人也吾欲令五女各持一絲幔前使子取便牽之得者爲婿元振欣然從命遂牽一紅絲線得第三女大有姿色後果然隨夫貴達也

豪友

長安富民王元寶楊崇義郭萬金等國中巨豪也各以延納四方多士競於供送朝之名寮往往出於門下每科場文士集於數家時人目之爲豪友

喚鐵

太白山有隱士郭休字退夫有運氣絕粒之術於山中建茅屋百餘間有白雲亭鍊丹洞注易亭修真亭朝玄壇集神閣每於白雲亭與賓客看山禽野獸即以槌擊一鐵片子其聲清響山中鳥獸聞之集於亭下呼爲喚鐵

鸚鵡告事

長安城中有豪民楊崇義者家富數世服玩之屬僭於王公崇義妻劉氏有國色與鄰舍兒李弇私通情

甚於夫遂有意欲害崇義忽一日醉歸寢於室中劉氏與李弇同謀而害之埋於枯井中其時僕妾輩並無所覺惟有鸚鵡一隻在堂前架上洎殺崇義之後其妻却令童僕四散尋覓其夫遂經府陳詞言其夫不歸竊慮爲人所害府縣官吏日夜捕賊涉疑之人及童僕輩經栲捶者百數人莫究其弊後來縣官等再詣崇義家檢校其架上鸚鵡忽然聲屈縣官遂取於臂上因問其故鸚鵡曰殺家主者劉氏李弇也官吏等遂執縛劉氏及捕李弇下獄備招情款府尹具

事察奏聞明皇歎訝久之其劉氏李弁依刑處死封鸚鵡爲綠衣使者付後宮養餵張說後爲綠衣使者傳好事者傳之

瑞炭

西涼國進炭百條各長尺餘其炭青色堅硬如鐵名之曰瑞炭燒於爐中無焰而有光每條可燒十日其熱氣迫人而不可近也

敲冰煮茗

逸人王休居太白山下日與僧道異人往還每至冬

時取溪冰敲其精瑩者煮建茗共賓客飲之

物外之遊

王休高尚不親勢利常與名僧數人或跨驢或騎牛尋訪山水自謂結物外之遊

花妖

初有木芍藥植於沉香亭前其花一日忽開一枝兩頭朝則深紅午則深碧暮則深黃夜則粉白晝夜之內香艷各異帝謂左右曰此花木之妖不足訝也

花上金鈴

天寶初寧王日侍好聲樂風流蘊藉諸王弗如也至春時於後園中紉紅絲爲繩密綴金鈴繫於花梢之上每有鳥鵲翔集則令園吏掣鈴索以驚之蓋惜花之故也諸宮皆效之

七寶硯鑪

內庫中有七寶硯鑪一所曲盡其功每至冬寒硯凍置於鑪上硯冰自消不勞置火冬月帝常用之

妖燭

寧王好聲色有人獻燭百炬似臘而膩似脂而硬不

知何物所造也每至夜筵賓妓閒坐酒酣作狂其燭則昏昏然如物所掩罷則復明矣莫測其怪也

夢玉鷰投懷

張說母夢有一玉鷰自東南飛來投入懷中而有孕生說果爲宰相其至貴之瑞也

饞魚燈

南中有魚肉少而脂多彼中人取魚脂煉爲油或將照紡織機杼則暗而不明或使照筵宴造飲食則分外光明時人號爲饞魚燈

助嬌花

御苑新有千葉桃花帝親折一枝插於妃子寶冠上曰此箇花尤能助嬌態也

照病鏡

葉法善有一鐵鏡鑑物如水人每有疾病以鏡照之盡見臟腑中所滯之物後以藥療之竟至痊瘥

助情花

明皇正寵妃子不視朝政安祿山初承聖眷因進助情花香百粒大小如粳米而色紅每當寢處之際則含香一粒助情發興筋力不倦帝秘之曰此亦漢之慎卹膠也

眼色媚人

念奴者有姿色善歌唱未嘗一日離帝左右每執板當席顧眄帝謂妃子曰此女妖麗眼色媚人每囀聲歌喉則聲出於朝霞之上雖鐘鼓笙竽嘈雜而莫能遏宮妓中帝之鍾愛也

警惡刀

貴妃父楊玄琰少時嘗有一刀每出入於道途間多佩此刀或前有惡獸盜賊則所佩之刀鏗然有聲似警於人也玄琰寶之

夢中有孕

楊國忠出使於江浙其妻思念至深荏苒成疾忽晝夢與國忠交因而有孕後生男名朏洎至國忠使歸其妻具述夢中之事國忠曰此蓋夫妻相念情感所致時人無不譏誚也

金籠蟋蟀

每至秋時宮中妃妾輩皆以小金籠捉蟋蟀閉於籠中置之枕函畔夜聽其聲庶民之家皆效之也

燭奴

申王亦務奢侈盛時使之然每夜宮中與諸王貴戚聚宴以龍檀木彫成燭跋童子衣以綠衣袍繫之束帶使執畫燭列立於宴席之側目為燭奴諸官貴戚之家皆效之

醒醉草

興慶池南岸有草數叢葉紫而心殷有一人醉過於草傍不覺失其酒態後有醉者摘草嗅之立然醒悟

故目爲醒醉草

盆池魚

明皇以李林甫爲相後因召張九齡問可否九齡曰宰相之職四海具瞻若任人不當則國受其殃只如林甫爲相然寵擢出宸衷臣恐他日之後禍延宗社帝意不悅忽一日帝曲宴近臣於禁苑中帝指示於九齡林甫曰檻前盆池中所養魚數頭鮮活可愛林甫曰賴陛下恩波所養九齡曰盆池之魚由陛下任人他但能裝景致助兒女之戲爾帝甚不悅時人皆

美九齡之忠直

看花馬

長安俠少每至春時結朋聯黨各置矮馬飾以錦韉金鞍並轡於花樹下往來使僕從執酒皿而隨之遇好囿則駐馬而飮

香肌暖手

岐王少惑女色每至冬寒手冷不近於火惟於妙妓懷中揣其肌膚稱爲暖手常日如是

金衣公子

明皇每於禁苑中見黃鶯常呼之爲金衣公子

花裀

學士許愼選放曠不拘小節多與親友結宴於花圃中未嘗具帷幄設坐具使童僕輩聚落花鋪於坐下愼選曰吾自有花裀何銷坐具

銷恨花

明皇於禁苑中初有千葉桃盛開帝與貴妃日逐宴於樹下帝曰不獨萱草忘憂此花亦能銷恨

醉輿

申王每醉即使宮妓將錦綵結一兜子令宮妓輩擡舁歸寢室本宮呼曰醉輿

妓圍

申王每至冬月有風雪苦寒之際使宮妓密圍於坐側以禦寒氣自呼爲妓圍

風流藪澤

長安有平康坊妓女所居之地京都俠少萃集于此兼每年新進士以紅牋名紙遊謁其中時人謂此坊爲風流藪澤

依冰山

楊國忠權傾天下四方之士爭詣其門進士張彖者陝州人也方學有大名志氣高大未嘗低折於人人有勸彖令修謁國忠可圖顯榮彖曰爾輩以謂楊公之勢倚靠如泰山以吾所見乃冰山也或皎日大明之際則此山當誤人爾後果如其言時人美張生見幾後年張生及第釋褐授華陰尉時縣令太守俱非其人多行不法張生有吏道勤於政事每申擧一事則太守令尹抑而不從張生曰大丈夫有凌霄蓋世

之志而拘於下位若立身於矮屋中使人擡頭不得遂拂衣長往歸遯於嵩山

禽擁行車

李元紘開元初爲好畤令賦役平允不嚴而治大有政聲遷潤州司馬發離百里士民號泣遮路烏鵲之類飛擁行車有諳衆美之

鏡影成相字

宋璟未第時因於日中覽鏡鏡影分成相字璟因此自負遂修相業後如其志

知更雀

裴耀卿勤於王政夜看案牘晝決獄訟常養一雀每夜至初更時有聲至五更則急鳴耀卿呼爲知更雀又于廳前有一大桐樹至曉則有羣鳥翔集以此爲出廳之候故呼爲報曉鳥時人美焉

枯松再生

明皇遭祿山之亂鑾輿西幸禁中枯松復生枝葉葱蒨宛若新植者後肅宗平內難重興唐祚枯松再生祥不誣矣

顛飲

長安進士鄭愚劉參郭保衡王沖張道隱等十數輩不拘禮節旁若無人每春時選妖妓三五人乘小犢車指名園曲沼藉草裸形去其巾帽叫笑喧呼自謂之顛飲

選婿窗

李林甫有女六人各有姿色雨露之家求之不允林甫廳事壁間開一橫窗飾以雜寶縵以絳紗常日使六女戲於窗下每有貴族子弟入謁林甫即使女於

意中自選可意者事之

四方神事

姚元崇爲宰相憂國如家愛民如子未嘗私於喜怒惟以忠孝爲意四方之民皆畫元崇之真神事焉求之有福

立有禍福

盧奐爲陝州刺史嚴毅之聲聞於關内玄宗幸京師次陝城頓知奐有神政御筆賛於廳事曰專城之重分陝之雄仁雖惠愛性實謙冲亦既利物存乎匪躬

斯爲國寶不墜家風尋除兵部侍郎陝州之民多有淫祀者州之士民相語曰不須賽神明不必求巫祝爾莫犯盧公立便有禍福

移春檻

楊國忠子弟每春至之時求名花異木植於檻中以板爲底以木爲輪使人牽之自轉所至之處檻在目前而便即歡賞目之爲移春檻

冰山避暑

楊氏子弟每至伏中取大冰使匠琢爲山周圍於宴席間座客雖酒酣而各有寒色亦有挾纊者其驕貴如此也

戲擲金錢

内庭嬪妃每至春時各於禁中結伴三人至五人擲金錢爲戲蓋孤悶無所遣也

射團

宫中每到端午節造粉團角黍貯於金盤中以小角造弓子纖妙可愛架箭射盤中粉團中者得食蓋粉團滑膩而難射也都中盛於此戲

探官

都中每至正月十五日造麪蠒以官位帖子卜官位高下或賭筵宴以爲戲笑

撤去燈燭

蘇頲與李乂對掌文誥玄宗顧念之深也八月十五夜於禁中直宿諸學士翫月備文酒之宴時長天無雲月色如晝蘇曰清光可愛何用燈燭遂使撤去

刀槍自鳴

武庫中刀槍自鳴識者以爲不祥之兆後果有祿山

之亂大駕西幸之應也

富窟

王元寶都中巨豪也常以金銀疊爲屋壁上以紅泥泥之於宅中置一禮賢堂以沉檀爲軒檻以碔砆甃地面以錦文石爲柱礎又以銅線穿錢甃於後園花徑中貴其泥雨不滑也四方賓客所至如歸故時人呼爲王家富窟

牀畔香童

元寶好賓客務於華侈器玩服用僭於王公而四方

之士盡歸而仰焉常於寢帳牀前雕矮童二人捧七寶博山爐自暝焚香徹曉其驕貴如此

龍皮扇

元寶家有一皮扇子製作甚質每暑月宴客卽以此扇子置於坐前使新水灑之則颯然風生巡酒之間客有寒色遂命徹去明皇亦嘗差中使去取看愛而不受帝曰此龍皮扇子也

夢筆頭生花

李太白少時夢所用之筆頭上生花後天才贍逸名聞天下

醒酒花

明皇與貴妃幸華清宮因宿酒初醒凭妃子肩同看木芍藥上親折一枝與妃子遞嗅其艷帝曰不惟萱草忘憂此花香艷尤能醒酒

蛛絲卜巧

帝與貴妃每至七月七日夜在華清宮遊宴時宮女輩陳瓜花酒饌列於庭中求恩於牽牛織女星也又各捉蜘蛛於小合中至曉開視蛛網稀密以爲得巧

之候密者言巧多稀者言巧少民間亦效之

夜明杖

隱士郭休有一拄杖色如朱染叩之則有聲每出處遇夜則此杖有光可照十步之內登危陟險未嘗足失則杖之力焉

郡神迎路

張說爲荊州刺史至郡界風雨暝晦不辨面目唯聞空中有騎嗚之聲相次雲中有衣紫披甲冑者十數人開問其故對曰某荊州內外所主之神久仰使君

令名故相率迎引到任謁廟後各致謝及建飾廟貌
自此政聲尤善也

縣妖破膽

李杲遷洛陽令嚴刑峻法民吏畏服縣之積弊杲盡革之踰月之中縣務清簡時有進士劉蕃赴舉上都舍於村邸至夜中聞戶外街衢中有數人相語曰李令今古正人也吾輩見其行事威猛令人破膽此中不可久居宜遷於他邑可求血食也兼訴其事遂啓門視之寂無影響方知乃邑之妖神也蕃遂書贊一

首於村邸之壁云狡吏畏威縣妖破膽好錄政聲聞於御覽後明皇旌其能賜金百兩及章服焉

泥金帖子

新進士才及第以泥金書帖子附家書中用報登科之喜至文宗朝遂寢削此儀也

喜信

新進士每及第以泥金書帖子附於家書中至鄉曲親戚例以聲樂相慶謂之喜信也

被底鴛鴦

五月五日明皇避暑遊興慶池與妃子晝寢於水殿中宮嬪輩凭欄倚檻爭看雌雄二鸂鶒戲於水中帝時擁貴妃於綃帳內謂宮嬪曰爾等愛水中鸂鶒爭如我被底鴛鴦

半仙之戲

天寶宮中至寒食節競竪鞦韆令宮嬪輩戲笑以爲宴樂帝呼爲半仙之戲都中士民因而呼之

相風旌

五王宮中各於庭中竪長竿掛五色旌於竿頭旌之

四垂綴以小金鈴有聲即使侍從者視旌之所向可以知四方之風候也

占雨石

學士蘇頲有一錦紋花石鏤爲筆架嘗置於硯席間每天欲雨即此石架津出如汗逡巡而雨頲以此常爲雨候間無差矣

向火乞兒

張九齡見朝之文武僚屬趨附楊國忠爭求富貴惟九齡未嘗及門楊甚銜之九齡常與識者議曰今時

之朝彦皆是向火乞兒一旦火盡灰冷暖氣何在當凍屍裂體棄骨於溝壑中禍不遠矣果然因祿山之亂附炎者皆罪累族滅不可勝數九齡之先見信夫神智博達也向火言附炎也

結棚避暑

長安富家子劉逸李閑衛曠家世巨豪而好接待四方之士疎財重義有難必救真慷慨之士人皆歸仰焉每至暑伏中各於林亭內植畫柱以錦綺結爲涼棚設坐具召長安名妓間坐遞相延請爲避暑之會時人無不愛美也

冰筯

冬至日大雪至午雪霽有晴色因寒所結簷溜皆爲冰條妃子使侍兒敲下二條看玩帝自晚朝視政回問妃子曰所玩何物耶妃子笑而答曰妾所玩者冰筯也帝謂左右曰妃子聰惠比象可愛也

雞聲斷愛

長安名妓劉國容有姿色能吟詩與進士郭昭述相愛他人莫敢窺也後昭述釋褐授天長簿遂與國容相別詰旦赴任行至咸陽國容使一女僕馳矯駒齎短書云歡寢方濃恨雞聲之斷愛恩憐未洽歎馬足以無情使我勞心因君減食再期後會以結齊眉長安子弟多諷誦焉

占風鐸

岐王宮中於竹林內懸碎玉片子每夜聞玉片子相觸之聲即知有風號爲占風鐸

山猿報時

商山隱士高太素累徵不起在山中構道院二十餘間太素起居清心亭下皆茂林秀竹奇花異卉每至

一時即有猿一枚詣亭前鞠躬而啼不易其候太素因目之爲報時猿其性度有如此

遊蓋飄青雲

長安春時盛於遊賞園林樹木無閑地故學士蘇頲應制云飛埃結紅霧遊蓋飄青雲帝覽之嘉賞焉遂以御花親插頲之巾上時人榮之

紅冰

楊貴妃初承恩召與父母相別泣涕登車時天寒淚

結爲紅冰

投錢賭寢

明皇未得妃子宫中嬪妃輩投金錢賭侍帝寢以親者爲勝名入妃子遂罷此戲

精神頓生

明皇每朝政有闕則虚懷納諫大開士路早朝百辟趨班帝見張九齡風威秀整異於衆僚謂左右曰朕每見九齡使我精神頓生

口案

張九齡累歷刑獄之司無所不察每有公事赴本司行勘胥吏輩未敢訊劾先取則於九齡囚於前面分曲直口撰案卷囚無輕重咸樂其罪時人謂之張公口案

言刑

燕公說有宰輔之才而多詭詐復貪財賄時亦多之亦汙之每中書議事及衆僚巡廳或有所忤立便叱罵爲衆所嫌故朝彦相謂曰張公之言毒於極刑言好面辱人也

銷寃橋

長安東灞陵有橋來迎去送皆至此橋爲離別之地故人呼之銷寃橋也

逐惡如驅蚊蚋

袁光庭累典名藩皆有異政明皇謂宰輔曰袁光庭性逐惡如扇驅蚊蚋

歇馬杯

長安自昭應縣至都門官道左右村店之民當大路市酒量錢數多少飲之亦有施者與行人解之故路

人號爲歇馬杯

吹火照書

蘇頲少不得父意常與僕夫雜處而好學不倦每欲讀書又患無燈燭常於馬廄竈中旋吹火光照書誦焉其苦學如此後至相位

金牌斷酒

安祿山受帝眷愛常與妃子同食無所不至帝恐外人以酒毒之遂賜金牌子繫於臂上每有王公名宴欲沃以巨觥祿山即以牌示之云准勅斷酒

文陣雄帥

張九齡常覽蘇頲文卷謂同僚曰蘇生之俊贍無敵真文陣之雄帥也

射飛毛

羽林將劉洪喜騎射常對御使人於風中擲鷄毛洪連箭射之無有不中帝賞歎厚賜焉

淚粧

宮中嬪妃輩施素粉於兩頰相號爲淚粧識者以爲不祥後有祿山之亂

索鬪雞

李林甫爲性狠戾不得士心每有所行之事多不協羣議而面無和氣國人謂林甫精神剛戾常如索鬪雞

肉陣

楊國忠於冬月常選婢妾肥大者行列於前令遮風蓋藉人之氣相暖故謂之肉陣

傳書燕

長安豪民郭行先有女子紹蘭適巨商任宗爲賈於湘中數年不歸復音書不達紹蘭目覩堂中有雙燕戲於梁間蘭長吁而語於燕曰我聞燕子自海東來往復必徑由於湘中我婿離家不歸數歲蔑有音耗生死存亡弗可知也欲憑爾附書投於我婿言訖淚下燕子飛鳴上下似有所諾蘭復問曰爾若相允當泊我懷中燕遂飛於膝上蘭遂吟詩一首云我婿去重湖臨窗泣血書慇懃憑燕翼寄與薄情夫蘭遂小書其字繫於足上燕遂飛鳴而去任宗時在荆州忽見一燕飛鳴於頭上宗訝視之燕遂泊於肩上見有

一小封書繫在足上宗解而示之乃妻所寄之詩宗感而泣下燕復飛鳴而去宗次年歸首出詩示蘭後文士張說傳其事而好事者寫之

燈婢

寧王宮中每夜於帳前羅列木雕矮婢飾以彩繪各執華燈自昏達旦故目之爲燈婢

解語花

明皇秋八月太液池有千葉白蓮數枝盛開帝與貴戚宴賞焉左右皆歎羨久之帝指貴妃示於左右曰

爭如我解語花

油幕

長安貴家子弟每至春時遊宴供帳於園圃中隨行載以油幕或遇陰雨以幕覆之盡歡而歸

鬭花

長安王士安春時鬭花戴插以奇花多者爲勝皆用千金市名花植於庭苑中以備春時之鬭也

裙幄

長安士女遊春野步遇名花則設席藉草以紅裙遞

相插挿以爲宴幄其奢逸如此也

鳳炭

楊國忠家以炭屑用蜜捏塑成雙鳳至冬月則燃於爐中及先以白檀木鋪於爐底餘灰不可參雜也

文帥

明皇常謂侍臣曰張九齡文章自有唐名公皆弗如也朕終身師之不得其一二此人眞文場之元帥也

乞巧樓

宮中以錦結成樓殿高百尺上可以勝數十人陳以瓜果酒炙設坐具以祀牛女二星嬪妃各以九孔針五色線向月穿之過者爲得巧之候動清商之曲宴樂達旦士民之家皆效之

吸花露

貴妃每宿酒初消多苦肺熱嘗凌晨獨遊後苑傍花樹以手攀枝口吸花露藉其露液潤於肺也

含玉嚥津

貴妃素有肉體至夏苦熱常有肺渴每日含一玉魚兒於口中蓋藉其凉津沃肺也

紅汗

貴妃每至夏月常衣輕綃使侍兒交扇鼓風猶不解其熱每有汗出紅膩而多香或拭之於巾帕之上其色如桃紅也

金函

明皇憂勤國政諫無不從或有章疏規諷則探其理道優長者貯於金函中日置座右時取讀之未嘗懈息也

擎鑑吹月

長安城中每月蝕時即士女取鑑向月擊之滿郭如是蓋云救月蝕也

歌直千金

宮妓永新者善歌最受明皇寵愛每對御奏歌則絲竹之聲莫能過帝常謂左右曰此女歌直千金

肉腰刀

李林甫妬賢嫉能不協羣議每奏御之際多所陷人衆謂林甫爲肉腰刀又云林甫嘗以甘言誘人之過譖於上前時人皆言林甫甘言如蜜朝中相謂曰李公雖面有笑容而肚中鑄劍也人日憎怨異口同音

隔障歌

寧王宮有樂妓寵姐者美姿色善謳唱每宴外客其諸妓女盡在目前惟寵姐客莫能見飲故半酣詞客李太白恃醉戲曰白又聞王有寵姐善歌今酒殽醉飽羣公宴倦王何恡此女示於衆王笑謂左右曰設七寶花障召寵姐於障後歌之白起謝曰雖不許見面聞其聲亦幸矣

樓車載樂

楊國忠子弟恃后族之貴極於奢侈每遊春之際以大車結綵帛爲樓載女樂數十人自私第聲樂前引出遊園苑中長安豪民貴族皆效之

猧子亂局

一日明皇與親王棋令賀懷智獨奏琵琶妃子立於局前觀之上欲輸次妃子將康國猧子放之令於局上亂其輸贏上甚悅焉

波雲兒

申王有高麗赤鷹岐王有北山黃鶻上甚愛之每弋獵必置之於駕前帝目之爲波雲兒

長湯十六所

華清宮中除供奉兩湯外而別更有長湯十六所嬪御之類浴焉

錦鴈

奉御湯中以文瑤密石中央有玉蓮湯泉湧以成池又縫錦繡爲鳬鴈於水中帝與貴妃施鈒鏤小舟戲翫於其間宮中退水出於金溝其中珠纓寶絡流出街渠貧民日有所得焉

夜明枕

虢國夫人有夜明枕設於堂中光照一室不假燈燭

金雞障

明皇每宴使祿山坐於御側以金雞障隔之

百枝燈樹

韓國夫人置百枝燈樹高八十尺竪之高山上元夜點之百里皆見光明奪月色也

千炬燭圍

楊國忠子弟每至上元夜各有千炬紅燭圍於左右

開元天寶遺事 三十

有腳陽春

宋璟愛民恤物朝野歸美時人咸謂璟爲有腳陽春言所至之處如陽春煦物也

粲花之論

李白有天才俊逸之譽每與人談論皆成句讀如春葩麗藻粲於齒牙之下時人號曰李白粲花之論

醉聖

李白嗜酒不拘小節然沉酣中所撰文章未嘗錯誤而與不醉之人相對議事皆不出太白所見時人號爲醉聖

靈鵲報喜

時人之家聞鵲聲皆爲喜兆故謂靈鵲報喜

走丸之辯

張九齡善談論每與賓客議論經旨滔滔不竭如下坂走丸也時人服其俊辯

探春

都人士女每至正月半後各乘車跨馬供帳於園圃或郊野中爲探春之宴

開元天寶遺事 三十一

冰獸贈王公

楊國忠子弟以奸媚結識朝士每至伏日取堅冰令工人鏤爲鳳獸之形或飾以金環綵帶置之雕盤中送與王公大臣惟張九齡不受此惠

嚼麝之談

寧王驕貴極於奢侈每與賓客議論先含嚼沉麝方啓口發談香氣噴於席上

醉語

李林甫每與同僚議及公直之事則如凝醉之人未

嘗問答或語及阿狗之事則皆應如流張曲江常謂賓客曰李林甫議事如醉漢䛐語也不足可言

暖玉鞍

岐王有玉鞍一面每至冬月則用之雖天氣嚴寒則此鞍在上坐如溫火之氣

百寶欄

楊國忠初因貴妃專寵上賜以木芍藥數本植於家國忠以百寶粧飾欄楯雖帝宮之內不可及也

四香閣

國忠又用沉香爲閣檀香爲欄以麝香乳香篩土和爲泥飾壁每於春時木芍藥盛開之際聚賓客於此閣上賞花焉禁中沉香之亭遠不侔此壯麗也

任人如市瓜

明皇召諸學士宴於便殿因酒酣顧謂李白曰我朝與天后之朝何如白曰天后朝政出多門國由姦幸任人之道如小兒市瓜不擇香味惟揀肥大者我朝任人如淘沙取金剖石採玉皆得其精粹明皇笑曰學士過有所飾

雪刺滿頭

宋璟求致仕表云臣竊祿養衰備負廊廟霜毫生領雪刺滿頭求退歸耕養㾓巖穴樂生堯世死荷聖恩

忍字

光祿卿王守和未嘗與人有爭嘗於案几間大書忍字至於幃幌之屬以繡畫爲之明皇知其姓字非時引對問曰卿名守和已知不爭好書忍字尤見用心奏曰臣聞堅而必斷剛則必折萬事之中忍字爲上帝善賜帛以旌之

風流陣

明皇與貴妃每至酒酣使妃子統宮妓百餘人帝統小中貴百餘人排兩陣於掖庭中目爲風流陣以霞帔錦被張之爲旗幟攻擊相鬭敗者罰之巨觥以戲笑時議以爲不祥之兆後果有祿山兵亂天意人事不偶然也

望月臺

玄宗八月十五日夜與貴妃臨太液池凭欄望月不盡帝意不快遂勅令左右於池西岸別築百尺高臺

與吾妃子來年望月後經祿山之兵不復置焉惟有基址而已

竹義

太液池岸有竹數十叢牙笋未嘗相離密密如栽也帝因與諸王閑步於竹間帝謂諸王曰人世父子兄弟尚有離心離意此竹宗本不相疎人有懷貳心生離間之意覩此可以爲鑑諸親王皆唯唯帝呼爲竹義

美人呵筆

李白于便殿對明皇撰詔誥時十月大寒凍筆莫能書字帝勑宮嬪十人侍于李白左右令各執牙筆呵之遂取而書其詔其受聖眷如此

朝野僉載

唐　張鷟

貞觀年中定州鼓城縣人魏全家富母忽然失明問卜者王子貞子貞爲卜之曰明年有人從東來青衣者三月一日來療必愈至時候見一人着青紬襦遂邀爲設飲食其人曰僕不解醫但解作犁耳爲主人作之持斧繞舍求犁轅見桑曲枝臨井上遂斫下其母兩眼煥然見物此曲桑蓋井之所致也

周郎中裴珪妾趙氏有美色曾就張璟藏卜年命藏

曰夫人目長而慢視准相書猪視者淫婦人目有四白五夫守宅夫人終以姦廢宜慎之趙笑而去後果與人姦没入掖庭

洛州有士人患應病語即喉中應之以問善醫張文仲經夜思之乃得一法即取本草令讀之皆應至其所畏者郎不言仲乃錄取藥合和爲丸服之應時而愈

後魏孝文帝定四姓隴西李氏大姓恐不入星夜乘鳴駝倍程至洛時四姓已定訖故至今人謂之駝李焉

鄭愔爲吏部侍郎掌選贓汚狼籍引銓有選人繫百錢於靴帶上愔問其故荅曰當今之選非錢不行愔默而不言

天后中契丹李盡忠萬榮之叛營府也以地牢囚漢俘數百人聞麻仁節等諸軍欲至乃令守囚霫等紿之曰家口饑寒不能存活求待國家兵到吾等即降其囚日別與一頓粥引出安慰曰吾此無飲食養汝又不忍殺汝總放歸若何衆皆拜伏乞命乃紿放去

至幽州具說饑凍逼迫兵士聞之爭欲先入至黃麞峪賊又令老者投官軍送遺老牛瘦馬於道側仁節等三軍棄步卒將馬先爭入被賊設伏橫截軍將被索縛之生擒節等死者塡山谷罕有一遺

永徽年以後人唱桑條歌云桑條韋女韋也樂至神龍年中逆韋應之諂佞者鄭愔作桑條樂詞十餘首進之逆韋大喜擢之爲吏部侍郎賞縑百疋

周垂拱已來苾挈兒歌詞皆是邪曲後張易之小名必挈

趙公長孫無忌以烏羊毛爲渾脫氈帽天下慕之其帽爲趙公渾脫後坐事長流嶺南渾脫之言於是效焉

魏王爲巾子向前踣天下欣欣慕之名爲魏王踣後坐死至孝和時陸頌亦爲巾子同此樣時人又名爲陸頌踣未一年而陸頌殞

咸亨已後人皆云莫浪語阿婆嗔三叔聞時笑殺人後果則天即位至孝和嗣之阿婆者則天也三叔者孝和爲第三也

天后時謠言曰張公喫酒李公醉張公者斥易之兄弟也李公者言李氏大盛也

孫佺爲幽州都督五月北征時軍師李處郁諫五月南方火北方水火入水必滅佺不從果没八萬人昔竇建德救王世充於牛口谷時謂竇入牛口豈有還期果被秦王所擒其孫佺之北也處郁曰飧若入咽百無一全山東人謂溫飯爲飧音孫幽州以北並爲燕地故云

龍朔年已來百姓飲酒作令云子母相去離連臺拗倒子母者盞與盤也連臺者連盤拗倒盞也及天后永昌中羅織事起有宿衛十餘人於清化坊飲爲此令此席人進狀告之十人皆棄市自後廬陵徙均州則子母相去離也連臺拗倒者則天被廢諸武遷放之兆

開元五年春司天奏玄象有眚見其災甚重玄宗震驚問曰何祥對曰當有名士三十人同日冤死今新及第進士正應其數其年及第李蒙者貴主家婿上不言其事密戒主曰每有大遊宴汝愛婿可閑留其

家主居昭國里時大合樂音曲遠暢曲江漲水聯舟數艘進士畢集蒙聞乃踰垣奔走羣衆悵望才登舟移就水中畫舸平沉聲妓篙工不知紀極三十進士無一生者

廣州錄事參軍柳慶獨居一室器用食物並致臥內奴有私取鹽一撮者慶撻之見血

夏侯彪夏月食飲生虫在下未曾瀝口嘗送客出門奴盜食臠肉彪還咨覺之大怒乃捉蠅與食令嘔出之

鄭仁凱爲密州刺史有小奴告以履穿凱曰阿翁爲汝經營鞋有頃門夫着鞋者至凱廳前樹上有鵲窠鵲豚木也遣門夫上樹取其子門夫脫鞋而緣之凱令奴着鞋而去門夫竟至徒跣凱有德色

安南都護鄧祐韶州人家巨富奴婢千人恒課口腹自供未曾設客孫子將一鴨私用祐以擅破家資鞭二十

杭州刺史裴有敞疾甚令錢塘縣主簿夏榮看之榮曰使君百無一慮夫人早須崇福以禳之崔夫人曰

禳須何物榮曰使君娶二姬以壓之出三年則危過矣夫人怒曰此獠狂語耳在身無病榮退曰夫人不信榮不敢言使君命合有三婦若不更娶於夫人不祥夫人曰乍可死此事不相當也其年夫人暴亡敞更娶二姓榮亦信矣

洛陽縣令宋之遜性好唱歌出爲連州參軍刺史陳希古者庸人也令之遜教婢歌每日端笏立於庭中呦呦而唱其婢隔窗從而和之聞者無不大笑

北齊南陽王入朝上問何以爲樂王曰致蠍最樂遂收蠍一宿得五斗置大浴斛中一人脫衣而入被蠍螫死宛轉號叫苦痛不可言食頃而死帝與王坐看之

周嶺南首領陳元光設客令一袍袴行酒光怒令曳出遂殺之須臾爛煮以食客後呈其二手客懼攫喉而吐

周瀛州刺史獨孤莊酷虐有賊問不承莊引前曰若健兒一一具吐放汝遂還巾帶賊並吐之諸官以爲爲必放頃莊曰將我作具來乃一鐵鉤長丈餘甚銛

利以繩掛於樹間謂賊曰汝不聞健兒鉤下死令以胲鉤之遣壯士掣其繩則鉤出於腦矣謂司法曰此法何似荅曰弔民伐罪深得其宜莊大笑後莊左降施州刺史染病唯憶人肉部下有奴婢死者遣人割肋下肉食之歲餘卒

周推事使索元禮時人號爲索使訊囚作鐵籠頭轄[illegible]其頭仍加楔焉多至腦裂髓出又爲鳳曬翅獼猴鑽火等以椽關手足而轉之並斫骨至碎又懸囚於梁下以石縋頭其酷法如此元禮故 人薛師之

假父後坐賍貶流死嶺南

周秋官侍郎周興推劾殘忍法外苦楚無所不爲時人號牛頭阿婆百姓怨謗興乃牓門判曰被告之人問皆稱枉斬决之後咸悉無言

周侍御史侯思止醴泉賣餅食人也羅告准例授五品於上前索御史上曰卿不識字對曰獬豸豈識字但爲國觸罪人而已遂授之凡推勘殺戮甚衆更無餘語但爲囚徒曰不用你書言筆語但還我白司馬若不肯來俊即與你孟青横遭苦楚非命者不可勝

數白司馬坂者北邙山司馬坂也來俊者中丞來俊臣也孟青者將軍孟青棒也後坐私蓄錦朝堂决殺之

殿中侍御史王旭括宅中别宅女婦風聲色目有稍不承者以繩勒其陰令壯士彈竹擊之酸痛不可忍倒懸一女婦以石縋其髮遣証與長安尉房恒姦經三日不承女婦曰侍郎如此若毒兒死必訴於冥司若配入宮必申於主上終不相放旭慙懼乃捨之

監察御史李嵩李全交殿中王旭京師號爲三豹嵩爲赤黧豹交爲白額豹旭爲黑豹皆狠戾不軌鴆毒無儀體性狂疎精神慘刻每訊囚必鋪棘卧體削竹籤指方梁壓髁碎瓦搘膝遣仙人獻果玉女登梯犢子懸駒驢兒拔橛鳳凰晒翅獼猴鑽火上麥索下闌單人不聊生囚皆乞死肆情鍛鍊証是爲非任意指鹿傳空爲實周公孔子請伏殺人伯夷叔齊求其劫罪訊劾乾壍水必有期推鞫濕泥塵非不入來俊臣乞爲弟子索元禮求作門生被追者皆相謂曰牵牛付虎未有出期縛鼠與猫終無脱日妻子永别友朋

長辭京中人相要作咒曰若違心負教横遭三豹其毒害也如此

眞臘國在驩州南五百里其俗有客設檳榔龍腦香蛤屑等以爲賞宴其酒比之淫穢私房與妻共飲對尊者避之又行房不欲令人見此俗與中國同國人不着衣服見衣服者共笑之俗無鹽鐵以竹弩射虫鳥

五溪蠻父母死於村外閣其屍三年而葬打鼓路歌親屬飲宴舞戲一月餘日盡産爲棺餘臨江高山半

助鑿龕以葬之白山上懸索下柩爾高者以爲至孝即終身不復祠祭初遭喪三年不食塩

嶺南獠民好爲蜜蝍即鼠胎未瞬通身赤蠕者飼之以蜜釘之筵上囁囁而行以筯挾取啖之唧唧作聲故曰蜜蝍

天后中戚王千里將一虎子來宮中養損一宮人遂令生餓數日而死天后令葬之其上起塔設千人供勒碑號爲虎塔至今猶在

袁守一性行淺促時人號爲料鬭鳧翁雞任萬年尉

雍州長史竇懷貞每欲鞭之乃於中書令宗楚客門餉生菜除監察懷貞未知也貞高揖曰駕欲出公作如此檢校守一即彈之月餘貞除左臺御史大夫守一請假不敢出乞解貞呼而慰之守一就陽不已楚客知之爲除右臺侍御史於朝堂抗衡於貞曰與公羅師羅師者市郭兒語無交涉也無何楚客以反誅守一以其黨配流端州

尚書右丞陸餘慶轉洛州長史其子嘲之曰陸餘慶筆頭無力觜頭硬一朝受詞訟十日判不竟送案下餘慶得而讀之曰必是那狗遂鞭之

周定州刺史孫彥高被突厥圍城數十重不敢詣聽文符須徵發者於小窗接入鎖州宅門及賊登壘乃入匱中藏令奴曰牢掌鑰匙賊來索愼勿與昔有愚人入京選皮袋被賊盜去其人曰賊偷我袋將終不得我物用或問其故荅曰鑰匙尚在我衣帶上彼將何物開之此孫彥高之流也

岐王府參軍石惠恭與監察御史李全交詩曰御史非長任參軍不久居待君還轉後此職還到余因競放牒往來全交爲之判十餘紙以報乃假手於拾遺張九齡

王怡爲中丞憲臺之穢姜晦爲掌選侍郎吏部之穢崔泰之爲黃門侍郎門下之穢號爲京師三穢

陽滔爲中書舍人時促命制敕令史持庫鑰他適無舊本檢尋乃斲窗取得之時人號爲斲窗舍人

杭州參軍獨孤守忠領租船赴都夜半急追集船人更無他語乃曰逆風必不得張帆衆大哂焉

王熊爲澤州都督府法曹斷掠糧賊惟各決杖一百

通判熊曰總掠幾人法曹曰掠七人熊曰掠七人合決七百法曹曲斷府司科罪時入西之前尹正義爲都督公平後能來替百姓歌曰前得尹佛子後得王癩獺判事驢咬瓜喚人牛嚼沫見錢滿面喜無鏹從頭喝嘗逢餓夜叉百姓不可活

滑州靈昌尉梁士會官科鳥翎里正不送舉牒判曰官喚鳥翎何物里正不送鳥翎佐使曰公大好判鳥翎太多會索筆曰官喚鳥翎何物里正不送鳥翎有識之士聞而笑之

滄州弓高鄧廉妻李氏女嫁未周年而廉卒李年十八守志設靈几每日三上食臨哭布衣蔬食六七年忽夜夢一男子容止甚都欲求李氏爲偶李氏睡中不許之自後每夜夢見李氏竟不受以爲精魅書符呪禁終莫能絕李氏歎曰吾誓不移節而爲此所挑蓋吾容貌未衰故也乃拔刀截髮麻衣不濯蓬鬢不理垢面灰身其鬼又謝李氏曰夫人竹栢之操不可奪也自是不復夢見郡守旌其門閭至今尚有節婦里

隋開皇中京兆韋袞有奴曰桃符每征討將行有膽力袞至左衛中郎以桃符久從驅使乃放從良桃符家有黃牸宰而獻之因問袞乞姓袞曰止從我姓爲韋氏符叩頭曰不敢與郎君同姓袞曰汝但從之此有深意故至今爲黃犢子韋即韋庶人其後也不許異姓者蓋慮年代深遠子孫或與韋氏通婚此其意也

薛季昶爲荊州長史夢猫兒伏臥於堂限上頭向外以問占者張猷猷曰猫兒者爪牙伏門限者閫外之

事君必知軍馬之要未旬日除桂州都督嶺南招討使

洛州杜玄有牛一頭玄甚憐之夜夢見其牛有兩尾之問占者李仙藥曰牛字有兩尾失字也經數日果失之

明崇儼有術法大帝試之爲地窖遣妓奏樂引儼至謂曰此地常聞絃管是何祥也卿能止之乎儼曰諾遂書二桃符於其上釘之其聲寂然上笑喚妓人問云見二龍頭張口向下遂怖懼不敢奏樂也上大悅

孝和帝令內道場僧與道士各述所能久而不決玄都觀葉法善取胡桃二升并殼食之並盡僧仍不伏法善燒一鐵鉢赫赤兩手欲合老僧頭上僧唱賊裂裟掩頭而走孝和撫掌大笑

歐陽通詢之子善書瘦怯於父常自矜能書必以象牙犀角爲筆管狸毛爲心覆以秋兔毫松烟爲墨末以麝香紙必須堅薄白滑者乃書之蓋自重其書薛純陀亦效歐陽草傷於肥鈍亦通之亞也

宗楚客造一宅新成皆是文柏爲梁沉香和紅粉以

泥壁開門則香氣蓬勃磨文石爲階砌及地着吿莫隸者行則仰仆楚客被建昌王推得贓萬餘貫兄弟配流太平公主就其宅看嘆曰看他行坐處我等虛生浪死一年追入爲鳳閣侍郎景龍中爲中書令韋氏之敗斬之

洛州昭成佛寺有安樂公主造百寶香爐高三尺開四門絳橋勾欄花草飛禽走獸諸天妓樂麒麟鸞鳳白鶴飛仙絲來綫去鬼出神入隱起鈒鏤窈窕便娟眞珠瑪瑙瑠璃琥珀玻瓈珊瑚硨磲琬琰一切寶貝用錢三萬府庫之物盡於是矣

襄州胡延慶得一龜以丹漆書其腹曰天子萬萬年以進之鳳閣侍郎李昭德以刀刮之並盡奏請付法則天曰此非惡心也捨而勿問

則天好禎祥拾遺朱前疑說夢云則天髮白更黑齒落更生即授都官郎中司刑寺囚三百餘人秋分後無計可作乃於圜獄外羅牆角邊作聖人跡長五尺至夜半三百人一時大叫內使推問云昨夜有聖人見身長三丈面作金色云汝等並寃枉不須怕懼天

子萬年即有恩赦放汝把火照之見有巨跡即大赦天下改爲大足元年

滄州南皮縣丞郭務靜初上典王慶通判稟靜曰爾何姓慶曰姓王須臾慶又來又問何姓慶又曰姓王靜怪愕良久仰看慶曰南皮佐史總姓王

滕王嬰蔣王惲皆不能廉慎大帝賜諸王名五王不及二王敕曰滕叔蔣兄自解經紀不勞賜物與之以爲錢貫二王大慚朝官莫不自勵皆以取受爲贓汙有終身爲累莫敢犯者

益州新昌縣令夏侯彪之初下車問里正曰雞卵一錢幾顆曰三顆彪之乃遣取十千錢買三萬顆謂里正曰未須要且寄母雞抱之遂成三萬頭雞經數月長成令縣吏與我賣一雞三十錢半年之間成三十萬又問竹筍一錢幾莖曰五莖又取十千錢付之買得五萬莖謂里正曰吾未須要筍且向林中養之至秋竹成一莖十錢成五十萬其貪鄙不道皆類此

洛州司倉嚴昇期攝侍御史於江南巡察性嗜牛肉所至州縣烹宰極多事無大小入金則弭凡到處金銀爲之踊貴故江南人謂爲金牛御史

張昌儀爲洛陽令借易之權勢屬官無不允者風聲鼓動有一人姓薛賫金五十兩遮而奉之儀領金受其狀至朝堂付天官侍郎張錫數日失狀以問儀儀曰我亦不記得有姓薛者即與錫檢業内姓薛者六十餘人並令與官其蠹政也如此

隋牛弘爲吏部侍郎有選人馬敞者形貌最陋弘輕之側臥食果子嘲敞曰嘗聞扶風馬謂言天上下今見扶風馬得驢亦不假敞應聲曰嘗聞隴西牛千石不用軥今見隴西牛臥地打草頭弘驚起遂與官

唐高士廉選其人齒高有選人自云解嘲誚士廉時着木履令嘲之應聲云刺鼻何曾嚏踏面不知瞋高生兩個齒自謂得勝人士廉笑而引之

周張元一腹麤而脚短項縮而眼跌吉頊目爲逆流蝦蟆

唐姜晦爲吏部侍郎眼不識字手不解書濫掌銓衡曾無分別選人歌曰今年選數恰相當都由座主無文章案後一腔凍猪肉所以名爲姜侍郎

朝野僉載 八

唐王及善才行庸猥風神鈍濁爲内史時人號爲鳩集鳳池俄遷文昌右相無他政但不許令史雙驢入臺終日迫逐無時蹔舍時人號爲驅驢宰相

周張衡令史出身位至四品加一階合入三品已團甲因退朝路旁見蒸餅新熟遂市其一馬上食之被御史彈奏則天乃降敕流外出身不許入三品遂落甲

燕頊年五歲裴談過其父頊方在乃試誦庾信枯樹賦將及終篇避談字因易其韻曰昔年移樹依依漢

陰令看搖落悽悽江潭樹猶如此人何以任談駭嘆
文之勞其他日必主文章也
通川界內多獺各有主養之並在河側岸間獺若入
穴插雉尾於獺穴前獺即不敢出去却尾即出取得
魚必須上岸人便奪之取得多然後放令自喫喫飽
即鳴杖以驅之還插雉尾更不敢出
垂拱年則天監國羅織事起湖州佐史江琛取刺史
裴光判書割字合成文理詐爲徐敬業反書以告差
使推光款書是光書款語非光語前後三使推不能

決敕令差能推事人勘當取實僉曰張楚金可乃使
之楚金憂悶仰卧西窻日高向看之字似補作平看
則不覺向日則見之令喚州官集索一甕水令琛投
書於水中字一一解散琛叩頭伏罪敕令決一百然
後斬之賞楚金絹百疋
元嘉少聰俊左手畫員右手畫方口誦經史目數羣
羊兼成四十字詩一時而就足書五言一絕六事齊
舉代號神仙童子
刑部尚書李日知自爲畿赤不曾打杖行罰其事亦

濟及刑部尚書有令史受敕三日忘不行者尚書索
杖剝衣喚令史總集欲決之責曰我欲笞汝一頓恐
天下人稱你云撩得李日知嗔喫李日知杖你亦不
是人妻子亦不禮汝遂放之自是令史無敢犯者設
有稽失衆共謫之
王沂者平生不解絃管忽旦睡至夜乃寤索琵琶絃
之成數曲一名雀啅蛇一名胡王調一名胡爪死人
不識聞聽之者莫不流淚其妹請學之乃教數聲須
史總忘不復成曲
道士史崇玄懷州河內縣縫靴人也後度爲道士僑
假人也附太平爲太清觀主金仙玉眞出俗立爲尊
師每入內奏請賞賜甚厚無物不賜授鴻臚卿衣紫
羅裲襠袍象笏佩魚符出入禁闥公私避路神武斬
之京中士女相賀
嶺南風俗家有人病先殺雞鵝等以祀之將爲修福
若不差即次殺猪狗以祈之不差即次殺太牢以禱
之更不差即是命不復更祈死則打鼓鳴鐘於堂比
至葬訖初死且走大叫而哭

景龍中瀛州進一婦人身上隱起浮圖塔廟諸佛形像按察使進之授五品其女婦留內道場逆韋死後不知去處

景雲中西京霖雨六十餘日有一胡僧名寶嚴自云有術法能止雨設壇場誦經呪其時禁屠宰寶嚴用羊二十口馬兩匹以祭祈請經五十餘日其雨更盛於是斬逐胡僧其雨遂止

則天時調猫兒與鸚鵡同器食命御史彭先覺監遍示百官及天下考使傳看未遍猫兒飢遂齧殺鸚鵡

以餐之則天甚愧

逆韋之妹馮太和之妻號七姨信邪見豹頭枕以辟邪白澤枕以去魅作伏熊枕以為宜男太和死嗣虢王娶之韋之敗也虢王斫七姨頭送朝堂則知辟邪之枕無効矣

滄州東光縣寶觀寺常有蒼鶻集重閣每有鴿數千鶻冬中每夕取一鴿以煖足至曉放之而不殺自餘鷹鶻不敢侮之

太宗養一白鶻號曰將軍取鳥常驅至於殿前然後擊殺故名落鴈殿上恒令送書從京至東都與魏王仍取報日往反數廻亦陸機黃耳之徒歟

吏部侍郎鄭愔初託附來俊臣俊臣誅即託張易之易之被戮託韋庶人後附譙王竟被斬

天后內史宗楚客性諂佞時薛師有嫪毐之寵遂為作傳二卷論薛師之勝從天而降不知何代人也釋迦重出觀音再生期年之間位至內史

敬宗時高崔巍喜弄癡大帝令給使捺頭向水下良久出而笑之帝問曰見屈原云我逢楚懷王無道乃

沉汨羅水汝逢聖明主何為來帝大笑賜物百段

秋官侍郎狄仁傑嘲秋官侍郎盧獻曰足下配馬乃作驢獻曰中劈明公乃成二犬傑曰狄字犬傍火也獻曰犬邊有火乃是煮熟狗

安南武平縣封溪中有猩猩焉如美人解人語知往事以嗜酒故以屐得之檻百數同牢欲食之衆自推肥者相送流涕而別時餉封溪令以帊蓋之令問何物猩猩乃籠中語曰唯有僕并酒一壺耳令笑而愛之養畜能傳送言語人不如也

彭傅通者河間人也身長八尺曾於講堂堦上臨堦而立取鞋一輛以臂夾令有力者後拔之鞋底中斷傅通脚終不移牛駕車正走傅通倒曳車尾却行數十步橫拔車轍深二尺餘皆縱橫破裂曾遊瓜埠江有急風張帆傅通捉尾纜挽之不進

眞觀中恒州有彭闥高瓚二人鬬豪時於大酺場上兩朋競勝闥活捉一豚從頭齩至項放之地上仍走瓚取猫兒從尾食之腸肚俱盡仍鳴喚不止闥於是乎帖然心伏

巧人張崇者能作灰畫腰帶鉸具每一胯大如錢灰畫燒之見火即隱起作龍魚鳥獸之形莫不悉備

則天如意中海州進一匠造十二辰車廻轅正南則午門開馬頭人出四方廻轉不爽毫厘又作木火通鐵盞盛火展轉不翻

洛州殷文亮曾爲縣令性巧好酒刻木爲人衣以繒綵酌酒行觴皆有次第又作妓女唱歌吹笙皆能應節飲不盡即木小兒不肯把飲未竟則木妓女歌管連理催此亦莫測其神妙也

將作大匠楊務廉甚有巧思常於沁州市内刻木作僧手執一椀自能行乞椀中錢滿關鍵忽發自然作聲云布施市人競觀欲其作聲施者日盈數千矣

郴州刺史王琚刻木爲獺沉於水中取魚引首而出蓋獺口中安餌爲轉關以石縋之則沉魚取其餌關即發口合則齧魚石發則浮出矣

薛眘惑者善投壺龍躍隼飛矯無遺箭置壺於背後却反矢以投之百發百中

越州兵曹柳崇忽瘍生於頭呻吟不可忍於是召術

士夜觀之云有一婦女綠帬問之不應在君窻下急除之崇訪窻下止見一瓷妓女極端正綠瓷爲飾遂於鐵臼擣碎而焚之瘡遂愈

張易之初造一大堂甚壯麗計用數百萬紅粉泥壁文柏帖柱琉璃沉香爲飾夜有鬼書其壁曰能得幾時令削去明日復書之前後六七易之乃題其下曰一月即足自是不復更書經半年易之籍沒入官

梁簡文之生誌公謂武帝曰此子與冤家同年生其年侯景生於鴈門亂梁誅蕭氏畧盡

周茾子布博學有才年十七爲左衛長史不入五品登封年病以驢轝舁至嶽下天恩加兩階合入五品竟不能起鄉里親戚來賀衣冠不得遂以緋袍覆其上帖然而終

桂苑叢談

唐　馮翊

張祎有道術

咸通初，有進士張祎者，下第後，多遊江淮間，頗有道術，常養氣絶粒，嗜酒耽棊，又以爐火藥術爲事。一旦覩天大晒，命筆題云：爭柰金烏何，頭上飛不住，紅爐謾燒藥，玉顏安可駐。今年花發枝，明年葉落樹，不如且飲酒，莫管流年逝。人以此異之。不喜裝飾，多歷旗亭，而好酒杯也。或人召飲，若遂合意，則索錢剪紙爲蝶

三二十枚，以氣吹之，成列而飛，如此累刻，以指收之，俄皆在手，見者求之，即以他事爲阻。常遊盤城，多爲酒困，非獨群欲乘酒試之，相競較力，留繫是邑中。醒乃述謀得陳情二首以上狄令，乃吉釋之，詩所紀惟一篇，云：門風常有蕙蘭馨，鼎族家傳霸國名，容貌靜懸秋月彩，文章高振海濤聲，訟堂無事調琴軫，郡閣何妨醉玉觥，今日東漸（吉失）橋下水，一條從此鎮長清。自後狄宰多張之才，次求其道，日久延接，欲傳其術。張以明府勳貴家流，年少而宰劇邑，多聲色狗馬之求，不暇志味玄奧，因贈詩以開其意，云：何用梯媒何外求，長生只在內中修，莫言大道人難得，自是行心不到至（頭）。他日將欲離去，乃書琴堂而別。後人多云江南上昇。初去日，乘醉因求搗網剪紙鶴二隻，以水噀之，俄而翔翥。乃曰：汝先去，吾即後來。時狄公亦醉，不暇拘留，遂得去。其所題云：張祎張祎自不會，天下經書在腹內，身却騰騰處世間，心即逍遙出天外。至今江淮好事者記祎時事詩極多。

太尉朱崖辯獄

太尉朱崖出鎮浙右，有甘露知主事者，訴交代得常住什物，被前主事隱用，却常住金若干兩，引證前數輩皆有遞相交割，文字分明，衆詞皆指以新得替者隱用之，且初上之時，交領既分明，及交割之日不見其金，鞫成具獄，伏罪昭昭然，未窮破用之所由，或以僧人不拘細行而費之，以是無理可伸，甘之死地。一旦引慮之際，公疑其未盡，微以意揣之，僧人乃具寔以聞，曰：居寺者樂於知事，前後主之者積年，已來空交分兩文書，其寔無金，郡衆以某孤立不雜輩流，欲

乘此擠排之因流涕不勝其冤公乃惻而詢之曰此固非難也俛仰之間曰吾得之矣乃立從召兜子數乘命關連僧入對事咸遣兜子畢令門不相對命取黃泥各令模前後交付下次金樣以憑證據僧既不知形段竟模不成公怒令刻前輩皆一一伏罪其所排者遂獲清雪

崔張自稱俠

進士崔涯張祜下第後多遊江淮常嗜酒侮謔時輩或乘飲興即自稱俠二子好尚既同相與甚洽崔因醉作俠士詩云太行嶺上三尺雪崔涯袖中三尺鐵一朝若遇有心人出門便與妻兒別由是往往播在人口崔張真俠士也以此人多設酒饌待之得以互相推許一旦張以詩上牢盆使出其子授漕渠小職得堰俗號冬瓜張二子一椿兒一桂子有詩曰椿兒遶樹春園裏桂子尋花夜月中人或戲之曰賢郎不宜作等職張曰冬瓜合出祜子戲者相與大哂後歲餘薄有資力一夕有非常人裝飾甚武腰劍手囊貯一物流血於外入門謂曰此非張俠士居也曰然張揖客甚謹既坐客曰有一讐人十年莫得今夜獲之喜不可已指其囊曰此其首也問張曰有酒否張命酒飲之客曰此去三數里有一義士余欲報之則平生恩讐畢矣聞公氣義可假余十萬緡立欲酬之是余願矣此後赴湯蹈火為狗為雞無所憚張且不吝深喜其說乃扶囊燭下籌其縑素中品之物量而與之客曰快哉無所恨也乃留囊首而去期以却回及期不至五鼓絕聲東曦既駕杳無蹤跡張慮以囊首彰露且非己為客既不來計將安出遣家人將欲埋之開囊出之乃豕首矣因方悟之而歎曰虛其名無其實而見欺之若是可不戒歟豪俠之氣自此而喪矣

班支使解大明寺語

太保令狐相出鎮淮海日支使班蒙與從事俱遊大明寺之西廊忽覩前壁題云一人堂堂二曜重光泉深尺一點去冰旁二人相連不欠一邊三梁四柱烈火燃添却雙勾兩日全諸賓至而顧之皆莫能辨獨班支使曰一人非大字乎二曜者日月非明字乎尺

一者寸土非寺字乎點去冰旁六字也二八相連禾
字也不欠一邊下字也三梁四柱烈火然無字也添
却雙勾兩日全比字也以此觀之得非大明寺水天
下無比八字乎衆皆恍然曰黄絹之奇智亦何異哉
降歎彌日詢之老僧曰頃年有客獨遊題之而去不
言姓氏

賞心亭

咸通中丞相姑臧公拜端揆日自大梁移鎮淮海致
績日聞未期周㬎加水土移風易俗甚洽羣情自彭

門亂常之後藩鎮瘡痍未平公按轡躬巳而治之稚
綴頹毀整葺壞綱功無虚日以其郡無勝遊之地且
風亭月榭既巳荒涼花圃釣臺未恢深古一朝命於
戲馬亭西連玉鈎斜道開闢池沼構葺亭臺揮斥既
畢苯其所芳春九旬都人士女得以遊觀一旦聞衍
右小校薛陽陶監押度支運米入城公喜其姓同曩
日朱崖左右者遂令詢之果是其人矣公愈喜似獲
古物乃命衙庭小將代押留止别館一日公召幕同
遊問及往日蘆管之事陶因獻朱崖李暨元白所撰
歌一曲公亦喜之即于兹亭奏之其管絶微每於一
觱栗管中常容三管也聲如天際自然而來情思寬
閑公大佳賞之亦賦其詩不記終篇其發端云虚心
纖質雁銜餘鳳吹龍吟定不如於是賜賚甚豐出其
二子皆授牢盆倖職初公構池亭畢未有名因名賞
心諸從事以公近諱恭賞字有倘也公曰宣父言徵
不言在言在不稱徵且非内官宫妾何避其疑哉遂
不改作其亭自秦畢陷逆乃爲㺯豢之墟歎乎公孫
弘之東閤劉屈氂後爲馬廐亦何異哉

方竹柱杖

太尉朱崖公兩出鎮于浙右前任罷日遊甘露寺因
訪别于老僧院公曰弟子奉詔西行祗别和尚老僧
者熟于祗接至于談話多空教所長不甚對以他事
由是公憐而敬之煮茗既終將欲辭去公曰昔有客
遺筇竹杖一條聊與師贈别亟令取之須臾而至其
杖雖竹而方所持向上節眼鬚牙四面對出天生可
愛且朱崖所寶之物即可知也别後不數歲再領朱
方居三日復因到院問前時柱杖何在曰至今寶之

公請出數之則老僧規圓而爲之矣公嗟歎再稱曰自此不復見其僧矣太尉多蓄古遠之物云是大宛國人所遺竹唯此一莖而方者也昔者友人嘗語愚云往歲江行風阻未得前去沿泝野步望山嶺而去忽見蘭若甚多僧院觀客來皆扃門不內獨有一院大敞其戶見一僧跣足而眠以手書空頋客殊不介意友生竊自思書空有換鵝之能跣足類坦牀之事此必奇僧也直入造之僧雖偃起全不樂客不得已而問曰先達有詩云書空跣足睡路險亾身行和尚

桂苑叢談　八

其庶幾乎僧曰貧道不知何許事適者畫房門抜匙擲客不辭而出嗚呼彌天四海之談澄汰簸揚之對故附于此

杜可均却鼠

懿宗末廣陵有窮丐人杜可均者年四十餘人見其好飲絕粒毎日常入酒肆巡坐求飲亦不見其醉甚自量其得所人有憐之者命與之飲三兩杯便止有姓樂者列酒旗於城街之西常許以陰雨往諸旗亭不及即令來此與飲可均有所求亦不造矣或無所獲必乃過之樂亦無阻一旦遇大雪詣樂而求飲覩主事者自云既已虧損即須據物倍來樂不喜其說可均乃問曰何故曰有人將衣物换酒收藏不謹致鼠齧壞杜曰此間屋院幾何曰若干杜曰某弱年曾記得一符甚能却鼠即不知可有驗否請書以試之術或有驗則盡此室永無鼠矣就將符依法命焚之自此鼠蹤遂絕不知何故杜屬府城傾陷之後秦畢重圍之際客貌不改皆爲絕粒耳

李將軍爲左道所悞

桂苑叢談　八

護軍李將軍全皐罷淮海日寓于開元寺以朝廷艱梗未獲西歸一旦有一小校紹介一道人云能爐火之事護軍乃延而客之自此常與之善一日話及黄白事道人曰唯某頗能得之可求一鼎容五六萬已來者得金二十餘兩爲母日給水銀藥物火候足而换之莫窮歲月終而復始李喜其說頗囊有金帶可及其數以付道人諸藥既備用火之後日日親自看驗居數日覺有微倦乃令家人親愛者守之數日既滿齋沐而後開金色爍然的不虛矣李拜而信之三

日之內添換有一日道人不來藥爐一切如舊疑或之俄經再宿初且訝其不至不得已啓爐而視之不見其金矣事及導引小校代填其金道人杳無蹤跡

沙彌辯詩意

乾符未有客寓止廣陵開元寺因友會話悉云項年在京權寄青龍寺日見有客嘗訪寺僧猶賓署屬主者忽遽不暇留連翌日復至又遇要地朝客不得展敬別時又來亦阻他事客怒色取筆題門而去詞曰龕龍東去海時日隱西斜敬文今不在碎石入流沙

僧衆皆不能詳獨有沙彌能解之衆問其由則曰龕龍去矣乃合字也時日隱西寺字也敬文不在苟字也碎石入沙卒字也此不遜之言辱我曹矣僧人大悟追前人杳無蹤由客云沙彌乃懿皇朝文皓供奉

客飲甘露亭

有甘露寺僧話悉云吳王收復浙右之歲明年夏中夜月瑩無雲望江澄澈如晝諸徒侶悉已禪寂竟無人蹤禽犬皆息矣獨某黙黙持課時亦惜其皎月況房廊臨江恰幽靜俄有數人自西軒而來領僕廝輩

攜酒壺直抵望江亭而止皆話今宵明月江水清遥得與諸人邂逅相遇且不辜茲景矣僧窺之而思曰中夜禁行客自何來必是幽靈異人乎乃於窗際俯伏而伺之既至坐定命酒羅列果食器皿隨時所有東向一人南朝之衣清揚甚美西坐一人北番之服魁梧雄壯北行一人逢掖之衣指東向者設禮而坐南行一人朱衣霜簡清瘦多髯飛杯之頃東向者語西坐曰項羽重瞳猶有烏江之敗湘東一目寧爲四海所歸乗致如是乎北服乃笑而言曰往者賢金昆

不堅籬棘見未萌吾子豈有向來之患乎由是二客各低頭不樂南向朱衣曰時世命也知復何爲且共又忽致此二三君子以爲何如東向者曰朝代雖殊古今一致俾公縱無藩宮多少承恩者似有客華妾也亦恐不脫此難北向逢掖衣曰此猶可也大忌者滿身珠翠將何用唯與豪家拂象牀大忠此也朱衣秋歛低頭而已東向曰今日得恣縱江南之遊皆乏風流矣僕記云邑人種得西施花千古春風開不盡可謂越古超今矣酒至西行北服曰各徵裊口罪處

一言以代絲竹自吟自送可乎衆曰可虜服乃執杯而吟曰趙壹能爲賊鄒陽解獻書可惜西江水不救轍中魚火至逢掖舉杯而歌曰偉哉横海鱗壯矣垂天翼一旦失風水翻爲螻蟻食迴至東向曰功遂身昔人保退無智力既涉太行險茲路信難陟以至朱衣乃朗吟曰握裏龍蛇紙上鸞遨延千福不將難顯雲巳往羅隱者更有何人送筆端吟罷東樓晨鐘遽鳴僧戶軋然而啟紛爾而散竟無蹤矣僧之聰慧者皋多有遺之者愚故得而錄其畧焉

崔英

崔英年九歲在秦王符堅宮内讀書堅殿上方臥諸生皆竄英獨緩步怡而問之英曰陛下如慈父非桀紂君何畏乎又問卿讀何書曰孝經堅曰有何義曰在上不驕堅爲之起更問有何義曰自天子至于庶人章上愛下下敬上堅曰卿好待十七必用卿爲大夫英曰日月可重見陛下至尊不可再覩洪恩上或可用則用何在後期堅曰須待十七必召卿也及期拜諫議大夫

高澈

高澈爲滄牧善捕賊有人失黑牛背上有白毛韋道建曰高澈捉賊無不獲矣得此可爲神澈乃詐爲州縣市牛皮不限多少倍酬其直使主認之因獲是賊

高延宗

高延宗北齊文帝之弟縱恣過度爲齊牧乃於樓上濡而使人向上張口承之又以猪肉和糞以飼左右

崔弘度

崔弘度隋文時爲太僕卿嘗誡左右曰無得詐我後

因食鱉問侍者曰美乎曰美弘度曰汝不食安知其美皆杖焉長安爲之語曰寧飲三斗醋不見崔弘度寧茹三斗艾不逢屈突蓋蓋同時虐吏也

王梵志

王梵志衛州黎陽人也黎陽城東十五里有王德祖者當隋之時家有林檎樹生癭大如斗經三年其癭朽爛德祖見之乃撤其皮遂見一孩兒抱胎而出因收養之至七歲能語問曰誰人育我及問姓名德祖具以實告因林木而生曰梵天後改曰志我家長育

胃姓王也作詩諷人甚有義旨蓋菩薩示化也

法慶

釋法慶煬帝時在長安先天寺造丈六夾紵像未成暴亡時寶昌寺僧大智亦卒三日而還甦人云見寶殿若王者見法慶在一像前語曰法慶造像未畢何乃令我死檢簿者曰命祿俱盡像曰須成我矣可給荷葉以終其事言訖大智再生衆異之往問法慶亦話說其驗迹竟不能食每旦食荷葉一枚齋時三枚如此五年功就而卒

崔膺

崔膺博陵人也性狂少長於外家不齒及長能文首出衆子作道旁兒歌以諷外氏其文典而美常在張建封書院憐其才引爲上客善爲畫騎因曆與偶畫得一疋馬爲諸小兒竊去一日將行營大叫稱膺失馬張公令捕之廟將問毛色應云膺馬昨夜猶在竈下監軍怒請食之建封與監軍先有約彼此不相違建封曰却乞取崔膺軍中遂捨之

任廸

任廸簡爲天德軍判官飲酒吏誤以醋供廸簡以李景略令酷發之必死乃强飲之吐血而歸軍中人聞皆泣感後景略卒軍請爲主自衛佐拜中憲爲軍使後鎮亦定

采娘

鄭代肅宗時爲潤州刺史兄佩娉張氏女年十六名采娘淑貞其儀七夕夜陳香筵祈於織女是夕夢雲輿雨蓋蔽空駐車命采娘曰吾織女祈何福曰願丐巧耳乃遺一金針長寸餘綴於紙上置裙帶中令三

日勿語汝當奇巧不爾化成男子經二日以告其母母異而視之則空紙矣其針迹猶在張數女皆卒至娘母病而不言張氏有恨言曰男女五人皆卒復懷何爲將復服藥以損之藥至將服采娘昏奄之內忽夢殺人母驚而問之曰某之若終當爲男子母之所懷是也聞藥至情急是以呼之母異之乃不服藥采娘尋卒既葬母悲念乃收常所戲之物而匿之未逾月遂生一男子有動所匿之物兒即啼哭張氏哭女孩兒即啼哭罷即愈及能言常戲弄之物乃采娘後

身死時名曰叔子後及位至刺史

唐衢

周鄭客唐衢有文學老而無成善哭每一聲音調哀切聞者泣下常遊太原遇享軍酒酣乃哭滿座不樂主人爲之罷宴矣

靈徹

越僧靈徹得蓮花漏於廬山傳江西廉使丹惠遠山中不知刻漏乃得銅葉製器狀如蓮花置盆水之上底孔漏水半之則沉每晝夜十二沉之節雖冬夏

雲陰月黑無所差矣

樂郊私語

桐江姚桐壽

余始至州舟過鹿苑廢剎時方深秋紅樹扶疎隱映敗榱破壁大足供客中吟眺因維楫登覽讀壁間舊記有魯簡肅公羅漢見夢事括蒼吳愚齋題其旁曰是法本平等無怠亦無敬如何證無生却來見參政余謂阿羅漢自敬正人不敬參政簡肅風範凜凜載在史册每一繙誦未嘗不想見其爲人及入城謁所謂魯公祠祠旁有思魯橋壁端有卜筊詞州民有疑輒問凶吉如響公之精靈不昧更有如此者柱上有聯云烏去古祠留鳥翼名從青史識魚頭是縣令蔣行簡所書

天仙湖急遞鋪在城西十里僅一大漾耳湖旁相傳有徐灣故居灣得仙道者後以委蛻仙去故以名湖然後有廟神稱徐王誤以徐灣爲徐王也廟後有老人甚繾綣問之云郭氏乃朱樞相傾求之後貧無以資充鋪長以自給因出樞相誥身像贊相示余攝衣冠拜之乃分裹糧之餘爲贈始知韓昌黎下見三公後饑寒出無驢之句爲不誣也

六里山舊有石刻云天册元年旃蒙協洽之歲孟冬陽月日維壬寅朔石質神遺忽自開發拾得青石璽符文吳眞皇帝共三十八字余按吳天册元年爲晉武帝咸寧元年是年七月甲申晦日有食之則孟冬朔非甲申則乙酉也壬寅當在望後安得有壬寅朔乎此必里人僞爲符瑞漫不考其日月以悅世主于一時耳

括蒼劉伯溫多才藝能詩文尤善形家言嘗以儒學提舉得相見于錢塘後十年所劉已解官復見于海鹽之横山把臂道故至于信宿謂余曰中國地脉俱從崑崙來北龍中龍人皆知之惟南龍一支從峨嵋並江而東竟不知其結局處頃從通州泛海至此乃知海鹽諸山是南龍盡處余問何以知之劉曰天目雖爲浙右鎮山然勢猶未止蜿蜒而來右束黟浙左帶苕霅直至此州長墻秦駐之間而止于是以平捻諸山爲龍左抱以長江淮泗之水以夔紹諸山爲虎右繞以浙江曹娥之水然諸水率皆朝拱于此州而

後乘潮東出前役以朝鮮日本爲案此南能一最大地也余問此何人足以當之曰非周孔其人不可然而無有予爾吾恐山川亦不忍自爲寂寞若此也

至正丙申三月日晡時天忽昏黃若有霾霧市中喧言天有兩日予立庭中視之初以老眼不能正視及然若有數日久之果見兩日交而復開開而復合者凡數千百遍回視窗隙壁竇皆成兩圓影若重黃璧亦復開合不常此數十年來目所未睹之異也發書占之李淳風曰日不可有二風霾日無光占爲上刑急人不樂生天日變色有軍急其君無德其臣亂國嗟嗟今豈其時乎

十六年五月聲言張兵南下楊參政完者以數萬衆屯嘉興軍容甚盛先鋒呂才以七千衆屯王江涇商旅不行川途嚴肅張兵遂不敢取道嘉禾乃自平望烏墩直擣武林達丞相以爲楊當必扼其鋒漫不爲備及敵已入境倉皇出拒遂至破軍殺將達僅以身免楊得破城之問乃跌足曰罪誠在我卽統苗土官軍分爲三路使將英從大麻唐栖董旺從硤石長安身率劉震朱鉞從海鹽黃灣而進以呂才呂昇屯守嘉興張軍知楊分路而來遂應接不暇一敗于皁林山再敗于謝村三戰而敗于夾城巷張軍悉水從德清陸從海鹽遁還初楊過海上余與楊別駕郭大理謁之勸其留兵三千遏其歸路楊云此行賊且成擒安得有歸者不聽已而竟得縱逸而去

德藏寺在縣北五十里寺雖瀕市亦深靜可愛國初有僧眞諦性若戇騃而恪守戒律第爲寺中樵汲而已時有國師楊璉眞伽來寓寺中聲言欲發天女等墓然皆古塚實無意開發意以雲間陸左丞愛女及朱提舉夫人皆以有色夭死聞用水銀裝殮欲發尸婬穢之耳及楊下令果及二墓眞諦聞之怒形于色衆僧懼其以戇致禍苦爲陰勸及楊至鼓衆與發衆出寺眞諦忽起抽韋馱木杵奮擊楊命擒之時衆雖數百皆披靡不能拒傷者凡百餘人至有頭破臂折者人見眞諦于衆中超躍舞踰尋丈若隼擊虎騰飛捷非人力可到一時燈炬皆滅樓棚畚挿皆爲毀壞楊大懼謂是韋馱顯聖遂不敢往發鼓棹率衆而去

亦不敢問此僧也後二年真評行腳峨嵋不知所在州衙前有黃郎中廟相傳是前代賢令故立廟于此考之舊記惟紹興間有黃昱乾道間有黃綸然廟爲何執中重建則何又先于二黃竟不知爲誰按重修碑記云黃公不知何代不知何名亦不知何許人惟此中舊老云公爲縣有善政入民民不解于心相與尸祝者又不知幾何年今廟且頹圮民役奉主環泣請余新之余爲人莫親于祖先然親盡則毀茲黃公以前朝一令世何遠也世遠則政隔澤無及也世與

澤兩不可知則心所不屬也而民猶戀戀若不釋然者是豈人情哉我知其以前令勸後令耳以爲彼善爲民民亦不忘雖千百世不改則今之爲牧者曷不盡若黃公使後世不忘若今日之不忘黃公也余亦勉承民志重爲建祠以副其不忘黃公者余豈敢望民不忘如黃公也哉此記亦大有關於爲政者故錄于此

趙子固宋宗室也入本朝不樂仕進隱居州之廣陳鎮時載以一舟舟中琴書尊杓畢具往往泊蘆汀葦岸看夕陽賦曉月爲事嘗到縣縣令宣城梅敞到船謁公公飛棹而去梅佇立岸上言曰昔人所謂名可聞而身不可見殆謂先生歟公從弟子昂自苕中來訪公閉門不納夫人勸之始令從後門入坐定第問弁山笠澤近來佳否子昂云佳公曰弟奈山澤佳何子昂慚退公便令蒼頭濯其坐具蓋惡其作賓朝家也余生也晚乃少從婦翁得見子昂今雖身寓公里第有想像鼓棹行吟勝處耳至于子昂風神美麗而和易可親文章書繪人號三絕若夫慫恿徽里竟詠

桑哥之奸亦當代第一流人也

稅務在安仁橋西十五步務爲宋樞密郭三益彰慶館基也余悲此地昔爲迎賓文酒之所今爲剝斂叫囂之場前後何雅濁懸隔也近來盜賊四起在在用兵課賦無藝郎稅額一節往往增加無算市中不堪其擾當延祐間程文憲條言江南茶鹽酒醋等稅近來節次增添比初時十倍今又逐季增添正緣管課程官虛添課額以諂上司其實利則歸已虛額則張挂欠籍云云奉仁宗皇帝聖旨諸色課程從實恢辦

既許從實登可處僧今節略增課額實數及有續及
虛增數目特與查照並行獨減從實收辦明旨凜然
今但掛壁而已
張氏之陷平江也總管宣城貢師泰懷印脫身易姓
名爲端木氏隱居雲間時一往來海上嘗寓于資聖
寺與僧壽量相得甚歡壽量有戒行嘗絕江浮淮以
遊湖湘之間泛彭蠡過洞庭登祝融望大庾還至天
目傳法于中峯大師行脚于四遠凡三十年于是歸
隱于寺題其棲禪之室曰大隱貢因述其意作大隱

記詎載禮部集文多不具載
楊友直元坦嘗于後至元間判餘干與余情暱而福
兒託婣仲實同守友直賓爲合二姓之好然未嘗悉
其上世所從來茲卜居豐陽去友直所居僅一舍因
得拜其先塋及高曾已下諸像乃知楊氏爲宋文公
億之後有以武功起家者土著鹽之澉浦高祖春宋
武經大夫國朝贈中憲大夫松江知府上騎都尉追
封弘農郡伯曾祖發宋右武大夫利州刺史殿前司
選鋒軍統制官樞密院副都統國朝內附改授明威

將軍福建安撫使領浙東西市舶總司事贈懷遠大
將軍池州路總管輕車都尉追封弘農郡侯祖梓嘉
議大夫杭州路總管致仕贈兩浙都轉運鹽使上輕
車都尉追封弘農郡侯諡康惠父楧敦武校尉贛州
路同知知寧都州事卒于官友直生方晬耳母周夫
人攜孤扶櫬而歸時康惠公及陸夫人與楧生母皆
夫人相與保護至泰定丁卯康惠薨逝友直已年二
十餘矣爲人倜儻多才好學不倦能嗣其先德江浙
財賦總管韓仲山重其才以女妻之比官上饒通守

常州所在著積方將振其家聲而天不悔禍復于至
正丁酉溘然長逝春秋僅五十有五少寡遺孤煢煢
在疚傷余結契仲實不幸早逝惟友直足爲旅人相
依今復爾則信乎其命之窮也嗟乎友直往矣無以
報稱惟應狀君世德及所行事以請乎當代大方爲
友直不朽計耳
丁酉八月張氏以水師數萬來攻嘉興羽檄星馳川
陸戒嚴海鹽自州佐巡塲以下皆統兵北屯乍邏新
豐澉陳以備他道州城閉寨兼旬民間米穀騰踴而

薪爨不屬多破斫簷楹几榻而炊楊完者以大軍四伏使小舟數十百艘餌之賊檣艣蔽天排川而下追至杉青東西岸多積葦以待時南風大作岸上舉火敵舟焚燎至四十里不止死者甚衆遂捨舟登陸進逼賊下戰于東瓜堰大破之斬首萬七千級俘者數千張氏統軍張士信以伏水遁還然完者兇肆掠人貨錢至貴家命婦室女見之則必圍宅勒取婬汙信宿始得縱還少與相拒則指以通賊縱兵屠害由是部曲驕橫凡屯壁之所家戶無得免焉民間謡曰死

不怨泰州張生不謝寶慶楊善乎余廷心之言曰苗獠素不被王化其人與禽獸等不宜使入中國他日爲禍將不細今若此何其言之若持左券也

張氏既歸命本朝兄弟相繼拜太尉平章之命乃于十九年秋七月大城武林至起平松嘉湖四路官民以供畚築雖海鹽一州發徒一萬二千分爲三番以一月更代皆裹糧遠役而督事長吏復稽之酷歛鞭朴棰楚無有停時死者相望至本年十月始得迄功比費數十百萬而新城碑記至以南仲山甫爲譬其辭有曰有嘉太尉克綏我民疇其相之平章弟昆又曰我作我息我出我入變呻爲謳伊誰之力豈不慚靦斯言也乎

州瀕海鹽爲國利然亡命得以私販擅之每操兵飛棹往來買販雖吏兵莫之敢攖至正丁酉澉城范廉卿以蔭補蘆瀝巡檢其爲人恂恂儒者頗長騎射無論鳥獸不及飛竄雖海塗上跳魚子蟹之細捷射之百不失一夜每懸火竿上去竿三百步從暗中射火無不滅也于是亡命心懼毋敢于州比私販境內爲

之肅然先是本路推官陳春以平反鹽獄數百人見稱至是本路大僚曰使官人人如范何必陳司理平反也

楚石大師爲沙門尊宿嘗從駕上都有漠北懷古諸作余嘗讀其自言羊可種不信繭成絲之句疑以爲羊可種乎因以問師師曰大漠迤西俗能種羊凡屠羊用其皮肉惟留骨以初冬未日埋着地中至春陽季月上未日爲吹笳呪語有子羊從土中出凡埋骨一具可得子羊數隻此蓋四生胎外之化也亦不足

怪特非中國所有致生疑耳後讀浦江吳立夫西域種羊皮書禱歌云波斯國中神夜語波斯牧羊俱雛虜當道剸刀羊可食土城留種羊脛骨四圍築垣開杵聲羊子還從脛骨生青草叢抽臍未斷馬蹄踏鐵繞垣行羊子跳踉却在草鼠王如拳不同老飫肉鏈鬧窠餵肥裁皮禱作書林實南州俠客遇西人昔得手禱今無倫君不見冰蚕之錦欲盈尺康洽年來貧不貪此又云以脛骨種之與琦師目見之者不同也盖波斯國別有種法如吳詩所聞耳

州學在淨業寺南神宇齋舍頗亦弘敞有至元六年知州趙孟貫賈禧重修碑至正六年知州葉彦中再修亦有碑然三州守皆賢有治聲于當時趙字子唯台州黃巖人治海上有惠政民到于今猶念之其祖子英爲宋宗正少卿南遷時以宗室從爲黃巖丞遂家焉有子六人皆以文學登膴仕至其孫師淵爲大常丞師夏爲判宗皆受業于紫陽之門且締姻焉故能以禮世其家施于有政云賈字吉甫宛丘人能行之以正限之以信羣佐若耳承塵之聽嚴傳老胥肅然若家老之奉其尊也葉字大中松陽人嘗以才敏有風操爲江南行御史臺架閣管勾所至皆有休績可紀至于留神庠校崇道重學則三君之雅意均也

杜少陵集自游龍門至過洞庭詩目次第爲此州先正曾書季欽編定大都一循少陵生平行迹亦可以見其詩法升降亦隨其年自少而壯而老愈入于細而化也註脚多所補益極爲後學借資第音切類多吳音其他註釋如以鐵馬汗常趨爲昭陵石馬果常有汗以空同小麥熟爲不近武威林間蹋鳳毛踏字

爲跨字之誤汝與山東李白好以山東爲東山天闕象緯逼以天闕爲天閥江月滿江城以江月爲秋月亦驥頓長纓以纓爲轡之類不免爲杜集增累

州弟子員張炯子晦卓犖有奇表與予爲道義交每言其祖文穆公受知于世祖皇帝嘗被召入便殿問當時急務時方隆冬上以所坐貂褥撤賜命坐別以他褥進御公所上數十條皆當時切要上命執政以次第舉行而桑哥盧世榮輩以罷冗官一條爲侵奪朝權嘗聲朝堂曰何物蛙蝦兒遽欲奪吾柄邪夜令

健兒誤之途將甘心焉幸中表趙文敏知之邀還邸中得免明日雖拜翰林承旨事以懼禍病免及盧桑伏誅詔還前官大德間以老疾不起時論惜之有集若干卷行于世

澉浦市舶司前代不設惟宋嘉定間置有騎都尉監本鎮及鮑郎鹽課耳國朝至元三十年以留夢炎議置市舶司初議番舶貨物十五抽一惟泉州三十取一用爲定制然近年長吏巡徼上下求索孔竇百出每番船一至則衆皆懽呼曰亟治廂廩家當來矣至

什一取之猶爲未足昨年番人憤憤至露刃相殺市舶勾當死者三人主者懸匿不敢以聞射利無厭開釁海外此最爲本州一大後患也

潘從事澤民嘗爲余言本州達魯花赤也先不花本北人以至正三年至海上府方八月秋濤大作潮聲夜吼震撼城市不花初至聞此夜不敢臥起問門者門者熟睡呼之再三始從夢中答曰潮上來也及覺知是官問懼且含涎連聲曰禍到也禍到也狂走而出不花誤聽遂驚跳入內呼其妻曰本冀作達魯花赤榮耀縣君不意今夕共作此州水鬼遂夫婦號泣合門大慟外巡徼聞哭傳報州正佐官皆顛倒衣裳來救以爲不花遭大變故也因急扣門不花愈令堅閉庶水勢不得驟入同寮益急遂破扉倒牆而入見不花夫婦及奴婢皆升屋大呼救我同寮詢知不覺共爲絶倒乃知唐人潮聲偏懼初來客爲真境也不花今爲參知政事

巳亥秋九月晦余曉詣嘉禾府曉星猶在樹杪忽西南天裂數十百丈光焰如猛火照徹原野一時杜犬皆吠宿鳥飛鳴余諦觀其裂處蠕蠕而動中復大明

若金融于冶鑄者少時方合操舟者謂余曰此天開眼也彼不知天者至尊裂者極禍關係豈藐小乎哉

是年冬十二月有州東趙氏家屠豕脫治已竟既出肺腸其腸忽蜿蜒疾行雖健蛇不若也士人追之不能及遂出城遇海而止此蓋國家有心腹腸之人歸向寬大容蓄之象也

州民有朴知義者家翁莊堰幼生而不慧至八歲不語一日俄謂其母曰今日牆外牛闌娘可避之舉家

駭而且喜已而鄰人之牛果鬬墻外是後復不言數日復言有官兵來未幾張軍從雲間來自此言無不驗四方挾錢帛來問者如見神明家至驟富然見人有凶事輒指而告之如響由是人見之始多函如死灰惟恐其有惡言也母因戒之其後惟母告之言則言年十九始娶與其妻一接而殞此雖人妖亦似乎保真通靈故能前知如此及少近婦人忽焉滅沒殆真泄而神與之俱亡無足怪也

金粟寺有康僧會身像余于至正癸巳始得頂禮明

年春余以伯兄見背到寺禮懺復與潘廣文澤民檢發唐代所書三藏然零落過半惟華嚴法華楞嚴寶積維摩長阿含及諸律論之半猶完整不壞翻閱踰旬忽于晡時作禮像前見像眉間有光須臾光若白線婀婀而出盤繞華蓋而上余遂鳴鐘聚僧稱佛名號禮拜讚頌至暮而光復從眉間收攝入人嘆爲稀有澤民因作放光記紀其事曰大佛者覺也覺者靈照不滅也含之可以內照六根放之可以旁燭三界此從七佛至于未來聖尊一光相續而常照者也第能保光于無始常照而不斷則雖百千萬劫此光常若如新身自漢年覺光東度迄于吳代猶未該被于是康法師以舍利示感始闢法門于吳會傳像發于江左是蓋以身光照攝東南西生之祖也既而立化天禧騰身金粟靈像棲託實在于虔慧焉甲午之春三月十有三日前教授餘干桐江姚桐壽樂年以孔懷之戚禮懺像前忽眉間若有白雲一線出于鍼孔者蜿蜒少時遂若朱蛇遊霧欻閃盤旋難以名狀久之或若虹拳或如波曲或延袤長引或輪囷成暈時

佛日朗映俄見天地樓閣皆成五彩似從放光石中看金碧世界也于時大衆驚歎此瑞爲世稀有余以爲此寧獨法師覺光常照而已哉要亦以廣文宿習圓滿今之虔禱發于天情故與靈契冥格若以鐵擊石以木鑽燧感極而光靈示現之耳此一光也更不特爲廣文感極之證而見前千萬善信莫不攝身神光之內各爲照徹因地使信心復萌此又法師了劫過去劫中普照羣有之一大願力也余身被靈端五體投地援筆記此爲後學啓信

州著姓常氏自忠毅公與秦檜不合退居海上遂家焉其後有號蒲溪者亦官參知政事入本朝子孫多不學嘗言有厥祖遺像一幅以兵亂失之後復得之民間因出以示余其像瘦惡而髯帶貂蟬冠上有贊曰佑將生甫同德暨湯治格一隆力成再造長樂溫淸遂明王孝理之心海宇皐豐躋斯民仁壽之域公功棐廸帝庸作歌列辟具瞻謂相君之形惟肖睿辭敦奬見王者之制坦明郁郁乎其文哉嗚嗚不可尚已其後題曰紹興龍集壬申仲春穀旦門下士武原

魯璵拜贊余甚疑之此贊似宰相兩常公皆不得柄國奈何有此後檢宋范茂明集有代賀秦太師畫像啓乃知此贊是摘啓中數語爲贊耳此葢檜像而子孫愛重此啓摘去和戎等語而借以爲贊也年代旣久淪落民間爲常氏所得復以魯璵爲本州人益信而不疑耳不知魯中紹興甲午趙逵榜檜方柄國故稱門下第不識茂明何故代璵作啓余備錄以示常氏不以爲然愈益珍重嗟嗟是忘乃祖之仇而釋其仇也子孫誠不可不學如此

嘉興通守繆思恭當張氏來攻嘉興楊完者命繆典火攻我師遂大捷既而張氏歸命因大城武林檄繆統所屬工徒以赴其役張陰屬其弟士信乘此戮辱之衆皆奮繆心戰繆不以介意繆當治西北面數十百丈以松江路工徒爲之繆每事作則先人止則後衆勞來督罰殊得衆心由是視他所築愈益堅好士信亦無奈何忽一日巡工至繆所轄地分時日已虞淵而工猶未輟士信曰日出而作日入而息汝何獨勞民如此繆曰平章禮絕百司猶敬共皇命日夕尚

勤奮挿況爲之民者敢偷餘晷士信曰此人口利如錐何怔杉青閘畔烈烈逼人繆曰今幸太尉華面國家借此得成奬順之典若念杉青之役猶恨不力縱逸乎章耳士信曰別駕好將息言及杉青猶能使人肉跳不已

余讀海鹽州學黃侍講大成樂記言眞州貝君身爲考其度數齊量範金爲鐘而協以古律管彼此適均吹其律而鐘自應至于琴瑟亦率自製云云余心甚慕之及甲午春祭以余家所藏崇寧大晟樂大呂無

第二鐘持磨擦擊則比余所藏聲益加高抑不相協余乃竊歎曰彼貝君者果足與言樂乎金既如此絲石可知知其聲者則州之衰没德久矣按大晟樂國初東平嚴氏一承宋舊者也當宋徽廟時有魏漢津者以二蜀黔卒爲造此樂且以帝皇制樂實自其身得之請以徽廟中指三節三寸定黃鐘之律蔡京亦從臾其說即使範金裁石用之郊廟至頒其樂于天下然徽廟指寸視人加長而樂律遂高雖漢津亦私謂其弟子任宗堯曰律高則聲過哀而國亂無日矣

當今聖人其身出而身遘之乎未幾遂有靖康之禍今州學鐘高倍崇寧則宜乎州之日阽危乎清河鋒鏑也第所謂考其度數協以古律者豈別有出于緹室葭灰之外者乎

州少年多善歌樂府其傳皆出于澉川楊氏當康惠公存時節俠風流善音律與武林阿里海涯之子雲石交善雲石翩翩公子無論所製樂府散套駿逸爲當行之冠即歌聲高引可徹雲漢而康惠獨得其傳今雜劇中有豫讓吞炭霍光鬼諫敬德不伏老皆康惠自製以寓祖父之意第去其著作姓名耳其後長公國材次公少中復與鮮于去矜交好去矜亦樂府擅場以故楊氏家僮千指無有不善南北歌調者由是州人往往得其家法以能歌名于浙右云

相傳紹興間有海鹽丞簡傲不羈志輕一世嘗謁一鄉大夫主人偶遲遲而出丞故好睡比主人出則丞已鼾聲如雷矣主人以客睡不敢呼亦復就睡及丞覺亦以主睡不敢呼更復就睡如初究之主客更相臥醒至日没丞起而去竟不交一言趙子固愛其事

爲作圖紀其說于上置之座右曰此二人大有華胥風氣足以箴世之責望賓主者

楊廉夫寓雲間及余到海上時一過余歲壬寅冬楊從三泖來宿余齋頭適就李貝廷臣以書幣爲蕭山令尹本中乞吳越兩山亭志併選諸詞人題咏于時楊尹已移官嘉禾矣楊即爲命筆稿將就夜已過半余方從別室候之俄門外有剝琢聲啓扉視之則皆嘉禾能詩者也余從壁間窺之率人人執金繒乞楊留選其詩楊笑曰生平于三尺法亦有時以情少借

若詩文則心欲借眼眼不從心未嘗敢欺當世之士遂運筆批選止取鮑恂張翼顧文煒金炯四首楊謂諸人曰四詩猶爲彼善于此諸什尚須更託胎耳然被選者無一人在諸人相目驚駭固乞寬假得與姓名至有涕泣長跪者楊揮出門外閉關滅燭罵曰風雅掃地矣

州詩人陳彥廉好作怪體兼善繪事其母莊本閩人父恩恭商于閩溺死海中莊誓不嫁携彥廉歸本州撫育遂成名士彥廉有才名交往多一時高流最與

黃公望子久親雅彥廉居硤石東山終身不至海上以父溺海故也子久歲一詣之至則必到海上觀濤每拉彥廉同往不得已偕至城郭黃乞與同看陳涕泣曰陽侯吾父仇也恨不能如精衛以木石塞此何忍以怒眼相見子久亦爲之動容不看而返因爲作仇海賦以紀其事

國老談苑卷上

宋　王銍

太祖嘗語趙普曰唐室禍源在諸侯難制何術以革之普對曰列郡以京官權知三年一替則無虞因從之

開寶中御廐新調御馬成進太祖御宣政殿親閱時太宗尹天府亟召之既至俾自殿陛乘之太宗固辭以人臣之禮不可上勉之不從其懇已而目送之且語左右曰令公真他日太平天子也

太祖以范質寢疾數幸其家其後慮煩在朝大臣止令內夫人問訊質家迎奉器皿不具內夫人奏知太祖即令翰林司送果子牀酒器凡十副以賜之復幸其第因謂質曰卿爲宰相何自苦如此質奏曰臣向在中書門無私謁所與飲酌皆貧賤時親戚安用器皿因循不置非力不及也猥蒙厚賜有渉近名望陛下察之壽薨開寶中因相位乏人太祖累言如范質真宰相也嗟悼久之

太祖嘗曲宴翰林學士王著御宴既罷著乘醉喧譁太祖以前朝學士優容之令扶以出著不肯退即移近屏風掩袂慟哭左右拽之而去明日或奏曰王著逼宮門大慟思念世宗太祖曰此酒徒也在世宗幕府吾所素諳況一書生雖哭世宗能何爲也

太祖曰周世宗征淮南太祖總軍政然分部之制稟于世宗時宣祖不豫是役當淮將皇甫暉之敵也宣祖憚之審請移軍上告以世宗之命遂止上翌日銜戚奪志以圖報効挺身死戰血濡袖既而擒暉淮南平上功居第一王業肇于是矣向若苟私循軍移世

宗有命則得禍無類又安能建不拔之基以延祀于萬世者乎

太祖提周師甚寡當李景十五萬衆陣于清流山下士卒恐懼太祖令曰明日午當破敵人心遂安翌日正午太祖果臨陣親斬僞驍將皇甫暉以覆其衆是時環滁僧寺皆鳴鍾而應之既平鳴鍾因爲定制趙時進滁州午鍾詔

太祖嘗暑月納涼于後苑召翰林學士竇儀草詔處分邊事儀至苑門見太祖岸幘跣足而坐儀即退立

閤門使督趣儀曰官家方取便未敢進閤門使怒而
奏之太祖自視微笑遽索御衣而後召入未及宣詔
意儀奏曰陛下新即大位四方瞻望宜以禮示天下
臣即不才不足動聖顧臣恐賢傑之徒聞而解體太
祖斂容謝之自後對近臣未嘗不冠帶也
太祖將親征潞賊李筠詔留呂餘慶趙普于京師
普因私謁太宗于朱邸且曰普託迹諸侯十五年今
偶雲龍變家爲國賊勢方盛萬乘蒙塵是臣子効命
之日幸望啓奏此誠願軍前自効太宗即以聞上太
祖笑曰趙普豈勝甲胄乎因謂太宗曰是行也朕勝

則不言萬一不利則使趙普分兵守河陽別作一家
計度及凱旋第賞宰臣擬官太祖曰普有從朕伐叛
之勲宜當加等于是授侍郎樞密使
太祖一日袒裼幸翰林院時學士盧多遜獨直上行
與語引入寢殿因指所御青綠帳紫綾褥謂多遜曰
爾在外意朕豐侈耶朕用此猶常愧之
太宗嘗冬月命徹獸炭左右或啓曰今日苦寒上曰
天下民困是寒者衆矣朕何獨溫愉哉

太宗嘗幸龍圖閣閱書指西北架一漆函上親自署
鑰者謂學士陳堯咨曰此田錫章疏也已而愴然久
之
太宗一日寫書筆滯思欲滌硯中宿墨顧左右咸不
在因自俯銅池滌之既畢左右方至上徐顧曰爾輩
何處來
太宗志遵儉譾每居內服澣濯之衣或有穿者則命
紉補以進
太宗退朝常以經籍自娛所閱之策以帕裹小黃門

待之巡行殿廡畢以爲從藥糊之須臾皆副焉又以
栢爲界尺長數寸謂之隔筆簡每御製或飛宸翰則
用以鎭所臨之紙
眞宗初即位暇日召翰林學士王禹偁與之論文禹
偁奏曰夫進賢黜不肖闢諫諍之路彰爲誥命施之
四方延利萬世此王者之文也至於雕纖之言豈足
軫慮思較輕重于瑣瑣之儒哉願棄末務大以成宗
社之計上顧曰卿愛朕之深矣
眞宗在朱邸時諸王競嘗假山兖王山成合宴以賞

真宗預焉酒方洽王指爲侍讀姚坦曰是山祟麗乎坦曰聚血爾何山之謂也昔年夏侯嶠爲宛丘令田賦充而遷督刑之血日沃于庭此山之工實倍彼賦非聚血而何上不懌而輟宴還第乃去山爲壁寫儒行篇他日對而命宴坦叩頭謝曰非英賢何能及此太宗聞之意有屬焉

真宗在東宮一日太宗嘗令學草書乃再拜曰臣聞王者事業功侔日月一照使隱微盡曉草書之蹟誠爲祕妙然達者蓋寡儻臨事或誤則罪有歸焉豈一

照之心哉謹願罷之太宗大喜顧謂之曰他日之英王也

仁宗在儲宮真宗慎擇官僚皆難其人魯宗道時作正言慷慨敢諫忽一日使坐召對真宗曰太子天下之本當得正人輔之令以付卿其志心以導吾子宗道退讓敦奬遣之翌日除右諭德

仁宗既即位每朝退多弄翰墨一日學書適遇江陵王欽若奏章上達因飛帛大書王欽若三字既罷左右取之呈于太后是時欽若有再命相之議太后遂令中使合其字緘爲湯藥馳驛以賜欽若即日宣召之欽若至闕下故寂無知者

周世宗在漢爲諸衛將軍嘗遊畿甸謁縣令令是時方聚邑客蒱博弗得見世宗頗銜之及即位令因部夫犯贓數百疋宰相范質以具獄上奏世宗曰親民之官贓狀狠籍法當處死質奏曰受所監臨財物有罪止贓雖多法不至死世宗怒厲聲曰法者自古帝王之所制本以防姦朕立法殺二贓吏非酷刑也質曰陛下殺之即可若付有司臣不敢署勅遂貸其命

因令今後犯者並以枉法論質乃奉詔令刑統中彊率歛入已並同枉法者是也質之守正不回大率如是

范質在中書急于銓品人物凡清資華級未嘗虛授于人延士大夫講貫世務以觀器識顯德中殿中侍御史柴自牧右補闕裴英同謁質于中書質語及民間利病因謂自牧曰嘗歷州縣乎自牧對以數任職事次問英英唐相贄之後以門地自負乃曰徒勞之役惟英偶免質怒責英曰質雖不才備位宰相坐政

事堂與諫官御史論生民疾苦非戲言也浮薄之徒安可居諫署英慙懼而退明日質具奏其事英遂授散秩

趙普在中書每奏牘事有違戾太祖意者因請之于上或拂之于地普緩拾之振塵以獻有及再三者理遂而已

曹彬初尅成都有獲婦女者彬悉閉于一第竅度食且戒左右曰是將進御嘗密行之洎事寧咸訪其親以還之無親者備禮以嫁之彬平蜀回輜重甚多或言悉奇貨也太祖令伺之皆古圖書無珠金寸錦之付

范質性儉約不受四方遺賂自五代以來宰相取給于方鎮由質絕之爲相輔居第止十一間門屋庳隘周太祖嘗令世宗詣質時爲親王軒馬高大門不能容世宗即下馬步入及嗣位從容語質曰卿所居舊宅耶門樓一何小哉因爲治第

周世宗嘗欲以竇儀陶穀並命爲宰相以問范質質曰穀有才無行儀執而不通遂寢其事太祖又欲令參知政事趙普憚其剛嚴奏以薛居正代之終不大中書亦其命也

馮德讓判大理寺一日有疑獄非次請對時太祖放鶻禽于後苑見德讓奏曰陛下以放禽爲急刑獄爲常臣切未論上怒舉持玉鉞撞之二齒墜地德讓拾而結于帶中上謂曰汝將訴我耶德讓曰臣安敢訴陛下自有史官書之上從而悔厚賜以遣之

竇儀自周朝以來頁文章識度有望于時搢紳許以廊廟之器儀因以公台自許急于大用乃設方畧以經營之爲端明殿學士判河南府時括責民田增其賦調欲期恩寵以致相位當時洛人苦之又嘗奉詔

按鄆州獄希世宗旨鍛鍊成罪枉陷數人士君子以此少之

權苹爲翰林待詔有良馬日馳數百里陶穀欲取之累言于權權曰學士要誠合拜獻苹年老有足疾非此馬騎不能出入更俟一二年解職必以爲贄穀心銜之後因草密詔召權于閣中書之穀曰吾嘗愛權卿破體王書寫了進本來權即與書之穀突入閣

中取其本乃謂權曰帝王密詔內有國家機事未經進御輒寫一本欲將何用洩漏密旨罪當不赦卽呼吏作奏牘發其事權不能自明但皇恐哀訴而已穀曰亟將馬來釋爾遂并馬券取之

又嘗奉使兩浙獻詩二十韻于錢俶其末云此生頭已白無路掃王門時穀官是丞郎職爲學士奉命小邦獻詩已是失體復有掃門之句何辱命之甚也又浙帥開宴置金鐘以爲罰爵穀後因卧病浙帥使人問其所欲穀以金鐘爲請浙帥以十副贈之乃以

詩謝云乞與金鐘病眼明其苟得無耻之如此及復命將出其境卽賦詩于郵亭云井蛙休恃重溟險澤馬曾嘶九曲濱請令人傳誦冀掩前詩之失穀之狡詐多此類也

劉溫叟方正守道以名教爲己任夘孤事母以孝聞其母甚賢初爲翰林學士私庭拜母卽命二婢箱擎公服金帶置于階下謂溫叟曰此汝父長興中入翰林時所賜也自先君子棄背以來常懼家門替墜今汝能自致靑雲繼父之職可服之無愧矣因欷歔掩泣溫叟伏地號慟退就別寢素衣蔬食追慕數日然後服之士大夫以爲得禮溫叟累居顯要清貧尤甚未嘗受人饋知貢舉時有經學門生居畿內者獻粟草一車溫叟却之其人曰此物出于躬耕願以致勤溫叟不得已而受之卽命家人置衣一襲以爲答計其直卽倍于粟草矣自是無敢獻遺者爲御史中丞時嘗道由乾元門左右奔告聖駕方御樓溫叟如常而行樓側下馬入奏曰此門按故事非賜大讌不御今陛下無故而登軍庶幾或聞則有恩給之望臣所

以不却導從者不欲彰彼耳目也非禮勿動臣職當風憲敢不言之上遽還給內帑三千緡付縣官以自劾

趙普自樞密副使授集賢殿大學士是時范質等皆罷相中書絕曹普授官敕無人署字太祖在資福殿普因入奏其事太祖曰卿但進來朕爲卿署字可乎普曰此有所行非帝王所親之太祖俄曰卿問陶穀竇儀必有所說普乃召問之儀曰唐文宗時甘露事後中書無宰相然當時冊命輔相卽不知何人今皇

帝京尹官是中書令此正宰相任也詔勑宜矣普入
奏遂命太宗署勑焉

田錫爲諫議大夫疾亟進遺表眞宗宣御醫賫上藥
馳往已無及矣俄召宰相對袖其表而示之且曰朕
自臨大寶閱是表多矣非祈澤宗族則希恩子孫未
有如錫生死以國家爲慮而儆戒于朕輿歎久之命
優其贈典

寇準再入中書魏野貽詩曰好去上天辭富貴却來
平地作神仙未幾南遷常誦此詩句

崔遵度爲太子諭德性方正淸素尤精于琴嘗著琴
箋以天地自然有十二聲徽非因數也范仲淹嘗問
琴理于遵度對曰淸麗而靜和潤而遠琴書是也

李遵勗楊億劉筠常聚高僧論宗性遵勗命畫工各
繪其像成圖目曰禪會

陳省華以大卿居家其子堯叟希樞密堯咨掌制誥
每朝退端服夾侍偶賓至則導茗酪焉

張詠爲兵部尚書臨終上疏言丁謂姦邪用之亂國
願殺之以謝天下

查道性淳古早寓常州琅山寺躬事薪水以給衆常
衣巨衲不復洗濯以育蚤虱晚年待制龍圖閣朝列
伏其重德咸謂之查長老

國老談苑卷下

王旦在中書祥符末内帑災縑帛幾罄三司使林特請和市于河外章三上旦悉抑之頃而特率屬僚詣于宰府旦徐曰瑣微之帛固應自至奈何彰國弱于四方居數日外貢併集受帛四百萬蓋旦先以密符督之也

王嗣宗爲御史中丞真宗一日幸相國寺回自北門嗣宗上言曰天子行黄道豈可由後門臣任當風憲亟敢廢職上悅其直給内帑三千緡以自罰北門由

是不常開焉

曹璨彬之子也爲節度使其母一日閲宅庫見積錢數千緡召璨指而示曰先侍中履歷中外未嘗有此積聚可知汝不及父遠矣

寇準出入宰相三十年不營私第處士魏野贈詩曰有官居鼎鼐無地起樓臺泊準南遷時北使至内宴宰執預焉使者歷視諸相語譯導者曰孰是無地起樓臺相公畢坐無荅者

王旦在中書二十年常日罷歸徑趨書閤闔扉以自息雖家人之親密者不復接焉常以蝗旱憂愧辭位俄而疾發不食真宗命内饔調肉糜宸翰緘帋以賜日常三四旦疾亟聚家人謂曰吾無狀久坐台司今且死矣當祝髮緇衣以歛吾平昔之志未幾而絕家人輩皆欲從其言惟楊億者力排而止之

張知白爲參知政事嘗言參政之名實貳彼相禮當隆之每乘馬直入政事堂下

寇準鎮大名府北使路由之謂準曰相公望重何以不在中書準曰主上以朝廷無事北門鎖鑰非準不

可

李允則守雄州匈奴不敢南牧朝廷無北顧之憂一日出官庫錢千緡復歛民間錢起浮圖即時飛謗至京師至于監司亦屢有奏劄真宗悉封付允則然攻者尚喧沸真宗遣中人密諭之允則謂使者曰某非留心釋氏實爲邊地起望樓耳蓋是時北鄙方議寢兵罷斥堠允則不欲顯爲其備然後謗毀不入畢其所爲

陶穀以翰林學士奉使吳越忠懿王宴之因食蝤蛑

詢其名類忠懿命自蝤蛑至蟚蚏凡羅列十餘種以進穀視之笑謂忠懿曰此謂一代不如一代也

田錫知制誥太宗命三班奉職出使回上殿因訪民間利病錫上言曰陛下苟令三班奉職上殿言事未審設呂蒙正已下何用乃罷之

趙世長以宗正卿北使時九月既宴薦瓜主客舉謂世長曰此方氣候誠早彼想未也世長對曰本朝來歲季夏此味方盛故知其節物晚也

滕涉以戸部副使聘北朝既至宴主客謂涉曰南朝

食肉何故不去皮涉曰本朝出産絲蚕故肉不去皮耳

楊億在翰林丁謂初參政事億列賀焉語同列曰骰子選爾何多尙哉未幾辭親逃歸陽翟別墅

陳彭年在翰林所兼十餘職皆文翰清祕之目時人謂其署銜爲一條冰

馮拯姬媵頗衆在中書密令堂吏市珠絡自持爲遺或未允所售出入懷之有及三四夕

魯宗道爲正言言事違忤眞宗稍忌之宗道一日自訟于上前曰臣在諫列言事乃臣之職陛下以數而忌之豈非有納諫之虛名俾臣負素飡之辱矣臣切愧之謹願罷去上喜其忠慤勉而遣之他日追念其言御筆題殿壁曰魯直

蘇易簡在翰林太宗一日召對賜酒甚歡上謂易簡曰君臣千載遇易簡應聲答曰忠孝一生心上悅以所御金器盡席悉賜之

种放隱終南山至老不娶養母非力耕之粒不饋四方從學者幾百人由此被召

寇準有飲量每飲賓席常闔扉輟驂以留之未嘗點油雖溷軒馬廐必用蠟炬

陳恕長于心計爲鹽鐵使釐宿弊大興利益太宗深器之嘗御筆題殿柱曰眞鹽鐵陳恕

李宗諤爲翰林學士家雖百口雍睦有制眞宗嘗語侍臣曰臣僚家法當如宗諤

李遵勗爲駙馬都尉折節待士宗楊億爲文于第中築室塑像晨夕伸函丈之禮刻石爲記未幾億卒

寇準年三十餘太宗欲大用尚難其少準知之遽服

地黃兼餌蘆菔以反之未幾髭髮皓白
查道以謹儉率已爲龍圖閣待制每食必盡一器度不勝則不復下筯雖蔬茹亦然嘗謂諸親曰福當如是惜之
祥符中議營昭應宮計其工十五年而成丁謂總領其事以夜繼晝每繪一料給燭二條踰七年而就
杜鎬廣博爲龍圖閣學士眞宗一日問櫝食原于何代鎬對曰漢景帝爲太子文帝鍾愛旣居東朝文帝念之曰太子之食必料差殊乃命太官每具兩檐饋

以一賜之此其始也
魯宗道爲參政以忠鯁自任嘗與宰執議事時有不合者宗道堅執不回或議少有異則遷諍不已然多從宗道所論時人謂曰魚頭公蓋以骨鯁目之也
天聖初朝廷清明賞罰必信時王欽若王曾張知白魯宗道皆以忠義許國故風采聳動雖姚宋佐唐蕭曹出漢無以方此數君子者
戚綸待制龍圖閣天書初降群臣表賀詞皆溢美綸獨言曰曠古未有此事不可恃之爲祥當戒愼修省以答天意眞宗覽而嘉之
張詠鎭杭州有訴者曰某家素多藏某二歲而父母死有甲氏贅于某家父將死手券以與之曰吾家之財七分當主于甲三分吾子得之某旣成立甲氏執遺券以析之數理于官咸是其遺言而見抑詠嗟賞之謂曰爾父大能徵彼券則爲爾患在乳臭中矣遽命反其券而歸其資
魯宗道以孤直遇主公家之事知無不爲每中書罷歸私宅別居一小齋繪山水題曰退思巖獨游其間

雖家人罕接焉
查道罷館陶尉與程宿寓于逆旅中夕有盜取其衣旣覺呼宿曰衣有副乎翌日當奉假盜聞之棄獲而去
寇準論營道惟衣裘繫爲相時所得金笏頭帶當權希時者諷其逾禮準拒之曰若父所賜服之不忘本見禮之失也諷者慙恧而退
丁謂在朱崖家于洛陽爲書敘致眞宗恩遇厚自刻責且勵家人不可興怨遂寄洛守託達于家洛守不

放私開遽奏之上覽而感動遂有雷州之命
王旦在中書東封西祀悉嘗揔領祥符中處士魏野令山童持詩以獻曰聖朝宰相頻頻出君在中書十四秋西祀東封俱禮畢好來相伴赤松遊旦袖其詩累于上前求退不遂
查道初應舉自荊州湖遊索獲資十餘萬至襄陽逆旅見女子端麗秀出非塵中之偶因詰其所來乃故人之女也遂以行槖求良謹者嫁之是歲由此罷舉又嘗于旅邸牀下獲金釵一束且百隻意所遺者必

復來求之向晩果二人至見道但嗟惋而已道詰之具言其所遺如道所獲遂盡以付之其人驚喜請留三之一以爲謝道固拒之而去
丁謂既竄朱厓路由湘潭僧寺飯僧爲文以自敘其畧曰補仲山之袞雖盡巧心和傅說之羹難調衆口既至貶所教民陶瓦先爲公宇次營所居之第爲小樓日遊其上閱書焚香怡然以自得後將有衡陽之命諫官劉隨上言曰彼擅移于陵域將不利于嗣君合取頭顱置之郊廟遂中止

王旦在中書祥符末大旱一日自中書還第路由潘氏旗亭有狂生號王行者在其上指旦大呼曰百姓困旱焦勞極矣相公端受重祿心得安邪遂以所持經擲旦正中于首左右擒之將送京尹旦遽曰言中吾過彼何罪哉乃命釋之
寇準初爲密學方年少得意偶撰江南曲云江南春盡離腸斷蘋滿汀洲人未歸又云日暮江南一望時愁情不斷如春水意皆悽慘末年果南遷
种放以諫議大夫還山真宗命宴餞于龍圖閣群臣賦詩以贈行杜鎬學士獨跪上前誦北山移文音句

鏘越一坐盡傾上尤善之
徐鉉爲散騎常侍太宗謂曰官家之稱其義安在鉉曰三皇官天下五帝家天下蓋皇帝之謂也淳化中上苑象斃太宗命使宣問鉉鉉對曰請于前左足求之果得以進詔復詢之鉉曰象膽隨四時在足今方二月臣故知耳初自南唐入京市宅以歲餘見宅主貧困之甚因召而謂曰得非售宅虧直而致是邪予近撰碑獲潤筆二百千可賞爾矣宅主固辭不獲亟

命左右葺以付之後黜郴州年七十手不釋卷常親寫許慎說文一部謹細無誤一日櫛罷命紙大書曰道者天地毋投筆而絕

賀蘭歸真有奇志異術隱居嵩山景德中真宗朝陵因詔與人左右以歸真聞乃召對問曰知卿有黜化之術可以言之歸真奏曰臣請言帝王黜化之術願以堯舜之道黜化天下可致太平惟陛下用之

盧多遜既卒許歸葬其子察護喪權厝襄陽佛寺將易以巨櫬乃啓其屍不壞儼然如生遂逐時易衣至

祥符中猶然

王欽若毋賓古同倅三司一日賓古曰天下宿逋之財自五代迄今理督未巳亡族破家疵民大矣侯啓而蠲之欽若即命吏理其數翌日上奏真宗大驚曰先帝豈不知耶欽若曰先帝非不審其弊蓋與陛下收天下心真宗感泣久之遽詔有司俾盡釋焉欽若自此寵眷之厚

張詠鎮永興有父老訴牛舌爲人所割詠詰之爾于鄰仵誰氏最隙訴者曰有甲氏嘗貸粟于某家不遂憾之深詠遽遣去戒云至家徑解其牛貨之父老如教翌日有百姓訴殺牛者詠詰之曰爾割某氏牛舌以償貸粟之怨而反致訟耶其人遂伏罪而謂神明焉

寇準掾雷康丁謂謫朱崖將假路于雷康準聞之竄遂讓免牙謂今謂窮來而吾僕有剛者必將致侃當爲防之于是聚令博易亦閱之詰旦聞夜三更謂徃矣乃令散

李宗諤以京秩帶館職不預賞花釣魚故事賦詩戴

了宮花賦了詩不容重見赭黃衣無憀獨出金門去恰似當年不第歸太宗覽之大喜特詔御宴即日改官

祥符中天書降群臣稱賀魯宗道上疏畧曰天道福善禍淫不言示化人君政得其理則作佑以垂報洽乖于上則出異以警戒又何書哉臣恐姦臣肆其誕妄妖惑上聽真宗雖不開納然甚奇之

丁謂爲侍中嘗賦詩云千金家累非良寶一品高官是強名未幾而籍沒貲產削免官爵果符言志也其

中書時總領山陵事李維在翰林將授其親職爲撫郎懇請于謂曰更在陶鑄謂應聲曰陶鑄復陶鑄齋郎又挽郎維對曰自然堪淚下何必更殘陽未幾而謂敗至朱崖撰詩賦文論數十篇號知命集其詩有草解忘憂憂底事花能含笑笑何人之句

孫公談圃

孫公談圃序

紹聖之改元也凡仕於元祐而貴顯者例皆竄貶湖南嶺表相望而錯趾惟閩郡獨孫公一人遷于臨汀四年夏五月單車而至屏處林谷幅巾杖屨往來乎精藍幽塢之間其後避謗杜門不出余時侍親守官長汀縣竊從公游聞公言皆可以爲後世法亦足以見公平生所存之大節於是退而筆之集爲三卷命曰孫公談圃公狀貌奇特眉目孤聳望之凜然可畏元祐時歷三院遷左史入中書爲舍人危言讜論內外憚之已而忤時宰意以集賢殿修撰留守南都後遷天章閣待制其謫官也自南都爲歸州遂以散秩謫臨汀公在汀三年竟以疾終明年歲在庚辰

天子嗣位盡還公官職士大夫傷公之不及見也余辱公之知且久而公之語亦嘗屬余記焉公之子幼而孤則其事久或不傳於是詳而述之庶幾不爲負公者非特爲談圃道也公諱升字君孚高郵人建中靖國元年正月初四日臨江劉延世述之引

孫公談圃卷上

高郵孫升君孚

藝祖生西京夾馬營營前陳學究聚生徒爲學宣祖遣藝祖從之上微時尤嫉惡不容人過陳時時謫論後得趙學究即館于汴第杜后錄陳之舊召至門下與趙俱爲門客然藝祖獨與趙計事陳不與也其後藝祖踐祚而陳居陳州村舍聚生徒如故逮太宗判南衙使人召之居無何有言開封之政皆出於陳藝祖怒問狀太宗懼遂遣之且以白金贈行陳歸半道盡爲盜掠居陳村舍生徒日衰饑寒無與從者太宗即位以左司諫召之官吏大集其門館于驛舍一夕醉飽而死趙學究即趙普也陳忘其名崔伯易能道其詳屢欲作傳

周孟陽春卿英廟宮僚也聖眷素厚書簡以老丈稱之當儲副時因辭不就而魏公亟欲定大計使人諭春卿春卿因造臥內諭意時裕陵秉燭侍立上曰所以不就者避禍也春卿曰今日之事太尉豈不知若果不就必當別立他人太尉能避禍乎上大悟即拜

春卿床下遂正儲位裕陵在東宮朝廷復以春卿爲翼善春卿爲人純直謂不當爲父子宮僚上表力辭有親奉堯言躬承禹拜之句魏公怒曰不易丙吉初朝廷闕副樞人以春卿必膺是命已而寢不報迨裕陵即位孫永述其事始進天章閣待制入謝上撫慰甚厚未幾以疾終家貧不克葬露殯佛寺元祐御史賈易請依王雱例中使護葬宣仁曰待其子來子定民至盡哀英廟所賜御劄上之賜銀千兩官其一孫

泰州西溪多蚊使者行按左右以艾煙燻之有一廳

吏醉仆爲蚊所嚙而死世傳飽似櫻桃重饑如柳絮輕但知從此去不要問前程范文正公詩也西溪瀕海堰呂蒙正所治至今屋記尚在後文正繼往故堰之城至今爲利

司馬君實之薨當明堂大享朝臣以致齋不及奠肆赦畢蘇子瞻率同輩以往而程頤固爭引論語子於是日哭則不歌子瞻曰明堂乃吉禮不可謂歌則不哭也頤又諭司馬諸孤不得受弔子瞻戲曰頤可憑燠糟鄙俚叔孫通聞者笑之

呂相端奉使高麗過洋祝之曰同日無虞當以金書維摩經爲謝比回風濤洶作遂取經沉之聞絲竹之聲起于舟下音韻清越非人間比經沉隱隱而去擢伯易在禮部求奉使高麗故實遂得中公事故楊康國錢勰皆寫此經往豐稷爲揚掌牋表言東海洋龍宮之寶藏所也氣如厚霧雖無風亦有巨浪使人臥木匣中雖蕩而身不搖食物盡嘔唯飲少漿舟前大龜如屋兩目如巨燭光耀沙上舟人以此卜之見則無虞也

荊公爲江西漕夢小龍呼相公求夾注維摩經十卷久而忘之後至友人家見佛堂中有是經因錄而送瘞及在相府夢小龍來謝

交趾犯邕州蘇緘知不可守自殘其家坐廳事罵賊而死朝廷命郭逵討之交趾地熱死者十八九至富源江止存一二人所過暴犯無噍類士卒頗思戰逵下令敢言戰者斬相持久之食盡有覘者言窖粟江外可取燕達疑有伏兵以蕃落騎五千衛而後往交趾洪真太子素養卒五百禁嘈懲教以陣法銳甚入

執金牌爲號衆起於窖傍遂以蕃落騎誘至平他大破於江中其卒猶執金牌而沒遂擒太子因是納款當時多罪進不深入乘勝覆其巢穴也

元豐修城李士京主其役日費四百千爲脩直元祐初公爲御史按開掘發處來由乾艮例皆發掘將至震地即上言民庶之家猶有避忌況天子衆大之君乎其論甚切因是罷役浚濠時土中得一物狀類人而無耆目埋之他處所掘得及舁去之人皆死或言太歲也又獲大蛇類龍送金明池是夜大風飄瓦

子瞻以溫公論薦簾眷甚厚議者且爲執政矣公力言蘇軾爲翰林學士其任已極不可以加如用文章爲執政則國朝趙普王旦韓琦未嘗以文稱又言王安石在翰苑爲稱職及居相位天下多事以安石止可以爲翰林則軾不過如此而已若欲以軾爲輔佐願以安石爲戒

子瞻試館職策題論漢文帝宣帝及仁宗神宗公率傅堯俞王嵒叟言以文帝有蔽則仁宗不爲無蔽以宣帝有失則神宗不爲無失雖不明言其意在此久之御批軾特放罪

仁廟聖誕乃李淑妃也謚章懿太后晏殊撰碑甚略上幼章獻養爲已子雖上亦不知也及即位章獻稱制而楊太妃猶在上問疾楊密語其事上大慟即見執政欲行服章獻難之衆無敢言獨呂夷簡不去進曰陛下萬歲後獨不念劉氏乎於是持心喪然宮中稍有異說章獻崩即日遣人發李太后棺驗之形色如生鬢髮鬱然無少異上於是存撫諸劉晏殊撰神道碑不白其事上不悅後升祔二后赦文孫朴當筆直言爲天下之母育天下之君上覽之感涕孫遂參大政

司馬溫公墜碑賜名清忠粹德紹聖初毀磨之際大風走石羣吏莫敢近獨一匠氏揮斤而擊未盡碎忽仆于碑下而死

鄭穀夫未第時夢洛池中化爲大龍池邊小兒數十拍手呼爲龍公來既覺猶見其尾曳林間卒于安州十年貧不克葬滕元發爲郡一日夢穀夫來但見驕中一白龍身首即穀夫也元發因出俸營塟

荆公為許子春作家譜子春寄歐陽永叔而隱其名永叔未及觀後因縣書讀之稱善初疑荆公作既而曰介甫安能為必子固也

蘇洵明允作權書永叔大奇之為改書中所用尚亂十餘字奏于朝明允因得官

崔公度伯易自號曲轅先生作太行山賦以太行近時忌改作感山賦裴煜得之獻魏公未及品藻示永叔永叔題其後曰司馬子長之流也魏公因薦其文英廟欲擢以館職魏公言未見其人之賢否召與語

未為晚也後數日伯易與友人會語坐上忽齎詔身至乃授伯易潁川防禦推官國子監直講荆公嘗云感山賦不若明珠賦

公言昔嘗得椰子酒嘗之佘因曰椰子本出伽盧國其地熱備椰子木為蔭剖其實中有酒能醉人若他國所釀多不同西域蒲萄酒南蠻檳榔酒扶南石榴酒辰溪鈎藤酒赤土國甘蔗酒

子瞻得罪時有朝士賣一詩策內有使墨君事者遂下獄李定何正臣劾其事以指斥論謂蘇曰學士素有名節何不與他招了蘇曰軾為人臣不敢萌此心却未知何人造此意一日禁中遣馮宗道按獄止貶黃州團練副使

李撰徐禧為同人時普景德寺嚴法華嚴死又與小法華善一日法華引禧撰往相國寺小巷中至一茅茨間見一老人藉藁而坐老人見撰曰華山童子也得也得次見禧詫曰許真君兒五代時宰相殺人多滅三品後禧敗永洛以給事中贈金紫光祿大夫果第四品也禧洪州人家住許真君觀後是時京師盛

傳老人有奇術西鬪馬店火先一日往店後孫榮家懷中出一木略如魚狀曰此行雨龍也我於玉皇大帝處借來取水一椀以木魚盡洒屋壁懹之而去是夜火孫氏完惟焚一厠乃木洒水不至處也

溫公大更法令欽之子瞻密言宜慮後患溫公起立拱手厲聲曰天若祚宋必無此事二人語塞而去方其病也猶肩輿見呂申公議改都省臨終床簀蕭然惟枕間有役書一卷故公為挽詞云漏殘餘一榻曾不為黃金

儂智高陷邕州狄青討之列軍陴城下智高大宴城
頭鼓吹振作一人衣道服罵官軍有善射者一矢斃
之青隨行倚河東王簡子爲先鋒勇甚爲鑣所殺青
見之汗出如雨世言青眞武神也至是皮兩皂旗舉
兵而戰先用蕃落馬衝賊亂之大呼騎步夾進遂破
智高是時智高可擒青旋有伏兵乃止
孫莘老知福州時民有欠市易錢繫獄甚衆有富人
出錢五百萬葺佛殿請于莘老莘老徐曰汝輩所以
施錢者何也衆曰願得福耳莘老曰佛殿未甚壞佛

談圃　卷上　十

又無露坐者孰若以錢爲獄囚償官逋使數百人釋
枷鏁之苦其得福豈不多乎富人不得已諾之卽日
輸錢囹圄遂空
杜祁公爲人清約平生非賓客不食羊肉時朝多恩
賜請求無不從祁公尤抑倖所請卽封還其有私謁
上必曰朕無不可但這白鬚老子不肯
杜太監植少子灼爲李定所措定曰莫要剃了綠衫
灼從容對曰綠衫未剃恐先剃了紫衫定大怒枷送
司理院求其贓罪不得以他事坐之衝替而已定未

幾果以不持所生母仇氏服貶官而死灼今爲循州
興寧尉
王德用號黑王相年十九從父討西賊威名大震西
人兒啼卽呼黑大王來以懼之德用在朝屢引年仁
宗惜其去兩爲減年一日除樞密使孔道輔上言德
用狀類藝祖宅枕乾岡卽出知隨州謝表云狀類藝
祖父母所生宅枕乾岡先朝所賜時人莫不多其言
藝祖從世宗征淮南有徐氏世以酒坊爲業上每訪
其家必進美酒無小大奉事甚謹徐氏知人望已歸

談圃　卷上　九

卽從容屬與日計上曰汝輩來吾何以驗之徐氏曰
某全家人手指節不全不過存中節世謂徐雞爪迨
上登極諸徐來皆願得酒坊許之今西樞曾布其母
朱氏卽徐氏外生亦無中指節故西樞亦然世以其
興故貴不如其氣所傳自外氏諸徐也
仁宗嘗患腰疼李公主薦一兵卒卽召見用針刺腰
針才出卽奏云官家起行上如其言行步如故遂賜
號興龍穴
劉虛白金陵人善三輔學堂只相兩府見曾子固曰

乞兒也陳執中爲撫州通判使者將劾之處白曰無患公當作宰相使者果被召半道而去王益知韶州自期必至公輔韶有張九齡廟相傳兩府過謁亦日亦下雨王過雨作尤自負還金陵盛服見處白曰幾時入兩府處白笑曰只做得都官益大怒幾危以事時茶禁嚴聞處白自南來使人伺察爲一部將庇之得免後處白竟以他事杖脊而益果終都官郎中

荆公以雱病夜焚紙錢平甫戲曰天曹也行倉法時新立倉法胥史重祿者皆用馬人以爲不便故平甫譏之也

夏文莊父爲侍禁時文莊尚幼有道士愛之乞爲養子父止文莊一子弗許道士曰是兒有仙骨不爾位極人臣但可惜墮落了後文莊爲通判又見昔日道士曰尚可作地仙在城都復見道士跨驢於市揺手曰無及矣遂不復見

公嘗與孫莘老傳師希師聖劉求仁約異日爲林下友不至者以書督之公曰今莘老希聖相繼謝世獨傳師尚顯求仁碌碌仕宦而某謫遠方前日之約不能及矣良可歎也余謂林泉軒冕雖去就不同皆有命焉公曰然

孫公談圃卷中

林英年七十致仕起爲大理卿氣貌不衰如四五十歲人或問何術致此英曰但平生不會煩惱明日無飯喫亦不憂事至卽遣之釋然不留胸中治獄多所全活若有所見者豈其陰相耶

馮大參京嘗患傷寒已死家中哭之已而復甦云適往五臺山見昔爲僧時室中之物皆在有言我俗緣未盡故遣歸因作文記之屬其子他日勿載墓誌中

玉淸昭應宮丁晉公領其使監造土木之工極天下

之巧繪畫無不用黃金四方古名畫皆取其壁龕廡下以其餘材建五岳觀世猶謂之木天則玉淸之宏壯可知玉淸宮後院則今萬壽觀是也後玉淸五岳皆焚獨道院在丁之董役也晝夜不息每晝一棋燃臘炬一枝儲祥宮太宗建之爲民祈福神宗以其地屬震發祥之至元祐初落成宦人陳衍領其事凡當用黃金處皆以丹朱代之宮成兩宮臨幸肆赦

蔡確安陸詩吳處厚告於朝臺官唯李公擇言不宜長此風盛陶言無意傾待兩端及諭辭用首鼠對叅蟬之句諫官四人朱光庭吳安詩劉安世梁燾交章排論兩府獨范純仁留身力解之時王存已去行數步爲范一言而留之蔡旣貶新州范王皆罷政公言使確誠無意如滄浪稱虞之句非佳語也

隋開汴河其勢正衝今南京至城外迂其勢以避之古老相傳爲留趙灣王藝祖以宋州節度使卽帝位乃其讖也

趙志忠自契丹歸明官至正郞嘗求差遣不報在都堂厲聲曰天下只有閻羅大王至公若欲不公似志

忠底已死了三二十個志忠歸中國時上書及得契丹文字甚多蓋志忠嘗爲契丹史官也

劉安世范祖禹同作諫官或傳宮中誕公主時上未納后二人卽奏公言未必實二人因上之宣仁曰無此事大臣誤聽紹聖貶官安世自高州移梅州祖禹自賓州移化州

張文定嘗苦脚疾無藥可療一日遊相國寺有賣藥者得藥豆兩粒服之遂愈曾魯公七十餘苦痢疾鄉人陳應之用水梅花臘茶服之遂愈子孝寬言其父

畀其術親記一小冊子後壽說中未過省時父竦素事普照像甚嚴日夕禱之夜夢一紫衣僧至堦前指庭之東見日初出甚近而光明不可正眎後英廟登極遂中第御名從日也

蘇少保頌爲人深沉有度量不忤於荆公罷知制誥歸班二年赴常朝未嘗一日在告與人終日無一言及之元祐中與同列爭買易事遂以朋黨罷相而蘇平生未嘗識易也知楊州日呂溫卿出使杖孔目官陷下四十餘人公怡然一聽所爲嘗奉親知婺州中

途大風舟壞親濡水公皇遽入水負抱逐吏及卒數百人盡跳波閒須臾風定親獲安全世言公所以作相者孝德所召也又善言臺閣故事下至閭巷風俗士大夫吉凶禮無不能記嘗曰先朝人書狀簡尺後多用押字非自尊也從簡省以代名耳今人不復識見押字便怒

吳頤云荆公薨之前一歲淩晨閽者見一蓬頭小青衣送白楊木笏裹以青布荆公惡甚棄之墻下曰明年祖龍死予因言唐相趙憬將薨長安諸城門金吾見一小兒衣豹犢鼻携五色繩子覓趙相公不旬日憬薨此相類也

張靖言荆公在金陵未病前一歲白日見一人上堂再拜乃故羣牧吏其死也已久矣荆公驚問何故來吏曰嘗相公恩以待制故來荆公愴然問雱安在吏曰見今未結絕了如要見可於其夕幕廡下切勿驚呼唯可令一親信者在側荆公如其言頃之見一紫袍博帶據案而坐乃故吏也獄卒數人枷一囚自大門而入身具桎梏曳病足立廷下血汗地呻吟之聲

殆不可聞乃雱也雱對吏云告早結絕良久而滅荆公幾失聲而哭爲一指使掩其口明年荆公薨靖公門人其說甚詳

國朝謚文公者楊億王洙二人歐陽永叔薨欲以文爲謚時議者謂韓愈得文已爲僭矣修豈可得於是謚文忠有曰必留與介甫紹聖初荆公果謚文

仁廟皇嗣未立羣臣多言獨韓魏公有力一日殿上陳宗廟大計上不得已領之遂降詔立濮邸比車駕還宮不食者再左右問安否上垂涕曰汝不知我今

日已有文代宮人有數其妃將入閤者曰何遽使也人爲上曰是他韓琦已處置了復泣下晚年每遇眞廟諱日羣臣拜慰心聞上慟哭其聲哀痛陳州謝師德嘗收梁職貢圖小筆尤精後有陶尚書跋尾數百字開寶時親筆公甚愛之公云其畫絶妙世鮮有之師德公之女夫也

曹后稱制日韓琦欲還政天子而御寶在太后閤皇帝行幸即隨駕琦因請具素仗祈雨比乘輿還御寶更不入太后閤即於簾前具述皇帝聖德都人瞻仰無不歡慰且言天下事久煩聖慮太后怒曰教做也由相公不教做也由相公琦獨立簾外不去及得一言有允意即再拜催起遂促儀鸞司拆簾上自此親政

神宗時旱一西僧呪水金明池雲氣蔽水如墨僧云羅叉神災劫重戰退天神不令下雨但可於某日内東門降雨數點而已果如其言

張日用知德清軍大旱民有爭水者日用曰今爲汝借水三寸二日内還汝乃於水中刻表爲記日用即詣一廟爲文具述借水事立廟中以俟即日大雨夜人視其表果及三寸而止

滕達道錢醇老孫莘老孫巨源治平初同在館中花時人各歷數京師花最盛處滕曰不足道約旬休日率同舍遊三人者如其言達道前行出封丘門入一小巷中行數步至一門陋甚又數步至大門特壯麗造廳下馬主人戴道帽衣紫半臂徐步而出達道素識之因曰今日風埃主人曰此中不覺諸公宜往小廳至則雜花盛開雕欄畫楯樓觀甚麗水陸畢陳皆

京師所未嘗見主人云此未足佳顧旨開後堂門坐上已聞樂聲矣時在諒闇中莘老辭之衆遂去莘老嘗語人平生看花只此一處

公曰荆公三經學者以謂如何余曰荆公學尤邃於理非後生所易知故學者又爲穿鑿所謂泰有司負泰法度也然荆公亦有所失如周官言贊牛耳荆公言取其順聽不知牛有耳而無竅本以鼻聽詩誰謂鼠無牙荆公謂鼠實無牙不知鼠實有牙昔曾有人引一牛與荆公辯之又嘗捕一鼠與之較公曰然

石曼卿謫海州日使人拾桃核數斛人迹不到處以彈弓種之不數年桃花遍山谷中

盧桐昭州人蔡挺薦爲國子直講爲人朴質不修人事至京杜門以故皆疎之唯孫莘老與之譜莘老見桐看易詰其義皆非今世所學得京房歷數之說莘老出京桐夜半餞之言莘老禍福後無不中者

予問公今三歲一郊奏補賞賚有不貲之費漢唐無之豈祖宗有深意乎公曰然蓋自五代士卒驕無名邀賞故制此以厭人心議者欲裁損之不知此也

契丹有一佛寺甚壯麗使者至必焚香寺有大佛銀鑄金鍍豐稷奉使見其供具器皿皆神宗賜高麗之物蓋高麗制於契丹然遇契丹使至其國所居殿上鴟尾皆撤去

鄭待制穆字閎中福州人與劉彝陳襄皆以德行爲世所尊號四先生時鄭歸閩公亦有詩送之曰清曉都門祖帳開路人相與嘆賢哉流塵幾騎看山眼落日休停別酒盃何待諸生留北闕自存遺直在東臺蓮江四老嗟誰在白首今朝只獨來

丁晉公執政不許同列留身唯王曾一切委順未嘗忤其意曾謂丁曰欲面求恩澤又不敢留身丁曰如公不妨一日留身進文字一卷具道丁事丁去數步大悔之自是遂有朱崖之行

南北郊其牲用犢取其繭栗者孿犢將必先引其母然後能行及殺之際其母哀鳴人不忍聞攝祀者多避之

眞宗一日晡時宣兩府於崇政殿衆疑今日別無奏事少頃乃賜食比暮召入禁中每人設一小閣子令

易衫帽上曰太平無事與卿等飲酒爲樂左右列宮人上曰卿等家亦有之否獨王旦對曰無有上以二人賜之及罷又賜香藥皆珍寶也宮人解紅綃金項帕繫於袖中拜賜而出

陽城責道州未行有書生五人訪城冠帶甚弊城各以一縑與之比至道州城謁五龍祠其縑皆在神坐側今刻石載其事

公晚責歸州遂得唐翰林學士李蠱事蠱嘗責知此郡唐史即不載獨見於圖經今郡宅有翰林堂公至

歸生男子遂以蟲名之公在歸尤多詩什有北扉西掖青雲士千載飄零只兩人謂此也蓋公爲紫微日嘗兼權直學士院

公旣責歸州路逢梁燾時貶化州分其子孫一半在鄆梁有幼子八歲孫三歲至潭州爲知州喻陟所逼家人數日環聚泣別至是梁奮然擲其子于地其孫方挽衣不肯去梁掣其手而行雨中徒步而出道路爲之泣下

南海有飛鳥自空中遺糞于舟檝不可闘下晉公之

貶崖鳥雖翔而糞不汙至崖盡縱所乘牛馬於山林間數年一夕皆集無遺者翊日遂有光州之命

公爲京東憲置黑漆牌雌黃字云刑獄冤濫詞理抑屈州縣不理立此牌下披部使人前佩之一日有婦人慟哭牌下曰吾女死大家不知其由公取其案劾之果得其冤一路震駭

公罷泰州幕時攜家人謁泗州雍熙塔見聖容不悅如怒色復歸高郵大病相繼一子夭後調官西上復拜塔下見其容甚悅遂有六察之薦劉士彥爲泗州日病甚其女割股肉以進夜夢普照云我以與汝取得藥來明日有徐州巨劉鄉人也來獻袈裟於塔下方掛塔之次於聖像中得藥一貼題云和州歷陽縣秦家治風藥服之香氣徹頂即日遂安

范文正少養於外氏朱家朱南京人今留府後朱少卿宅是也文正學於府庠同舍有病者文正親調藥以療病極囑文正曰吾無以報子平生有一術遊遠方未嘗窮乏者術之力也今以遺子因授藥一囊方書一小冊文正不得已而留之未嘗取視後二十年

得其子還之封識宛然

子瞻在黃州術士多從之游有僧相見數日不交一言將去懷中取藥兩貼如蓮藥而黑色曰此燒煉藥也有緩急服之子瞻在京師爲公言至今收之後謫海島無恙疑得此藥之力

孫公談圃卷下

子由嘗爲黃白術先治一室甚密中置大爐將舉火見一大貓據爐而溺須臾不見子由以謂神僊之術天使濟貧乏得其人然後傳予非其人遂不復講

呂文靖生四子公弼公著公奭公孺皆少時文靖與其夫人語四兒他日皆繫金帶但未知誰作宰相吾將驗之他日四子居外夫人使小鬟擎四寶器貯茶而往敎令至門故跌而碎之三子皆失聲或走歸告夫人者獨公著凝然不動文靖謂夫人曰此子必作相元祐果大拜

丁崖州多智數在海外有一販夫輒與數百緡任其貨易歲久不問商人疑其意且欲報之曰相公或使之雖死不避丁乃預計南京春宴必有中使在坐因作表丐還封爲書投府坐約商人曰汝必須於是日到仍須宴次投之商人欣躍而去至則如其言府坐得書懼不敢發欲匿之又中使已見遂因中使回附奏自是得移光州其表云雖遷陵之罪大應立主之功多

黃魯直得洪州解頭赴省試公與喬希聖數人待榜相傳魯直爲省元同舍置酒有僕自門被髮大呼而入舉三指問之乃公與同舍三人魯直不與坐上數人皆散去至有流涕者魯直飲酒自若飲酒罷與公同看榜不少見於顏色公嘗爲其婦翁孫莘老言甚重之後妻死作發願文絕嗜慾不御酒肉至黔州命下亦不少動公在歸州日見其容貌愈光澤留貶所累年有見者無異仕宦時議者疑魯直其德性殆夙成非學而能之

予嘗小醸公聞而見訪後度醸熟以詩見索云稍覺香薰鼻還思酒入唇盜缸止三斗可撥甕頭春予因和云紫貂寒擁鼻綠蟻細侵唇逆燭當時事壺頭此日春

公問自昔貶官至汀者爲誰予對圖經不載按唐史蘇弁自戶部侍郎以腐粟貶司戶蔣防自翰林學士貶刺史裴胄自宣州刺史貶司馬張又新自行軍司馬貶刺史

何殿直縣卒也善行天心正法予由婦遇祟二年何

治之初見四鬼環守後止見一何更造天獄築壇追捕鞭笞之聲聞於外是夜婦如醉而醒者家人詢二年之病皆不記但如夢中耳公先娶撫州吳氏因言吳氏有女爲祟所若待洪州道士治之而愈道士埋符廟下一夕廟屋盡圮至今修而復壞者數四其術秘不傳世

安南不滅議者歸咎王荊公進郭逵而退李憲荊公咲曰使逵無功勝憲有功使宦者得志吾屬異日受禍矣他日有朝士在中書稱李憲字荊公厲聲叱之

曰是何人卽出爲監當

宋宣獻家藏書過祕府章獻明肅太后稱制未有故實於其家討論盡得之

王青未遇時貧甚有人告曰何不賣睛灰令人家補壘器青如其言家貲遂豐是時京師無人賣此今則多矣葢自青始也公見高士英說少時見青監倉門特有一朝士在坐求青相青云眼昏看人不中朝士曰某不遠千里而來幸無辭也青曰無所諱則言官人山林中有寃氣所以平生坎坷守官多事不銜眷

卽差替也朝士愕然曰其五歲時所生母死於江行父遽焚於水濱卽解舟而去後求骨已亡矣無一日不恨青曰如此不須問相也

元祐初呂申公欲以張問爲給事中張老甚外議恂恂公上言朝廷欲用老成者謂其有成人之德豈特蒼頭白髮而已乎人有譏於申公申公以皤首又弟公續除慶帥辭疾不行請宫觀卽以祕書少監領眞祠公言近嘗有某官亦如此請者因得罪不宜以宰相弟遂撓法申公不悅出公知濟州

胡竸除監察御史公連章言禁中何以知此人姓名且未嘗有大臣論薦及有投獻文字堅執不下引覲近臣以其所爲主觀遠臣以其所主孔子主癰疽侍人瘠環又主上春秋鼎盛太皇太后簾幃深密正當防竊美之人葢指陳衍也其命遂寢今按家集所載乃裴綸非胡竸

凡稱臣寮上言卽御史所陳舊日皆書御史姓名至仁宗朝因事罷之

蒲恭敏宗孟知鄆州日有盜黃麻胡者刼良民使自掘地倒埋之觀其足動以爲戲樂恭敏獲其黨先刖

夫足筋然後置于法先是寇依梁山濼縣官有用長梯窺蒲葦間者恭敏下令禁毋得乘小舟出入濼中賊既絶食遂散去公爲憲日一倚恭敏凡獲盜即日輦金至市中行賞以故人人用力斬捕略盡

閩中唯建劒汀邵武四處殺子士大夫家亦然章鄭公建州人生時家婢將不舉凡滅燭而復明者三有呼於梁者曰相公家人懼甚遽收養之

藍大卿丞知吉州日朝廷議行新法自愈年老乞致仕忽有相手紋者曰大卿正做官何故要開藍鶯曰

吾雖有意而未發言何以知之相者曰只爲手中一道紋分明藍之子方病覩其手曰有兩橫紋相侵則不可救已而紋侵果卒

許景山遜知維揚以卒子子春既除服往舊治將丐府公理遺表事時王丞相隨爲郡子春以封狀見之謁通判拒不見子春大怒拂衣去而丞相聞之曰前日一封狀甚謹況其氣節如此因立奏遺表遂授太廟齋郎時年已四十終天章閣待制

瓊崖四州在海島上中有黎戎國其族散處無酋長多沉香藥貨余靖知桂州時吳蒙爲司戶管內機宜文字以卒五百安撫黎戎蒙謂此不足以立功即深入其地反爲掩殺蒙下馬請降戎得蒙待之甚厚以女妻之而蒙有子在瓊州令以銀五十星造兩餅贖之戎得餅甚喜遂放蒙還島上水出黎戎飲四州人少忤其意即毒其上流故鮮能入其巢穴國朝時有一節度使忘其名姓王不悅於趙普因使討之王令知術使士卒以鐵底爲襪入其地多使斬馘至今國中一石戎過之必懼而再拜相傳王節度會坐其上

蒙即荆公夫人之叔父公先妻吳與荆公夫人同母親見蒙說如此公再娶周即春卿家有賢行

張舜民芸叟從軍高遵裕有詩曰白骨似沙沙似雪勸君莫上望鄉臺神廟見詩責郴州稅郴多碧蓮根大如盌張嘗以墨印於詩藁上以詫北人也

紹聖初復用元豐舊人呂吉甫起知金陵公責歸州過之燕勞甚厚回謁於清涼寺問曾上荆公墳否公言不曾到但妻母墳近一省之蓋是時士大夫上荆公冢者無慮日呂因是問之

巫山神女廟其像坐帳中秘不可覩馮沆學士之幼子美秀如玉年十五隨沆知夔州日戲于郡圃忽拍手呼鹿鹿至則騎之人以爲異後改蜀郡過巫山廟其子輒褰帷見神女目動歸時頭痛疾三日而卒

公言近歲乘輿唐突者多爲衛士毆傷宜造一木匣如匱狀隨駕而行以御史一員掌之庶使冤抑可伸而良民無毆傷之害

晁堯民端仁嘗得冷疾苦無藥可治惟日中炙背遂愈

范嶠善風鑒公爲中書舍人時嶠曰凡坐狨毛要如李踁者公在馬上精神太衛恐不久居此未幾果出知南京

公昔與杜挺之梅聖俞同舟遡汴見聖俞吟詩日成一篇衆莫能和因密伺聖俞如何作詩蓋寢食游觀未嘗不吟諷思索也時時於坐上忽引去奮筆書一小紙內筭袋中同舟竊取而觀皆詩句也或半聯或一字他日作詩有可用者入之有云作詩無古今惟造平淡難乃筭袋中所書也

徐君平金陵人親見荆公病革時獨與一醫者對床而寢荆公矍然起云適夢與王禹玉露髻不巾同立一壇上已而遂薨此可怪也

杜常及第時在期集處爲公言先夢已及第猶著白衣見主上被髮嘗在衆中騎馬意欲先行爲前三人擁而不得進又過一大澗幾墮後得一人狀貌甚偉扶掖而過果第四人及第則前有三人之應也後一人乃沈季長正如夢中所見時在諒闇中即被髮之應也

儂智高叛時官軍屢敗孫沔余靖軍行不整所過殘掠狄青爲帥有婦人賣蔬於道一卒倍取青擒卒馬前斬之至廣召諸將責陳曉（御名犯英廟）違節制斥起大門外巳羅酒炙遂斬之孫余坐上股栗自是軍聲大振秋毫無犯遂破賊焉

杜鎬龍圖江南名士楠之祖也初登第時將試之前夕竊而燭之見大鼠銜卷于前視之乃孝經正義明日果於正義中出題三道

俞次尚與其妻素達理性次尚病呼其妻曰我將死

時次尚二子在外妻曰我欲先死君俟諸子至未晚
也其妻奄然而化次尚爲文誌其墓已而諸子至明
日告曰吾亦行矣卽薰沐趺坐而化孫莘老嘗表其
墓次尚官至屯田郎湖州人字退翁云
燕達爲兒時賣鴨卵嚴法華取其卵悉啖之旣而撫
其背曰惜取身他日一箇節度使
契丹犯澶淵泰至寇準適在病告上遣數輩召與計
事準辭疾復遣衛士舁病而入亦不至明日準入對
上引視二圖一江南一蜀中也準曰江南必王欽若
蜀中必陳堯咨也二人以其鄉里皆亡國詔不可固
請變與親征卽出懷中所擬將校姓名凡數百人詔
敕皆具矢戈卽日言邁遂平大寇準之力也
馬亮善相人爲夔路監司日呂文靖父爲州職官一
見文靖卽許以女嫁之其妻怒曰君嘗以此女爲國
夫人何爲與選人子亮曰此所以爲國夫人也

螢雪叢說卷上

宋　子俞子

余自四十以後便不出應舉人笑其無能爲也是則然矣然而早能知退又有人之所不能爲焉以巳之無能爲而能爲人之所不能爲此非其所長矣乎蓋四十而不惑四十五十而無聞焉斯亦不足畏也巳夫子嘗有是言也幼誦夫子之言力行夫子之訓既而不惑抑又無聞宜乎退縮一頭地而莫之爲也自此功名灰念加以拙於謀利時復優游黃卷考究討論付之書記囊螢映雪無所不爲塵積日久遂成一

編目曰螢雪叢說賓其實也雖然囊螢映雪豈能照耀方冊也哉于以見其學之篤而志之銳也此史臣所以美其勤勤若是姑欲激昂後進云爾則知今之叢是說者其亦車胤孫康之意歟慶元庚申八月望日東陽俞成元德漫錄

致字說

先儒解致字往往不盡抑致中和天地位焉鄭康成云致行之至也致樂以治心云致深審也周易略例主心致一也孔穎達云致猶歸也禮器禮也者物之致也鄭云致之言至也極也其他諸經往往皆爲極盡之意如喪致乎哀而止見危致命君子以致命遂志與病則致其憂之類是也此皆意有未盡蓋致有盡之意有取與納之意如喪致乎哀而止見危致命謂之極盡可也如致中和致知之類則又有取之意焉吾聞致師者亦有取之意也用致夫人凡春秋以其事致七十而致事致爲臣而歸則又有納之意與盡之意凡此皆難以一字通解也今人謂招致者亦

有取意也檀弓齊穀王姬之喪當爲告古毒反聲之誤也告下告上之辭故誤爲穀父母之喪哭無時使必知其反也知當爲如字之誤也言父母之喪號哭思慕如欲父母復反

恐字說

恐之名一也而用不同必有恐其乃有濟小不恐則亂大謀此皆聖賢之所謂恐恐於不善也所謂吉德也而世俗之所謂恐如猜恐嚇恐之類乃是恐於善而孰不善也所謂凶德也王導不恐美人之勸酒恐

爲見殺則強爲之飲此則不忍也正所謂忍於不善而就善也非吉德而何王敦之不顧美人之死而不爲之飲此世俗之所謂忍忍於善而就不善也非凶德而何天之報施必以其類觀王導王敦之禍與袁禍福益可見矣然則不忍者正人之本心孟子所謂人皆有不忍人之心是也而世俗之所謂忍者殘義害善之本殺身覆族之由也項羽爲人不忍雖不能成事要之良心猶在伍子胥爲人剛戾忍詬雖能成事然良心喪失盡矣予家子曰一慝之不忍而終身

慝乎王導能忍事此皆忍於不善以就善之謂嘗觀唐張公藝九世同居家無異議人問其故公藝取書忍字以對亦鑒王敦之得失也

記史法

歷事幾主歷任幾官有何建立有何獻則何長可錄何短可戒傳中有何佳對（讀諸史賦如張良傳用赤松子對黃石公）此賈挺才先生記史法也

解書訣

辭之內不可減減之則爲鑿鑿則失本意辭之外不可增增之則爲贅贅則壞本意此王虛中先生解書訣也

歌頌

盧仝茶歌至尊之餘合王公何事便到山人家上不忘君也安知百萬億蒼生命墮巔崖受辛苦下不忘民也此乃盡臣子敬上念下之意也元結中興頌前代帝王有盛德大業者必見於歌頌若今歌頌大業便不言德此乃得春秋一字褒貶之意也夫以歌頌之作不專爲稱美設也多寄意於譏諷一則有愛君

之誠一則有貶上之意二者雖若相反而於措辭立言各有所主不得不然

祭文

前輩嘗說北狄致祭皇后文楊大年捧讀空紙無一字隨自撰曰惟靈巫山一朵雲閬苑一團雪桃源一枝花秋空一輪月豈期雲散雪消花殘月缺伏惟尚饗仁廟大喜其才敏給有壯國體洪忠宣公自嶺外徙宣春沒於保昌張子韶致祭其文但云維某年月日具官某謹以清酌之奠昭告于某官之靈嗚呼哀

哉伏惟尚饗景盧泫美其情哀愴乃過於詞二者體製大槩相類要之詞意渾含言語脫俗此誠倉卒之所難也

四凶辯

人皆知渾敦窮奇檮杌饕餮爲四凶而不知所以謂之四凶者果何意耶蓋當舜之時見其罪惡如此而例以兇徒目之譬猶獸也正如今之駡人畜生禽獸據山海經載渾敦窮奇檮杌饕餮皆獸名也村預解經不知出此妄以義理釋之無怪他人之不識也

賦假人名體狀題意

往年俞文緯監試預薦赴省相過因話賦假人名善體狀題意者莫若武爲救世砭劑公唐室中興賴藥師而克濟漢家外患藉去病以皆除余嘗賦化下猶甄者欲以陶唐堯舜爲一聯使於變時雍猶埏巳埴風動四方器不苦窳事也曾與令弟碩夫遊昆仲儕輩較量莫不領略此說

賦善使事

昔有士人在場屋間賦帝王之道出萬全絶無故實遂問一老先生答云只有一舉空朔庭三箭定天山好使要在人斡旋爾或謂此事乃人臣非帝王也不可用疑誼之後於程文中見一舉人使得拔妙其說題目甚透有曰一舉朔庭空竇憲受成於漢室三箭天山定薛侯稟命於唐宗其所謂九轉丹砂點鐵成金者也

韻學

涵泳聖涯詩蓋出唐史文藝敘傳也三字皆亥一字是平不免以涯字爲押然涯之一字而見於三韻五

又魚奇反十三佳宜佳反九麻牛加反謹按韻略五廣韻注皆云水際水畔紬繹其義通庸可押嘗東萊先生渠亦是經義人也初未領畧容檢詳如可後於錢塘見陳給事先生傅良仍以涯字三韻通用押之卽可而已因謂省題詩如小經義雖無多字亦是難事至如誤山早鶯之目錯認黃華之意可勝晒哉

詩隨景物下語

杜詩丹霞一縷輕漁父詞留縷一鈎輕胡少汲詩隋堤煙雨一帆輕至若騷人於漁父則曰一簑煙雨於

農夫前日一犁春雨於舟子亦曰一篙春水皆曲盡形容之妙也

詩人警句

同舍李循道舉他秋景一聯曰池蓮影破龜行冷井梧凋鳳毛寒又張一之舉黃元夫詩曰芋村風下鵶千點麥隴天垂月一梳皆警句

史臣不載人臣實事

前漢蕭何傳不言律令新唐書李邕傳無一字及筆札五代史劉昫傳不書修領唐史

功臣特奏朝請

光武功臣所加特進朝請或者謂其官爵止乎如是而已殊不知春見曰朝秋見曰請示欲疎也蓋光武慮諸將功大權重有以脅勢而或變生肘腋乃所以遠之故也

試畫工形容詩題

徽宗政和中建設畫學用太學法補試四方畫工以古人詩句命題不知掄選幾許人也嘗試竹鎖橋邊賣酒家人皆可以形容無不向酒家上着工夫惟一善畫但於橋頭竹外掛一酒帘書酒字而已便見得酒家在竹內也又試踏花歸去馬蹄香不可得而形容何以見得親切有一名畫克盡其妙但掃數蝴蝶飛逐馬後而已便表得馬蹄香出也果皆中魁選夫以畫學之取人取其意思超拔者爲上亦猶科舉之取士取其文才角出者爲優二者之試雖下筆有所不同而於得失之際只較智與不智而已

陳同甫議論作文之法

嘗見陳同甫亮在太學議論作文之法經句不全兩

史句不全三不用古人句只用古人意若用古人語不用古人句能造古人所不到處至於使事而不爲事使或似使事而不使事或似不使事而使事皆是使他事來影帶出題意非直使本事也若夫布置開闔首尾該貫曲折關鍵意思常新若方若圓若長若短斷自有成摹不可隨他規矩尺寸走也苟自得作文三昧又非常法所能盡也

文章活法

文章一技要自有活法若膠古人之陳迹而不能點

化其句語此乃謂之死法死法專祖蹈襲則不能生於吾言之外活法奪胎換骨則不能斃於吾言之內斃吾言者生吾言也故爲活法伊川先生嘗說中庸鳶飛戾天須知天上者更有天魚躍于淵須知淵中更有地會得這個道理便活潑潑地吳處厚常作剪刀賦第五隔對去爪爲犧救湯王之旱歲斷鬚燒藥活唐帝之功臣當時屢黜易唐帝上一字不妥帖因看游鱗頓悟活字不覺手舞足蹈呂居仁嘗序江西宗派詩若言靈均自得之忽然有入然後惟意所出

萬變不窮是名活法楊萬里又從而序之若曰學者屬文當悟活法所謂活法者要當優游厭飫是皆有得於活法也如此吁有胸中之活法蒙於伊川之說得之有紙上之活法蒙於處厚居仁萬里之說得之

注題目出處

印書篓題本爲晚學設也不爲無益然而所試詩賦題目或出經史傳記注疏文集諸子百家難以偏知今乃揭示本文其法亦善矣唐時試題不具出處如孤竹管賦滿場不知出周禮甚可笑也彼有經義亦效篓題果何爲也刻治經人所業專一若不識出處繆妄之甚茲固所當略也主文已當鈌然

文字節要

今之節書豈公謂也非惟增入注解又且攙入他說不勝其繁初不較其簡要緊切處如何使人易於撿閱若用泛泛如此何似觀正本也前輩節書並用首尾該貫第一節其緊要第二節其好句第三節其故實繁辭盡削所以便於燈窗場屋之用爾如舊本司馬溫公親節通鑑可觀可法

以論語法言章句戲有官君子

嘗見有官君子皆以舉削爲慮晦菴先生嘗以法言章句戲之曰勢援上也文章次也政事又其次也咸無焉爲選人其人大笑又見浙中官員子弟講趙守問及晦翁學術政事孰優守乃以彝論篇章答之學而第一爲政第二可謂善品題矣二者之言雖曰戲謔亦可助一時之談笑

夢見王臨遷學

余文起主泮祖潭曾宿嶽麓書院夢見朱晦翁與張

南軒同在郡庠作意立盟還壁忽伊川横渠先生從外來云政不須如此適還理當使得何恤乎人言須臾聞東廊有人誦中庸大學二篇覺來雞唱適想二公衛道如此之切

不責酒過

武夷有一狂者爛醉詈及屏山先生劉彥冲次日修書謝罪先生不責其過但於紙尾復之云蛇本無影弓懸搖之影既無之公又何疑自首如新傾蓋如故眞達者之詞也

不怪炎涼

人之一身已自有輕重足履穢惡則不甚介意若手一沾汚浣濯無已豈可怪世情之炎涼也哉舊有題湯泉者最爲該理如云比鄰三井在山崗二井冰寒一井湯造化無私猶冷暖爭教人世不炎涼

矢魚于棠

辛酉秋因如鄱陽閱三十六家春秋解若注矢魚于棠雖累數說不透皆以矢爲觀非也使其以矢爲觀當時何不直書其事而乃云云若是蓋有深意存焉

余嘗謂矢者射也正周禮所謂矢其魚鱉而食之是也推而上之若皐陶矢厥謨亦射義也釋書者類訓直又非周道如砥其直如矢乃詩人比喻之辭故可以云直若書之矢謨春秋之矢魚皆出於任意而爲之故可以云射自皐陶有矢謨之說而後董仲舒有射策之文君子於此可以意推不可以例觀也

溺於陰陽

陳季陸嘗挽劉韶仲諸公同往武夷訪晦翁朱先生偶張體仁與焉會宴之次朱張志形交談風水日如

是而爲芴山如是而爲靴山稱賞蔡季通無已季陸遂辯云蔡丈不知世代攻於陰陽方始學此晦翁又從而褒譽之乃祖乃父明於龍脉季通尤精季陸復辯之曰據某所見嘗反此說若儒者世家故能感動若日者世家便不足取信於人何者公卿宰相皆自其門而出他人何望焉朋居聯應聲曰他家也出宮出巡宮陳嘗嘗如燒金煉銀之術父可傳之於子子可傳之於孫孫何必教外人古者人皇氏世人有九頭已無定形未有百官已有許多山了不知何者爲

茐山何者爲靴山坐客皆笑晦翁搖指向李陸道此說不可與蔡文知僕親聞是語故紀之以爲消於陰陽者之戒

人之小名

今人生子妄自尊大多取文武富貴四字爲名不以騶顏爲名則以望回爲名不以次韓爲名則以齊愈爲名甚可笑也古者命名多自貶損或曰愚曰彝或曰拙曰賤皆取謙抑之義也如司馬氏幼字犬子至有慕名野狗何嘗擇稱呼之美哉嘗觀進士同年錄

江南人習尚機巧故其小名多是好字足見自高之心江北人大體任眞故其小名多非佳字足見自貶之意若夫鴈塔之題當先正名垂於不朽

事要有分

一切之事皆要有分若是無分而欲極力强求徒然而已王盧中先生譬如筵席安排十分已飲過數巡忽有親朋訪及雖欲挽之同坐奈酒闌歌罷不可得而相陪此乃謂之無分大凡功名富貴貧賤休戚皆是五行帶來無非分定安可嘆息怨恨於斯耶不然

晦翁先生何爲有隨緣安分四字也

得失有時

人之得失各自有時初不知其所以然而然也有朋友於試罷之後聞埊不著遂欲捨書學劍無所不至龍舒王先生擧似一絶曰得則欣欣失則悲桃紅李白各隨時雖然屬在東君手問着東君也不知

螢雪叢說卷下

克己復禮天下歸仁

或問安定先生胡侍郎何謂克己復禮天下歸仁胡舉邵堯夫詩以答之云門前路徑無令窄路徑窄時無過客過客無時路徑荒人間滿地生荆棘其人點悟

聖人之於天道

陳洪範問艾軒先生林祭酒聖人之於天道如何答云恰是恁地未悟問後問魏聘君國錄答云正如京

師人賣床貼恰用得着觀此二說其意則一

學易無大過

聖人之處事與常人不同常人之處事多有不及惟聖人之處事不患不及秖恐太過夫子稱加我數年五十而學易可以無大過者蓋欲勉進中年而學洗心退藏之書則處事得中斷無不及之患今不曰無不及而特曰可以無大過者此聖人謙抑之辭也中庸曰有所不足不敢不勉有餘不敢盡寧非君子之中庸乎嘗觀夫子於三百篇之詩而斷以思無邪之一言此見夫子得詩之中也於易則曰無過於詩則曰無邪是皆一意

解書

洪內翰景盧主泮三山以林少穎爲書學諭講帝釐下土數語曰知之爲知之堯典之所以可言也不知爲不知九共槀飫略之可也惜乎林書不載此說予故表而出之嘗見王盧中談及林少穎呂伯恭講究書學皆有所得各有所見學者當詳復其爲訓若前人解書言宥過無大刑故無小乃謂赦宥其過誤者

雖大亦宥之刑責及特故過雖小亦刑之如此則於辭上脫無字添雖字矣是其辭已不明也若失火而延及官庫此過誤也此大者也其可宥乎若馳馬而蹂死小兒此過誤也此大者也其可宥乎是其理已不安矣若命人守果實拈以小果食之此故也此小者也亦將刑乎若命人守倉而竊穴之小竅以窺其外此故也此小者也亦將刑乎是其理已不安矣則若商鞅之法棄灰於道者有誅豈聖人之法哉若曰宥過慎則無大者謂小者則宥大者則不宥所以使

人警畏非敢懈怠也若曰刑特故者則無小者謂稍大則刑小者則不刑所以示吾寬德非爲苛細也宥過無大是以見聖人之義刑故無小是以見聖人之仁是說蓋得於伯氏俞君從俞夢達平時有得於書學者如此

解孟子

陳季陸常推賈挺才好先生非惟筆力過人又且講授不雷同且如說孟子引得杜詩爲證極是明白若解文王爲臺爲沼而民歡樂之正是丈人屋上烏人

好烏亦好桀紂瑤臺瓊室正是君看墻頭桃樹花盡是行人眼中血夫以烏鳥本是可惡之物而反喜之桃花本是可喜之物而反惡是何也蓋由人情所感而然爾靈臺瑤臺亦莫不然

東萊教學者作文之法

東萊先生呂伯恭嘗教學者作文之法先看精騎次看春秋權衡自然筆力雄楗格致老成每每由人一頭地

徐積悟作文之法

節孝先生徐積因讀史記貨殖傳見人棄我取人取我與遂悟作文之法

辯滕王閣序落霞之說

王勃作滕王閣序中間有落霞與孤鶩齊飛秋水共長天一色之句世率以爲警聯然而落霞者乃飛蛾也即非雲霞之霞土人呼爲霞蛾至若鶩者乃野鴨也野鴨飛逐蛾蟲而欲食之故也所以齊飛若雲霞則不能飛也見吳獬事始

賦以一字見工拙

褭者吳叔經郡在湖南漕試以本經詩義取解魁次名陳尹賦文帝前席賈生破題云文帝好問賈生力陳於其勢之前席重所言之過人叔經先生攻勢字作分韻大欽服内有打花格云金蓮燭煥煌煌漢天子之儀玉漏聲沉纚纚洛陽人之論試官已喜此一聯又陳季陸在福州考較出皇極統三德五事賦題看破題云極有所會理無或遺統三德與五事貫一中於百爲季陸先生極喜闡初兩句只嫌第四句不是貫百爲於一中似乎倒置攻貫字作寓較有意思

右喜陳舜申三策第三道策題問屯田乃先生撰也最是答得工夫此皆二公之警誨也

詩貴熟讀

梁揆叔子解試鵬鷚離風塵詩當時無不擊節天人徑說鵬鷚冲天品凡禽未易倫三秋乘志氣一舉離風塵或者喜其自喻見志果趨詣上上第幼嘗誦此一篇已自迅口轉過初不覺其所以妙處及至暮年始悟高騰霄鳳渚下睨塞鴻賓借渚字對賓無如此之巧始嘆伏不能自已大凡玩古人糟粕須是字字

究竟句句勘破方是讀書又要熟讀古人云讀書百遍其義自見又云舊書不厭百廻讀熟讀應須子自知

廷對二說

嘗見閩中一士人方領鄉舉叨目過省廷對有棠被敎盲之說又見浙中一先生四舉了當廷對有僻在一隅之說皆不欲言其名也都是奩籠說話怕落第五甲也欲媒試官把做大學川中人看得數較優舉是使得驗其狡猾如此後進之士當自奮勵取高第

而躐巍科央在萬人頭上立不可效此曹爲碌碌計也千萬勉旃

風化

撝胡床畜番大舞拓拔（拓拔氏胡人設呼爲拓拔）動鼓樂皆士大夫之所不當爲而爲之無乃循習日久而恬不知怪乎有能奮拔於流俗之中而毅然以中國禮義爲己任亦風化之所由倡也

自悟前身

余因以類彰革祐自省前身爲李氏之子邊鎬爲謝靈運後身韋皐旣生之身有一胡僧造其家曰兒若有喜色革氏問之僧曰此子乃諸葛武侯後身因以武侯字之見宣室志及觀王十朋絕句石橋未到神先到日裏還同夢裏時俗敎我名劉道者前身曾寫石橋碑石橋乃天台五百尊羅漢洞口也今世所以聰明所以福德所以不昧本來面目皆前世有以貽之不是大修行僧道便是大有德官員功成行滿告滄政治故有如是滅亦復有如是生彼有靈物託化

星辰降誕神道出世爲我等相者應見自性如來豈他人之所能知哉

天堂地獄

人言天堂高而在上地獄幽而在下疑其勢之相遼絶也據某所見大有不同蓋與人説好事一切依本分眼前便是天堂不必更求之於天上欺昇人物色教唆人歹事眼前便是地獄不必更求之於地下爲善卽天堂爲惡卽地獄天堂地獄不在乎他而在乎一念之間不可有毫髮差

修外功德内功德

人於利濟通達者力爲之患難困苦者力救之皆如巳身之事修此爲外功德也修之勿責人報勿希天佑人若有知天若有靈此理當如何哉人能淸心寡累懲忿窒慾修此爲内功德也修之勿期道勝勿希瑞應經若不誣教若不虚此理當如何哉

善惡有報

善惡若無報乾坤必有私此古語也善惡到頭終有報只爭來速與來遲此古詩也或者執其爲善未必福爲惡未必禍之説遂以謂善惡莫執無應妄啓輕福遠禍之心果能無應也耶夫善有善報善人爲善而天或不以善報非無報也蓋未報也惡有惡報惡人爲惡而天或不以惡報非無報也蓋未報也所謂未報者乃其未熟故耳逮夫熟時則其報之也其致如捷胡不覩大藏經云善若無報其善未熟其善熟時必受其福惡若無報其惡未熟其惡熟時必受其苦

心目相亂

仰而貪看鳥回頭錯應人是心爲眼所亂也忽目馬首見新月錯認蛾眉憶故人是眼爲心所亂也噫眼中有心心中有眼二者無意於相亂而不能不相亂也

責巳説

責巳不責人君子也責人不責巳小人也小人惟知責人而不知責巳所以多招外謗蓋嘗自恕也人之子弟或好賭博聲色寵養游獵一切玩弄皆自有以誘之故外得以投之費用未千百而生事巳二三爲

父兄者當痛責其子弟之不肖而箠楚之又懲戒之可也不此之爲而委訴他人于官府冀其悛惡改過不可也大凡隣舍孩提或有爭競不問其是非如何只自撻其子也豈免他議人有書世情二字并蘇秦只是舊蘇秦昔日何疎今日親之句於齊者責其不情於我而不知未有可情之勢此所以疎之者何望焉秦穆公善誨過責巳不責人荀子曰君子責巳重以周此之謂也

斷飲說

房琯以片言取宰相楊炎以單議悟天子一言之感人也如此頃年陳公大卿生平好飲一日席上有一同寮舉知命者不立於巖牆之下而問之陳曰酒亦巖牆也陳因是有醒遂終不飲不飲何其一言之感人如此今人或有所溺而乃諄諄之誨縷縷之詞勉之不從何也蓋勸其以所欲而禁其所不欲豈遽然惟我是聽而忘其所愛斷然不能投合不若以節之之說告之漸令改過可也大凡諫諍之道無由於此

茹蔬說

能爲人之所能爲而不能爲之所不能爲庸人也斷葷戒酒飲食菜茹蔬是人也能爲也割愛妻子絕念色欲是人之不能爲也喫菜事魔正生此患至於貪財戀色男女混置修二會十說金剛禪皆幻術也若夫大可詠者不饗祀家先言逆諸天堂上也且人之有身則有父有父則有祖四時饗獻示不忘其本也豈有俗崇而能上天堂也耶原其趣向非不慕善要之耶道繆用其心所以有禁止之令也

聲律對偶假借用字

天子居丹扆廷臣獻六箴此省題詩也白髮不愁身外事六么且聽醉中詞此律詩也二公之所以對者見之於詩無非借數而已周以宗強賦故斧箴之典兕始諸姬而阜康東門種瓜詩青門無外事尺地足生涯二公之所以對者見於賦詩無非借數與器而巳詩史以皇眷對紫宸曲詞以清風對紅雨或以青州從事對烏有先生或以披綿黃雀對通印子魚因朱耶之板蕩致赤子之流離談笑有鴻儒來往無白

丁是皆老於文學而見於駢四儷六之間者自然假借使得好不知膾炙幾千萬口也嘗記陳季陸應行先生舉似作賦之法用高皇對小白

戒食菰蕈

夏秋月雜菰蕈皆是惡蟲蛇氣結成前後壞人甚多斷不可喫爾農民何不勤力種菜四時無缺何用將性命試此毒物特此勸諭莫招後悔見王狀元夔府十城

螢雪叢說卷下

道山清話

宋　王暐

司馬君實洛中新第初遷入一日步行見墻外暗埋竹簽數十問之則曰此非人行之地將以防盜也公曰吾篋中所有幾何且盜亦人也豈可以此爲防命亟去之

正獻杜公嘗言人家祀祖先非簡慢則媟瀆得其中者鮮矣

斯舉又作黃綿襖子歌其序言正月大雨雪十日不

已既晴鄉里相呼資日曰黃綿襖子出矣

魏公一日至諸子讀書堂見臥榻枕邊有一劍公問儀公何用儀公言夜間以備緩急公笑曰使汝果能手刃賊賊死于此汝何以處萬一奪入賊手汝不得爲完人矣古人青氊之說汝不記乎何至于是也吾嘗見前輩云夜行切不可以刃物自隨吾輩安能害人徒起惡心非所以自重也

神宗時文州曲水縣令宇文之邵上書極言時政且言姦聲亂色盈溢耳目衢巷之中父子兄弟不敢肩隨孰謂王者之都而風俗一至于此神宗乃遣一二内侍於通衢中物色民言竟以無是事而止予謂縱物色得其言如何敢舉于上前劉貢父嘗對人言内官如聽得只道是尋常文談

魏公在永興一日有一幕官來叅公一見熟視蹙然不樂凡數月未嘗交一語儀公乘間問公幕官者公初不識之胡然一見而不樂公曰見其額上有鬼隱起必是禮拜當非佳士恁地人緩急怎生倚仗

哲宗御講筵所手折一栢枝玩程頤爲講官奏曰方

春萬物發生之時不可非時毀折哲宗亟擲于地終講有不樂之色太后聞之歎曰怪鬼壞事呂晦叔亦不樂其言也云不須得如此

潞公在永興一日行國忌香幕次中客將有事欲白公悞觸燭臺倒在公身上公不動亦不問

韓持國爲人凝厳方重每兄弟聚話王汝子華議論風生持國未嘗有一言

邵康節與富韓公在洛每日晴必同行至僧舍韓公每過佛寺神祠必躬身致敬康節笑曰無乃爲佞乎

韓公亦笑自是不爲也
章子厚與蘇子瞻少爲莫逆交一日子厚坦腹而臥適子瞻自外來摩其腹以問子瞻曰公道此中何所有子瞻曰都是謀反底家事子厚大笑
蘇子瞻一日在學士院閑坐忽命左右取紙筆寫平疇交遠風良苗亦懷新兩句大書小楷行草書凡寫七八紙擲筆太息曰好好散其紙于左右給事者
張文潛嘗言近時印書盛行而鬻書者往往皆士人躬自負擔有一士人盡掊其家所有約百餘千買書

將以入京至中途遇一士人取書目閱之愛其書而貧不能得家有數古銅器將以貨之而鬻書者雅有好古器之癖一見喜甚乃曰毋庸貨也我將與汝估其直而兩易之於是盡以隨行之書換數十銅器亟返其家其妻方訝夫之回疾視其行李但見二三布囊磊塊然鏗鏗有聲問得其實乃詈其夫曰你換得他這個幾時近得飯喫其人曰他換得我那個也則幾時近得飯喫因言人之惑也如此坐皆絕倒
劉貢父一日問蘇子瞻老身倦馬河堤永晴盡黃榆綠槐影非閤下之詩乎子瞻曰然貢父曰是日影耶月影耶子瞻曰竹影金鎖碎又何嘗說日月也二公大笑
周重實爲察官以民間多壞錢爲器物乞行禁止且欲毀棄民間日近所鑄者銅器時張天覺爲正言極論其不可恐官司臨迫因而壞及前代古器貢之言既不降出憤懣不平謂同列曰天覺只怕壞了鈸兒磬兒
呂晦叔爲中丞一日報在假館中諸公因問何事在

假時劉貢父在坐忽大言今日必是一個十齋日蓋指晦叔好佛也
子瞻愛杜牧之華清宮詩自言凡爲人寫了三四十本矣
人問邵堯夫人有潔病何也堯夫曰胸中滯礙而多疑耳未有人天生如此也初因多疑積漸而日深比亦未爲害但疑心既重則萬境皆錯最是害道第一事不可不知也
山谷在宜州服紫霞丹自云得力曾紆嘗以書勸其

勿服山谷荅云公叅禪根在傍乃不可服如僕服之殆是晴雲之在川谷安得霹靂火也

李公擇每飲酒至百杯即止詰旦見賓客或閱書簡亦不病酒亦無倦色

張天覺好佛而不許諸子誦經云彼讀書未多心源未明纔拈着經卷便燒香禮拜不能得了

彭汝礪久在侍從剛明正直朝野推重晚娶宋氏婦有姿色器資承順惟恐不及後出守九江病中忽索紙筆大書云宿世冤家五年夫婦從今以往不打這

鼓搊筆而逝

陳瑩中云嶺南之人見逐客不問官高卑皆呼爲相公想是見相公常來也

一長老在歐陽公座上見公家小兒有小名僧哥者戲謂公曰公不重佛安得此名公笑曰人家小兒要易長育往往以賤名爲小名如狗羊犬馬之類是也聞者莫不服公之捷對

温公無子又無姬侍裴夫人既亡公常忽忽不樂時至獨樂園于讀書堂危坐終日常作小詩隷書梁間云暫來還似客歸去不成家其間人簡有云草妨步則薙之木礙冠則芟之其他任其自然相與同生天地間亦各欲遂其生耳可見公存心也

周穜言垂簾時一日早朝執政因理會事太皇太后命一黃門於內中取案上文字來黃門倉卒取至誤觸上幞頭墜地時上未著巾也但見新剃頭撮數小角兒黃門者震懼幾不能立旁有黃門取幞頭以進上凝然端坐亦不怒亦不問既退押班具其事取旨上曰只是錯太后命押班只是就本班量行遣

章子厚爲侍從時遇其生朝會客其門人林特者亦鄉人也以詩爲壽子厚晚於座上取詩以示客且指其頌德處云只是海行言語道人須道著乃爲工門人者頗不平之怒曰昔人有令畫工傳神以其不似命别爲之既而又以不似凡三四易畫工怒曰若畫得似後是甚模樣滿坐烘然

太祖嘗有言不用南人爲相實錄國史皆載陶穀開基萬年錄開寶史譜言之甚詳皆言太祖親寫南人不得坐吾此堂刻石政事堂上或云自王文穆大拜

徭吏輩故壞壁因移石於他處後復不知所在旣而王安石章惇相繼用事爲人竊去如前兩書今館中有其名而亡其書也頃時尚見其他小說往往牙見今皆爲人節略去人少有知者知亦不敢言矣

予一日道過毗陵舍於張郎中巷見張之第宅雄偉園亭臺榭之勝古木參天因愛而訪之問其世家則知國初時有張俶者隨李煜入朝太宗時俶在史館家常多食客一日上問卿何賓客之多每日聚說何事俶曰臣之親舊多客都下貧乏絕糧臣累輕而俸

有餘故常過臣飯止菜羹而已臣愧非薄而彼甚以爲美美故其來也不得而拒之七日上遣快行家一人伺其食時直入其家俶方對客飯於是即其座上取一客之食以進果止糲飯菜羹仍皆麤璺陶器上喜其不隱時號菜羹張家俶三子益之盈之奎之皆嘗爲郎官至今彼人呼其所居曰張郎中巷

紹聖改元九月禁中爲宣仁作小祥道場宣隆報長老陞座上設御幄於旁以聽其僧祝曰伏願皇帝陛下愛國如身視民如子每念太皇之保佑常如先帝之憂勤庶尹百僚謹守漢家之法度四方萬里永爲趙氏之封疆旣而有僧問話云太皇今居何處答云身居佛法龍天上心在兒孫社稷中當時傳播人莫不稱歎於戲太皇之聖華夷稱爲女堯舜方其垂簾每有號令天下人謂之快活條貫

元祐癸酉九月一日初夜開寶寺塔表裏通明徹旦禁中夜遣中使賚降御香寺門已閉旣開寺僧皆不知也寺中望之絕無所見去寺漸明後二日宣仁上僊

杜少陵宿龍門詩有云天闕象緯逼王介甫改闕爲閲黃魯直對衆極言其是貢父聞之曰直是怕他

劉貢父嘗言人之戲劇極有可人處楊大年與梁周翰朱昂同在禁掖大年年未三十而二公皆高年矣大年但呼朱翁梁翁每以言侵侮之一日梁戲謂大年曰這老亦待畱以與君也朱於後亟搖手曰不要與衆皆笑其捷雖一時戲言而大年不五十而卒

慶曆中胡瑗以白衣召對侍延英講易讀乾元亨利貞不避上御名上與左右皆失色瑗曰臨文不諱後

瑗因言孟子民無恒產讀爲常上微笑曰又却避此一字蓋自唐穆宗已改常字積久而讀熟雖曰尊經然坐斥君父之名亦未爲允上嘗詔其修國史瑗乃避其祖諱不拜

黃庭堅宜州之貶也坐爲承天寺藏記

張舜民郴州之貶也坐進兵論世言白骨似山沙似雪之詩此特一事耳兵論近於不遜矣舜民嘗因登對云臣須赴潭州任因子細奏陳神宗感疾之因哲宗至於失聲而哭

富丞相一日於墳寺剃度一僧貢父聞之笑曰彥國壞了幾個才度得一個人問之曰彥國每與僧對語往往奬予過當其人恃此傲慢反以致禍者攷目擊數人矣豈非壞了乎皆大笑然亦莫不以其言爲當也

莘老入相不及一年而罷坐父死不葬後莘老作家廟記自辯劉器之爲其集之序

元祐丁卯十一月雪中予過范堯夫於西府先有五客在坐予既見因衆人論說民間利害公甚喜書室中無火坐久寒甚公命溫酒來公與坐客各舉兩大白公曰說得通透後令人心神融暢

或問范景仁何以不信佛景仁曰爾必待我合掌膜拜然後爲信耶

司馬君實嘗言呂晦叔之信佛近夫佞歐陽永叔之不信近夫躁皆不須如此信與不信纔有形迹便不是

裕陵嘗問溫公外議說陳升之何如溫公曰二相皆閩人二執政皆楚人風俗如何得近厚又問王安石

如何溫公曰天資僻執好勝不曉事其拗强似德州其心術似福州上首肯微笑又嘗稱呂惠卿美才溫公曰惠卿遇於安不使江充李訓無才何以能動人主

司馬君實與呂吉甫在講筵因論變法事至於上前紛拏上曰相與講是非何至乃爾既罷講君實氣貌愈溫粹而吉甫怒氣拂膺移時尚不能言人言一個陝西人一個福建子怎生廝合得着

趙先生能使人夢寐中隨其往以觀地獄實盡長老

不信欲往觀之先生與之對趺坐命長老合眼正念人視之二人皆已熟睡鼻息如雷俄頃而覺長老者流汗被體視先生合掌作戰悸之狀人問之皆不答但亟遣人往州橋問銀鋪李員外如何既而人回曰今早殂矣明日長老遂退院而去

劉貢父言每見介甫道字說便待打諢

張文潛言嘗問張安道云司馬君實直言王介甫不曉事是如何安道云賢只消去看字說文潛云字說也只是二三分不合人意思處安道云若然則足下

亦有七八分不解事矣文潛大笑

大參陳彭年以博學強記受知定陵凡有問無不知者其在北門因便殿賜坐對甚從容上因問墨智墨允是何人彭年曰伯夷叔齊也上問見何書曰春秋少陽即令秘閣取此書既至彭年令於第幾板尋檢果得之上極喜自是注意未幾執政

黃庭堅嘗言有人心動則目動王介甫終日目不停轉

庭堅一日過范景仁終日相對正身端坐未嘗回顧亦無倦色景仁言吾二十年來胸中未嘗起一思慮二三年來不甚觀書若無賓客則終日獨坐夜分方睡雖兒曹誰呼咫尺皆不聞庭堅曰公却是學佛作家公不悅

李覯字泰伯盱江人賢而有文章蘇子瞻諸公極推重之素不喜佛不喜孟子好飲酒作文古文爾佳一日有達官送酒數斗泰伯家釀亦熟然性介僻不與人往還一士人知其富有酒然無計得飲乃作詩數首罵孟子其一云完廩捐階未可知孟軻深信亦還

癡丈人尚自為天子女婿如何弟殺之李見詩大喜留連數日所與談莫非罵孟子也無何酒盡乃辭去既而又有寄酒者士人聞之再往作仁義正論三篇大率皆詆釋氏李覽之笑云公文采甚奇但前次被公喫了酒後極索寞今次不敢相留留此酒以自遣懷聞者莫不絕倒

劉貢父平生不曾議人長短人有不韙必當面折之雖介甫用事諸公承順不及惟貢父屢當面攻之然退與人言未嘗出一語人皆服其長者雖介甫亦敬

厭之

朱康叔送酒與子瞻子瞻以簡謝之云酒甚佳必是故人特遣下廳也蓋俗謂主者自飲之酒爲不出廳耳

范堯夫帥陝府有屬縣知縣因入村至一僧寺少憩既飯步行廊廡間見一僧房頗雅潔閒無人聲案上有酒一瓢知縣者戲書一絶於窗紙云爾非慧遠我非陶何事窗間酒一瓢僧野避人聊自醉臥看風竹影蕭蕭不知其僧俗家先有事在縣裡掘坐罪明日其僧乃截取窗字黏於狀前訴於府且曰某有施主某人昨日携酒至房中值某不在房知縣既至施主走避酒爲知縣所飲不辭但有數銀盃知縣既醉不知下落銀盃各有鐫識今施主追某取之乞追施主某人與廳吏某人鞫之堯夫曰爾爲僧法當飲乎杖而逐之且曰果有失物令主者自來理會持其狀以示子姪輩曰爾觀此安得守官處不自重即命火焚之對僚屬中未嘗言及後知縣者聞之乃脩書致謝堯夫曰不記有此事自無可謝還其書

王安石配享文宣王廟庭坐顏孟之下十哲之上駕幸學親行奠謁或謂安石巍然而坐有所未允蔡知院元度曰便塑底也不得

後跋語

先大父國史在館閣最久多識前輩皆以聞見著館秘錄曝書記并此書爲三仍歲兵火散失不存近方得此書於南豐曾仲存家因手抄藏示子孫騁老矣未知前二書尚及見乎建炎四年歲在庚戌孫朝奉大夫主管亳州明道宮賜紫金魚袋騁書

劉賓客嘉話錄序

絢少陸機入洛之三歲多重耳在外之二年自襄陽負笈至江陵拏葉舟升巫峽抵白帝城投謁故贈兵部尚書賓客中山劉公二十八丈求在左右學問是歲長慶元年春蒙丈人許措足侍立解衣推食晨昏與諸子起居或因宴命坐與語論大抵根於教誘而解釋經史之暇偶及國朝文人劇談卿相新語異常夢話若諧謔卜祝童謠佳句即席聽之退而默記或染翰竹簡或簪筆書紳其不暇記因而遺忘者不知

其數在掌中梵夾者百存一焉今悉依當時日夕所話而錄之不復編次號曰劉公嘉話錄傳之好事以為談柄也時大中十年二月朝散大夫江陵少尹上柱國京兆韋絢序

劉賓客嘉話錄

唐 韋絢

張巡之守睢陽玄宗已幸蜀胡羯方熾城孤勢蹙人食竭以絲布切煮而食之時以茶汁和之而意自如其謝加金吾表曰想峨眉之碧峯豫遊西蜀追綠耳於元圃保壽南山逆賊祿山迷逆天地戮辱黎獻羶染闕庭臣被圍七旬親經百戰主辱臣死當臣致命之時惡稔罪盈是賊滅亡之日其忠勇如此又激勵將士賦詩曰接戰春來苦孤城日漸危合圍侔月暈

分守若魚麗屢厭黃塵起時將白羽揮裹瘡猶出陣飲血更登陴忠信應難敵堅貞諒不移無人報天地心計欲何施又夜聞笛詩曰岧嶤試一臨虜騎俯城陰不辨風塵色安知天地心營開星月近戰苦陣雲深旦夕更樓上遥聞橫笛吟

為詩用僻字須有來處宋考功詩云馬上逢寒食春來不見餳嘗疑此字因讀毛詩鄭箋說簫處注云即今賣餳人家物六經唯此注中有餳字緣明日是重陽欲押一糕字尋思六經竟未見有糕字不敢為之

常訶村員外巨顙折老拳疑老拳無據及覽石勒傳
卿既遭孤老拳孤亦飽卿毒手豈虛言哉後輩業詩
即須有據不可率爾道也
刑部侍郎從伯伯芻言某所居安邑里巷口有鬻餅
者過戶未嘗不聞謳歌而當壚興甚早一旦召與語
貧窘可憐因與萬錢令多其本日取餅以償欣然持
錢而去後過其戶則寂然不聞謳歌聲謂其逝矣及
呼乃至謂曰爾何輟歌之遽乎曰本流既大心計轉
麤不暇唱渭城矣從伯曰吾思官徒亦然因成大噱

禾嶽中盧齊卿暴死及蘇說見其舅李某爲冥司判
官有吏押案曰宇文融合爲宰相舅曰宇文融豈堪
作宰相吏曰天符已下數日多少即由判官舅乃判
一百日既拜果百日而罷公曰官不前定何名眞宰
崔丞相造布衣時江左士人號曰白衣夔時有四人
是盧東美其二遺忘崔左遷在洪州州帥曹王將辟
爲副時德宗在梁奏的合過況曹王有功且親也時
有趙山人言事多中崔問之曰地主奏某爲副使且
的過否對曰不過崔詰曰以時事必合得過也山人
曰却得一刺史不久勑到更遠於此崔不信再問曰
必定耳州名某亦知之不可先言且曰今月某日勑
到必先弔而後賀崔心懼久之蓋言某日郎崔之忌
日也謂趙山人曰言中奉百千不中輕撻五下可乎
山人笑曰不合得員外百千只合得起一間竹屋又
問之且我有宰相分無曰有崔曰遠近曰只隔一兩
政官不至三年矣及某日私忌洪州諸從皆知其說
是日悉之江亭將慰崔忌衆皆北望人信至酉時見
一人從北岸祖而招舟急使人問之乃曰州之脚次

將及岸問曰有何除改崔員外奏副使員外過否曰
不過却得虔州刺史勑牒在此諸公驚笑果先慰而
後賀焉明日說於曹王曹王與趙山人錢百千不受
崔爲起竹屋一間欣然徙居之又謂崔曰到虔州後
有大紹一段驚懼即必得入京也既而崔舅源休與
朱泚爲宰相崔憂悶堂帖追入甚憂惕時故人竇參
作相拜兵部郎中俄遷給事中平章事
又曰潛邑侍郎有宰相望時有張山人善相崔造相
公方爲兵部郎中與前進士姜公輔同在薛侍郎坐

中薛問張山人曰坐中有宰相否心在巳身多矣張曰有薛曰幾人曰有兩人曰何人曰崔姜二人必同時宰相薛嘿然不樂既而崔郎中徐問張曰何以同時意謂姜公始前進士巳正郎勢不相近也曰命合如此仍郎中在姜之後後姜為京兆尹功曹充翰林學士時衆知涇將姚令言入城的取朱泚泚曾帥涇得其軍心乃上疏令防虞之疏入十日德宗幸奉天悔不納姜言遂於行在擢姜為給事中平章事崔後姜半年以夕郎拜相果同而崔在姜後離虞州後第

二改官拜官亦不差而薛侍郎竟終於列曹始知前輩不可忽後輩也

李丞相泌謂德宗曰肅宗師臣豈不呼陛下為慈郎聖顏不悅泌曰陛下天寶元年生臣外言改年之由或以弘農得寶此乃謬也以陛下此年降誕故玄宗皇帝以天降至寶因改年號為天寶也聖顏然後悅

德宗降三日玄宗立於高階上肅宗次之代宗又次之保母繈抱德宗來呈色不白皙耳仆前肅宗代宗不悅二帝以手自下遞傳呈上玄宗一顧之曰真我兒也謂肅宗曰汝不及他謂代宗曰汝亦不及他彷彿似我既而在位二十七年壽六十三肅宗登位十五年是不及也後明皇帝幸蜀至中路曰憩郎亦一遐到此來裏及德宗幸梁是也乃知聖人應天受命享國綿遠豈徒然哉

劉希夷曰年年歲歲花相似歲歲年年人不同其舅宋之問苦愛此兩句懇乞許而不與之問怒以土袋壓殺之宋生不得其死天報之也

逆胡將亂於中原梁朝誌公大師有語曰兩角女子

綠衣裳卻背太行邀君王一止之月必消亡兩角女子安字綠者祿字也一止正月也果正月敗亡聖矣符誌公之寓言也時張巡將雷萬春於城上與巡語次被賊伏弩射中萬春面不動令狐潮疑是木人詢問巡知萬春乃言曰向見雷將軍方知是下軍令矣

瓊州地名朐䏰朐䏰是蚯蚓也故土多此蟲蓋其狀物也常至夜江畔出其身半跳於空中而鳴其形朐䏰上音屈下音忍

絢曰五夜者甲乙丙丁戊更相送之今惟言乙夜與

予夜何也公曰未詳

大司徒杜公在維陽也嘗召賓幕閑語我致政之後必買一小駟八九千者飽食訖而跨之著一麤布襴衫入市看盤鈴傀儡足矣又曰郭令公位極之際常慮禍及此大臣之危事也司徒深旨不在傀儡蓋自汚耳司徒公後致仕果行前志諫官上疏言三公不合入市公曰吾計中矣計者即自汚耳

刑部侍郎從伯伯芻自王府長史三年爲新羅使始得郎中朱紱因見宰相自言此事時宰不知是誰曰

大是急流

相國李司徒勉爲開封知縣尉捕賊時有不良試公之寬猛乃潛納人賄俾公知之公召告吏卒曰有納其賄者我皆知之任公等自陳首不可過三日過則舁櫬相見其納賄不良故逾限而欣然自賚其櫬至公令取石灰棘刺置於櫬中令不良入命取釘釘之送汴河訖乃請見廉使使嘆賞久之後公爲大梁節度使人問公曰今有害人如此公如何待之公曰即打腿

上官昭容者侍郎儀之孤也儀有罪婦鄭氏填宮遺腹生昭容其母將誕之夕夢人與秤曰持之秤量天下鄭氏冀其男也及生昭容母視之秤量天下豈汝耶啞啞如應曰是

李丞相絳先人爲襄州督郵方赴舉求鄉薦時樊司徒澤爲節度使張常侍正甫爲判官主鄉薦張公知丞相有前途啓司徒曰舉人悉不知李某秀才請只送一人請衆人之資以奉之欣然允諾

萊之菠稜本西國中有僧將其子來如苜蓿蒲陶因張騫而至也絢曰豈非頗稜國將來而語訛爲菠稜

耶

杜丞相鴻漸世號知人見馬燧李抱真盧新州杞陸丞相贄張丞相弘靖李丞相藩皆云並爲宰相既而盡然許郭之徒又何以加也

范希朝將赴鎮太原辭省中郎官既拜而言曰郎中有事但處分希朝希朝第一遍不應亦且恕至第三遍不應即任郎中員外下手插打得插打爲造箭者插羽打幹言攢箭射我也

公曰諸葛所止令兵士獨種蔓菁者何絢曰莫不是取其纔出甲者生啗一也葉舒可煮食二也久居隨以滋長三也棄去不惜四也回則易尋而採之五也冬有根可斸食六也比諸蔬屬其利不亦博乎曰信矣三蜀之人今呼蔓菁爲諸葛菜江陵亦然

河東張嘉貞爲平姚見河東碑爲文書甚佳及過面奏天后天后對之河東請去簾曰臣出自寒微今蒙召對然咫尺天顔猶隔雲霧伏乞陛下去簾則天許之事書史冊

蔡之將破有水牛黑色入池浴既出身自白皎然唯頭不變又有雀鷇百同爲一窠皆絲絮爲之有群烏同巢一旦盡棄擲其鷇而去有馬生牛蹄者蔡州既平憲宗命道士張某至境置醮於紫極宮宮本吳少誠生祠也裴令公毀之爲宮有道士院階前種麻生高如埽道士葺爲藩屏其醮日霹靂麻屏兩片下有穴五寸已來有狸迹尋之上屋其蹤稍大如馬亦如人足直至屋上而滅其韓碑石本吳少誠德政碑也與狄梁公碑對立其吳碑亦流汗成泥狄梁公碑如故不十日中使至磨韓之作而刊段制焉

公嘗與貴人家見梁昭明太子脛骨微紅而潤澤豈非異也又嘗見人臘長尺許眉目手足悉具或以爲僬僥人也

元公鎮南海日疽生於鬢氣息惙然忽有一年少道士直來房前謂元公曰本師知病瘡遣某將少膏藥來可便傅之元公寵姬韓氏家號靜君遂取膏疾貼之於瘡上至暮而拔數日平復於蒼黃之際不知道士所來及令勘中門至衙門十餘重並無出入處方

知是其異也盛膏小銀合子韓氏收得後猶在

蜀王嘗造千面琴散在人間王即隋文之子楊秀也

李汧公勉取桐絲之精者雜綴爲之謂之百衲琴用蝸殼爲徽其間三面尤絕異通謂之響泉韻磬絃一上可十年不斷

絳州碧落碑文乃高祖子韓王元嘉四男訓誼譔諶爲先妣所製陳惟玉書今不知者皆妄有指說竟無能書

嘗寫狸骨方狸骨理勞方也右軍臨之謂之狸骨帖

昔中書令河東公開元中居相位有張憬藏者能言

侍郎一日忽請公以一幅紙大書台字殺公公曰余見居台司此意何也侍郎曰貶台州刺史

河東公出鎮并州日上問有何事但言之奏曰臣有弟嘉祐遠牧方州不記去處手足支離常繫念慮上因口勅張嘉祐可忻州刺史忻州河東屬郡上意不疑公亦不讓豈非至公無隱出於常限也

王平南廙右軍之叔也善書畫嘗謂右軍曰諸事不足法唯書畫可法晉明帝師其畫右軍學其書

京國頃歲街陌中有聚觀戲場者詢之乃二刺蝟對打令既合節奏又中章程

嘉話錄

汲冢書蓋魏安釐王時衛郡汲縣耕人於古冢中得之竹簡漆書科斗文字雜寫經史與今本校驗多有同異耕人忘其姓名

世謂牡丹花近有蓋以前朝文士集中無牡丹歌詩公嘗言楊子華有畫牡丹處極分明子華北齊人則知牡丹花亦久矣

王僧虔右軍之孫也齊高祖嘗問曰卿書與我書孰優對曰陛下書帝王第一臣書人臣第一帝不悅言以撅筆書恐帝所忌故也

陸暢常謁韋皋作蜀道易一首句曰蜀道易易於履平地皋大喜贈羅八百疋皋薨朝廷欲繩其既往之事復閱先所進兵器其上皆刻之秦二字不相與者欲窘成罪名暢上疏理之云臣在蜀日見造所進兵器之泰者匠之名也由是得釋蜀道難李白罪嚴武作也暢感韋之遇遂反其詞焉

魏受禪碑王朗文梁鵠書鍾繇鐫字謂之三絕古籀字皆須妙於篆籀故繇方得鐫刻

張懷瓘書斷曰篆籀八分隸書草書

嘉話錄

章書飛白行書通謂之八體而右軍皆在神品右軍嘗醉書點畫類龍爪後遂為龍爪書如科斗玉筯偃波之類諸家共五十二般

舒州灊山下有九井其實九眼泉也旱則殺一犬投其中大雨必降犬亦流出焉

南山久旱即以長繩繫虎頭骨投有龍處入水即掣不定俄傾雲起潭中雨亦隨降龍虎敵也雖枯骨猶能激動如此

五星惡浮圖佛像今人家多圖畫五星雜於佛寺或謂之禳災真不知也

武后朝宰相石泉公王方慶后嘗御武成凝閱書書
問方慶曰卿家舊法書帖乎文慶遂進自右軍已下
至僧虔智永禪師等二十五人各書帖一卷命崔融
作序謂之寶章集亦曰王氏世寶
今延英殿紫芝殿也謂之小延英苗韓公居相位以
足疾步驟微蹇上每於此待之宰相傳小延英自此
始也
八分書起於漢時王次仲次仲有道術詔徵聘於車
中化爲大鳥飛去遺二翮於山谷間今有大翮山小

翮山偶忘其處
令約嘗江行與一商胡舟楫相次商胡病固邀與約
相見以二女託之皆異色也又遺一大珠約悉唯唯
及商胡死財寶數萬約皆籍送官而以二女求配始
殮商胡時自以夜光含之人莫知之也後死胡親屬
來理資財約請官司發掘驗之夜光在焉其密行有
如此者
楊祭酒愛才公心嘗知江表之士項斯贈詩曰度度
見詩詩摠好及觀標格過於詩平生不解藏人善到

處相逢說項斯項斯由此名振遂登高科
東都頃年創造仿秋篩穿摒多得蔡邕鴻都學所書
石經至今人家往往有之
王內史借船帖書之尤工者也盧公尚書寶惜有年
矣張賓護致書借之不得云只可就看未嘗借人盧
公除潞州旌節在途纔數程忽有人將書帖來就公
求售閱之乃借船帖也公驚異問之云盧家郎君要
錢遣賣耳公嗟訝移時不問其價還之後不知落何
處

飛白書始於蔡邕在鴻都學見匠人施堊帚遂創意
焉梁子雲能之武帝謂曰蔡邕飛而不白羲之白而
不飛飛白之間在卿斟酌耳
韋仇兼瓊鎮蜀日仇嘗設大會百戲在庭有十歲女
童舞于竿杪忽有物狀如鵰鶚掠之而去群衆大駭
因而罷樂後數日其父母見在高塔上梯而取之則
神形如癡久之方語云見壁畫飛天夜叉者將入塔
中日飼果食飲饌之類亦不知其所自ဗ日方精神
如初

傳記所傳漢宣帝以皂蓋車一乘賜大將軍霍光悉以金較具至夜車轄上金鳳凰輒亡去莫知所之至曉乃還如此非一守車人亦嘗見後南郡黄君仲北山羅鳥得鳳凰子入手即化成紫金毛羽冠翅宛然具足可長尺餘守車人列云今月十二日夜車轄上鳳凰俱飛去曉則俱還今日不返恐爲人所得光甚異之具以列上後數日君仲詣闕上金鳳凰子云今月十二日夜北山羅鳥所得帝聞而疑之以置承露盤上俄而飛去帝使尋之直入光家止車轄上乃知

信然帝取其車每遊行輒乘御之至帝崩鳳凰飛去莫知所在嵇康詩云翩翩鳳轄逢此網羅正謂此也

昔東海蔣潛嘗至不其縣路次林中遇一屍已甚爛鳥來食之輒見小兒長三尺驅鳥鳥飛起如此非一潛異之看見屍頭上著通天犀簪擿其價可數萬錢潛乃拔取既去衆鳥爭集無通驅者潛以此簪上晉武靈王晞晞薨以襯衆僧王武綱以九萬錢買之後落褚太宰處復以餉齊故丞相豫章王王薨後内人江夫遂斷以爲釵每夜輒見一兒遶床啼叫云何爲見斫刻天當相報江夫惡之月餘乃亡

石季龍少好挾彈其父怒之其母曰健犢須走車破轅良馬須逸鞅泛駕然後負重致遠古諺稱不奇不慧卽非異器定矣

人言鶴胎生所以賦云胎化仙禽也今鸕鷀亦是胎生抱朴子本草圖經此皆亦仙禽者韋絢曰但恐世只知鶴胎生不知鸕鷀亦是胎生鶴便謂胎生也若緣鸕鷀食腥魚雖胎生不得與鶴同今見養鶴者說其鶴食腥穢更甚於鸕鷀若以色黑於鶴則白鶴千

萬年方變爲玄鶴又何尚焉公笑曰是以君子惡居下流其鸕鷀之謂乎絢曰鶴難見也鸕鷀易見也世人貴耳而賤目之故也若使鸞鳳如鶴之長見卽鶴亦如鸕鷀矣以少爲貴世不以見爲聖爲瑞而貴之也所以進士陳標詠蜀葵詩云能共牡丹爭幾許得人憎處只緣多鸕鷀之謂也

劉僕射晏五鼓入朝時寒中路見賣蒸胡之處勢氣騰輝使人買之以袍袖包裙帽底啗之且謂同列曰美不可言美不可言

王承升有妹國色德宗納之不戀宮室德宗曰窮相
女子乃出之勑其母兄不得嫁進士朝官任配軍將
作親情後適元士會因以流落真窮相女子也
韓十八愈直是太輕薄謂李二十八程曰某與丞相
崔大羣同年往還直是聰明過人李曰何處是過人
者韓曰共愈往還二十餘年不曾共說著文章此豈
不是敏慧過人也
韓十八初貶之制席十八舍人為之詞曰早登科第
亦有聲名席既物故友人曰席無令子弟豈有病陰

毒傷寒而與不潔喫耶韓曰席十八喫不潔太遲人
問之何也曰出語不是蓋忿其責辭云亦有聲名耳
元載將敗之時妻王氏曰某四道節度使女十八年
宰相妻今日相公犯罪死即甘心使妾為春婢不如
死也主司上聞俄亦賜死
王縉之下獄也問頭云身為宰相夜醮何求王答曰
知則不知死則合死
元載於萬年縣佛堂子中謁主官乞一快死也主者
曰相公今日受些子汚泥不怪也乃脫穢韈塞其口

而終
公曰盧華州子之堂舅氏也嘗於元載相宅門見一
人頻至其門上下瞻顧盧疑異人乃邀以歸且問元
載相公如何曰新相將出舊者須去吾已見新相矣
一人緋一人紫一人衙西住皆慘服也然二人俱身
小而知姓名不經旬日王元二相下獄德宗將用劉
晏為門下楊炎為中書外皆傳說必定疑季子之言
不中時國舅吳湊見王元事說因賀德宗而啓之曰
新相欲用誰德宗曰劉楊湊不語上曰吾舅意如何

言之無妨湊曰二人俱曾用也行當可見陛下何不
用後來俊傑上曰為誰吳乃奏常袞及其乙翌日並
命拜二人為相以代王元果如季子之說緋紫短長
衙之東西無不驗也
趙相璟之入蕃副使謂二張判官曰前幾里合有河
河邊柳樹下合有一官者慘服立既而悉然二張問
之趙曰某年三十前夢此行亦不悠他時相趙相將
薨時長安諸城門金吾官見一小兒衣豹犢鼻攜五
色繩子覓趙相不經旬日趙相薨

公曰杜相鴻漸之父名鵬舉、父子而似兄弟之名、蓋
有由也、鵬舉父嘗有所之見一大碑云是宰相碑已
作者金填其字未作者刊名於上、杜問曰有杜家兒
否、曰有、任自看之、記得姓下是鳥偏旁曳脚而忘其
字、乃名鵬舉而謂之曰汝不爲相即世世名鳥旁而
曳脚也、鵬舉生鴻漸而名字亦前定矣、況其官與壽
乎
袁德師給事中高之子也、九日出餻謂人曰非洛陽
有僧房中磬子日夜輒自鳴、僧以爲怪懼而成疾、求

術士百方禁之終不能已、曹紹夔素與僧善、夔來問
疾、僧具以告、俄擊齋鐘、磬復作聲、紹夔笑曰明日設
盛饌余當爲除之、僧雖不信紹夔言冀或有効、乃力
置饌以待紹夔、食訖出懷中錯、鑢磬數處而去、其聲
遂絕、僧問其所以、紹夔曰此磬與鐘律合、故擊彼應
此、僧大喜其疾便愈
隋末有河間人皻鼻酗酒自號郎中、每醉必毆擊其
妻、妻美而善歌、每爲悲怨之聲、輒搖頓其身、好事者
乃爲假面以寫其狀、呼爲踏搖娘、今謂之談娘、

故事每三月三日九月九日賜王公以下射、中鹿鳴
賜馬第一賜綾、其餘布帛有差、至開元八年秋舍人
許景先以爲徒耗國用而無益於是罷之
皇甫文備武后時酷吏也、與徐大理論獄誣徐黨逆
人奏成其罪、武后特出之、無何文備爲人所告有功
許之在寬、或曰彼曩時將陷公於死、今公反欲出之
何也、徐曰汝所言、者私怨我所人皇帝陛下、是南贍
部、洲之聖人
飲酒四字著於史氏出於則天時璧州刺史鄭弘慶

者進之人或知之以三臺送酒當未盡曉、蓋因北齊
高洋毀銅雀臺築三箇臺宮人拍手呼上臺因以送
酒、
德宗誕日三教講論儒者第一趙需第二許孟容第
三韋渠牟與僧覃延嘲謔因此承恩也、渠牟薦一崔
阡拜論德爲侍書於東宮、東宮順宗也、阡觸事面墻
對東宮曰臣山野鄙人不識朝典見陛下合稱臣否
東宮曰卿是東僚自合知也
李二十六丈丞相善謔爲夏口日有客辭焉相留更

住三兩日客曰業已行矣舟楫已在漢口曰此漢口不足信其客掩口而退又因堂弟居守謨收散子斜者罰之丞相曰何罰之有司徒曰汝向開特把他堂印將去又何辭焉飲酒家謂重四爲堂印蓋譏居守太和元年冬朝廷有事之際而登庸

予與竇丈及王承升同在朗州日共飲宴後三人相代爲夔州亦異矣

晉書中有飲食名寒具者亦無注解處後於齊民要術并食經中檢得是今所謂鐶餅桓玄嘗盛陳法書

名畫請客觀之有客食寒具不濯手而執書因有污處玄不懌自是命賓不設寒具

昌黎生名父之子雖教有義方而性頗暗劣嘗爲集賢校理史傳中有說金根車處皆臆斷之曰豈其誤歟必金銀車也悉改根字爲銀字至除拾遺果爲諫院不受俄有以故人之子懇之者因辟爲鹿門從事

今謂進士登第爲遷鶯者久矣蓋自毛詩伐木篇詩云伐木丁丁鳥鳴嚶嚶出自幽谷遷于喬木又曰嚶其鳴矣求其友聲並無鶯字頃歲省試早鶯求友詩又鶯出谷詩別書固無證據豈非誤歟

東晉謝太傅墓碑但樹貞石初無文字蓋重難製述之意也

千字文梁周興嗣編次而有王右軍書者人皆不曉其始梁武教諸王書令殷鐵石於大王書中搨一千字不重者每字一片紙雜碎無敘武帝召興嗣謂曰卿有才思謂我韻之興嗣一夕編次進上鬢髮皆白而賞錫甚厚右軍孫智永禪師自臨八百本散與人外江南諸寺各留一本永公住永欣寺積年學書後

有筆頭十甕每甕皆數萬人來覓書兼請題頭者如市所居戶限爲之穿穴乃用鐵葉裹之人謂之鐵門限後取筆頭瘞之號退筆冢自製銘誌

鄭廣文學書而病無紙知慈恩寺有柿葉數間屋遂借僧房居止日取紅葉學書歲久殆遍後自寫所製詩并畫同爲一卷封進元宗御筆書其尾曰鄭虔三絕

郭侍郎承嘏嘗寶惜法書一軸每隨身擕往初應舉就雜文試寫畢夜色猶早以紙緘裹置於箧中及納

試而誤納所寶書帖耶歸鋪於竊篋中取書帖觀覽則程試死在篋中遽驚嗟詰其所由來往棘闈門外忽有老吏詢其事具以實告吏曰某能換之然其家貧居興道里儻換得願以錢三萬見酬公悅以許之逡巡賫程試入而以書帖出授公公覩謝而退明日歸親仁里遽以錢送詣興道款關久之吏有家人出公以姓氏質之對曰主人死已三日矣力貧未辦周身之具公驚嘆久之方知棘圍所見乃鬼也遂以錢贈其家

張尚書牧弘農日捕獲發孝墓十餘輩中有一人請間言事公因屏吏獨問對曰願以他事贖死盧氏南川有堯女冢近亦曾爲人開發獲一大珠并玉碗人亦不能計其直餘寶器極多世莫之識也公因遣吏發驗其冢果有開處旋獲其黨考訊與前通無異及牽引其徒皆在商州治務中時商牧名卿也州移牒公致書皆怒而不遣竊知者云珠玉之器者入京國貴人家矣然史傳及地里書並不載此冢且堯女舜妃者死於湘嶺今所謂者豈傳說之誤歟刻貽訓於茅茨土階不宜有厚葬之事仰且茲莫傳人哉

聖善寺銀佛天寶亂爲賊將一耳後少傅白公奉佛用銀三鋌添補然猶不及舊者

泉州謝真人上升前在金泉山道場上帝錫以馬鞍使安其心也刺史李堅遺之玉念珠後問念珠在否云已在玉皇之前矣一日真人於紫極宮致齋金母下降郡郭處處有虹霓雲氣之狀至白晝輕舉萬目覩焉

舊官人所服緋黃紫三色貞觀中始令三品已上服

紫四品五品以朱六品七品以綠八品九品以青

謝朓詩云芳洲多杜若貞觀中醫局求杜若度支郎乃下坊州令貢之判司云坊州不出杜若應由謝朓詩誤太宗聞之大笑改雍州司戶

鄭公嘗出行以正月七日謁見太宗太宗勞之曰卿今日至可謂人日矣

虞公之爲秘書於省後堂集羣書中事可爲文用事號爲北堂書鈔今北堂猶存而書鈔盛傳於世

貞觀中西域獻胡僧呪術能生死人太宗令飛騎中

擇壯勇者試之如言而死如言而蘇帝以告宗正卿
傅奕奕曰此邪法也臣聞邪不干正若使呪臣必不
能行帝令呪奕奕對之初無所覺須臾胡僧忽然自
倒若爲物所擊者便不復蘇
閻立本善畵至荆州見張僧繇舊迹曰定虚得名耳
明日又往曰猶近代佳手明日又往曰名下定無虚
士坐臥觀之留宿其下十日不能去張僧繇遂作醉
僧圖每以此嘲之於是諸僧聚錢十萬貲閻立本作
醉道士圖今並傳於世

率更令歐陽詢行見古碑晉索靖所書駐馬觀之良
久而去數百步復還下馬佇立疲倦則布毯坐觀因
宿其下三日而去
貞觀中彈琵琶裴洛兒始廢撥用手今俗爲搊琵琶
是也
許敬宗性輕傲見人多忘或謂之不聰敬宗曰卿自
難記若遇何劉沈謝暗中摸索著亦可識之
高陽許敬宗奏流其子昂於南及敬宗死博士袁思
古議諡爲謬昂子彥伯於衆中將擊之袁曰今爲賢

家君報讎何爲反怒彥伯慙而止
褚遂良問虞監曰某書何如永師曰聞彼一字直五
百金豈得若此曰何如歐陽詢曰不擇紙筆皆能如
志褚恚曰既然某何更留意於此虞曰若使手和筆
調遇合作者亦深可尚褚喜而退
盧承慶尚書總章初考内外官有督運遭風失米盧
考之曰監運損糧考中下其人容色自若無言而退
盧重其雅量改注曰非所及考中中既無喜容亦無
愧詞又改曰寵辱不驚考中上

劉仁軌爲左僕射戴至德爲右僕射人皆多劉而鄙
戴有老婦陳牒至德方欲下筆老婦問其左右此是
劉僕射曰戴僕射因急就前曰此是不解事僕射却
將牒來至德笑令授之戴僕射在職無異迹當朝似
不能言及薨高宗歎曰自吾喪至德無復聞讜言在
時有不是者未嘗放我過因索其前後所陳章奏盈
篋閱而流涕朝廷始重之
高宗承貞觀之後天下無事上官侍郎獨持國政常
凌晨入朝巡洛水堤步月徐轡詠云脈脈廣川流驅

馬入長洲鵲飛山月曙蟬噪野風秋音韻清亮羣公望若神僊焉

賈嘉隱年七歲以神童召見時長孫太尉無忌徐司空勣于朝堂立語徐戲之曰吾所倚何樹嘉隱云松樹徐曰此槐也何言松嘉隱曰以公配木何得非松長孫復問吾所倚何樹曰槐樹公曰汝不能復矯對耶嘉隱曰何煩矯對但取其鬼木耳徐嘆曰此小兒作獠面何得如此聰明嘉隱云胡頭尚爲宰相獠面何廢聰明徐狀胡也

史東方虬每云二百年後乞你與西門豹作對

昆明池者漢孝武所制捕魚之利京師賴之中宗樂安公主請之帝曰前代已來不以與人此則不可主不悅因役人別鑿一池號曰定昆池既成中宗往觀令公卿賦詩李黄門日知爲曰但願暫思居者逸無使時傳作者勞及睿宗即位謂之曰定昆池詩當時戚亦不敢言非卿忠正何能若此尋遷侍中

徐彦伯常侍睿宗朝以相府之舊拜羽林將軍徐既文士不悅武職及遷謂賀者曰不喜有遷且喜出軍

不有山東士大夫類例三卷其非士類及假冒者不見錄署云相州僧曇剛撰時柳常侍沖亦明於族姓中宗朝爲相州刺史詢問舊老云自隋以來不聞有僧名曇剛蓋疾於時故隱其名氏云

晉謝靈運鬚美臨刑因施爲南海祇洹寺維摩詰像鬚寺人寶惜初不虧損中宗朝樂安公主五日鬭草欲廣其物色令馳騎取之又恐爲他所得因剪棄其餘今遂無

洛陽畫匠解奉先爲嗣江王家畫像未畢而逃及見

擒乃妄云工直未相當因於像前誓曰若負心者願死爲汝家牛歲餘王家產一騂犢有白文於背曰是解奉先觀者日夕如市時開元二十年也

雲夢縣界多漢離宮故地有似槐而葉細土人謂之玉樹楊子云甘泉賦云玉樹青蔥後左思以雄爲假稱珍怪蓋不詳也

江寧縣寺有晉長明燈歲久火色變青而不熱隋文帝平陳已訝其古至今猶在

王右軍告誓文今之所傳即其藁本不具年月日朔

其真本云惟永和十年三月癸卯朔九日辛亥而書亦是真小文開元初年閏月江寧縣瓦官寺修講堂匠人於鴟尾内竹筒中得之與一沙門至八年縣丞李延業求得之上岐王岐王以獻帝使留不出或云後借得岐王十年王家失火圖書悉爲煨燼此書亦見焚

楊國忠嘗謂諸親時知吏部銓事且欲大噱已設席呼選人名引入於中庭不問資序短小者道州參軍胡者湖州文學簾中大笑

盧新州爲相令李揆入蕃對德宗曰臣不憚遠使恐死道路不達君命上惻然免之謂盧相曰李揆莫老無杞曰和戎之使須諳諫朝廷事非揆不可且使揆去向後差使小於揆年者不敢辭遠使矣揆既至蕃蕃長問唐家有一第一人李揆公是否揆曰非也他那箇李揆爭肯到此恐其拘留以此誑之也揆門戶第一文學第一官職第一致仕東都大司徒杜公罷淮海入洛見之言及頭第一之說揆曰若道門戶門戶有所自承餘裕也官職遭遇爾今形骸潦悴看卽下世一切爲空何第一之有

武后以吏部選人多不實乃令試日自糊其名暗考以定等判之糊名自此始也

右韋絢所錄劉賓客嘉話新唐書採用多矣而人罕見全錄圃家有先人手校舊本因鋟板於昌化縣學以補博洽君子之萬一云乾道癸巳十一月旦海陵卞圜謹書

隣幾雜誌

宋　臨川江休復

康定中侍禁李貴爲西邊寨主妻爲昊賊所虜去家中一白犬頗馴擾視之曰我聞犬之白乃前世爲人也爾能送我歸乎犬俯仰如聽命即褁糧隨之有警則引伏草間渴即濡身而返凡六七日出賊境其夫無恙朝廷封崇信縣君

陸參宰邑判訟田狀云汝不聞虞芮之事乎省司不受再執詣縣云不曉會得再判云十室之邑必有忠信

李甚宰邑問民間十否莫有疾苦否莫有孝悌否之類

有一患大風者藥云吾不療爾

都下弄蝎尾有五毒者三毒者云城西剃馬務蝎食馬血尤毒巳亥歲中屢有螫死者

毒虺斷首猶能聽以螫人

御史臺閤門移文用撩頭牒章郇公判審官院張觀爲中丞常用此例移審官將章爲翰林學士辨之張以故事而止

客有投縉雲山寺中宿者僧爲具饌羞甚美但訝其無視耳入後屋見黃泥數十團大如缶問行者即向所食者在其中取龜以黃泥褁之三日龜服氣肥味特異

章仲鎮云章伯鎮勘會案歲給禁中椽燭十三萬條內酒坊祖宗朝用糯米八百石眞宗三千石今八萬石

王介甫云明州有一講僧夜中爲鬼物來請講欣然

從命昇行數十里寘在豬圈中比曉方悟爲鬼所侮

張樞言說楊大年臨卒戒家人曰吾頂赤趺坐汝輩勿哭驚吾旣而果然家人驚貌財復瘖而寢遂卒釋教頂赤生天腹赤生人足赤沉滯

梅聖俞云叔父爲陝西漕知客卒浴殮畢他婢欲竊其衣其屍熱如火驚告家人遂傳于外或云不祥此當有重喪俄而嫡氏卒

持國按樂見絃斷絃續者笙竽之類吹不成聲詰之云自有按樂器國家議黍尺數年乃定造樂器費以

萬計乃用樂工私器以享宗廟
又七廟共用羊一五方帝亦然溫成廟用羊豕各二
疑郊木用特後去特以一羊豕代之符后以永熙不
可虛配遂得升祔明德尚在故也后廟神德賀宋二
京尹潘奉慈劉李楊李升祔今獨章惠
永叔書法最弱筆濃磨墨以借其力
范希文戍邊行水邊甚樂之從者前云此水不好裏
面有蟲聲如際舉聲謂之蟲乃是魚也答云不妨我亦食
此蟲也

原父五十諡法一篇神化無方曰尼耄期稱道曰聃
卮言日出日周潔白不污曰皓
橋樹直竦枝葉不相妨蜀人謂之讓木
胡瑗字翼之卒凶訃至京錢公輔學士與太學生徒
百餘人詣興國戒壇院舉哀又自陳以師喪給假二
日近時無此事
王景芬職方邵氏壻常州人小兒四五歲甚俊爽病
將卒忽言翁婆留取某某長大必能塟翁婆景芬夫
婦始改塟其父母邵不疑云

沈文通說故三司副使陳洎卒後婢子附語亦云生
不葬父母當得爲貴神今謫作賤貴足脛皆生長毛
云云
祖擇之押字直作一口字人問之答云口無擇言
司馬君實充史討白執政時政起居注皆竝不載元
昊叛命北 請地事欲就樞密府檢尋事跡以備載
錄龐洎自至史院商量孫朴兼修國史之任國惡不
可書會龐去相遂寢
江南一節使召相者命內子立羣婢中令辨之相者
云夫人頭上自有黃氣羣婢皆竊視之然後告云某

是柁上火兒雜立使辨何者是柁人云面上有水波
文是亦用前術
吳冲卿說其先君爲江州瑞昌令一卒力啗巴豆如
松子問其由始用飯一器巴豆兩粒研和食稍加如
棗凡盡則加巴豆減飯積以歲月至於純食巴豆此
亦習啖葛之類曹操嘗啗葛
掌老太卿判太僕供祫享大牢只供特牛無羊豕公
問禮直官如此不知羊豕牛俱爲太牢

太學生鄭叔雄用善璺王尚書舉正知雜吳
薦爲祕書省校書郎起居舍人范師道論列云山林
有道之士大臣薦之不報而方投牒例輒行于是汝
州孔敢除直講楊州孫偉除試校書州學教授
大內都知張惟吉請諡禮官以惟吉前持溫成喪不
當居皇儀爭之至明時宰不知典則阿諛順旨惟言
頓足泣下緣此得諡忠惠
陳執中死禮官以前事不正諫請諡榮靈寵祿光大曰榮勤不成名曰靈

大名府學進士劉建侯盜官書責之搜索既切遂焚
之又與妻同殺人取其金前殺七人事明白猶且稱
寃府中謂之始皇以其焚書坑儒也
程琳尚書知府日殺之其容貌堂堂言詞辨辨傳莊
生[illegible]倫之盜也
藥方一大兩即今之一兩隋合三兩爲一兩
宋佾公中朝書人郭忠恕司封二徐書佩觿集三卷
楊次公之當官克私家上廚亦自買紙爲江南轉運
使先移文江寧府要府官月俸米麥何人請負磨麪

曾支賜錢
司馬君實侍先君知鳳翔府竹屋中得一物如蝙蝠
巨如大鴟莫有識者有自山西來者云此飛鼠也一
名飛生飛而生子每欲飛則緣樹至顛能下不能高
判尚書禮部則尚書之職判禮部貢院則侍郎之職
也其名表則員外之任也王禹玉帶縮職判禮部作
三字猶不解百官謝衣表御史中丞署狀而舍人作
表是兼尚書員外之職也
陳執中在樞府建拂墻頭夏債使人上欵樞府不得

人於是王巖張觀與執中皆罷
孫承吉自稱韓持國作維國齊廊大卿呼邵典宗作
元宗
袷享昭穆各有幄次謂之神帳云陳彭年所建
禮特體貴賤以爲俎實肩髀臑肫骼觳左右前後賓
主有儀今不復用司馬公說曾在并州見蕃俗頗存
此禮其最尊者得羊臆骨其次頭腦骨又說婦人不
服寬袴與襜製旋裙必前後開勝以便乘驢其風始
於都下妓女而士大夫家反慕之曾不知恥辱如此又

涼衫以褐紬爲之以代毳袍韓持國云始於內臣班行漸及士人今兩府亦然獨不肯服予讀儀禮婦人袗上之制如明衣謂之景景明也所以禦塵垢而爲光明也則涼衫亦所以護朝服雖出近俗不可謂之無稽

君實又說夾拜今陝府村野婦人皆如此男子一拜婦人四拜男子一拜城外則不然

予容判禮院見君實八音克諧無相奪倫今樂懸但聞金聲余樂掩而不聞宜能連擊次第見其聲

歐陽永叔修唐書未罷三班院乞一閑慢差遣俄除太常禮院因廵廳言朝廷將太常禮院作閑慢差遣耶

予容說周廟制戶在東牖在西當中之分則扆也近代宗室南向祧室猶在西壁祫享猶設昭穆位於戶外南北相對

武功常景主簿說慶善宮有唐碣爲民戕盜民忘他人見之理認遠祖土田勞有慈德寺太宗所建會昌廢寺猶遺毀圻武宗可謂能行令矣至大中復延碑記尚存

肆赦宣德門登降用樂懸又排仗讀如外朝之儀

大典禮部吉儀五十有五其二十九日癸卯五龍壇

予奉勅於五龍廟謝晴廟廊並頹毀爲宿般東道士之室亦無壇也

儀仗內五牛旗刻畫五色木牛豎旗于背載以舉狀四人舁之按六典衛尉三十二旗十八日五牛旗皆是繡繪旗幅若五牛以牛載則其他麟鳳之類亦當如此矣

祫享行禮之際雪寒特甚上秉圭露腕助祭諸臣見上恭虔褁手執笏者惕然皆植廟圭帝用白帊后用青帊覆行禮則發之方木爲趺薦以重褥置主於其上

塵俗呼野人爲沙魂未詳其義士大夫亦頗道之永叔戲長文賢良之選既被沙而揀金吳頗誠之遷怒于原父云某沙于心不沙于面君侯沙于面而不沙於心愈怒焉

又嘗戲馬遵舊日沙而不嘴如今嘴而不沙

永叔云令狐挺著書數年乃成託宋公序投獻李夷
庚夷庚問何人作序訊知其人使送銀二笏
麗相令制後舍人自署其名永叔云誥身後惟吏部
判官誥院當押字爾
林瑀王洙同作直講林謂王何相見之闊也荅云遭
此霖雨今後轉更疎闊也王曰何故荅云値這短略
荅詆其侏儒矣
太祖忌辰相馬不入寺宗王計相乘馬入至佛殿東
素无定制也駕幸寺觀燒香中丞不從由入臺翌日

幸慈孝集禧宣召乃赴
供奉官羅承嗣任州西鄰人每夜聞擊物聲穴隙覘
之乃知寒凍齒相擊再贈之氊堅不受妻母來見其
女方食其枕中豆贈之米麪亦不敢納遂挈其家居
州南（都下俗謂之州南）聚瞻窮親四十口嘗辭水路差遣云
法乘官舟載私物不得過若千斤重恐罹此罪乞換
陸路差遣
祕書丞沈士龍者嘗建言害民事數十條漕司不行
遂棄官歸關門不放過訴云母老病拘滯于此卅必
不全亦關吏之罪也士龍竟坐擅去官守追官勒停
舉主關吏一例見劾
李照議王朴編鍾不圓後得周編鍾正與朴同議者
始知照之妄
次道見鄭毅夫除省判語詞中間具官某又云云當
詰詞前具銜云云中當云以爾云云
程侍郎言某爲御史接伴人使中丞張觀云待之以
禮荅之以簡戲佩服其言又說高敏之奉使接伴
使走馬墜地前行不顧翌日高馬蹶墜地使亦不

下馬張唐公將奉使王景彝云某接伴時舊例使副
每日早先立驛廳使方出相揖某則不然先請我
使立階下然後前揖登階唐公云我出疆彼亦如此
奈何遂却如舊例
王景彝判三班院云某簿記上北使臣八千五有人
差殿中丞蕭京作簿簿成只有七千六人其餘搜括
並未見

避暑漫抄

宋　陸游

上西幸蜀祿山以車輦樂器及歌舞衣服迫脅樂工牽引犀象驅掠舞馬盡入洛陽復散於河北向時之盛掃地而盡矣洎肅宗克復方散求於人間其後歸於京師者十無一二初祿山至東都大設聲樂擒幽燕戎王番酋長多未之見因誑之曰吾當有天下大象自南海奔走而至見吾必拜舞鳥獸尚知天命有所歸何況人乎於是左右引象來至則瞪目憤怒

略無拜舞者祿山大懷慚怒命置於檻穽中以烈火爇之以刀槊俾壯士乘高投之洞中胷臆血流數丈爲人樂工見者無不掩泣

蕭瑀嘗因宴太宗謂近臣曰自知一座最貴者先把酒時長孫無忌房玄齡相顧未言瑀引手取盃帝問曰卿有何說瑀對曰臣是梁朝天子兒隋室皇后弟唐朝左僕射天子親家翁太宗撫掌極歡而罷

安祿山敗史思明繼逆至東都遇櫻桃熟其子在河北欲寄遺之因作詩同去詩曰櫻桃一籠子半赤半已黃一半與懷王一半與周至詩成皆讚美之曰明公此詩大佳若能言一半周至一半懷王即與黃字聲勢稍穩思明大怒曰我兒豈可居周至之下周至即其傅也

元和初達官與中外之親爲婚者先已涉溱洧之譏既禮之夕儐相則有清河張仲素宗室李程女家索催妝詩仲素朗吟曰舜耕餘草木禹鑿舊山川程久之乃悟曰張九張九舜禹之事吾知之矣群客大笑

李福妻裴氏性妬忌姬侍甚多福未嘗敢屬意鎮滑

臺日有以女奴獻之者福意欲私之而未果一日乘間言於妻曰某官已至節度使矣然所指使者率不過老僕夫人待某無乃薄乎裴曰然不知公意所屬何人耶指所獻女奴裴許諾爾後不過執衣侍膳未嘗得一繾綣福又囑妻之左右曰設夫人沐髮必遽來報我既而果有以沐髮來告者福即言腹痛且召其女奴既往左右以裴方沐不可遽已即告以福所疾裴以爲信然遽出髮盆中跣問福所苦既業以疾爲言即若不可忍狀裴極憂之由是以藥投童溺中

進士明日監軍使及將校悉來候問禍即具以告之因曰一事無成固當有分所苦者虛唱一瓶溺耳門者莫不大笑

咸通中優人李可及滑稽諧戲獨出輩流雖不能託諷諭然巧智敏捷亦不可多得嘗因延慶節緇黃講論畢次及優倡爲戲可及褒衣博帶攝齊升座稱三教論衡偶坐者問曰既言博通三教釋伽如來是何人對曰婦人問者驚曰何也曰金剛經云敷坐而坐非婦人何須夫坐而後兒坐也上爲之啓齒又曰太上老君何人曰亦婦人也問者益所不諭乃曰道德經云吾有大患爲吾有身及吾無身吾有何患非婦人何患於有娠乎上大悅又問曰文宣王何人也曰婦人也問者曰何以知之曰論語云沽之哉沽之哉我待價者也非婦人奚待嫁爲上意極歡賜予頗厚

漢以孝廉取士而袁本初曹孟德皆舉孝廉唐重進士而黃巢屢舉進士科目之不足據也如此

張巡之守睢陽玄宗已幸蜀胡羯方熾賊孤勞處人食竭以稀布切煮而食之時以茶紙和之而食氣目

如異謝加金吾表曰想娥眉之碧峯豫遊西蜀追綵輦於玄圃保壽南山逆賊祿山迷逆天地戮辱黎元膻腥闕庭震驚陵廟臣被圍七旬親經百戰主辱臣死當臣致命之時惡稔罪盈是賊滅亡之日其忠勇如此又激勵將士賦詩曰接戰春來苦孤城日漸危合圍如月暈分守若魚麗屢厭黃塵起時將白羽揮裹瘡猶出陣飲血更登陴忠信應難敵堅貞諒不移無人報天地心計欲何施又夜聞笛詩曰岧嶤試一臨北騎俯城陰不辨風塵色安知天地心營開星月近戰若陣雲深旦夕高樓上遙聞吹笛吟

安氏將亂於中原梁朝誌公大師有語曰兩角女子綠衣裳却背太行邀君王一止之月必消亡兩角女子安字綠者祿字也一止正月也果正月敗亡

張易之行成之族孫則天臨朝太平公主引其弟昌宗入侍昌宗薦易之器用過臣即令召見俱承辟陽之寵右補闕朱敬則諫曰臣聞志不可滿樂不可極嗜欲之情愚智皆同惟賢者能節之不使過度則前聖格言也陛下內寵已有薛懷義張易之昌宗固應

足矣近聞尚食奉御柳模自言子良賓潔白美鬚眉左監門衛長史侯祥自云陽道壯偉過於薛懷義專欲自進堪充宸內供奉無禮無義溢于朝聽臣愚職在諫諍不敢不奏則天勞之曰非卿直言朕不知此賜綵百段唐史舊章詳載斯語父子兄弟君臣薦進獻納如此亦可謂之穢史矣

唐文皇既以武功平隋亂又以文德致太平於篇詠尤其所好如曰昔乘匹馬去今驅萬乘來詞氣壯偉固人所膾炙又嘗觀其過舊宅詩曰新豐停翠輦譙

邑駐鳴笳一朝辭此去四海遂成家盡其詩語與功烈真相副也

宣宗微時以武宗忌之遁跡爲僧一日遊方遇黃蘗禪師同行因觀瀑布黃蘗曰我詠此得一聯而下韻不接宣宗曰當爲續成之黃蘗云千巖萬壑不辭勞遠看初知出處高宣宗續云溪澗豈能留得住終歸大海作波濤其後竟踐大位兆先見於此詩矣然自宣宗以後挨懿僖之時海内遂不靖則作波濤之語豈非讖耶

李煜歸朝後鬱鬱不樂見於詞語在賜第七夕命故妓作樂聞於外太宗怒又傳小樓昨夜又東風併坐之遂被禍龍衮江南錄云李國主小周后隨後主歸朝封鄭國夫人例隨命婦入宮每一入輒數日出必大泣罵後主聲聞于外後主多宛轉避之又韓玉汝家有李國主歸朝後與金陵舊宮人書云此中日夕只以眼淚洗面

李芳儀江南國主李景女也納土後在京師初嫁供奉官孫某爲武疆都監爲遼中聖宗所獲封芳儀生

公主一人趙至忠虜部自北　歸明嘗仕遼爲翰林學士修國史著　庭雜記載其事時晁補之爲北都教官覽其書而悲之與顏復長道作芳儀曲云金陵宮殿春霏微江南花發鷓鴣飛風流國主家千戶十五年來粉黛稀蒲堂詩酒皆詞客奪錦揮毫在瑤席後庭一曲風景改收淚臨江悲故國令公獻籍朝未央敕書築第優降王魏俘曾不輸織室供奉一官奔武疆秦淮瀚水鍾山樹塞北江南易懷土雙燕清秋夢栢梁吹落天涯猶並羽相隨未是斷腸悲黃河應

有郡還時寧知龍手明朝事咫尺山河不可期倉皇三鼓濟沱岸良人白馬今誰見國亡家破一身存薄命如雲信流轉芳儀加我名字新教歌舞不由人採朱拾翠太常好深紅暗畫驚胡塵滄山射虎邊風急嘈雜琵琶酒闌泣無言數徧天河星只有南箕近鄉邑當年千指渡江來千指不知身獨喪中原骨肉又零落黃鵠寄意何當回生男自有四方志女子那知出門事君不見李陵椎髻泣窮邊丈夫漂泊猶堪憐江州廬山眞風觀李主有國日施財修之刊姓氏于石有太寧公主永穆公主皆李景女不知芳儀者孰是也

李煜在國微行娼家遇一僧張席煜遂爲不速之客僧酒令謳吟吹彈莫不高了見煜明俊醞藉契合相愛重煜乘醉大書右壁曰淺斟低唱偎紅倚翠大師鴛鴦寺主傳持風流教法久之僧擁妓之屏帷煜徐步而出僧妓竟不知煜嘗密諭徐鉉鉉言於所親焉

李後主嘗買一硯山徑長纔踰尺前聳三十六峯皆大猶手指左右則引兩阜坡陀而中鑿爲硯及江南國藏硯山因流轉數十人家爲米老元章得後米老之歸用陶也念將十宅又未就而蘇仲恭學士之弟號稱好事有甘露寺下並江一古基多群木唐晉人所居時米欲得宅而蘇覬得硯於是王彥昭侍郎兄弟與登北固共爲之和會蘇米竟相易米後號海嶽菴者是也硯山藏蘇氏未幾索入九禁矣

慈聖光獻曹后佐佑仁廟定策立英宗神宗乃本朝后妃盛德之至者也其在父母家時與群女共爲撚錢之戲而后一錢輒獨旋轉盤中凡三日方止及晚歲疾病急顧左右問此爲何日左右對以十月二十日實太祖大忌日也后頷之乃自語曰只此日去只此日去免煩他百官叅謂不欲別日立忌使百官有司有奉慰行香之勞也遂以是日崩今人學道號超脫非常一旦於死生之際未必能達后之始終若此豈非天人乎

神廟當宁慨然興大有爲之志欲問西北二罪一日被金甲詣慈壽宮見太皇太后曰娘娘臣著此好否后迎笑曰汝甲甚好也雖然使汝至衣此等物則

國家何堪矣神廟默然心服遂卸金甲
藝祖受命之三年密鐫一碑立于太廟寢殿之夾室謂之誓碑用銷金黃幔蔽之門鑰封閉甚嚴因敕有司自後時享及新天子卽位謁廟禮畢奏請恭讀誓詞是年秋享禮官奏請如敕上詣室前再拜陞堦獨小黃門不識字者一人從餘皆遠立庭中黃門驗封啟鑰先入焚香明燭揭幔亟走出階下不敢仰視上至碑前再拜跪瞻默誦訖復再拜而出群臣及近侍皆不知所誓何事自後列聖相承皆踵故事歲時伏

謁恭讀如儀不敢漏泄雖腹心大臣如趙韓王王魏公韓魏公富鄭公王荊公文潞公司馬溫公呂許公申公皆天下重望累朝最所倚任亦不知也靖康之變兵人入廟悉取禮樂祭祀諸法物而去門皆洞開人得縱觀碑止高七八尺濶四尺餘誓詞三行一云柴氏子孫有罪不得加刑縱犯謀逆止於獄中賜盡不得市曹刑戮亦不得連坐支屬一云不得殺士大夫及上書言事人一云子孫有渝此誓者天必殛之後建炎中曹勛自北中回太上寄語云祖宗誓碑在太廟恐今天子不及知云云

政和初上始躬攬權綱不欲付諸大臣因述藝祖故事御馬親廵大內諸司至内後拱宸門之左對後苑東門有一庫無名號但謂之苑東門庫乃貯毒藥之所也外官一員共監之皆二廣川蜀每三歲一貢藥有七等野葛胡蔓皆預焉猶在第三其上者鼻嗅之立死於是親筆爲詔謂取會到本庫稱自建隆以來不曾有文遣此皆前代用以殺不廷之臣藉使臣下果有不赦之罪當明正典刑豈宜用此可罷其貢廢

其庫將見在毒藥焚棄瘞于遠郊仍表識之毋令生畜犯焉嗚呼上聖至仁大哉堯舜之用心也

林中書彥振攄氣宇軒昂有王蒙之少鬚罷政事去不得意寓揚州喪其偶久之忽於几筵座上時見形飲食言語如平生狀仍決責奴婢甚苦彥振徐察非是乃微伺其蹤則掘地得大穴破之羅捕六七老狐中一狐尤毛而白且解人語言向彥振求哀曰幸毋見殺必厚報彥振弗顧悉命殺之迄無他

朝奉郎劉均國言侍其父吏部公嚴守成都行李中

水銀一篋偶過溪渡篋塞遽𦖛急求不獲仰攬取溪傍叢草塞之而渡至都久之偶欲汞用傾之不出而斤重如故也破篋視之盡成黃金矣國初征澤潞時軍士於澤中鎌取馬草晚歸鎌刃透成金色或以草燃釜底亦成黃金焉又臨安僧法堅言有欽客經於潛山中見一蛇其腹脹甚蜿蜒草中徐過一草便嚙破以腹就磨頃之脹消如故蛇去客念此草必消脹毒之藥取置篋中夜宿旅邸鄰房有過客方呻吟狀苐間客就訊之云為腹脹所苦即取藥就釜煎一杯

湯飲之頃之不復聞聲意謂良已至曉但聞鄰房滴水聲呼其人不復應即起燭燈視之則其人血肉俱化為水獨遺骸臥牀急挈裝而逃至明主人視之了不測其何為至此及潔釜炊飯則釜通體成金乃密瘞其骸既久經赦客至即語其事方傳外人也

張守一為大理少卿平反拆獄死囚出免者甚多後有白頭老人詣前拜謝曰某非生人明公所出死囚之父也無以報德儻有防身之求或能致耳俄有詔賜酺城中縱觀守一見士人家女甚美悅之計無從致哉呼前鬼問曰能為我致否曰此易事然不得人饑可七日而已遂營靜處設帷帳有頃而至女驚曰此何處守一及鬼在傍紿云此是天上因與款昵情愛甚切至七日鬼復掩其目送還守一私覘女家云女郎卒中惡不識人七日而醒

有神降於鄭泽家吟詩曰忽然湖上片雲飛不覺舟中雨濕衣折得蓮花渾忘却空將荷葉蓋頭歸（此詩見東坡誌異今竟徧之坡詩集論註）

富彥國在青社河北大飢民爭歸之有夫婦襁負一子寘之道左空冢中而去後歸鄉過此冢欲取其骨

則兒尚活肥健於未棄時冢中有大蟾蜍如車輪氣咻咻然意兒呼吸此氣故能不食而健自爾遂不食年六七歲肌理如玉其父抱兒來京師以示小兒醫張荆筐張曰物之能蟄燕蛇蝦蟆之類是也能蟄則不食不食則壽千歲若聽其不食不娶則仙道也父喜攜去今不知所在

秦會之有十客曹冠以塾師為門客王會以婦弟為親客吳益以愛婿為嬌客施全以劊刀為刺客李季以韋醮為羽客龔釜以治產為莊客丁禩以通家為

狎客曹詠以獻計取林一飛還子爲說客郭知運以離婚爲逐客初止有此九客耳秦既死葬於建康有蜀人史叔夜者懷雞黍挈生芻號慟墓前其家大喜因厚遺之於是謂之弔客以足十客之數

嶺表或見異物自空而下始如彈丸漸如車輪遂四散人中之即病謂之瘴母海邊時有鬼市半夜而合雞鳴而散人從之多得異物

宣政宫中用龍涎沉腦屑和蠟爲燭兩行列數百枝焰明而香滃鈞天所無也南渡後久絕此惟太后回鑾沙漠復値稱壽上極天下之養用宣政故事然僅列數十炬太后陽若不聞上奉卮問此燭頗惬聖意否后曰爾爹爹每夜常設數百枝諸閤亦然上因后起更衣微謂憲聖曰如何比得爹爹富貴

深雪偶談

宋　方嶽

西山公云近世評詩者曰淵明之辭甚高而其旨出於老莊康節之辭若卑其旨則原於六經以予觀之淵明之學正自經術中來故形於詩自不可掩榮木之奄憂逝川之嘆也貧士之詠簞瓢之樂也飲酒末章有曰羲農去我久舉世少復真汲汲魯中叟彌縫使之淳淵明之智足以及此豈玄虛之士所能望耶其說誠是矣余謂淵明康節二公之作辭近指遠至

如淵明能言之士莫不愛而慕之況西山公乎然榮木貧士方之逝川簞瓢幾於可以牽合之論真知淵明不必視此若夫食薇飲水之言啣木填海之喻聽王室實有乃祖長沙公之心惜其力不得爲而止此則西山發微之論非獨義熙以後不著年號爲恥事二姓之驗而已淵明詩有謂其詞彩精拔斯言得之而後山頗謂其切於事情而失之不文後山體裁既變音節已殊將自外於淵明者非耶然於康節又何以許之

淵明飲酒詩云客養千金軀臨化消其寶以寶喻軀軀夫則寶亡矣坡公云人言靖節不知道吾不信也范石湖田園雜詩驗物切近但句律太恶力氣於唐人之藩尚若步驟然絕句中有可儕世上金和寶借爾閑看七十年唐人所無可謂砭流俗之膏肓矣以軀爲寶殆與斯言對壘人謂石湖未知道余亦不之信也

賈閬仙燕人產寒苦地故立心亦然誠不欲以才力氣勢掩奪情性特於事物理態毫忽體認深者寂入

仙源峻者迥出靈嶽古今人口數聯固於劫灰之上冷然獨存矣至以其全集經歲踰紀疣且細繹如芊蔥佳氣瘦隱秀脉徐露其妙令人首肯無二可以厭數三詩脉爲良醫豈不信然同時喻鳧顧非熊繼此張喬張蠙李頻劉得仁凡唐晚諸子皆于紙上北面隨其所得淺深皆足以終其身而名後世獨李洞佛名閬仙所謂鋼香之師執而不弘捧心過甚空圓蕭散之氣不復少有豈非不善學下惠者耶司空表聖後輩也本用其機反以閬仙非附寒澁無所置才坡

公不細考亦然其言獨非叛道者歟不然則隸者不力其文擠而實予則歸敬聞仙也亦至矣

四言自韋孟司馬遷相如班固東晳陶潛韓愈柳宗元梅堯臣歐陽修王安石蘇軾工拙畧見普怪五言而上世人往往極其才之所至而四言雖文辭巨伯輒不能工水心有是言矣後付劉潛夫亦以四言尤難三百五篇在前之故韋氏云誰謂率高企其齊而誰謂德難厲其庶而使經聖筆亦不能刪余思四言如律以三百五篇則韋氏爲工世殊體與後之銘詩

莫非四言也安石以上諸公未暇深論如蘇公所撰范蜀公誌銘云君實之用出而時施如彼水火孳除渴飢公雖不用亦相其行如彼山川出雲相望余每展老蘇爲擊節在詹耳作觀棋詩記廬山白鶴觀觀中人皆闔戶晝睡獨聞棋聲云五老峯前白鶴遺址長松陰庭風日清美我時獨遊不聞一士誰歟棋者戶外屨二不聞人聲唯聞落子其寂寒冷落之味可以想見坡公四言於古近體中句語無適無適而不高妙也

杜牧之赤壁詩折戟沉沙鐵未消細將磨洗認前朝東風不借周郎便銅雀春深鎖二喬許彥周不諭此老以滑稽玩弄姦孫反用其鋒謂雖黃之詞孫氏霸業繫此一戰宗廟丘墟皆置不問乃獨含情妓女豈非與癡人言不應及於夢也。劉禹錫題蜀主廟云淒涼蜀故妓歌舞魏宮前。亦是此意。惟能使感邦不主於滑稽耳本朝諸公喜爲論議往往不深諭唐人主於性情使雋永有味然後爲勝牧之處唐人中本是好爲論議大槩出奇立異如四皓廟南軍不袒左邊

袒四皓安劉是滅劉如烏江亭勝敗兵家未可期包羞忍恥是男兒江東子弟多才俊卷土重來未可知要知東風借便與春深數箇字含蓄深窮則與後二詩遼絕矣皮日休館娃懷古綺閣飄香下太湖亂兵侵曉上姑蘇越王大有堪羞處只把西施賺得吳亦是好以議論爲詩者余最愛嘗府新人諫院喜內子至二絕一旦悲歡見孟光十年辛苦伴滄浪不知筆硯緣封事猶問傭書日幾行使彥周評此則以寶氏爲不解事孀人矣所謂癡人前說夢也牧之五言

云欲識爲詩苦秋霜若在心雖漱刀不齊各自成家
然無有不自若思而得也宋人詩話每許詩未當去取之間多任意欲立異于此論雖爲一時創說
山谷中秋詩云寒藤老木被光景深山大澤皆龍蛇詩意本句上五文龍蛇本指藤木與光之影亦非真道龍蛇也
蓋本尤氏深山大澤實生龍蛇川事誠有據景趣似
差乏爾然未失爲佳坡公月夜與客飲酒杏花下詩
杏花飛簾散餘春明月入戶尋幽人褰衣步月踏花
影炯如流水涵青蘋流水青蘋之喻景趣盡矣前人
未嘗道也獨杏花影下洞簫聲中著此句辱爾及志
林所記徐州時冬夜解衣欲睡月色入戶欣然起行

秋寒偶談　八

念無與樂者遂至承天寺尋張懷民亦未寢相與步
於中庭庭下如積水空明水中蘋藻交橫蓋竹柏影
也何夜無月何處無竹柏但少閑人如吾兩人爾使
施前句於斯時豈非礙歟淳佑初僧友自南嘗從天
竺歸隱溪之南岡余多夕落葉訪之小龍迎吹時佛
殿猶在落關者茗飲而徘行溪間篙小舟自拜龍巖
巔流東下誦坡谷詩徘徊久之舍舟登岸借僧裘禦
寒而返積指二十霜矣嘗感舊有詩昔年訪月寒溪
溪霜高酒力稜生裘深借轄寢從吾幽共移不繫漁

人舟斷崖老木紛金亂又如蘋藻浮清流鴻骨浸煩
風露憂妙語滿地無人收蓋指二公詩與自南師既
亡余亦就老悵前遊之不能踐也
梅花單題難工尚矣至以梅花二字置之五七言中
隨其景趣足而成律尤爲難工不敢不謂之得句唐
人凡數百家本朝江西社中不翅數十公亦鮮不寄
寐斯花附爲不朽卒之無所容力傳不傳可以槩見
矣近世杜小山子野尋常一夜窗前月纔有梅花便
不同殊爽人意律之唐人是非本色天樂趙公茂了

秋寒偶談　八

吏人無一事坐看山鳥喫梅花端是秀語然不過絕
詩非有琢對之艱也秋壑賈公送朝客頸聯云梅花
見處多留句諫草藏來定得名圓妥優游方之天樂
冬夜飲領聯裔翁竹葉霜初下人立梅花月正高雖靜
獨有境或者以其氣其它卷什一無可摘自從和
靖先生死見說梅花不要詩斯語雖鄙要未得爲虐
論
鄭都官海棠詩穠麗最宜新着雨妖嬈全在欲開時
歐公謂其格卑鄭詩如睡輕可忍風敲竹飲散那逢

月在花格甲甚矣復齋漫錄云近世陳去非嘗用鄭意云海棠默默要俳詩日暮紫綿無數開欲識此花奇絕處明朝有雨試重來余謂去非格力猶去鄭詩未遠豈如吳融雪綻霞鋪錦水頭古春顏色最風流若教更近天街種馬上應遭觧五侯唐人雖從事苦吟題賦此花要須放些風措不近寒乞坡公詩東風嫋嫋泛崇光香霧空濛月轉廊只恐夜深花睡去故燒銀燭照紅粧不為事使居然可愛

渭城朝雨裛輕塵客舍青青柳色新勸君更盡一盃酒西出陽關無故人此摩詰送元二使安西詩也世傳陽關圖亦摩詰手遂稱二妙惜別詩要須道路臨岐繾綣畫態亦然相看臨野水獨自上孤舟長因送人處憶得別家時外此曾未多見徐道暉不來相送處恐有獨歸時服膺諦爾余往歲嘗從貴遊觀畫卷首題云長江風送客空館雨留人因概古今詩意無窮詒出唐人必矣

建中諸國中坡公自儋北歸卜居陽羨陽羨士大夫畏而不敢與游獨士人邵民瞻從學於坡坡公亦喜其人時時相與杖策過長橋訪山水為樂邵為坡買一宅為緡五百坡傾囊僅能償之卜吉入居既得日矣夜與邵步月偶至村落聞婦人哭聲極哀坡徙倚聽之曰異哉何其悲也豈有大難割之愛觸於其心歟吾將問之遂與邵推扉而入則一老嫗見坡泣自若坡公問嫗何為哀傷至是嫗曰吾有一居相傳百年保守不動以至於此吾子不肖舉以售人吾今日遷徙來歲百年舊居一旦訣別此吾所以泣也坡亦為之愴然問其故居所在則坡以五百緡所得者

也因再三慰撫謂曰嫗之故居乃吾所售也不必深悲當以是居還嫗即命取屋券對嫗焚之呼其子命翼日迎母還舊居不索其直坡自是遂還毗陵不復買[illegible]借顧塘橋孫氏居暫憩焉是歲七月坡竟殁于借居余兒在孫年方二九强記知文人謂吾家異時千里駒也不幸為十四姪婦陳氏貪利余產在兒血氣未定墮其危機既而恚恨愧悔輒輕其生丙寅三月十三日也余垂老失依且思在兒姿貌氣度真有大難割之愛哭泣送日天為若隘而族里聞若不聞

未知炎涼休戚之二人有一公論存歟否耶孤猿憶
子抱樹啼號塗旅之方聞三聲而下淚余雖負譏神
人豈料其無否之至於斯歟豈以爲余爲善哭徒有
類於唐衢者歟感坡公事重爲之洟咽因書以自責
且告世之仁人君子共知前輩行事蓋如此云
林廬晚日花蝶怡情宜有見於篇章者往往精覗始
能逼真而闊濶之氣易至偏失要在不相謀而兩得
也詠蝶如唐僧可朋作當暖景飛仍慢欲就芳叢舞
更高僧懷古霞開離草逈風逆到花遲俱未若陌上

斜飛去花間倒翅回尤精余曩憩吳山偶見僧舉楼
四韻歲久忘其首句一叢浮動戲蘭芽幾成碧玉搔
頭樣畫作黃金側面花蝶過楼臺飛盡日又因風雨
宿誰家兒童愛把搖輕撲驚起雙雙貼綠霞惜俱忘
爲誰氏所作閱和靖集亦有之細看覺聲敵秋毫莊
萬芳園且幾遭清宿露花應自得殿風和絮欲爭高
情人殺久魂猶在傲吏齊來夢亦勞閑掩遺編若堪
恨不并香草入離騷精緻不減唐人闊濶有之獨恐
非晚年作耳

詩無不本於性情自詩之體隨代變更由是性情或
隱或見若存若亡深者過之淺者不及也昔坡公云
蘇李之天成曹劉之自得陶謝之超然固已至矣李
杜以英偉絶世之姿凌轢百代古之詩人盡廢然魏
晉以來高風絶塵亦少衰矣坡公本不以詩專門使
非上下漢魏晉唐出入蘇李曹劉陶謝李杜潛窺沉
翫實領懸悟能自信其折衷如是之的乎醫和之目
無復遁疾理固然也如天成如自得如超然則黍離
之體如東坡公所許亦宜窺覦領悟毋忽焉可也坡

公獨以柳子厚韋應物發纖穠於簡古寄至味於澹
泊蓋韋柳皆以清節翁爲指歸而卒之齊足並驅也
坡公每表和陶諸篇可以見其所趣無不及焉雖然
漢魏晉唐豈舍去性情別出意見而習爲高遠之言
哉當其代殊體變性與情之隱見存亡淺深雖其一
時之名能詩者亦不能自必其所至之然也唐風既
昌一聯一句滿聽清圓流液雋永首肯變跡性情信
在是矣然詞藻勝則糟粕律度嚴則拘窘能不脂韋
於二蔽之間而脫穎奇焉則天成自得超然何術無

之至於作止雍容聲容惋穆覗温柔敦厚之教庶幾
無論漢魏顧晉以下諸人自靖節翁之外似未論也
太常博士龙全先生王公名澡字身甫有落梅小詞
幾明瘦直不受東皇　紹興伴春終肯于江底怎着
得夜色何處笛曉風無奈力若在壽陽宫院一點點
有人惜劉公潛夫焚之已附此詞於後村集詩話中
予亦僭附之拙藁雖然先生文行表表一詞固何足
爲先生軒輊也予少即登門以先公同生丙戌且相
友善之故遂辱撰先公墓銘誌中有文不逮岳而岳

强以銘之語當知前輩獎掖後進有如此也
一盤消夜江南果喫栗看書只清坐罪過梅花料理
我一年心事半生牢若盡向今宵過此身本是山中
簡繞山山來便帶差年種青松應是大縛茅深處抱
琴歸去又是明年話此薛泳沂叔客中守歲詞也沂
叔久客江湖瀕老懷歸遂賦此詞晚於溪上小築扁
水竹居迄就窆焉其所爲詩如新堤小泛柳陰橋方
出煙深寺欲浮早秋歸興歸心如病葉一片落江城
鎮江逢尹惟曉欲說事都忘相看心自知皆去唐人

理致不遠
應文遠字正子嗜酒跌宕嘗自賞其侮記云雪意嬌
春臘前梅點點春風面粉痕冰片一笑重相見簡竹隈
松誰道羅浮遠寒更轉楚驛爲伴贈遠香蒂接語意
細潤似不類其爲人別去二十餘年一見傾倒予戲
謂正子君他文未必盡傳其詩容以有關貴于月藁
否乎正子起謝且喜以語之他友後不知其蹤跡何
在殆亡久矣予雖戲言顧不謂之然詎況何可藏瑣
斯善也

吾鄉許左之右之二公兄弟落筆皆不凡左之公二
夕寓飲妓坊醉欲狎之妓審有所權在矣公捷筆賦
詞而起云誰知花有主誤入花深處放直下酒盃乾
便歸去又代他妓小詞憶你當初惜我不去傷我如
今留你不住去客聽此戀戀踰時妓迄後謝如月在
柳梢頭人約黃昏後一詞正歐陽居士所作要之前
輩多一時奇翰要不容以浮薄議左之公也因思唐
多才妓有贈新第士人絕句從此不知蘭麝貴夜來
新惹桂枝香殊有風味使從假倩當不傳載矣二許

公紹興間同歲籍學前二祠蓋休澣日漫游酒邊作

池

桐陰舊話

朱　韓元吉

忠獻公將生令公夢人手中書一大與字示之知門戶之將起也及命名從人從意而字宗魏蓋取畢萬之後必大萬盈數魏大名之義耳年六七歲病甚令公與夫人守視之忽若張口飲藥狀曰有道士牵犬以藥餇我俄汗而愈後因畫像以祀按列仙傳韋善俊唐武后時京兆人長齋奉道法嘗攜黑犬名烏龍世俗謂爲藥王云

太保公忠憲曾祖也周國公祖也皆葬靈壽相比獻肅公自太原移帥定武始議改葬既發冗則二瓦棺並列有泉湛然其下大驚以問鄉老有曰當時開壙見水貧不能易地遂以木架於水上然猶不腐則知未嘗滲濕爾因不敢改而相地者以爲奇弟斲石爲柱橫二石柴瓦棺仍之不別爲槨增築其封岐冢首於上淇水李公邦直爲墓表孫康簡公曼叔書之亦買田靈壽以贍同族之貧者

忠憲公少年貧特學書無紙莊門前有大石就其上學字曉即滌去遇烈日及小雨張弊繖自蔽率以爲常

公與李康靖公同行應舉有一僧同寢卧至別割館爲二分之具後浚貴以長女嫁康靖公子邯鄲公而第七解州府君娶康靖公女子孫數世婚姻不絕

李康靖公爲汝州守趙公門客（李傳云夜所親趙兄或是）忠憲公亦往見焉趙公尤敬待忠憲每聞公至書院即令設肉食康靖嘗有簡戲云久思肉味請見訪友也趙公遂以女許嫁忠憲公既過省趙公遣人送女至京

師資從甚鮮華女亦乘馬披繡衫戴帽洎城外旅邸一夕病心痛卒忠憲具素服往哭之後乃爲王文正公婿也

公在蜀既踰年仁宗欲召爲參知政事宰相有謂當俟秩滿者而更薦所厚善及公受代止以中丞召至仁宗遂遷公同知樞密院事迄拜參政乃知聖眷自有定也然范文正公嘗進百官圖詆呂　靖而力薦公宜相文正出鄱陽出榜朝堂有妄薦稱衔行離間之語仁宗以諭公公奏曰臣頃歲陛下過聽擢贅

樞密未嘗涉朋比結左右也况仲淹非媢親故舊若仲淹舉臣以公則臣之拙直陛下所知舉臣以私則臣委質以來素無交託進退之際惟陛下所裁仁宗賜詔褒答

舍人諱綜字仲文景祐元年登進士第後以呂文靖公薦入館忠憲公書戒之曰惟上感君恩次答知己外但服勤職業一心公忠何慮前程不達切須深省人情周防忌善之言爲切纔遷開封府推又戒之曰作贊浩穰庶事皆須熟思無致小有失錯至於斷一

笞杖或不當明則懼於朝章幽則畏於陰噬二書眞跡具在族人家自餘尚數紙亦與獻肅兄弟者無一筆草書尾但云吾押付汝而不名

王夫人初未有子夢一僧貌甚異手持蓮花曰汝欲生男子摘五葉餌之後生舍人及獻肅公職方宮師莊敏公五子皆貴顯嘗誨之曰汝父有法度爲世所知汝曹或不及則人必以爲類我也其善教如此

獻肅公諱絳字子華登解過省殿試皆第三以元祐三年三月薨皆三數亦異事也故蘇惠公頌挽詩云三登慶曆三人第四入熙寧四輔尊恭公自樞副遷參政宣撫陝右即軍中拜昭文相再入史館相也

職方諱繹字仲連從晏元獻公辟爲永興倅有富家子悦娼女柳約爲夫婦而父母强爲子娶乃謀之朮士教以厭蠱期妻必死可娶娼則厚酬之既而妻果病垂死妻之父母聞而告官晏公醇儒不信曰世顧有是邪職方固請鞫之遂得實發地藏木偶人書其妻名氏生時與咒詛之詞晏公大驚乃奏抵法

宮師諱維字持國忠獻公嘗夢巨碑中有宮師姓名

而爲金字莫曉所謂然亦意公必貴也故公不出應科舉忠獻公亦不强之曰是兒當自致遠大其後公預元祐黨籍蔡京請徽廟御書羣臣姓名而金塡之或謂是應

莊敏公諱縝字玉汝初未字於歐陽文忠公公以小合幅紙書玉女二字送來莊敏大不樂明日相見猶有愠容文忠公曰出處無點水也君何怪耶取筆添女字二點相與一笑蓋詩中玉欲玉女但音發作汝也前輩亦雅戲若此

契丹使每歲至中國索食料多不皆珍異之物州縣撓動公之使之入其境稍深則必索豬肉及胃臟之屬從者莫能曉蓋燕北第産羊俗不畜豬驛司馳騎疲於奔命無日不加箠楚所以困之爾既回程與送伴者飲率盡酒然公翊日乘騎如故初不病酲也蓋取隨行大盞酌勸之伴者不能勝屢至委頓臨別痛飲達旦及叙違馬上幾不能相揖後聞其中責伴者以失儀沙袋擊之至死

養痾漫筆

宋　趙溍

靖康之變中原爲北地當時高人勝士伫沒者不少紹興庚申辛酉河南關陝暫復有自關中驛舍壁間得詩二絶云鼙鼓轟轟聲徹天中原廬井半蕭然鶯花不管興亡事妝點春光似去年又云渭平沙淺鴈來棲渭漲沙移鴈不歸江海一身多少事清風明月淚霑衣

張南軒晚得奇疾虛陽不秘每嘆曰養心莫善於寡欲吾平生理會何事而心失所養乎竟莫能治踰年而卒就歛遍身透明臟腑筋骨歷歷可數瑩徹如水晶自昔醫書不載此疾之症

翟欽甫者金人也衆飲清菴欽甫偶至衆不之識俾賦清菴詩欽甫故拙起句云爲問清菴何以清衆拍手大笑及賦第二句霜天明月照蓬瀛衆失色連賦廣寒宮裏琴三弄白玉樓頭笛一聲金井玉壺秋水冷石田茅屋暮雲平夜來一枕遊仙夢十二瑤臺獨自行衆愧謝延之上坐

嘉泰間內臣李大謙於行都九里松玉泉寺側建功德寺役工數內有漆匠張某者天台人偶春夜出洛回於道中遇一老嫗挽入小門暗中以手捫壁隨嫗而行但覺是布幙轉經數曲至一室中使就物坐此嫗乃去繼有一尼携燈至又見四壁皆有青赤衣帷遮護終不知是何地此尼又引經數曲及至一室燈燭酒殽器皿一一華備但非中下人家所有張見之驚異亦不敢問其所以且疑且喜尼往頃時復至後有一婦人隨來容美非常惟不冠飾張殊畏懼尼遂

使坐遂召前嫗命酒殽數盤此婦人更不一語尼云已晚矣張但懇尼云匠者無錢尼終不顧遂令就寢尼執燭扃戶而去張屢詢所來及姓名而婦人竟無一語疑爲瘖疾至鐘動尼復至啓鑰喚張起如前令嫗引出亦摸布壁行覺至一門非先來所經此嫗令出街可至役所張如夢寐中行至一街迨曉即離役所二里許後循路歸其董役者責之及聞此事使人徧訪終不得其原所入門誠衆皆謂遇鬼物而有一木匠云固寵借種耳

建隆中曹彬潘美代江南城既破李煜白衫紗帽見二公先見潘設拜潘答之次見曹設拜曹使人明語之曰介胄在身拜不及答識者善之二公先登舟召煜飲茶船前獨設一木脚道煜嚮之國主儀衛甚盛一旦獨登舟徘徊不能進曹命左右掖而登焉既一啜曹謂李歸辦裝詰旦會于此同赴京師未曉如期而赴焉潘始甚惑之曰詎可放歸曹曰適來獨木版尚不能前畏死甚也既許其生赴中國矣焉能取死衆皆服其識量

太祖一日小宴顧李煜曰聞卿能詩可舉一首煜思久之乃舉詠扇詩云揖讓月在手動揺風滿懷太祖曰滿懷之風何足尚侍臣莫不嘆服

大原王仁裕家遠祖母約二百餘歲形質纔三四尺兩眼白睛皆碧飲啗甚少夜多不睡每月餘忽不見數日復至亦不知其來往之迹牀頭有一柳箱可尺餘封鎖甚密人未嘗得見其中物常戒諸孫曰如我出愼勿開此箱開則我不回也諸孫中有一無賴者一日醉酒而歸祖母不在徑詣牀頭取封鎖柳箱開之其中止有一小鐵篦子餘無他物自此祖母竟不回矣

竹之異品頗多成都古今記云對青竹黃而溝青故每節若間出云此竹今浙中亦有之惟會稽頗多彼人呼爲黃金間碧玉辰州有一種小竹曰龍絲竹生山谷間高不盈尺細僅如針前輩詩有小竹如針能具體即此也武陵桃源山有方竹四面平整如削堅勁可以爲杖予頃在湖湘間見有以竹爲桶者其徑幾盈尺羅浮山記云第三峯有竹大徑七尺圍節長丈二葉若芭蕉謂之龍公竹松窻雜錄有異竹筏長

三百餘尺玉篇云簩竹可爲舟但未親見耳云實有之

陳同甫名亮號龍川始聞辛稼軒名訪之將至門遇小橋三躍而馬三却同甫怒拔劍揮馬首推馬仆地徒步而進稼軒適倚樓望見之大驚異遣人詢之則已及門遂定交稼軒帥淮時同甫與時落落家甚貧訪稼軒于治所相與談天下事酒酣稼軒言南北之利害南之可以并北者如此北之可以并南者如此

且言錢唐非帝王居斷牛頭之山天下無援兵決西湖之水滿城皆魚鱉飲罷宿同甫干齋中同甫夜思稼軒沉重寡言醒必思其誤將殺我以滅口遂盜其駿馬而逃月餘同甫致書稼軒假十萬緡以濟貧稼軒如數與之

孝宗幸天竺及靈隱有輝僧相隨見飛來峯問輝曰旣飛來如何不飛去對曰一動不如一靜又看觀音像手持數珠問曰何用曰念觀音經問自念則甚曰求人不如求己孝宗大喜

本朝四帝亦有吉符眞宗即來和天尊出楊礪之夢紀載諸國史祥符崇尚道教建立宮觀專尚祥瑞王欽若獻芝草八千一百三十九本丁謂獻芝草三萬七千餘本獨孫奭不然其事眞宗久無嗣用方士拜章至上帝所有赤脚大仙微笑上帝即遣大仙爲嗣大仙辭之帝曰當遣箇好人去相輔贊仁宗在禁中未嘗鞋惟坐殿方御鞋襪下殿即去之徽宗即江南李主神祖幸秘書省閱江南李主像見其人物儼雅再三歎訝而徽宗生生時夢李主來謁所以文采風流過李主百倍及北狩女眞用江南李主見藝祖故事高宗韋后生徽宗夢錢王再三乞還兩浙夢覺與鄭后言朕夜被錢王取兩浙甚急鄭后奏云昨夜妾夢亦然須臾報韋后誕高宗及建炎渡江今都錢唐百有餘年豈非應乞兩浙之夢乎　門志載宣和間禁中有物曰猫塊然一物無頭眼手足有毛如漆中夜有聲如雷禁中人皆云猫來諸閤皆扃戶徹廟亦避之甚至登九金坐移時或往諸嬪妃榻中睡以手撫之亦溫暖曉則自榻滾下而去罔知所在後宮妃嬪夢中有與同寢者即此猫也或云朱溫之厲所化左傳云豕人立而啼未必誣也

紹興初楊存中在建康有雙勝交環謂之二勝環取兩宮北還之意因得美玉琢成帽環進高廟曰尚御幾偶有一伶人者在傍高宗指環示之此環楊太尉進來名二勝環伶人接奏云可惜二勝環且放在腦後高宗亦爲之改色此所謂執藝事以諫也

王黼宅與一寺爲鄰有一僧每日於黼宅旁溝中漉取流出雪色飯洗淨曬乾數年積成一囤靖康城破

餬宅骨肉絶食此僧卽用所積乾飯復用水浸蒸熟送入餬宅老幼頼之無餒

眞定大曆寺有藏雖小精巧藏經皆唐宮人所書經尾題名氏極可觀佛龕上有一匣藉匣古錦儼然有開元賜藏經勅書及會昌間賜免拆殿勅書有塗金匣藏經一卷字體尤婉麗其後題曰善女人楊氏爲大唐皇帝李三郎書

士之窮通出處蓋有命焉非人所能爲也元祐中東坡知貢舉李方叔就試將鎖院坡緘封一簡令叔黨

持與方叔值方叔出其僕受簡置几上有頃章子厚二子曰持曰援者來取簡竊觀乃揚雄優於劉向論一篇二章驚喜攜之以去方叔歸求簡不得知爲二章所竊悵恨不敢言已而果出此題二章皆模倣坡作方叔幾於閣筆及拆號坡意魁必方叔也乃章援第十名文意與魁相似乃章持坡失色二十名間一卷頗奇坡謂同列曰此必方叔視之乃葛敏修時山谷亦與校文曰可賀内翰得人此乃僕宰泰和時一學子相從者也而方叔竟下第坡出院聞其故大嘆恨作詩送其歸所謂平生漫說古戰場過眼空迷日五色者是也其母歎曰蘇學士知貢舉而汝不成名復何望哉抑鬱而卒余謂坡拳拳於方叔如此眞盛德事然卒不能增益其命之所無反使二章得竊之以發身而子厚小人將以坡爲有私有黨而無以大服其心豈不重可惜哉

淳熙中王季海爲相奏起汪玉山爲太宗伯知貢舉且以書速其來玉山將就道有一布衣之友平生極相得屢黜于禮部心甚念之乃以書約其胥會于富

陽一蕭寺與之對榻夜分密語之曰某此行或者典貢舉當特相牢籠省試程文易義冐子中可用三古字以爲驗其人感喜玉山既知貢舉搜易卷中果有冐子用三古字者遂竟批上置之前列及拆號乃非其友人也竊怪之數日友人來見玉山怒責之曰此必足下輕名重利售之他人何相負乃如此友人指天誓曰某以暴疾幾死不能就試何敢漏泄于他人玉山終不釋未幾以古字得者來謁玉山因問之曰老兄頭場冐子中用三古字何也其人泯默久之對

曰茲事甚恠先生既問不敢不以實對某之來就試也假宿於富陽某寺中與寺僧閒步廡下見室下一棺塵埃漶漫僧曰此一官員女也殯于此十年矣杳無骨肉來問又不敢自瘞之因相與嘿然是夕夢一女子行廡下謂某曰官人赴省試妾有一語相告此去頭場目子中可用三古字必登高科但幸勿相忘使妾枯骨早得入土既覺甚恠之遂用其言果叨前列近已往寺中瘞其女矣玉山驚歎

臨安中瓦在御街上士大夫必遊之地天下術士皆

聚焉凡挾術者易得厚獲而近來數十年間向之行術者多不驗惟後進者術皆奇中有老於談命者下問後進汝今之術即我向之術何汝驗我若何不驗後進者云向年士大夫之命占得祿貴生旺皆是貴人今日士大夫之命多帶刑殺衝擊方是貴人汝不見今日爲監司郡守閫帥者日以殺人爲事邪老師歎服

狒狒讃曰狒狒恠萌被髮操竹獲人則笑唇掩其目終亦號咷反爲我戮物類相感志曰狒狒出西南蠻宋建武中安昌縣進雌雄二頭帝曰吾聞狒狒能負千斤既力若此何能致之對曰狒狒見人輙笑笑則下唇掩其額故可以釘之髮可爲朱纓血可染衣似獼猴人面而紅作人言鳥聲善知人生死飲其血使人見鬼帝命工圖之元稹詩狒狒穿筒格猩猩置屐馴

凡人溺死者及服金屑未死者以鴨血灌之可活　耳暴聾者用全蝎去毒爲末酒調滴耳中聞水聲即聾愈　枸杞子榨油點燈觀書能益目力　金瘡刀

斧傷用獨殼大栗研爲乾末傅之立止或倉卒用生嚼傅亦驗　喉痺用乳鵝蝦蟆衣鳳毛草擂細入鹽霜梅肉煮酒各少許和再研細布絞汁鵝毛刷患處隨手吐痰即消　癰疽惡瘡初發起當歸大黃桑皮羌活爲細末生鷺鷥藤擂汁調傅瘡之四圍自然收毒聚作小頭即破切不可併瘡頭傅之恐毒氣四攻不可收也

新昌徐氏婦病產有名醫陸某在二百里外與致之及門婦巳死但胷膈間猶微熱陸入診之良久曰此

凷悶也得紅花數十斤則可活主人亟購如數陸乃
爲大鍋煑之候湯沸遂以三木桶盛湯于中取窻格
藉婦人寢其上湯氣微復進之有頃婦人指動半日
遂蘇
西明延慶寺一僧自頂至踵平分寒熱醫無識者有
一道人曰此生偏腸毒也藥之一夕而愈
骨鯁用犬涎穀芒用鵝涎無弗愈者皆以意推也
孝宗嘗患痢衆醫不效德壽憂之過宮偶見小藥肆
遣中使詢之曰汝能治痢否對曰專科遂宣之至請
問得病之由語以食湖蟹多故致此疾遂令診脉曰
啔冷痢也其法用新采藕節細研以熱酒調服如其
法杵細酒調數服卽愈德壽大喜就以杵藥金杵臼
賜之至今呼爲金杵臼嚴防禦家可謂不世之遇
病眼生赤瘴者取田螺一枚去掩以黄連末糝之置
于露中曉取則肉化爲水以之滴目赤瘴自消
治嗽方甚多余得一方甚簡但用香櫞去核薄切作
細片以時酒同入砂瓶内煑令熟爛自昏至五更爲
度用蜜拌勻當睡中喚起用匙挑服甚効又越州某
學錄云少時苦嗽百藥不療或教用向南桑桑條一
束每條寸折内鍋中太約用水五椀煎至一碗於處
暑中遇渴飲之服一月而愈
象山縣有村民患水腫者以爲鬼禍訊之卜者卜者
授之方用田螺大蒜車前草和研爲膏作大餅覆臍
上水從便出數日遂愈

宣政雜録

宋　江萬里

政和壬寅有狐登崇政殿御座衛士晨起叱狐不動呼衆逐之至西廊下不見即日得旨壞狐廟亦闕之先兆也

宣和初都下有朱節以罪置外州其妻年四十居望春門外忽一夕頤頷痒甚至明鬚出長尺餘人問其實莫知所以賜度牒爲女冠居於家益人妖而女巳闕之先兆也又淮南民家兒四歲自耳目下皆生鬚長寸餘能作大字其父入都持兒示人日得數緡

月餘人傳曰於某處看

宣和初收復燕山以歸朝金民來居京師其俗有臻蓬蓬歌每扣鼓和臻蓬蓬之音爲節而舞人無不喜聞其聲而効之者其歌曰臻蓬蓬外頭花花裏頭空但看明年正二月滿城不見主人翁本　讖故京師不禁然次年正月徽宗南幸次年二聖北狩又有伎者以數丈長竿繫椅於杪伎者坐椅上以項下按於小棘坑中無偏頗之失未投時念詩曰百尺竿頭望九州前人田土後人收後人收得休歡喜更有收人在後頭此亦北讖而兆禍可怪

政和中宗室士㬙所居鈍軒忽生白芝數本於梁棟士因易名芝軒賓客詠歌以爲和氣次年士㬙死又一年賜所居入因聖親族衆散徙益不祥也壬寅春太傅王黼賜第有白芝生於正寢閣卧榻後屏風而出又一本在廳事照壁上隔六年有殺身之禍

宣和庚子滄州南皮縣弓手張德平日以健勇擒捕有獲然多及平人因瘟疫死半歲墓中忽有聲人報

其子往視則墓已穴露出其面矣及破墓欲出之則身變白蛇子驚問曰何爲異類父曰我以殺平人多獲此報子可作屋置我於中開竅於頂時出頭四望以肉飼我日十餘斤足矣年餘身漸大所食增多家貧謂其子曰我雖壞爾財物切無害我若殺我則方二年後復生爲白蛇則天下兵矣子憤其妖曰此正喪門神也殺之乃所以止兵乘醉礪刃斷之蛇奮躍展轉壞屋宇桑麻數里

宣和年都下趙倚年十二隨母嫁里中田生生死於

大母每遭毒手積六年倚每見母被凌辱即勸母去
母終無意一日倚病母遭叱詈倚病中憤鬱因力遣
母出買藥時田生尚寢倚乃闔戶持刀殺田生連十
餘下以力弱不能中要害而田亦死轉血中隣人排
闥入倚曰吾母以身歸田主執爨具飯乳子浣衣勤
勞且久而未嘗得田生一善言爲人子者得不痛心
耶吾病甚不能力斷其首即以刃付邏卒束手就執
既行猶回視諸人曰好視吾母行人皆爲之泣下獄
察其孝亦爲讞上上哀其誠止從杖而編置焉

宣政雜録 八 三

政和中濟南府禹城縣孝義村崔志有女甚孝母臥
病久冬忽思魚食而不可得其女曰聞昔者王祥臥
冰得魚想不難也兄弟皆曰盡信書則不如無書汝
女子何妄論古今女曰不然父子有兒女者不欲養
生送死兄謂女不能邪乃同乳媼焚香誓天即往河
中臥冰凡十日果得魚三尾鱗鬣稍異歸以饋母食
之所病頓愈人或問方臥冰時曰以身試冰殊不覺
寒也

濟南府開元寺因更修掘地得古碑蓋會昌中汰僧
碑也字皆刓缺磨滅不可讀惟八字猶存云僧盡烏
巾尼皆緋鬟會昌而下之後有詔改德士遂符碑言

唐武后昇中述志碑后自撰睿宗書極壯偉在嵩山
下政和中河南尹上言請碎其碑詔從之

靖康初民間以竹徑二寸長五尺許冒皮於首鼓成
節奏取其聲似曰通同部又謂製作之法曰漫並不
漫下通衢用以爲戲云

建炎戊申鎮江府民家兒生四歲暴得腹脹疾經數
月臍裂有兒從裂中生眉目口鼻人也但頭以下手

宣政雜録 八

足不分莫辨男女又出白汁三餘三日二子俱死

徽宗崇寧間曾夢青童自天而下出玉牌上有字曰
丙午昌期真人當出上覺默疏於簡札謂丙午年是
昌盛之時真仙當降乃預製詔書具陳夢意令天下
尋訪異人以詔揭于寶籙宮然四方了無異人至乙
巳冬內禪欽宗即位意當丙午之期矣而次年金人
果至有北狩之禍僕實從徽宗北行每語青童夢惟
其無驗後乃悟曰豈丙午是猖獗之期而天與之人
出也蓋事未經變不能悉其妖言

徽宗北狩經薊縣梁魚務務有還鄉橋不少主命名人至今呼之上曰此乃亂世之主後聖必能力伸此冤令我回此橋因不食而去

宣和五年間每夜漏三鼓街衢稍寂滿耳聞犬吠聲勢若舉禁城内百萬之犬俱嘷無復聞人聲深夜獨行時近察遠傾耳聽之不見犬也常時已爲異及靖康末人入京師至今希之始悟其異晉書載廬江何氏家忽聞地中有犬聲掘得一犬并雌雄二雛後此中亦有禍況此聲舉城之多邪

徽宗遜位前一年中秋後在苑中賦晚間景物一篇云日射晚霞金世界月臨天宇玉乾坤寫示宰臣其謂得意皆稱賛取對精切格韻高勝聖學非從臣可及然次年戎馬犯順後國號金亦先兆金世界也

遂昌雜錄

元　鄭元祐　龔綸觀

高昌廉公諱希貢字端父由按察僉事累任廉使後以薊國公致仕公嘗出其兄平章公諱希憲像而白晳如滿月冠巾團領袍手執孟子公嘗言先兄禮賢下士如不及方為中書平章時江南劉整以尊官來見先兄毅然不命之坐劉去宋諸生藍縷冠衣袖詩請見先兄亟延入坐語稽經紬史飲食勞苦如平生驩既罷某等兄弟請於先兄曰劉整貴官也而兄簡薄之宋諸生寒士也而兄加禮殊厚某等不能無疑敢問公曰此非汝輩所知我國家大臣語默進退繫天下輕重劉整官雖尊貴背其國以叛者若夫宋諸生與彼何罪而羈囚之況今國家起朔漠我於斯文不加厚則儒術由此衰熄矣

宋亡故官并中貴往往為道士若杭省馬院張太尉其一也其人長身廣額宋為入內都知太尉國家以其內侍拘入朝遂傾家賂上下得以其子代如李丞相羅司徒皆是也羅李既貴悉顯其親族而張獨畏愿不敢奏僅撥平江田三十頃贍之得田後國已僕裕無他望一日仁廟顧為張曰汝有父母在乎張拜答曰母已亡獨父在為道人上曰封贈慶典曾及之乎張曰老父既寄迹方外不敢覬望後福上愀然召中書省臣以為張哥在朝久矣而慶典不及其父母即命以其子爵秩貴之其父在杭固不知而是日頭痛重若為物所壓日重一日制贈金紫光祿大夫司徒上柱國徽政院使典謁卿閭國公賜玉帶金幣鈔物等又降詔旨江浙省疏浙西憲臣皆將旨燕犒于

其家比使臣至頭痛重殆不勝使臣即臥內宣恩命聵不知極品之貴使臣舉玉帶以示之始驚顧謂其所親者曰宋得賜玉帶者兩人福王賈平章耳不及佩服舉手一撫摩遂卒嗚呼顯官貴祿信有命彼不知而妄求者可以為戒也

余年三十許時識一老僧於吳江洲渚上僧台人也時已年七十餘為余言伯顏丞相先鋒兵至吳是日大寒雨雪老僧者時為承天寺行童兵森列寺前住山老僧某令其觇兵勢且將自牖行童震慄遙望有

以銀椅中坐者以手招行童童莫敢前且令軍士趣召之將至戒以無恐既至召令前問住山某和尚安否西廊下某首座安否童大驚且戒令先往首座房致意首座僧大驚而銀椅中坐者已至房作禮笑問曰首座如何忘却耶某囘昔時知命子寺前賣卜者也嘗宿上房踰半年已而偕至方丈拜主僧主僧錯愕漫不省扣之乃言曰我尤宣撫也今日尚何言即命大鍋煮粥哨兵人令兵人持招安榜而令行童以吳語誦榜文曉諭百姓於此始知尤公探諜江南凡

八年至以龍虎山張天師符籙取驗於世祖皇帝云

尤公久於江南探諜南士人品高下皆悉知之時江淮省改江浙省自維揚遷錢塘尤公因遷平章郡有天慶觀即今玄妙觀杭高士褚雪巘先生諱師秀自宋以清苦飭行聞一日尤公單騎從一童至天慶方丈觀主士官稔者尚不知爲平章尤公乃自言觀主人驚尤公曰我欲一拜褚高士耳觀主謂主人孤僻士宰相何取而欲見之尤公意彌堅觀主扣房門高士方讀書聞扣戶聲問爲誰觀主以姓名對高士曰主首不游廊管轄何爲至此觀主以山門急切事語之乃啓戶觀主言平章請見高士拒之曰某自來不識時貴人而平章顧已拜於地意欲高士延坐其室即鎖戶偕行廊廡問平章卑仰敬之愈甚至雲堂前語平章曰三年前有閩州王高士嘗留此某則非其人也因長揖竟出尤公顧瞻嗟咨曰是眞一世之高士公每出見杭士女出遊仍故都遺風前後雜沓公必停輿或駐馬戒飭之曰汝輩尚瞢瞢睡耶今日非南朝矣勤儉力作尚慮不能供繇役而猶若是惰遊

平時三學諸生困甚公出必擁呼曰平章今日餓殺秀才也從者叱之公必使之前以大囊貯中統小鈔探囊撮予之遂建言以學校養士從公始

宋僧溫日觀居葛嶺瑪瑙寺人但知其畫葡萄不知其善書也今世傳葡萄多贋其眞者枝葉鬚梗皆草書法也酷嗜酒楊總統以名酒啗之終不一濡脣見輒憤罵曰掘墳賊惟鮮于伯機父愛之溫時至其家抱軒前支離叟或歌或哭每索湯浴鮮于公必躬爲進澡豆其法中所謂散聖者其人也支離叟即伯機

家所種松也
宋巨璫李太尉者宋亡爲道士號梅溪元祐童時嘗侍其游故内指點歷歷如在獨記其過葫蘆井揮涕曰是葢宋時先朝位上釘金字大牌曰皇帝過此罰金百兩宋家法之嚴如此他則童騃不能也
宋京畿各郡門有激賞庫郡有慈幼局遇盗發郡守闕庫募士故盗不旋踵擒獲貧家子多厭之則不育乃許抱至局書生年月日時局有乳媪鞠育之他人家或無子女却來取於局歲侵子女多入慈幼局故

道無拋棄子女信乎其恩澤之周也積雨雪亦有錢賑小惠然無甚貧者
故老言賈相當國時内後門火飛報已至葛嶺賈曰火近太廟乃來報言竟後至者曰火已近太廟賈乘兩人小肩輿四力士以鏈劍護轎里許即易轎人倏忽至太廟臨安府已爲具賞犒募勇士樹皁纛刲劊手皆立具於呼吸間賈下令肅然不過曰火到太廟斬殿帥令甫下火沿太廟八風雨殿前卒肩一交飛上斬八風板落火即止登驗姓名轉十官就給金銀貴之賈才局若此類亦可喜傳景文云
宋太學生東嘉林景曦字霽山當楊總統發諸陵時林故爲杭丐者背竹籮手持竹杖夾遇物即以夾掇籮中鑄銀作兩許小牌百十繫腰間賄西僧云自餘不敢望收得高宗孝宗骨斯足矣番僧左右之果得高孝兩朝骨爲兩函貯之歸葬於東嘉其詩有夢中作十首其一絕曰一杯未築珠宮土雙匣親傳竺國經只有春風知此意年年杜宇哭冬青又曰空山急雨洗巖花金粟堆寒起暮鴉水到蘭亭更嗚咽不知

眞帖落誰家又曰橋山弓劍未成灰玉匣珠襦一夜開猶記去年寒食日天家一騎捧香來餘七首尤悽怨則忘之葬後於宋常朝殿前掘冬青樹一株植於兩函土堆上又有冬青花一首曰冬青花冬青花花時一日腸九折隔江風雨清影空五月深山落微雪移來此種非人間曾識萬年觴底月後忘之又一首有曰君不記羊之年馬之月霹靂一聲山石裂聞其事甚異不欲書若林霽山者其亦可謂義士也已
永嘉王文友諱仁輔克若讀書里人倪文光諱昭奎

者建之以教其兩弟曰子瑛曰元鎮居久之文光歿而子瑛駿元鎮出應門戶不勝州郡之朘剝也貲力遂耗減已而子瑛卒家中乾元鎮剏無作有以濟朋友會文友卒元鎮買油杉棺葬之芙蓉峯傍葬之日洣溪士友皆至葬文友後元鎮竄於詠求頹未有能振之者

閩人鄭所南先生諱思肖宋亡國時其上世仕於吳宋亡遂客吳下聞其有田數十畝寄之城南報國寺以田歲入寺為祠其祖禰遇諱必大慟祠下而先生

併館穀於寺為先生自宋亡矣不與北人交擅於友朋坐間見語音異者輒引起人知其孤僻故亦不以為異其上世本業儒而先生於佛老教則喜之平日喜畫蘭疎花簡葉不求甚工其所自賦詩以題蘭皆險異詭特蓋以攄其憤懣云吳人好事者為板刊其所謂錦錢集者行於世若先生在周為頑民在殷為義士蓋不易窺其涯涘云

鄧中齋先生諱剡字光薦宋丞相信國公客也宋亡以義行著其所賦鷓鴣辭有曰行不得也哥哥瘦妻弱子嬴牸馱天長地久多網羅南音漸少北語多內飛不起可奈何行不得也哥哥其意可見其所贊文丞相像有曰目煌煌兮疎星曉寒氣英英兮晴雷殷山頭碎柱兮璧完血化碧兮心丹嗚呼孰謂斯人不在人間

謝后既北遷其支裔在杭者固多謝君退樂一人也退樂嘗言江南始內附有所謂李信卿者自北來謂能相人望氣崖岸倨甚退樂以貴官咸敬之亦設早饌以延致之李至即中坐省幕官皆下坐不得其一

言時趙文敏公謂之七司戶固退樂姻戚也居公來同飯時文敏風瘡滿面李遙見即起迎文敏謂衆人曰我過江僅見此人耳瘡愈即面君公輩記取異時官至一品名滿四海初襄陽未破時世祖令其即軍中望氣行踰三兩舍即還言於世祖曰臣見卒伍中往往有公輔貴人襄陽不破江南不平何處著許多富貴人嗚呼此與南衙士卒皆將相者何異哉

宋季琴士汪水雲者工於詩詩皆清麗可喜杭城破其詩有曰西塞山邊日落處北關門外雨來天南人

墮淚北人笑。臣甫低頭拜杜鵑。又曰錢塘江上雨初乾風入端門陣陣酸萬馬亂嘶臨警蹕三宮灑淚濕鈴鸞童兒賸遣追徐福厲鬼終當滅賀蘭若說和親能活國嬋娟賸遣嫁呼韓題王導像有曰秦淮浪白蔣山青西望神州草木腥江左　吾甘半壁只緣無淚灑新亭聞水雲後從謝后北遷老宮人能詩者皆水雲指教或謂瀛國公喜賦詩亦水雲教之也

今嘉議大夫吏部尚書致仕許昌馮公名夢弼字士啟其始仕由八番雲南宣慰司吏纔辟掾湖廣省士

啟嘗言其在八番時乘驛出向其所最後至一驛驛吏語以今夕晚矣且馬絆出在江上不若勿行士啟漫不肖即選馬亟行行未三四十里忽烏刺赤者急下馬拜跪伏其言侏離莫能曉而其意則甚哀窘士啟問之搖手意謂且死矣於是士啟亦下馬禱之曰某萬里遠客從吏遠方使有祿命固不死無之敢逃死時月微明睹一物如小屋大竟衮入江水腥風臭浪襲人行數里許乃問烏刺赤烏刺赤曰是之謂馬絆問馬絆何物搖手不敢對二更後至前驛驛吏出湟錯愕曰是何大膽敢越馬絆來乎士啟問馬絆驛吏乃言此馬黄精也遇之者輒爲其所啗齊諧志怪而畧此於是乎書

國初富初菴先生以古篆起東南時錢唐初内附以故都生聚既繁貲力殷盛世皇占其後來如何既成卦而富猶未之知也世皇曰我占宋故都富對曰誠如所占其地五六十年後會見城市生荊棘不如今多也今杭州連厄於火災復困於科繇視昔果不逮

和靖先生嘗有領珠者而楊璉真珈亦發其墓焉闓棺中一無所有獨有端硯一事余童時尚見一碑鐫和靖先生墓五大字仆草中久之余山中以浙省儒學提舉有心力於先生墓上悉力起發水濱仍建學士橋傍山建祠字塑先生像於其中今復數年矣聞又荒落賢人何不幸哉

今河南行省參知政事宛丘趙公名期頤字子期其先府君宛丘公諱祐字天錫爲江浙行省照磨時余客於其家宛丘公嘗言其家在陳州有瓦屋一横人稱爲趙總把家國家每歲秋統兵官將兵背江南北

初至極嚴毅再歲三四處情契如故一日牧馬南歸睹一縶囚兩足凍墮呻吟饑凍馬足間宛丘之父問囚爲誰囚頻蹙曰我南宋官人廬州通判胡某城破爲所得公父復問如此汝則是秀才囚復曰我春秋登科公父曰汝如此則能教學囚曰豈有秀才而不能教學者乎公父請於統兵官用兩馬易得之歸灌以湯液包裹以毯毳溫糜以酒漿幾絕而復蘇然則兩足墮矣因問其姓字貫籍遂延致于家以教諸子是時淮以北舉不知有全書胡通判以其所記憶

授諸生更六年而後殂因葬之屋後臨歿謝宛丘公之家曰我分死六年前矣重爲汝家所延汝之家後必有斯文顯者逮子期登丁卯科用文儒登政府而其二代皆封二品信乎斯文之報可徵云

文昌雜錄

宋　陳襄

禮部侍郎謝公言有一養珠法以今所作假珠擇光瑩圓潤者取稍大蚌蛤以清水浸之伺其口開急以珠投之頻换清水夜置月中蚌蛤采玩月華比經兩秋即成真珠矣

禮部王員外言昔在金陵有一士子爲魚鯁所苦累日不能飲食忽見賣白餳者因買食之頓覺無恙然後知餳能治鯁也後見孫真人書已有此方矣余知

安州有鼎州通判柳應辰爲余傳治魚鯁法以倒流水半盞先問其人使之應吸其氣入水中面東誦元亨利貞七遍吸氣入水飲少許即差亦嘗試之甚驗

禮部謝侍郎言乾山藥法刮去皮以厚紙裹掛於風中最良又置焙籠中下鋪茅數寸以微火烘之亦佳作湯點如新者乳香最難研先置壁罅中半日許入鉢乃不粘祠部趙郎中亦云研乳香取指甲三兩片置鉢中尤易末爾

禮部王員外言今謂面油爲玉龍膏太宗皇帝始合此藥以白玉碾龍合子貯之因以名焉

禮部王員外言崔豹古今注蛺蝶大者名鳳子然詞人罕用余讀韓偓詩有鵝兒唼啑雌黄嘴鳳子輕盈膩粉腰正爲蝶也

石曼卿善豪飲與布衣劉潛爲友嘗通判海州劉潛來訪之曼卿與劇飲中夜酒欲竭顧船中有醋斗餘乃傾入酒中併飲之至明日酒醋俱盡每與客痛飲露髮跣足著械而坐謂之囚飲飲于木杪謂之巢飲以藁束之引首出飲復就束謂之鱉飲其狂縱大率

如此

華嶽張超谷巖石下有僵尸齒髮皆完春時遊人多以酒灑口中呼爲臥仙好事者作木榻以薦之嘉祐中有石方十餘丈自上而下正塞巖口豈未仙者所蛻山靈護之不欲人之褻慢邪

閩嶺已南多木綿土人競植之採其花爲布號吉貝余後因讀南史海南諸國傳言林邑等國出古貝木其華成對如鵝毳抽其緒紡之以作布與苧不異亦染成五色織爲斑布正此種也蓋俗呼古爲吉耳

熙寧中福建賊廖恩聚羣黨於山林招撫久之方出降朝廷赦其罪授右班殿直既至有司供脚色一項云歷任以來並無公私過犯見者無不笑之

淳化中有司言油衣帘幙損弊者萬數欲毀棄詔令煮而浣之命尚方染以雜色刺爲旗幟焉

晉志云袴褶之制未詳所起近代車駕親　中外戒嚴則服之唐制三品巳上紫褶五品巳上緋褶通用細綾七品巳上碧褶通用小綾玉藻云禪爲絅音扃引

急也帛爲褶褶袷也鄭云禪爲絅有衣裳而裏者也帛爲褶有表裏而無著者也周遷輿服雜事云趙武靈王緩胡之纓戎服有袴褶之制始自漢武近世服以從戎隋制續巖文武百官咸服之車駕親　制縛袴使不舒散皇朝導駕官袴褶蓋馬上之服也

通典梁御史中丞給威儀十人其八人武冠絳韝一人細衣執鞭杖依行列行七人唱呼入殿引喤音横至階一人執青儀囊不喤國朝故事御史中丞涖官呵引至朝堂門兩朱衣吏雙引入朝堂至文德殿門此蓋亦引喤之比也

唐德宗貞元十年七月賜故唐安公主謚曰莊穆蓋公主賜謚始於此也

杜甫紫宸退朝詩云香飄合殿春風轉花覆千官淑景移又晚出左掖云退朝花底散歸院柳邊迷乃知唐朝殿前種花柳今殿庭惟對植槐楸鬱鬱然有嚴毅之氣

世言市井市廛未曉其義如何因讀風俗通曰市亦謂之市井言人至市有鬻賣者當於井上洗濯令香潔然後到市或曰古者二十畝爲井田因井爲市故

云又市中空地謂之廛顔師古乃云凡言市井者市交易之處井共汲之所總而言也

北虜謂住坐處曰捺鉢四時皆然如春捺鉢之類是也不曉其義近者彼國中書舍人王師儒來修祭奠余充接伴使因以問師儒答云是契丹家語猶言行在也

禮部王員外言昔見朝儀大夫李冠卿說揚州所居堂前杏一窠極大花多而不實適有一媒姥見如此笑謂家人曰來春與嫁了此杏冬深忽携酒一尊來

云是婚家撞門酒索處子裙一腰繫杏上已而奠酒辭祝再三家人莫不笑之至來春此杏結子無數江淮亦多有嫁橘法不知是何術也

國子朱司業言南方柑橘雖多然亦畏霜每霜時亦不甚收惟洞庭霜雖多即無所損詢彼人云洞庭四面皆水也水氣上騰尤能辟霜所以洞庭柑橘最佳歲收不耗正為此爾

司馬范郎中云叔父蜀郡公鎮近居許昌作高菴以待司馬公累招未至菴極高在一臺基上司馬公居

洛作地室隧而入以避暑熱故蜀公作高菴以為戲也北京留守王宣徽洛中園宅尤勝中堂七間上起高樓更為華侈司馬公在陋巷所居才能庇風雨又作地室常讀書於其中洛人戲云王家鑽天司馬家入地然而道德之尊彼亦不知顏氏子之樂也

元豐三年高麗國遣使柳洪副朴寅亮朝貢且獻日本國車一乘洪云諸侯不貢車服誠知非禮本國所以上進者欲中朝見日本工拙爾朝廷為留之高麗本箕子之國其知禮如此

梁灝八十二歲雍熙二年狀元及第其謝啓云白首窮經少伏生之八歲青雲得路多太公之二年後終秘書監年九十餘

延平吳氏姊妹六人皆婿學殘忍時號六虎就中五虎尤甚凡三適人皆不終平生手殺婢十餘人每至夜分常聞堂廡間喧呼擊扑之聲同室者皆懼五虎怒曰何鬼敢爾命開戶移榻於中庭持刃獨寢徹旦寂然人謂五虎之威鬼猶畏之也

守宮其形大槩類蜥蜴足短而加濶亦有金色者秦

始皇時有人進之云能守鑰人不敢竊發鑰故名之曰守宮由此也又云致于宮中宮人之有異志者即吐血汚其衣或曰以守宮繫宮人臂守宮吐血汚臂者有淫心也秦皇則殺之（守宮之因人所異知此說何頗鈍乃爾）

長安故宮闕前有唐肺石尚在其制如佛寺所繫響石而甚大可長八九尺形如人肺亦有款志但漫剝不可讀秋官大司寇以肺石達窮民原其義乃伸冤者擊之立其下就士師聽辭如今之撾登聞鼓也所以肺形者便於垂又肺主聲聲所以達其冤也

張杲卿丞相知潤州日有婦人夫出經數日不歸忽有人報菜園井中有死人婦人驚往視之號哭曰吾夫也遂以聞官公命屬官集鄰里就井驗是其夫與非衆皆以井深不可辨請出屍驗之公曰衆皆不能辨婦人獨何以知其夫收付所司鞫問果姦人殺夫婦人與其謀

漁家以獮猻毛貫之網四角則多得魚云魚見之如人之見錦繡也今有覘人於江湖溪沼間垂釣布網者但至心默倒誦揭諦呪一七遍則可使終日無獲

湘潭間有李道人常持此呪以濟物命後爲羣漁所仇乃越境而遁

北方有白鴈似鴈而小色白秋深則來白鴈至則霜降河北人謂之霜信杜甫詩云故國霜前白鴈來即此也

夜藏飲食器中覆之不密鼠聞其氣欲盜食而不能得則環器而走涎滴器中食之者得黃疾通身如蠟鍼藥所不能療也

史記趙同漢書同作談蓋司馬遷以父名故改之今人與父同名者改曰同爲字也

元微之詩云松門待制應全遠藥樹監搜可得知蓋有唐宣政殿爲正衙殿廷東西有四松松下待制官立班之地舊圖至今猶存

按開成元年正月詔以入閤日次對官班退立於東階松樹下俟宰臣奏事畢齊至香案前各言本司事繼紫宸殿亦有松樹爲待對官立位云殿門外有藥樹監察御史監搜之位在焉唐制百官入宮殿門必被監察所搜至太和元年下詔曰習魏

晉以降參用霸制虛儀搜索因習尚存朕方推表大信寘人心腹況吾台宰文何間焉自今巳後坐朝衆僚既退宰臣復進奏事其監搜宜停

聞見雜録

宋　蘇舜欽

太祖為殿前都點檢有殿直衛節執詣樞府樞州王朴曰太尉軍制殿直庭臣無廻避禮後太祖每曰安得如王朴者相之

故事執政奏事坐論殿上太祖即位之明日執政登殿上曰朕目昏持文字近前執政至榻前密遣中使撤其坐執政立奏事自此始也

慈聖光獻皇后養女范觀音得幸仁宗溫成患之一日歲大旱仁宗祈雨甚切至燃臂香以禱宮人內璫皆然祈雨之術備盡天意弗答上心憂懼溫成養母賈氏宮中謂之賈婆婆感動六宮時相認之以為其姑乃陰謂丞相請出宮人以弭災變上從之溫成乃曰上非出所親厚者莫能感天意首出其養女以率六宮范氏遂被出而雨未至上問臺官李東之曰惟刪免議未行耳是夕鎖院賈氏營救不獲時相從工部侍郎拜武鎮軍節度使同中書門下平章事判北京詔遂霽

先公為諫官論王德用進女口仁宗初詰之曰此宮禁事卿何從知先公曰臣職在風聞有之則陛下當改無之則為妄傳何至詰其從來也仁宗笑曰朕真宗子卿王某子與他人不同自有世契德用所進女口實有之在朕左右亦共親近且留之如何先公曰若在疏遠雖留可也臣之所論正恐親近仁宗色動呼近璫曰王德用所進女口各支錢三百頭即令出內東門了急來遂涕下先公曰陛下既以臣奏為然亦不須如此之遽且入禁中徐遣之上曰朕雖為帝王然人情同耳苟見其涕泣不忍出則恐朕亦不能出之卿且留此以待報先公曰陛下從諫古之哲王所未有天下社稷幸甚久之中使奏宮女已出門矣上復動容而起

李和文都尉好士一日召從官呼左右軍官妓置會夜午臺官論之楊文公以告先公不荅退以紅箋書小詩以遺和文且以不得預會為恨明日真宗出章疏先公曰臣嘗知之亦遺其詩恨不得往也太平無象此其象乎上意遂釋

丁晉公嘗忌楊文公一日詣晉公既拜而鬚拂地晉公曰内翰拜時鬚撇地楊起視其仰塵曰相公坐處幕漫天時人稱其敏而有理

太祖一日幸後苑賞牡丹召宮妃將置酒得幸者以疾辭再召復不至上乃親折一枝過其舍而簪于髻上上還輒取花擲地上顧之曰我辛勤得天下乃欲以一婦人敗之邪即引佩刀截其腕而去

金城夫人得幸太祖頗恃寵一日宴射後苑上酌巨觥以勸太宗太宗固辭上復勸之太宗顧庭中曰金

城夫人親折此花來乃飲上遂命之太宗引弓射而殺之再拜而泣抱太祖足曰陛下方得天下宜爲社稷自重而上飲射如故

張乖崖布衣時客長安旅次聞鄰家夜聚哭甚悲訊之其家無他故乖崖詣其主人力叩之主人遂以實告曰某在官不自慎嘗私用官錢爲家僕所持欲娶長女拒之則畏禍從之則女子失節約在明夕所以舉家悲泣也乖崖明日至門首候其僕出即曰我白汝主假汝至一親家僕遲遲强之而去出城使導馬前至崖間即數其罪僕倉皇間以刃揮墜崖中歸告其鄰曰僕已不復來矣速歸汝鄉後當謹於事也

太祖即位方鎮多偃蹇所謂十兄弟者是也上一日召諸方鎮授以弓劍人馳一騎與之私出固子門大林中下馬酌酒上語方鎮曰此間無人爾輩要作官家者可殺我而爲之方鎮伏地戰恐上再三諭之伏地不敢對上曰爾輩是真欲我爲主邪方鎮皆再拜呼萬歲上曰爾輩既欲我爲天下主爾輩當盡臣節今後毋或偃蹇方鎮復再拜呼萬歲與飲盡醉而歸

李文靖端黙寡言堂下花檻傾圮經歲不開家人一日語之文靖不荅累以爲言文靖曰豈以此故動吾一念哉亦不之問

廣東老嫗江邊得巨蚌剖之得大珠歸而藏之絮中夜輒飛去及曉復還嫗懼失去以大釜煑之至夜有光燭天隣里驚之以爲火也競往赴之光自釜出乃珠也明日納于官府今在韶州軍資庫予嘗見之其大如彈丸狀如水精非蚌珠也其中有北斗七星隱然而見者之半枯矣故郡不敢貢于朝

命州道左有石洞入洞十里有石門門間有仙人像半掩扉外又有白石龍一條觀者必秉炬而入有落爐郎旋去之旁旱必往祈請及出洞門必有書字記雨之多少商人或過洞外必森然心動莫不加敬

夔峽將至灔澦堆峽左巖上有題聖泉二字泉上有大石謂之洞石而初無泉也過者擊石大呼則水自石下出予嘗往焚香俾舟人擊而呼之曰山神土地人渴矣久之不報一卒無室家復大呼曰龍王萬姓渴矣隨聲水注時正月雪下其水如湯或曰夏則如冰凡呼者必以萬歲别以龍王而呼之水於是出矣

楊州后土廟有瓊花一株宋丞相郊構亭花側榜曰無雙謂天下無别株也仁宗慶曆中嘗分植禁中明年輒枯遂復載還廟中鬱茂如故

張文懿爲射洪令時出城遇村寺老僧于道邂逅過之亦必出迎文懿怪而詰之僧曰長官來則山神夜夢告某曰相公至矣一日復往而僧不出文懿曰不出何也僧謝曰神不我告也文懿以爲誕使僧問其所以夜夢告曰長官誤斷殺牛事天符已下不復相矣文懿驚駭省之果嘗有殺牛事也遂復改正明日再過寺僧復出曰昨夕山神云長官復爲相明日當來但減筭爾後文懿再入中書

太宗即位以太祖諸子並稱皇子嘗曰猶我子也何有分别其後皇族遂不以疏密尊卑皆加皇字故有皇兄之類非典故也予丞宗正嘗建言乞如春秋之制各冠其父祖所封國曰王子公孫皇字惟皇子得稱焉時相呂申公喻太常少卿梁燾阻格不行宗正寺玉牒仙源類譜皇屬籍自慶曆八年張文定爲翰林學士爲宗正寺修玉牒官修進之後至元祐元年凡四十五年玉牒官皆一時名人宗次道輩是也未嘗成書神宗朝官制行分隸宗正寺至予爲丞方建明修完其間最難取會者宮禁中事與皇族女夫官位耳蓋慶曆前皇族女尚少至元祐間不下萬員予請於朝宮禁事乞會內侍省御藥院皇族女夫附于屬籍不必書其官但書某人可也朝旨從之遂獲成書然玉牒事迹皆取三省樞密院時政記與日曆修著其禁甚嚴元祐末遂令史院官修撰選宗正寺書

錄蓋亦失其人非典故與官制也自予能承今十餘年不聞復進書矣國書嚴奉未有如玉牒者祖宗以來用金花白羅紙金花紅羅褾黃金軸神宗時詔爲黃金梵策以軸大難披閱也予進神宗玉牒始用此制又以黃金爲匣鎖鑰皆黃金也進畢奉安於太廟南宗正寺玉牒殿予初白報正官乞修寺書自司馬丞相呂丞相而下無一人知此典制者皆曰玉牒用玉簡刊刻如冊者也其玉牒典制尚不悉知書之廢亦宜矣

行營雜錄

宋 趙葵

太祖初受周幼主命北討至陳橋爲三軍推戴時太后以下眷屬悉在定力院設齋有司來搜捕主僧令登閣而固其扃鑰俄大搜索僧紿云皆散走不知所之矣甲士入寺升梯且發鑰見蛛網布滿其上而塵埃凝積若累年不曾開者乃相告曰是安得有人遂皆去有頃太祖已踐祚矣

太祖潛耀日常與一道士遊關河無定姓名自曰混

沌或又曰眞無羿劇飲爛醉且善歌能引其喉於杳冥之間作清微之聲時或一二句臨天風飄下惟太祖聞之曰金猴虎頭四眞龍得眞位至醒詰之則曰醉夢豈足憑邪至膺圖受禪之日乃庚申正月初四也自御極不再見下詔草澤徧訪之或見於轘轅道中或嵩洛間後十六載乃開寶乙亥歲也上巳祓禊駕幸西沼道士忽醉坐水次木陰下笑揖上曰別來安善上大喜亟遣中人密引至後掖恐其遁急回蹕見之一如平時抵掌浩飲上曰久欲見汝決一事我

壽還得幾多在道士曰但今年十月二十日夜晴則可延一紀不爾則當速措置上酷留之俾居後苑苑吏或見宿於木末鳥巢中數日忽不見上切切記其語至所期之夕上御太清閣以望氣是夕果晴星斗明燦上心方喜俄而陰霾四起天地陡變雪雹驟降移仗下閣急傳宮鑰開門召開封尹即太宗也延入內寢酌酒對飲宦官宮妾悉屏出但遙見燭影下太宗時或避席有不可勝之狀飲訖漏三鼓雪已數寸上引柱斧戳雪顧太宗曰好做好做遂解帶就寢鼻

息如雷是夕太宗留宿禁內將五鼓周廬者寂無所聞帝已崩矣

李後主歸朝後每懷故國且念嬪妾散落鬱鬱不自聊嘗作長短句簾外雨潺潺春意將闌羅衾不奈五更寒夢裏不知身是客一餉貪歡獨自莫凭闌無限關山別時容易見時難流水落花春去也天上人間意思悽惋不久下世

祥符中封禪事竣宰執對于後殿上曰治平無事久欲與卿等一處閒玩今日可矣遂引羣公及內侍戴

人入一小殿多有假山甚高山面有洞上旣入乃復招羣公從行初覺甚暗數十步則天宇豁然千峰百嶂雜花流水盡天下之偉觀少焉至一所重樓複閣金碧照耀有一道士貌亦奇古來揖上執禮甚恭上亦答之良厚邀上主席上再三遜謝然後坐羣臣再拜居道士之次所論皆玄妙之旨而牢醴之饌又非人間所見也鸞鶴舞庭除笙簫振林木至夕乃罷道士送上出門而別曰萬幾之暇無惜與諸公頻見過也復由舊路以歸臣下因以請于上上曰此道家所謂蓬萊三山者也羣臣自失者累日後亦不復再往不知何術以致之也

慶曆三年有李京者爲小官吳鼎臣在侍從二人相與通家一日爲其友人於鼎臣求爲闡達於朝鼎臣卽繳書具奏之京坐貶官未行京妻詣鼎臣妻敘別鼎臣妻懟不出京妻立廳事召鼎臣幹僕語之曰我來雖爲往還之久欲求一別以爲乃公嘗有數帖與吾夫祇私事恐爾家以爲疑索火焚之而去

王嗣宗守邠土邠舊有狐王廟相傳能爲人禍福歲時享祀祈禱不敢少怠至不敢道故嗣宗至郡集諸邑獵戶得百餘人以甲兵圍廟薰灌其穴殺百餘狐或云有大白狐從火中逸去其妖遂息後人復爲立廟則寂無靈矣嗣宗後師長安處士种放者朝廷所尊禮每帥守至輒面數之嗣宗不服以言拒之放責數嗣宗聲色俱厲嗣宗怒以手批其頰先是眞宗有敕書令放有章奏卽附驛欲詣闕卽乘驛放遂乘驛訴於上上特於嵩山之陽置書院以處之後嗣宗去郡有人贈詩曰終南處士威風減渭北妖狐窟穴空嗣宗大喜歸告其子孫曰吾死更勿爲碑誌但石刻此詩置于墓旁吾其榮矣

爲蜀廣政末成都人唐季明因破一木中有紫文隸書太平兩字時以爲佳瑞有識者云不應此時須成都破後方見太平爾自王師平蜀頻施曠蕩之恩仍有太平興國之號

大中祥符六年緜州彰明縣崇仙觀柘柱上有木文如畫天尊狀毛髮眉目衣服履舄纖縷悉備知州比部員外郎劉宗言遂繪事奏聞奉旨令津置赴闕送

玉清昭應宮今州民皆圖畫供奉之

成都漆工艾延祚甲午歲爲賊所驅於郡治令造漆器五月六日忽聞鼓譟聲及南門火起乃天兵至郡也延祚窘甚緣上大樹蹲濃葉間見天兵往來搜捕殺戮狼籍至夜遂下樹臥積屍中及中宵聞數十人傳呼聲頗類將吏且無燭炬因竊覷之不見其形但聞按籍點名偃屍聞呼一一應之惟不呼延祚乃知聖朝伐叛討逆悉奉行天誅也

南唐胡則守江州堅壁不下曹翰攻之危急忽有旋

風吹片紙墜城中有詩曰由來秉節世無雙獨守孤城死不降何似知機早回首免教流血滿長江後城陷屠殺殆盡謂之洗城

人傳溫公西江月詞流播已久今又得一首名錦堂春云紅日遲遲虛廊轉影槐陰迤邐西斜彩筆工夫難狀晚景煙霞蝶尚不知春去漫繞幽砌尋花奈猛風過後縱有殘紅飛向誰家始知青鬢無價歎飄零官路荏苒年華今日笙歌叢裏特地咨嗟席上青衫濕透算感舊何止琵琶怎不教人易老多少離愁散在天涯

劉貢父爲中書舍人一日朝會幕次與三衙相鄰時諸帥兩人出軍伍有一水晶茶盂傳玩良久一帥曰不知何物所成瑩潔如此貢父隔幕謂之曰諸公豈不識此乃多年老冰耳

慶曆中郎官呂覺者勘公事回因登對自陳衣緋已久乞改章服上曰待別差遣與卿換朕不欲因鞫獄與人恩澤處刻薄之徒望風希進加入人罪耳

神考嘗問荊公卿曾看歐陽修五代史不對曰臣不

曾仔細看但見每篇首必曰嗚呼是豈五代時事事可歎者乎

昭陵上賓前一月每夜太廟中有哭聲不敢奏一日太宗神御前香案自壞

元祐癸酉九月一日夜開寶寺塔表裏通明徹旦禁中夜遣中使齎降御香寺門已閉既開寺僧皆不知也寺中望之無所見去寺漸遠後二日宣仁上仙

國家開寶中所鑄錢文曰宋通元寶至寶元中則皇宋通寶近世錢文皆著年號惟此二錢不然者以年

號有實字文不可重也
皇女爲公主其夫必拜駙馬都尉故謂之駙馬宗室女封郡主者謂其夫爲郡馬縣主者爲縣馬不知何義

神廟一日行後苑見牧猳豬者問何所用牧者曰自太祖來常令畜之自稚養以至大則殺之又養稚者累朝不敢易亦不知何用神廟沈思久之詔付所司禁中自今不得復畜月餘忽獲妖人急欲血澆之禁中卒不能致方悟祖宗遠略

司馬温公隧碑賜名清忠粹德紹聖初毀磨之際大風走石群吏莫敢近獨有一匠氏揮斤而擊未盡碑忽仆碑下而死

東坡仁宗朝登進士科復應制科擢居異等英宗朝判鳳翔欲以唐故事召入翰林宰相限以近例且欲召試秘閣上曰未知其能否故試之如軾豈不能邪宰相猶難之及試又入優等遂直史館神宗朝以議新法不合補外李定之徒媒孽其詩文有訕上語下詔獄欲寘之死上獨庇之得出方在獄時宰相與軾詩云根到九泉無曲處世間惟有蟄龍知此不臣也上曰詩人之詞安可如此推求時相語塞上一日與近臣論人才因曰軾方古人孰比近臣曰頗似李白上曰不然白有軾之才無軾之學累有意復用而言者力沮之一日忽出手札曰蘇軾黜居思咎閱歲茲深人材實難不忍終棄因量移臨汝哲宗朝起知登州召爲南宮舍人不數月遷西掖遂登翰苑紹聖後熙豐諸臣當國元祐諸臣例遷謫崇觀間京卞用事拘以黨籍禁其文辭墨迹而毀之政和間忽弛其禁求軾墨迹甚銳人莫知其由或傳徽宗親臨寶籙宮醮筵其主醮道流拜章伏地久之方起上詰其故答曰適至上帝所值奎宿奏事良久方畢始能達其章也上歎訝久之問曰奎宿何神爲之所奏何事對曰所奏事不可知爲此宿者卽本朝蘇軾也上大驚不惟弛其禁且欲玩其詞翰一時士大夫遂從風而靡

道君皇帝大觀二年戊子秋八月以易數一一口乂乂一乃御製易運碑刻之延福殿東壁其略曰始建元基（高宗御字德基）紹興德壽（謂紹興年德壽宮）承太乙術運盡在

陽九之數高宗聖壽八十一歲祖傳甲庚吉太祖子孫再傳建炎炎共盛之勢建炎年號柰何五行逆順天地之數非由人致朕甞聞易執善本基庚子辛丑禍起東南謂方臘肇動干戈元衡立刼壬寅癸卯宣和間天下大亂亦云哀哉甲辰乙巳與金夾攻燕山丙午丁未金入寇二帝北狩內有丙火天下生靈塗炭至半是時天下大亂江表之虞駕幸江表莫知何葬戊申己酉高宗初立時正災刼金渡江苗劉內變庚戌辛亥[illegible]重勢輕高宗航海劉豫稱帝于汴壬子癸丑德成改建改元紹興甲寅乙卯立應豐穰是年大有丙辰丁巳朕巳何在徽宗以紹興五年崩祖宗復

有中興之後是年孝宗以建國公進封普安郡王復紹太祖之後云云其後事皆歷驗信乎聖哲先知之明因往推來在天數者果不可逭與

初陳橋兵變太祖整軍從仁和門入建炎南渡御蹕過杭開縣名曰仁和上甚喜曰此京師門名也遂有定都之意

道教之方盛也一時詔命章表皆指佛爲金狄焉試舉其略政和元年四月詔曰朕每澄神默受帝命訂正訛俗閔中華被金狄之教盛行而至真之道未正

宣和三年十一月詔曰意[illegible]風陰邪之氣源流派分使信者以寂滅爲樂豈非陰氣襲而陽魄散邪林靈素凡四五表皆以金狄爲語如賀神霄降云蠢金狄之成群干冊霄之正法如謝駕幸寶籙院聽講大洞經云幸際玉霄之主是膺金狄之厭又云金狄至而華風變又云期銷金狄之魔而宣和元年道德院方奏金芝生車駕幸觀因幸蔡京家鳴鑾堂置酒時蔡京有詩徽宗即席賜和曰道德方今喜迭興萬邦從化本天成定知金帝來爲主不待春風便發生

其後女眞起海上滅遼陷中原以金爲國號讖金狄之禍而金帝之來不待春風蓋虜以靖康元年冬犯京師以閏十一月二十五日城陷時太史預借春出土牛以迎新歲竟無補於事則徽宗賜和之句甚符其讖可深歎哉

監左帑龍舒張宜義甞言有親戚宦遊西蜀路經襄漢晚投一店行戶外忽見旁左側上有一人無首以爲鬼也主人云尊官不須驚此人也非鬼也往年因患瘰癧病勢蔓衍一旦頭忽墮脫家人以爲不可故

而竟不死自此每有所需則以手指畫但日以粥湯灌之至今猶存耳又云岳侯軍中一兵犯法梟首妻方懷娠後誕一子如常人而首極細軀幹甚偉首僅如拳眉目皆如刻畫則知胞胎所係父母相爲感應

嘉興精嚴寺大剎也僧造一殿中塑大佛詭言婦人無子者祈禱于此獨寢一宵即有子殿門令其家人自封鎖蓋僧於房中穴地道直透佛腹穿頂而出夜與婦人合婦人驚問則云我是佛州人之婦多陷其

術久日不敢言有仕族妻亦往求嗣中夜僧忽造前既不能免即嚙其鼻僧去翊日其家遣人遍於寺中物色見一僧臥病以被蒙面揭而視之鼻果有傷捲捕聞官時韓彥古子師爲郡將流其僧廢其寺

豐有俊字宅之四明人登青樓偶見小倡疑故人女累日之女亦悟洒龍留宿女若濫良久乃入曰豐官人識妾否詰之果故人女豐曰某所以留者以坐間不敢問也且各寢必有以處汝娼遂退豐與京尹有契明日以白尹且云某僅有錢百千從公更貸二百千嫁之尹嘉其誼即取入府厚匳具擇良士嫁焉尹即王宣子佐也

天台朱氏家本富後貧鬻廬於鄉價成作詩曰自歎年來刺骨貧吾廬今已屬西鄰殷勤說與東園柳他日相逢是路人富者見詩惻然即以券還之亦不索其直鄉人嘉其誼

有夫出外而妻獨居者忽夜半見一道人從空而下逼與爲淫婦入室取刀爲誓曰汝若逼我有死而已相持至曉乃一喫菜事魔人也信哉邪之不可干正也如此

馬裕齋知處州禁民捕蛙有一村民犯禁乃將冬瓜切作蓋刳空其腹實蛙于中黎明持入城爲門卒所捕械至于庭公心怪之問曰汝何時捕此蛙答曰夜半有知者否曰唯妻知公追其妻詰之乃妻與人通俾妻教夫如此又先往語門卒以收捕意欲陷夫於罪而據其妻也公窮究其罪遂寘妻并姦夫於法

初隆祐太后升遐朝廷欲建山陵大臣謂諸帝陵寢今在伊洛不日復中原即歸祔矣宜以攢宮爲名遂

十吉於會稽民間冢墓附近者往往他徙高宗思陵興役之際孝宗密勑無輒壞民墓其愛物之心一至於此文王澤及枯骨未足多也

有士人貧甚夜則露香祈天益久不懈一夕忽聞空中語曰帝閔汝誠使我問汝所欲士答曰某所欲甚微非敢過望但願此生衣食麤足逍遙山水間以終其身足矣空中大笑曰此上界神仙之樂何可易得若求富貴則可矣予因歷數古人極貴念歸而終不遂者皆是蓋清樂天所靳惜百倍於功名爵祿也

歐公甥女適夫張氏夫死携孤女歸父家嫁公族子晟晟之官至宿州赴郡宴歸而失其舟至京師捕得之聞對府勘乃稍人與晟妾通妻知而欲笞之反爲妾所誘併與舟人通府尹承當路風旨令張氏引公以自解獄奏仁宗大駭遣中使王昭明監勘而張氏厚興公遂得明白猶坐以張氏奩具買田作歐陽戶名出知滁州

松陽縣民有被毆經縣驗傷翊日引驗了無瘢痕宰詰之乃仇家使人要歸飲以熟麻油酒臥之火燒地上覺而疼腫盡消又有　中創血如箭出醫者以炒原蠶蛾末傅之立愈又云前方亦治跌撲後方大治金瘡

孝宗留心經術無所不涉奏對官被顧問者多致失措有王過者蜀人上殿孝宗驟問曰李融字若川謂何過即對曰天地之氣融而爲川結而爲山李融之字若川如元結之字次山也上大喜遂詔改官密院編修

紹興中金人遣其祕書監劉陶來聘因問岳飛以何

罪而死館伴者無以對但曰意欲謀叛爲部將所告以此誅陶曰江南忠臣善用兵者止有岳飛所至紀律甚嚴秋毫無犯所謂項羽有一范增而不能用所以爲我擒如飛者其亦江南之范增乎館伴者默不能對秦檜聞之約束勿奏俄以不職貶其人

行都崇新門外鹿花寺乃殿帥楊存中郡王特建以處北地流寓僧一歲元宵側近營婦連夜入寺觀燈有殿司將官妻同一女往觀乃爲數僧引入房中置酒盛饌逼令其醉遂留宿於幽室遂殺母而留女女

不敢哀及半年三僧盡出其房窻外乃是野地女因窺窻見一卒在地打草呼近窻下備語前事可急往某寨某將家報知速來取我卒如言往報將官即告楊帥帥令人告報本寺云來日郡王自齋合寺僧行人力本府自遣廚子排齋至是坐定每二卒擒下一僧合寺僧行人力盡縛之又令百餘卒破其寺果得此女見父號慟遂絣三人王首送所屬依法施行而毁其寺逐去諸髡

東南紀聞　一

江行雜錄

宋 廖瑩中

肅宗在春宮嘗與諸王從玄宗詣太清宮有龍見于殿之東梁玄宗目之顧問諸王有所見乎皆曰無之問太子太子俛而未對上問頭在何處曰在東上撫之曰真我兒也

和政公主肅宗第三女也降柳潭肅宗宴于宮中女優有弄假官戲其綠衣秉簡者謂之參軍椿天寶末蕃將阿布思伏法其妻配掖庭以使隸樂工是日遂

爲假官之長所謂椿者及侍宴皆笑樂公主獨俛首攢目不視上問其故公主曰禁中侍女不少何必須此人使阿布思真逆人也其妻亦同刑人不合近至尊之座果冤横又豈忍使妻與羣優雜處爲笑謔之具哉妾雖至愚深以爲不可上亦憫惻遂罷戲而免阿布思之妻由是賢重公主

令狐文公除守兗州州境方旱米價甚高公至首問米價幾何州有幾倉屈指獨語曰舊價若干四倉各出米若干以若干定價糶則可以賑救矣左右聽之流語遍郡中富人競發所畜物價乃平人心欣然

賈魏公精於術數有一叟失牛詣桑國師占師曰爾牛在賈相公帽筒中叟迎公首訴之公笑取筒中式盤撥數作卦曰爾牛在安國觀之門後大槐鵲巢中便往探視見旁有人繫牛乃獲盜牛者

牛奇章帥維揚杜牧在幕中夜多微服逸遊公聞之以街子數輩潛隨護之以防不虞後牧之以拾遺召臨別公以縱逸爲戒牧之始猶諱之公命取一篋皆街子報帖云杜書記平善乃大感服

杜牧之阿房宫賦云六王畢四海一蜀山兀阿房出陸傪作長城賦云千城絶長城列秦民竭秦君滅傪輩行在牧之前則阿房宫賦又祖長城句法矣牧之云明星熒熒開粧鏡也綠雲擾擾梳曉鬟也渭流漲膩棄脂水也煙斜霧横焚椒蘭也雷霆乍驚宫車過也轆轆遠聽杳不知其所之也盛言秦之奢侈楊敬之作華山賦有云見若咫尺田千畝矣見若環堵城千雉矣見若杯水池百里矣見若蟻垤臺九層矣蜂窠聯聯起阿房矣小星熒熒焚咸陽矣華山賦杜詩

徒佑已常稱之牧之乃佑孫亦是傲敵之所作信矣文章以不踏襲爲難也

元相國之鎮江夏也嘗秋夕登黄鶴樓遥望㳺江之濱有光若殘星焉乃令親信往觀之遂櫂小舟直至江所乃釣船也詢彼漁云適獲一鯉光則無之親信乃携鯉而來既登樓命庖人剖之腹中得古鏡二如古錢大以面相合背則隱起雙龍雖小而鱗鬣爪悉具既磨瑩則常有光耀公寶之置巾箱中及相國薨鏡亦亡去

外王父中書令晉國公宣宗朝再啓黄閣不協比於權道惟以公諒宰大政四方有請託礙於法者必固爭不已由是征鎮忌焉然志尚典籍雖門施行馬庭列鬼鍾而尋繹未嘗稍倦於永寧里第别構書齋每退朝獨處其中愉愉如也大中三年因請假將入齋惟所擾畢脚犬花鴨從既啓扉而花鴨連銜公衣却行叱去復至既入閤花鳥仰視吠轉急公亦疑之乃匣中拔千金劍按於膝上向空視之曰若有異類陰物可出相見吾乃大丈夫豈懾於鬼輩而相迫耶言訖欻有物從梁上墜地乃人也朱髮衣短褐衣色黧黝瘦頓首連拜惟曰死罪公止之且詢其姓名何爲對曰李龜壽盧龍塞人也或有厚賂龜壽令不利於公龜壽上感鈞化復爲花鴨所驚形不能匿令公若貰龜壽萬死之罪願以餘生服事台鼎公曰待汝以不死遂命元從都押衙傅存録之明日且有婦人至第門服裝單急曳履而抱持襁嬰請於閽曰幸爲呼李龜壽龜壽乃出其妻且曰訝君稍遲昨夜半自薊來相見耳遂與龜壽同止及公薨龜壽盡室亡去

白樂天詩云倦倚繡牀愁不動緩垂綠帶髻鬟低遼陽春盡無消息夜合花開日又西好事者化爲倦繡圖

梁太祖統四鎮日名温與崔相胤連搆大事崔每奏太祖忠赤委之關東國無患矣昭宗遂勑太祖改名全忠識者曰全字人王也又在中心其不可也迨至亦奏上方悔焉勑命既行追之莫及後果篡大位是將四方天下其在中心賜名之應也

王平甫云花蕊宮詞三十二首今考工恭簡讀成初

集記纔二十八首盡筆於此庶眞贋了然五雲樓閣
鳳城間花木長新日月間三十六宮連內苑太平天
子坐崑山會眞廣殿約宮墻樓閣相扶接太陽静甃
玉堦横水岸御爐香𤎅撲龍牀龍池九曲遠相通楊
柳絲牽兩岸風長似江南好春景畫船來去碧波中
東內斜將紫禁通龍池鳳苑夾城中曉鐘聲斷嚴妝
罷院院紗廳詣日紅殿名新立號重光島上池臺盡
改張但是一人行幸處黃金閣內鎖牙牀安排諸院
接行廊水檻周回十里强青錦地衣紅繡毯盡鋪龍

腦鬱金香夾城門與內門通朝罷巡遊到苑中每日
中官祇候處滿堤紅艷立春風廚船進食簇時新侍
坐無非列近臣日午殿頭宣索鱠隔花催喚打魚人
立春日進內園花紅蕊輕輕嫩淺霞跪到玉堦猶帶
露一時宣賜與宮娃三面宮城近夾墻苑中池水白
茫茫亦從獅子門前入旋見亭臺繞岸傍離宮別院
繞宮城金板輕敲合鳳笙夜夜月明花樹底傍池長
有按歌聲御製新翻曲子成六宮纔唱未知名盡將
觱篥來抄譜先按君王玉笛聲旋移紅樹劚青苔宣

使龍池再鑿開展得綠波寬似海水心樓殿勝蓬萊
太虛高閣凌波殿背倚城墻面浸池諸院各分娘子
位羊車到處不教知脩儀承寵住龍池掃地焚香日
午時等候大家來院裏看教鸚鵡念宮詩才人出入
每相隨筆硯將來繞曲池張向綵牋書大字忽防御
製寫新詩六宮官職總新除宮女安排入畫圖二十
四司分六局御前頻見錯相呼春風一面曉妝成偷
折花枝傍水行卻被內監遥覷見故將紅豆打黃鶯
梨園弟子簇池頭小樂攜來候燕遊旋把銀箏先按

拍海棠花下合梁州殿前排燕賞花開宮女侵晨探
幾回斜望花開遥舉袖傳聲先喚近臣來小毬場近
面池頭宣喚勳臣試打毬先向畫廊排御幄管絃聲
動立浮油供奉頭籌不敢爭上棚專喚近臣名內人
酧酒纔宣賜馬上齊呼萬歲聲殿前宮女總纖腰初
學乘騎怯又嬌上得馬來纔似走幾回抛鞚抱鞍橋
自教宮娥學打毬玉鞍初跨柳腰柔上棚知是官家
認遍遍長贏第一籌翔鸞閣外夕陽天樹影花光水
接連望見內家來在處水門斜過畫樓船內人追逐

採蓮時驚起沙鷗兩岸飛蘭棹把來齊拍水並船相鬪濕羅衣新秋女伴各相逢罨畫船飛別浦中旋折荷花伴歌舞夕陽斜照滿衣紅月頭支給買花錢滿殿宮娥盡十千遇著唱名多不應含羞急過御牀前

周恭帝幼冲軍政多決於韓通通愚愎太祖英資有度量多智略屢立戰功由是將士皆愛服歸心焉及將北征京師民間讙言出軍之日當立點撿爲天子富室或挈家逃匿於外州獨宮中不之知太祖懼密以告家人曰外間詾詾如此將若之何太祖姊（或云即魏氏長公主）方在廚引麪杖逐太祖擊之曰大丈夫臨大事可否當自決胸懷乃來家間恐怖婦女何爲

太祖之自陳橋還也太夫人杜氏方設齋於定力院聞變王夫人懼杜太夫人曰吾兒平生奇異人皆言當極貴何憂也言笑自若是日太祖即位契丹北漢兵皆退

京都中下之戶不重生男每生女則愛護如捧璧擎珠甫長成則隨其姿質教以藝業用備士大夫採拾娛侍名目不一有所謂身邊人本事人供過人針線人堂前人劇雜人拆洗人琴童棋童廚娘等級截乎不紊就中廚娘最爲下色然非極富貴家不可用余以寶祐丁巳參閫寓江陵嘗聞時官中有舉其族人置廚娘事首末甚悉謾書之以發一笑其後人名某者奮身寒素巳歷二倅一守然受用澹泊不改儒家之風偶奉祠居里便嬖不足使令飲饌且大粗率守念昔留某官處晚膳出京都廚娘調羹極可口適有便介如京謾作承受人書託以物色費不屑較未幾承受人復書曰得之矣其人年可二十餘近回自府

第有容藝能算能書且夕遣以詣直不旬月果至初憩五里頭時遣脚夫先申狀來乃其親筆也字畫端楷歷敘慶幸即日伏事左右末乞以四轎接取庶成體面辭甚委曲殆非庸碌女子所可及守一見爲之破顏及入門容止循雅紅裙翠裳參視左右乃退守大過所望少選親朋皆議舉杯爲賀廚娘遽至使廚請曰未可展會明日且是常食五杯五分廚娘請食品菜品資次出書以示之食品第一爲羊頭簽菜品第一爲葱虀餘皆易辦者廚娘謹奉旨教與筆

硯具物料肉羊頭食五分各用羊頭十個葱韭五斤
合用葱五斤他物稱是守固疑其妄然未欲遽示以
儉鄙姑從之而密覘其所用翊旦廚師告物料齊廚
娘發行奩取鍋銚盂勺湯盤之屬令小婢先捧以行
璀燦燿目皆白金所爲大約計該五七十兩至如刀
砧雜器亦一一精緻傍觀嘖嘖廚娘更團襖圍裙銀
索攀膊掉臂而入據坐胡牀切徐起取抹批臠慣熟
條理眞有運斤成風之勢其治羊頭也漉置几上剔
留臉肉餘悉擲之地衆問其故廚娘曰此皆非貴人

江行雜錄 八

九

所食矣衆爲拾頓他所廚娘笑曰若輩眞狗子也衆
雖怒無語以荅其治葱韭也取葱微過沸湯悉去
鬚葉視楪之大小分寸而截之又除其外數重取條
心之似韭黃者以淡酒醯浸漬餘棄置了不惜凡所
供備馨香脆美濟楚細膩難以盡其形容食者舉筯
無贏餘相顧稱好既撤席廚娘整襟再拜曰此日試
廚萬幸白意須照例守方遲難廚娘曰豈非待撿例
邪探囊取數幅紙以獻曰是昨在某官處所得支賜
判單也守視之其例每展會支賜絹帛或至百疋錢

或至三二百千無虛拘者守破慳勉强私竊喟歎曰
吾輩事力單薄此等筵宴不宜常舉此等廚娘不宜
常用不兩月託以他事善遣以還其可笑如此
温公之仕崇福春夏多在洛秋冬在夏縣每日與本
縣從學者十許人講書用一大竹筒筒內貯竹簽上
書學生姓名講後一日即抽簽令講講不通則微數
責之公每五日作一暖講一杯一飯一麪一肉一菜
而已公先隴在鳴條山墳所有餘慶寺公一日省墳
止寺中有父老五六輩上謁云欲獻薄禮乃用瓦盆

江行雜錄 十

盛粟米飯瓦罐盛菜羹眞飯土簋啜土鉶也公享之
如太牢既畢復前啓曰某等聞端明在縣日爲諸生
講書村人不及往聽今幸略說公即取紙筆書庶人
章講之既已復前白曰自天子章以下各有毛詩兩
句此獨無有何也公默然少許謝曰某平生慮不及
此當思其所以奉荅村父笑而去每見人曰我講書
曾難倒思馬端明公聞之不介意
建炎己酉秋杭州清波門裏竹園山平地涌血須臾
成池腥聞數里明年金人殺戮萬人即瘞竹園也無

寧八年冬杭州地涌血者三𡬶後流入于河盾不可
聞
有稱中興野人和東坡念奴嬌詞題吳江橋上車駕
巡師江表過而覩之詞物色其人不復見矣詞云炎
精中否歎人材委靡都無英物胡虜長驅三犯闕誰
作長城堅壁萬國奔騰兩宮幽陷此恨何時雪草廬
三顧豈無高臥賢傑天心眷我中興吾皇神武踵曾
孫周發河嶽封疆俱効順狂虜曾須灰滅翠羽南巡
叩閽無語徒有衝冠髮孤忠耿耿劍鋒冷浸秋月

古者尚書令史防禁甚密宋法令史白事不得宿外
雖八座命亦不許李唐令史不得出入夜鎖之韓愈
爲吏部侍郎乃曰人所以畏鬼以其不見鬼如可見
則人不畏矣選人不得見令史故令史勢重任其出
入則勢自輕不禁吏出入自文公始
徽宗北狩四太子請王婉容爲粘罕子婦上遣之曰
好事新主及行大哭曰何忍以一身事兩主就輿中
以隨刀自刎太子曰南宋大臣亦有如此者擇地葬
之立碑曰貞婦冢

光堯聖壽太上皇帝當內修外攘之際尤以文德服
遠至於宸章麗藻日星昭垂者非一紹興二十八年
將郊祀有司以太常樂章篇序失次文義弗協請遵
真宗仁宗朝故事親製祭享樂章詔從之自郊社宗
廟原廟等共十有四章肆筆而成麗思雅正宸文典
贍所謂大哉王言也至於一時閒適寓興而作則有
漁父辭十五章又清新簡遠備騷雅之體其辭有曰
薄晚煙林淡翠微江邊秋月已明輝縱遠柁適天機
水底閒雲片段飛又曰青草開時已過船錦鱗躍處

浪痕圓竹葉酒柳花氈有意沙鷗伴我眠又曰水涵
微影湛虛明小笠輕簑未易晴明鏡裏縠紋生白鷺
飛來空外聲辭不能盡載觀此數篇雖古之騷人詞
客老於江湖擅名一時者不能企及
通判監酒趙詩者昔在學校嘗因齋生熟寐與衆戲
以香燭花果楮錢之類設供於臥榻前而潛伺之寢
者既覺見之曰我已死邪因啼噓不已少頃復寐久
不起視之真死矣乃徹供設之物相與秘之斯人豈
乍覺見此神魂驚散遂不復還體也邪事有不可知

者

碧湖雜記

宋　謝枋得

東坡老饕賦蓋文章之遊戲耳按左氏縉雲氏有不才子貪于飲食冒於貨賄侵欲崇侈不可盈厭聚歛積實不知紀極不分孤寡不恤窮匱天下之民以比三凶謂之饕餮說文曰貪財爲饕貪食爲餮然則東坡之賦當作老饕爲是

五臣注文選謂陶淵明詩自晉義熙以後皆題甲子後世因仍其說獨治平中虎丘僧思悅編淵明詩辨

其不然其說曰淵明之詩題甲子者始庚子迄丙辰凡十七年皆晉安帝時所作至恭帝元熙二年庚申歲宋始受禪自庚子至庚申蓋二十年豈有宋未受禪前二十年恥事二姓而題甲子之理曾裘父艇齋詩話亦信其說然以余考之元興二年桓元篡位晉氏不斷如綫得劉裕而始平改元義熙自此天下大權盡歸劉裕淵明賦歸去來辭實義熙元年也至十四年劉公爲相國恭帝即位改元元熙至二年庚申禪于宋觀恭帝之言曰桓玄之時晉氏已亡天下重爲劉公所延將二十載今日之事本所甘心詳味此言則劉氏自庚子得政至庚申革命凡二十年淵明自庚子以後題甲子者蓋逆知末流必至於此忠之至義之盡也思悅裘父殆不足以知之

杜詩云坐開桑落酒來把菊花枝按賈思勰齊民要術造酒門有桑落酒神麴酒其名不一又云桑欲落時造黍米酒可得來年造神麴酒春秋二時造者皆得過夏然桑落時作者乃勝于春天有造桑落酒麴法老杜或本諸此所謂桑落酒者恐未必然

杜牧之華清宮詩云雨露偏金穴乾坤入醉鄉許彥周謂如此天下焉得不亂蓋以明皇寵幸妃族賞賚無極君臣終日酣宴所以兆漁陽之變耳余聞東都宣政閣禁中有保和殿殿西南廡有玉眞軒軒內有玉華閣即安妃妝閣也妃姓劉氏入宮進位貴妃林靈素以左道得幸謂上爲長生帝君妃爲九華玉眞安妃每神降必別置妃位畫妃像于其中每祀妃像妃方寢而覺有酒容是時羣臣惟蔡元長最承恩遇嘗賦詩題殿壁曰瓊瑤錯落密成林檜竹交加午有

陰□許摩凡時縱步不知身在五雲深侍宴于保和
殿上令妃見京先有詩曰雅與酒酣添逸興玉真軒
內見安妃命京賡補成篇京即題曰保和新殿麗秋
暉恩許塵凡到綺闈云云須臾命京入軒但見妃像
京又有詩云玉真軒內媛如春只見丹青未見人月
裏嫦娥終有恨鑑中姑射未應真已而至閤妃出見
京勸酬至再日暮而退且君門九重睡榻之側豈容
他人咳唾至令人臣縱步褻飲于其間當時恩幸可
從而知矣然則他日之禍殆甚于天寶之季此可為

萬世君臣之戒

劉遺民名程之字仲思遺民其號也嘗作柴桑令與
淵明同隱淵明有和劉柴桑詩時又有周續之者為
撫州參軍淵明呼為周掾亦隱於柴桑時號潯陽三
隱

大麥青青小麥枯誰當獲者婦與姑丈夫何在西擊
胡吏買馬軍具車請為諸君鼓龍胡　山谷親書此帖
乃是漢成帝時童謠也後至元壽中涼州羌寇反抄
三輔延及并冀大為民害命將出師每戰輒負中國
益發田卒麥多委棄但有婦女收獲吏買馬軍具車
者言調發重也請為諸君鼓龍胡者不敢公言私相
語也

古樂府木蘭詞乃女子代父征戍十年而歸不受封
爵故杜牧之有題木蘭廟詩云彎弓征戰作男兒夢
裏曾經與畫眉幾度思歸還把酒拂雲堆上祝明妃
女子作男兒其事甚怪五代王蜀時有崇嘏者本臨
邛女子黃氏蜀相周庠初在臨邛嘏以詩上謁庠稱
之薦攝府掾吏事明敏胥吏畏服逾一載欲妻以女

嘏以詩辭之曰一辭拾翠碧江涯貧守蓬茅但賦詩
自服藍衫居郡掾永拋鸞鏡畫蛾眉立身卓矣青松
操挺志堅然白璧姿幕府若容為坦腹願天速變作
男兒庠大驚召問具述本末乃黃使君之女元未從
人惟老嫗同居此事尤怪

今樂府有蘭陵王乃北齊文襄之子長恭一名孝瓘
為蘭陵王邙山之戰長恭為中軍率五百騎再入周
軍遂至金墉之下被圍甚急城上人弗識長恭免胄
示之面乃下弩手救之於是大捷武士因歌謠之為

蘭陵王入陣曲是也

鐵圍山叢談

宋 蔡絛

太祖皇帝應天順人肇有四海受禪行八年矣當乾德之五祀而五星聚奎明大異常然下當曲阜之墟也時太宗適爲兖海節度使則是太宗再受命之祥此所以國家傳祚聖系皆自太宗應符既同乎漢祖而卜年宜過於周曆矣

太宗始嗣位思有以帖服中外者一日輦下市肆有丐者不得乞因倚門大罵主人遜謝久不得解衆方擁門聚觀中忽一人躍出以刀刺丐者死遺其刀而去會日已暮追捕莫獲翊日聞奏太宗大怒謂猶仍五季亂習乃敢中都白晝殺人即嚴索捕期必得有司懼罪久之迹其事乃主人不勝其憤而殺之耳獄具太宗喜曰卿能用心若是雖然第爲朕更一覆驗杖焉且攜其刀來不數日尹再登對以獄詞并刀上太宗問審乎曰審矣於是顧旁小内侍取若鞘來小内侍惟命即奉刀内鞘中因拂袖而起入曰如此寧不妄殺人

政和初間治極之際地不愛寶所在奏芝草者動三二萬本斬黃間至有一鋪二十五里遍野而出汝海諸郡縣山石皆變瑪瑙動千百塊而致諸輦下伊陽太和山崩奏至上與魯公皆有慙色及後上奏山崩者出水晶也以木匣貯之進匣可三二十斤而多至數十百匣來上又長沙益陽縣山溪流出生金重十餘斤後又出一塊至重四十九斤他多稱是

冠禮肇於古國初草昧未能行因循至政和始講焉是時淵聖皇帝猶未入儲宮也初以皇長子而行冠於是天子御文德殿百僚在位命官行三加禮是日方樂作行事而日爲之重輪也先是諸王冠止於宮中行世俗之禮謂之上頭而已繇是而後天子諸子咸冠于外庭蓋自淵聖始

開寶初車駕親征僞漢引汾水灌太原城時盛夏藝祖露臂跣足亦不裹頭手持刀坐黃蓋下督兵吏運土築堤以堰汾河城上望見矢石雨至不避也水浸城者餘數版而已又命水軍乘舟焚其譙門幾陷會班師獲免其後有使於僞漢者見水退而城始大

北乃笑曰南朝知壅水灌城之利且不知灌而決之則無太原矣

南俗尚鬼狄武襄青征儂智高時大兵始出桂林之南道旁有一大廟人謂其神甚靈武襄遽爲駐節而禱之因祝曰勝負無以爲據乃取百錢自持之且與神約果大捷則投此期盡錢面也左右諫止儻不如意恐沮師武襄不聽萬衆方聳視已揮手倏一擲則百錢盡紅矣於是舉軍歡呼聲震林野武襄亦大喜顧左右取百釘來即隨錢疏密布地而釘帖之加諸青紗籠覆手自封焉曰俟凱旋當謝神取錢其後破崑崙關敗智高平邕管及師還如言取錢與幕府士

大夫共視之乃兩字錢也

陰陽家流窮五行術數不得爲亡至一切聽之反棄人事斯失矣是以古人行道而委命不敢用億中以爲信也先魯公生慶曆之丁亥其月當壬寅日當壬辰時爲辛亥在昔幼時言命者或不多取之能道位極人臣則不過三數及逢時遇主君臣相魚水而後操術者人人爭談格局之高推富貴之懸徒足發賢者之一笑耳大觀改元歲復丁亥東都順天門內有鄭氏者貨粉於市家頗贍給俗號鄭粉家偶以正月五日亥時生一子歲月日時適與魯公合於是其家大喜極意撫愛謂且必貴時人亦爲之傾聳長則恣其所欲爲鬪雞走犬一切不禁也始年十有八春未攜妓從浮浪人躍犬馬游金明自苑中歸上下悉大醉矣馬忽駭入波水中淩而死

昔江南李重光染帛多爲天水碧天水國姓也當是時藝祖方受命言天水碧者世謂逼迫之兆未幾王師果下建業及政和末復爲天水碧時爭襲慕江南

風流吾獨惡之未幾犬戎寒盟豈亦逼迫之兆乎

龎丞相籍以使相判太原時司馬溫公適倅幷州一日被檄巡邊溫公因便宜命諸將築堡於窮鄙而不以聞遂爲西羌敗我師破其堡殺一副將朝廷深訝龎公擅興詰責不已龎公既素重溫公之賢終弗自言久之遂落使相以觀文殿學士罷歸龎公益黙不語溫公遂獲免嗚呼龎公其真可上接古人千載之風矣

王舒公介甫熙寧末語叔父文正公曰天不生才且柰何孰可繼吾執國柄者乎乃舉手屈指曰獨兒子也蓋謂元澤因下一指又曰次賢也又下一指即又曰賢兄如何謂魯公則又下一指沉吟者久之始曰吉甫如何且作一人遂更下一指則曰無矣是時元澤未病吉甫則已隙云

河中有姚氏十三世不析居矣遭逢累代旌表號義門姚家也一旦大小死欲盡獨兄弟在方居憂而弟婦又卒弟獨與小兒同室處焉度百許日其家人忽

聞弟室中夜若與婦人語笑者兄弗信也因自往聽之審一日勵其弟曰吾家雖驟衰且世號義門吾弟縱喪偶寧不少待方衰絰未除而召外婦人入舍中耶懼辱吾門將柰何弟因涕泣而言不然也夜所與言者乃亡婦爾兄瞠愕詢其故則曰婦喪踰月即夜叩門曰我念兒無乳至此因開門納之果亡婦遂徑登榻接取兒乳之弟甚懼自是數來相與語言大抵不異平時懼其怪而不敢駭兄也兄念家道死喪殆盡今手足獨有二人此是往亡吾弟爾且弟計不忍然吾必殺之因夜持大刃伏于門左其弟弗知也果有排門而入者兄盡力以刃刺之其人大呼而去旦視之則流血塗地兄弟因爭尋血蹤至於墓所則弟婦屍横墓外傷而死矣會其婦家適至睹此而訟于官開墓則空棺耳官莫能治俄兄弟咸死獄中姚氏遂絕

任宗堯者字子高名家子仕至典樂後改服武弁終贈觀察使宗堯多藝能洞曉天官律呂嘗傳於魏漢律先生宗堯始仕宦時即喜功名大觀末從向書

王寧中書舍人張邦昌使高麗爲上節至四明則放洋而去不十日回明忽傳副使船壞人爲痛之始宗堯將登舟則寄所齋玩好琴書於相識故人家而邁及是傳也其故人者嗟惻一旦有女奴忽暴病不省遂爲宗堯音訴其故人曰某所以涉鯨波萬里本希尺寸賞不謂遽持千金之軀而葬於魚腹故人念乎某所寄三琴實平生愛賞甲可歸之我家乙亦奇古當奉故人下者可與某凡所寄篋笥中百物歷歷分區不遺毫髮其故人大駭爲與哭久之女奴始甦翊

月則四明一郡皆傳謂使者舟壞信矣其後使人自高麗歸上下一無恙故人者得見宗堯歎喜稱笑微異於常宗堯始疑而詢焉方道其事乃知爲點鬼所侮

雒陽太內與立自隋唐五代至聖朝藝祖嘗欲都之開寶末幸焉而宮中多見怪且適霖雨徒步祀謝見上帝而歸是後至宣和又爲年百五十久廢嬰蠹自金鑾殿後雖白晝人不敢入入亦多有異蠹或大於斗蛇率爲巨蟒日夜絲竹歌哭之聲不絕也宣和末

有監官吳本者武人恃氣不畏事夏月因納涼於殿廡間至晡時後天尚未昏黑而從者堅請歸舍不聽俄忽聞蹕聲自內而出即有衛從繽紛執紅銷金籠燭者數十對成行羅列中一人衣黃人如帝王狀胸間尚帶鮮血擁從甚盛徐行由殿廡從本寓舍前過本與其從者急趨入戶避之得詳瞰焉最後有一衛士似怒本納涼故妨其行從也乃以手兩指按其臥榻之四足遂穿磚而陷于地頃刻轉他殿而去遂忽不見本大駭自是不敢宿止其中矣因圖畫所見徧以示人雒陽士大夫多傳之曰此必唐昭宗也昔頃嘗聞是事第流落不偶久而十忘七八矣

劉器之安世元祐臣也晚在睢陽以錢二十萬鬻一舊宅或謂此地素凶不可止器之不信始入即有蛇虺三四出屋室間呼僕厮屏去則率拱立謂有鬼神不敢措手器之怒改命家人輩自納諸篚筐而棄諸汴流翌日則蛇出益多再棄輒復又倍會不浹旬乃至日得五七篚不已也器之不樂因自焚香於土神祠前曰此舍某已用錢易之即是某所居矣蛇安得

據以爲怪乎始猶覬神之有職而今悛革今數日怪益出是神之不職爾固當受罰雖願仍其舊貫不可得矣顧從者盡捨土偶五六擲之河中召匠改塑由是怪不復作

王晉卿家舊寶徐處士碧檻蜀葵圖但二幅晉卿每歎闕其半也徽廟一旦訪得之乃從晉卿借半圖晉卿惟命但謂端邸愛而欲得其秘爾徽廟命匠者標軸成全圖招晉卿以觀因卷以贈一時盛傳人已怏異厥後禁中謂之就日圖者是巳太上天縱雅尚已

書龍潛之時也及即大位酷意訪求天下法書圖畫自崇寧始命宋喬年掌御前書畫喬年後罷去而繼以米芾輩至末年尚方所藏率舉千計實熙朝盛事也吾以宣和歲癸卯嘗得見其目若唐人用硬黄臨二王帖至三千八百餘幅顔魯公墨迹至八百餘幅歐虞褚薛及唐名臣李太白白樂天等書字不可勝會獨兩晉人則有數矣至二王破羌路神諸帖真奇絶蓋亦爲多焉又御府所祕古來丹青其最高遠者以曹不興玄女授黄帝兵符圖爲第一曹髦卞莊子刺虎圖第二謝稚烈女完節圖第三自餘始數顧陸僧繇而下不興者吳孫權時人曹髦乃高貴鄉公也謝稚亦晉人烈女謂綠珠實當時所筆又加顧長康則古賢圖戴逵破琴圖黄龍負舟圖皆神絶不可一二紀次則鄭法士展子虔有北齊後主幸晉陽宫圖文書法從圖之屬大率奇特甚至唐人圖牒已不足數然唐則度人經者乃褚河南書字而閻博陵繪其相類多有此于今無復兹睹矣毋令人短氣盜時既好尚世因爲之貨賂亦爲時病此則良過矣

虞夏而降制器尚象後世由漢武帝汾陰得寶鼎因更其年元而宣帝於扶風亦得鼎款識曰王命元臣官此物色及後和帝時竇憲勒燕然還南單于遺憲仲山甫古鼎有銘而憲遂上之凡此數者咸見諸史記所彰灼者殆魏晉六朝隋唐亦數數言獲古鼎器梁劉之遴好古愛奇在荆楚聚古器數十百種又獻古器四種於東宫皆金錯字然在上者初不大以爲事獨國朝來浸乃珍重始則有劉原父侍讀爲之倡而成於歐陽文忠公又從而和之則若伯父君謨東坡數公云爾初原父號博雅有盛名曩時出守長安長安號多古簋敦鏡甗尊彝之屬因自著一書號先秦古器記而文忠公喜集往古石刻遂又著書名集古録咸載原父所得古器銘款由是學士大夫雅多好之此風遂一煽矣元豐後又有文士李公麟者出公麟字伯時實善畫性希古則又取生平所得暨其聞睹者作爲圖狀說其所以而名之曰考古圖傳流至元符間太上皇即位憲章古始眇然追唐虞之思因大宗尚及大觀初乃倣公麟之考古作宣和殿博

古圖所藏者大小禮器則已五百有幾世既知其所以貴愛故有得一器其直爲金錢數十萬後動至百萬不翅者於是天下塚墓破伐殆盡矣獨政和間爲最盛尚疠所貯至六千餘數百器遂盡見三代典禮文章而讀先儒所講說殆有可哂者始端州上宋成公之鐘而後得以作大晟及是又獲被諸制作於是聖朝郊廟禮樂一旦遂復古跨越先代嘗有旨以所藏列崇政殿暨兩廊召百官而宣示焉當是時天子尚留心政治儲神穆清因從瑣闥密窺聽臣僚訪諸

左右知其爲誰樂其博識味其議論喜於人物而互宦弗覺也時所重者三代之器而已若秦漢間物非殊特葢亦不收及宣和後則咸蒙貯錄且累數至萬餘若岐陽宣王之石鼓西蜀文翁禮殿之繪像凡所知名闤闠巨細遠近悉索入九禁而宣和殿又剏立保和殿者左右有稽古傳古尚古等諸閣咸以貯古玉印璽諸鼎彝禮器法書圖畫盡在然世事則益爛漫上志衰矣非復前日之敦尚考驗者俄遇僭亂側聞都邑方傾覆時所謂先王之制作古人之風烈悉入虜營夫以孔父子產之景行召公散季之文辭牛鼎象樽之規模龍瓿鴈燈之典雅皆以食戎馬供爨烹腥鱗湮滅散落不存文武之道中國之恥莫甚乎此言之可爲於邑至於圖錄規模則班班尚在期流傳於不朽云作古器說

藝祖始受命久之陰討釋氏何神靈而患菩天下令我抑嘗之不然廢其教矣日且暮則微行出徐入大相國寺將昏黑俄至一小院戶旁望見一髡大醉吐穢于道左右方惡罵不可聞藝祖陰怒適從旁過忽

不覺爲醉髡攔胸腹抱定曰莫發惡心且夜矣懼有人害汝汝宜歸內可亟去也藝祖默心動以手加頰而禮焉髡乃舍之去藝祖還內密召忠謹小璫爾行往某所覘此髡在否且以其所吐物狀來及至則已不見小璫獨爬取地上所吐狼籍至御前視之悉香也釋氏教因不廢

宣和歲己亥夏都邑大水幾冒入城隅高至五七丈久之方得解時泗州僧伽大士忽見於大內明堂頂雲龍之上凝立空中風飄飄然吹衣爲動旁侍惠岸

本乂皆在焉又有白衣中裹跪於僧伽前者若受戒諭狀莫識何人也萬衆咸睹迨夕而沒白衣者疑為龍神之徒為僧伽所降伏之意爾上意甚不樂

宣和六年春正月甲子定上元節故事天子御樓觀燈則開封尹設次以彈壓於西觀下又于時從六宮於其上以觀天府之斷決者簾幙重密下無由知是日士偶獨在西觀上而宦者左右皆不從其下則萬衆忽有一人躍出緇布二若僧寺童行狀以手指簾謂上曰汝是某邪有何神乃敢破壞吾教吾今語汝

報將至矣吾猶不畏汝汝豈能壞諸佛菩薩邪時上下聞此皆失措震恐捕于觀下上命中使傳呼天府亟治之且親臨其上則又曰吾豈逃汝乎吾故示汝以此使汝知無奈吾教何爾聽汝苦吾吾今不語矣於是箠掠亂下又加諸炮烙詢其誰何略不一言亦無痛楚狀上益憤復召行天法羽士曰宋冲妙世號宋法師者亦神奇至視之則奏曰臣所治者邪鬼此人者臣所不能識也因又斷其足筋俄施刀臠血肉狼籍上大不怡為罷一日之歡至暮終不得為何人付獄盡之嗚呼浮圖實有人

桂林有韓生嗜酒自云有道術人初不大聽重之也一日欲自桂過明同行者二人俱止桂林郊外僧寺而韓生亦來夜不睡自抱一籃持杓出就庭下衆共往視之則見以杓酌取月光作傾瀉入籃狀爭戲之曰子何為乎韓生曰今夕月色難得我懼他夕風雨儻夜黑留此待緩急爾衆笑焉明日取視之則空籃弊杓如故衆益哂其妄及舟行至邵平共坐江亭上各命僕辦治殽膳多市酒期醉適會天大風俄日

暮風益亟燈燭不得張坐上墨黑不辨眉目矣衆大悶一客忽念前夕事戲嘲韓生曰子所貯月光今安在寧可用乎韓生為撫掌而對曰我幾忘之微子不克發我意卽狼狽走從舟中取籃杓而一揮則白光燎焉見於梁棟間如是連數十揮一坐遂盡如秋天晴夜月色瀲灩秋毫皆視衆乃大呼痛飲達四鼓韓生者又酌取而收之籃夜乃黑如故始知韓生果異人也

奉宸庫者祖宗之珍藏也政和四年太上始自攬權

綱不欲付諸嵓下因趣藝祖故事檢察內諸司於是乘輿御馬而遍歷內中諸司大駭懼經數日而止因是併奉宸俱入內藏庫時於奉宸中得龍涎香二琉璃缶玻瓈母二大篚玻瓈母者若今之鐵滓然塊大小猶兒拳人莫知其力又歲久無籍且不知其所從來或云柴世宗顯德間大食所貢又謂真廟朝物也玻瓈母諸璫以意用火煅而模寫之但能作珂子狀青紅黃白隨其色而不克自必也香則多分錫大臣近侍其模製甚大而外視不甚佳每以一豆大爇之

輒作異花氣芬郁滿座終日畧不歇於是太上大奇之命籍被賜者隨數多寡復收取以歸中禁因號曰古龍涎為貴也諸大璫爭取一餅可直百緡金玉為穴而以青絲貫之佩于頸時於衣領間摩挲以相示由此遂作佩香焉今佩香蓋因古龍涎始也

于闐國朝貢使每來必攜其寶鐺以往反自國初迨今如是也我主客備見之寶一鐵鐺爾蓋其來道涉流沙踰三日程無薪水獨挈其水而行是鐺者投以水頃輒已百沸矣用是得不乏故寶之

金蠶毒始蜀中近及湖廣閩粵浸多有人或舍去則謂之嫁金蠶率以黃金釵器錦段置道左俾他人得焉鬱林守為吾言嘗見福清縣有訟遭金蠶毒者縣官治求不得蹤或獻謀取兩刺蝟入捕必獲矣蓋金蠶畏蝟蝟入其家金蠶則不敢動雖匿榻下牆罅果為兩蝟擒出之亦可駭也又嶠嶺多蜈蚣動長一二三尺螫人求死不得然獨畏托胎蟲多延行井幹牆壁上蜈蚣雖大偶從下過托胎蟲必自落於道蜈蚣為局縮不得行托胎蟲乃徐徐圍繞周匝蜈蚣愈益縮

然後登其首陷腦而食之以故人遭蜈蚣害必取托胎蟲涎輒生擣塗焉痛立止且金蠶甚毒若有鬼神蜈蚣若是之強且大也然蝟捕金蠶托胎制蜈蚣物理有不可致詰而不可知者如此

往時川蜀俗喜行毒而成都故事歲以天中重陽時開大慈寺多聚人物出百貨其間號名藥市者於是有於廡隙間呼貨藥一聲人識其意亟投以千錢乃從廡隙間度藥一粒號解毒丸故一粒可救一人命夫迹既叵測故時多疑出神仙政和間祐陵以仁經

惠天下者即上清寶籙宮之前新作兩亭左曰仁濟給藥治疾苦右曰輔正主符水除邪鬼因遂詔海内凡藥之治病彰彰有聲者悉索其方書上之於是成都守臣監司奉命相與窮其狀乃始得售解毒丹家蓋世世儼行毒者嘗害故匿其迹非有所謂神仙也既據方修治得其全即并藥奏御事下殿中省上曰朕自弛天子所服御以濟元元毋煩有司也由是殿中省群醫師驗其方則王氏博濟方中之保靈丹方爾當是時尤子行適領殿中監事故獨得其詳吾落

南來用是藥嘗救兩人食胡蔓草毒得不死蓋不可不書

花蕊夫人蜀王建妾也後號小徐妃者大徐妃生王衍而小徐妃其女弟在王衍時二徐坐遊燕淫亂亡其國莊宗平蜀後二徐隨王衍歸中國半塗遭害焉及孟氏再有蜀傳至昶則又有一花蕊夫人作宮詞者是也國朝降下西蜀而花蕊夫人又隨昶歸中國昶至且十日則召花蕊夫人入宮中而昶遂死昌陵後亦惑之嘗造毒屢爲患不能遂太宗在晉邸時數諫昌陵而未克去一日從上獵苑中花蕊夫人在側晉邸方調弓矢引滿擬走獸忽回射花蕊夫人一箭而死始所傳多僞不知蜀有兩花蕊夫人皆亡國且殺其身

江湖間小龍號靈異見諸傳說甚悉崇寧中淮水暴漲而汴口橋舟不能進一日昧爽小龍者出運綱之舟尾有柂工之婦不識也謂是蜥蜴撥置之則又緣柂而上婦怒舉火柴擊其首隨擊霹靂大震一聲汴口官私舟船七百隻皆自相撞擊俱碎死數十百人

朝廷聞而不樂第命官爲賑卹焉會發運使上計而小龍者又復出大漕甚窘懼乃焚香祝之願與王偕上計入覲天子可乎龍即作喜悅狀因舉身入香匳中不動大漕遂攜至都輦先以示魯公得奏聞上遣使索入內爲具酒核以祝之龍輒躍出匳中兩爪據金盃飲幾醻於是天子異之取大琉璃合貯龍爲親加封識焉降付都城汴水之都門外小龍祠中一夕封識宛如故視匳中龍則已變化去矣上喜加封因字仍大斂其祠宇至大觀末魯公謫東南舟行始抵

沛口而小龍又出送魯公然小龍所隸南北當江湖間素不至二浙也政和壬辰魯公在錢塘居鳳山之下私第以正月七日小龍忽出佛堂中於是家人大小咸歎異疑必有故明日而召命至復加六官王及靖康之初家破魯公貶嶺外吾從行至江陵將避壁出鼎澧間公畏暑因改舟行下江陵憩渚宮之沙頭一倉官廨舍纔弛擔則龍復出見魯公爲之涕下且感念龍神乃不忘恩舊如此吾戲公曰固知小龍之必來爾公誚詢其故吾曰此亦出公之門也苟每加

意於是無世情者則今日必來使此龍一出世間有世情當又不來是烏足辱人懷抱耶公乃收淚而笑

嶺右俗淳物賤始吾以靖康丙午來博白時虎未始傷人獨村落間竊羊豕或婦人小兒呼噪逐之必委置而走有客嘗過墟井繫馬民舍籬下虎來瞰籬客懼民曰此何足畏從籬旁一叱而虎已去村人視猶犬然十年之後流寓者日衆風聲日變百物湧貴而虎浸傷人今則啗人與內地弗殊風俗澆厚亦及禽獸耶先王中孚之道信及豚魚知必不誣

博白有遠村號釗舍皆高山大木人跡罕及斗米一二錢蓋山險不可出有小江號龍潛魚大者動長六七尺癡不識人村民自誇我山多鳳凰吾且謂妄從而詰之則曰其大如鵝五色有冠率於大木之顛丸木而巢焉遇天氣清明必出出必雙飛所過則諸鳥斂翼俛首而伏不敢鳴背久之吾歎曰此真鳳凰也古人謂南方丹山產鳳爲信

後學龔綸謹誦

南海古蹟記

元 吳萊

南海葢禹貢楊州之南境春秋戰國時地本百越至秦始通而尉佗王者五世漢元鼎中南越平立南海等郡屬交州治蒼梧建安中徙治南海吳孫權初割交州立廣州而南海郡屬廣晉因之宋以後江左州郡析置不一至唐卽以南海郡立廣州永徽後嶺南五管悉隸廣府咸通中復分嶺南爲東西道廣爲東道唐末迄五代南漢劉氏據之及宋初而後平今廣

州上路領縣七番禺秦縣南海增城漢縣新會淸遠隋縣東莞唐縣香山宋縣廣大府也山水人物古蹟之灼然可記者夥矣粗載其大略于篇

番禺山在番禺東近城兩山相屬高丈餘山海經黃帝生禺號禺號生禺京處南海一曰二禺山或云黃帝二庶子善音律南採崑崙竹制黃鐘宮遂隱此山

五仙觀山在子城內楚高固時有五仙人人持穀穗一莖六出乘羊衣羊具五方色遺穗州人羊化石仙人騰空去

南海廣利王廟在番禺南廟有唐韓文公碑玉簡玉硯象鞭精紙鄭綱出鎮時林靄守高州獻銅鼓面濶五尺臍隱起海魚蝦蟆周匝今藏廟中宋眞宗賜南海玉帶蕃國刻金書表龍牙火浣布並存

浮丘山在海南西木羅山朱明之門戶浮在水中篙痕宛然今去海四里有葛洪珊瑚井洪煉丹海神獻珊瑚

中宿峽一曰峽山在淸遠東山對峙江中秦趙胡曾釣得金鯉可重百斤貢之秦王有釣鯉臺東有尉佗

萬人城南有壓幡嶺唐大曆間哥舒晃叛廣州討晃夢神人謂曰見幡卽回及晃平回師山頂有掛幡

白雲山在番禺東山高無泉有龍化爲九童子泉遽涌時有五色小蛇蜿蜒下爲大小水簾洞秦安期生隱處始皇嘗遣人訪安期生或云子城東有安期生蒲磵漢磵中産菖蒲一寸九節食之仙

任囂墓山在西城內囂秦二世時南海尉病召龍川令趙佗使行尉事囂死秦亂佗竟自王

越王臺在大城北尉佗築西有越王朝漢臺歲時望

漢埠兩臺蹃山巔屹然山有達磨泉達磨自天竺航海
至指其地曰地有黃金萬餘兩貧者力鑿得泉達磨
曰是可鉌兩計哉今海水鹵鹹泉最冽
越王趙佗墓山在南海南自雞籠岡北至天井連岡
接嶺佗葬轜車四出棺塴無定處吳黃武中交川從
事吳瑜訪佗墓莫能得獨得王嬰齊墓珠襦玉匣玉
璽金印三十六銅劍三爛若龍文悉璃玉匣金蠶後
瑜携劍經贛上飛入江水
南越王弟建德故宅在西城内吳虞翻移交州時有
南海古蹟記
閬池唐六祖慧能剃髮受戒寺有壇壇有菩提樹房
相國融譚楞嚴經有筆授軒大覡融日刻大唐神龍
改元七月七日天竺僧般剌密諦自廣譯經出此覡
堅潤可愛藏殿内有黑胸布西天衣緒内相大如兩
指
越井岡在南海南一曰趙佗井一曰鮑姑井鮑姑葛
稚川妻嘗行灸南海善灸贅疣唐崔偉遇姑得越井
岡艾南漢劉龑號玉龍泉禁民不得汲
石門在南海北山夾江對峙如門漢樓船將軍楊僕

討南越先將精卒蹈尋峽破石門東有貪泉晉吳
之刺廣州酌泉賦詩處隱之北歸家人攜沈香一斤
覺投香江中
漢徵士董正墓山在番禺東正州人清白不羣晉隆
和中太守袁彥伯求其後旌之
馬鞍山在番禺北秦時望氣者言南海有王氣發卒
千人鑿山狀如馬鞍漢伏波將軍馬援嘗駐兵山岡
每風雨晦冥聽之若有軍聲殷然
盧循故城在番禺南城南小洲狀如方壺蓋循故居
南海古蹟記
處金盧亭夷人男女椎髻俗採魚蛎藤竹又有龍戶
一曰蜑戶舊傳循字元龍此恐循遺種五月一日禁
水蜑戶舊不設網罟
石鼓山在東莞南山有石如鼓鼓鳴世亂兵起盧循
東寇隱隱有聲
金牛潭在增城南本增江水潭有金牛晉羅公釣得
金鎖牛從鎖出見人從投斷其鎖得一尺義熙中周
霸市勇掣得三尺唐韓文公宿增江口有詩示姪湘
甘溪在南海東晉廣州刺史陸自西北百餘里築堤

廢水給城南漢劉氏闢甘泉苑泛杯池南有陸公亭
故基溪夾種刺桐木緋花開殷艷如畫
博大山在番禺東山有盧循母檀氏墓東南有盧堠
循浮海與吳隱之戰立烽堠處山下溪有神鼎唐劉
道錫刺廣州遣人係鼎引出鼎耳斷鼎沒執鄉者耳
盡痛馮盎墓山在新會北盎世為南越首領祖父寶
守高凉娉譙國夫人冼氏寶死冼撫集百越斬歐陽
紇陳給洗鼓吹麾幢至盎三世武德中盎將南越衆
附唐赤石岡在番禺西南山色赤如火燃唐有扶南

人請以黃金萬鎰市山發寶藏刺史韋明曰南州鎮
山也弗許
景泰山在番禺東北山巍然聳拔下為越溪唐景泰
禪師卓錫處古有七仙人守山後發得石履二古鏡
一紹興間風雨山裂又得唐天寶時銅鐘並藏寺中
黃雲山在新會北唐一行禪師來游此山黃雲自山
內擁映衣袖遂卓菴山巔弟子至者餘五百人
寶莊嚴舍利塔在西城內梁大同間曇俗法師奉武
帝命求釋迦舍利創千佛塔唐高宗時廣州都督李

重建王勃記有古井九繞塔內有古再藏劍一鏡一
鋙瑩下發得佛牙舍利似是梁代故物
金芝巖在清遠北唐天寶間望氣者言南海東南內
有靈山發金草遣使得金芝二十四莖鏗然作金鐵
聲
黃巢磯在清遠南黃巢寇廣州殺李佋覆舟處
西樵巖在南海西南巖有石室石珠飛瀑如瀉下為
玉女淘沙灘灕梨泉龍泓九真洞歲時恒禱龍龍泓
占風雨雲氣南漢時有烏利仙迹

鎮象塔在東莞西南漢禹餘宮使邵廷琄造廷琄劉
氏愛將嘗告劉鋹曰漢承唐亂幸天下有故干戈弗
及漢寖驕今諸國悉殄實奉中國漢不可後否則宜
飭兵自守已而宋師至廷琄將舟師出洸口鋹疑廷
琄必叛殺廷琄禹餘宮漢離宮九曜石在西城內城
有湖長百餘丈水凝綠列石嵌奇突兀類大湖靈璧
者九南漢劉氏集方士煉丹處
蘇文忠公古舍利塔在東莞西資福寺羅漢閣狀若
覆盂文理類芭蕉五色備具葢古佛腦骨也比丘祖

堂夜夢赤蛇吐珠白壁上且果得舍利建塔公自作銘以實之

東坡泉在西城内天慶觀蘇文忠公初鑿得一石狀如龜泉湧出號龜泉清冽亞達磨泉淳祐間經略使方大琮浚泉護以定林廢寺鐵井欄大琮有鐵井欄銘

仙女灣在香山南海中宋益王昰南遷泊仙女灣丞相陳宜中欲奉昰奔占城颶作昰殂葬香山宜中遁殿帥蘇劉義追宜中不及夜有火燒仙女灣舟艦幾

盡

崖山在新會南山有兩崖對峙海潮出入宋紹興間嘗置戍衛王昺南遷結營崖山海中海水鹹汲道斷天狗墮海聲隆隆如雷丞相陸秀夫朝服抱衛王沉海文武嬪御從死者萬數

大奚山在東莞南大海中一曰碙州山有三十六嶼山民業漁鹽不農宋紹興間招其少壯置水軍嘯聚遂墟其地今有數百家徙米種諸羊射麋鹿時載所有至城易鹽米去

爲説者曰東陽李生自海上回爲言南越事山川風土悉有可考者夫南越本一州地自秦漢以來始通尉佗之自王劉龔之事制亦嘗自同中州崛強數代至於天下盡一而後能有定豈不以其山海之險遠故哉當今廣爲大府自江嶺而上經太庾關隘之高峻自閩徼而入過潮陽嵐路之稀遠自牂牁而下則又將歷灘江湟水瀧石之嵓崿黃茅青草炎瘴襲人毒蛇猛虎山谷盤踞是故世之仕者恒未嘗願至至則常數期日而或不足以償其苟且塞責之心然而

聽天勝景山霾開而海氣伏珍禽嚶鳴異草叢生荏有素馨朱槿果有荔枝龍眼檳榔蒟醬之屬芬香豔冶鮮甜爽脆魚雞蜆菜堆積於市酒文數年苟能順其風氣時其調適宜若無間於中州至於控制山獠厥服海外大蠻歲時蕃舶金珠犀象香藥雜產之富充溢耳目抽賦帑藏盈不下鉅萬計必又賴矣夫涕泣還金之吏而後有以愧夫輕生好貨之俗厥任至重故常劇於他郡而必欲其稱職是又豈得以其險遠之故毒瘴乘之而或略於民事者哉然則世之

什未勿以其險遠可忘必圖其政山海之珉勿以其
險遠自恃必奉其法度此則天子堂陛之間即為廣
府誠不可以不慎也雖然自秦漢以還南越輻員數
千里莫不自歸於經理撫綏之中至唐而後列為五
府廣府寔大叢山深峒惡民頑俗獷草摇風動常必
德懷而威懾之然後自已間者一時山峒顛頭無所
覺知之珉弄兵潢池假息湯釜至使父兄子弟修城
柵築壕塹晝夜鉦鼓禦焉若鉅敵之壓境訛言相驚
繼之朝廷以是而厲法令儆盜賊修馬政禁兵器是

雖一指疥瘍之微而徧身猶或謂之不寧者蓋久而
後免有定此豈可以輕視南越一區之地而不深戒
其山海之險遠者哉嗚呼今之所紀者山川故在人
物則悉已往而不可復追矣遂因及其風土政事之
槩者著于末俾苟有觀者曾可謂為晉宗少文之臥
游云爾哉予故得以具論之

青溪寇軌

泊宅翁方勺

宣和二年十月睦州青溪縣堨村居人方臘託左道以惑衆知縣事承議郎陳光不即鉏治臘自號聖公改元永樂置偏裨將以巾飾爲别自紅巾而上凡六等無甲冑惟以鬼神詭秘事相扇搖數日聚惡少千餘焚民居掠金帛子女提點刑獄張苑通判州事葉居中不能招致欲盡殺乃已故賊得脅良民爲兵旬日有衆數萬十一月二十九日將領蔡遵與戰於息坑死之遂陷青溪縣十二月四日陷睦州初七日天章閣待制歙守曾孝蘊以京東賊宋江等出青齊濟濮間有旨移知青社一宗室通判州事守禦無策十三日又陷歙州乘勢取桐廬新城富陽等縣二十九日進逼杭州知州事趙霆棄城走州即陷節制直龍圖閣陳建廉訪使者趙約被害賊縱火六日官吏居民死者十二三朝廷遣領樞密院童貫常德軍節度使譚稹二中貴率禁旅及京畿關右河東蕃漢兵制置江淮二淛明年正月二十四日賊將七佛引衆六萬攻秀州統軍王子武聚兵與州民登城固守屬大兵至開門表裏合擊斬首九千築京觀五賊退據杭州二月七日前鋒至淸河堰賊列陣以待王師水陸並進戰六日斬賊二萬十八日再火官舍學宮府庫與僧民之居經夕不絶翌日宵遁大兵入城當是時少保劉延慶由江東入至宣州涇縣遇賊衝入大王斬五千級復歙州出賊背統制王禀王渙楊惟忠辛興宗自杭趍睦取睦州與江東兵合斬獲七百里生擒方臘及僞相方肥等妻卲子亳二太子等凡五十二人亳二太子其子之號於梓桐石宂中殺賊七萬招來老幼四十餘萬復使歸業四月二十六日也餘黨走衢婺而蘭溪縣靈山賊朱言吳邦起應之據處州而越州剡縣魔賊仇道人台州仙居人呂師囊方巖山賊陳十四公等起兵掠溫台諸縣四年三月討平之是役也用兵十五萬斬賊百餘萬自出師至凱旋凡四百五十日收杭睦歙處衢婺六州與五十二縣所殺平民不下二百萬始唐永徽四年睦州女子陳碩眞反自稱文佳皇帝婺州刺史崔義玄平之故梓桐相傳

有天子基萬年僂方臘因得憑藉以起又以沙門寶
誌讖記誘惑愚民而貧窮游手之徒相乘為亂青溪
為睦大邑梓桐幫源等號山谷幽僻處東北趨睦西
近歙民物繁庶有漆楮林木之饒富商巨賈多往來
江瀕地勢迂險賊一旦焚蕩無一存者群黨據險以
守因謂之洞而瀕人安習太平不識兵革一聞金鼓
聲則斂手聽命不暇小民往往反為賊鄉導劫富室
殺官吏士人以徼利渠魁未授首間所掠婦女自洞
逃出倮而雉經於林中者由湯嵓椔樹嶺一帶凡八

十五里九村山谷相望不知其數會稽進士沈傑嘗
部民深入賊境新覩其事為余言賊之始末因稽合
衆論摭其實著于篇青溪知縣陳光既坐不治賊就
戮朝廷改睦為嚴州歙為徽州青溪界至歙州路皆
鳥道縈紆兩旁峭壁萬仞僅通單車方臘之亂曾待
制出守但以兩崖上駐兵防遏下瞰來路雖蚍蜉之
微皆可數賊亦不敢犯境宋江擾京東曾公移守青
社掌兵者以寨為辭移屯山谷間州遂陷
後漢張角張燕輩託天師道陵為遠祖立祭酒治病

使人出米五斗而病遂愈謂之五斗米道至其滋盛
則剽劫州縣無所不為其流至今吃菜事魔夜聚曉
散者是也凡魔拜必北向以張角實起於北方觀其
拜足以知其所宗原其平時不飲酒食肉甘枯槁趨
靜默若有志於為善者然男女無別不事耕織衣食
無所得則務攘敓以挺亂其可不早辨之乎有以其
疑似難識欲痛繩之恐其滋蔓因置而不問馴致禍
變則陳光之於方臘是也有合法令一切弗問但魔
迹稍露則使屬邑盡驅之死地務絕其本源肅清境

內而此曹急則據邑聚而反則越守劉韐之於仇賊
是也（仇破剡縣新昌上虞凡三縣）此風日熾殆未易察也始知能
上體國禁之嚴下念愚民之無辜迷入於此道不急
不為銷患於冥冥之中者良有司也
容齋逸史曰甚哉小人患得患失貽禍之深也初元
祐間宣仁太后臨朝天下大政事皆太后與二三大
臣議可而行時雖天下稱治哲宗內弗平也一旦太
后崩方欲悉反其政以攄宿憤而小人揣知上旨遂
引呂武為喻上益惑焉明年改元紹聖而熙豐群邪

費進矣是後天下監司牧守無非將幸私人所在資舉民不聊生迨徽廟繼統蔡京父子欲固其位乃倡豐亨豫大之說以恣蠱惑童貫遂開造作局于蘇杭以制御器又引吳人朱勔進花石媚上上心既侈歲加增焉舳艫相銜於淮汴號花石綱至截諸道糧餉綱旁羅商舟揭所貢暴其上篙師柁工倚勢貪橫淩轢州縣道路以目其尤重者漕河弗能運則取道於海每遇風濤則人船皆沒枉死無算江南數十郡深山幽谷搜剔殆遍或有奇石在江湖不測之淵百計

取之必得乃止程限慘刻無間寒暑士庶之家一石一木稍堪玩者即領健卒直入其家用黃帊覆之指為御物又不即取因使護視微不謹則重譴隨之及發行必發屋徹墻以出由是人有一物小異共指為不祥惟恐芟夷之不速民預是役者多鬻田宅子女以供其須忍亂者益衆矧方臘生而數有妖異一日臨溪顧影自見其冠服如王者由此自負遂託左道以惑衆縣境梓桐幫源諸洞皆落山谷幽險處民物繁夥有漆楮松杉之饒商賈輻輳臘有漆園造作局

屢酷取之臘怨而未敢發會花石綱之擾遂因民不忍陰取貧乏游手之徒賑恤結納之衆心既歸乃椎牛釃酒召惡少之尤者百餘人會飲酒數行臘起曰天下國家本同一理今有子弟耕織終歲勞苦少有粟帛父兄悉取而靡蕩之稍不如意則鞭笞酷虐至死弗恤於汝甘乎皆曰不能臘曰靡蕩之餘又悉舉而奉之仇讐仇讐賴我之資益以富實反見侵侮則使子弟應之子弟力弗能支則譴責無所不至然歲奉仇讐之物初不以侵侮廢也於汝甘乎皆曰安有

此理臘涕泣曰今賦役繁重官吏侵漁農桑不足以供應吾儕所賴為命者漆楮竹木耳又悉科取無錙銖遺夫天生烝民樹之司牧本以養民也乃暴虐如是天人之心能無慍乎且聲色狗馬土木禱祠甲兵花石靡費之外歲賂西北二虜銀絹以百萬計皆吾東南赤子膏血也二虜得此益輕中國歲歲侵擾不已朝廷奉之不敢廢宰相以為安邊之長策也獨吾民終歲勤動妻子凍餒求一日飽食不可得諸君以為何如皆憤憤曰惟命臘曰三十年來元老舊臣貶

死命盡當軸者皆齷齪邪佞之徒但知以聲色土木淫蠱上心耳朝廷大政事一切弗恤也在外監司牧守亦皆貪鄙成風不以地方爲意東南之民苦於剝削久矣近歲花石之擾尤所弗堪諸君若能仗義而起四方必聞風響應旬日之間萬衆可集守臣聞之固將招徠商議未使申奏我以計縻之延滯一兩月江南列郡可一鼓下也朝廷得報亦未能決策發兵計其遷延集議亦須月餘調集兵食非半年不可是我起兵已首尾期月矣此時當已大定無足慮也況

西北二虜歲幣百萬朝廷軍國經費千萬多出東南我既據有江表必將酷取於中原中原不堪必生内變二虜聞之亦將乘機而入腹背受敵雖有伊呂不能爲之謀也我但畫江而守輕徭薄賦以寬民力四方孰不斂衽來朝十年之間終當混一矣不然徒死于貪吏耳諸君其籌之皆曰善遂部署其衆千餘人以誅朱勔爲名見官吏公使人皆殺之民方苦於侵漁果所在響應數日有衆十萬遂連陷郡縣數十衆殆百萬四方大震時朝廷方約女直夾攻契丹取燕雲地兵食皆已調集待命適聞臘起遂以童貫爲江淮荊浙宣撫使移師南下臘不虞如是速也貫至蘇州始承詔罷造作局及御前綱運并木石彩色等場前至秀州累敗賊鋒追至幫源洞賊尚二十餘萬與官軍力戰而敗深據巖穴爲三窟諸將莫知所入韓蘄王世忠時爲王淵裨將潛行谿谷問野婦得徑即挺身直前度險數重擣其穴格殺數十人擒臘以出遂併取臘妻子偽印及方肥等其黨皆潰前後所戕人命數百萬江南由是凋瘵不復昔日之十一矣迨

建炎南渡經費多端愈益窮困不可復支向非臘之耗亂江淮二浙公私充實南渡後或可藉爲恢復之資亦未可知也噫臘之耗亂可哀也已然所以致是者誰歟泊宅翁之志寇軌也蘄王猶未知名故略之且時宰猶多在朝臘黨陰謀語多忌諱亦削不載吾故表而出之以戒後世司民者

喫菜事魔法禁甚嚴有犯者家人雖不知情亦流遠方財產半給告人餘皆沒官而近時事者益衆始自福建流至溫州遂及二浙睦州方臘之亂其徒處處

相煽而起聞其法斷葷酒不事神佛祖先不會賓客死則裸葬方歛盡飾衣冠其徒使二人坐于尸傍其一問曰來時有冠否則答曰無遂去其冠次問衣履遂一一去之以至于盡乃曰來時何有曰有包衣則以布囊盛尸焉云事後致富小人無識不知絕酒肉燕祭厚葬自能積財也又始投其黨有甚貧者衆率財以助積微以至於小康矣凡出入經過不必相識黨人皆館穀焉凡物用之無間謂為一家故有無礙被之說以是誘惑其衆其魁謂之魔王右者謂之魔母

各有誘化旦望人出四十九錢於魔公處燒香魔母則聚所得緡錢以時納於魔王歲獲不貲云亦誦金剛經取以色見我為邪道故不事神佛但拜日月以為真佛其說不經如是法平等無有高下則以無字連上句大抵多如此解釋俗訛以魔為麻謂其魁為麻黃或云易魔王之名也其初授法設誓甚重然以張角為祖雖死於湯鑊終不敢言角字傳言何執中守官台州州獲事魔之人勘鞠久不能得或云何處州龍泉人其鄉邑多有事者必能察其虛實乃委之窮究何以雜物百數問能識其名則非是而置一羊角其間餘皆名之至角則不言遂決其獄如不事祖先喪葬之類已害風俗而又謂人生為苦若殺之是救其苦也謂之度人度人多者則可成佛故結集既衆乘亂而起日嗜殺人最為大患尤憎惡釋氏蓋以不殺與之為反耳但禁令太嚴每有告者株連既廣又當籍沒全家流放與死為等必協力同心以拒官吏州縣憚之率不敢按反致增多也

溪蠻叢笑序

五溪之蠻皆盤瓠種也聚落區分名亦隨異沅其故壤環四封而居者今有五曰猫曰猺曰獠曰獞曰犵狫風聲氣習大略相似不巾不履語言服食率異乎人由中州官于此者其始見也皆訝之既乃笑之久則恬不知怪通守朱公濟山先生之季子風流博雅手錄溪蠻事識其所產所習之異目曰叢笑紙可笑也士大夫來是方者其可翫諸慶元乙卯葉錢序

溪蠻叢笑

宋　朱輔

木契刻木爲符契長短大小不等穴其傍多至十數各志其事持以出驗名木契

仡黨出入坐臥必以刀自隨小者尤銛利名仡黨

釣藤酒酒以火成不醡不篘兩缶東西以藤吸取名釣藤酒

金鷄羽族似雉者金項火背斑尾揚翹志意揭驕籠之不能馴

茅花被仡狫無綿揉茅花絮布被一被數幅聯貫以成山猺皆臥板夜然以火仡狫視猺則爲富矣

辰砂辰錦砂最良麻陽即古錦州舊隸辰郡砂自折一至折十皆顆塊佳者爲箭鏃結不實者爲肺砂砕則有趨趄末則有藥砂砂出萬山之崖爲最仡狫以火攻取

仡狫裙裙幅兩頭縫斷自足而入闌斑厚重下一段純以紅范史所謂獨力衣恐是也葢裸袒以裙代袴雖盛服不去去則犯鬼

金繫帶硯石出黎溪今大溪深溪竹寨溪木林䆫石皆可亂真紫石勝褐石熟猺亦能礪砥黎溪爲最益於陶金井中取之近亦艱得有紫緑二色圍黄線者名金繫帶

粉紅水銀水銀出於朱砂因火而就或謂砂腹生水銀非也名粉紅水銀

砂牀石之不碎而砂附著其上者名砂牀

水秀鐵鐵之精英在水數十年者名水秀

順水斑蠻事少桑多柘繭薄小柔靭綠可緝爲紬或

以五色間染布爲僞名順水斑

葫蘆笙潘安仁笙賦曲沃懸匏汝陽孤篠皆笙之材蠻所吹葫蘆笙亦匏瓠餘意但列管六與說文十三簧不同耳名葫蘆笙

燕子花紫花全類燕子生於藤一枝數葩

不闌帶蠻女以織帶束髮狀如經帶不闌者斑也益反切語俚俗謂闔爲突欒孔爲窟籠亦此意也

野鷄斑枋板皆杉也木身爲枋枝梢爲板又分等則曰出等甲頭曰長行曰刀斧皆枋也曰水路曰笏削曰中杠皆板也臘子香以文如雉者爲最佳名野鷄斑

娘子布漢傳載闌干闌干獠言紵金有績纖細白苧麻以旬月而成名娘子布

點蠟幔溪洞爱銅鼓甚於金玉模取鼓文以蠟刻板印布入靛缸漬染名點蠟幔

絲金沙中揀金又出于石碎石而取者色視沙金爲勝金有苗路夫匠識之名絲金

馬王米葉似蔓青味苦多刺即諸葛菜也

三脊茅麻陽苞茅山茅生三脊孟康曰零茅楊雄曰璠茅皆三脊也齊桓責楚苞茅不入者即此

鴉銜草紫草爾雅謂之藐廣雅謂之茈莨本草云生楚地三月采根陰乾猺人以社前者爲佳名鴉銜草

鷄骨香降真本出南海今溪洞山僻處亦有似是而非勁瘦不甚香名鷄骨香

出山銀西溪接靖州境出鉛鉛中有銀銀體差黑未經坏銷名出山銀

鷄米子苗有細蟲曰焦螟集于蚊睫蠻地有蟲極細

拭目難覩黑點著身抓搔不可耐名鷄末子
九肋鼈沙鼈似馬蹄者佳九肋出沅江
銅鼓蠻地多古銅有銅柱馬希範所立麻陽有銅鼓
葢江水中掘得如大鐘長箭三十六孔重百餘斤今
入天廖觀并有銅像二相傳唐明皇像餘散他處鼓
尤多其文環以甲士中空無底名銅鼓
不乃羹牛羊腸臟畧擺洗羹以饗客臭不可近食之
既則大喜嶺表錄異日交趾重不乃羹先鼻引其汁
不乃者反切擺也
闌布桑味苦葉小分三叉蠶所不食犵狫取皮績布
繫之于腰以代機紅緯回環通不過丈餘名闌布
豎眼犵狫犵狫蠻之尤怪者兩目直生惡青衣人遇
之則有禍去麻陽百餘里不常見
獨木船蠻地多楠有極大者剜以爲舟
芷香草見離騷有一穗數花與蕙蘸不同開亦先後
皆蘭類也
黃貓頭蠻類不巾髮拳曲照日金色故名
光面蠟蠟出山不經僞者名光面作僞者雜以栗

飛紽土俗歲節數日野外男女分兩朋各以五色綵
囊豆粟往來拋接名飛紽
客鼓鼓之節不一有暗箭鼓集人鼓犒設鼓饗客亦
以此遠近聽以爲準酒酣少有參商則鼓聲隨變終
席無他者名客鼓
固項朱漆牛皮以護頭頸名固項
銀鵓鴿犵狫之富者多以白金象鳥獸形爲酒藤或
爲牛角鵓鴿之狀尤多每聚飲盛列以誇客
筒環犵狫妻女年十五六敲去右邊上一齒以竹圈
五寸長三寸裹錫穿之兩耳名筒環
門款彼此歃血誓約緩急相援名門款
大設富洞以九月燕及三年一犒爲大設
入地犵狫自別洞奔來此地居止名入地
鵰鶵號戰鬪出入群聚發喊以張聲勢也
羊樓犵狫以鬼禁所居不著地雖酋長之富屋宇之
多亦皆去地數尺以巨木排比如省民羊柵杉葉覆
屋名羊樓
左衽押衙犵狫比猺貓則変自尊大歲時旦望或客

至皆排衙主盟其事者爲隊公又其次名左右押衙
坐草山猺潛出省地茅葦中射弩奪物機不虛發者
坐草
客語能省民之言者名客語
準把互市踰約價償未足則刼去省民或甲以乙代
名準把
踏歌習俗死亡羣聚歌舞輒聯手蹋地爲節喪家椎
牛多釀以待名踏歌
讐殺夷性好殺一語不合便刺以刃百十年必報乃
已名讐殺
專事溪洞文移他人不能特選往來之熟者名專事
骨債或爲傭而亡或以煙而死約牛牲若干償還名
骨債
走鬼初夏徙居數日以舍祖居否則有禍名走鬼
鼻飲犵狫飲不以口而以鼻名曰鼻飲
喫鄉秋冬之交聚飲以樂名喫鄉
撈魚山猺無魚具上下斷其水揉蓼葉困魚魚以
出名撈魚

賣首犵狫之受傭者如熟户之猺既納款聽命縱其
出入省地州縣差人管轄或許自推首名賣首
打寮山猺穴居野處雖有屋以庇風雨不過剪茅叉
木而已名打寮
生界去州縣堡寨遠不屬王化者名生界
呈生祭祀必先以生物呈獻神許則殺以血和酒名
呈生
扡親山猺婚娶聘物以銅與鹽至端午約于山上相
攜而歸名扡親
骨浪猺獠睡不以床冬不覆被用三叉木支閣夜旁
然火炙背板隻則易蓋以板之易得也以展轉之意
名骨浪
隊小犵狫之隨從者如軍中行伍名隊小
舞杴醉後以長柄木杴跳舞亦有音節也
平坦巢穴外雖峙嶮中極寬廣且以一處言之犵狫
有鳥落平言鳥飛不能盡也周數十里皆腴田凡平
地曰平坦
剔牛牛客多行桃源路洞中占軍事勝負及疾病祈

傳背以牛用名倒牛

跳雞模藝精者擲刀空中接之名雞模

洗面借人助相讐殺以牛酒往謝名洗面

奴狗犵狫之爲傭者名奴狗

背籠負物不以肩用木爲半枷之狀箝其項以布帶或皮繫之額上名背籠

葬堂死者諸子照水内一人背屍以箭射地箭落處定穴穴中藉以木貧則已富者不問歲月醸酒屠牛呼團洞發骨而出易以小函或枷崖屋或掛大木

溪蠻叢笑　八

風霜剝落皆置不問名葬堂

爬船蠻鄉最重重午不論生熟界出觀競渡三日而歸既望復出謂之大十五船分五色皂船之神尤惡去一必有風雨一月前衆船下水飲食男女不敢共處弔屈原正楚俗也名爬船

隘口凡衆山環鎖盤紆夥蔓絕頂貫大木數十百宂一門來去此古人因谷爲寨因山爲𡽪之意名隘口

十莊院數十年前猺獠侵占蝦蟇行寨省地土人申請招致請州犵狫防托借田買屋以居名十莊院

漉椰牛椰木多葉猫猺歲饑闕食則先以火窖地掘根置窖中壓以石又用火漉熟漉漬也搗作餅餌名漉椰

椎結胎髮不薙除長大而無櫛篦不爽巾蓬垢擘髻自古以然莫可化也名椎結

富貴坊競渡預以四月八日下船俗聚飲江岸舟子各招他客盛列飲饌以相誇大或獨酌食前方丈蠻璈觀如雲一年盛事名富貴坊

對刀甲與乙有隙兩相鬬敵背牌護身遠以標鎗

溪蠻叢笑　九

盡挺刃而前名對刀

出面犵親之後年生子引妻攜酒歸見婦家名出面

北戶錄

唐　段公路

通犀

通犀置大霧重露下終不沾濡又堪辨毒藥酒藥酒生沫若貯米飼鷄鷄見輙驚散一呼爲駭鷄犀或中毒箭刺于創中立愈蓋犀食百毒棘刺故也

孔雀媒

雷羅數州收孔雀雛養之使極馴擾致於山野間以物絆足傍施羅網伺野孔雀至則倒網掩之無遺一

說孔雀不疋偶但音影相接便有孕如白鶂雌雄相視則孕或曰雄鳴上風雌鳴下風亦孕見博物志宋紀曰孝武大明五年有獻白孔雀爲瑞者愚按說文曰䍃鳥者繫生鳥以來之名曰䍃字林音由今瘋師有䍃也淮南萬畢術曰鷄鶹致鳥注云取鷄鶹拆其大羽絆其兩足以爲媒博物志又云鵂鶹一名鷄鶹

鷓鴣

衡州南靈鷓鴣解嶺南野葛諸菌毒及辟嵐瘴又云名鶬(音述)多對啼廣志言鷓鴣鳴云但南不北古今注云其鳴自呼南越志云其鳴自號杜薄州食之亡魇椎本草說鳴云鉤輈格磔(竹客反)

鸚鶓瘴

廣之南新勤春十州呼爲南道多鸚鶓凡養之俗忌以手頻觸其背犯者即多病顫而卒土人謂爲鸚鶓瘴愚親驗之

赤白吉了

普寧有廉州民獲赤白吉了各一頭獻于刺史者其赤者尋卒白者久而能言

緋猨

公路咸通十年往高凉程次青山鎮其山多猨有黄緋者緋者絶大毛彩殷鮮眞謂奇獸夫猨則狙玃猱狖之類其色多傳青白玄黄而已今則豈可窮其族類與其猨能伏鼠多羣行猨善啼者其音凄入肝脾方知當一部鼓吹豈獨鼃黽然哉

蚺蛇牙

蚺蛇大者長十餘丈圍可七八尺多在樹上候麞鹿過者吸而吞之至鹿消即纏大樹上出其頭角乃不

復動夷人伺之以竹籤籤煞之取其膽也故南裔異物志曰蚺蛇牙長六七寸土人尤重之云辟不祥利遠行賣一枚直牛數頭

紅蛇

公路至雷州對岸倚舟候風勢見峯小兒獲二巨蛇各長丈餘一如孔雀尾毛色金翠奪目一如真紅色鮮明若血又有十餘頭白蛇前後相次若導從俱入一榕藤竅内竟不復出故知蛇有草木水土四種其類不可窮也又歸化縣有兩頭蛇南越志云無毒

人餌之兼名苑云兩頭蛇一名越王約髮俗占見之不祥然論衡引楚相孫叔敖事者何也會叢又云渾夕之山有蛇一首兩身名曰肥遺見則大旱管子曰固水之精名曰蟡（音威）一頭兩身以其名呼之可使取魚鼈

蛤蚧

蛤蚧首如蝦蟆背綠色上有黃斑點若古錦文長尺餘尾絶短其族則守宫蜥蜴蝘蜓多居古木竅間自呼其名聲絶大又有十二時亦其類也大者一尺尾長于身傳云自旦至暮變十二般色傷人必死愚嘗獲一枚閉于籠中玩之止見變黃褐赤黒四色

紅蟹殼

儋州出紅蟹大小殼上多作十二點深臙脂色其殼與虎蟹堪作疊子按蟹一名蛫（音詭）廣雅云雄曰蜋螘雌曰博帶抱朴子又云山中辰日稱無腸公子蟹也古今注云小蟹一名長卿廣志云鋪（音脯）小蟹大如貨錢又蟹奴如榆莢在蟹腹中生死不相離山海經載千里蟹洞冥記有百足蟹長九尺四螯者今恩州

又出石蟹

蛺蝶枝

公路南行歷懸藤峽維舟飲水覩巖側有一木五彩初謂丹青之樹因命僮僕采之頃獲一枝尚綴軟蝶凡二十餘箇有翠紺縷者金眼者丁香眼者紫斑眼黒花者黃白者緋脉者大如蝙蝠者小如榆莢者愚因登岸視乃知木葉化焉是知蝶生江南柑橘樹蠹變爲蛺蝶鷰足之葉爲蝴蝶皆造化殆然非虚語也又會要云大食國西鄰大海嘗遣人乘船經八年未

極西岸中有一方石上有樹榦赤葉青樹生小兒長六七寸見人皆笑動其手脚若著樹枝其使摘取一枝小兒即死與死大元中汝南人入山伐木見一竹中央蛇形已成上枝葉如故吳郡桐廬民嘗伐余遺竹一宿見雉頭頸盡就身猶未化此亦竹爲蛇蛇爲雉也

紅蝙蝠

紅蝙蝠出隴州皆深紅色惟翼脉淺黑多雙伏紅蕉花間採者若獲其一則一不去南人收爲媚藥王子

年拾遺云有五色蝙蝠異物志鼉蟲魚因風入空木而化爲蝙蝠靈枝圖說曰蝙蝠服之壽萬歲又媚藥載欸金烏辟寒金龍子布穀脚脛骨鵲腦砂桵壺草芎草左行草獨未見錄紅蝙蝠處豈闕載乎又有無風獨搖草男女帶之相媚又陳藏器云榼子蔓生取子中仁帶于衣令人有媚多迷人

金龜子

金龜甲蟲也五六月生于草蔓上大於榆莢細視眞金帖龜子行則成雙其蟲死金色隨滅如螢光也南人收以養粉云與養粉相宜

乳穴魚

全義之西南有山曰盤龍山有乳洞乳洞有金沙龍盤魚皆四足修尾丹腹狀若守宮游泳水濱人莫敢犯按御覽云龍蟠山有石洞洞中小水水有四足魚皆如龍形人殺之即風雨也然唐韻云鰨魚各四足山海經云人魚如鯑(音啼)魚四脚出丹洛二水有鯢大者謂之鰕(音啼)爾雅注鯢似鮎四足聲似小兒但未見言其可致風雨耳公路因思道書說五頭魚三足鹿

皆神化所致不可以類而推也若以魚之異者則澧水之魚名朱鱉六足有珠又歷澗潭有五色魚又丹水出丹魚割肉以塗足下則可步履水上又郗法師云鯖(音青)魚一首十身博物志云金魚腦中有麩金出功婆塞江又吳王食鱠有餘棄江中爲魚今名吳王鱠餘者長數寸又魏武四時食制曰望魚側如刀可以刮草出豫章曰髮魚戴髮形如婦人白肥無鱗出滇池又郭延生述征記曰城陽縣南堯母慶都墓廟前一池魚頭間有印文謂之印頰魚非告祠者捕不

得又臨海異物志云鯸魚如指長七八寸但有脊骨曝作燭極有光明又比目魚一名鰈（音榻）一名鰜沈懷遠南越志謂之板魚亦曰左介介亦作魪吳都賦云雙則比目片則王餘異物志南方鏡魚圓如鏡也又異苑云䱜（音陷）魚凡諸魚欲產䱜魚輒以頭衝其腹世謂䱜魚之生母又臨海水土異物志鹿魚頭上有兩角如鹿又云綫（閻蒸反）魚腹背有刺如三角菱又神異經黄公魚長七八尺狀如鱧魚以烏梅二七煑之即熟食之無鯁

魚種

南海諸郡人至八九月於池塘間采魚子著草上懸於竈煙上至二月春雷發時却收草浸于池塘間旬日内如蝦蟆子狀鬻于市號魚種育池塘間一年内可供口腹也愚按陶朱公養魚經曰朱公謂威王治生之法有五水畜第一水畜魚也又排林園有羊羔生于土中然其臍與地連割之則死惟人著甲走馬擊鼓駭之其羔驚鳴而臍絶便逐草矣博物志云取鱉投如棋池澤間經擣赤莧汁和令厚以茅包之六月中投於池内即成鱉也

水母

水母一名蚱一名石鏡南人治而食之云性熱偏療河魚疾也

蚊母扇

端新州有鳥類青鵻而嘴大常在池塘間捕魚而食每作一聲則有蚊子羣出其口按小雅曰顛鳥似烏而大廣志云蚊母此鳥吐出蚊也土人云其翅堪爲扇惟辟蚊子與陳藏器說同又云塞北有蚉母草嶺南蚉母木南越志云古度樹一呼那子南人號曰椎（丹亞反）不華而實實從木皮中出如綴珠璫其實大如櫻桃黄即可食過則實中化蛾飛出亦有爲蚊子者

鵝毛被

鵝毛被嶺之南有酋豪多熟鵝毛爲被如稻畦衲之其温軟不下綿絮也

紅蝦盃

紅蝦出潮州番州南邑縣大者長二尺土人多理爲盃王子年拾遺云大蝦長一尺鬚可爲簪洞冥記載

鬚杖兼名苑云廣州獻瑕頭盃簡文將盛酒無故自躍乃不復用愚又按毛詩義具大者有一尺六七寸今九真交趾以爲盃盤寳奇物也

鷄毛筆

番禺諸郡多以青羊毫爲筆韶州擇鷄毛爲筆亦有圓如錐方如鑿可抄寫細字者昔溪源有鴨毛筆以山鷄毛雀雉毛間之五色可愛筆有豐狐之毫（博子云溪）末虎僕之毛（博物志似豹毛可爲筆）蚼蛉鼠毛（廣志可以爲筆）鼠鬚（出州）猳獵羊毛（邛州按族毛）麝毛狸毛（鄭虔云狸毛筆）鹿毛馬毛羊鬚（陶隱居燒丹封鼎除用羊鬚筆）胎髮（鄭玄以本見髮爲筆鄭虔云遺余酉書用之）龍筋（遺記）爲之然未若兎毫

雞卵卜

邕州之南有善行術者取鷄卵墨畫祝而煑之剖爲二片以驗其黃然後決嫌疑定禍福言如響答據此乃古法也神仙傳曰大有病就茅君請福煑鷄子十枚以内帳中須臾茅君擲出中無黃者病多愈有黃者不愈常以此爲候愚又見卜者流雜書傳虎卜紫姑卜牛蹄卜灼骨卜鳥卜雞卜不法於蓍龜亦有可稱

者

鷄骨卜

南方逐除夜及將發船皆殺鷄擇骨爲卜傳古法也卜占卽以肉祠船神呼爲孟公孟姥其來尚矣按梁簡文船神記云船神名馮耳五行書云下船三拜三呼其名除百忌又呼爲孟公孟姥劉思眞云玄冥爲水官死爲水神冥孟聲相似又云孟公父名憒母名未孟姥父名板母云履或云冥父冥姥因玄冥也

象鼻炙

廣之屬城循州雷州皆產黑象牙小而紅土人捕之爭食其鼻云肥脆偏堪爲炙愚按象有十二肉陳藏器云惟鼻是其本肉諸卽雜肉梁翔法師云象一名伽那古訓云象孕子五歲始生

鷄毛脡

恩州出鷄毛脡乃鹽藏其味絶美其細如針郭義恭云小魚一斤千頭未之過也

桄榔炙

桄榔莖葉與波斯棗古散（古散堪爲拄杖）椰子檳榔小異其

米如莎樹皮釀木皮出麪可食洛陽伽藍記云昭儀寺有酒樹麪木得非桄榔乎其心爲炙滋腴極美

紅鹽

恩州有鹽場色如絳雪驗之即由煎時染成差可愛也鄭公虔云琴湖池桃花鹽色如桃花隨月盈縮在張掖西北按鹽有赤鹽紫鹽黑鹽青鹽黃鹽亦有如虎如印如斵如石如冰晶狀者

米䉽

廣州俗當米䉽合生熟粉爲之白薄而軟按劉孝威謝官賜交州米䉽四百屈詳其言屈豈今之數乎自前朝短書雜說有呼食爲頭晉元帝謝賜功德淨饌一頭又謝齋功德食一頭又劉孝威謝賜果食一頭以魚爲鮭梁科律生魚若干斗茗爲薄爲夾溫貢茗二百大薄又梁科律薄茗千夾云云筆爲雙爲床爲枝搜神記益州西神祠祈禱者持一雙筆南朝呼筆四管爲一床梁簡文帝答書云作筆床又云寫書筆一枝一萬字墨爲螺爲丸爲枚陸云以兄送墨二螺梁科律御墨一量十二九蔡質漢官儀曰尚書令僕丞郎月賜隃麋大墨一枚小墨一枚紙爲番錦爲兩王佐云錦二兩衣爲裁陸倕謝安賦王楚越衣二裁沈約有謝葛衫裁也袈裟爲緣簡文帝云蒙憑袈裟一緣奴爲頭簡文帝書言安城王餉胡子一頭麝爲子蛹爲䉽麝香如干子螺如千䉽齊建武四年事檳榔爲口胡桃爲子陸倕謝安成王賜檳榔一千口并胡桃二千子其事不可備論

睡菜

睡菜五六月生田塘中葉類茨菰根如藕梢土人採根爲鹽菹或云食之好睡郭子橫云五味草食之不使人睡亦名却睡草

水韭

水韭生於池塘中葉似韭得非龍爪韭乎字林云蘫音嚴水中野韭也又[illegible]音蜆字林似蒜生水中

蕹菜

蕹菜葉如柳三月生陳藏器云主解胡蔓草毒胡蔓即野葛也愚按廣之菜有蕺辛葉也東風味如酪香氣似馬蘭蕊音戢蜀人所謂蒩者葯音晶茇苗也莧之類無足奇者吳志孫皓時有蕢音蕢菜晉安帝義熙二年有若蕢菜生揚州國初建達國獻佛土菜泥婆國獻波稜菜

斑皮竹笋

湘源縣十二月食斑皮竹笋諸笋無以及之吳錄云馬援至荔浦見冬笋名曰苞笋博物志曰斑皮竹笋

女以涕揮竹竹盡斑也爾雅曰筍竹之萌說文曰筍竹胎詩疏義筍皆四月生巴竹筍生八月箖（音婘）竹筍冬夏生永嘉記含墮竹筍六月生愚按山海經竹生花其年便枯六十年一易根必結實而枯死實落土復生六年還成町也竹譜曰蒭必六十年復亦六年是也南中有以竹爲刀錯子者如少鈍復以漿水洗之如初廣州記云石林竹勁利削爲刀切截象皮如截草也愚聞貞元五年番禺有海戶犯鹽禁避罪羅浮山入至第十三嶺遇巨竹百丈萬竿竹圍二十一尺有三十九節節長二丈海戶因破之爲篾會罷寒歸逐遂挈而歸時有軍人獲一篾以爲奇貨後獻于刺史李復復命陸子羽圖而記之許氏說文有長節竹謂之筌（音鍾）得非羅浮山龍鍾之義乎

無核荔枝

南方果之美者有荔枝梧州火山者夏初先熟而味少劣其高潘者最佳五六月方熟有無核類雞卵大者其肪瑩白不減水晶性熱液甘乃奇實也

變柑

新州出變柑有苞大於升者且皮薄如洞庭之橘餘柑之所弗及傳云移植不百里形味俱變因以爲名亦如踰淮爲枳乃水土異也

橄欖子

八九月熟其大如棗廣志云有大如雞子者有野生者高不可梯但刻其根方數寸許入鹽於中一宿皆落矣今高涼有銀坑橄欖子細長味美於諸郡產者其價亦貴陳藏器云其木主鯢魚毒此木作檝撥著見魚皆浮出

山橘子

冬熟有大如土瓜者次如彈丸者皮薄下氣昔寧多有之

山胡桃

山胡桃皮厚底平狀如檳榔

白楊梅

楊梅葉如龍眼樹冬青一名朹（音求）潘州有白色者甜而絕大

偏核桃

占畢國出偏核桃形如半月狀波斯人取食之絶香
美

紅梅

嶺南之梅小於江左居人采之雜以朱槿花和鹽曝
之梅爲槿花所染其色可愛又有選大梅刻鏤瓶罐
結帶之類取棹汁漬之（棹木葉汁）亦甚甘脆

五色藤筌蹄

瓊州出五色藤合子書囊之類細於錦綺亦藤工之
妙手也新州作五色藤筌臺皆一時之精絶者梁之

孝儀謝太子五色藤筌蹄一枚云炎州采藤麗綺縟
縟得非筌臺與蹄語訛歟

香皮紙

羅州多箋香樹身如柜柳皮堪搗紙土人號爲香皮
紙

抱木屧

抱木產水中葉細如檜其身堅類柘惟根軟不勝刀
鋸今潮州新州多刳之爲屧

紅藤簟

瓊州出紅簟一呼爲笙或謂之籧篨亦謂之行唐其
色殷紅瑩而不斨

方竹杖

潘州產方竹體如削成勁挺堪爲杖亦不讓張騫筇
竹杖也其隔州亦出大者數丈又海晏（地名）出蘆堪爲
拄杖高潘州出千歲蕨柱杖之類具多更有疎節竹
（五六尺一節）僧道多以爲杖又按王最云滌州通竹直上
無節空心也

山花臙脂

山花叢生端州山崦間多有之其葉類藍其花似蓼
正月開花土人採含苞者賣之用爲臙脂粉或時染
帛其紅不下紅藍又鄭公虔云石榴花堪作臙脂

鶴子草

鶴子草蔓花也當夏開南人云是媚草甚神可比懷
于蔓芝采之曝乾以代面靨形如飛鶴狀翅羽嘴距
無不畢備亦草之奇者草蔓延春生雙蟲常食其葉
土人收於奩粉間飼之如養蠶諸蟲老不食而蛻爲
蝶女子佩之如細鳥皮號爲細蝶郭子橫記勒畢獻

細鳥以方尺玉籠盛數百形大如蠅狀如鸚鵡聲聞數百里間如黃鵠也國人以此爲候日沓亦曰候日蟲帝得之旬日飛盡明年有細鳥集於帷帟或襲人衣袖因名禪衣宮內嬪御有鳥集其衣者輙蒙愛幸至武帝末稍稍自死人服其皮者多爲丈夫所媚余訪花子事如高光宮翠月黃星靨其來尚矣然事有相類者見拾遺記孫和悅鄧夫人嘗置膝上和月下舞水晶如意誤傷夫人頰流血染袴和自舐瘡太醫曰獺髓雜玉及琥珀屑當滅痕和乃作膏琥珀太多

痕未滅而頰有赤點細視之更益其妍諸嬖要寵者以丹青點頰而後進幸一說上官昭容自製花子以掩黥處

越王竹

嚴州產越王竹根於石上狀若荻枝高尺餘土人用代酒籌次有沙筋產于海島間其心若骨可爲籌筯凡欲采者須輕步從之不爾聞人行聲則縮入沙中不可取陳藏器云越王餘算味醎生南海長尺許

無名花

廣州之南數百里有蔓草生吐一葉白花片大如掌初夏開徧間土人莫有知者

指甲花

花細白絕芳香今人重之末詳其名又耶悉弭花白茉莉花紅者不香皆波斯移植夏中如金錢花也本出外國大同二年始來中土又扶南傳曰頓遜國有區撥花藥逆花致祭花摩夷花唐初罽賓國獻俱佛頭蓋伽失不國獻泥樓鉢羅花皆中國所無者

相思子

相思子有蔓生者與龍腦相宜能令香不耗干寶搜

神記云大夫韓憑妻美宋康王奪之憑自殺妻自投臺下死王怒令冢相望宿昔有文梓木生二冢之端根交于下枝錯其上宋王哀之因號其木曰相思樹

睡蓮

睡蓮葉如荇而大沉於水面其花布葉數重凡五種色當夏晝開夜縮入水底晝復出也與夢草晝入地夜卽復出一何背哉

北里志序

自大中皇帝好儒術特重科第故其愛婿鄭詹事再掌春闈上往往微服長安中逢舉子則狎而與之語時以所聞質於內庭學士及都尉皆聳然莫知所自故進士自此尤盛曠古無儔然率多膏粱子弟平進歲不及三數人由是僕馬豪華宴游崇侈以同年俊少者爲兩街探花使鼓扇輕浮仍歲滋甚自歲初等第于甲乙春闈開送天官氏設春闈宴然後離居矣近年延至仲夏京中飲妓籍屬教坊凡朝士宴聚須

假諸曹署行牒然後能致于他處惟新進士設筵顧吏故便可行牒追其所贈之資則倍于常數諸妓居平康里舉子新及第進士三司幕府但未通朝籍未直館殿者咸可就詣如不恡所費則下車水陸備矣其中諸妓多能談吐頗有知書言話者自公卿以降皆以表德呼之其分別品流衡尺人物應對非次良不可及信可輟叔孫之朝致楊秉之惑比常聞蜀妓薛濤之才辯必謂人過言及覩北里二三子之徒則薛濤遠有慚德矣予頻隨計吏久寓京華時亦偷游其中固非興致所思物極則反疑不能久常欲紀述其事以爲他時談藪顧非暇豫亦竊俟其叨忝耳不謂泥蟠未伸俄逢喪亂鑾輿巡省崤函鯨鯢逋竄山林前志掃地盡矣靜思陳事追念無因而久罹驚危心力減耗向來聞見不復盡記聊以編次爲太平遺事云時中和甲辰歲孫棨序

孫棨唐翰林學士居長安中頗有介靜之名其撰北里志風韻爾雅雪蓑子青樓集崔令欽教坊記莫能逮也此志不與無補風教然天子狎游肯綮

平進粉黛之妖幾埒鄭衛萬乘西巡端由北里作志者其有憂患乎陳繼儒識

北里志目錄

北里志

海論三曲中事

唐　孫

平康里入北門東回三曲即諸妓所居之聚也妓中有錚錚者多在南曲中曲其循牆一曲卑屑妓所居頗爲二曲輕斥之其南曲中者門前通十字街初登館閣者多於此竊游焉二曲中居者皆堂宇寬靜各有三數廳事前後植花卉或有怪石盆池左右對設小堂垂簾茵榻帷幌之類稱是諸妓皆私有所指占廳事皆彩版以記諸帝后忌日妓之母多假母也俗呼爲爆炭不知其因應以難姑息之故也亦妓之衰退者爲之諸女自幼丐有或傭其下里貧家常有不調之徒潛爲漁獵亦有良家子爲其家聘之以轉求厚賂誤陷其中則無以自脫初教之歌令而責之其賦甚急微涉退怠則鞭朴備至皆冒假母姓呼以女弟女兄爲之行第率不在三旬之內諸母亦無夫其未甚衰者悉爲諸邸將輩主之或私蓄侍寢者亦不以夫禮待多有游惰者於三曲中而爲諸倡所豢養必號爲廟客不知何謂比見東洛諸妓體裁與諸州

飲妓固不侔矣然其羞匕筯之態勤參請之儀或未能去也北里之妓則公卿與舉子其自在一也朝士金章者始有參禮大京兆但能制其舁夫或可駐其去耳諸妓以出里艱難每南街保唐寺有講席多以月之八日相牽率聽焉皆納其假母一緡然後能出於里其於他處必因人而游或約人與同行則爲下婢而納資於假母故保唐寺每三八日士子極多蓋有期於諸妓也有一嫗號汴州人也盛有財貨亦育數妓多蓄衣服器用僦貸於三曲中亦有樂工聚居

其側或呼召之立至每飲率以三鍰繼燭即倍之

天水僊哥

天水僊哥字絳真住於南曲中善談謔能歌令常爲席糾寬猛得所其姿容亦常常但蘊藉不惡時賢雅尚之因鼓其聲價耳故右史鄭休範仁表嘗在席上贈詩曰嚴吹如何下太清玉肌無奈六銖輕雖知不是流霞酌願聽雷和瑟一聲劉覃登第年十六七永寧相國鄴之愛子自廣陵入舉輜重數十車名馬數十駟時同年鄭賓先輩稱之鄭賓本吳人或薦裴讚爲東床因爽名七相接素熱探守柤有詞學乾符四年裴公致其擢與贊同年四諸事覃以求維揚暮不愼廉隅很黎財利又薄其中饋竟爲時輩所棄斥極嗜欲於長安中天水之齒甚長於覃但聞衆譽天水亦不知其妍醜所由輩潛與天水詐議每令辭以他事重難其來覃則連增所購終無難色會他日天水實有所苦不赴召覃殊不知信增緡不已所由輩又利其所乞且不忠告而終不至時有戶部府吏李全者戶部府于也居其里中能制諸妓覃聞立使召之授以金花銀榼可二斤許全貪其重賂徑入曲追天水入兜輿中相與至宴所至則蓬頭垢面涕

泗交下褰簾一覩亟使舁回而所費已百餘金矣

楚兒

楚兒字潤娘素爲三曲之尤而辯慧往往有詩句可稱近以退暮爲萬年捕賊官郭鍛所納置於他所潤娘在娼中狂逸特甚及被拘縶未能悛心鍛主繁務又本居有正室至潤娘館甚稀每有舊識過其所居多於窗牖間相呼或使人詢訊或以巾箋送遺鍛乃親仁諸裔孫也爲人異常兇忍且毒每知必極笞辱潤娘雖甚痛憤已而殊不少革嘗一日自曲江與鍛

行前後相去十數步仝版使鄭光業（昌圖）時為補袞道與之遇楚兒遂出簾招之光業亦使人傳語戳知之因曳至中衢擊以馬箠其聲甚冤楚觀者如堵光業遙視之甚驚悔且慮其不任矣光業明日特取路過其居偵之則楚兒已在臨街牕下弄琵琶矣駐馬使人傳語已持彩箋送光業詩曰應是前生有宿冤不期今世惡因緣蛾眉欲碎巨靈掌雞肋難勝子路拳秪擬嚇人傳鐵券（汾陽王有鐵券免死罪今則無矣蓋恐嚇之詞）未應教我踏金蓮曲江昨日君相遇當下遺他數十鞭光業馬

北里志　六

上取箋答之曰大開眼界莫言冤畢世甘他也是緣無計不煩乾偃蹇有門須是疾連拳據論當道加嚴箠便合披緇念法蓮如此興情殊不減始知昨日是蒲鞭光業性疎縱且無畏憚不拘小節是以敢駐馬報復仍使送之聞者皆縮頸鍛累主兩赤邑捕賊故不逞之徒多所效命人皆憚焉

鄭舉舉

鄭舉舉者居曲中亦善令章嘗與絳真互為席糾而充博非貌者但負流品巧談諧亦為諸朝士所眷當

有名賢醵宴辟數妓舉舉者預焉令左諫王致君（調）右貂鄭禮臣（穀）夕拜孫文府（儲）小天趙為山（崇）皆在席時禮臣初入內庭矜誇不已致君已下倦不能對甚減歡情舉舉知之乃下籌指禮臣曰學士語太多翰林學士雖甚貴甚美亦在人耳至如李騭劉允承雍章亦嘗為之又豈能增其聲價耶致君已下皆躍起拜之喜不自勝致禮臣因引滿自飲更不復有言於是極歡至暮而罷致君已下各取彩繪遺舉孫龍光為狀元（名偓文府弟為狀元在數者五年）頗感之與同年侯彰臣

北里志　八

（潛）杜寧臣（彥殊）崔勛美（昭矩）趙延吉（光逢）盧文舉（擇）李茂勳（茂藹）等數人多在其舍他人或不盡預故同年盧嗣業訴醵罰錢致詩於狀元曰未識都知面頻輸復分錢苦心親筆硯得志助花鈿徒步求秋賦持盃給暮饘力微多謝病非不奉同年（嗣業簡辭之子少有詞藝無操守之譽與同年非舊知聞多稱力窮不遵醵罰故有此篇）曲內妓之頭角者為都知分管諸妓俾追召勻齊舉舉絳真皆都知也曲中常價一席四鐶見燭即倍新郎君更倍其數故云復分錢也今左史劉郊文崇及第年亦惑於舉舉同年宴而舉舉有疾不來其年酒糾多非舉舉遂令同年李深之邀為酒糾坐久覺狀元微哂良久乃吟一篇曰南行忽見李深之手舞如蠶不疑任爾風流兼蘊藉天生不似鄭都知

牙娘

牙娘居曲中亦流輩翹舉者性輕率惟以傷人肌膚為事故硤州夏侯表中（澤相國少子離辭科自此員刺硤州不到任）及第中甲科皆流品知聞者宴集尤盛而表中性猛不拘言語或因醉戲之為牙娘批頰傷其面頗甚翼日期集於師門同年多竊視之表中因為鞶曰昨日子女牙娘批破澤顯同年皆駭然裴公俛首而哂不能舉者久之（裴公贊舉坐主司）今小天趙為山每因宴席偏眷牙娘謂之郡君為山內子予從毋妹也甚明悟為山頗憚之或親姻中聞為山屬意牙娘遂以告其內子他日為山自外歸內子謂為山曰今日顏色甚似惕定應是見郡君也為山愕然久之無言以答亦終不敢詰其言之所來

顏令賓

顏令賓居南曲中舉止風流好尚甚雅亦頗為時賢所厚事筆硯有詞句見舉人盡禮祇奉多乞歌詩以為留贈五彩箋常滿箱篋後疾病且甚值春暮景色晴和命侍女扶坐於砌前顧落花而長歎數四因索筆題詩云氣餘三五喘花剩兩三枝話別一樽酒相邀無後期因教小童曰為我持此出宣陽親仁已來逢見新第郎君及舉人即呈之云曲中顏家娘子將來扶病奉候郎君因令其家設酒果以待逡巡至者數人遂張樂歡飲至暮涕泗交下曰我不久矣幸各制哀挽以送我初其家必謂求賻送於諸客甚喜及聞其言頗慊之及卒將瘗之日得書數篇其母拆視之皆哀挽詞也母怒擲之於街中曰此豈救我朝夕也其鄰有喜羌劉駝駝聰爽能為曲子詞或云嘗私於令賓因取哀詞數篇教挽柩前同唱之聲甚悽愴是日瘗於青門外或有措大逢之他日召駝駝使唱駝駝尚記其四章一曰昨日尋仙子轜車忽在門人生須到此天道竟難論客至皆連袂誰來為鼓盆不堪襟袖上猶印舊眉痕二曰殘春扶病飲此夕最堪傷夢幻一朝畢風花幾日狂孤鸞徒照鏡獨燕懶歸梁厚意那能展含酸奠一觴三曰浪意何堪念多情亦可悲駿奔皆露膽麋至盡齊眉花墜有開日月沉無出期寧言掩丘後宿草便離離四曰奄忽那如

此夭桃色正春捧心還動我撚面復何人岱岳誰爲
道逝川寧問津臨喪應有主宋玉在西鄰自是盛傳
於長安挽者多唱之或詢驢驪曰宋玉在西莫是你
否驢驪哂曰大有宋玉在諸子皆知私於樂工及鄰
里之人矯以爲恥遞相掩覆絳眞因與諸子爭全相
誚失言云莫倚居突肆既而甚有恨色後有與絳眞
暇諸子昵熟者勤問之終不言也

楊妙兒

楊妙兒者居前曲從東第四五家本亦爲名輩後老

退爲假母居第最寬潔賓甚會集長妓曰萊兒字蓬
仙貌不甚揚齒不卑矣但利口巧言詼諧臻妙陳設
居止處如好事士流之家由是見者多惑之進士天
水光遠故山北之子年甚富與萊兒殊相懸而一見溺
之終不能捨萊兒亦以光遠聰悟俊少尤諂附之又
以俱善章程愈相知愛天水未應舉時已相昵狎矣
及應舉自以俊才期於一戰而取萊兒亦謂之萬全
是歲冬大誇於賓客指光遠爲一鳴先輩及光遠下
第京師小子弟自南院徑取道詰萊兒以快之萊無
深蓋飾立於門前以候榜小子弟輩馬上念詩以謔
之曰盡道萊兒口可憑一冬誇婿好聲名適來安遠
門前見光遠何啻解一鳴萊兒尚未信應聲朝答曰
黃口小兒口沒憑遂怒看取第三名孝廉持水添瓶
乎莫向街頭亂椀鳴其敏捷皆此類也是春萊兒毷
氉久不登於光遠京師以宴下第者謂之打毷氉光遠嘗以長句詩
題萊兒室曰魚鑰獸環斜掩門萋萋芳草憶王孫醉
憑青瑣窺韓壽困擲金梭惱謝鯤不夜珠光連玉匣
辟寒釵影落瑤樽欲知明惠多情態役盡江淹別後

魂萊兒酬之曰長者車塵每到門長卿非慕卓王孫
定知羽翼難隨鳳卻喜波濤未化鯤嬌別翠鈿粘去
袂醉歌金雀碎殘樽多情多病年應促早辦名香爲
返魂萊兒亂離前有闔闢豪家以金帛聘之置於他
所入頗思之不得復覩萊兒以敏妙誘引賓客倍於
諸妓榷利甚厚而假母楊氏未嘗優恤萊兒因大詬
假母拂衣而去後假母嘗泣訴於他賓次妓曰永兒
字齊卿婉約於萊兒無他能今相國蕭司徒遘甚眷
之在翰苑時每知聞聞爲之致宴必約定名占之次

妓曰迎兒既乏丰姿又拙戲謔多勁詞以忤賓客次
妓曰桂兒最少亦窘於貌但慕萊兒之為人雅於逢
迎

王團兒

王團兒前曲自西第一家也(己卯年駕反正前官多居此)己為假母
有女數人長曰小潤字子美少時頗籍籍者小天崔
垂休(名徹本字似之及第時年二十)變化年溺惑之所費甚廣嘗題
記於小潤髀上為山所見(名就今字袞求近日小來事諳嘗)贈詩曰
慈恩塔下親泥壁滑膩光華玉不如何事博陵崔四

十金陵腿上逞歐書(垂休本第四十後改為四十三郎崔四十崔相也)次曰
福娘字宜之甚明白豐約合度談論風雅且有體裁
故天官崔知之侍郎嘗於筵上與詩曰(名澹贈詩方在內庭)怪
得清風送異香娉婷僊子曳霓裳惟應錯認偷桃客
曼倩曾為漢侍郎(時為內庭戶部侍郎)次曰小福字能之雖乏
風姿亦甚慧黠予在京師與羣從少年習業或倦悶
時同詣此處與二福環坐清談雅飲尤見風態予嘗
贈宜之詩曰彩翠僊衣紅玉膚輕盈年在破瓜初霞
盃醉勸劉郎飲雲髻慵邀阿母梳不怕寒侵緣帶寶

每憂風舉倩持裾謾圖西子晨粧樣西子元來未得
如得詩甚多頗以此詩為稱愜持詩於窗左紅牆請
予題之及題畢以未滿壁請更作一兩篇且見戒無
豔予因題三絕句如其自述其一曰移壁回窗費幾
朝指環偷解薄蘭椒無端鬬草輸鄰女更被拈將玉
步搖其二曰寒繡紅衣餉阿嬌新團香獸不禁燒東
鄰起樣裙腰闊刺蹙黃金線幾條其三曰試共卿卿
戲語巖畫堂連遣侍兒呼寒肌不奈金如意白獺為
膏郎有無尚校數行未滿翼日詰之怨兒自札後宜

之題詩曰苦把文章邀勸人吟看好個語言新雖然
不及相如賦也直黃金一二斤宜之每宴洽之際常
慘然悲鬱如不勝任合坐為之改容久而不已靜詢
之答曰此蹤跡安可迷而不返耶又何計以返每思
之不能不悲也遂嗚咽久之他日忽以紅牋授予泣
且拜視之詩曰日日悲傷未有圖懶將心事話凡夫
非同覆水應收得只問僊郎有意無余因謝之曰甚
知幽旨但非舉子所宜何如又泣曰某幸未係教坊
籍君子倘有意一二百金之費爾未及答因授予箋

請和其詩予題其箋後曰韶妙如何有遠圖未能相
爲信非夫泥中蓮子雖無染移入家園未得無覽之
因泣不復言自是情意頓薄其夏予東之洛或醵飲
於家酒酣數相囑曰此歡不知可繼否因泣下洎冬
初還京果爲豪者主之不復可見曲中諸子多爲富家書日輸一緡於
母謂之買斷但未免官使不復祗接於客至春上巳日因與親知禊於曲
水聞鄰棚絲竹因而視之西座一紫衣東座一緋麻
北座者徧通反胛麻衣對米盂爲糾其南二妓乃宜
之與母也因於棚後候其女傭以詢之曰宣陽綵纈

鋪張言爲街使郎官置宴張郎宜之所主也時街使
令坤爲敬瑄二縷盔在外縣耳及下棚復見女傭曰
來日可到曲中否詰旦詣其里見能之在門因邀下
馬予辭以他事立乘與語能之團紅巾擲予曰宜之
詩也舒而題詩曰久賦恩情欲託身已將心事再三
陳泥蓮既沒移栽分今日分離莫恨人予覽之悵然
驅回且不復及其門每念是人之慧性可喜也常語
予本解梁人也家與一樂工鄰少小常依其家學針
線誦歌詩總角爲人所誤聘一過客云入京赴調選

及第至京置之於是客紿而去初是家以親情接待
甚至累月後乃逼令學歌令漸遣見賓客尋爲計巡
遼所嬖韋宙相國子及衛增常侍子所娶輸此家不
啻千金矣間者亦有兄弟相尋便欲論奪某量其兄
力輕勢弱不可奪無奈何謂之曰某亦失身矣必恐
徒爲因尤其家得數百金與兄乃慟哭永訣而去每
遇賓客話及此嗚咽久之

俞洛眞

俞洛眞有風貌且辯慧頃曾出曲中值故左揆于公

貴主許納別室于公琮尚廣德公主宣宗女也曲有
貴淑之譽從子貌胄其季父之子若孫于公柄國時頗用
事曾貶振州司戶後改名應舉左揆爲力甚切竟不
得後投跡今左廣令孜門因中第遂佐十軍先通洛
眞而納之月餘不能事諸媵之間彰其迹以告貴主
主即出之亦獲數百金遂嫁一胥吏未朞年而所有
索盡吏不能給遂復入曲攜胥一女亦常時絕色洛
眞雖有風情而淫冶任酒殊無雅裁亦時爲席糾頗
善章程鄭右史仁表常與詩曰巧製新章拍指新金罍

遐衆助精神時時欲得橫波盼又怕回籌錯指人難
亂前兩日與進士李文遠（渭源之弟今改名齡）其年
初舉乘醉同詣之文遠一見不勝愛慕時日已抵晚
新月初升因戲文遠題詩曰引君來訪洞中仙新月
如眉拂戶前領取嫦娥攀取桂便從陵谷一時遷予
題於楣間訖先同聞兩日文遠因同詣南院文遠言
前者醉中題姓字於所詣非宜也回將撤去之及安
上門有自所居追予者曰潼關失守矣文遠不肯中
返覓至南院及回因不暇前約[illegible]而歸及覩往之
里巳奔馬紛紜矣因倉皇而回遂乃奔竄因與文遠
思所題詩眞讖詞也

王蘇蘇

王蘇蘇在南曲中屋室寬博卮饌有序女昆仲數人
亦頗善諧謔有進士李標者自言李英公勣之後久
在大諫王致君門下致君弟姪因與同詣焉飲次標
題窗曰春暮花株遶戶飛王孫尋勝引塵衣洞中仙
子多情態留住劉郎不放歸蘇蘇先未識不甘其題
因謂之曰阿誰留郎君莫亂道遂取筆繼之曰怪得

犬驚雞亂飛羸童瘦馬老麻衣阿誰亂引閑人到留
住青蚨熱趕歸標性褊頭面通赤命駕先歸從蘇蘇
見王家郎君輒詢熱趕郎在否

王蓮蓮

王蓮蓮字沼容微有風貌女弟小僊已下數輩皆不
及但假母有郭氏之癖假父無王衍之嫌諸妓皆攫
金特甚詣其門者或酬酢稍不至多被盡留車服賃
衞而返曲中惟此家假父頗有頭角蓋無圖者矣

劉泰娘

劉泰娘北曲內小家女也彼曲素無高遠者人不知
之亂離之春忽於慈恩寺前見曲中諸妓同赴曲江
宴至寺側下車而行年齒甚妙粗有容色時遊者甚
衆爭往詰之以居非其所久乃低眉及細詢之云門
前一樗樹子尋遇暮雨諸妓分散其暮予有事北去
因過其門恰遇犢車返矣遂題其舍曰尋常凡木最
輕樗今日尋樗桂不如漢高新破咸陽後英俊奔波
遂吠虛同遊人聞知詰朝詣之者結駟於門也

張住住

張住住者南曲所居卑陋有二女兄不振是以門甚寂寞爲小鋪席貨草剉薑果之類住住其母之腹女也少而敏慧能辨音律鄰有龐佛奴與之同歲亦聰警甚相悅慕年六七歲隨師於衆學中歸則轉教住住私有結髮之契及住住將笄其家拘管甚切佛奴稀得見之又力窘不能致聘俄而里之南有陳小鳳者欲權聘住住蓋求其元已納薄幣約其歲三月五日及月初音耗不通兩相疑恨佛奴因寒食爭毬故逼其膽以伺之忽聞住住曰徐州子看看日中也佛

奴龐勛同姓偏書徐邸因私呼佛奴爲徐州子日中蓋五日也佛奴甚喜因求住住住云上巳日我家踏青去我當以疾辭彼即自爲計也佛奴因求其鄰宋嫗爲之地嫗諾之是日舉家踏青去而嫗獨畱住住亦畱住乃鍵其門伺於東牆聞佛奴語聲遂梯而過佛奴盛備酒饌亦延宋嫗因爲讌寢所以遂平生既而謂佛奴曰子既不能見聘今且後時矣隨子而奔兩非其便千秋之誓可徐圖之五日之言其何如也佛奴曰此我不能也但願保之他日住住又召小鳳

亦非娶我也其言可知也我不負子矣而子其可便負我家而辱之乎子必爲我之計佛奴許之曲中素有畜鬭雞者佛奴常與之狎至五日因髡其冠取丹物託宋嫗致于住住既而小鳳以爲獲元甚喜又獻三緡于張氏遂往來不絕復貪住住之明慧因欲嘉禮納之時小鳳爲平康富家車服甚盛佛奴傭於徐邸不能給食母兄喻之鄰里議之住住終不捨佛奴指堦井曰若逼我不已骨董一聲即了矣平康里中素多輕薄小兒遇事輒唱住住誑小鳳也鄰里或知

之俄而復值北曲王團兒假女小福爲鄭九郎主之而私於曲中盛六子者及誕一子衆爲撫之甚厚曲中唱曰張公喫酒李公顛盛六生兒鄭九憐舍下雛雞傷一德南頭小鳳納三千久之小鳳因訪住住微聞其唱疑而未察其與住住昵者詰且告以街中之辭曰是日前佛奴雄雞因避鬬飛上屋傷足前曲小鐵鑪田小福者賣馬街頭遇佛奴父以爲小福所傷遂毆之住住素有口辯因撫掌曰是何麗漢打他賣馬街頭田小福街頭唱舍下雄雞失一足街頭小福

拉三拳且雄雞失足是何謂也小鳳既不啻且不覺
遂無以對住住因大咍遞呼家人隨弄小鳳甚不人
足住住因呼宋媼使以前言告佛奴奴視雞足且良
遂以生絲纏其雞足置街中召群小兒共變其唱住
住之言小鳳復以住住家婁弄不已遂出街中以避
之及見雞跛又聞改唱深恨向來悞聽乃益市酒肉
復之張舍一夕宴語甚歡至旦將歸街中又唱曰莫
將龐大作荘（音䰍）團龐大皮中的不乾不怕鳳凰當額
打更將雞腳用筋纏小鳳聞此唱不復詣住住佛奴

初傭徐邸邸將甚憐之爲致職名竟裨邸將終以禮
聘住住將連大第而小鳳家事日蹙復不侔矣

附録

胡證尚書

胡證尚書質狀魁偉膂力絕人與裴晉公度同年公
甞狎遊爲兩軍力士十許輩淩轢勢甚危窘公潛遣
一介求救於胡胡衣皂貂金帶突門而入諸力士睨
之失色胡後到飲酒一舉三鍾不啻數升杯盤無餘
瀝逡巡主人上燈胡起取鐵燈臺摘去枝葉而合其

跗横置膝上謂衆人曰鄙夫請非次改令凡三鍾引
滿一遍三臺酒須盡仍不得有滴瀝犯令者一鐵蹻
（自謂燈臺）胡復一舉三鍾次及一角觥者凡三臺三遍酒
未能盡淋漓逮至並坐胡舉蹻將擊之群惡皆起設
拜叩頭乞命呼爲神人胡曰鼠輩敢爾乞汝殘命叱
之令去

裴思謙狀元

裴思謙狀元及第後作紅箋名紙十數詣平康里因
宿於里中詰旦賦詩曰銀釭斜背解鳴璫小語低聲

賀玉郎從此不知蘭麝貴夜來新惹桂枝香

鄭光業補袞

鄭光業新及第年宴次有子女卒患心痛而死同年
皆惶駭光業撤筵中器物悉授其母別徵酒器盡歡
而散

楊汝士尚書

楊汝士尚書鎮東川其子知溫及第汝士開家宴相
賀營妓咸集汝士命人與紅綾一匹詩曰郎君得意
及青春蜀國將軍又不貧一曲高歌紅一匹兩頭娥

予謝夫人

鄭合敬先輩

鄭合敬先輩及第後宿平康里詩曰春來無處不閑行楚潤相看別有情好是五更殘酒醒時時聞喚狀元聲　楚娘字潤卿妓之尤者

余頃年往長安中鮮居僑寓頗有介靜之名然惚率交友未嘗辭避故勝遊狎宴常亦預之朝中知巳謂余能立於顏生子祈生之間矣余不逢聲律且無躭惑而不免俗以其道也然亦懲其事思有以革其弊嘗聞大中以前北里頗爲不測之地故王金吾式令狐博士滈皆目擊其事幾罹毒手實昭著本末垂戒後來且又焉知當今無之但不值訛金吾曲臺之泄耳　王金吾故山南相國起之子少狂逸曾昵行此曲遇有醉而後至者遂避之床下俄頃又有後至者仗劍而來以醉者爲金吾也因梟其首而擲之曰來日更何殿入朝耶遂據其牀金吾獲免遂不入此曲其首家人收瘞之　令狐博士滈相君當權日尚爲貢士多往此曲有昵熟之地往訪之一旦忽告以親戚聚會乞輟一日遂去之滈於鄰舍密窺見母與女共殺一醉人而瘞之室後來日復再詣之宿中夜問女女驚而扼其喉急呼其母將共斃之母勸而止及旦歸告大京尹捕之其家已失所在矣以博文事不可不具載於明文耳　頃年舉子皆不及此里惟新郎君恣遊於一春近不知誰何啓迪嗚呼有危梁峻谷之處則回車返策者衆矣何危禍之惑甚於彼而不能戒於人哉則鼓洪波遵覆轍者甚於作俑乎後之人可以作規者當力制乎其所志是不獨爲風流之談亦可垂誡勸之旨也遊才慧所以痛其辱重廉也述誤陷所以警其輕體也叙宜之所以憐拯已之惠也叙洛眞所以誠上姓之容易也舉令賓所以念蚩蚩者有輕才之高見也舉住住所以嘉碌碌者有重諾之明心也引執金吾與曲臺所以裨將來爲危梁峻谷之處也可不戒之哉

吳船録

宋　范成大

石湖居士以淳熙丁酉歲五月二十九日戊辰離成都泊舟合江亭下合江者乃岷山江别派自永康流入成都又彭蜀諸郡水皆合於此以下新津綠野平林煙水清遠極似江南風景亭之上曰芳華樓前後植梅甚多蜀人入吳者皆自此登舟其左則萬里橋諸葛孔明送費禕使吳曰萬里之行始於此後人因以名橋杜子美詩曰門泊東吳萬里船正為吳人設

余在郡時每出東都過此橋輒為慨然六月己巳朔發家屬舟下眉州彭山縣泊單騎轉城過東北門又轉而西自侍郎堤西走岷山道中五十里至郫觀者塞途嚴粧盛飾帟幕相望蓋自來無制帥行此路者庚午至永康軍崇德廟在軍城西門外秦太守李陽氷父子廟食處也辛未登城西樓其下岷江對江即岷山最近者曰青城其尤大者曰大面山大面之後皆西戎山矣西門名玉壘關將至青城當再渡繩橋每橋長百二十丈分為五架橋之廣十二繩相綴排連上布竹笆攢立大木數十於江沙中輦石固其根每數木作一架掛橋於半空大風過之掀舉幡幡然大畧如漁人曬網染家涼彩帛之狀又須捨輿疾步稍從容則震掉不可行望者亡失色郡人云稍迂數里有白石渡可以船濟然極湍險也晚至青城山曰寶仙九室洞天夜宿丈人觀觀在丈人峯下巑岏如屏觀之臺殿築於巖腹丈人峯自唐以來號五岳丈人儲福定命真君傳記畧云真君姓甯名封與黃帝同時帝從之問龍蹻飛行之道本朝賜名會慶建福

宮癸酉自丈人觀西登山五里至上清宮宮在最高峯之巔以板閣插石作堂殿下視丈人峯如培塿耳岷山數百峯悉在闌檻之下如翠浪起伏勢皆東傾一軒對大面山更上六十里有夷坦道曰芙蓉坪道人於彼種芎非留旬日不可登且涉入夷界雖羽衣輩亦罕到此雪山三峯爛銀珠玉闖出大面後雪山在西域去此不知幾萬里而了然可見則其峻極可知上清之游真天下偉觀哉夜有燈出此山以千百數謂之聖燈聖燈所至多有說者不能決或云古人

所藏丹藥之光或草木之靈者亦有光或有謂神龍山鬼所作其深信者則以為先聖之所設化也甲戌下五里復至丈人觀二十里早頓長生觀范長生得道處也乙亥十五里發青城縣內子二十里早頓閑家莊十里至蜀州郡圃內西湖極廣蘆花正盛呼湖船泛之繫纜修竹古木間景物甚野為西州勝處湖中多小菱可食蜀無菱至此始見之丁丑三十里早頓江源縣四十里宿新津縣成都及此郡送客畢會邑中借居僦舍皆滿市人以為盛成都萬里橋下之

吳船錄　八

江與岷正派流于此戊寅為送客住一日飯罷發遣令各歸留者尚十五六己卯以小舟至彭山與挈累船會即解維午後至眉州城外江即玻瓈江也冬時水色如此方夏潦怒濤漲皆黃流耳辛巳招送客燕於舟館與叙別壬午發眉州六十里午後至中巖號西川林泉最佳處相傳為第五羅漢諾矩那道場又為老慈姥龍所居凡五里至慈姥巖巖前即寺也甲申早出山至嘉定日未晡自眉至嘉百二十里中巖其半塗也乙酉泊嘉州壬寅食後發嘉州僅行二十里至王波渡宿蜀中稱尊老者為波祖及外祖皆曰波又曰有所謂天波日波月波雷波者皆尊之之稱此王波蓋王老或王翁也宋景文嘗辨之謂當作皤字魯直貶涪州別駕自號涪皤或從其俗云癸卯發王波渡四十里至羅漢鎮百里至犍為縣過縣三十里至下壩宿甲辰發下壩百里至宣化縣百二十里至叙州纔亭午叙古戎州也山谷嘗謫叙居小寺中號大死菴後人遂作祠堂乙巳發叙州十五里廣南江來合大江通百二十里至南溪縣四十里至江安

吳船錄

縣百二十里至瀘州方申時近城有渡瀘亭不知諸亮孔明的從何處渡或云叙正對馬湖江馬湖入諸夷路也當自此渡戊申發瀘州百二十里至合江縣己酉發合江二百四十里至恭州江津縣二十里過漁洞宿泥培村庚戌發泥培村六十里至恭州自此入峽路大抵西川至東川風土已不同至峽益陋矣辛亥發恭州嘉陵江自利閬果合等州來合大江百四十里至樂溫縣蒲氏墨得出此縣太部者久矣其族猶賣墨不復能佳亦以價日賤故也七十里至涪

州排亭之前波濤大洶滹如屋不可捎船過州入黔
江泊此水自黔來合大江江怒濤水色黃濁黔江乃
清冷如玻璃其下悉是石底自成都登舟至此始見
清江涪雖不與蕃部雜居舊亦夷俗號爲四種人者
謂華人巴人及廩君與盤瓠之種也壬子發涪州百
二十里至豐都縣數十里至竹平宿癸丑發竹平七
十里至忠州百十里至萬州宿甲寅發萬州六十里
至開江口水自開建來合大江四十里至下巖四十
里至雲安軍又十餘里風作水湧泊舟宿乙卯行百

四十里至夔州余前年入蜀以重午至夔魚復方漲
八陣在水中今來水更過六十四蕝不復得見頗有
遺恨峽江水性大惡飲輒生癭婦人尤不能免前過
此時婢子輩汲江而飲數日後發熱一再宿項壓腫
起千餘人悉然至西川月餘方漸消散丙午泊夔州
早遣視瞿塘水僅能沒灩澦之頂盤渦撒出其上謂
之灩澦撒髮人云水勢如馬尚不可下況撒髮邪是
夜水忽驟漲渰及排亭及明走視灩澦則已在五丈
已下或可以僥倖入峽雨夔人尤難之丁巳水復漲

遂決解維十五里至瞿塘口水平如席獨灩澦之頂
猶渦文纔濟舟拂其上以過搖櫓者皆汗手死心面
無人色蓋天下至險之地行路極危之時旁觀者莫
不神驚余在舟中一切付之自然不暇他問據胡床
坐招頭處任其蕩漾每一舟入峽數里後舟髮方續
水勢急怒恐猝相遇不可解折也帥司遣卒執一旗
次第立山下上一舟平安則簸旗以招後舟舊圖經
云灩澦大如樸瞿塘不可觸灩澦大如馬瞿塘不可
下此俗傳灩澦大如象瞿塘不可上蓋非是也後人

立石辨之甚詳峽中兩岸高巖峻壁斧鑿之痕皴皴
然而黑石灘最號險惡兩山東江驟起水勢不能平
余來水勢適平俗所謂恭槽者又水大漲渰沒草木
謂之青草齊則諸灘之上水寬少浪可以犯之余之
來此未能盡沒草木但多草根齊亦不可涉然犯難
而行不可回首也十五里至大溪口水稍淵亦差遠
夔峽之險納矣七十里至巫山縣宿縣人云昨日水
大漲灩澦恰在船底故可下夔峽巫峽則不然都須
水退十丈乃可是夕水驟退數丈同行者皆有喜色

戊午乘水退下巫峽灘瀧稠險濆淖洄洑其危又過
夔峽三十五里至神女廟廟前灘尤洶怒十二峯俱
在北岸前後映帶不能足其數十二峯皆有名不甚
切事不足錄所謂陽臺高唐觀在來鶴峯上亦未必
是神女之事據宋玉賦本以諷襄王後世不察一切
以兒女子褻之今廟中石刻引庸城記瑤姬西王母
之女稱云華夫人助禹令鬼神斬石疏波有功見紀
今封妙用真人廟額曰凝真觀廟前有馴鴉客舟將
來則迓於數里外舟過亦送數里土人謂之神鴉二

十里至東奔灘高浪大渦巨艑掀舞不當一稿葉或
爲渦所使如磨之旋三老挽招竿叫呼力爭以出渦
二十里過巴東縣九十里至歸州未至州數里曰吒
灘其險又過東奔連接新城下大灘曰人鮓甕已未
泊歸州八月戊辰朔發歸州五里至白狗灘三十里
至新灘此灘名家三峽八十里至黃牛峽上有沼川
廟黃牛之神也亦云助禹疏川者廟背大峯峻壁壁
有黃跡如牛上一黑跡如人牵之云此其神也順而
下流黃牛峽盡則爲扇子峽過此盡峽中灘矣三十

里得南岸則盡平地曰平善壩舟出峽至是人皆相
慶如更生舟師篙工皆有犒賜己巳發平善壩三十
里至峽州登至喜亭亭弊甚不稱醉翁之記百四十
里至楊木寨宿庚午發楊木寨八十里至江陵之枝
江縣四十里至松滋縣二百一十里至荊州南之沙
頭乙亥移舟出大江宿江瀆廟前丙子發江瀆廟七
十里至公安縣百二十五里至石首縣丁丑發石首
百七十里至魯家洑自此至鄂渚有兩塗一路遵大
江過岳陽及臨湘嘉魚二縣經岳陽通洞庭波浪連

天有風即不可行故客舟多避之一路自魯家洑入
純純者江旁支流如海之神祁其廣僅通舟不畏風
浪兩岸皆多蘆荻時時有人家但支港通諸小湖故
爲盜區自魯家洑避大江入純月明行三十里宿戊
寅己卯皆行純中庚辰行過所謂百里荒者皆湖濼
茭蘆不復有人迹巨盜之所出沒也壬午行不止辰
出大江午至鄂渚泊鸚鵡洲前己丑解維小泊漢口
午後風息通行百八十里至三江口宿三江口之名
所在皆有凡水參會處皆稱之庚寅發三江口辰時

抵赤壁泊黃州臨臯亭下辛巳發黃州四十里過巴州河通行二百三十里至桐木溝宿壬辰發桐木溝八十里至馬頭宿癸巳發馬頭百二十五里至江州泊琵琶亭前戊戌發江州回望廬山漸東過湖口望大孤如道士冠立碧波萬頃中亦奇觀也九十里至交石夾宿己亥發交石夾東望孤山如艾炷澎浪磯在其南風起浪作食頃通行八十里宿庚子風未止强移舟數里至馬當對岸小港中泊辛丑風少緩移舟五六里至波斯夾中泊癸卯發波斯夾行幾三百

里至長風沙下口宿甲辰發長風沙百里午至池州十數里風作泊清溪口戊申發清溪宿長沙己酉發長沙入夾行晚泊太平州辛亥發太平州壬子至建康府泊賞心亭下丙辰發建康丁巳泊長蘆襆被宿寺中此爲達磨一葦浮渡處戊午至瓜州己未至鎮江府壬戌買小舟發鎮江久去江浙奔走川廣乍入舴艋蕭然有漁釣舊想不知其身之自天來歸也甲子至常州丙寅發常州平江親戚故舊來相迎逆者陸續于道恍如隔世焉冬十一月丁卯朔雨中行不

往戊辰未至滸墅十里泊己巳入盤門

驂鸞錄

宋　范成大

石湖居士以乾道壬辰十二月七日發吳郡帥廣西泊舟姑蘇館十七日至湖州十九日遊卞山石林乘輕舟十里餘登籃輿小憩牛氏歲寒堂自此入山松桂深茂幽絶無塵事過大嶺乃至石林則棟宇傾頹兩廊盡拆去成茱畦矣正堂無恙亦有舊牀榻在凝塵中堂正面十山高峰層巒空翠照衣袂略似上天竺白雲堂所見而加雄尊自堂西過二小亭佳石錯

立道周至西巖石益奇而多有小堂曰承詔葉公自玉堂歸守先壟經始之初期有此堂後以天官召還受命於此因以爲志焉其旁登高有羅漢巖石狀佹詭皆嶔空裝綴巧過鐫劖自西巖回步至東巖石之高壯礌砢又過西巖小亭亦頹矣葉公好石力剔山骨森然發露若林而開徑於石間亦有自他所移徙置道旁以補缺空者方公著書譯經於堂上四方學士聞風仰之如璇璣景星諸石林所在又如仙都道山欲至不可得蓋榜未幾而其家不能守委而棄之灌莽叢薄間遊子相與徘徊歎息不能去或謂此地離人太遠岑蔚荒虛非大官部曲衆多者難久處又云公沒後山鬼搶攘暮夜與人錯行婦子不能安室故諸郎去之云出石林飯旌善寺葉氏墳祠也霅川有兩玲瓏山石林爲大玲瓏又有小玲瓏在長興縣界路口聞其山尤勝小玲瓏今屬沈氏沈氏之父死二子幼芳檢挾於官此山石色微黃而更奇古一丘在空中洞穴十數皆旁相通貫故名玲瓏泉聲瀉壞嶝中窈如深谷堂前小池石如馬他隤其中池後山

屏上洗出之石疊積嵌巖巧怪萬狀缺罅清泉渟泓藂桂覆其上亭館既無人居亦漸荒廢霅川特無好事者能捐厚貲買之沈氏雖不得佃亦足以豪矣杜牧之所遊玲瓏即石林是也小玲瓏晚出而加勝由沈家步登舟回至城下一鼓後矣二十一日宿德清縣泊舟在顧亭孔愉放龜處也庭前兩大枯木可千年而挺立不朽德清古之餘不地今孔侯墓廟在焉廟居墓前與其夫人像皆盤膝坐二十三日宿餘杭縣苕溪館二十八日宿富陽縣三十日發富陽雪滿

千山江色沉碧夜小霽風急寒甚披使虜時所作綿袍戴氊帽坐船頭縱觀不勝淸絶剡溪夜泛景物未必過此晚宿嚴州桐廬縣癸巳歲正月一日巳午間至釣臺率家人子登臺謁元正禮謁三先生祠登絶頂掃雪平石上諸山縞然凍雲不開境過淸矣臧獲亦貪殊景皆忍寒犯滑來登始予自紹興己卯歲以新安戶曹沿檄來始識釣臺題詩壁間後十年以括蒼假守被召復至自和二篇及今又四年蓋三過焉復自和三篇薄宦區區如此豈惟愧羊裘公見篙師

灘子衝顏亦厚二日至嚴州泊定川館七日至蘭溪泊澄江館九日至婺州泊金華驛十二日宿龍遊縣龍丘驛十三日至衢州十八日過常山縣十九日宿信州玉山縣玉川驛二十五日過弋陽縣二十六日過貴溪縣二十七日過饒州安仁縣二十八日至餘干縣閏月一日宿鄔子口鄔子者鄱陽湖尾也名爲盜區非便風張帆及有船伴不可過四日至隆興府泊南浦亭五日登滕王閣其故址甚侈今但於城上作大堂耳十一日過豐城縣十二日宿臨江軍十六日宿新喻縣十七日宿分宜縣十八日至袁州閒仰山之勝久矣去城雖遠特往遊之二十五里先至孚惠廟廟祠兄弟二王不血食其神龍也舊傳二龍昔居仰山中以其地施仰山祖師遷居于此廟有陽氏神稱吳時加封司徒竹冊尚存又稱保太元年余向居鄉得吳江村寺石幢所記亦以保大紀年蓋錢氏有浙時或嘗用楊氏正朔此二證爲甚確也出廟三十里至仰山履喬松之磴甚危嶺阪之間皆田層層而上至頂名梯田既出山復入袁州二十六日宿萍

鄉縣萍實驛人以此地爲楚王得萍實之地然去大江遠非是三十日宿潭州醴陵縣二月三日泛湘江七日宿衡山縣十二日至衡州北行岡隴將盡忽一峰特起如大磯浸江中蒸水自邵陽來繞其左瀟湘自桂林零陵來繞其右而皆會於合江亭之前併爲一水以東去石鼓雄踞要會六畧如春秋霸主號令諸侯勤王蒸湘如兄弟同奔來會票命載書乃同軌以朝宗蓋其形勝如此十五日捨舟遵陸登回雁峰十八日宿永州祁陽縣十九日遊浯溪浯溪近山石

淵也噴薄有聲流出江中臨石崖數壁巍高尋丈中
與嶺在最大一壁碑之上餘石無幾所謂石天齊者
說者謂或是天然整齊之義二十日渡湘水即至愚
溪二十六日入桂林界有大石表跨官道榜曰廣南
西路家人舉頭驚咤以爲何爲至於此也二十八日
至靈州縣又六十里至八桂堂桂林北城之外圃也
未至桂林二三里泊八桂堂旬日三月十日入城交
府事郡治前後萬峰環列與天無際按桂林自唐以
來以山川奇秀稱韓文公雖不到然在潮熟聞之故
驂鸞錄
詩有參天帶水翠羽黃柑之語末句乃曰飛鸞不暇
驂蓋歆羨之如此故余行記以驂鸞名之若其風
之詳則有桂海虞衡志焉

攬轡録

宋　范成大

乾道六年閏五月戊子成大被命以資政殿大學士左崇信軍節度使爲奉使大金國信使副六月甲子出國門八月戊午度淮虜遣尚書兵部郎中田彥皐行侍御史完顏德温爲接伴使副皆帶銀牌虜法出使者必帶牌有金銀木之别上有女眞書准勑急遞字及阿骨打花押宣差者所至視三品朝宣差者視五品庚申過虞姬墓墓在路左雙石門出褻草間徃來

觀者成蹊甲子至南京虜改爲歸德府過雷萬春墓環以小牆額曰忠孝雷公之墓西門外南望有宋王臺及張廵許遠廟世稱雙廟睢陽人又謂之雙王廟丙寅過雍丘縣二十里過空桑世傳伊尹生于此一里過伊尹墓道左有磚堠石刻云湯相伊尹之墓過陳留縣有酈侯廟西門外十里孟莊有孟姜女廟丁卯過東御園即宣春苑也頹垣荒草而已二里至東京虜改爲南京入新宋門即朝陽門也虜改曰弘仁門彌望悉荒墟入舊宋門即麗景門也虜改爲賓

曜門過大相國寺傾簷缺壁無復舊觀橫入東御廊門絕北馳道出西御廊門過交鈔所交鈔所者虜本無錢惟煬王亮嘗一鑄正隆錢絕不多餘悉用中國舊錢又不欲留錢于河南故倣中國楮幣於汴京置局造官會謂之交鈔擬見錢行使而陰收銅錢悉運而北過河即用見錢不用鈔鈔文曰南京交鈔所准戶部符尚書省批降檢會昨奏南京置局印造一貫至二貫例交鈔許人納錢給鈔河南路官私作見錢流轉若赴庫支給即時給付每貫輸工墨錢五十文

七年納換别給錢以七十爲陌僞造者處斬賞錢三百千前後有戶部官當令史幹當官交鈔庫使副書押四圍畫雲鶴爲飾焉入都亭驛耿泗舊京自城破後創痍不復煬王亮徙居燕山始以爲南都獨崇飾宮闕比舊加壯麗民間荒殘自若新城內大抵皆墟至有犂爲田處舊城內市肆皆苟完而已四望時見樓閣崢嶸皆舊宮觀寺宇無不頹毀民亦久習胡俗態度嗜好與之俱化最甚者衣裝之制盡爲胡矣自過淮已北皆然而京師尤甚惟婦人之服不甚改而

戴冠者甚少多綰髻貴人家即用珠瓏璁冒之謂之方髻庚午出驛循東御廊百七十餘間有面西櫺星門大街直東出舊景靈東宮也過櫺星門側望端門舊宣德樓也虜改爲承天門五門如畫兩傍左右昇龍門東至西角樓轉東逾坒頭街御廊對皇城俱東出廊可二百許間過左掖門至皇城東角樓廊亦如畫出樊樓街轉土市馬行街出舊封門即安遠門也虜改爲元武門門西金水河舊夾城曲江之處河中臥石礧磈皆艮嶽所遺過藥市橋街蕃衍宅龍德宮

擷芳擷景二園樓觀俱存擷芳中喜春堂猶巋然所謂八滴水閣者使屬官吏望者皆隕涕不自禁虜今以爲上林勝宮過清輝橋出新封丘門舊景陽門也虜改爲柔遠館壬申過伏道有扁鵲墓墓上有幡竿人傳云四傍土可以爲藥或於土中得小圓黑褐色不可以治病伏道艾醫家最貴之十里即湯陰縣也癸卯過河河上有羑里城四垣儼然居民林木滿其中過相州市有秦樓翠樓康樂樓月白風清樓皆旗亭也秦樓有胡婦衣金縷鵝黃大油袍金縷紫勒帛

褰簾吳語云是宗室女郡守家也遺黎往往垂涕嗟嘖指使人云此中華佛國人也老嫗跪拜者尤多晝錦堂尚存虜嘗更修飾之過漳河入曹操講武城周遭十數里城外有操疑塚七十二散在數里間傳云操塚正在古寺中高[illegible]墓在道傍碑云魏侍中黃鉞大尉錄尚書事渤海高公[illegible]墓[illegible]字飛雀事不見于史甲戌過臺城鎮故城延袤數十里城中有叢臺坡陁邯鄲人春時傾城出祭趙王歌舞臺上城傍有藺頗藺相如墓三十里至邯鄲縣牆外居民以長竿縛

白犬懸其首別一竿縛茅浸酒揭於上云女眞人用以祭天禱病甲子過河六十里至栢鄉縣縣人云沙河直東有堯山縣古堯山也堯葬焉有放勳廟乙酉過良鄉縣是日大風幾拔木接伴吏云此謂之信風使人遠來此風先報使入城也丙戌止燕山城外燕賓館燕客與館伴使副並馬行柳堤緣城過新石橋中以杈子隔絕道左邊過橋入豐宜門即外城門也過石玉橋石色如玉橋上分三道皆以闌楯隔之雕刻極工中爲御路亦闌以杈子兩傍有小亭中有碑

曰龍津橋入宣陽門金書額兩頭有小四角亭即登門路也樓下分三門中門爲御路常闔皆畫龍兩傍門通行皆畫鳳入門北望其闕由西御廊首轉西至會同館戊子早入見上馬出館復循西御廊至橫道至東御廊首轉北循簷行幾二百間廊分三節每節一門路東出第一門通街第二門通毬場第三門通大廟廟中有樓將至宮城廊即東轉又百許間其西亦有三門但不知所通何處望之皆民居東西廊中馳道甚闊兩傍有溝溝上植柳兩廊屋脊皆覆以青

琉璃瓦宮闕門戶即純用之馳道之北即端門十一間曰應天之門舊嘗名通天亦開兩挾有樓如左右昇龍之制東西兩角樓每樓次第攢三簷與挾樓皆極工巧端門之內有左右翔龍門日華月華門前殿曰大安殿使人入左掖門直北循大安殿東廊後壁行入敷德門自側門入又東北行直東有殿宇門曰東宮牆內亭觀甚多直北面南列三門中曰集英門云是故壽康殿母后所居西曰會通門自會通東小門北入承明門又北則昭慶門東則集禧門尚書省在門外又西則有右嘉會門四門正相對入右嘉會門門有樓與左嘉會門相對即大安殿後門之後至幕次有頃入宣明門即常朝後殿門也門內庭中列衛士二百許人貼金雙鳳幞頭團花紅錦衫散手立入仁政門蓋隔門也至仁政殿下大花氈可半庭中團雙鳳兩傍各有朶殿朶殿之上兩高樓曰東西上閤門兩傍悉有簾幙中有甲士東西御廊循簷各列甲士東立者紅茸甲金纏桿槍白旗畫黃龍西立者碧茸甲金纏桿槍黃旗畫青龍直至殿下皆然惟立

于門下者皂袍持弓矢殿兩階立儀物幢節之屬如道士醮壇威儀之類使人由殿下東行上東階却轉南由露臺北行入殿金王幞頭紅袍玉帶坐七寶榻背有龍水大屏風四壁帟幕皆紅繡龍拱斗皆有繡衣兩楹間各有焚香大金獅蠻地鋪禮佛毯滿一殿兩傍玉帶金魚有金帶金魚者各十四五人相對列立遥望前後大殿屋崛起處甚多制度不經工巧無遺力所謂窮奢極侈者也

入蜀記

宋　陸游

六日過荊門十二碚皆高崖絕壁嶄岩突兀則峽中之嶮可知矣過碚望五龍及雞籠山嵯峨正如夏雲之奇峯荊門者當以險固得名碚上有石穴正方高可通人俗謂之荊門則妄也晚至峽州泊至喜亭峽門在唐爲硤州後改爲峽而印文則爲陜州元豐中郎官何洵直建言峽與陜相亂請改鑄印文從山事下少府監而監丞歐陽發言湖北之陜州從阜從夾（夾從兩入）陜西之陜州從阜從夾（夾從兩人）偏旁不同本不相亂恐四方謂少府監官皆不識字當時朝士之議皆是發而卒從洵直言改鑄云至喜亭記歐陽公撰黃魯直書七日見知州葉安行以小舟遊西山甘泉寺竹橋石磴甚有幽趣有靜練洗心二亭下臨江山頗疎豁法堂之右小徑數十步至孝婦泉謂姜詩妻龐氏也泉上有龐氏祠然歐陽公不以爲信故其詩曰叢祠已廢姜祠在事迹難尋楚語訛又此篇首章云江上孤峯蔽綠蘿初謂孤峯蒙藤蘿耳及至此乃知

山下爲綠蘿谿也又至漢景帝廟及東山寺景帝不知何以有廟於此歐陽公爲令時有祈雨文在廟中東山寺亦見歐陽公詩距望京門五里寺外一亭臨小池有山如屏環之頗佳晚郡集於楚塞樓遍歷爾雅臺錦障亭亭前海棠二本亦百年物爾雅臺者圖經以爲郭景純註爾雅於此八日過下牢關夾江千峯萬嶂有競起者有獨拔者有崩欲壓者有危欲墜者有橫裂者有直坼者有凸者有窪者有罅者奇怪不可盡狀初冬草木皆青蒼不彫西望重山如闕江出其間則所謂下牢谿歐陽公有詩云入峽水漸曲轉灘山更多卽此也登三游洞躡石磴二里其嶮處不可著腳洞大如三間屋有一穴通人過然陰黑峻嶮繚山腹傴僂自岩下至洞前差可行然下臨溪潭石壁十餘丈水聲恐人又一穴後有壁可居鍾乳歲久垂地若柱正當穴門上有刻云黃大臨弟庭堅同辛紘子大方紹聖二年三月辛亥來游旁石壁上刻云景祐四年七月十日夷陵歐陽永叔下缺一字又云判官丁下又缺數字丁者寶臣也字元珍今丁字

下二字亦髣髴可見殊不類元珍字又永叔但曰夷陵不稱令洞外溪上又有一崩石假什刻云黄庭堅弟叔向子相姪微同道人唐履來游觀辛亥舊題如夢中事也建中靖國元年三月庚寅按魯直初謫黔南以紹聖三年過此歲在乙亥今云辛亥者誤也泊石牌峽石穴中有石宛如老翁持魚竿狀九日過扇子峽重山相掩正如屏風扇疑以此得名登蝦蟇碚水品所載第四泉是也蝦蟇在山麓臨江頭鼻吻頷絶類而背脊皰處尤逼真造物之巧有如此者自背

上深入得一洞穴石色緑潤泉泠泠有聲自洞出垂蝦蟇口鼻間成水簾入江是日極寒岩嶺有積雪而洞中温然如春碚洞相對稍西有一峯孤起侵雲名天柱峯自此山勢稍平然江岸皆大石堆積彌望正如瀦集土狀晚次黄牛廟山復高峻村人來賣茶菜如柴枝草葉苦不可口廟靈感神封嘉應保安侯皆紹興以來制書也其下即無義灘亂石塞中流望之可畏然舟過乃不甚覺蓋操舟之妙也傳云神佐夏禹治水有功故食于此門左右立小石馬廟後叢木

似冬青而非葉有黑文類符篆然葉各不同歐詩刻石廟中又有張文忠一賛其詞曰壯哉黄牛有大神力輦聚巨石百千萬億劍戟齒牙礙碇江側壅激波濤險不可測威脇舟人駭怖失色封羊釃酒千載廟食張意似謂神聚石壅流以脇人求祭饗蓋過論也夜舟人來告請無擊更鼓云廟後山中多虎聞鼓則出十日早過鹿角虎頭史君諸灘水縮已三之二然湍險猶可畏泊城下歸州秭歸縣界也與兒曹步沙上回望正見黄牛峽廟後山如屏風疊嶂嶄插天第

四疊上有若牛狀其色赤黄前有一人如著帽立者昨日及今早雲冒山頂至是始見之因至白沙市慈濟院見主僧志堅問地名城下之由云院後有楚故城今尚在因相與訪之城在一岡阜上甚小南北有門前臨江水對黄牛峽城西北一山蜿蜒回抱山上有伍子胥廟大抵自荆以西子胥廟至多城下多巧石如靈璧湖口之類十一日過達洞灘灘惡乃陸行過灘灘際多奇石五色粲然可愛亦或有文成物象及符書者猶見黄牛峽廟後山太白詩云三朝上黄

牛三暮行太遲三朝又三暮不覺鬢成絲歐陽公云
朝朝暮暮見黄牛徒使行人過此愁山高更遠望猶
見不是黄牛滯客舟蓋諺謂朝見黄牛暮見黄牛一
朝一暮黄牛如故故二公皆及之歐陽公自荆渚赴
夷陵而有下牢三游及蝦蟆碚黄牛廟詩者蓋在官
時來游也晚泊馬肝峽口兩山對立修聳摩天略如
廬山江岸多石頗礙牽百丈十一日過東濡灘入馬
肝峽石壁高絶處有石下垂如肝故以名峽其旁有
獅子岩岩中有一小石蹲踞張頤碧草被之如青氈

于泉泠泠自岩中出溪上又有一峯孤起秀麗略如
小孤舟晚抵新灘十三日舟上新灘南岸曰官漕平聲
北曰龍門龍門水湍急多暗石官漕差可行故舟率
由南上然石多鋭易穿船故爲峽中最嶮處必空舟
乃利徙舟人利亟載鮮不及也游江瀆北廟廟正臨
龍門下温泉出石隙常不涸一村賴之婦人負水盎
汲盎長二尺三足以杓挹水即倒坐旁石東盎於背
而去大抵峽中多役婦負物不獨水也有婦負酒沽
如負水狀呼賞之長跪以獻大嫁者率戴高二尺同

心髻插銀釵多至六後插牙梳如手大十四日留[illegible]
中晚渡江南登山至江瀆南廟有碑前進士曾華旦
撰言因山崩石壅爲舟害於是著令自十月至二月
禁行舟知歸州趙誠聞于朝禁行舟疏鑿之而灘害
始去皇祐三年也蓋江絶於天聖中至是而復通然
灘害至今未悉去若乘冬春間水落石出時可併力
盡鑱去鋭石則灘害可除然灘上居民皆利於敗舟
賤賣板木及滯留貨賣或賂石工以爲石不可去須
斷以必行乃可成又舟之所以敗皆失於重載當以

大字刻石置驛前尉過者必自懲創矣十五日過白
狗峽泊舟興山口肩輿遊玉虚洞去江岸五里許隔
[illegible]人宏敞壯麗如源出昭君村水味色碧如黛巳登
草竹筍仙人龍虎魚洞門小纔袤丈既入則可容數
絶異者東石正圓入大宮殿中有石成幢蓋旛旗芝
岩寶無及者有燕鳥獸之屬千狀萬態莫不逼真其
堯咨所作記敘此如日西石半規如月予平生所見
日到歸州館於報寧中謝師厚岑岩起題名又有陳
纔三四百家負卧洞本末云獵者得之山中云十六

一溪所謂香溪也恩光孝寺距城一里許歸之爲州
載水品過溪又至牛山臨江前即人鮓甕城中無尺
寸上灘聲常如暴風雨至隔江有楚王城亦山谷間
然地比歸州差平或云楚始封於此山海經夏啟封
孟涂於丹陽城郭璞注云在秭歸縣南疑即此也然
史記成王封熊繹於丹陽裴駰乃云在枝江縣未詳
孰是十七日郡集於望洋堂玩芳亭亦皆湫石犖确
之地十九日訪宋玉宅在秭歸縣之東今爲酒家舊
有石刻宋玉宅三字近以郡人避太守家諱去之可

惜也二十日早離歸州出巫峽門過天慶觀少留觀
唐天寶元年碑載明皇夢老子事巴東太守劉琯所
立字畫頗清逸碑側題當時郡官吏胥姓名字亦佳
又有周顯德中荆南判官孫光憲爲知歸州高從讓
所立碑從讓蓋南平王家子弟光憲亦知名國史有
事迹蓋五代時歸峽皆隸荆渚也殿前有栢數百年
物觀下即吒灘亂石無數飯于靈泉寺遂登舟過業
灘亦名灘也水落舟輕俄頃遂過二十一日舟中望
石門關僅通一人行天下至險也晚泊巴東縣江山
雄麗大勝秭歸但井邑極蕭條邑中纔百餘戶自令
廨而下皆茅茨謁寇萊公祠堂登秋風亭臨江山遂
登雙栢堂下舊有萊公所植栢今已稿死然南山重
複秀麗可愛白雲亭則天下幽奇絕境羣山環擁層
出間見古木森然徃徃二三百年物欄外雙瀑瀉石
澗中跳珠濺玉冷入肌骨其下是爲慈溪奔流與江
會予自吳入楚行五千餘里過十五州亭榭之勝無
如白雲者而正在縣廨廳事之後二十一日發巴東
山益奇怪有夫子洞者一竇在峭壁絕高處人迹所

不可至然髣髴若有欄楯不知所謂夫子者何也過
三分泉自山竇中出止兩派俗云三派有年兩派中
熟一派或絕流饑饉泊疲石二十三日過巫山凝真
觀謁妙用真人祠真人即世所謂巫山神女也祠正
對巫山峯巒上入霄漢山脚直插江中議者謂太華
衡廬皆無此奇然十二峯者不可悉見所見八九峯
惟神女峯最爲纖麗奇峭宜爲仙真所託祝史云每
八月十五夜月明時有絲竹之音徃來峯頂上峯頂
上猿皆鳴達旦方漸止廟後山半有石壇平曠傳云

夏禹見神女授符書於此壇上觀十二峯宛如屏障是日天宇晴霽四顧無纖翳惟神女峯上有白雲數片如鸞鶴翔舞徘徊久之不散亦可異也祠舊有烏數百送迎客舟自唐幽州刺史李貽詩巳云羣烏幸胙餘矣近乾道元年忽不至今絶無一烏不知其故泊清水洞洞極深後門自山後出黝闇水流其中鮮能入者歲旱祈雨頗應二十四日早抵巫山縣在峽中亦壯縣也市井勝歸峽二郡隔江南陵山極高大有路如綫盤屈至絶頂謂之一百八盤蓋施州正路

黄魯直詩云一百八盤攜手上至今歸夢繞羊腸即謂此也縣廨有故鐵盆底鋭似半甕狀極堅厚銘在其中蓋漢永平中物也缺處鐵色光黑如佳漆字畫淳質可愛玩有石刻魯直作盆記大略言建中靖國元年予弟叔向自涪陵尉攝縣事予起戎州來寓縣廨此盆舊以種蓮余洗滌乃見字云遊楚故離宮俗謂之細腰宮有一池皆當時宮中燕遊之地今堙沒略盡矣三面皆荒山南望江山奇麗又有將軍墓東晉人也一碑在墓後趺陷入地碑傾前欲壓字缺半

存二十六日入瞿唐峽兩壁對聳上入霄漢其平如削成仰視天如匹練然水巳落峽中平如油盎過聖姥泉蓋石上一罅人大呼於旁則泉出屢呼則屢出可惟也晚至瞿唐關唐故夔州與白帝城相連杜詩云白帝夔州各異城蓋言難辨也關西門正對灔澦堆堆碎石積成出水數十丈土人云方夏秋水漲時水又高於堆數十丈入謁白帝廟氣象甚古松栢皆數百年物有數碑皆孟蜀時立庭中石笥有黄魯直建中靖國元年題字又有越公堂隋楊素所創少陵為

賦詩者巳毁近所築亦宏壯自關而東即東屯少陵故居也二十七日早至夔州州在山麓沙上所謂魚腹永安宮也今為州倉而州治在宮西北甘夫人墓西南景德中轉運使丁謂薛顔所徙比白帝頗平曠然失關險無復形勢在瀼之西故一曰瀼西土人謂山間之流通江者曰瀼云州東南有八陣磧孔明之遺迹碎石行列如引繩每歲江漲磧上來數十丈比退陣石如故

入越記

宋 呂祖謙

淳熈元年八月二十八日自金華與潘叔度爲會稽之游辰後出旌孝門五里至溪頭南折入會稽路二里桐樹嶺八里東藕塘城東陂塘此爲大十五里含香民居頗成聚落道旁野塘木芙蓉初發映水殊有思致十里義井五里上下倉十里孝順鎮十里白驛路北折入香山路五里宿杭慈潘氏莊是日凝陰不開風襲人巳有力始御裌四山雲氣滃然岡巒出沒

二十九日早冒雨行二里小鳳林寺涉溪屈曲稻壟間汎淖没屨五里苦山二十里栂口十五里香山林壑邃八里下獨巖景德寺寺屋可百年繪事皆朴質飯于小軒方池叢竹皆有趣七里唐口自是復出驛路老梧離立道旁濯濯如青玉幹又二里宿逆旅

三十日早發二里石斛橋溪流潺潺岸旁大石如屋橋西走浦江道也度橋而北十里石牛有樓臨路樓下牖戶亦明敞所謂石牛者道下塘卧石若牛水涸不可見五里澗井居民依小坡植雞冠花數百本冠皆低昂大類尸鄉祝雞翁舍雲薄見日巳而大霽十里新界自石斛橋道出兩山間少曠土至此山圍始寬秋稼極目黃雲蔚然五里邵家灣觀五指山其巔石如駢拇飯民家舍後水竹可步逢驅羊行買者數百蹄散漫川谷風毛沙肋頗有洴朧秋色五里步楓江土俗諺云第一楊子江第二錢塘江第三楓江蓋甚言其水波惡實小溪耳聞春夏頗湍悍今僅至脛而已南岸有覆斗山山形正方若斗覆五里與樂楚花夾道茅廬籬落皆整五里界牌隴平坡淺草隱隱

起伏環山城立鎮監牧地也五里牌頭市道分爲兩北道出漁浦度浙江入杭東道入越輪蹄擔負東視北不能十一市傍斗子巖巖旁獅子山首昂背偃畧類狻猊五里寒熱阪五里宿硯石村九月一日晨霧上橫隴東暾出日金暈吞吐少焉金璧徑升晃濯不可正視升數尺韜於雲絢彩光麗因薇益奇非浮翳所能揜露稻風葉皆鮮鮮有生意五里里湖五里蔡家塢五里桐木嶺五里諸暨縣入縣北門人煙猶蕭疎縣方築社南垣兩松樛枝小異里許至市自縣治

前東折度小橋橋屋半圮矣並大溪行流甚壯其源一自東陽一自浦江一自孝義至街亭合流遶縣城又遶蕭山浮橋入浙江縣東陶朱山頗雄自入新界已巋然見之出縣東門山益遠川原益曠五里放生橋道左女貞新葉生黃綠間錯如行鬪與蕩枝林五里馬秀才店店傍小室隨事蒔花草三里雙橋畈二里烏石其南入剡百里而近十五里苦李橋溪磧頗清淺木陰扶疎有餘步入山徑五里至新店灣復得平地五里栗橋登栗嶺五里冷水望東嶺神祠縹緲

雲間下坂稻穟垂黃際山數十里平鋪如拭洋洋乎富哉豐年之象道中所未見也五里宿楓橋鎮薄暮小雨二日辨色發楓橋陰風薄穿十里乾溪溪橋樺樺數百株有十圍者過橋繞山足行十里古博嶺嶺左右皆叢篠五里洪口有別徑入明自楓橋而上美竹佳樹相望近洪口曲折循小溪水聲濺濺風物漸佳十里舍瞿橋亭天章寺路口也遂穿松徑至寺寺葢晉王羲之蘭亭山林秀潤氣象開敞寺右臂長岡達橋亭植以松檜法堂後砌筒引水激高數尺堂後登堦四五十級有照堂兩旁修竹木樨盛開軒檻明潔又登二十餘級至方丈眼界頗濶寺右王右軍書堂庭下皆杉竹觀右軍遺像出書堂徑山間百餘步至曲水亭對鑿小池云是羲之鵝池墨池曲水乃汙渠蜿蜒若蚓必非流觴之舊斟酌當是寺前溪但歲久失其處耳由曲水亭穿小徑渉溪復出官道數里買舟泛鑑湖湖多堙爲田所存僅如溪港然秋水平岸菰蒲青蒼會稽秦望雲門諸山互相映發城堞樓觀跨空入雲耳目應接不暇入水門過南堰歷府學

天慶觀至禹跡寺門三日游外氏園有梅脫臺菊潭杞菊堂竹隱蒲澗橘洲因寺廢地葺治之十六七成矣最勝者梅坡遠亭皆梅前對蒲澗橘洲野水灣環島溆掩映如在江湖而竹隱一逕深幽揩庭清閟亦其次也又過義恩師院院與杞菊堂鄰午後自園後門穿僧庵度小橋轉三兩曲至圓通寺面勢端直殿廡華敞循舊路復穿園小歸園後邊河岸木成陰身氏云此即蜀榿木也植之力數年徙府表裏無障蔽今不復見道上車馬矣杜子美所謂飽聞榿木三年

大信然是日薄陰四日待伯舅同叔度詹季章泛小
舟出南堰繞城緣鑑湖訪蘇仁仲許師德於偏門外
砌下瑞香兩本面皆丈餘仁仲蘇子容丞相孫致仕
閒居年垂八十道前輩事亹亹不厭出舊書數種管
子後子容手書紙尾銘款云惟蘇氏世官學以儒何
以遺後其在此書非學何立非書何習終以不倦聖
賢可及其曰書帙銘戒者子容所識其曰先公銘戒
者銘語亦同蓋子容之子所識也歸舟煙雨晻靄游
大能仁寺閱壯光麗甲於會稽重殿複閣金碧相照

寺吳越錢氏所建五日開霽晴光發窻心目頗快晚
步過寺橋歷沈氏李氏園皆荒蕪獨修竹猶森然六
日偕石天民潘升度自寺橋直道過郡庠道傍多流
水喬木殊不類鄽市教授廳後環碧亭小榻環亭皆
水敗荷折葦秋思甚濃石應之高應朝繼來遂自直
舍入學夫子殿居中修廊廣庭長松錯列講堂榜以
明倫後有稽古閣制作皆雄偉而閣下尤勝疏達開
豁擁墻寄竹如雲七日雨不可出過詹季章位小閣
因重屋樓板其間縱二弓橫半之南北取屋山爲明

遠山竹樹歷歷如畫蘆簟俯承穹窿若船背幽潔極
可愛名以越舲其狀真類小舟也八日早過大中戒
珠寺王右軍故宅也屋多人少頗牢落門有兩池亦
稱右軍鵝池墨池略無意趣政和天章者皆後人强
名之耳殿後地漸峻石應之寓舍在焉遂與應之登
雪軒軒占卧佛殿右偏湖山聚落皆來獻狀以宜於
觀雪得名今雖不與雪值然霧雨空濛亦奇觀也寺
後即蕺山蕺菜名圖經云越王嗜蕺嘗採於此九日
侍伯舅同潘叔度詹季章泛舟經卧龍山下竹洲郡

岸略如苕霅卧枝拂水尤奇中途小泊步游西園郡
圃也其北飛蓋堂下臨大池其中集春堂四隅各一
亭東春榮西秋芳南夏陰北冬瑞其南揚波堂面城
水木幽茂兩小亭對峙東曰逌遙西曰裴回園之西
即曲水先入激榮門右轉至右軍祠穿修竹塢遂登
山山巔版築所成繚繞深邃曲逕回復迷藏亭觀乍
入者惶惑不如南北山背有流杯巖鑿城引鑑湖爲
小溪穿巖下鍵以橫閘激浪怒鳴過閘遂爲曲水長
廡華敞楔棣椽柱皆塗闕象竹遶以清流甃以蒼石

犬牙參錯始若天成俯砌琢石爲墩流杯至墩傍輒
自近岸葢廡中爲三井吸水勢宛然曲水之上澂湍
亭惠風閣規模若都下王公家山頂崇峻庵其脇曠
懷亭西亭依山爲巖壑下山右逶至情眞軒刻楠象
栟櫚平背荼蘼架甚茂第爲蔓草縈亂刺眼耳曲水
乃前守史丞相浩所鑿徐[illegible]見其漸成今竹樹皆成
陰而亭榭稍稍圮剝矣復登舟還禹跡十日午後同
叔度泛舟過南堰出門穿鑑湖支港斜雨入蓬衣袂
沾濡七里獨山野橋煙樹可畫出山口港漸狹又七

里道樹舍舟步田間泥潦沒屐一里許至堅密庵夜
分四山風雨儵然始聞秋聲十一日晨起冒雨躡屐
登舟入城至能仁寺遂過報恩光孝寺寺後飛來山
郡圖經所謂怪山也傳云自琅邪飛至其說不經其
巔有塔采繪甚華塔下有鰻井乃小石竅自唐以來
神之謂鰻能時出祇辟近世不復見矣井故依山坳
坡隴有古意近僧甃使就整遂無可觀濮安懿王祠
廟寓此寺有閽令領吏卒守之晚還禹跡十二日雨
不可出借圖經尋近城名山須雨霽徧游晚石應之

來宿十三日過午雨止諸葛壽之高應朝石應之孫
季和約徃丁氏園遂同泛舟至新河步入園園多海
檜後墻皆密竹軒楹太敞宜夏不宜冬宿東偏小室
十四日自丁氏園偕叔度輩登舟出五雲門入鑑湖
湖面獨此爲濶隆興初吳給事芾浚湖末一二尺多
得古棺皆刳木爲之葢漢末鑿湖前塚墓也今自五
雲門重堤隱然達于曹娥五六十里民間謂之省塘
此乃故湖堤湖田之民毋毀堤以決積水故堤缺而
湖廢異時有意復湖者第修崇省塘則盜湖之田不

待廢而自爲陂濼矣自湖尾入若耶溪過後漢鄭弘
廟傳所記樵風遂暮迎送舟楫采薪者云至今猶然
半里石帆山山橫若張帆又數十步秦始皇酒甕乃
山腳兩石粗類甕盎又一二里艤舟游龍瑞宮方士
謂之陽明洞天穿松徑數百步至宮宮後三峯翔舞
飛動勢若覆壓大略如栖賢望五老特欠其二耳中
峯乃會稽山祠官春秋用事焉由西廡循山逕觀龍
見壇其旁即禹穴乃大石中斷成罅殊不古殆非司
馬子長所探也又數步飛來石老木搓牙石壁如削

緣磴道至錢秀才庵遂自東廡出院復登舟徑鑑湖
湖天夕照水村漁屋皆被光景日所入諸峯俱在全
霧中天下絕境也暮泊先以觀宿于明遠堂下小室

吳地記

唐　陸廣微

按史記及吳越春秋自禹治水已後分定九州禹貢揚州之域吳國四至東亘滄溟西連荆郢南括越表北臨大江蓋吳國之本界也今郡在京師東南三千一百九十里當磨蝎斗牛之位列婺女星之分野從秦始皇併吞六國之後至漢順帝永建四年有山陰縣人殷重獻策於帝請分江置兩浙詔司空王襲封從錢唐江中分向東爲會稽郡向西爲吳郡至陳朝

貞明元年改爲吳州隋文帝開皇九年改郡邑王横山東新立城郭（一云隋開皇十三年郡爲蘇州）唐武德七年移新州郡復舊址升爲望管鄉七鄉二百九十四戸一十四萬三（本作千二當作二三）百六十一　稅茶鹽酒等錢六十九萬三千八百八十五貫七十六文

一吳縣九萬九千九百六十三貫七十三（本無二字）文

一長洲縣九萬八千五百七十六貫五百七十六文

嘉興縣一十七萬八千七十六貫一百二十文

崑山縣一十萬九千五百三貫七百三十八文

常熟縣九萬七百五十貫七百七十四（本無四字）文

華亭縣七萬二千一百八十二貫四百三十二文

海鹽縣四萬六千五百八十一貫五十八文

續添

吳江縣三萬六千二百六十九貫一百文

使司割隸醬菜錢一十萬七千七百二十貫二百四（作四）十六（作八）文

留蘇州軍事醬菜衣糧等錢一十七萬八十三百四十九貫九十八文（當作九百二文）

團練使軍資等三十（本無十字）萬六（當作七）千八百三十貫文送納（本無納字）上都

地名甄胃水名通波城號闔閭臺曰姑蘇輿壞王之里是號全吳昔周太王三子長泰伯次仲雍次季歷歷生子昌有聖瑞太王有疾泰伯仲雍以入山採藥乃奔吳文身斷髮示不可用以讓季歷子昌立是爲西伯即文王也吳人義泰伯歸之爲王泰伯三讓弟仲雍仲雍立號勾吳（所居地名）卒葬梅里（又名番麗今横山）而仲雍立仲雍生季簡季簡生釋達釋達生周章周章卒其

後至壽夢始別築城爲宮室於平門西北二里基址見存自泰伯至壽夢十九世壽夢生四子長諸樊次餘眛次季札季札賢壽夢欲立之札讓不可乃立諸樊諸樊卒吳人固立札札棄室而耕之野乃止封札延陵季子而餘祭立四年吳使季子行聘諸國餘祭卒授弟季子讓逃去餘眛之子曰僚立爲諸樊之子公子光所弒在位十三年僚好炙魚非專諸炙不食諸樊之子光謂以百金令專諸進魚于僚置匕首於炙魚中刺僚死子光纂立是爲闔閭王又令刺客要離刺殺吳公子慶忌即王僚子也季子歷三年回聞僚被殺乃匍匐往其墳號哭於是子光謝過於季子季子曰苟先君無廢祀民無廢主社稷有奉乃吾君子哀死事生以待天命耳

闔閭城周敬王六年伍子胥築大城周迴四十二里三十步小城八里二百六十步陸門八以象天之八風水門八以象地之八卦吳都賦云通門二八水道六衢是也西閶胥二門南盤蛇二門東婁匠二門北齊平二門不開東門者爲絶越之故也

閶門亦號破楚門吳伐楚大軍從此門出陸機詩曰閶門勢嵯峨飛閣跨通波又孔子登山望東吳閶門歎曰吳門有白氣如練今置曳練坊及望舒坊因此

胥門本伍子胥宅因名石碑見存出太湖等道水陸二路今陸廢門南三里有儲城越一作吳王貯糧處十五里有魚城越王養魚處門西五里有越來溪

盤門古作蟠門嘗刻木作蟠龍以此鎮越又云水陸相半沿洄屈曲故名盤門又云吳大帝蟠龍故名門內有武烈大帝廟在祀典東北二里有後漢破虜將軍孫堅墳又有討虜將軍孫策墳

蛇門南面有陸無水春申君造以禦越軍在巳地以屬蛇因號蛇門前漢梅福字子眞爲南昌尉避王莽亂政稱得仙棄妻子易姓名有人見福隱市卒即此門也

匠門又名干將門東南水陸二路今陸路廢出海道通大萊沿松江下滬瀆闔閭使干將於此鑄劍材五山之精合五金之英使童女三百人祭爐神鼓橐金銀不銷鐵汁不下其妻莫邪曰鐵汁不下曰有計于

將曰先師歐冶鑄劍之穎不銷親鑠耳以□□成物□□可女人聘爐神當得之莫耶聞語□入爐中鐵汁出遂成二劍雄號干將作龜文雌號莫耶鰻文餘鑄得三千竝號□□文劍干將進雄劍於吳王而藏雌劍時時悲鳴憶其雄也門南三里有葑門赤門有赤欄將軍墳在此門東陸無水道故名赤門東南角又有魴鱮門吳曾尉鱮見因號鱮非八門之數也婁門本號疁門東南秦時有古疁縣王漢王莽改爲婁縣東南二里有漢吳郡太守朱樂墳本名趙避後漢

吳地記

和帝諱改爲梁今吳郡朱氏皆梁之後塘北有顧三老墳見存

齊門北通毗陵昔齊景公女聘吳太子終累闔閭長子夫差兄也齊女喪夫每思家國因號齊門後葬常熟海隅山東南嶺與仲雍周章等墳相近葬畢化白龍沖天而去今號爲母塚墳門東二里有盧江太守闞澤墳

平門北面有水陸通毗陵子胥平齊大軍從此門出故號平門東北三里有殷賢臣巫咸墳亦號巫門西北二里有吳偏將軍孫武墳西北三里有闔廬城漢劉濞築東北三里有穎川太守陸宏墳

吳縣在望亭秦始皇二十六年置漢王莽改泰德縣陳貞明元年後主復爲吳縣隋開皇九年越國公楊素移郡及縣於橫山東五里今復移城內管鄉三十戶三萬一千三百六十一坊三十

吳公子慶忌墳在縣東北三十五里今呼慶墳

步騭墳在縣東北三里騭任吳爲驃騎將軍代陸遜爲丞相有石碑見存臨頓橋西南

吳地記

周瑜墳在縣東二里瑜字公瑾廬江舒人任吳大將軍南郡太守美姿貌時年二十四吳中皆呼爲周郎及孫權稱號謂公卿曰非周公瑾不帝矣瑜少精思音樂雖三爵之後樂有闕誤必知之則回顧時人謡曰曲有誤周郎顧

顧野王墳在橫山東平陸地遺言不起墳野王字休倫仕陳武帝爲門下侍郎博綜羣書廣搜經籍撰梁瑞應圖七十卷御覽三百六十卷宮人各念一卷常隨駕行內人謂之着腳御覽

姑蘇臺在吳縣西南三十五里闔閭造經營九年始成其臺高三百丈望見三百里外作九曲路以登之

射臺在吳縣橫山安平里

鴨城在吳縣東南二十里臣門外沙里中城東五里有豨墳是吳王畜豨之所東二里有豆園吳王養馬處又有雞陂闔閭置豆園在陂東

織里今織里橋在麗娃鄉俗呼失履橋利娃鄉訛也

澹臺湖在吳縣東南十里孔子弟子澹臺滅明字子羽宅陷爲湖湖側有墳

夏駕湖壽夢盛夏乘駕納凉之處

蠡湖池置苑囿故今有苑橋之名

蔡經宅在吳縣西北五十步經後漢人有道術隸太丹服菖蒲得仙今蔡仙鄉即其隱處也

馮驩宅在吳縣東北二里五十步驩平原君門下客今有彈鋏巷其墳在側石碑見存

長洲縣埊在郡下貞觀七年分吳縣界以苑爲名地名茂苑水名倦山鄉東一百里有秦時古蓼王莽改爲婁縣北三里有丹溪廣八里深四丈西入太湖北四十二里有湖廣四里深三丈縣北二十七里有岑頭夏駕陂馬的陂吳國古有此管坊三十鄉三十戶二萬三千七百

夢池在長洲縣大雲鄉安昌里

華林園在長洲縣華林橋

南宮城在長洲縣平將鄉長樂里

嘉興縣本號長水縣在郡南一百四十三里周敬王十年置在谷口湖秦始皇二十六年重移改由拳縣景龍二年嘉禾野生改嘉禾縣吳赤烏　年避吳王

太子名改嘉興縣前有晉妓錢唐蘇小小墓東五里有天心池二里有會稽太守朱買臣墳西五百步有晉兵部尚書徐恬宅捨爲靈光寺縣北三十里有雋里池是吳越戰敵處縣南一百里有語兒亭勾踐令范蠡取西施以獻夫差西施於路與范蠡潛通三年始達於吳遂生一子至此亭其子一歲能有因名語兒亭越絕書曰西施亡吳國後復歸范蠡同泛五湖而去　二十五里有長谷亭入華亭縣西北行七十里有震澤今丹縣埊管鄉五十戶一萬七千五千四

崑山縣在郡東七十里地名全吳水名新陽貞觀十
三年分在吳縣東置縣南一百九十步有晉將軍袁
山松城隆安二年築時爲吳郡太守以禦孫恩軍在
滬瀆池瀆半毀江中山松能詩書梁武帝許其書云
山松書如深山道者見之往往縮頭卒贈司空將軍
葬横山東二里會昌四年升縣管鄉二十四戶一萬
三千九百八十一
常熟縣在郡北一百里晉建安二年分吳縣海虞置
本號海虞縣至唐貞觀九年改常熟縣北一百九十

步有孔子弟子言偃宅中有聖井闊三尺深十丈傍
有盟即壇也盟北百步有流沙石可方四丈縣北二十里
有海虞山仲雍周章並葬山東嶺上闔閭三子長曰
終纍婚齊女蚤亡亦葬此山山有二洞穴穴側有石
壇周廻六十丈山東二里有石室太公呂望避紂之
處山西北三里有越王勾踐廟郭西二里有夫差廟
拆姑蘇臺造管鄉二十四戶一萬三千八百二十
華亭縣在郡東一百六十里地名雲間水名谷水天
寶五年置蓋晉元假陸遜宅造池亭華麗故名有陸

遜陸機陸瑁三墳在東南二十五里横山中有鶴鳴
鶴唳玄鶴管鄉二十二戶一萬二千七百八十
海鹽縣在郡東南二百二十里地名殷水水名福見
秦始皇二十六年置陷爲柘湖又改武元縣湖爲當
湖隆安五年改東武洲移在故邑上咸康七年改禦
越復號海鹽縣陳貞明元年割屬鹽官廣德七年隷
歸嘉興景隆二年重置先天二年廢開元五年刺史
張廷珪奏蘇州置縣東十一里有晉穆公何皇后宅
十五里有公孫挺陳開强顧治子三墳俱事齊景公

晉烈有功於景公爲晏子以桃三顆令言功三人
同日而死葬于此縣東南三十里有秦柱山有五百
童女避秦始皇難於此後並得仙縣西五里有會稽
山是陸華兄弟尋金牛之處管鄉一十五戶一萬三
千二百會昌四年升爲縣
虎丘山避唐太祖諱改爲武丘又名海湧山在吳縣
西北九里二百步闔閭葬此山中發五郡之人作塚
銅槨三重水銀灌體金銀爲坑史記云闔閭塚在吳
縣閶門外以十萬人治塚取土臨湖葬經三日白虎

踞其上故名虎丘山吳越春秋云闔閭葬虎丘十萬人治葬經三日金精化爲白虎蹲其上因號虎丘秦始皇東巡至虎丘求吳皇寶劍其虎當墳而踞始皇以劍擊之不及悞中于石遺跡尚存其虎西走二十五里忽失於今虎疁唐諱虎錢氏諱疁改爲滸墅劍無復獲乃陷成池古號劍池池傍有石可坐千人號千人石其山本晉司徒王珣與弟司空王珉之別墅咸和二年舍山爲東西二寺立祠於山寺側有貞娘墓吳國之佳麗也行客才子多題詩墓上有舉子譚銖作

詩一絕其後人稍稍息筆

花山在吳縣西三十里其山蓊鬱幽邃晉太康二年生千葉石蓮花因名山東二里有胥葬亭吳越闔閭置亭東二里有館娃宮吳人呼西施作娃夫差置今靈巖山是也晉太尉陸玩舍宅置寺宮傍有石鼓大三十圍吳志云其鼓有兵則鳴晉隆安二年賊孫恩作亂鼓鳴山上有池旱亦不涸中有蒓甚美夏食之則去熱吳中以爲佳品

支硎山在吳縣西十五里晉支遁字道林嘗隱於此山後得道乘白馬升雲而去山中有寺號曰報恩梁武帝置

半粤山在吳縣西十貳里吳王僚葬此山中有寺號思益梁天監二年置

餘杭山又名四飛山在吳縣西三十里有漢豫章太守陸烈墳東二里有漢山陰縣令陸寂墳山有白土如玉甚光潤吳中每年取以充貢號曰石脂亦曰白堊白𡋯東三里有夫差義子墳十八所

橫山又名據湖山在吳縣西南十六里中有朱植墳

及晉門下侍郎陸雲公墳

鷄籠山在吳縣西三十里以形似鷄籠因名晉太康二年司空陸玩葬此山掘地得石鳳飛去今鳳凰墩是也陸玩字君瑤爲左僕射蘇峻之難與兒驊隨帝在石頭城以驊玩吳人之望不敢加逼遷既登公輔嘗歎息謂賓客曰我爲三公是天下無人其謙抑若是疾甍以佐命之勳特置七十家守墳子納字祖言訥玩之弟子訥談也清操絕俗不改素業爲吳興守至郡不受俸祿征討大都督謝安詣訥殊無供辦茶果清談而

退終尚書令亦葬此山
昇猶山在吳縣西二十里吳太宰嚭所葬嚭楚伯州犁之孫楚誅伯州犁奔吳吳以爲大夫讒佞夫差而誅子胥后句踐滅吳誅嚭以其不忠也
女墳湖在吳縣西北六里越絕書曰夫差小女字幼玉見父無道輕士重色其國必危遂願與書生韓重爲偶不果結怨而死夫差思痛之金棺銅槨葬閶門外其女化形而歌曰南山有鳥北山張羅鳥既高飛羅當奈何志欲從君讒言孔多悲怨成疾沒身黃墟

又趙曄吳越春秋云闔閭有女哀怨王先食蒸魚乃自殺王痛之厚葬於閶門外其女化爲白鶴舞於吳市千萬人隨觀之後陷成湖今號女墳湖流杯亭在女墳湖西二百步闔閭三月三日泛舟遊賞之處
太湖按漢書志云爾雅十藪曰吳越之間有具區郭璞云今吳縣西南太湖即震澤也中有包山去縣一百三十里其山高七十丈周迴四百里下有洞庭穴潛行水底無所不通號爲地脉又有大小二雷山按越絕書曰太湖周廻三萬六千頃亦曰五湖虞翻云太湖有五道之別故謂之五湖國語曰吳越戰於五湖在笠澤一湖耳張勃吳錄云五湖者太湖之別名以其周行五百里以五湖爲名周處風土記曰舜漁澤之所也揚州記曰太湖一名震澤一名洞庭今湖中包山有石穴其深莫知其極即十大洞天之第九林屋洞天也洞庭山記曰洞庭有二穴東南入洞幽邃莫測昔闔閭使令威丈人尋洞秉燭晝夜而行纔七十日不窮而返啟王曰初入洞口狹隘傴僂而之約數里忽遇一石室可高二丈常垂津液內有石牀

枕硯石几上有素書三卷持囬上於闔閭不識乃請孔子辯之孔子曰此夏禹之書並神仙之事言大道也王又令再入經二十日却返云不似前也唯上聞風水波濤又有異蟲撓人撲火石燕蝙蝠大如鳥前去不得丈人姓毛名長號曰毛公今洞庭有毛公宅石室并壇存焉
松江一名松陵又名笠澤　越伐吳禦之笠澤其江之源連接太湖一江東南流五十里入小湖一江東北二百六十里入於海一江西南流入震澤

此三江之口也咸仲云松容也容裔之貌尚書云三江既入震澤厎定是也 晉張翰仕齊王冏在京師見秋風起思松江鱸魚膾遂命駕東歸俄而冏敗人皆謂之見機卒葬横山東五里

唐曹恭王廟在松江恭王太宗第十四子調露元年則天皇后出爲蘇州刺史

百口橋後漢郡人顧訓家有百口五世同居鄉人効之共議近宅造百口橋以彰孝義也

乘魚橋在交讓瀆郡人丁法海與琴高友善高世不

吳地記 八 十五

仕共營東皋之田時歲大稔二人共行田畔忽見一大鯉魚長可丈餘一角兩足雙翼舞於高田法海試上魚背靜然不動良久遂可請高登魚背乃舉翼飛騰沖天而去

琴高宅在交讓瀆法海寺西五十步法海寺濟陽丁法海舍宅所置法海蓋丁令威之裔墩西浮圖下有令威煉丹井也

皐橋在吳縣北三里有五十步漢議郎皐伯通字奉卿所居因名伯通卒葬胥門西二百步號伯通墩高士梁鴻隱居伯通廡下爲人賃舂每歸妻爲具食舉按齊眉伯通察而異之曰彼傭能使其妻敬之如此非凡人也舍於家鴻潛閉門著書十餘篇疾困告主人曰昔延陵君葬子嬴博之間不歸鄉里慎勿令我子持喪歸去乃卒伯通等求葬地於吳要離冢傍咸曰要離烈士伯鸞清高宜令相近葬畢妻子歸扶風

都亭橋壽夢於此置都驛招四方賢客基址見存

炭渚橋吳時海渚通源後沙漲爲陸基址見存

定跨橋闔閭於行苑內置游賞之處基址見存

吳地記 八 十六

重玄寺梁衛尉卿陸僧瓚天監二年旦暮見住宅有瑞雲重重覆之遂奏請舍宅爲重雲寺臺省誤寫爲重玄特賜大梁廣德重玄寺

乾元寺晉高士戴顒舍宅置乾元初蘇州節度採訪使鄭椊清書額奉敕依年號爲乾元寺

通玄寺吳大帝孫權吳夫人舍宅置晉建興二年郡東南二百六十里有滬瀆漁人夜見海上光明照水徹天明日覩二石神像浮水土衆言曰水神也以三特日祝迎之像背身逆流而去時郡有信士朱應及

東陵寺尼率衆香花鐘磬入海迎之載入郡城像至
通玄寺前諸寺競爭數百人牽挽不動衆議玄像應
居此寺言畢數人舁試像乃輕舉便登寶殿神驗屢
彰光明七日七夜不絕梁簡文帝制石佛碑曰有迦
葉佛維衛佛梵字刻於像背唐東宮長史陸柬之書
碑載初九年則天皇后遣使送珊瑚鏡一面鉢一副
宣賜供養兼改通玄寺爲重雲寺開元五年兼賜金
魚字額舊通玄寺移鹽官縣東四十里鮑郎市其後
像失一軀後入造一軀以益之

龍光寺梁天監二年金紫光祿大夫　舍宅置陵
東之書額
永定寺梁天監三年蘇州刺史吳郡顧彥先舍宅置
陸鴻漸書額
宴聖寺梁天監三年司徒沈長史吳郡張融舍宅置
右衛翊陸遠書額
禪房寺宋建武元年蘇州刺史張岱舍宅置吳郡陸
曾書額
流水寺吳郡陸襄舍宅置三殿三樓高僧清閑建吳
郡縣令田業伯業書額
唐慈寺宋建武元年高士將軍舍宅置
朱明寺晉隆安二年郡人朱明孝義立身而家大富
與弟同居弟妻言欲析業兄與居明知弟意乃以
金帛餘穀盡給與弟唯留空宅忽一夕狂風驟雨悉
吹財帛還歸明宅弟與妻羞見鄉里自盡明乃舍宅
爲寺號朱明寺
般若寺晉穆帝何曾置內有木池石橋銅像一軀高
一丈六尺高士戴顒建唐景龍二年有神光現數日

不歇奉敕改神景寺東北有般若橋因寺而名
崇福寺梁天監三年武帝置周朝廢之寶應元年重
置
龍興寺則天皇后置御書額八方開元五年再興改
寺刺史張廷珪模勒御書于碑
慈悲寺齊永明二年吳人薛曇舍宅置宋周曇卒遺
言遷其靈柩於殿下
陸卿寺梁庄舍宅置
崇善玉芝二觀並天監二年置

右館八所

全吳　通波　龍門　臨頓

升羽帶城橋二百步　烏鵲在郡南高橋　江風泻馬港堤　夷亭養魚之亭

右坊三十六所

通波　三讓　永浮　闔閭

坤維　館娃　調鴉　平權

金風　南宮　通闤　蓋簪

吳越　白貴　禮觀　長干

望館　曳練　長處　處暑

吳地記　十七

常熙　白華　卽獄　甘節

吳渝　游雷　義和　鸞噦

嘉魚　陋燭

巳上三十坊在吳縣

還善　旌孝　儒教　繡衣

太玄　黄鶴　玉鉉　布德

立義　孫君　青陽　建善

從義　迎春　載耜　開水

麗澤　釋菜　和令　[illegible]則

南政　仲呂　必大　秀冠

八貊　同仁　天宮　布農

富春　循陵

巳上三十坊在長洲縣

周泰王三子長曰泰伯次曰仲雍次曰季歷季歷賢而生聖子文王昌昌必有天下故泰伯以天下三讓於季歷焉周與吳皆后稷之後姓姬氏吳國泰伯在位四十九年無子弟仲雍立

周繇王在位三十七年子熊遂立子

熊遂在位四十九年子[illegible]立之

早軫在位五十九年子款吾立之

款吾在位三十八年子晃[illegible]立之

處在位三十九年姪璧羽立子

璧羽在位三十六年子齊玄立之

齊玄在位五十年子柯盧立之

柯盧在位二十七年弟柯轉立之

柯轉在位二十四年子嬌夷立之

嬌夷在位二十四年姪鵰夷立之

鶻在位三十年　子界嗣立之

界嗣在位三十五年　子知濟立之

知濟在位二十七年　子諸樊立之

餘濟在位十七年　子弟眛立之

餘眛在位二十一年　子僚立之

子僚在位十三年　堂弟子光立之

子光在位二十年　子光諸樊之子殺僚纂位號闔閭子夫差立之

夫差在位二十三年　爲越王句踐所殺國滅

已上計二十五王治國總六百二十四年

吳地記

羅城作亞字形周敬王六年丁亥造至今唐乾符二年丙申凡一千八百九十五年其城南北長十二里東西九里城中有大河三橫四直蘇州名標十望地號六雄七縣八門皆通水陸郡郭三百餘巷吳長二縣古坊六十虹橋三百有餘地廣人繁民多殷富古蹤舊跡實異事後因王郢叛亂羅城乃以重修今姑纂成圖畫以俟後來者添修矣

吳郡諸山錄

宋　周必大

乾道丁亥五月戊戌朔乙巳午後至滸市登法華菴望陽山在數里間其下有澄照寺今爲朱諤右丞功德院其旁龍母廟頗靈異晚抵平江入閶門泊北寺薄徙承天能仁寺觀銅佛圖經云梁陸僧瓚舍宅爲寺中有聖姑廟蓋陸氏女今號惠感夫人郡人祈子頗驗項之章濟之運幹來同過從母宅章氏甥楊昉明叔同宿丙午唐致遠判院來友之婿也丁未赴范

至能吏部會己酉早同濟之民叔致遠游虎丘圖經云山在長洲縣西北九里一名海湧山上有雲巖寺眞娘墓劍池飯罷謁陳省華王禹偁葉參蔣堂畫像歷東西菴歸過半塘寺朱長文續圖經云虎丘寺即晉東亭獻穆公王珣及其弟珉之宅寺前有高僧竺道講堂生公立片石以作聽徒折松枝而爲談柄其虎跑泉陸羽井見存壬子獨游北禪主者惠深住數十年一力新之十六觀甚嚴潔圖經本戴顒宅甲寅赴張漢卿會約爲天池之游乙卯早别從母登舟同濟之至崇眞宮相别於閶門范至能顏休文相别於門外致遠聯舟繞城望姑蘇館西過八里至横塘入般若寺又數里至黄山入法雲寺陳國長公主及石駙馬葬堂上寺之軒窗皆可眺望登塔一級以窄峻而止諸峯高下相連如筆格俗號筆格山又數里過木瀆鎭遂至靈巖廨院村民礫蝦蟆可閔以錢二千市千二百縱之呼筍輿上山山半有憩亭由支徑訪西施洞今爲石龕塑佛像同視已見太湖按吳越僧智賢乾德三年所作智積記云圖志言闔閭城西硯

石山高三百六十丈在吳縣西三十里闔閭置宮館琴臺響屧廊館娃宮復有硯池翫花池明月池山前十里採香徑梁天監二年置寺十五年有僧自畫梵相於佛殿壁間後有西天僧見之云此智積菩薩也舊號靈巖秀峯院今韓世忠請爲功德院長老喜卿來迓同自響屧廊過草堂上琴臺下視川原華麗太湖數百里在眼中致遠置酒勝集堂傍有圖照禪師塔塔臨石池即硯池也故此山號硯石山近地别有礦村其石可作硯及器用堂上望湖邊兩山相對東

曰胥山西曰香山其中曰胥口故老言香山產香堂
下平田之中有徑直達山頭西施自此採香故一名
採香亦云箭徑言其直也或云由此投伍員尸故有
胥山胥口之名香山西北連穹窿山湖中山之大者
有東西二山皆號洞庭山餘多島嶼云夜待月望湖
光然後就枕頃年嘗同章茂之兄弟劇飲於草堂泥
足偃松間中夜方寢今日之樂又過昔游所惜偃松
一枝巳瘁至能走价送薰香松黃新茶其簡云來日
登天平須攀援至遠公亭及諸石屏處白雲泉名在

水品其色凝白蓋乳泉也張又新以虎丘石井松江
在第三第六而下此泉未知如何試一別之向壽老
欲作亭泉上及別築遠公亭而范氏媪居寺中擾之
遂退寺右上山路旁有石龜形極似向亦有名近無
知者忠烈廟具有文正以下畫像宜掛壁謁之丙辰
早以香茶供智積殿周行寺宇惟倦於登塔塔乃吳
越平江節度使孫承佑為光國妃所造成於太平興
國二年丁丑歲猶未納土今一百九十一年矣卿老
具飯人力輩能敲笛用徑山例呼而奏之登諸天閣

烹至能雪波步至後門觀大井其徑丈餘正東望崑
山縣百里皆平田惟一山突起蓋縣郭之馬鞍山也
寺在焉東北連山甚長嘗熟縣之虞山也自此升小
車過天平下嶺甚峻約數里至白雲寺圖經云唐寶
歷二年置在縣西南二十五里本遠錄公道場今為
范文正公功德院義倉在其中文正父祖葬山下故
范氏多寓傍近或居寺廊不振寺有白樂天蘇子美
王君玉蔣希魯詩刻久闕主僧庶事不治欲同致遠
登山而脚力頓疲頗難之然思至能簡中語恐遺恨

他年遂奮衣右轉而上酌白雲泉甚白而甘躡石磴
至卓筆峯高數丈截然立雙石之上附着甚線宛疑
其將墜餘如屏如纛或揷或倚備極奇怪行十六七
里石愈衆而力愈憊廼循左徑訪石屋三面壁立覆
以二大石少休其中下至小石屋一石覆之又下至
飛來峯高二丈上銳下侈徹附磬石前臨崖谷茲其
異也又東下遠公菴一名望湖臺正直寺後今廢又
下至五丈石亦闕石上次至頭陀巖有蓋斜蔽之次
至龜石脊勢隱起名不虛得此山大抵皆石也環形

詭狀可喜可愕今日適疲劇又當暑不能窮其巔然
郡人能至子之所至者寡矣況游客乎歸寺欲拜文
正及四子像坐待魚鑰移時乃至明日蓋文正忌辰
云寺右有明因塔院詰尙隨山殊迫窄初僧智華與
蔡京善政和間爲乞此額且立碑焉茶罷即行過晨
臺山大石特立進至羊腸嶺道旁有魯收和甫墓碑
未百年已荒敗又度宮家嶺大石如横案上立兩石
俗云嶺北有新婦石此其箱篋也午飯王份知縣墳
菴未時至張漢卿天池菴漢卿相待久矣按圖經吳

吳郡諸山錄

縣西六十里曰華山由絕頂而上有大池晉太康中
嘗産千葉蓮花今池在山半未知是否漢卿於此營
墓就隱負崖爲屋鑿徑穿洞流水四達其間種梅藝
菊以待游人費蓋不貲然山石粗礦殊乏秀潤晚置
酒更好亭亭在池上酒闌肩輿過燕窠山觀魏氏山
地入魏奉議志菴右過北峯禪院其實魏侍郎憲之
菴規模倣寺額而爲移廢額於此入門久之一僧方
出歸宿天池丁巳早飯罷同漢卿致遠行三里至張
唐卿排岸菴後大石間有翫雲亭皆人力也自此亡

廟嶺並花山凡數里至朱右丞諤永慕菴塋域頗侈
蓋蔡京當國與諤善勑葬故也又數里至陽山下望
田間一碑邪甚古不知何人墳耕夫云近之輒有蜂
螫人陽山吳郡之主山也在元居實者紹興間掌市
骨董於権場坐致高貲今爲平江總管陽山既横聳
乃大典土工築支隴爲生墳其傍起冢舍雖涸軒亦
極甃砌之工門外栽花木約數千株不知糜金錢幾
萬緡又二三里度老鼠嶺入張齊賢承節菴與漢卿
小飲而别致遠扣魏廸功菴過黄峴嶺遂至白馬澗

吳郡諸山錄八　六

舟人已來與致遠酌一盃各解維去吳郡惟城西多
山起黄山盡陽山兩日幾遍歷夜宿望亭
乾道壬辰二月乙卯予任權禮部侍郎兼侍講直學
士院同修國史實録院修撰坐不草新除簽書樞密
張説王之奇不允詔與在外宫觀戊午早買舟行十
餘里至桐扣行四里許至佛日山淨慧禪院晉臨平
岸崩得石鼓張華以蜀中桐材刻爲魚形扣之響聞
數里即此地近世訛爲同戶寺不經兵火面對黄鶴
峯有清冷一擊等軒庫堂後有池池中有渥洼泉出

石艛中東坡常題五絕句所謂東麓雲根露角牙細泉咽咽走金沙不堪土肉埋山骨未放蒼龍浴渥洼是也齋罷復登舟晚宿臨平辛酉早行至本覺寺登岸觀覽即古檇李也舊號小長蘆東坡元祐間帥杭往復過此爲文長老賦詩二首舊聞巴叟卧荒村來打三更月下門前詩也三過門間老病死一彈指頃去來今後詩也予癸酉冬來遊見池中大魚數千咋咋有聲今亡矣癸亥至吳江甲子從王季海提刑別借舟就驛中治疊行李蓋去國匆匆殊無倫理也浴

院在驛旁有建隆初吳江西城鎮遏使徐某乞置無礙浴院狀錢鏐判任者二字用天下兵馬大元帥府印寺僧寶藏又有治平四年蘇州牒皆用短少紙古人不侈費類此戊辰出吳江界三月己巳朔風順俄頃至尹山以小舫入崇福寺同王僧惟妙訪何氏園亭園池雖狹種植甚繁海棠盛開聞牡丹多佳品少休還舟中繞城抵盤門易舟徑赴范至能石湖之招過橫塘（即賀方回所謂凌波不過者）入般若院長老祖康蜀中士族也風橫而逆溥莫方至初吳王築姑蘇前後兩臺相距半里（俗呼拜郊臺）爲城三重遺基儼然夫差與西施宴游之地也前有溪越王勾踐由此攻吳今號越來溪溪上築城與吳人夾溪相持至能之圃因城基高下而爲臺榭所植多名花別築農圃堂對楞伽山臨石湖蓋太湖之派范蠡所泛之五湖者望吳江縣纔二三十里飲酒至夜分留題壁間云吳臺越壘距盤門纔十里而陸沉於荒煙野草者千七百年紫微舍人始創別墅登臨得要甲于東南豈鴟夷子成功於此扁舟去之天閟絕景須苗裔之賢者然後享其樂

耶乾道壬辰三月上巳東里周某子充侍家兄子上來游紫微方腰桂林組過家宴爲東道主云庚午登舟辛未至靈巖山癸酉陰肩輿二里觀金沙塔其地有金屑雜沙中丁亥歲所未至也甲戌清明節早濃霧既開湖山競秀方快心目俄而大風同大兄至延壽堂再游本禪師塔過偃松堂登琴臺望崑山慧聚寺風動地幾不能立北峯長老師燦相候乙亥與大兄肩輿數里至天平長老欲謁五范畫像而童行持鑰匙出復行數里過天峯禪院俗呼南峯蓋支遁道

林别庵也鐵杖重十餘斤云是當時物佛殿前有碧
琳泉寺宇頗佳多葉少藴詩刻門外百餘步有道林
放鶴亭基進度石門有馬蹄雙跡其旁即石室嘗爲
孕婦所觸雷震其頂相傳云道林夏居别峯冬居石
室别峯即南峯石室即此室也又有中峯不暇往焉
蹶去石室甚近爲觀音院僧限以籬落紆曲半里乃
能至焉觀音院方修葺無足觀由南峯又數里乃至
天池庵置酒池上觀競渡池心有橋可以徙倚晚策
杖登月觀下視空濶蓋華山之顛也丙子至北峯赴

槃老飯遂過元氏菴距天池十里丁丑復還靈巖初
過王知縣墳庵次度賀家嶺又數里登靈巖後嶺下
視砙村乃鑿石爲器之所地本土山掘之即石云遠
望嶺上積土如塚墓者甚多相傳吴時伏兵其中未
知信否過金沙塔乃至寺（自天池來約十里）與鄉老登水陸
堂臨池散餅餌候金銀魚久之不出夜同鄉老坐勝
集堂望湖賞月遂訪明月池乃在柴塲中殊不治戊
寅早巾車游穹窿約八九里入山口即行石衢夾道
多丘墓有富人余佐臨簿覺華菴雅潔而閣深軒窻

閒海棠甚開極可人又二三里乃至福臻禪院古碑
云朱買臣捨宅爲之殆不可信或曰吴越忠懿王時
德韶國師道場也因山壘基甎甓十餘重登陟雖勞
而氣象淳古大兒謂甚類南嶽諸寺元豐八年七月
米元章和仲殊詩親題壁間方丈後有法雨泉葉少
藴爲之銘又其上有韶師石室雷雨作不果登時諸
僧皆出匆匆下山避雨於林奉直振白雲菴稍雨霽
遂歸中道復雨衣履盡濕至砙村靈巖遣人來迓己
卯欲游杭塢雨大作而止辛巳同鄉老下山行二里

觀韓王墳欲歸登舟過寶華而天氣晴和忽有游杭
塢之興遂與大兒呼車往焉約十里度小峴嶺入唐
子明侍郎墳庵又二三里至白馬穹窿禪寺（景德寺碑云南梁天監中取梅梁於此因白馬之異而得唐會昌六年置禪寺）飯訖行數里至墅
里又數里過支塢嶺遂至法華院本皆荒山中官利
州觀察使李中立造塋於此捐家貲數千萬創精舍
十年而成四山環抱宛若化城三門爲閣七間華麗
擬宫闕其間棟宇甃砌種植皆稱是門外數百步即
太湖極目彌天之浸裴徊不忍去飯茶於塔院登候

李之丘讀孫仲益所著銘主僧具飯投客館壬午發
杭塢約十里入寶相寺風雨交作行近一里至梅舍
訪鄉人張氏運屬公之子德遜置酒留宿癸未晴德
遜留再飲而別出門僅半里卽太湖近岸水纔三四
尺稍深者丈餘聞湖心若不深但水聚而瀦耳登
舟值西風揚颿極駛望洞庭諸山悵不一徙移刻入
胥口遂至木瀆平生未有如是之快也行李捎尚在
靈巖之下卽徃就之至圓通菴再約范至能會石湖
復掛帆而東及園至能未來梨花金林檎緋碧桃盛

開與伯氏徧賞遂游楞伽治平寺主僧房有日觀稍
佳門外八角大井視石欄刻字云隋開皇十年楊素
開素初平陳徙吳郡於此近地尚有新郭之名其後
吳人不安之復還今城云薄晚至能來望夜月色如
晝乘小舟入石湖之心風露浩然登岸杖策度行春
橋石橋極壯大次度越來溪橋新修歸飯煙波亭飲農圃
堂此飲此樂未易得也夜分乃寢甲申大風至能具
飯訖同跨馬游橫山寶積寺寺亦唐餘本朝祥符中
賜額聞丁謂當國忿其貧故畀此名有五代時吳越

國碑稱寶大二年亦足證錢氏嘗改元矣寺旁乃唐
致遠先隴五代以來接續葬一山平江世家惟此爲
久次登上方教院在山之巔卽楞伽塔也望太湖瀰
漫石湖僅如斷港有隋大業四年碑字畫類虞書小
酌御風而下回望姑蘇前堂周遭城基故在至能畏
風不果登登後臺而歸二臺相距甚近但隔楞伽治
平寺至能辭還城復侍大兄絕湖入境約十五里游
寶華寺未至二里捨舟而徒及門巳暮夜宿焉去靈
巖止十餘里乙酉早周覽寺宇修廊華屋吳中之名

刹按碑志本梁天監中西域僧鍮鉐和尚卓錫出泉
今在寺左百步深纔數尺大旱不竭寺高泉低爲石
槽仰而注之僧有衆寡恃以給用齋前流多齋後差
少茲其異也舊號知顯寺紹聖四年樞密林希請爲
功德寺遂加慈嚴之額林氏墳在寺後數十步又數
十步卽葉清臣內翰墓夢得左丞之母亦葬此飯罷
命車登堯峯中道有半峯亭蔣堂賦詩今廢雍熙二
年乙酉大理評事知縣事羅處約記云昔在帝唐以
洪水肆暴吳人族遁於此俗呼免水爲蘇師蹝傳療

易名堯峯唐天復以後有僧惠齊姓朱氏郡人也結
精舍於此山下名魯塢山蔣堂所居既死葬焉此寺
乃奉其香火蔣之奇壬子歲留題數百字尚可辨寺
有清輝軒碧玉沼寺左觀音巖石象佳白龍洞俗云通洞
庭多景巖寶雲井井在寺左山頂人以爲難皇祐四年長老顯暹所鑿蔣堂有詩偃
蓋松二鐵塔妙高峯下視空曠東齋偲甚晚同長老
了念徧覽畢由龍洞觀音巖而下蓋寺後路也復至
寶華飯寶林軒修竹參天極可人飯罷登車行五里
至環谷乃王珏總領之居園亭池沼花竹奇石環繞

其屋珏字德全介甫之後乾道元年年五十三失明
罷歸相者告以其亭某所而已珏不見也又里餘復
登舟觀吳王魚城城在田間當時養魚於此基厚而
方其高二丈博倍之中爲田百二十畝今屬練墟趙
氏土極細故久而不壞欲訪顧野王墓不果遂自石
湖入步府港歸盤門舟中已昏暮自寶華至此三十
餘里丙戌黎明別大兄過崑山丁亥夜抵崑山丙申
挈家登舟隨潮宿怡亭丁酉早過閶門與大兄同游
虎丘夜宿寺里長老希範戊戌登觀音殿几案四壁

皆石也觀試劍石憨憨泉點頭石晚移舟過楓橋四
月己亥朔外姑仲賢置酒爲餞壬寅次無錫癸卯次
常州訪周德友運幹其子煇示近作一卷乙巳以小
舟挈家趨宜興己酉同大兄至臺莊祭外氏墳甲寅
挈家登舟過溧陽縣三里宿乙卯行七十里至三塔
院院在水中有元豐中劉誼所作記三塔者相傳僧
伽過江造塔至此爲第三耳寺宇弊甚有寒光亭可
望湖二三年來亦廢又三十里至鄧步隸溧水縣有數十
家及稅場又十里至東壩亦數十家丙辰雨意甚濃

時時洒塵程泰之運使先諭溧水宰備車乘相待洎
疊移時乃登陸天氣稍霽行十五里至銀樹亦有一二百家
若水泛則自此便通舟又六七里至雙港口復登舟約十餘里
至圍城湖日猶未晡蓋數百家之聚也登妙知庵晚
與庵僧散步圍城之上父老謂之楚王城其周數里
地勢甚高丁巳同大兄肩輿五六里至禪林山惠照
院啓天申節寺僧云相去二十里有游子山儒童院
蓋夫子游學之地不記圖志所載云何歸舟解維度
湖水纔數尺然亦瀰漫其中多芰葑凡三十里至石

橋頭入溪港（地名石橋而無橋）約五十里至太平州河口兩岸多民居溪流不甚濶煙樹如畫稍前卽永豐圩（八十四圩共之）夜泊黃池鎭距固城湖已百一十里而商賈輻湊市井繁盛俗諺有三不如謂太平州不如蕪湖不如黃池也已未至小濡淮登岸入棲隱寺弊陋無足觀又十里至郭城登普化寺遣人先徃隱靜借人轎遂自別港約行二十里泊新林小商十數皆以船爲家登岸三里至小市有民居酒坊及韋察院祠宇者云興於後唐同光中庚申早隱靜人至挐家行十里

至寺五峯不高而形勢環抱本梁朝杯渡禪師道場禪師諡慧嚴寺名普惠遂廊傑閣江東之巨刹隷太平州繁昌縣寺後三百步碧霄峯下有泉出石中流入寺瀨瀨有聲且給烹煮灌漑長老行機台州人頗爲僧徒所推有泉三百飯罷瀹茗泉上闘登山則見巖洞之勝初著不果徃歸寺登禪傳閣徧歷齋舍再飯訖出寺觀卓錫泉夾道林中王孫纍纍然行近里許至夢堂前主藍長老彥岑在焉又半里至杯渡塔乃升車由南陵路行十里落路過趙家步已見星矣

早來先移舟於此辛酉舟行十餘里近南陵縣午時挐家入行衙爲遵陸計壬戌風雨顧夫亦未齊爲留一日縣西二十里有工山遠秀拔縣南六十里有呂山圖經云孔聖曾游置書堂於此見有石室其山南石縫內泉水湧出流於漳淮（去縣三十五里日孔村落路五里至石室）癸亥早飯敬亭山（去縣十里）三山在宣城而名在此當考過孔村（土人無此姓聞專以夫子得名）晚宿陽口何氏酒坊（去縣六十里）甲子早行十五里路旁有泉甚清尋伏流而去次至燕見礲上山數十步有石洞刻云劉公巖又二十里飯

水爪塘徐家店又十五里見游人來者憧憧問之云半月來樵夫新得一洞深數十丈其大如數間屋有石鐘等而近時人皆不知惜乎行李已過不及一游晚至青陽望九華如見故人館於妙音禪院乙丑早發青陽二十里至長橋回望九華甚奇路旁復有泉自山石中出飯葉氏新店卽鐵券路口去縣已三十五里至齊山從者告疲携家入寺登覽投宿寺中主僧智瑞丙寅早入城館司戶廨中報謁程倅同登拱翠亭望溪山李庚子長改其名曰如刻蓋用李太白

秋浦歌云江山如剡縣風日似長沙也又登九華樓蓋城東門也丁卯張知彥胡宣叔共置酒常平司初食鯽魚是日大兄獨游雲光寺江祖石戊辰早發池陽飯十八里店又十二里過紫巖民居稍衆即産紙之地有紫巖大王廟又十五里至柯村東流縣境也凡三十里乃入建德縣界五月己巳朔早行二十里過白面渡又十餘里飯烏楓潭又四十里宿藍橋張氏庚午早行二十里飯石潭稍前有仙女井撫掌則觱沸俗云仙女喜也按圖經去縣三十五里留山頂

有葛仙壇相傳葛真人煉丹得道今丹井尚存而好事者因有藍橋遂傳雲英事自石潭四十里至建德縣館於行衙其前石山蒼翠謂之後山以縣治正倚此山故也山頂有朝峯亭梅聖俞作宰時常賦詩今廢又有蛻龍巖晚同大兄散步山下有青山文殊東庵三僧院相連接皆無足觀辛未早行三里過堯城渡方輿記云堯南巡至此又縣北二十里櫟山下有舜城古老云舜南巡至此又縣北六里斷崖石壁之上有印文圖如馬蹄兩兩相對圖經云許旌陽逐蛟

至此所留也邑官送別二十里地飯三十里之楓門嶺晚宿遶山去縣已七十五里地壬申晡時抵石門市爲鄱陽西尉治所乙亥早發石門游道傍南臺院破敝無足觀又二十里飯車陂又三十里過童子渡相望有小山俗號童子塚其說謂九女溺死甚不經又二十里宿觀岡丙子早行二十里飯三口又二十里有居民百餘家謂之四十里店又二十五里落路過薦福禪寺避入城人事之勞也寺蓋古刹所謂轟碑者其前即東湖方丈後大竹中有青亭甚佳丁丑

晚登舟壬午至餘干江口距邑尚十五里自此順流而下溪水瀰浸田野皆爲陂池癸未黎明至鄔子寨入湖巨浸稽天非丙戌經從之比未後將入港湍流不可泝復行石磯湖約二十里穿小實達于港繫舟蘆間四無人煙彌望皆水是日過湖暑無風濤有小蛇昂首引舟抵岸乃回戲作小詩云萬頃湖光似鏡平蜿蜒遂得導舟行從來仕路風波惡却是江山不世情乙酉風雨不止水益漲入池口趨寂照院僧言院興於天祐十五年戊寅舊名資福仁宗治平中改

令名丁亥風稍定解舟行數里望大門院在水中棹小舟往游至則破敝將傾一僧出門隔淺水遙語而回稍前步高機湖菰蘆之屬皆爲水没野鼠無數被浸灘依聚沫而立晚泊徐汉龔飾差小舟來戊子捨鄱陽之舟以小艇乘順風而行晚泊龍沙章江禪院挈家投宿己丑飯罷挈家游秋平酌淺沙泉遂過列岫亭入報恩禪院長老曉林眉山人藏後有鐵文殊像甚大歸入景德禪院觀銅佛鍾傳所鑄也登閣閑望庚寅移舟滕王閣下挈家屬寓閣上如遷喬木也丙申大兄先乘舟歸廬陵六月戊戌朔己亥舟行泊將家灣庚子早行十里過生米鎮又二十餘里泊曲尺湖辛丑行二十里至市汊又十里泊桿堆步相對郎龍霧州癸卯至豐城甲辰早行縣官送別李家坪距樟鎮十餘里宿乙巳夜至臨江軍戊申早移舟慧力寺下携家少休江月亭午後解去晚宿永泰寺己酉宿寄泥庚戌早至神頭之龍安寺辛亥早移舟入邑壬子早過江癸丑早發新淦甲寅晚宿硤江灘下乙卯晚宿敖山丙辰晚至元潭登觀觀古劍其長尺餘頃之拋江復行數里丁巳抵白沙戊午至吉水縣晡後解去北風微作猶移時方能上滑石灘宿墨潭庚申早挈家入宅

廬山錄

宋　周必大撰　張汝醇校

丁亥三月乙巳過隆興府丙午晚泊吳城山下廟登望湖亭春水未生涯渚歷歷丁未舟人賽廟畢解去自此入湖掠珠溪神岡左里廟皆不泊湖中多沙山望之如雲廬阜青蒼貞欲招隱耶未後次南康軍僉判趙無悔相訪別適周歲矣借虞兵陳宣前導出西門諸峯橫陳瀑布中瀉寒食節遊人布路約十餘里至開先寺長老不在同西堂元湛上漱玉亭觀石柱

間東坡辛巳四月題名開先舊屋惟有此亭其上即石橋又其上瀑水落焉瀦為龍潭旱歲祈禱頗應回觀僧堂即南唐元宗少年書堂也古碑一空魯直院記偶存耳寺之東山別有小瀑號馬尾泉其餘境物之勝僧徒皆不能言要當按陳令舉之記以次徧搜訪或可得其四五耳飯罷日已落急命車南訪歸宗寺由簡寂觀路口以迂僻不果入行官道約十里將至寺先渡鸞溪橋酌一滴泉躡支徑過冰礓循溪源有大池縱廣十丈甃護皆以石又其上則石鏡溪間刻魯直三大字黯黑不能視獨題歲月於王龜齡待制詩牌後溪上直紫霄峯鐵塔在焉村民以二三月一往採茶約十里云自此即架石渠導水長至二百丈最為奇特此外舊物稀矣秉燭入寺寺在金輪峯上霄峯之下上霄者秦皇漢武帝所登也長老名僧縱閩人同謁王右軍塑像觀墨池又有鵝池恐偽南山至此已十八九尚有康王觀谷簾泉在一二十里間遂轉山北入江州界矣隔路別峯號黃龍是為湯泉有寺幾廢云縱作果供二鼓就寢今日之游雖匆

匆而藍輿中遍觀山面所得為多恨不能詩以識之戊申聞五更鐘即蓐食以火炬夾軍而歸初甚雨無從假蓋已而稍止至萬杉院天始明項經焚蕩尤貧乏同長老上散珠亭即舊滴翠亭也雨復作亟過棲賢路稍崎嶇然不妨觀山也約十餘里至三峽橋蘇黃門所記殆非誇詞恨不過積雨怒濺非玉十柳樁柱余靖元絳皆刻姓名自此行石徑至玉淵亭淵水披石陡落匯為龍湫雪濺雷吼不減三峽又數十步乃至寺山林陰翳棟宇零落架蹋無人之境升其堂

長老妙徽方出嘉州人也同至五老亭古碑多燼於火而祖無擇愛堂銘獨存堂今在萊圃後僅存階梯按記文唐寶歷初李渤捨宅爲寺云間數里間有楞伽折桂諸小院乃舊屋楞伽卽李常公擇山房有其妹墨竹迫歸不能往出棲賢行十里得官道入羅漢院雖免火厄而主者非其人坐觀摧敗略不支補惟藏殿尚如舊內外皆石柱刻龍遶之承平時民財既富濟以國力固應如此又十里入北門江行圖欲登落星寺而臬客在岸應酬移時日已過未遂解去晚泊女兒港己酉早昏霧辰後方解而北風作過大孤泊黃泥洑風止過泊樟汊口頃之風稍息行數里浪勢未平家人輩驚怖役掛颿回漳汊昨日若遇此天氣則少留落星再遊廬山矣

廬山錄

廬山後錄

宋　周必大

十月乙未朔壬子次南康軍水殊未落入泊寨中癸丑欲游廬山值大雨乙卯拂旦出西門過開先路口數里由別徑入簡寂觀宋陸靜修故居也其旁有獄廟守者云先生煉丹井也迺西步訪之深三尺在田間酌飲乃至觀中陳賢良記云觀在白雲峯下其間一峯獨秀曰紫霄其北又有屏風山其前一里有雞籠山觀門有朝真閣今廢殿前有先生燕石亦名禮斗石道藏石刻銅天尊像石磬白雲樓西澗懸瀑落於

廡前甜苦笋開歲一生相傳先生手種者邂逅章續與之同過度仙橋記云許堅聯衣石澗中間道士則云淤石湮埋久矣進觀連理樹次至先天觀次至祥符觀舊名靈溪記云三武士嘗棲溪側漢武賜名齊朝修創南唐重修今石衢甚廣而屋宇極不振自此數百步即歸宗禪寺桄老來迎飯而後行道中有三將軍別祠即所謂三武士其名曰唐建咸李德及宋刀雲正廟自歸宗登山纔里餘又其上八里則紫霄峯峯頂有鐵浮圖九級藏舍利遠望如枯木而晉梵僧耶舍亦有墳在其衢又三里有謝景先草堂乃杏林故地天氣未佳且無向導不果徧游杏林者後漢董奉活人疾不取貲使愈者人植杏五株然奉自有太乙觀在山北或曰杏林在此而上昇太乙觀耳記又言歸宗後峯半右石室中有夏禹刻字僅百餘人無復至者過歸宗望紫霄峯亦有瀑布行官道約三里入小路訪栗里求醉石土人直云此去有陶公無栗里也屈曲行三里遇數道人草菴背有唯古澗醉石在焉仰視飛瀑披大石而下甚為奇觀石有如處

醉云陶公枕痕也又指若虎跡者其說尤荒唐嘗記龍人遯詩云五字高吟酒一瓢廬山千古想風標至今門外青青柳不為東風肯折腰惜乎不記其姓名餘具記中久之復出官道訪謝康樂經臺或云地屬皇甫道人已樊之矣次至黃龍靈湯院敗落特甚而湯泉固自若或題東坡和可遵絕句于壁間又十五里落路數百步至康王景德觀對天柱峯倚凌雲峯兵火後殊草創其西有四庵一院相去不遠而記中

無所取故不往夜宿山月軒下臨大溪簾水所注也
終夜如大風聲丙辰早同道士喬大和渡溪入谷五
里至舊觀基（記云隋開皇徙今爲萊）闕又半里至龍泉院破
屋數間而已又十里至黄氏茅屋蔬食畢望簾而進
此陸羽茶經第一水也熙寧元年七月夏倚所記信
而有徵言過石磴路甚危蓋鳥道緣崖其下即澗壑
又草木蒙密須盡芟去乃能徐步耳倚所謂平石可
坐數人者正與簾對過此則大石散亂不可行予跳
躍其間從者皆驚逼簾濺沫噴人如霧雨毛髮凛然

卞初來於石砆勢猶未廣既而散布傾爲雖冬深水
縮猶爲十餘派過山後乃開先路豈非與山半之瀑
同源耶谷中若用兩壯士挾山轎則可代步然屢涉
溪流春夏漲溢亦未易進也今日予皆徒行幸天氣
晴和歸路方有微雨回至山月軒道士喬大和猶未
飯且言嘗有雪覆谷中不知也去觀五里至荆林寺
是爲山北江州境大風人不能立晡時至侯溪市入
圓通崇勝禪院古有侯氏故以名溪長老不在首座
諸勝潼川人可與語同過旻古佛塔謁西堂修靜故

人惟訥之兄也東塔廣福院相去二里寒甚不可往
步至磨院風益甚或云寺前山中有風穴故多風飯
罷登至樂亭（在法堂后）觀李後主及昭惠后畫像訪淸首
亭兵火後偶餘此亭乃攏壞弗葺惟石渠二百五十
丈尚無恙夜宿寺中丁巳早謁圓通殿（榜但標木觀音今乃設
釋迦觀音文殊三像於中而環以二十五圓通）會食於東軒出門望馬耳石
耳峯方出昨夜疑大雪今日天氣乃稍開晴過廿泉
市至七里冉落路飯廣福庵庵泉水即石門澗也同
主僧慧辨行百餘步訪尊勝庵下有大石高數丈長

如之中若剸裁可過二三人謂之石門相傳古有僧
誦尊勝呪而石開遂以名庵庵對仙步峯又數十步
至保寧庵三面皆出其南石旌峯在焉此三庵皆沿
石門澗激水碓茶資其利次度橋上雙龍庵雙龍謂
錦綉澗及庵傍小澗過此直上天池凡十五里或云
兩旁通謂之綿綉谷蓋春時山花盛開望之如綿綉
云山路峻甚每三四里輒爲亭以憩凡五亭第一亭
跨澗頗雄偉行至半山有處州道人草庵在綿綉峯
下指其旁以爲竹林隱寺游人或聞鐘鼓聲按山記

云香像西北名阿那衙內有寺暮時聞鐘梵而寺隱
不見其旁半里有羅漢巖亦阿那寺之類而近世誤
謂之竹林耳（山南真有竹林寺）由道人庵而上路愈峻每數
十步即回視江淮無遁形者過第四亭有大石凌虛
而出可坐數十人百千里器無障礙（俗呼四望石以山記攷之亦非）
是平視一峯上有巧石（俗呼香爐峯以山記攷之乃在東林北成路）亭午
至天池禪院雖鑿二沼其凋可待所謂天池今不可
到號曰龍潭在鐵船峯下亦有黑龍潭祈雨則至焉
長老不在同首坐道微登文殊亭下視鐵船峯望石

門凋自山委蛇而出直達於江然則尊勝庵之石門
非水源矣院有崇寧間西天僧金總持像及貝多葉
梵書數十辟支佛牙觀畢回道微謁隆禪師塔其旁
即定心石也（記中下有望仙臺）道微指其前一峯為十八賢
臺未知是否新羅巖草深路迷不能至歸院日方斜
復度嶺行二里許至王簾塔洞視空凋又非第四亭
而上可比東西二林歷歷在眼而江州屋壁巳可辨
有九十九峯櫛比磐折如城堞然王韶觀文葬其下
此登眺最佳處也稍前至佛手巖雪花滿樹庵門尚

閉乃知昨日大雪今日驟霽望南山雪氣猶未散賦
小詩云十月頭陰不見山山中一夜雪封庵伊予的
有尋仙分日照北山雲在南開每歲自九月便有雪
至三四月乃消去巖石空洞不止容百人下有泉水
道微云巖上立峯如指故號佛手近為野火焚裂矣
繇巖後細路數百步東望一峯即舊峯頂院今廢或
云其間方是錦繡谷達於平䂦又下視磐石相傳遠
公講經臺也自佛手巖一二里渡小溪乃至大林寺
遺野火僅有基址其額為敎練者徵翁墳菴併令一

僧據其田人無知者予按白樂天詩心實慕之物色
乃能至其旁小徑即下山南棲賢路也地在山頂而
反平衍謝靈運詩云冬夏共霜雪其高可知予作弔
大林詩云上盡諸峯地轉平大低雲近日多陰古來
南北通雙徑此去東西啟二林虞世南碑從泯沒白
居易序合推尋廬嶽第一金仙境忍使如今遂陸沉
黃昏歸至天池禮文殊求燈閃爍合離或在淮南或
在近嶺高者天半低者掠地又賦小詩云代馬腥膻
暗玉臺南方世界且褰回傳燈便是真知識不用燈

波學善才是日雲散日出寒燠適中甚愜素志山中薯預花全類蝴蝶又有萬年松羅漢線菩薩石(即記中所謂白石英也)戊午早同道徹望羅漢巖即下山山上微雪山半乃爲雨矣由石門澗出官路稍前即岳家市(岳飛葬母於此故爲市)自此可上化成不惟足力有限又山記止言石盤之美而樓閣已非昔遊睇而去回視文殊亭渺在峯頂王簿塔僅如枯木佛手巖星彷彿可辨始嘆昨日登涉之不易也午時至林口寺(謂二林之口)遲杳谷慧永禪師塔入西林寺即慧永道場也流水瀧瀧

循皆除賞歎不能去寺不經火但不葺耳牛僧孺書寺額佛像獨兹冠纓訪水閣院已廢但存浮圖七級次至東林晉慧遠法師道場法師鴈門人於是寺前方與鴈門市虎溪在寺門之外山記云清溪有亭(今廢)牛僧孺太和四年書神運之殿(今殿非其舊)南唐元宗題神運木(今亡)流泉匝寺下入虎溪殿後白蓮池晉輩(或云政和間太守扶之)經藏院白公草堂雙玉澗明皇銅像(今作傳大士裝飾觀其豐下真明皇也)唐壁畫等(今亡)上方舍利塔(有南唐保大碑在門下)顏魯公題名上方之外虎跑泉(深入九尺)五彩階甘露

戒壇(今亡)其西石磴三百級(岳飛母拆砌墳)滴翠亭(今亡)殷仲堪聽明泉佛影臺(今亡)晉朝三杉(亦爲岳飛取山)是寺最爲古刹而兵火中巋然獨存入門樓閣華煥宛如仙宮長老本然自號混融師宦族也共飯畢同訪遠公塔次至照覺佛海二塔歸登五伯羅漢閣望諸峯閣下即內三門也出東林二里至廣福院本大明公廟(保大五年陳元裕撰記)靖國元年封清公眞人記云眞人姓匡名續字君孝出自殷周之際居此山或云受道於仙人共遊此山人謂其所止爲神仙之廬因以名山或云匡裕

漢人漢初封越廬君故曰廬山次至太平興國宮街衢門闕氣象清華劉越石高三四尺根植地中在宮門之外仙鄉亭廢矣宮倚聖治峯正殿惟設採訪使者像其後乃太上本命殿兩廊繪使者變相儀衛次以五百靈官又其後有雲無心堂臨流水可愛道士皆星居有劉烈者號虛谷先生嘗進易解云知宮留宿不果登新創鐘樓而行樓名景陽華麗殊甚日落至清虛道人皇甫坦庵飯罷館焉坦被遇太上結庵撥雲峯下自言兖州瑕丘人久在川陝嘗遇朱桃椎

善布氣時時書字决人禍福或云年七十二山中道士言其顔貌已不逮二十年前矣近損足未能步而茅山張椿齡亦被遇太上今年亦得此疾異哉庵側有泉太上題曰神泉又爲閣以藏御書及像設已未早皇甫道人再具飯飯訖行數百步至雲溪庵（即蓮花洞也側近云有數廟闕不甚佳）自此若出官道則過妙智院及蛇岡嶺（即鄧亭湖神分風化身之地）予欲趣太乙宮或謂小路差近乃過擊牛墩皆茅峽峻嶺亦六七里方至（眞宗賜名大中祥符觀）即董奉上昇之地大槩二十一日已記之其事出葛洪

神仙傳觀在蓮花峯下不經兵火有昇元大年韓王知証記是時猶謂之廟保大十二年記則爲觀矣宣和二年封奉爲昇元眞人觀中猶種杏前殿一株甚大其後又有種杏軒春時不妨宴游也先道士蕭惟憶年七十餘未嘗出門覩其貌蓋有所養者自觀五里至羅智院（對雙劒峯稍偏正對山之外白小石檣峯）以其爲舊屋故游焉記言院後有綠野亭忘記詢問遂至雙溪寶嚴禪院再飯同長老世顯步過雲慶庵記言因流泉爲池多畜魴鯉今僅存坳窪耳假世顯之驢令庵僧致康

前導過寶積庵殊不葺治但有程公闢師孟詩刻訪白雲亭已爲王秀才治冢其上披荊棘尋所謂磬石鳴泉久之訪見泉石誠佳而又北望湓江宜陳舜俞以爲山北最佳之菴此去江州纔二十餘里山北之境盡矣跨驢五里上吳章嶺亂石犖牙頗亦險峻嶺春分江東西兩路界過界便見五老峯是爲山南嶺下有小路至智林淨慧院昭德觀會日斜僕疲乃由官路過大富莊至相辭橋（俗云蔡李二眞人相別處也）已昏黑秉燭行至壽眞鋪風大作入小路二三里敲觀門道士

疑爲盜久之方出眞誥言廬山乃元辰福地而此觀爲第八詠眞洞天五老峯正在其後而倚香爐峯（記言南北山各有香爐峯）庚申登採訪使者閣望五老峯記言漢武築羽章館於屏風疊下臨相思澗今五老之峯疊石如屏障蓋其故里自閣而望相去若在百步間廬阜之甲觀也爲題其榜曰雲錦閣李太白屏風九疊雲錦張之句云五老第二峯（即獅子峯）與九疊屏相連山無草木曉日照之殆如赤城自廊廡望之則奇姿巧勢尤不可狀龍潭在觀後一里水作琉璃色其中

數尺正黑如觀湯善翔云深數十丈蓋洞天之門云潭上有龍王祠疑即記中所謂綠淨亭也已初借善翔小驢令四明徐道人前導過承福院舊名雲龍煨燼之餘方稍營葺次至疊石庵蓋近世僧德正所創門外大石長數丈復疊一石前眺江湖宛如池庵背即五老峯乃几案間物陳舜俞所未見蓋後來庵宇之絕景也次度華嚴石橋華嚴院今廢次至折桂院今名證寂折桂因唐李逢吉得名記言山名幡竿源而土人不知登南唐惠濟禪師石塔有巢雲軒而記

不載不經兵火氣象便可愛前有僧房可望湖而不見山次至解空院其旁聖果院已廢次至谷源庵地形甚高面對重湖記言疊石奇偉豈謂德正之庵耶後有幽泉但屋弊無足觀者自此爲折桂小童指路迂枉忽下峻嶺木葉被霜滑汰幾不能移步至雲臺庵乃得平地庵後石崖如記中所載次至淨妙院記云古名青牛谷即楊衡所謂隨雲步入者儼然如造仙境門外數十步回望五老及他山如圖畫凡此寺觀庵宇大抵環繞五老峯每至一處山色峯數輒不同造物之無盡藏也獅子峯尤肖今日但少雲氣隨之次至承天白鶴觀唐混成先生劉玄和故居舊屋偶存獨無廊廡唐杉圍二丈在門內問東北木瓜庵道士不知觀前百餘步出官路過三峽橋遣從者先入棲賢獨與徐道人攜二僕復由小路爲卧龍之游初過中興庵（即舊禪靜院）次寶慶庵近各有一道人主西澗即劉凝之庵無知者既過澗徐道人迷路度峻嶺踰棧閣過炭窑方知路旁得一夫引至上僊臺即祖教院亦無僧行自此又盤一嶺至卧龍新庵有江州

蔡道人主之復行半里過舊菴基沿澗乃至其處蒼崖之下怒瀑淙擊高十餘丈與九華山雪潭爭爲長雄凡陳舜俞所記一無誇詞今日不憚崎嶇險阻凡以爲此未至而悔既至則衆以忘勞爲舊庵隔溪巖石層出粲如百疊之雲中有流泉注于澗亦一佳處也望五老峯甚近香積院在其下業留從者於棲賢遂問歸路數里乃出遂庵今爲尼居主者覺殊鄙人壁間舊刻馮宗詩蓋嘗讀書於此庵前度溪至上豬記所謂域眼禪師石像如生者舊屋甚整潔大竹成

林酌飛錫泉登環翠閣望五老峯背自此下山數里即至棲賢徵老不在藏主可昇眉山人與予同庚爲占四韻云我比同年百不能只餘霜鬓愧師兄殷勤覓句無言說共撥寒灰聽水聲寺比今春稍葺但殘僧四五輩不稱大刹飦罷同昇上人過五老玉淵二亭山水不辜老眼而足蹔矣遣人至軍城招妻孥來早會此辛酉拂曉自寺後渡澗行里許過百藥灘石岸坡陀道人於此灑藥跡山嶺度茅坰約四五里並五老峯至明眞尼院氷霜滿履扣門久之方開蓋舊

屋也同尼師登凌霄巖巖在地奇石如巖古有僧坐禪其間繞洞別過石門謂之喝石其前一石甚大即記中所謂對五老如賓客者傍有石屏亦可愛出門數十步望宮亭湖横出而揚瀾左里左右相對落星僅如葉舟惟軍城爲紫荊山所蔽耳回過百藥灘分路行三四里入楞伽院亦古屋也正倚朱砂峯舊號白石佛殿剏於保大中釋迦像與西林同李公擇尚書藏書閣在東偏元豐以後留題皆存有趙天啓者歷叙公擇作中丞救蔡確故改戶書云云西廡有東

坡作山房碑又刻南唐佛像野夫公擇及黄魯直昔有題字崇德君墨竹高下校在鐘閣蓋公擇妹魯直母也寺門外即上天池大林路至爲險峻老僧惠寶生於元豐八年云自此別有捷徑約一二里過澗入棲賢磨院院在石人峯側又里許遂至棲賢骨肉方來同觀玉淵先是澗水犇衝過大石上侈下歛懸布濺射極其雄壯濤頭濆湧散爲玻瓈色記言沙石萬數古今不塞誠下通於海矣相對有寒泉亭泉自山出按記文訪羅漢巖寶陀巖于僧堂之後皆無知者

山上竹樹間多崖石其下有觀音泉疑自寶陀巖而出稍加剃治必得之其南有小徑疑白雲庵路也飯罷遣徐道人乘驢歸詠眞同骨肉再過三峽橋裴徊久之始知過橋之泉爲陸子泉其旁有洗錫大書廬山二字行小路望五老峯了然便道入高遙景德院亦舊屋有元豐間無爲子題字老僧年八十二云李徵右書堂僅一里今廢但刻其名銜于石洗滌乃可見進至萬杉院上滴翠亭（餘具三月記中）又二里入開先登漱玉亭度橋俯瞯澗中石含雲母如記所載天寒甚太

守適致餽徧飲從者而行澗外招隱橋近為寺僧徙
數十步而招隱泉無人知者物色久之得於二百步
外叢條之後石井依然三酌而歸路口有披雲亭稍
前即古楊梅亭基又稍前當四達之衝即古四會亭
而俗子改曰屏翠矣回望山色奇甚倒載而觀之紫
霄峯劍立衆峯之間鐵塔僅如一線將至軍城一里
有承天院臨溪湖僧嘗被盜殺三人今遂不振入西
門日已暮昔白樂天記匡廬奇秀甲天下誠非虛語
陳氏山記北起江州盡圓通乃轉山南起康王觀迄

吳章嶺其序如此予今自南而北與之相反故問津
多誤然記中指名奇特處十得六七其餘當路者遊
迂曲者畧興時再以旬日窮探極覽可使無遺蘊矣
初南唐元宗賜田給諸庵巖故所至有產業中經李
成焚蕩十存二三又稅重租薄僧道往往逃移寺觀
日以摧毀近雖稍修復而廢絕為多惟舊屋則氣象
終可愛舟中賦四韻云南北周廬阜東西徧九華宴
安無酖毒痼疾有煙霞淡薄村村酒甘香院院茶馳
驅君莫厭此出勝居家壬戌五更雪打蓬平明出州

郡官望廬山已横白練欲解去南風作章德象游落
星詩云來游未盡登臨興且喜南風阻去船殆為予
設飯罷遂携家棹小船往焉寺去軍城僅五里水乾
則路通今歲尚深丈餘按圖經石高五丈周回百五
十步九江記云尋陽湖內隕星化石上連彭蠡下接
潯陽其石圓潔不生草木峭然孤峙獨出水際寺興
於唐景福年天祐二年賜額福星龍安院本朝祥符
二年例改法安南唐戊辰歲（即本朝開寶間）宣義郎湯爭撰
記云保大中寺僧修葺元宗嘗臨幸僧齋已范文正

公章郇公王介甫平甫程公闢蔣穎叔黃魯直父子
郭功甫洪駒父皆嘗留詩文龍圖閣學士吳仲庶（中後）
猶酷愛西軒更名曰嵐漪魯直詩云龍閣老人來賦
詩謂仲庶也出邑滿眼湖光千里真世間之絕景又
嘗有玉京軒今皆廢但存清暉閣（或云保大中命名）西對廬
阜如青天翠屏初至白雲英英起山腰少焉散漫俄
復退歛已而山坡絮帽變態不嘗舉酒賞之不覺徑
醉午後移坐佛屋之前東南觀巨浸右為揚瀾左為
左里其中兩山如門是為鄱陽湖由寺門而望則東

北直宮亭湖西南軒牕對流清山其脊亦有湖汊西北乃軍城也再舉酒而歸晩自舟中望山色不勝眷眷再以小艇入西草湖過東古山下觀釣魚臺鴻雁鷗鷺徧野見人驚飛轉而之流清港上流清庵庵在鳳凰山古殿殘毁慨想承平之遺址回棹已曛黑過落星聞鐘聲往復殆二十里癸亥早發南康北風微作已而轉南過左里揚瀾泊珠溪而北風復作去軍城已八十里有巡檢司及小市登岸北望盧山甲子南風餔時方行四十里至吳城山謁廟畢登望湖亭

猶見盧山也殿左有穴如井異時湖中或損米舟則見於穴中謂之神倉云

九華山錄

宋　周必大

九月乙丑朔丙戌入清溪水碧色泊弄水亭入門郎池州州治謁太守同年趙朝散彥博富文提舉常平李承議庚子西通判陳朝散璘同年湯平甫知縣適在此丁亥都統制寧國軍承宣使時四廂俊及其子閤門祇候政貴池宰趙宣政芹司戶袁廸功漉巖趙修武公碩並相候約湯平甫共飯同渡陳公橋淺水橋秀鮮橋遂至齊山山腳揷入清溪石色青蒼可畫

洞穴半出水中泛舟扣其戶而返步登延慶先爲指南環寺巖洞可見者羅漢殿後曰妙空巖在大石中次曰丹砂巖俯僂乃可入片石斜出扣之聲控控然四旁屈曲皆奇石也法堂之下曰蕉筆巖亦名唐公巖有黃大臨諸人題字山之上曰春流泉進窺無底洞歷武功巖遂至觀音巖巖本名上清兩崖對起三面環抱有程正輔蔣頴叔題字右轉登寄隱亭西面皆翠石有小巖刻寄隱巖三字其前有熙寧甲寅重陽日太守劉敎思甫題名東北乃紫微亭故基向淮南諸山下臨秋浦清溪直接大江眼界豁然又其旁拔起數峯奇甚謂之小九華蓋與上清巖皆齊山最勝處也崎嶇行峽中僅可過人稍前曰大石谷又稍前曰定力窟深不可測又其上卽翠微亭是爲山巔杜牧之云江涵秋影鴈初飛此地此時也東望碧峯劍立於遠山之坳者九華也南望大山橫陳者大婆嶺綠諸峯也北眺州城邑屋可數大槩主山自紫巖蜿蜒西來其左卽貴池口輿地志所謂梁[illegible]明太子食貴池魚而美者其右卽清溪秋浦望之全類臨

安之西湖而一隄隱然屬城亦類蘇公堤此又登臨最勝處也予賦小詩云地占齊山最上頭州城宛在水中洲蜿蜒正作長虹嚮吸住江河萬里流又天遣江山助牧之詩材猶及杜鵑兒向來稍喜唐風集今悟樊川是父師又之由別徑下九頂洞上有九頂圓如[illegible]覆中頗平廣有磐石可坐嘉祐中因太守王哲易名集僊宮洞後有穴側身可過一小洞也竇穴上穿頗類月巖而其背山上乃唐觀郡樓基王哲易名齊雲亭今亦廢其下曰獨秀巖翠壁橫峙可愛訪左

史洞爲馬軍寨所限出寺行里許乃至馬實寺之後山也其深數丈可達於外左史謂李方玄景業也杜牧之代景業來守故爲立名而張祜書之又有石識洞大抵皆石也遊已還寺再登翠微亭置酒時侯赴守致僎平甫賦二詩予次韻云上清別殿舊通明僊聖飛騰戶不扃出谷尚疑窓列岫絕堤始露嶽真形奇奇怪怪無非洞下下高高總可亭但把甌酣酬絕景天風吹面徑須醒相君早日翼天飛晚落江湖事以微好事一時開翠壁佳名千古記黃扉朝遊要及

雅翻樹夕返何妨縈濕衣更得湯休奇絕句後來誰憶謝元暉甲夜歸戊子早至郡齋中和堂登蕭丞相樓復游景德禪寺訪見山堂爲添差路鈐王宗所占排闥造焉見山而已次過天慶觀讀徐鉉碑李煜篆極觀也已後赴提舉司會荷池中有秋浦堂頗幽爽會散出北門二里登貴池亭俗呼望江亭以其見大江可望淮南也亦見九華諸峯亭久廢今方重立歸上南樓南門城樓也正對齊山循城而東有拱翠樓亭隸邑廳又稍前即九華樓三者相望皆下臨清溪

見九華大抵爲太婆嶺所障不能盡見諸峯太婆山極高而其名不典圖志亦不及之己丑赴州會坐中見梅花賦小詞云踏白江梅大都玉斲酥凝就雨肥霜逗癡騃閨房秀莫待冬深雪壓風欺後卻嫌伊瘦仍怕伊僝僽營妓曹盼頗潔白淳靜或病其訥而不頗戲以况之已夜富文出家姬小瓊舞袖翩翩徑鬧范至能云頃朝士娛麗有三傑謂韓無咎晁伯如家姬及小瓊也禁中亦聞之又作小詞云秋夜乘槎客星客到天孫處眼波微注將謂牽牛渡見了還非重

理霓裳舞都無誤幾年一遇莫訝周郎顧富文近再醮有所競而設榻於外時侯方爲兩解故戲之如此庚寅早欲如九華而雲夢宋宰及歸州助教張掌正相候過午乃能上馬時侯差中訓郎趙良弼等同行辭之不可五十里至鐵券山投宿葉蒼秀才家蒼有子楠登進士第山深夜甚寒辛卯早再赴葉君飯乃行尉亦並轡二十餘里至青陽縣令成文林雩丞熊從政實褒主簿陳朝立巡檢程大夫同來迓館於驛中尉廨即宋齊丘宅其旁對九華而齊丘之墓在牛

心山下去縣東五里赴陳朝立會以能仁院爲解傍
有妙音院同至縣學登經史閣望九華紫翠千仞造
物融結奇巧眞尤物也縣東二十里有潮洞大如卓
面而石穴極深日三潮每潮魚蝦輒先出壬辰早同
邑簿葉尉趙忠訓出郭十餘里登雙練亭度西拱嶺
入龍安院自此徐行歷永安塔虎跑泉過石龍口虎
跑嶺此兩處地勢稍高望雙峯九子甚奇遂入廣修
院去縣已二十五里院宇頗雅潔寢堂望雙峯積峯
眞人峯蓮花峯是爲五老峯步至上雪潭源高而遠

仰視蓮花峯正如所倚之屏其前即石門水所注也
峭壁削成懸瀑十丈怒濤駭浪不減三峽或瀦爲深
淵或散爲犇湍雷轟電擊約二百餘步爲下雪潭其
間多大石水平布者數丈潭中產石斑魚不常得有
瓔珞泉水跳石上如貫珠尤爲奇絕而土人不貴也
食罷轉山而行終日覩山面殊不厭約十餘里入無
相院有觀音閣對峯巒數重留題而去又二三里至
協濟廟神兄弟三人日方晡或謂化城遠不可到遂
止陳朝立置酒中坐帥諸人下九華溪踏石涉水以

爲戲葉尉體肥甚獨墮水中溪自龍池來欲訪其源
或云路太遠惟禱雨乃至今蕪穢不治不果行終夜
如大雨可聽癸巳早隨溪而入至亂山環合處登化
城嶺嶺峻窄時時回望諸峯層出殊快心目少休半
霄亭巳時至化城寺寺宇甚佳唐時新羅王子金地
藏修行之地飯罷謁金地藏塔又在寺後突然一山
上常時可望大江是日適爲晴嵐所蒙僧祖瑛獨居
塔院獻土產茶味敵北苑陳朝立以翰先歸邑乃同
葉趙行二里訪龔泉其傍乃李太白書堂基今爲張

氏墳地自此下嶺過苦竹坑俯視羣山左右對列中
有平田氣象極好稍前即寨頭蓋建炎間張遇寇青
陽縣官移治於此眞關隘也行近懸橋雙瀑石山對
瀉未經名人品題故無聞焉又行至展盤嶺而化城
峯盡矣化城九華最高處蔣穎叔嘗有慢游之語然
傳十里殆不止此賦小詩云攀蘿度險捷猱猿石角
鉤衣屐齒穿莫訝遠尋金地藏也曾徐步玉堦前又
數里至龜山一上復數里尤爲險峻有崇壽寺慈寺
閣對雙劍峯又賦詩云注坡緣壁化城中客慍奴嗔

我亦憚及至龜山還一上爲憐高閣對雙峯寺僧義修年八十六贈以詩云老僧九十視眈眈二十年來不下山我得九華克法供亦能禁足老山間日尚早愛其景物遂宿焉甲午早下龜山行十餘里入聖泉院泉在院側石巖下號無底泉試之僅二丈蓋游者未嘗測其淺深耳水自巖出甚清駛中有五色石飯龍卽行過慕善鎭回望九華橫側高低無一同者又五里至曹溪寺又五里至覺安寺五溪合流於此故地名五溪又五里入大路過鐵券葉元賓别去又二

九華山錄

十五里投宿馬牙酒坊二三里有常安寺夜不果往陳朝立自青陽致饋是行自西洪嶺入山蓋西南也納旧觀山面既至聖泉蓋自北而出所謂山之東乃山背闕聞有廣福等院甚佳而從者猥衆頗不自由示無遺恨十月乙未朔早自臼沙入小路數里遊雲光寺寺亦華煥登閣望六尺圖屏欲少留而提舉常平李察院領客將至以二小詩戲之云來如負弩先去爲乘驄避江祖一片石留作幽人醉又云作者正七人飯中空八仙長齋誰容醉吾也合逃禪遂同趙

生過江祖與道院主僧行餘置酒訪李白祠堂但有廢牌在壁角令行餘道至石邊攀緣而下得小舟同泛清溪水正黛色下淺灘數里至玉鏡潭水自南來觸岸西折瀠環可喜潭深纔二三丈爾李白詩云江祖一片石青天掃畫屏又云溪水正南奔廻作玉鏡潭皆實錄也途中占小詩云清溪水色勝於藍祖石移舟下鏡潭妙絶畫屏并碧玉謫仙不見與誰談晡回至弄水亭以五盃酌趙生徧飲從者晚趙守在九華樓上梁就見之

九華山錄

金華游録

宋　方鳳

己丑歲正月謝翶皐羽方鳳韶卿約遊洞天十一月辛卯韶卿携子甫翁入邑與皐羽及陳公凱君用弟公舉帝臣會韶卿夜賦詩示同遊者十二日壬辰陰寒韶卿拂曉取道上洛之吳溪過吳似孫續古約俱行至横溪訪柳時聲父子君用不至帝臣從五路嶺先過門皐羽繼至會宿時聲居十三日癸巳枕上聞雨是晚以雨宿柳明府新居各賦一首十四日甲午

陰未曉即行午度太陽嶺晚泊上坦欲訪雙巖鄭子有子有聞之先至旅寓遂宿陵雲山房城友葉謹審言適相遇於陵雲約翌日同至赤松是夕子有出家藏先資政北山先生遺墨及乆近諸賢書帖共觀至夜分韶卿書北山感雪竹賦後皐羽亦廼十五日乙未曉聞窻外葉聲疑雨起而視之則霽既飯話良乆子有之姪復留飲凝香閣晚抵赤松自源口入一里許萬松矗翠有亭跨中路扁赤松山舊樞密潛齋王公梵書今徙觀唐元素易以他書矣沿溪入橋亭扁

金華福地郡人潘繼先篆過橋入三門勑寶積觀額大中祥符元年所賜與殿中四錦旛及獻花四木孩俱今猶存入門而右有堂臨池上爲濯纓堂黙成先生潘待制良貴書入而爲松遊亭又入而爲枕流亭觀之前爲臥羊山即皇初平叱石成羊處也道士王元台謝天與欸宿謁冲應養素二眞祠二眞初起初平兄弟也松下有遇仙石坐其上相傳往年唐公李度有目眚寓觀中嘗憇茲石遇二仙問故采草拂其目遂明且視曰後十八年當相見郴州及唐登第授

郴教有二道士過之唐不知省道人曰子亦記松下治眼時語乎既而遯之不知所適方知爲二仙云時韶卿病目甚故道士言之爲詳回宿王謝房各賦上元遊赤松詩十六日丙申微陽道士水竹唐元素妙虛王德厚竹泉倪守約房中觀羊石其詳具皐羽觀羊石記中云金華洞爲皇初平叱石處予髫而聞之髮種種乃一至而叱石處復不在金華洞未至洞十五里有山曰赤松今爲寶積觀觀旁祠二仙二仙即皇初平兄弟是其處也石故在山之巔變怪牴牾宛

然如羊形多爲樵牧及好事者取去道士拾其餘蓄觀中余得借而觀者三處其一在天井東僅十數角嶄然群伏且起狀無抵觸意皆蒙茸若草藉地可近而玩其一並曲池之岸纍石爲山參布伍列犬牙其上臥者十八九伏者十七抵者蹶者十五履險而跂者十三倚而齕跪而乳者十一若觀古夔尊之跡于石形不求全而意自足其一積小坻位置加密跂伏齕乳抵蹶與前變態畧同復有拱而人立者奇崛特甚非前所有道士易以它名使不與群羊伍余曰是不可易左元放之遇曹瞞其化而爲羊與茲羊之化爲石是或一物也今而後觀茲石焉而遊若脫而休茫乎日與之對而泊不知所求其有不復化爲是物乎道士顧笑衆皆洗寂起立若植以余言爲然故書以啟後之遊者其所觀三處道士曰倪守約唐元素王德厚云石去初平仙後若千年爲樵牧好事所取又若千年爲樵牧好事所取又若千年道士悉能言之於遊者非有繫故不書妙虛石旁有方竹一叢蕭疏可愛堂名蕭閒樓有減筆隸物化二字極生水竹

留饍王倪各爲煮茗入小桃源路口有小桃源物外洗耳三石刻奇古皆餘杭虞似良仲房八分書未過橋爲物外亭過橋有亭泉上有臺名滄浪溪石皆磊磈水激射爲峭峽爲盤渦道士徐南華攜酒肴并青窻王易所書趙元清夢遊小桃源四時詩來青窻卽故樞密王公之孫名進思官惠院號淳齋善書而好吟以避世並兄子爲子使出贅復分田送其娶歸母家而自爲道士於此南華酌酒滄浪臺樹陰下行至巖扉間新搆小亭名別有天地復酌亭上巖扉有諸公題墨新種桃梅來道道士周雲巖世昌要會酌樓上石泉之徒王德謙益之攜琴鼓再行午從觀右登丹山行窮林巨石間觀丹竈及丹石相傳某年丹光見石上有道人養雞見雞啄丹取之丹卽飛去今立祠與菴祠前舊有老樹並其一中斷倒架上半於其一附着而生下半則僵立不相接狀甚怪奇今爲改祠道士代去會遊者以爲言丹山而左稍下有丹井泉極甘冷一徑出小桃源之上抵二仙祠回宿實積觀中西廡石刻赤松山三大字李陽冰篆偉甚以赤

字從大下作火揭之有火灾故眞不用而存其跡二
十七日丁酉雨往欲三洞不可遂入城泊祥符寺待
齋取道智者以往十八日戊戌雨留祥符阜羽有塔
影霧中深之句韶卿足之十九日巳亥淦入寶婺觀
謁星祠登八詠樓寶祐丙辰歲郡守謝奕修改創潛
齋王埜書扁今易以他書矣時挈丁夫急所帶奚奴
不敢出市衢韶卿自同阜羽訪芙蓉盛太博共談世
故晚歸祥符二十日庚子新霽約審言自蘭溪門會
于北栅韶卿父子續古審言登七寶寺答慶拂塔院

至道年碑石遇且庵徐玉汝於盧士安十肆韶卿阜
羽甚欲留訪諸老以雨餘得霽重於妨衆遂行既出
城遇抑齋劉權院梅居邵深道成齋王玉成於菱塘
之東王謝二道士自赤松來西鹿田寺僧懷玉留而
相導韶卿賦北山道中衆客皆和晡至智者寺山路
有亭扁北山唐乾元二年八月縉雲縣令李陽冰篆
書入而爲倚松亭過橋有亭扁靈源小憩亭上又潛
齋王公書靈源勝地四大字眞之雲堂後廡寺僧莫
之貴也日夕過鳳凰山法淸院山形如鳳凰舊爲法

朗石晉開運二年爲國泰今改法淸山西有一怪松
偃蹇如盤龍院僧圓炬云昔潛齋王公嘗護以闌楯
遊憩其下是夜宿院中二十一日辛丑有徐生館法
淸酒狂士也曉起攜詩見贈有鳳凰山上鳳凰翔之
句聯中又以畊田鹿化石羊爲對臨別求審言曰
余以鹿比僧羊比道士鳳凰比諸君子審言途中述
其語衆皆絕倒從法淸而西過故康懿泰國長公主
墳圍未至觀半里有岐徑行五十里至金華觀登山
可至九龍寺上有劉先生講堂劉孝標讀書處也三

洞上爲朝眞中爲氷壺下爲雙龍三石扁皆飛帛書
立下洞口觀有天下名山四大字觀之左爲椒亭所
從入洞路也以山下平地言之此則山巔然而迢遞
寬衍觀之前居民成聚則此乃洞天之趾爾雙龍洞
口石室明淨坐可三二百人仰視石室紺碧其隱約
可名狀者爲雲物爲仙桃爲道人比肩而立龍首見
其左而尾懸右石壁上又懸石至地獨黃色俗呼呂
先生藏身霞衣挂其旁有北斗星窠洞穴如蓑顧水
淙淙從中出卽流入右偏罅出洞外溪澗衆束炬搨

裳偪僂踏水入内洞凡三數丈首背皆摩石舊臥小舟而入今敞漏閣水際既入復虛壁如外洞水從右流莫測其淺深執炬者一一相指告見蜂窠石水蛙石石鍾手搥之鏜聲仙珠纍纍貫巖上石門限雪山山前雪山後雪梁之皎然仙笠懸巖石石鼓搥之鼓聲有形蜿蜒頭角鬚尾凡二屈蟠隱見爪尖皆白石如玉所謂雙龍也稍一獅子一頭足尾其額有珠大龜黑色白蛇斜繞其背首入甲下奇甚筆格一霜蜺梁如繁霜有卷石小竅指面大有水正滴竅中名仙人硯滴候片時纔一滴仰視洞中他無漏泉獨此爾浴室石榻三足蟾懸鍾寶蓋如名刹講臺上所設而加高大海角虎蹲立雲霞五色欲飛極裏從暗處俯伏遠望洞口水中所從入處僅一小隙透明如十五夜月名仙人望月又大象足二小一仙桂水波石鱗鱗然大者如浪轉雪山後而左爲滑臺爲池爲田畦町高下可數仙人挂衣橫十數丈衣純素袪褻襞褶皆天成又仙人眠石方整可臥仙人閒日月二宮復從洞口踏水而出凡洞中所見不假一毫鐫鑿而形

狀自然其妙處殆不可言也登山幾半里至中洞洞口視深處乃暗穴但聞潺潺水聲束數炬相後先若入井然稍斜向内衆魚貫而下石滑且險約三十丈至水簾自高巖噴出下有巨石盛之即不知水之所往水簾出處前有懸石如鍾又如飛鳳視水簾以下復沉沉深黑人多不敢復入皐羽毅然揚炬而前韶卿續古從之由水簾之右轉而深入巨石無數四視水簾乃在目前愈入愈深下復無水有石筍入空曠中高可三四丈色瑩如玉從石筍而下極底有石室燥潔曾遊者留題在焉回至水簾漸可望明而上不如入之險也然不能深入則不得盡其奇來遊者率望水簾而止爾又登山二里韶卿父子皐羽續古倩兩山童買竹籟束炬至上洞入洞而右爲觀音洞從巖罅踰石限而入展轉愈高扳援至觀音前其石像天成垂衣伸一足如土偶者但高入巖罅以炬燭之僅得其半而臂與面莫盡見也旁有潭深不可近名觀音井又名龍潭復路出從大洞正面而入歷三數坡陀其石上雲霞波浪霜雪屋室之類皆不減下洞

所見洞口天日之光斜射洞中石崖上淡如月色奇
甚内有石梁高挂深可二三十丈白龍護其左蒼龍
護其右又入有天池深廣四畔峻壁不可下池之裏
有崖如兩扉而啟其一極黑暗中遠望石扉啟處天
光下燭蓋洞天漏明而人莫知其處名一線天既隔
天池不得復深入也雙龍洞口題名石上詔卿賦三
洞云金華北山三洞天垂髫欲往今華顛春風吹衣
雨洗屐瘦筇忽拄蒼山煙山高地平走幽澗根絡石
上森楠楩步從飛橋瞰石洞厓色閲世知幾年風痕

霧迹化異物龍首昂左尾右旋就中暗穴如蟇腹急
水瀉碧鳴㶁絃遡流束炬照徒涉肩皆擦石行拳攣
水窮路夷内景得以炬交燭窮幽玄細紋歷波湧振
接鮫彩凝雪飛霜鮮大爲獅子虎犀象瑣碎亦復蜂
起然蜿蜒雙蟠角尾具一一玉爪拏蒼堅窮龜負甲
色深墨長蛇白質相縈纏鐘能鐘聲鼓能鼓不假樅
簴知誰懸直檻斜檻藏涵室短畦長町豩原田青雲
白霓玉色霞呋晝敗絮留丹鉛中途經過最深窅伏
身低睨洞口泉空明一隙隔遠見秋蟾浴海光嬋娟

左巖袈衣頻横亘疊揖衆皺垂蹁躚自餘神怪不可
極似鑿非鑿鑴非鑴出登山腰叩中洞外視石井闇
潺潺入深路險思搥絙長竿揭炬後且先水簾可俯
心爲掉到此十九歸言遄嗜奇不憚歷磊砢是以目
故差輕便翻身却望水簾處銀河天落懸吾前常情
疑復下百尺積水定作神龍淵不乾徑闢却易進玉
筍拔地修而圓宜爲淵處乃爲屋亦或摩挲題新篇
同遊疑我久未出笑謂豈欲井底眠林幽風起日已
晚猶睨高洞山之巔薪蒸可買樵我導不遠數里仍

攀緣傍從右壁入深坼如鐵戶限瓊爲檐儼然海相
挂珠絡熟視豈信非夸傳左爲朝真正面入便想笙
鶴遨群仙雲霞波濤仙衣裳奇詭豈必下洞專欵然
修梁架巖起左右蒼白龍形全望中極底勝漆黑雙
扉隱隱起半遐天光一道燭扉内知此明罅從何穿
竅深壁峭不可徃安得揷羽如飛鳶嗟余兹遊尚牵
俗身所縣歷辭難宣但思乞水學坡老洗眼看字消
餘年是夕偕懷玉同歸西鹿田寺止宿寺丈室後有
奇石峭立罅坼間可行林泉幽勝特甚黙成先生潘

公大書其處云余往來南北兩山餘二十年獨未曾至鹿田紹興七年四月十七日同智者長老法銓來於崎嶇險隘之中得虛曠寛閒之地修篁喬木巨石瀑泉氣象雄偉此蓋未之見不獨甲於金華也自是評吾鄉山水以此爲第一云其丈室遂榜第一軒上爲思賢閣是夜聽雨軒中二十二日壬寅曉霽過東鹿田寺廊廡列詩石内有葉丞相衡集杜五言四韻中二聯云水花分塹弱山水抱雲稠更宿招提境還同惠遠遊又僧舍壁間有郡倅金陵吳琳題詩中一聯云雲暗雨來疑是夜山深寒在不知春。潛齋王公嘗和其後行數里至潛齋所營山橋穆陵御書山橋書堂四大字下有懶瓚巖巖上有亭亭之西有石筍又旁巖臨溪爲亭臺遠望州城城中之塔鑽小雙溪如篆紋路口有亭扁北山今亭臺皆蕪廢既下山王謝道士登山取別徑歸赤松至潛岳寺前帝臣審言同入城韶卿臯羽續古肖翁取赤松源口虎頭巖下道遇雨抵上坦旅宿二十三日癸卯曉霽近午度太陽嶺晚宿柳時聲居聖傳之蘭溪留詩以待續古先

歸二十四日甲辰過松巖陳粹翁午與臯羽別晚復雨二十五日乙巳韶卿父子回抵吳氏書塾客有問金華勝遊者韶卿以詩敘其槩云赤松上下雨霏微八詠樓頭重拂衣西港晴來汀草長北巖幽處洞泉飛風敲定磬鹿春過月滿丹臺鶴夜歸歷覽因知古詞客盛誇雲夢未全非臯羽歸後作金華洞人物古蹟記

卧游錄　　宋　呂祖謙

宗少文好山水愛遠游西涉荆巫南登衡岳因結宇衡山有尚平之志以疾還江陵歎曰老病俱至名山恐難徧覩唯澄懷觀道卧以遊之凡所遊履皆圖之於室謂人曰撫琴動操欲令衆山皆響

簡文入華林園顧謂左右曰會心處不必在遠翳然林水便自有濠濮間想也不覺鳥獸禽魚自來親人

荀中郎在京口登北固望海云雖未覩三山便自使

人有陵雲意若秦漢之君必當褰裳濡足

支公好鶴住剡東岇山有人遺其雙鶴少時翅長欲飛支意惜之乃鎩其翮鶴軒翥不復能飛乃反顧翅垂頭視之如有懊喪意林曰既有陵霄之姿何肯爲人作耳目之近玩養令翮成置使飛去

王司州至吳興印渚中看於潛縣東七十里有印渚渚傍有白石山峻壁四十丈印渚蓋衆溪之下流也印渚已上至縣石瀨不可行船印渚已下水道無險故行旅集焉歎曰非唯使人情開滌亦覺日月清朗

王子敬云從山陰道上行山川自相映發使人應接不暇若秋冬之際尤難爲懷

道壹道人從都下還東山經吳中已而會雪下未甚寒諸道人問在道所經壹公曰風霜固所不論居先集其慘澹郊邑正自飄瞥林岫便自浩然

司馬太傅齋中夜坐于時天月明淨都無纖翳太傅歎以爲佳謝景重在坐答曰意謂乃不如微雲點綴太傅曰卿居心不淨乃復强欲滓穢太清邪

庾子嵩目和嶠森森如千丈松雖磊砢有節目施之大厦有棟梁之用卞令目叔向朗朗如百間屋

世目李元禮謖謖如勁松下風世目周侯嶷如斷山

王恭始與王建武甚有情後遇袁悅之間遂致疑隙然每至興會故有相思時恭嘗行散至京口射堂于如清露晨流新桐初引恭目之曰王大故自濯濯

有人詣王太尉遇安豐大將軍丞相在坐往別屋見季胤平子還語人曰今日之行觸目見琳琅珠玉

庾太尉在武昌秋夜佳景氣清佐吏殷浩王胡之之徒登南樓理詠音調始遒聞函道中有屐聲甚厲定是庾公俄而率左右十許人步來諸賢欲起避之公

徐曰老子於此處興復不淺因便據胡床與諸人詠謔後王逸少下與丞相言及此事丞相曰元規爾時風範不得不少頹右軍荅曰唯丘壑獨存。

阮步兵嘯聞數百步蘇門山中忽有隱者樵伐者咸共傳說阮籍往觀見其人擁膝巖側籍登嶺就之箕踞相對籍問之仡然不應籍因對之長嘯良久乃笑曰可更作籍復嘯意盡退還半嶺許聞上㗖然有聲如數部鼓吹林谷傳響顧看乃向人嘯也

王子猷居山陰夜大雪眠覺開室命酌酒四望皎然因起彷徨詠左思招隱詩忽憶戴安道時戴在剡即便夜乘小船就之經宿方至造門不前而返人問其故王曰吾本乘興而行興盡而返何必見戴

衛洗馬初欲渡江形神慘悴語左右曰見此茫茫不覺百端交集。苟未免有情。亦復誰能遣此。

桓公北征經金城見前為琅邪時所種柳皆已十圍慨然曰木猶如此。人何以堪。攀枝執條泫然流淚

過江諸人每至美日輒相邀新亭藉卉飲宴周侯中坐而歎曰風景不殊。正自有山河之異。皆相視流淚

唯王丞相愀然變色曰當共戮力王室克復神州何至作楚囚相對

裴令公目山巨源如登山臨下。幽然深遠。

蔡司徒在洛見陸機兄弟住參佐廨中三間瓦屋士龍住東頭士衡住西頭士龍為人文弱可愛士衡長七尺餘聲作鐘聲言多慷慨

有人問袁侍中曰殷仲堪何如韓康伯荅曰理義所得優劣乃復未辨然門庭蕭寂居然有名士風流殷不及韓故作誄云荆門晝掩。閑庭晏然。

謝安寓居會稽與王羲之及許詢桑門支遁遊處出則漁弋山水入則言詠屬文無處世意嘗往臨安山中坐石室臨濬谷悠然歎曰此亦去伯夷何遠

許掾好遊山水而體便登陟時人云許非徒有勝情而實有濟勝之具

顧長康畫謝幼輿在巖石裏人問其所以顧曰謝云一丘一壑自謂過之此子宜置丘壑中

羊祜與從事鄒湛甫登峴山泣曰自有宇宙便有此山由來賢達勝士登此遠者多皆湮滅無聞湛甫對

曰明公德冠四海道嗣前哲令問令望當與此山俱
傳
孫興公為庾公參軍共遊白石山衛君長亦在坐曰此子神情都不關山水而能作文庾曰衛風韻雖不及卿諸人傾倒處亦不易
阮籍登廣武戰場曰時無英雄使竪子成名
王濬冲為尚書令著公服乘軺車經黃公酒壚顧謂後車客曰吾昔與嵇叔夜阮嗣宗共酣飲於此壚竹林之遊亦預其末自嵇生夭阮公亡以來便為時所

羈紲今日視此雖近邈若山河
王長史嘗登茅山大慟哭曰琅琊王伯輿終當為情死。
謝中郎萬經曲阿後湖問左右此是何水答曰曲阿河謝曰故當淵注渟著納而不流
孟嘉為桓溫參軍九月九日溫遊龍山參佐畢集風吹嘉帽墮落初不自覺嘉門無雜賓嘗會神情獨得便超然命駕徑之龍山顧景酣宴造夕乃歸
王徽之為桓冲參軍冲曰卿在府日久當相料理徽之直高視以手扳拄頰曰西山朝來致有爽氣
吳中一士大夫家有好竹徽之欲觀之便出坐輿造竹下諷嘯良久主人灑掃請坐徽之不顧將出主人乃閉門徽之便以此賞之盡歡而去嘗寄居空宅中便令種竹或問其故徽之但嘯咏指竹曰何可一日無此君
陸機在洛忽思東頭竹篠之飲語劉寶曰吾鄉思轉深矣
張翰謂同郡顧榮語欲去意榮執其手曰吾亦與子

採南山蕨飲三江水耳翰因見秋風起乃思吳中菰菜蓴羹鱸魚鱠曰人生貴適志何能羈宦數千里以要名爵乎遂命駕歸
淵明在官八十餘日解印去縣未嘗有所造詣所之唯至田舍及廬山遊觀而已
王右軍與謝太傅共登冶城謝悠然遠想有高世之志
謝靈運好登山陟嶺必造幽峻巖嶂十數重莫不盡登躡嘗著木屐上山則去前齒下山則去後齒

孔淳之性好山水每有所遊必窮其幽峻或旬日忘
歸
庾詵性託夷簡時愛林泉十畝之宅山池居半
梁昭明太子性愛山水嘗泛舟後池番禺侯軌盛稱
此中宜奏女樂太子不答詠左司招隱詩云何必絲
與竹山水有清音
袁彥伯宏為謝安南奉司馬都下諸人送至瀨鄉將
別既自悽惘歎曰江山遼落居然有萬里之勢
顧長康從會稽還人問山川之美顧云千巖競秀萬

壑爭流草木蒙籠其上若雲興霞蔚
撫軍問孫興公自謂何如曰託懷玄勝遠詠老莊蕭
條高寄不與時務經懷自謂此心無所與讓也
支道林因人就深公買印山深公答曰未聞巢由買
山而隱
阮光祿在東山蕭然無事常內足於懷有人以問王
右軍右軍曰此君近不驚寵辱雖古之沉冥何以過
此
王右軍曰吾素志無廊廟王丞相欲內吾嘗不許之

手跡猶存由來尚矣不於足下參政而方進退自兒
婚女嫁便懷向子平之志數與親知言之蓋非一日
也
又曰坐而獲逸遂其宿心比常與安石東遊山海頤
養閒暇之餘欲與親故時共歡宴銜盃引滿語田里
所行故以為撫掌之資其為得意可勝言耶常依依
陸賈班嗣之處世老夫志願盡於此也
又曰蜀中山水如峨眉山夏含霜雹碑板之所聞崑
崙之伯仲也

羅含曰衡山九疑沅湘千里九向九背皆不復見
謝玄曰此二日東行遊步圃中已極有在家湖行模
也姊想觸亦小有可散
又曰居家大都無所為正以垂綸為事足以永日北
固山下大有鱸魚一手釣得四十九枚
又曰自山陰至臨安多有金堂玉室仙人芝草左元
放之徒漢末諸得道者皆在焉
盛弘之記曰衡山有三峰極秀一峰名芙蓉峰最為
竦傑自非晴霽之朝不可望見峰上有泉飛派如一

幰絹分映清林直汗山下

陸景與從兄安成王書仰承發止巳次新林三瀨與匯九疑形勝加以夏壁奇雲秋江逈月翰飛紙落理豈辭富賞末與餘時希逮憶

晉安王答廣信侯書仰承縱賞山中遊心人外往而忘返有會昔言牽物從務無由獨往仰此高蹤寸心如結

謝靈運與弟書曰開悉遂溪中九十九里有五十九灘王右軍昔曾遊此惡道數其奇絕遂書突星瀨於石。

陶弘景答謝中書書山川之美古今共談高峰入雲清流見底兩岸石壁五色交輝青林翠竹四時俱備曉霧相歇猿鳥亂鳴夕日欲頹沉鱗競躍實是欲界之仙都自康樂以來未有能與其奇者

王僧達答丘珍孫書褚先生從白雲游矣古之逸人或留慮兒孫或使華陰成市而此子索然惟明松石介於孤峰絕嶺者積數十載近故要其來此冀慰日夜比談討芝桂借訪荔蘿若巳窺煙液臨滄洲矣

朱超與兄書登北邙遠眺衆美都盡光武墳邊杏甚美今送核

吳均與顧章書僕去月謝病還覓薜蘿梅溪之西有石門山者森壁爭霞孤峰限日幽岫含雲深溪蓄翠蟬吟鶴唳水響猿啼嚶嚶相雜綿綿成韻既素重幽居遂葺宇其上幸富菊花偏饒竹實山谷所資於斯巳辦仁智所樂豈徒語哉

又與施從事書故鄣縣東三十五里有青山絕壁千尺孤峰入漢歸飛之鳥千翼競來企水之猿百臂相

接秋露爲霜春蘿被徑信足蕩累頤物娛衷散賞

又與朱元思書自富陽至桐廬一百許里水皆縹碧千丈見底游魚細石直視無礙急湍甚箭猛浪若奔夾峰高山皆生寒樹負勢競上互相軒邈爭高直指十百成峰泉水激石泠泠作響好鳥相鳴嚶嚶成韻經綸昔務咸窺谷忘返矣

宗測答豫章王書性同鱗羽愛止山壑眷戀松筠輕迷人路縱宕巖流有若狂者忽不知老至而今鬢巳白豈容課虛責有限魚鳥慕哉

王僧儒荅江琰書躑林卧石藉卉班荊不過田畯野老漁父樵客酌醴焚枯鳴鳴相勞藜莢含椇果然滿腹詠高梧而賦修竹背清淮而遊長莅留東閣以從容登石室而高視

西竺千歲和尚與行脚僧書三峨高出五岳秀甲九州震旦國第一山也

帛道猷與道壹書始得優游山林之下縱心孔釋之書觸興爲詩凌峰採藥服餌蠲痾樂有餘也但不與足下同日以此爲恨耳

玄暢與傅琰書貧道棲荊累稔年衰疹積厭毒人寰所以遠託岷界卜居斯阜抱郭懐邑迴望三方負巒背岳遠矚九流以去年四月創功覆簣輒疏山讚以露愚抱

方望辭隗囂書望聞烏氏有龍池之山微徑南通與漢相屬其旁時有奇人聊及閒暇廣求其人

習鑿齒與謝安書西望隆中想卧龍之吟東眺白沙思鳳雛之聲南眷城郭懐羊公之舊風北臨楚墟存鄧老之高蹤游目檀溪念崔徐之交肆覽漁梁追二公之迹若乃裴杜和傅之故居繁欽王粲之舊宅遺事滿目

梁簡文荅湘東王書暮春美景風雲韶麗蘭葉堪把沂川可浴盡游玩之美致足樂耶

杜之松再與王績書敬想結廬人境植杖山阿林壑地之所豐烟霞性之所適蔭丹桂藉白茅濁酒一杯清溪數弄誠足樂也

雲陽記曰谷口去雲陽宮八十里流潦沸騰飛泉瀉灑兩岸峭壁孤竪橫盤凜然凝沍每入穴中朱明盛

暑當晝暫暄涼秋晚候緼袍不煖所謂寒門也漢世以爲避暑之處

董氏耳目志海山微茫而隱見江山嚴厲而峭卓溪山窈窕而幽深塞山童頹而堆阜

郭熙記春山淡冶而如笑夏山蒼翠而如滴秋山明淨而如粧冬山慘淡而如睡

王績嗜酒不任事有奴婢數人種麥春秋釀酒養鳧雁蒔藥草自供以周易老子莊子置牀頭他書罕讀也游北山東皋著書自號東皋子

李濆淳淡好古杜門不仕往來中條山中不親產業所居木石幽勝所乘馬嘗爲宗人借憩於墟間人有見者以語濆濆即鬻之

謝靈運詩題云石門新營所住四面高山回谿石瀨茂林脩竹

諫湯爲人沉勇有大慮多策謀喜奇功毎遇山川常登覽

王摩詰云自大散以往深林密竹磴道盤曲四十五里至黃牛嶺入黃花川

李白遊江淮去之齊魯入吳至長安北抵趙魏燕晉西涉邠岐歷商於至洛陽遊梁最久復之齊魯南遊淮泗再入吳轉金陵上秋浦潯陽臥廬山後流夜郎遂泛洞庭上峽江至巫山

陸羽上元初隱居苕溪自稱桑苧翁闔門著書或獨行野中誦詩不得意或慟哭而歸

王休高尚不親勢利常與名僧數人或跨驢或騎牛尋訪山水自謂結物外之遊

王維別墅在輞川地奇勝有華子岡欹湖竹里館柳浪茱泮辛夷塢與裴廸游其中賦詩相酬爲樂

韋應物守江州時嘗因覲省屬縣遂至簡寂諸處並有題詠

蘇子瞻初謫黃州布衣芒屩出入阡陌多挾彈擊江水與客爲娛樂毎數日必一泛舟江上聽其所往乘興或入旁郡界經宿不返晚貶嶺外無一日不遊山水

穪東坡嘗遊廬山徘徊山南北奇勝多不可紀倦不賦詩賦其尤作漱玉亭三峽橋二篇

王十朋遷官夔州時待命於廬山徧歷山南北多所題詠

劉歊隱居求志性重典樂尤愛山水登危履險必盡幽遂人莫能及皆歎其有濟勝之具

劉訏嘗著穀皮巾披衲衣毎遊山澤輒留連忘返神理閑正在林谷之間意氣彌遠

李白登華山落雁峰曰此山最高呼吸之氣想通帝座恨不攜謝朓驚人詩來搔首問青天耳

阮籍志氣宏放傲然獨得或閉戶讀書累月不出或

登山臨水經日忘歸當其得意忽忘形骸
嵇康常採藥游山澤會其得意忽焉忘反時有樵蘇
者遇之咸謂爲神
孫綽博學善屬文少與高陽許詢俱有高尚之志居
于會稽游放山水十有餘年
元結爲道州刺史搜攬山水佳處被之詩歌由是此
邦山水甲天下
何徵君隱吳郡多游臨華寺九經堂飲鹿塘靈寶院
涵星澗

蘭先生上隱亭望九里山七日不能下但食鷩蒸三
千段
謝靈運與族弟惠連東海何長瑜穎川荀雍泰山羊
璿之以文章賞會共爲山澤之游
宋蕭思話嘗從文帝登鍾山北嶺中道有盤石清泉
帝使於石上彈琴因賜以銀鍾酒曰相賞有松石間
意
太史公嘗登姑蘇臺以望五湖
薛崔減素有高世志造諸嶄遠間遊終南山乘月吟
嘯至感慨泣下
孟郊少隱嵩山性介少諧合後爲溧陽尉縣有投金
瀨平陵城林薄蒙翳下有積水郊間往坐水旁徘徊
賦詩
李德裕曰河東吾土也家世遷徙莫能就緒其間有
大河條山氣蓋關左吾因翹翹褰裳奮懷舊都
李白一夕乘興踏月西入酒家不覺人物兩忘身在
世外
黃山谷曰閑居多病人事廢絕遇風日晴暖從門生

兒姪輩扶杖逍遙林麓山水之間忽不知日月之成
歲
趙季仁曰觀山水亦如讀書隨其見趣之高下
蘇子瞻曰遷居江上臨皐亭甚清曠風晨月夕杖屨
野步酌江水飲之想味風義以慰孤寂
又曰彭城佳山水魚蟹爭訟寂然盜賊衰少聊可藏
拙寓居去江無十步風濤烟雨曉夕百變江南諸山
在几席此幸未始有也
司空圖侍郎舊隱三峰天祐末移居中條山王官谷

其谷周廻十餘里泉石之美冠于此山北巖之上有瀑水注流谷中溉良田數頃至今爲司空氏之莊宅子孫猶存

錢惟演與謝希深諸君曰山行良佳少留龍門賞雪無遽歸也

秦觀簡邵彥瞻曰春色蒸爾藹然草木魚鳥各有佳意廣陵多登臨之美臨風把盞所得故應不貲

東坡與劉宜翁曰嶠南山水奇絕多異人神藥先生不畏風瘴可復一游則小人當奉杖屨以從矣

東坡答李端叔曰扁舟草履放浪山水間與漁樵雜處往往爲醉人所推罵輒自喜漸不爲人所識

新居在大江上風雲變態足娛人也

蘇東坡曰雪齋淸境發於夢想此間但有荒山大江修竹古木每飲村酒醉後曳杖放脚不知遠近亦曠然天眞與武林舊游未見議優劣也

與蔡景繁曰胸山臨海石室信如所諭前軾嘗攜家一游時家有胡琴婢出之中作濩索涼州凜然有冰車鐵馬之聲

歐陽修與韓忠獻書曰廣陵嘗得明公鎭撫民俗去思未遠獨平山堂占勝蜀岡江南諸山一目千里以至大明井瓊花二亭此三者拾公之遺以繼盛美爾

汝陰西湖天下勝絕養愚自便誠得其宜

啟顔録

諸葛恢　　唐　侯白

晉諸葛恢與丞相王導共爭姓族先後王曰何以不言葛王而言王葛答曰譬如言驢馬驢寧勝馬邪

韓博

晉張天錫從事中郎韓博奉表并送盟文博有口才桓溫甚稱之嘗大會溫使司馬刁彝謂博曰卿是韓盧後博曰卿是韓盧後溫笑曰刁以君姓韓故相問

耳他人自姓刁那得是韓盧後博曰明公未之思耳短尾者則爲刁闔坐雅歎焉

王絢

晉王絢彧之子六歲外祖何尚之特加賞異受論語至郁郁乎文哉尚之戲曰可改爲耶耶乎文哉（吳蜀之人呼父爲爺）絢捧手對曰尊者之名安得爲戲亦可道草翁之風必舅（論語云草上之風必偃翁即絢外祖何尚之舅即尚之子偃也）

魏市人

後魏孝文帝時諸王及貴臣多服石藥皆稱石發乃有熱者非富貴者亦云服石發熱時人多嫌其詐作富貴體有一人於市門前卧宛轉稱熱衆人競看同伴怪之報曰我石發同伴人曰君何時服石今得石發曰我前市米中有石食之今發衆人大笑自後少有人稱患石發者

王元景

北齊王元景爲尚書性雖懦緩而每事機捷有一奴名典琴嘗旦起令索食謂之解齋典琴曰公不作齋何故嘗云解齋元景徐謂典琴曰我不作齋不得爲

解齋汝作字典琴何處有琴可典

李勣

唐左司郎中封道弘身形長大而臀甚闊道弘將入閣奏事英公李勣在後謂道弘曰封道弘你臀斟酌坐得即休何須爾許大

令狐德棻

唐趙元楷與令狐德棻從駕至陝元楷召德棻同往河邊觀砥柱德棻不去遂獨行及還德棻曰砥柱共公作何語答曰砥柱附參承公德棻應聲曰石不能

言物或憑焉時群公以爲佳對

崔行功

唐崔行功與敬播相逐播帶櫚木霸刀子行功問播云此是何木播曰栟櫚木行功曰唯問刀子不問佩人

邊仁表

唐四門助教弘緯與弟子邊仁表論議弘緯義理將屈乃高聲大怒表遂報曰先生鬬義卽怒豈曰弘弘又報云我姓既曰弘是事皆弘邊又應聲曰先生雖曰弘義終不緯座下大笑弘竟被屈而歸

竇曉

唐竇曉形容短小眼大露睛樂彥偉身長露齒彥偉先弄之云足下甚有功德旁人怪問彥偉曰既巳短肉又復精進豈不大有功德竇卽應聲答曰公自有大功德因何道曉人問其故竇云樂工小來長齋又問長齋之意竇云身長如許口齒齊崖豈不是長齋衆皆大笑

羅刹鬼國

隋令狐思道聘陳陳主用觀世音語弄思道曰是何商人賫持重寶思道卽以觀世音語報曰忽遇惡風漂墮羅刹鬼國陳主大慙

省心錄

宋　林逋

聞善言則拜告有過則喜有聖賢之氣象

坐密室如通衢馭寸心如六馬可以免過

心不淸則無以見道志不確則無以立功

天下有甚於饑渴飲食之道而世或以名稱巳或以爲能事哀哉臣之忠子之孝弟之悌是也孔子以文學爲孝悌之餘事孟子謂良知良能不出於學是非聖人强人以甚難蓋以愛欲汩其心而妻子爵祿爲賊忠孝之具間有得臣子之道者宜乎表出於世苟以孔孟之道求諸巳則知捨孝悌不足以爲人移孝悌爲忠順則立身行巳之道當然世何稱巳何能之有

事親孝者事君必忠何以知之良知故存雖妻子不能移其愛推此以盡爲臣之道則爵祿安可易其守予惟知有親焉得不孝臣惟知有君安得不忠所謂良知者其可忘乎父慈子孝兄友弟恭相須之理也然子不可待父慈而後孝弟不可待兄友而後恭譬猶責人以信然後報之以誠夫盡巳之當爲乃君子所以立身之道非求備於人也

器滿則溢人滿則喪士大夫若以一官之廩祿計則不知其爲素餐請以驅役之卒奉承之吏供帳居處詳陳悉算則凜然如履氷岌然如臨淵有愧於方寸者多矣若以奉公治民之道不加思則竊人之財不足爲盜矣

自信者人亦信之胡越猶弟兄自疑者人亦疑之身外皆敵國至於推誠則不欺守信則不疑非但六合之内可行動天地感鬼神非誠信不可

爲善如負重登山志雖巳確而力猶恐不及爲惡如乘駿走坂雖不加鞭策而足亦不能制

功名官爵貨財聲色皆謂之欲俱可以殺身或問之曰欲可去乎曰不可饑者欲食寒者欲衣無後者欲子孫反是甘於自殺也然知足而不貪知節而不淫無沽名之心而不求功亦庶幾乎欲可窒也

知不足者好學耻下問者自滿一爲君子一爲小人自取如何耳

人之有過失猶身之有疾病攻之以藥石誨之以廉耻雖過失不害爲賢者雖疾病不失爲全人

好名則立異立異則身危故聖人以名爲戒

爲善者不云利逐利者不見善舜蹠之徒旨此分捨生取義固不可得見利思義聖人亦取之殆哉利不可言況可爲乎孟子荅梁惠王之言至矣

有過知悔者不失爲君子知過遂非者其小人歟

官爵富貴在人謂之儻來道德仁義在己謂之自得儻來者足以驕妻妾自得者可以藐公卿君子所以

修天爵而人爵從之

靜吉動凶德休僞拙聖人戒告甚切至反身而誠樂莫大焉知此爲君子昧此爲小人

木有所養則根本固而枝葉茂棟梁之材成水有所養則泉源壯而流派長灌漑之利博人有所養則志氣大而識見明忠義之志出可不養哉故孟子所謂苟得其養無物不長也

晝之所爲夜必思之有善則樂有過則懼君子哉

私心勝者可以滅公爲己重者不知利物

人之所以異於禽獸草木者以其有爲耳皮毛齒角禽獸以用而名香味補瀉草木以巧而著人之生也無德以表俗無功以及物於禽獸草木之不若也哀哉

利心專則背道私意確則滅公

歲月已往者不可復未來者不可期見在者不可失

爲善則善應爲惡則惡報所以成名滅身惟自取如何耳

仁義禮智本自修人必欽崇之放僻邪侈本自賊人

必輕鄙之

得天地之至和者爲君子故溫良慈儉稟陰陽之繆戾者爲小人故兇詐姦邪

善惡之性不能易如水之不能燥火之不能濕形色語默之間善惡自見

古之人孝弟力田行著於鄉州黨族名聞於朝故命之以官其臨民也安得不孝弟其從事也安得不服勞其處己也安得不廉其事上也安得不忠後之人强記多識專於緝綴有不知父子兄弟之倫者有不

知稼穡之艱難者盜經典子史爲取富貴之筌蹄故忠義日薄名節日衰惟賢者則不然此無他去古既遠無成周賓興之法耳

禮義廉耻可以律已不可以繩人律已則寡過繩人則寡合寡合則非涉世之道故君子責已小人責人

德有餘而爲不足者謙財有餘而爲不足者鄙

愛身者所以孝於親愛民者所以忠於君

高不可欺者天也尊不可欺者君也内不可欺者親也外不可欺者人也四者既不可欺心其可欺乎心

不欺人其欺我乎

爲善易避爲善之名難不犯人易犯而不校難

涉世應物有以横逆加我者譬猶行草莽中荆棘之在衣徐行緩解而已所謂荆棘者亦何心哉如是則方寸不勞而怨可釋

恐懼者修身之本事前而恐懼則畏畏可以免禍事後而恐懼則悔悔可以改過夫知者以畏消悔愚者無所畏而不知悔故知者保身愚者殺身大哉所謂恐懼也

鬼神不可以力勝而可以信服鬼神不可以欺詐而可以誠達況夫涉世與人爲徒者誠信其可捨諸

古人畏四知者謂天地彼我必有一知者不得不畏況處八達之衢爲萬目所視愼乎所當畏行乎所無畏可也

誠無悔恕無怨和無仇忍無辱

巧辨者與道多悖拙訥者涉世必疏寧疎於世勿悖於道

華藻見於外者謂之文古今積於中者謂之學苟見道不明用心不正適足以文過飾非文學所以在德行政事之下

不欺闇室者肯欺心乎不愧屋漏者肯愧於人乎不欺其心無愧於人庶幾君子矣

外重者内輕故保富貴而喪名節内重者外輕故守道義而樂貧賤愛親者保其身愛君者輕其位

窮不易操達不患失非見善明用心剛者不能也

人有過失已必知之已有過失豈不自知乎是非者檢人思憂患者檢身

强辯者飾非謙恭者無爭知其善之可遷善惡在自
爲父子不相授堯爲父而有丹朱舜爲子而有瞽瞍
堯與賢易舜克諧以孝難
人之制性當如隄防之制水常恐其漏壞之易若不
顧其泛濫一傾而不可復者也
綺語背道雜學亂性
富貴以道得伊尹是也貧賤以道守顔淵是也俱爲
聖賢負芻于湯與簞瓢陋巷勞逸憂樂不可同日而
語也

聖賢師心不師跡雖百世而道同後世師跡不師心
雖時同而術異
求師問友急於教子弟者始於章句中於文采終於
科第所謂入孝出弟汎愛親仁則懵如冥行豈不違
吾聖人之言乎
知之非艱行之爲艱誠能踐履雖非聖賢其亦聖賢
之徒歟
和以處衆寬以接下恕以待人君子人也
讒言巧佞言甘忠言直信言寡

多言則背道多慾則傷生
知足則樂務貪必憂
内睦者家道昌外睦者人事濟不護人短不周人急
非仁義也
結怨於人謂之種禍捨善不爲謂之自賊輕諾者信
必寡面譽者背必非孝於親則子孝欽於人則衆欽
聲色者敗德之具思慮者殘生之本
爲善不如捨惡救過不如省非欲不匱則博施欲長
樂則守分廣積不如教子避禍不如省非勉强爲善

勝於因循爲惡
責人者不全交自恕者不改過自滿者敗自矜者愚
自賊者害多言獲利不如默而無害
寡言省謗寡慾保身
行坦途者肆而忽故疾走則蹶行險途者畏而慎故
徐步則不跌然後知安樂有致死之道憂患爲養生
之本可不省諸
廣積聚者遺子孫以禍害多聲色者殘性命以斤斧
務名者害其身多財者禍其後善惡報緩者非天網

跡是欲成君子而滅小人也禍福者天地所以愛人也如雷雨雪霜皆欲生成萬物故君子恐懼而畏小人僥倖而忽畏其禍則福生忽其福則禍至傳所謂禍福無門惟人所召也

以忠沽名者訐以信沽名者詐以廉沽名者貪以潔沽名者污忠信廉潔立身之本非釣名之具也有一於此鄉原之徒又何足取哉

焉已甚者不仁好廣積者不義足恭者無禮貪名者無智

立身之道内剛外柔肥家之道上遜下順不和不可以接物不嚴不可以馭下

前輩論醫云閉門看古方三年知天下無病不可治及其出而用藥療病知今古無方可用此無他聞見力極則止至於應變則無有窮盡噫豈但論醫也士之學問其失正在是苟以是心反之孳孳日夜自不知爲有餘縱未能盡愈天下之疾亦庶幾乎十失一二也

不自重者取辱不自畏者招禍不自滿者受益不自是者博聞吉凶悔吝非天然無有不由已者

壽夭在天安危在人知天理者夭或可壽忽人事者雖安必危

口腹不節致疾之因念慮不正殺身之本

驕富貴者戚戚安貧賤者休休所以景公千駟不及顏子之一瓢也

外事無大小中慾無淺深有斷則生無斷則死大丈夫以斷爲先

人皆有好生惡死之心人皆爲捨生取死之道何也

見之不明耳

欲去病則正本本周則病可攻藥石可以効欲齊家則正身身端則家可理號令可以行固其本端其身非一朝一夕之事也

以禮義爲交際之道以廉耻爲律已之法游息於是朋友見欽而不敢欺妻子取法而不致侮盡思患預防之理所以譬之四維其可廢而不張乎

心可逸形不可不勞道可樂身不可不憂形不勞則怠惰易弊身不憂則荒淫不立故逸生於勞而常休

樂生於憂而無厭是逸樂也憂勞其可忘乎

古之人修身以避名今之人飾己以要譽所以古人臨大節而不奪今人見小利而易守君子則不然無古無今無治無亂出則忠入則孝用則知舍則愚

仁言不如仁心之誠利近不如利遠之博仁言或失於口惠利近或失於姑息

智大心勞者狂力小任重者踣

攫金於市者欲心勝而不知有羞惡求珠於淵者利心專而不顧其沉溺

不欺不吝不隘不强者可與人爲徒

埋土不能障狂瀾匹夫不能正頹俗

知足者貧賤亦樂不知足者富貴亦憂

夙興夜寐無非忠孝者人不知天必知之飽食煖衣恬然自衛者身雖安其如子孫何

以忠孝遺子孫者昌以智術遺子孫者亡以謙接物者彊以善自衛者良

爾誅不滅悔之何及爾見不長敎之何益

子之事親不能承顏養志則必不能忠於君上弟之事兄不能致恭盡禮則必不能遜於長上

家不和然後見孝子國不亂無以見忠臣如是則孝子忠臣不容見於治世也僕切疑之有人能克諧六親欽順父母家不使不和莫大之孝也有人能引君當道將順正救國不使之亂莫大之忠也

風俗不淳儉則財用無豐足

以德遺後者昌以禍遺後者亡謙柔卑退者德之餘强暴姦詐者禍之始

舜之所以爲孝者有頑父嚚母傲弟人不幸而有此

當克諧如舜不爲甚難顔淵曰舜何人也予何人也有爲者亦若是

屈己者能處衆好勝者必遇敵欲常勝者不爭欲常樂者自足有限之器投之滿盈則溢太虛之室物物自容靜躁寬猛視量之如何耳

勝於己者必師拙於己者可役愛於己者知善而不知惡憎於己者見惡而不見善

火之炎上水之就下順其性則烹飪之功成灌溉之利博

越鳥巢南胡馬嘶北物之眞情尚耳而況於人乎

食能止饑飲能止渴畏能止禍足能止貪

父之教子必以孝君之責臣必以忠子不子臣不臣安可爲之以仁爲宅以禮爲門以義爲路居處於是出入於是踐履於是安得不謂之君子

內不溺於妻子者事親必孝外不欺於朋友者事君必忠人性如水水一傾則不可復性一縱則不可反制水者必以隄防制性者必以禮法

保生者寡欲保身者避名無欲易無名難

善人種德降祥於天惡人種禍貽殃於後

溺愛者受制於妻子患失者屈己於富貴大丈夫見善明則重名節如泰山用心剛則輕死生如鴻毛

父善教子者教於孩提君善責臣者責於冗賤蓋耆欲可以奪孝富貴可以奪忠

以言傷人者利於刀斧以術害人者毒於虎狼言不可不愼術不可不愼也

爲子孫作富貴計者十敗其九爲人作善方便者其後受惠

耳不聞人之非目不視人之短口不言人之過庶幾爲君子

以愛妻子之心事親則無往而不孝以保富貴之心事君則無往而不忠以責人之心責己則寡過以恕己之心恕人則全交

夫寡言擇交可以無悔吝可以免憂辱

飽芻豢者鄙膏粱樂貧賤者薄富貴安義命者輕死生遠是非者忘臧否

少不勤苦老必艱辛少能服勞老必安逸

與善人交有終身了無所得者與不善人交動靜語默之間亦從而似之何耶人性如水爲不善如就下故易安可不擇交

近世士大夫多爲子弟所累是溺於愛而甘受其謗殊不知父當不義聖人猶許爭子子弟不肖而不能正是納於邪而不知義方之訓也父兄之罪大矣

不臨難不見忠臣之心不臨財不見義士之節

大則治亂邪正小則晝夜生死皆反手耳反邪則正反亂則治反夜則晝反死則生豈可猶豫苟且而爲

之耳雖聞目不親見者不可從而言之流言可以惑衆若文其言而貽後世恐是非邪正失實

憂國者不顧其身愛民者不附其上

憂天下國家者其慮深其志大其利博其言似迂其合亦寡其遇亦難孔孟是也樑棟朽則屋傾賢不肖分則國治上節下儉者財用足本重末輕者天下太平

輕財足以聚人律己足以服人量寬足以得人身先足以率人

憂患疾痛皆養生善知識放逐閒廢皆仕宦善知識不有憂安知樂可爲哉

情相親者禮必寡道相悖者術不同禮節者誠術異者踈

人不可無識識暗者小人無識者禽獸小人捨正而趨邪假善而爲惡識明者果如是乎禽獸不知父子之親君臣之分爲無識故也

沽虛譽於小人不若聽之於天遺貨財於子孫不若周人之急

君容而斷臣恪而忠父嚴而慈子孝而敬兄愛而訓弟恭而勞夫和睦而莊婦守正而順人倫之道盡矣

處內以睦處外以義檢身以正交際以誠行己之道至矣

無瑕之玉可以爲國器孝弟之子可以爲家瑞

爲政之要曰公與清成家之道曰儉與勤

寶貨用之有盡忠孝享之無窮

語人之短不曰直濟人之惡不曰義

好勝者必爭貪榮者必辱

太廟之犧被文繡而悔不及鷦鷯深林一枝之樂也

以己資衆者心逸而事濟以己繫衆者則心勞而怨

聚薄於所親而責人重者不可與言交好名欲速者不可與共謀貪而喜詐者不可與同利害忍而好勝者不可與同逸樂

千斤之石置之立坂之上一力可以落九仞萬斛之舟遡於急流之中片帆可以去千里勢使然也若馳羣馬於平陸集多士於大庭非駿足奇才不得先焉

事親有隱而無犯事君有犯而無隱非謂無犯無隱聖人不易之論也古之所謂犯者以已所見陳於君不以犯上爲犯也後世所謂犯者處卑位而言非其職徒以沽名之心務行其說。直前抵訐無益於世愚以爲若能以事師之道事君無隱則不敢逢君之惡無犯則不忍暴君之失諫可行言可聽膏澤可下於民不亦美歟

畋獵聲色之娛易入而難返車服口體之奉相尚而不厭皆非逸豫安樂之道也

毀譽雜至。觀其事則毀譽明。善惡混淆。公其心則善惡判此在上之職也若智効一職行其所當爲而不問毀譽立乎其中道則善惡自黑白也

事親孝則專其愛而妻子不能移事君忠則盡其職而爵祿不足動竭力於親者不必須士類致身於君者不必問品秩

黼藻太平勘定禍亂可以謂之忠乎苟有隱於君不若愚下不欺之忠也列侯而封擊鮮而食可以謂之孝乎苟有違於親不若貧賤養志之孝也

有至賢之君無忠直之臣則聰明不能達遠雖賢聖或可欺大哉所謂爲君難

財用足以富國家一夫可以爲風俗所以繫治亂非有大君子不能變必欲弭禍亂致太平非風俗淳儉不可

愛君切者不知有富貴爲己重者不知立功名

財不難聚也取予當則富足國不難治也邪正辨則至平風不難化也自上及下而風行俗不難革也自邇及遠而俗變

富貴者奢侈相尚奉養之外棄廢寶貨窮極土木惟務相勝貧賤者專於工巧伎藝古所未見一日之直可以盡農夫終歲之利故棄本逐末耕桑者少而衣食者多求其盈餘儲積不亦難哉

甲冑之士責以禦侮州縣之吏委以籌畫事聖君而變薄俗病在不爲耳

蘇張適六國而皆合孔孟走天下而不遇易進難入王霸之道豈止如霄壤

陶淵明無功德以及人而名節與功臣義士等何耶

蓋顏子以退爲進甯武子愚不可及之徒歟

婦人悍者必淫醜者必妒士大夫繆者忌嶮者疑必然之理也

費千金爲一瞬之樂孰若散而活凍餒幾千百人處眇軀以廣廈何如庇寒士於一廛之地乎

堂下遠於千里况於九重之深雖堯舜不能知此屋有人能以所聞所見上體仁君愛民求治之意委曲詳陳之則不待用召山甫而宣王自能致太平也

能自遂者未必能成人自敗者必罔人能自儉者未

必能周人自恣者必害人然此無他爲善難爲惡易也

韓非作說難而卒斃於說豈非所謂多言數窮之戒耳

張飽帆於大江驟駿馬於平陸天下之至快反思則憂處不爭之地乘獨後之馬人或我嗤樂莫大焉

利可共而不可獨謀可寡而不可衆獨利則敗衆謀則泄

蓋棺始能定士之賢愚臨事始能見人之操守

猛虎能食人不幸而遇之必疾走以避小人能媚人人喜與之親不幸而同利害必巧爲中傷毒人而人不知然機穽之設未若天網之不漏也

必尊於事君必嚴於事親必達於天地鬼神必疎於禽獸之屬一於誠則交際之道無不至矣

重名節者識有餘而巧不足保富貴者知不足而才有餘知識明者君子才巧勝者小人

用心專者不聞雷霆之震驚寒暑之切肌爲己重者不知富貴可以殺身功名可以致顯禍行通儒大道

者不迷心至公無私者不惑

責越人以鞍馬强胡人以舟楫其猶論民瘼於貴游索珍玩於寒士難哉

用不節財何以豐民不蘇國何以安

飽肥甘衣輕煖不知節者損福廣積聚驕富貴不知止者殺身

人以巧勝天天以直勝人

小人詐而巧似是而非故人悅之者衆君子誠而拙似迂而直故人知之者寡

舜耕于歷山伊尹耕于莘野聖賢力田見於經傳後世以文學明道其弊至於菽麥不分豈止不知稼穡艱難哉

人以麟鳳比君子以豺狼比小人徒論其表耳麟鳳爲世瑞而不能移風易俗君子能厚風俗致太平以來麟鳳豺狼能害人其狀易别人得以避之小人深情厚貌毒人不可防閒殆有甚於豺狼也

邪正者治亂之本賞罰者治亂之具舉正錯邪賞善罰惡未有不治者邪正相雜賞罰不當求治難矣

天下有正道邪不可干以邪干正者國不治天下有公議私不可奪以私奪公者人不服

以是爲非以非爲是者强辯足以惑衆以無爲有以有爲無者便佞足以媚人心可欺天可欺乎

女相妬於室士相妬於朝古今通患也若無貪榮擅寵之心何嫉妬之有

無恒德者不可以作醫人命死生之繫庸人假醫以自誣其初則要厚利虚實補瀉未必適當幸而不死則呼需百出病者甘心以足其欲不幸而斃賜曰飲食不知禁嗜欲有所違非藥之過也厚載而出死者何辜焉世無扁鵲望而知死生無華佗滌腸以愈疾輕以性命託庸醫何如謹致疾之因固養生之本以全天年耶嗚呼悲夫

厚德錄　宋　李元綱

曹彬侍中攻金陵垂克忽稱疾不視事諸將皆來問疾彬曰余之病非藥石所愈惟諸公共發誠心自誓以不妄殺一人則自愈矣諸將許諾共焚香爲誓明日稱愈及克金陵城中皆按堵如故曹翰克江州忿其久不下屠戮無遺彬之子孫貴盛至今不絕翰卒未三十年子孫有乞丐於海上者矣

曹彬侍中爲人仁愛多恕平數國未嘗妄斬人嘗知徐州有小吏犯罪既立案逾年然後杖之人皆不曉其旨彬曰吾聞此人新娶婦若杖之彼其舅姑必以此婦爲不利而惡之朝夕笞罵使不能自存吾緩其事而法亦不可赦也其用志如此

王太尉旦薦寇萊公爲相萊公數短太尉於上而太尉專稱其長上一日謂太尉曰卿雖稱其美彼專談卿惡太尉曰理固當然臣在相位久政事闕失必多準對陛下無所隱益足以見其忠直此臣所以重準也上由是益賢太尉萊公在藩鎮嘗因生日建山棚大宴又服用僭侈爲人所奏上怒甚謂太尉曰寇準每事欲效朕可乎太尉徐對曰準誠能臣無如騃何上意解遽曰然此止是騃耳遂不問太尉疾亟上問以後事唯對以宜早召寇準爲相

呂蒙正丞相不喜記人過初參知政事入朝堂士於簾內指之曰是小子亦參政耶蒙正佯爲不聞而過之其同列怒令詰其官位姓名蒙正曰若一知其姓名則終身不能復忘固不如不知也不問之何損時皆服其局量

趙閱道少保寬厚長者與物無忤家于三衢所居甚隘弟姪有欲悅公意者厚以直易鄰翁之居以廣公第公聞不樂曰吾與此翁三世爲鄰矣忍棄之乎命亟還翁居而不追其直常知越州值歲大歉公召州之富民畢集勸誘以賑濟之義即自解腰間金帶置庭下於是施者雲集所全活十數萬人曾子固作救災記備述其事

范文正公少貧悴依睢陽朱氏家常與一術者遊會術者病篤使人呼文正而告曰吾善煉水銀爲白金

吾見幼不足以付今以付子印以其方與所成白金一斤封誌納文正懷中文正方辭避而術者已絶後十餘年文正爲諫官術者之子長呼而告之曰而父有神術昔之死也以汝尚幼故俾我收之今汝成立當以還汝出其方幷白金授之封識宛然

自王均李順之亂後凡官於蜀者多不挈家以行至今成都猶有此禁張忠定公詠知益州單騎赴任是時一府官屬憚張之嚴峻莫敢蓄婢使者張不欲絶人情遂自買一婢以侍巾幘自此官屬稍稍置姬屬

矣張在蜀四年被召還闕呼婢父母出貲以嫁仍處女也

范文正公在睢陽遣堯夫到姑蘇般麥五百斛堯夫時尚少既還舟次丹陽見石曼卿問寄此久也曼卿曰兩月矣三喪在淺土欲葬之西北歸無可與謀者堯夫以所載麥舟付之單騎自長蘆捷經而去到家拜起侍立良久文正曰東吳見故舊乎曰曼卿爲三喪未舉方留滯丹陽時無郭元振莫可告者文正曰何不以麥舟付之堯夫曰已付之矣

曹州于令儀者市井人也長厚不忤物晚年家頗豐富一夕盜入其家諸子擒之乃鄰舍子也令儀曰爾素寡過何苦而爲盜耶迫於貧耳問其所欲曰得十千足以資衣食如其欲與之既去復呼之盜大懼語之曰爾貧甚負十千以歸恐爲邏者所詰留之至明使去盜大感愧卒爲良民鄉里稱君爲善士

蘇子美慶曆中監進奏邸承舊例以斥賣故紙錢祠神因以其餘聚賓客言事者欲因子美以累一二大臣彈擊甚急宦者操文符捕人送獄皆一時之名士

都下爲之紛駭左右無敢救解者獨韓魏公從容言於仁宗曰舜欽一醉飽之過止可付有司治之何至如此帝悔見于色魏公之仁厚愛賢實可尚已

張忠定公詠在蜀主帥平賊如風悖草亂久不寧息公謂主帥曰有平民無害者在黨中亦宜治之翌日帥送賊三十餘人請公治之悉給公憑遣之曰各著業去帥怒曰何擅縱賊人公曰昨日李順脅民爲賊今日僕與足下化賊爲民用固邦本

張忠定公視事退後有一廳子熟睡公詰之汝家有

甚爭對曰母久病兒爲客未歸訪之果然公翌日差
瑒務一名給之且曰吾聽上有敢擾者邪此必心極
幽憤使之然爾故憫之
楊玢尚書致仕歸長安舊居多爲鄰里侵占子弟欲
詣府訴其事以狀白玢玢批紙尾云四隣侵我我從
伊必竟須思未有時試上含元殿基望秋風秋草正
離離子弟不敢復言
丁崖州雖險詐然亦有長者言眞宗嘗怒一朝士再
三語及輒稍退不答上作色曰如此臣耐問輒不應
厚德錄
謂進曰雷霆之下臣若更加一言則虀粉矣眞宗欣
然嘉納
韓魏公知北都有中外親獻玉盞一隻云耕者入塚
而得表裏無纖瑕可指蓋絶寶也公以百金答之尤
爲寶愛開醼召漕使顯官特設一桌覆以繡衣致玉
盞其上且將用之酌酒遍勸坐客俄爲吏將誤觸檯
倒玉盞俱碎坐客皆愕然吏將伏地待罪公神色不
動笑謂坐客曰物破亦自有時謂吏將曰汝誤也非
故也何罪之有

曹武惠王彬國朝名將勳業之盛無與爲比嘗曰自
吾爲將殺人多矣然未嘗以私喜怒輒戮一人其所
居堂室弊壞子弟請加修葺公曰時方大冬墻壁瓦
石之間百蟲所蟄不可傷其生其仁心愛物蓋如此
李丞相沆有長者譽一世僕逋宅金數十千忽一夕
遁去有女將十歲美姿格自寫一劵繫於帶願賣於
宅以償焉丞相大惻之祝夫人曰願如己子育於室
訓教婦德俟成求偶嫁之止請夫人親結縭以主婿
然而務在明潔夫人如所誨及笄擇一婿亦頗良矣
厚德錄
奩幣歸之女飾果堅白其二親後歸舊京聞之淪感
心骨丞相病夫婦刲股爲羮饋之至薨衰経三年以
報
眞廟時有卜者上封事言于宮禁上怒令捕之繫獄
坐以法因籍其家得朝士往還書尺上曰此人狂妄
界臣僚與之遊從盡可付御史獄案劾王文正公旦
得之以歸翌日獨對曰臣看卜者家藏文字皆與之
筭命選日草本即無言及朝廷事臣託往來亦曾令
推步星辰具狀尚存因出以奏曰果行乞以臣此狀

同問上曰卿意如何公曰臣不欲因以下覗賤流累及朝臣上乃解公至政府即時焚去繼有大臣力言乞行欲因而擠之上令中使再取其狀公曰得旨已寢焚去之

韓魏公在魏府僚屬路拯者就案呈有司事而狀尾忘書名公即以袖覆之仰首與路稍稍潛卷語定從容以授之路君退而自見且媿且歎曰眞天下盛德也

韓魏公嘗言內官王昭德絕不類內官往年執政賈

昌朝陳執中惡歐陽公欲因張氏事深治之令蘇世長鞫獄獄不成蘇云不如鍛鍊仍乞不錄問昭德時爲勘官正色曰上令某監勘正欲盡公道爾鍛鍊何等語耶歐公遂得脫

韓魏公帥定武時夜作書令一侍兵持燭於旁兵他顧燭燃公鬚公以袖麾之而作書如故少頃回視則已易其人矣公恐主吏鞭卒急呼曰勿易之渠方解持燭矣軍中爲之感服

韓魏公爲丞相每見文字有攻人隱惡者即手自封之未嘗使人見

韓魏公知歐陽永叔不以繫辭爲孔子書又多以文中子爲可取中書相會累年未嘗與之言及

工部侍郎胡宿爲邑日丁晉公爲遊客見之胡待之甚厚丁因投詩索米明日胡延晉公常日所用樽皿悉屏去但陶瓦而已丁失望以爲厭已遂辭去往見之出銀一篋遺丁曰家素貧惟此飲器願以贐行丁始諭設陶器之因其後晉公極力推挽卒至顯位

李翰林宗諤其父文正公昉秉政時避嫌遠勢出入僕馬與寒士無辨一日中路逢文正公前騶不知其

爲公子而遽呵辱之是後每見斯人必自隱蔽恐其知而自媿也

蘇子瞻云慶曆三年有李京者爲小官吳鼎臣在侍從二人相與通家一日京薦其友人於鼎臣求聞達於朝廷鼎臣即繳其書奏之京坐貶官未行京妻謁鼎臣妻取別鼎臣妻慚不出京妻立廳事召鼎臣幹僕語之曰我來既爲往還之久欲求一別亦爲乃公嘗有數帖與吾夫簿私事恐汝家終以爲疑索火焚

之而去

孫學士元忠朴呂正獻公所薦館職也嘗爲呂居仁言元祐間某嘗對侍講非笑程正叔侍講謂某正叔有多少好事元忠不說何故只言其短某因釋然心服後不復敢深議正叔因思今人如元忠樂善者少矣侍講謂滎陽公呂原明也

曹彬侍中討蜀初克成都有獲婦女者彬悉閉於一第竅以度食曰是將進御嘗密衛之洎事寧咸訪其親以還之無者嫁之

孫莘老知福州時民有欠市易錢者繫獄甚衆適有富人出錢五百萬葺佛殿請于莘老莘老徐曰汝輩所以施錢者何也衆曰願得福耳莘老曰佛殿未甚壞又無露坐者孰若與其錢爲獄囚償官遂使數百人釋枷鎖之苦其得福豈不多乎富人不得已諾之即日輸官囹圄遂空

前宰相蔡確坐詩語譏訕簾中臺諫章疏交上必欲朝廷誅殛宰執侍從皆謂當然范忠宣公獨以爲不可遂於簾前開陳方今聖朝宜務寛厚不可以語言文字之間曖昧不明之過誅竄大臣今日舉動宜與將來爲法式此事甚不可開端也

李謙溥有招收將劉進者勇力絶人數以少擊衆并人患之乃以蠟丸封書詭進陽遺其兒晉帥趙贊得之以聞太祖即詔謙溥械送闕下謙溥曰此反間也願以闔門保之太祖得奏遽釋進厚賜金帛遣之

陳秦國公省華三子已貴秦公尚無恙每賓客至其家堯佐及仲季子侍立左右坐客踧踖不安求去秦公笑曰此兒子輩爾後天下皆以秦公教子爲法而以陳氏世家爲榮

賈儀尚書家法整肅每對客坐郎二侍郎三起居四參政五補闕皆侍立焉

韓許國公億在中書日嘗見天下諸路有職司捃拾官吏小過輒顰色不懌曰今天下太平主上之心雖蟲魚草木皆欲得所夫仕者大則望爲公卿次則望爲侍從職司二千石其下亦望京朝幕職柰何錮之於聖世持心如此昔袁安不以贓罪鞫人其韓公之謂乎

宋宣憲公綬判三司憑由司建言比歲下赦令釋逋而稽期未報者六十八州軍請諸路選官覆校限半月以聞以是脫械繫三千二百人所除數百萬

范文正公爲參知政事會王倫寇淮南州縣官吏有不能守朝廷盡欲誅之公曰時諱言武備盜賊猝至而專責守臣死事不可故守令皆得不誅

楊侍郎偕知審官院元昊乞和而不稱臣偕上言以謂連年出師國力日以蹙莫如以書遺之徐圖討滅之計諫官歐陽脩蔡襄交章劾奏偕職爲從官不思爲國討賊而助元昊不臣之請罪當誅偕不自安求知越州道改知杭而襄謁告迎親杭而輕遊里市武謂曰何不以言於朝偕曰襄嘗以公事詆我我豈可以私報也

馬少保亮通判常州時吏有忘失官物械繫妻子至連逮者數百人亮一切縱去許自償所負不踰月而盡輸之咸平初命往京西河東二道放積欠官物奏除者數百萬還奏稱旨

馬少保爲御史中丞上言近歲以來父祖未葬而多別財異爨甚傷風教請自今未葬者不得析居

知制誥韓綜通判天雄軍會河水漲金隄民依丘冢者凡數百家水大至綜出令能活一人者予千錢民爭操舟栰盡救之已而丘冢潰

胡侍郎則提舉江南路銀銅場鑄錢監時得吏所匿銅數萬斤吏懼且死則曰馬伏波哀重囚而縱亡之吾豈重貨而輕數人之生止籍爲羨餘及除廣西轉運按宜州重辟十九人而爲辨活者九人

胡侍郎在福州時前守陳絳坐嘗延蜀僧龍昌期爲州人講易得錢一萬事發自成都械昌期至則破械館以賓禮出俸錢爲償之

扈諫議稱爲梓州路轉運使屬歲饑道殣相望稱先出祿米以賑民故富家大族皆願以米輸入官而全活者數萬人

方諫議慎言爲侍御史時丁謂貶遣慎言籍其家得士大夫書多干請關通者悉焚之不以聞世稱長者

胥内翰偃未仕時家有良田數千頃既貴悉以與族人嘗與謝絳受詔試中書吏而大臣有以簡屬偃不

發視而焚之且曰發而言之不亦傷刻薄乎

薛簡肅公奎知益州里父訟其子不孝者詰之乃曰貧無以爲養奎因出俸錢與之

王侍制質權知荆南府有媼訴其婦薄於養婦曰舅姑家既窮而歸且奉事無不謹質曰姑雖不良獨不顧若夫耶取家人衣衣媼又給以廪粟使歸養之皆感泣而去

劉吏部夔不治財產所收私田有餘穀則以振救鄉里貧人前死數日作遺表以祿賜所餘分親族

馬少保亮知灃州屬縣有亡命卒剽刧爲鄉人共謀殺之在法當死者四人亮謂其僚屬曰夫能爲民去害而乃坐以死豈法意耶乃批其案悉貸之

楊諫議告除京西轉運副使時屬部歲饑所至發公廪又募富室出粟以賑之民伐桑易粟不能售告命高其估以給酒官由是獲濟者甚衆

方諫議愼言知泉州會歲饑大發官廪以貸民又恤其鰥寡孤獨而皆愛之至有生子以方兒爲名者

錢祕監昆知梓州時會歲旱歉屬務流移大發常平粟賑之而自劾釋不問

陳龍學從易知虔州歲饑有持杖盜殺發囷倉者請一切減死論於是全活者千餘人

梅諫議摯通判蘇州初二浙饑官貸種食已而督償之甚急摯上言賑民所以爲惠也反撓民不便因下其奏他州悉得緩期償之

嵇內翰頴父適嘗爲荆南石首主簿民有父子坐重辟府特命適按劾之爲免其子死而父以抵法託言於人曰主簿仁人也且生令子明年頴生天聖中進士及第

張侍郎溥知楚州會歲饑貽書發運使求貸糧不報因數曰民轉死溝壑矣尚待報耶乃發上供倉粟賑之所活以萬計因上章待罪降勑奬諭

陳節使堯咨權通判流內銓時舊制選人皆用制奏舉乃得京寺官而士有孤寒不爲人知者堯咨特爲陳其功狀升擢之

陳郎中貫擢利州路轉運使屬歲饑出所得職田粟盡以賑民富民有積粟者率令計口自占其數自餘

則皆發之
趙觀察滋知雄州時契丹大饑舊米出塞下不得過三升滋曰彼吾民也令出米無所禁
桑崇班懌嘗遇大水有衆二稟將以舟載之見百姓走避水者遂棄其粟而載之得皆不死歲饑聚人甚食其粟盡而止
潤州金壇縣陳允熙寧八年餓殍無數作萬人冢每一尸設飯一甌席一領紙四貼藏尸不可紀是歲生廊又生麥皆爲監司孫登仕者相繼

馬知節樞密知秦州州嘗質羌酋二十人屬殆逾二紀知節曰此亦人也豈不懷土悉遣還蕃落感其恵乞受代無以敢怨塞者也
蔡卞章惇同肆羅織遷謫元祐諸公卞率惇以奏乞發司馬光墓門下侍郎許將獨無言卞等退哲宗留將問曰卿不言何也將曰發人之墓非盛德事哲宗曰朕與卿同乃不從
仁宗初蒞政問輔臣四方奏獄來上不知所以裁之如之何則可呂文靖公夷簡進曰凡奏獄必出於疑疑則從輕可也帝深以爲然故終仁宗之世疑獄一上從於輕
王文康公溥初周祖鎮蒲津召置幕府從征李守正王景崇得朝臣交結書周祖欲暴其事溥力請焚之後世宗嘗問漢相李崧蠟丸書結北虜有記其辭者否溥曰使崧有此肯以示人耶逢吉輩爲之爾世宗遂優贈其官
王沂公曾知審刑院初違制之法無故失率坐徒二年公請分故失非親被制書者止以失論上不悅

如是無復有違制者曾曰如陛下言亦無復有失者矣自是違制遂分故失
張文懿公士遜在相位陳堯佐罷參知政事有挾怨上言堯佐欲反復有詆諌官陰附宗室者遂置二奏上前且言儉言動搖朝廷若一開姦萌則臣亦不能自保矣上悟置告者于法詆諌官事亦寢
王章惠公隨知戎州戎人多蓄逃卒或忤意則執以求賞故坐法衆隨至下令能自歸者免仍隸舊籍多所全活

陳文忠公堯叟嘗爲廣西轉運使其俗有疾不服藥唯禱神堯叟以集驗方刻石桂州驛舍是後始有服藥者嶺外少林木井泉堯叟爲植木道傍鑿井置亭舍至今爲利

陳文惠公堯佐在樞府日太常博士陳詁知祥符縣以法繩吏吏悉遁去章獻太后怒事下樞密院詁連姻宰相呂夷簡欲因詁中傷夷簡者堯佐以爲罪詁則姦人得計而能吏沮矣詁遂獲免

程文簡公琳知永興元昊死諒祚尚幼以三大將分

治其國或謂因各授三將節度使以分弱其勢琳曰幸人之喪非所以示夷狄不如因而撫之

田樞密況知成都府自李順王均之亂蜀守皆得便宜從事雖或小罪并其家內徙流離道路失所者頗衆況察其非有甚惡釋之

寇忠愍知永興軍於其誕日排設如聖節儀晚衣黃道服簪花走馬承受且奏寇準有叛心真宗驚手出奏示執政曰寇準乃反耶范文正熟視笑曰寇準許大年紀尚騃耳可劄與寇準知上意亦解

公言李沆相秉鈞日有狂生扣馬獻書歷抵其短李遜謝曰俟歸家當得詳覽狂生遂發訕怒隨公馬後肆言曰居大位不能康濟天下又不能引退久妨賢路寧不媿於心乎但於馬上踧踖再三曰屢求退以主上未賜允終無忤色公言以帷箔之罪加於人最爲暗昧萬一非辜則令終身被其惡名至使君臣父子之間難施面目言之得無訒乎

華陰呂君舉進士聘里中女行既中第婦家言曰吾女故無疾既聘而後盲敢辭呂君曰既聘而後盲君

不爲欺又何辭遂娶之生五男皆中進士第其一人丞相汲公是也

應山二連伯氏庶字君錫仲氏庠字元禮少從學於二宋相繼登科君錫爲人清脩孤潔故當官人號爲連底清元禮加以肅人號爲連底凍其父處士名舜賓字輔之爲鄉里所說服歲饑出穀萬斛損價以糶之惠及傍邑

鄭屯田建中其先本雍人五季時徙家安陸貲鏹鉅萬城中居人多舍客也每大雨過則載瓦以行閭有

屋漏則補之若舍客自爲之屋亦爲繕完又隆冬苦
寒獨舍緡仍日屯田公晩得一子即侍郎公紓也

樂善錄

宋　李昌齡

心者善之本也究夫所本末始不善不幸富貴利害者汨之故不善之心由是而生其間能不失其本者百無一二焉是以無富貴無貧賤作善者常少而作不善者常多無足怪也然予嘗目擊世間積善之士鮮有不終吉者故易曰積善之家必有餘慶又曰善不積不足以成名噫聖人之言豈欺我哉予少也賤負笈四方經歷世故屢嘗患難凡所聞見踐履有益

於人而可補於世者未嘗不積於中爰摭管見裒集得若干餘事目曰積善錄皆所言修身積德濟物也願與天下善士共行之自王公至於庶人咸知積善之爲終吉故言不文辭不飾每事直述其旨要在明道理達倫類辨是非通世務使賢愚貴賤皆得以洞曉之或曰子之言可謂達理若更加潤色則盡善矣余曰不然本朝文章之盛超軼漢唐所不足者節義區區之見蓋在警世厲俗利物濟人何以文爲所患其間類逆耳骨鯁之言與世俗違者甚多未免有毀譽之私然而公言在我好惡在彼吾何容心哉若夫增廣善事削其繁摭其有裨於明哲君子時淳熙戊戌冬月序

嚴正

爲父而不能盡父之道則家無孝友之子爲師而不能盡師之道則門無行藝之士爲子而不能盡事父之道則爲不孝爲弟子而不能盡事師之道則爲不知斯四者天下之大經誠不可違也苟欲盡夫爲父爲師之道者無他惟嚴與正而已制之以嚴教之以正罔不盡善雖文王爲父仲尼爲師不過如是也苟

欲盡夫事父師之道者無他惟敬與順而已敬之以禮順其教命則罔有不令雖曾參之爲子顏回之爲弟子不過如是也蓋父猶天也師猶父也其勢雖殊其尊一也爲人而不能盡事父師之道者逆天者也是人也若無人禍必有天刑或曰如彼之頑嚚而嚴不足以制之正不足以教之則嚴正何所措諸予對曰誠有是事也然果人也庸有治之以嚴正而不率者乎苟嚴正不足以治之則非人矣任之可也嘗觀

堯舜不能化朱象蓋凡此徒者不可謂之人也人之類而已此韓愈所謂夷狄禽獸皆人者是也予欲天下之爲父子師弟子者各盡其道故發斯言

自守

夫人之爲人莫善於能自守故孟子曰守孰爲大守身爲大守身守之本也蓋言人能守其身則能守其本既能守其本則其末者無所不守小而子女玉帛富貴爵禄大而宗廟社稷家國人民皆可守也苟不能自守其本而貧賤得以移其志得喪足以動其心

如此則非其道非其義非其法者安能保其不爲如是則雖小者亦不能自守矧能守其大者乎柰何士之爲士奚可不自守能自守則不失其爲富貴顯達爲士君子不能自守則不失其爲貧賤窮困爲愚無知斯二者斷無疑矣故曰人之爲人莫善於能自守

陰德

人之處世不可不積陰德夫不積陰德者未見其有後也故于定國父治獄多陰德而知其子孫必興孫叔敖有埋蛇之陰德而母知其必貴信有之矣然陰德亦甚易積不以富貴有力者雖尋常之人皆可積也蓋所謂積陰德者非謂廣散金穀多方布施齋設僧道建造寺觀然後謂之積陰德凡爲此者乃愚人作業福非積陰德也或曰何謂業福予對曰蓋彼所聚之財取之多不義取不義之財而廣布施設齋供故謂之作業福非積陰德者也夫所謂積者常操不害物之心出入起居種種行方便如此便是積陰德也今姑以其小者言之如蛾之赴火螘之墮淵而吾能救之亦是積陰德矧夫人有饑寒吾能飽煖之人

有疾厄吾能安樂之救人患難解人之仇怨濟人之困貧不沒人之善不成人之惡不言人之過凡此之類皆積陰德也積德之士苟常以方便存心隨力行之不已則陰德亦厚矣殆見天之報也莫匪福壽之增崇門戶之感大子孫之榮顯有不可辭者予言不斯力行之可也

戒殺

經曰大夫無故不殺牛士無故不殺犬豕至於王者郊祀然後用特牲此禮制然也所以别尊卑之分也

後世壞法棄禮雖庶人而竊食牛牲矧於羊豕乎以庶人而食祀天之品物非惟有罪縱有禍如天亦消去矣蓋彼有不可食者二祀天之物不敢食之有功於民不忍食之若夫道釋者流論食牛罪業之重報應之速予不復舉然而陰陽殊途罪福一致不言而喻凡此等事吾儕患乎不知知之安可不戒也

量飲

予嘗觀世俗會賓客不以貴賤未有不强人以酒者勸人以酒固非惡意然當隨人之量以勸之乃所以

盡賓主之歡也予聞范蜀公接伴契丹勸酒使馮見善請曰勸酒當以量若不以量如徭役而不用戶等高下彼　也猶且知勸酒以量矧吾儕生乎衣冠之國動容周旋務在中禮奚可以酒强人而使人失禮節亂情性甚至於吐哇而後已此殆不若夷狄之知禮實可耻也實可醜也好禮之士苟聞予言當改其過而新其德庶幾無愧古人賓主百拜酒三行之禮也

施惠

世間萬物久聚必散自然之禮也夫金穀寶貨雖萬乘之貴久聚亦散然彼所以散者蓋爲養天下而散也苟不爲此而散必若鹿臺鉅橋而散其散一也以是言之則金穀寶貨國家不能久聚而不散也常人可久聚而不散乎予見世之愚者嘗聚金穀寶貨自謂可使子孫世世而不能散此真癡漢耳誠可惟笑及夫物之當散也不以水火去則盜賊去兵革獄訟去不肖子孫去此事自古皆然非止今日是故鄧通之銅山不能有萬日石崇之金谷何嘗傳百年金穀

寶貨不可久聚也如此故予欲積善之家常以其餘者廣施惠於親戚朋友故舊鄰里之不足者小民之貧困者人有患難疾苦者苟能如是而散之則彼將復聚於吾子孫者無有窮極蓋陰功陰德厚矣予特爲是說以勉世人迷而不悟者云君子毋謂不知言也

僧道

僧道不可入宅院猶鼠雀之不可入倉廩也鼠雀入倉廩未有不食穀粟者僧道入宅院未有不爲亂行

若此事之必然不可隱者也予竊見富家兒常令僧道入宅院與婦人同起坐而不知耻殆其久而分熟則尤有不爲彼所汚者其間無知之輩至於事露醜出而亦不耻不禁悲夫世間如此等人何異於鳥獸乎予不忍聞見此等事惟欲賢者知之而今而後知僧道不可令入宅院故楚諺亦云此輩只堪林下見不宜引到書堂前

養生

人之養生唯不可不足若粗足以奉甘旨供祭祀養妻子備凶荒之外夫復何用良田萬頃日食二升大廈千間夜眠八尺何必區區勞心役己未歲窮年汨汨於殖貨利哉夫如是者乃一守錢爲兒孫作馬牛也或曰何謂作馬牛予對曰夫富者之爲利莫非放債取厚利恃勢而兼幷致使貧下之民終日逐利以償其債使[illegible]人之家終身營家業以待其吞倂其或事窮力盡則賣妻鬻子身爲奴僕而後已凡此之類無非爲兒孫作馬牛也鳴呼不徒死作馬牛而且生作馬牛矣彼所以不自知其爲馬牛者未變其頭

角與免鞭策耳苟曰爲子孫計則何不積陰德以遺之開義方以教之使子孫自取富貴故易曰積善之家必有餘慶傳曰愛子教之以義方何區區爲彼作奴僕殖貨利哉倘子孫賢必能爲我守之其或不肖則我聚而彼散反取笑於識者此理昭然不必賢知者知其然雖愚者亦知其然也予嘗憫人之苟富貴者不悟其身爲兒孫作馬牛故特爲是說以警之

室家

治室家御妾婦之道當以至正與夫仁術大抵婦人女子之情性多淫邪而少正易喜怒而多乖戾御之以嚴則事有不測其情不知其内有怨蓋未有久而不爲害者幸御之以和則動多違禮其事多專其心無憚蓋未有久而不爲亂者二者皆非君子所以處家人之道其失均也故予謂君子之治室家御妾婦當以正而使嚴行其中當以術而使寬在其中則無太嚴太寬之弊然後率之以仁教之以義和之以禮撫之以恩勿聽其言勿受其制勿從其役任以可責之事使以不怨之勞有能不可太寵有過不可窮治

舉動不爲彼所識措畫不爲彼所料如是則彼之平昔所可逞者皆在吾術中矣雖欲事不測而情不和動違禮而事自專内有所怨心無所憚不可得也夫是數者旣不可得而爲則君子之治家室御妾婦之道如斯而已矣

子弟

今子弟之大失者有三自少卽思衣服之鮮華飲食之豐美惟利己之驕惰安逸而不鄙人之規正一也不知誦讀經史惟事嬉遊度日稠人廣坐論古今之

道則懵無所知聞世俗之言則欣然而喜旣不知恥習以爲常二也身旣無學且復忌人之學故於勝己者則遠而不近於佞己者則悅而相親所言莫非庸下所思莫非頗僻三也有此三失父母兄弟所不喜君子長者所不與上官鉅人所不肯薦揚欲立身成名起家以其祖宗可乎苟能甘淡泊而務學問近有德而遠下流則所知者聖賢之道所聞者正大之言所交者正大之士所行者向上之事如此豈不足以成名乎哉爲子弟者幸毋以予言爲盩

此叅與東谷所見可補世範家箴

還冤記

北齊顏之推

晉明帝殺刀士金玄玄謂持刀者曰我頭多筋斫之必令即斷吾將報汝持刀者不能留意遂斫數瘡然後始絕尋見玄絳冠朱服赤弓彤矢射之持刀者呼曰金玄緩我少時而死

瑯琊諸葛覆永嘉年爲元貞太守家累悉在揚都唯將長子元崇送職覆於郡病亡元崇年始十九送喪欲還覆門生何法僧貪其資貨與伴共推元崇墮水

還冤記　一

而死因分其財爾夜元崇母陳氏夢元崇還具敘亡父事及身被殺委曲屍骸流漂怨酷無雙違奉累載一旦長辭銜悲茹恨如何可說歔欷不能自勝又云行速疲極因臥窗下牀上以頭枕窗母視見眠處足知非虛矣陳氏悲怛驚起把火照兒眠處沾濕猶如人形於是舉家號泣便發聞于時徐森之始除交州徐道立爲長史道立即陳氏從姑兒也具疏所夢托二徐驗之二徐道遇諸葛喪船驗其父子亡日如鬼語乃收其行兇二人即皆款服依法殺之更差人送喪揚都

晉夏侯玄字太初亦當時才望爲司馬景王所忌而殺之玄宗族爲之設祭見玄來靈座脫頭置其旁悉取果食酒肉以內頭中既畢還自安吉曰吾得訴于上帝矣司馬子元無嗣也尋而景王薨遂無子其弟文王封次子爲齊纘景王後攸薨攸子冏嗣立又被殺及永嘉之亂有巫見弟云我國傾覆正由曹爽夏侯玄二人訴冤得申故也

還冤記　二

漢孫策既定會稽引兵迎漢帝時道人于吉在策軍中遇天大旱船路艱澀策嘗自出督切軍中人每見將士多在吉所因憤怒曰吾不如吉遂收吉轉置日中令其降雨如不能者便當受誅俄頃之間雲雨滂沛未及移時州澗涌溢將並來賀吉免其死策轉忿恚意竟殺之因是策頗慇常每彷彿見吉後出射獵爲刺客所傷治瘡將差引鏡自窺鏡中見吉顧則無之如是再三遂撲鏡大叫瘡皆崩裂須臾而死

齊桓公夫人文姜者齊襄公之妹也桓公與文姜俱朝于齊襄公通其妹焉桓公譴責文姜文姜告襄公

襄公怒乃與桓公飲酒桓公出襄公使公子彭生送桓公乎車彭生多力乃抵桓公脅桓公薨于車上魯人告于齊曰寡君長君之威不敢寧居來修舊好禮成而不反無所歸咎惡何辭以告于諸侯請以彭生除耻辱也齊人歸罪于彭生而殺之後襄公獵于貝丘有大豕從者曰臣見豕乃彭生也襄公怒曰彭生何敢見乎射之豕乃人立而啼公懼墜于車傷足而還其臣連稱管至甫二人作亂遂殺襄公焉

吳王夫差殺其臣公孫聖而不以罪後越伐吳吳敗走謂太宰嚭曰吾前殺臣公孫聖投于餘杭山之下今道當由之吾上畏蒼天下慙于地吾舉足而不進心不忍往子試唱于前若聖猶在當有應嚭乃向餘杭之山呼曰公孫聖聖卽從上應曰在三呼而三應吳王大懼仰天歎曰蒼天蒼天寡人豈可復歸乎吳王遂死不反

晉安定張祚以永和中作涼州刺史因自立爲涼王河州刺史張瓘士衆強盛祚猜忌之密遣兵進圖瓘瓘率衆拒祚祚遂爲瓘所敗瓘後數見祚率部從鎧甲舉手指瓘云底奴要當截汝頭瓘入姑臧立張玄靜爲涼王自爲涼州牧又謀廢玄靜而自王事未遂嘗與玄靜同車出城西門橋梁牢壯而忽摧折刺史舊事正旦放鳥爲瓘所放出手輒死有鶴來巢廣夏門彈逐不去自往看之守燉煌宋混遣弟澄卽于巢所害瓘瓘臨命語澄曰汝荷婚姻而爲反逆皇天后土必當照之我自可死當令汝劇我矣混自爲尚書令輔政有疾晝日見瓘從屋而下奄入柱中其柱狀若火燒掘土則無所見混因病死澄又然燈油變爲血

廐中馬一夕無尾二歲小兒作老公聲呼曰宋混澄斫汝頭又城東水中出火後三年澄爲張邕所殺晉西域校尉張顧以怨殺魏儉臨死有恨言後顧夜見白狗自拔劍斫之不中顧便倒地不起左右見儉在旁遂以暴卒

宋元嘉中李龍等夜行劫掠于時丹陽陶繼之爲秣陵縣令微密尋捕遂擒龍等取龍引一人是太樂伎忘其姓名劫發之夜北伎推同伴往就人宿共奏音聲陶不詳審爲作欵列隨例申上及所宿主人士貴

賓客並相明證陶知枉濫但以文書巳行不欲自爲
通塞遂并諸劫十人於郡門斬之此伎聲伎精能又
殊辯慧將死之日親隣知識看者甚衆伎曰我雖賤
隸少懷慕善未嘗爲非實不作劫陶令巳當具知枉
見殺害若死無鬼則巳有鬼必自陳訴因彈琵琶歌
曲而就死衆知其枉莫不殞流經月餘陶遂夜夢伎
來至案前云昔枉見殺實所不忿訴之得理今故取
君便入陶口乃落腹中陶即驚寤俄而倒絶狀若風
癲良久方醒有時而發輒夭矯頭反着背四日而亡

亡後家便貧頓一兒早死餘有一孫窮寒路次
宋泰初元年江州刺史鄧琬立刺史晉安王子勛爲
帝以作亂初南郡太守張悅得罪鎖歸楊都及湓口
琬敕之以爲冠軍將軍與共經紀軍事琬前軍袁顗
旣敗張悅懼誅乃稱暴疾伏甲而召鄧琬琬旣至謂之
曰卿始此禍而欲賣死少帝乎命斬于牀前并殺其
子以琬頭至五年悅寢疾見琬爲厲遂死
宋濟豫章王蕭嶷亡後忽見形于沈文季曰我病未
應死皇太子加膏中十一種藥使我不差湯中復加
藥一種使我利不斷吾巳訴先許還東邸當判此事
便懷出青紙文書示文季云與卿少舊爲呈主上也
俄而失所在文季懼不敢傳少時文惠太子薨
魏城陽王元徽初爲孝莊帝畫計殺爾朱榮及爾朱
兆入洛害孝莊而徽懼走投洛陽人寇祖仁祖仁父
叔兄弟三人爲刺史皆徽之力也旣而爾朱兆購徽
萬戶侯祖仁遂斬徽送之并匿其金百斤馬五十匹
及兆得徽首亦不賞侯兆乃夢徽曰我金二百斤馬
百匹在祖仁家卿可取也兆覺曰城陽家本巨富昨

令收捕全無金銀此夢或實至曉即令收祖仁祖仁
又見徽曰足得相報矣祖仁欵得金百斤馬五十疋
兆不信之祖仁私斂戚屬得金三十斤馬三十疋輸
兆猶不完數兆乃發怒懸頭于樹以石硾其足鞭捶
殺之
漢竇嬰字王孫漢孝文帝竇皇后從兄子也封魏其
侯爲丞相後乃免相及竇皇后崩嬰益踈薄無勢黜
不得志與太僕灌夫相引薦交結其歡恨相知之晚
乎孝景帝王皇后異父同母弟田蚡爲丞相親幸縱

横使人就嬰求城南田數頃嬰不與曰老僕雖棄丞相雖貴寧可以勢相奪乎灌夫亦助怒之蚡皆恨之及蚡娶妻王太后詔列侯宗室皆往賀蚡灌夫爲人狂酒先嘗以醉忤蚡不肯賀之竇嬰強與俱去酒酣灌夫引酒至蚡蚡曰不能滿觴夫因言辭不遜蚡遂怒曰此吾驕灌夫之罪也乃縛夫謂長史曰有詔召宗室而灌夫罵座不敬奏其在鄉里豪横處夫棄市竇嬰還謂其妻曰終不令灌夫獨死而嬰獨生乃上事具陳灌夫醉飽事不足誅帝召見之嬰與蚡互相

言短長帝問朝臣兩人誰是朝臣多言嬰是王太后鬭怒而不食曰我在人皆凌藉吾弟我百歲後當魚肉之及出蚡復爲嬰造作惡語用以聞上天子亦以蚡爲不直特爲太后故論嬰死嬰臨死罵曰若死無知則已有知要不獨死後月餘蚡病一身盡痛若有打擊之者但號呼叩頭謝罪天子使視鬼者瞻之見竇嬰灌夫共手笞蚡蚡遂死

晉大將軍王敦枉害刁玄亮及敦入石頭夢白犬自天下而噬之既還姑孰遇病白日見刁乘軺車導從吏卒來仰頭瞋目乃入搣殺敦敦大怖逃不得脫

河間國兵張麑經曠二人相與諧善晉太元十四年五月五日共升鍾嶺坐于山椒麑酣酒大性拔刀斬曠曠母日夕夢曠自說爲麑所殺殺屍擲中脫褌覆腹尋覓之時必難可得當令裳飛起以示處也明晨追捕一如所言麑知事露欲謀叛逸出門輒見曠手執雙刀來擬其面遂不得去母具告官麑以伏辜

晉山陰縣令石密先經爲御史枉奏殺典客令萬黙密白日見黙來殺密遂死

晉大司馬桓溫功業殊盛負其才力久懷篡逆廢晉帝爲海西公而立會稽王是爲簡文帝太宰武陵王晞性尚武事好犬馬遊獵溫常忌之故加罪狀奏免晞及子綜官又逼新蔡王晃使列晞綜及前著作郎殷涓太宰長史庾倩等謀反頻請殺之詔特赦晞全子乃徙新安殺涓父浩先爲溫所廢涓頗有氣尚遂不詣溫而與晞遊溫乃疑之庾倩坐有才望且宗族甚強所以並致極法簡文尋崩而皇太子立遺詔委政於溫依諸葛亮王導舊事溫大怨望以爲失權傷

逼愈甚後詣舘文高平陵方欲伏見帝在墳前舉衣語温云家國不造委任失所温答臣不敢臣不敢既登車爲左右説之又問殷涓形狀答以肥短温云向亦見在帝側十餘日便病因此憂懣而死

秦姚萇字景茂赤亭羌也父弋仲事石勒石氏既滅萇隨其兄襄與苻永固戰于三原軍敗襄死萇乃降永固即受祿位累加爵邑及轉龍驤將軍督梁益州諸軍事永固謂之曰朕昔以龍驤建業此號未曾假人今特山南委卿故特以相授其蒙寵任優隆如此

後晞永固子叡討慕容泓爲泓所敗叡獨死之萇遣長史詣永固謝罪永固怒殺其使萇益恐懼遂奔西州邀聚士卒而自樹置永固頻爲慕容沖所敗沖轉侵逼永固又見妖怪屢起遂走五將山萇即遣驍騎將軍吳中圍永固中執永固以送萇即日囚之以求傳國璽及令禪讓永固不從數以叛逆之罪萇遂殺之遂稱帝後又將永固屍鞭撻無數裸剝衣裳薦之以棘掘坎埋之及萇遇疾即夢永固將天官使者鬼兵數百突入營中萇甚怖懼走入後帳宮人逆來刺鬼誤中萇陰鬼即相謂曰正着死所拔去矛刃出血石餘忽然驚寤即患陰腫令醫刺之流血如夢又狂言曰殺陛下者臣兄襄耳非臣之罪願不賜枉後三日萇死

秦李雄既王於蜀其弟四子期從叔壽襲期而廢爲邛都公尋復殺之而壽自立壽性素兇狠猜忌僕射蔡射等以正直忤旨遂誅之無幾壽病恒見李期蔡射爲祟嘔血而死

宋高平金鄉張超與同郡翟願不和願以宋元嘉中

爲方與令忽爲人所殺咸疑是超超後除金鄉縣職解官還家入山伐木翟兒子銅烏執弓持矢并賫酒醴就山覓之斟酌已畢銅烏曰明府昔害我叔無緣同戴天日引弓射之即死銅烏其夜見超云我不殺汝叔枉見殺害今已上訴故來相報引刀刺之吐血而死

宋下邳張稗者家世冠族末葉衰微有孫女殊有姿色隣人求聘爲妾稗以舊門之後恥而不與隣人憤之乃焚其屋稗遂燒死其息邦先行不知後還亦知

倩狀而畏隣人之勢又貪其財而不言遂女與之後經一年邦夢見稗曰汝爲兒子逆天不孝棄親就怨潛同兇黨捉邦頭以手中桃杖刺之邦因嘔血而死邦死之日隣人又見稗排門直入張目攘袂曰君恃勢縱惡酷暴之甚枉見殺害我已上訴事獲申雪却後數日令君知之隣人得病尋亦殂殁

宋世永康人呂慶祖家甚溫富嘗使一奴名教子守視墅舍以元嘉中便往案行忽爲人所殺族弟無期先大舉慶祖餞咸謂爲害無期賚羊酒脯至柩所而

祝曰君荼酷如此乃云是我冤而有靈使知其旣還至三更見慶祖來云近教子畦疇不理訐當痛治奴奴遂以斧斫我背將帽塞口因得嚙奴三指悉皆破碎便取刀刺我頭我曳者後門初見殺時諸從行人亦在其中奴今欲叛我已釘其頭着壁言畢而滅無期早旦以告父母潛視奴所住壁果有一把髮以竹釘之又看其指並見破傷錄奴語驗具伏又云汝旣反逆何以不叛奴云頭如被繫欲逃不得諸同見者事事相符郎焚教子并其二息

宋高祖平桓玄後以劉毅爲撫軍將軍荊州刺史到州便收牛牧寺僧主云藏桓家兒度爲沙彌并殺四道人後夜夢見此僧來云君何以枉見殺貧道貧道已白於天帝恐君亦不得久因遂得病不食日漸羸瘦當發楊都時多有爭競侵凌宰輔宋高祖因遣人征之毅敗夜單騎突出投牧牛寺僧曰撫軍昔枉殺我師我道人自無報仇之理然何宜來此亡師屢有靈驗云天帝當收撫軍於寺殺之毅便嘆叱出寺後岡上大樹自縊而死也

漢世何敞爲交趾刺史行部蒼梧郡高要縣暮宿鵠奔亭夜猶未半有一女子從樓下出自云妾姓蘇名娥字始珠本廣信縣修里人早失父母又無兄弟夫亦久亡有雜繒百二十疋及婢一人名致富妾孤窮羸弱不能自振欲往旁縣賣繒就同縣人王伯賃車牛一乘直錢萬二千載妾并繒令致富執轡乃以前年四月十日到此亭外于時日暮行人旣絕不敢前行因即留止致富暴得腹痛妾往亭長舍乞漿取火亭長龔壽操刀持戟來至車旁問妾曰夫人從何所

來車上何載丈夫安在何故獨行女應之曰何勞問之壽因捉女臂曰少愛有色寧可相樂耶女時怖懼不肯聽從壽即以刀刺脅一創立死又殺致富壽掘樓下埋妾并婢取財物去殺牛燒車車杠及牛骨貯亭東空井中妾死痛酷無所告訴故來自歸於明使君敞曰今欲發汝屍骸以何爲驗女子曰妾上下皆着白衣青絲履猶未朽也掘之果然敞乃遣吏捕壽拷問具服下廣信縣驗問與娥語同收壽父母兄弟皆繫獄敞表壽殺人于常律不致族誅但壽爲惡隱

還冤記

密經年王法所不能得鬼神訴千載無一請皆斬之以助陰殺上報德之

漢時有王忳字少林爲郿縣令之縣到蘺亭亭常有鬼殺人忳宿樓上夜有女子稱欲訴冤無衣自蓋忳以衣與之乃進曰妾本涪令妻也欲往之官過此亭宿亭長殺妾大小十餘口埋在樓下奪取衣裳財物亭長今爲縣門下游徼忳曰當爲汝報之勿復妄殺良善耶鬼投衣而去忳旦收游徼詰問即服收同謀十餘人并殺之掘取諸喪歸其家殯葬亭永清寧人

謠曰信哉少林世無偶飛被走馬與鬼語飛被走馬別爲他事今所不錄

宋東海徐某甲前妻許氏生一男名鐵臼而許氏亡甲改娶陳氏陳氏凶虐志滅鐵臼陳氏產一男生而咒之曰汝若不除鐵臼非吾子也因名之曰鐵杵欲以杵擣鐵臼也於是捶打鐵臼備諸苦毒飢不給食寒不加絮甲性闇弱又多不在舍後妻恣意行其暴酷鐵臼竟以凍餓被杖而死時年十六亡後旬餘鬼忽還家登陳牀曰我鐵臼也實無片罪横見殘害我

還冤記

母訴怨于天今得天曹符來取鐵杵當令鐵杵疾病與我遭苦時同將去自有期日我今停此待之聲如生時家人賓客不見其形皆聞其語于是恒在屋梁上住陳氏跪謝搏頰爲設祭奠鬼云不須如此餓我令死豈是一餐所能酬謝陳夜中竊語道之鬼厲聲曰何敢道我今當斷汝屋棟便聞鋸聲屑亦隨落拉然有響如棟實崩舉家走出炳燭照之亦了無異鬼又罵鐵杵曰汝既殺我安坐宅上以爲快也當燒汝屋即見火然烟焰大猛內外狼狽俄爾自滅茅茨儼

然不見虧損日日罵詈時復歌云桃李花嚴霜落奈
何桃李子嚴霜早已落聲甚傷切似是自悼不得長
成也于時鍾祚六歲見鬼便病體痛腹大上氣妨食
見鬼打之打處青黶月餘而死鬼便寂然無聞
魏司馬宣王功業日隆又誅魏大將軍曹爽篡奪之
迹稍彰王陵時爲楊州刺史以魏帝制於強臣不堪
爲主楚王彪年長而有才欲迎立之兖州刺史華歆
以陵陰謀告宣王宣王自將中軍討陵掩然卒至陵
自知勢窮乃單船出迎宣王宣王送陵還京師陵至

城過賈逵廟側陵呼曰賈梁道吾固盡心於魏之社
稷惟爾有神知之陵遂飲藥死三族皆誅其年宣王
有疾白日見陵來并賈逵爲祟因呼字曰彥雲緩我
宣王身亦有打處少日遂斃
魏支法存者本是胡人生長廣州妙善醫術遂成巨
富有八支氍氀作百種形像光彩耀日又有沉香八
尺板牀居常芬馥王談爲廣州刺史大兒劭之屢求
二物法存不與王談因存豪縱殺之而籍沒家財焉
死後形見于府輒打閤下鼓似若稱冤魂如此經旬
月王談得病恒見法存守之少時遂亡劭之至揚都
又死
宋沮渠蒙遜時有沙門曇摩懺者博達多識爲蒙遜
之所信重魏氏遣李順拜蒙遜爲涼王仍求曇摩懺
蒙遜恡而不與摩讖意欲入魏屢從蒙遜請行蒙遜
怒殺之既而左右白日見摩讖以劍擊蒙遜因疾而
死
漢時王濟左右嘗于閤中就婢取濟衣物婢欲奸之
其人云不敢婢言若不從我我當大叫此人卒不肯

婢遂呼云某甲欲奸我濟即令人殺之此人具自陳
訴濟猶不信故牽將去顧謂濟曰枉不可受要當訟
府君於天後濟乃病忽見此人語之曰前具告實不
見理今便應去濟數日卒
漢時游殷字幼齊漢世爲羽林中郎將先與司隸校
尉胡軫有隙軫遂誣構殺之殷死月餘軫得病目精
脫但伏罪伏罪游幼齊將鬼來於是遂死
晉富陽縣令王範有妾桃英姝有姿色遂與閤下丁
豐史華期二人姦通範嘗出行不還帳內都督孫元

弼聞丁豐戶內有環珮聲覘視見桃英與同被而臥元弼叩戶面叱之桃英即起攬裙理髮躡履還內元弼又見華期帶佩桃英麝香二人懼元弼告之乃共謗元弼與桃英有私範不辨察遂殺元弼有陳超者當時在座勸成元弼罪後範代還超亦出都看範行至赤亭山下值雷雨日暮忽然有人扶超腋腕曳將去入荒澤中電光照見一鬼面甚青黑眼無瞳子曰吾孫元弼也訴怨皇天早見申理連藉候汝乃今相遇超叩頭流血鬼曰王範既爲事主當先殺之賈景伯孫文度在太山玄堂下共定死生名錄桃英魂魄亦收在女青亭者是第三地獄名在黃泉下專治女鬼投至天明失鬼所在超至楊都詣範未敢說之便見鬼從外來逕入範帳至夜範始眠忽然大魘連呼不醒家人牽青牛臨範上并加桃人左索向明小蘇十許日而死妾亦暴亡超亦逃走長干寺易姓名爲何規後五年三月三日臨水酒酣超云今當不復畏此鬼也低頭便見鬼影已在水中以手搏超鼻血入出可一升許數日而死

晉時張駿據有涼州忌害鎮軍將軍武威郡鑒以其宗族強大而多功也遂諷其主簿魏纂使誣鑒謀反駿逼鑒自殺後三年纂病見鑒在側遂死

晉時羊聃字彭祖晉世廬陵太守爲人剛克粗暴恃國姻親縱恣尤甚睚眦之嫌輒加刑殺征西大將軍庾亮檻送具以狀聞有司奏聃殺郡將吏及民簡良等二百九十人徒謫一百餘人應棄市依八議請宥中宗詔曰此事古今所未有此而可忍孰不可忍何八議之有下獄所賜命聃兄子賁先尚南郡公主自表解婚詔不許琅邪孝王妃山氏聃之甥也苦以爲請于是司徒王導啓聃罪不可容恕宜極重法山太妃憂感動疾陛下罔極之恩宜蒙生全之宥于是詔下曰山太妃唯此一舅發言摧鯁乃至吐血情慮深重朕丁荼毒受太妃撫育之恩同于慈親若不堪難忍之痛以致頓斃朕亦何顏以寄今便原聃生命以慰太妃渭陽之恩于是除名爲民少時聃病恒見簡良等曰枉豈可受今來相取經宿而死

晉時會稽孔基勤學有志操憑結族人孔敞敞使其

二子以基爲師而敵子並凶狠趣尚不同基屢言之於敵此兒常有忿恚敵尋喪亡服制既除基以荷舊乃賚羊酒往看二子子猶懷宿怨潛遣奴于路側殺基奴還未之至仍見基來張目攘袂厲聲言曰姦醜小豎人面獸心吾蒙顧存昔敦舊平生有何怨惡候道見害誤天忘父枉人不容要當斷汝家種從此之後數數見形無幾大兒向廁忽便絕倒絡繹往看已斃于地次者尋復病殂兄弟無後

晉時庾亮誅陶稱後咸康五年冬節會文武數十人忽然悉起向階拜揖庾驚問故並云陶公來陶公是稱父侃也庾亦起迎陶公枎兩人悉是舊怨傳詔左右數十人皆操伏戈陶公謂庾曰老僕舉君自代不圖此恩反戮其孤故來相問陶稱何罪身已得訴于帝矣庾不得一言遂寢疾八年一日死

混安記

唐　鄭還古

敬元穎

天寶中有陳仲躬家居金陵多金帛仲躬好學修詞未成乃携數千金於洛陽清化里假居一宅其井尤大甚好溺人仲躬亦知之念靡有家室無所懼仲躬常抄習不出月餘日有隣家取水女子可十數歲每每日來於井上則逾時不去忽墮井中而溺死井水深經宿方索得屍仲躬異之闚乃窺於井上忽見水

影中一女子面年狀少麗依時樣粧飾以目仲躬仲躬凝睇之則紅袂半掩其面微笑妖冶之姿出於世表仲躬神魂恍惚若不支持然乃歎曰斯乃溺人之由也遂不顧而退後數月炎旱此井亦不減忽一日水頓竭清旦有一人扣門云敬元穎請謁仲躬命入乃井中所見者衣緋綠之衣其製飾鉛粉乃當時耳仲躬與坐而訊之曰卿何以殺人元穎曰妾實非殺人者此井有毒龍自漢朝絳侯居於茲遂穿此井洛城內都有五毒龍斯乃一也緣與太一左右侍龍相

得每相蒙蔽天命追徵多故爲不赴集役而好食人血自漢已來已殺三千七百人矣而水不曾耗涸某乃國初方墮於井遂爲龍所驅使爲妖惑以誘人用供龍所食其於辛苦情所非願昨爲太一使者交替天下龍神盡須集駕昨夜子時已朝太一矣兼爲河南旱被勘責三數日方迴今井內已無水君子誠能命匠淘之則獲脫難矣如脫難願於君子一生奉養世間之事無所不致言訖便失所在仲躬乃當時命匠令一信者與匠同入井中但見異物即令收之至

底無別物唯獲古銅鏡一枚面闊七寸八分仲躬令洗淨安匣中焚香以潔之斯乃敬元穎者也一更後忽見元穎自門而入直造燭前設拜謂仲躬曰謝以生成之恩照衣濁水泥之下某本師曠所鑄十二鏡之第七者也其鑄時皆以日月爲大小之差元穎則七月七日午時鑄者也貞觀中爲許敬宗婢蘭苔所墮以此井水深兼毒龍氣所苦人入者悶絕而不可取遂爲毒龍所役幸遇君子正直者乃獲重見人間爾然明晨內望君子移出此宅仲躬曰某以用錢僦

居今欲出何以取措定之所元頼曰但請君子飾陵一無憂矣言訖再拜云自此去不復見形矣仲躬遂留之問曰汝以紅綠脂粉之麗何以誘女子小兒也對曰某變化無常各以所悅百方謀策以供龍用言訖即無所見明晨忽有牙人扣戶兼領宅主來謁仲躬便請仲躬移居夫役並足到齋時便到立德坊一宅中其大小價數一如清化者其牙人云價直契書一無遺闕並交割訖後三日會清化宅井無故自崩兼延及堂廡東廂一時陷地仲躬後文戰累捷大官

所有要事未嘗不如移宅之績効也其鏡背有二十八字皆科斗書以今文推而寫之曰維晉新公二年七月七日午時於首陽山前白龍潭鑄成此鏡千年後世於背上環書一字管天文一宿依方列之則左有日而右有月龜龍虎雀並依方安焉於鼻中題曰夷則之鏡

許漢陽

漢陽名商本汝南人也貞元中舟行於洪饒間日暮洪波急尋小浦濡泝入不覺行三四里到一湖中雖廣而水纔三二尺北行一里許見湖岸竹樹森茂乃投以泊舟漸近見亭宇甚盛有二青衣雙髮若鵶素面如玉迎舟而笑漢陽訝之而入以遊詞又大笑返走入宅漢陽束帶上岸投謁未行三數步青衣延入內廳揖坐云女郎等易服次須臾青衣命漢陽入中門見滿庭皆一大池池中荷芰芬芳四岸砌如碧玉作兩道虹橋以通南北北有大閣上堦見白金書曰夜明宮四面奇花異木森聳連雲青衣引上閣一層又有青衣六七人見漢陽列拜又引上二層方見女郎

六七人目未嘗覩相拜問來由漢陽具述不意至此女郎揖坐云客中止一宵亦有少酒願追歡揖坐訖青衣具飲食所用皆非人間見者食訖命酒其中有一樹高數丈餘幹如梧桐葉如芭蕉有紅花滿樹未吐大如斗盎正對飲所一女郎執酒揖一青衣捧一鳥如鸚鵡置飲前闌干上叫一聲而樹上花一時開芳香襲人每花中有美人長尺餘婉麗之姿制曳之服各稱其質諸樂絃管盡備其鳥再拜女郎舉酒衆樂具作蕭蕭冷冷杳入神仙纔一巡此夕月色復

明女郎所論皆非人間事漢陽所不測時因漢陽以人間事雜之則女郎亦無所酬答歡飲至二更已來畢其樹花片片落池中人亦落便失所在一女郎取一卷文書以示漢陽覽之乃江海賦女郎令漢陽讀之遂爲讀一遍女郎請又自讀一遍命青衣收之一女郎謂諸女郎兼白漢陽曰有感懷一章欲誦之諸女郎及漢陽曰善乃言曰海門連洞庭毎去三千里十載一歸來辛苦瀟湘水女郎命青衣取諸卷兼筆硯請漢陽與録之漢陽展卷皆金花之素上以銀字扎之卷大如拱已半卷相卷矣觀其筆乃白玉爲管硯乃碧玉以頗黎爲匣硯中皆研銀水寫畢令以漢陽之名押之展向前見數首皆有人名押署有名仲方者有名巫者有名朝陽者而不見其姓女郎遂却索卷漢陽曰有一篇欲奉和擬繼此可乎女郎曰不可此卷毎歸呈父母兄弟不欲雜穢漢陽曰適以弊名押署復可乎曰事別非君子所論四更已來命發收拾揮霍次二青衣曰郎可歸舟矣漢陽乃起諸女郎曰欣此旅泊接奉不得鄭重耳悵悵而別歸舟忽大風雲色斗暗寸步黯黑而至平明方自覩夜來飲所乃空林樹而已漢陽解纜行至昨晚濡口江岸人家見十數人似有非常故泊舟乃訊之曰濡口溺殺四人至二更後却溯出三人已卒其一人雖似活而若醉有巫女以楊柳水灑拂禁咒久而乃言曰昨夜海龍王諸女及姨姊妹六七人過歸洞庭宿於此處取我輩四人作酒緣客少不多飲所以我却得來漢陽異之乃問曰客者謂誰曰一措大耳不記姓名又云青衣言諸小娘子若愛人間文字不可得常欲請一措大文字而無由又問今在何處已發過也漢陽乃念昨宵之事及感懷之什皆可驗也漢陽黙然而歸舟覺腹中不安乃吐出鮮血數升方知悉以人血爲酒爾三日方平

王昌齡

開元中琅邪王昌齡自吳抵京國舟行至馬當山屬風便而舟人云貴賤至此皆合謁廟以祈風水之安昌齡不能駐亦先有禱神之備見舟人言乃命使賫酒脯紙馬獻于大王兼有一量草履子上大王夫人

而以一首詩令使者至彼而禱之詩曰青驄一疋崑崙卒奉上大王不取錢直爲猛風波裹驟莫怪昌齡不下船讀畢而過當市草履子特兼市金錯刀子一副貯在履子內至禱神將志取之誤并履子將往使者亦不曉焉昌齡至前程偶覓錯刀子方知誤并將神廟所矣又行數里忽有赤鯉魚長可三尺躍入昌齡舟中昌齡笑曰自來之味呼侍者烹之既剖腹得金錯刀子犹是涙送廟中者昌齡歎息曰鬼神之情亦昭然嘗聞葛仙公命魚送書古詩有剖鯉得素書今日亦頗同

張竭忠

天寶中河南緱氏縣東太子陵仙鶴觀常有道士七十餘人皆精專修習法籙齋戒皆全有不專者自不肯住矣常每年九月三日夜有一道士得仙已有舊例至且則其姓名申報以爲常其中道士每年到其夜皆不扃戶各自獨行以求上昇之應後張竭忠攝緱氏令不信至時乃令二勇者以兵器潛覘之初無所覩至三更後見一黑虎入觀來須臾銜出一道士二人逐射不中奔棄道士而往至明並無人得仙具以此白竭忠竭忠申府請弓矢大獵於太子陵東石穴中格殺數虎獲金簡玉籙洎冠帔武人之髮骨甚多斯皆謂每年得仙道士也自後仙鶴觀中即漸無道士今並休廢爲守陵使所居也

陰隱客

神龍元年房州竹山縣陰隱客家富莊後穿井二年已濬一千餘尺而無水隱客穿鑿之志不輟二年外一月餘工人忽聞地中雞犬鳥雀聲更鑿數尺傍通一石穴工人乃入穴探之初數十步無所見但捫壁而傍行俄轉會如日月之光遂下其穴下連一山峯工人乃下於山正立而視乃別一天地日月世界其山傍向萬仞千巖萬壑莫非靈景石盡碧琉璃色每巖壑中皆有金銀宮闕有大樹身如竹有節葉如芭蕉又有紫花如盤五色蛺蝶翅大如扇翔舞花間五色鳥大如鶴翱翔乎樹杪每巖中有清泉一眼色如鏡白泉一眼白如乳工人漸下至宮闕所欲入詢問行至闕前見牌上署曰天桂山宮以銀字書之門兩

關內各有一人驚出各長五尺餘童顏如玉衣服輕細如白霧綠煙絳脣皓齒鬚髮如青絲首冠金冠而跣足顧謂工人曰汝胡爲至此工人具陳本末言未畢門中有數十人出云怪有昏濁氣令責守門者二人惶懼而言曰有外界工人不意而到詢問次所以未奏須臾有緋衣一人傳敕曰勒門吏禮而遣之工人拜謝未畢門人曰汝已至此何不求遊覽畢而返工人曰向者未敢徧賜從容乞乘便而言之門人遂通一玉簡入旋而玉簡却出門人執之引工人行至

清泉眼令洗浴及浣衣服又至白泉眼令與漱之味如乳甘美甚連飲數掬似醉而飽遂爲門人引下山每至宮闕只得於門外而不許入如是經行半日至山趾有一國城皆是金銀珉玉爲宮室城樓以玉字題云梯仙國工人詢曰此國何如門人曰此皆諸仙初得仙者關送此國修行七十萬日然後得至諸天或玉京蓬萊崑閬姑射然方得仙官職位主籙主符主印主衣飛行自在工人曰既是仙國何在吾國之下界門人曰吾此國是下界之上仙國也汝國之上還有仙國如吾國亦曰梯仙國與無所異言畢謂工人曰卿可歸矣遂却上山尋來路又令飲白泉數掬欲至山頂求來穴門人曰汝來此雖頃刻已人間數十年矣却出舊穴應不可矣待吾奏請通天關鑰匙送卿歸工人拜謝須臾門人攜金印及玉簡又引工人别路而上至一大門勢侔樓閣門有數人俯伏而候門人視金印讀玉簡劃然開門門人引工人上纔入門風雲擁而去因無所覩唯聞門人云好去爲吾致意於赤城真伯須臾雲開已在房州北三十里

孤星山頂洞中出後而詢陰隱客家時人云已三四世矣開井之由皆不能知工人自尋其路惟見一巨坑乃崩井之所爲也時貞元七年工人尋覓家人了不知處自後不樂人間遂不食五穀信足而行數年後有人於劍閣雞冠山側近逢之後莫知所在

岑文本

貞觀中文本下朝多於山亭避暑日午時寐初忽覺有叩山亭院門者藥豎報云上清童子元寶特此參岑文本性慕高道束帶命入乃年二十已下道士儀

質爽瀾衣服纖巽冠淺青圓角冠衣淺青圓帔後衣服輕細如霧非齊紈魯縞之比文本與語乃曰僕上清童子自漢朝而果成本生於吳已得不凝滯之道遂爲吳王進入見漢帝有事擁遏教化不得者無不相問僕常與方圓行下皆得美暢由是自文武二帝迄至哀帝皆相眷王莽作亂方出外方所在皆沐人憐愛自漢成帝遂厭人間乃尸解或秦或楚不常厥居聞公好道故此相曉耳文本詰以漢魏宋齊梁間君王社稷之事了了如目覩因言史傳間屈者虛者

亦甚多文本曰吾人冠帔何制度之異對曰夫道在於方圓之中僕外服圓而心方正相時儀也又問曰衣服皆輕細何土所出對曰此是上清五銖服又問曰比聞六銖者天人衣何五銖之異對曰尤細者則五銖也談論不覺日晚文本乃別出門而忽不見文本知是異人乃每下朝即令伺之到則談論移時后令人備送詰其所止出山亭門東行數步於院牆下瞥然不見文本命工力掘之三尺至一古墓墓中了無餘物唯得古錢一枚文本悟上清童子是銅名元寶錢之文也外圓心方錢之狀也青衣銅衣也五銖服亦錢之文也漢時生於吳是漢朝鑄五銖錢於吳王也文本雖知之而錢帛日盛至中書令十餘年忽失古錢所在文本遂薨

沈亞之

沈亞之以記室從隴西公軍涇州者見隴西公言少從邢鳳游鳳帥家子無他能後寓居長安平康里南以錢百萬質故豪洞門曲房之第即其寢而晝偃夢一美人自西檻來環步從容執卷且吟爲古妝而

高鬟長眉衣方領繡帶被廣袖之襦鳳大悅問麗人何自而臨我哉美人笑曰此妾家也而君客于妾宇下焉有所自鳳曰願示其書目美人曰妾好詩而嘗綴此鳳曰麗人幸少留得賜覩覽於是美人授詩坐西床鳳發卷視其首篇題之曰春陽曲終四句其後他篇皆數十句美人曰君必欲傳之無令過一篇鳳即起從東廡下几上取彩牋傳春陽之曲其詞曰長安少女踏春陽何處春陽不斷腸舞袖弓彎渾忘却羅帷空度九秋霜鳳吟卒請曰何謂弓彎曰妾昔年

父母教妾此舞美人乃起整衣張袖舞數拍爲弓彎之狀以示鳳既罷美人泫然良久即辭去鳳曰願復少從容須臾間竟去鳳亦旋覺昏然忘有所記鳳更衣即於懷袖中得其詞驚視方省所夢時貞元中也又吳興姚合聞亞之曰吾友王炎云元和初夕夢遊吳侍吳王久之聞宮中出輦鳴簫擊鼓言葬西施王悲悼不止立詔詞客作挽歌炎遂應教作西施挽歌其詞曰西望吳王闕雲書鳳字牌連江起珠帳擇土葬金釵滿地紅心草三層碧玉堦春風無處所悽恨不勝懷進詞王甚嘉之乃悟能記其實炎太原人也

劉方玄

山人劉方玄自漢南抵巴陵夜宿江岸古館之廳其西有巴籬所隔又有一廳常扃鎖云多有怪物使客不安已十數年不開矣中間爲廳廨崩摧州司完葺至新淨而無人敢入其夜方玄都不知之至二更後見月色滿庭江山清寂唯聞廳西有家口語言嘯咏之聲殆不多辨唯一老青衣語聲稍重而帶秦音者言曰往年阿郎貶官時令老身常騎偏面驢抱阿荆

郎阿荆郎嬌不肯穩坐或偏于左或偏于右墜損老身左膊至今天欲陰使我患酸疼焉今又發矣明日必大雨如今阿荆郎官高也不知知有老身無復問相應答者俄而有歌者歌音清細若曳緒之不絶復吟詩者吟聲切切如含酸和淚之詞幽咽良久亦不可辨其文而無所記錄也久而老青衣又云昔日阿荆郎愛念青青河畔草今日亦頗聞綿綿思遠道也洎四更方不聞其聲明日果大雨呼館吏訊之吏云此西廳空更無人方叙此中賓客不曾敢入之由方玄因請開院廳之與秋草滿地蒼苔沒堦中院之西則連山林無人迹也啓其廳廳則新淨了無所有唯前間東面柱上有詩一首墨色甚新其詞曰耶娘送我青楓根不記青楓幾迴落當時手刺衣上花今日爲灰不堪着視其書則鬼之詩也館吏云此廳成來不曾有人入亦適無此題詩處乃知夜來人也復以此訪於人終不能知其來由耳

馬侍中

馬燧貧賤時寓遊北京謁府主不見而乃寄於園吏

吏曰身欲謁護戎否若謁即須先言當爲其岐路耳
護戎諱數字而甚切君當在意若犯之無逃其死也
然若幸慨之則所益與諸人不同慎勿暗投也某乃
護戎先乳母子得以詳悉而輒贊君子焉燧信與疑
半明晨入謁護戎果犯諱庭叱而出畏懼之色見圖
吏吏曰是必忤護戎耳燧問討求脫圖吏曰君子辰
我而恫惶如是然敗則死不得瀆我也遂匿燧於糞
車中載出郭而逃于時護戎果索燧一報不獲散鐵
騎者每門十人燧狼忙竄六十餘里日暮度不出境

求蔽于逃民敗室中尚未安聞車馬蹄歘聲人相議
言能吏三二十里否果護戎之使也俄聞漸漸遠猜
安焉未復常息又聞有悉窣人行聲燧危慄久忽於
戶牖見一女人衣布衣身形絕長手携一襆目馬燧
在此否燧默不敢對又曰大驚怕否胡二姊知君在
此故來安慰燧至憂疑燧乃應唯而出胡二姊曰
大厄然已過尚有餘恐爾君固餒我食汝乃解所携
襆有熟肉一甌胡餅數枚燧食甚飽却令於舊處更
不可動胡二姊以灰數斗於燧前地上橫布一道以

授之曰今夜半有異物相恐切慎不得動過此厄
後勲貴無雙言畢而去近夜半有物閃閃照人漸近
戶牖間見一物長丈餘乃夜叉也赤髮蝟奮金牙鋒
鍱臂曲屢木甲作獸爪衣豹皮攜短兵直入室來
獰目電燧吐火噴血跳躑哮吼鐵石消鑠燧之惴慄
殆喪魄亡精矣然此物終不敢越胡二姊所布之灰
久之物乃撤一門扉藉而熟寢俄又聞車馬來聲有
人相謂曰此乃逃人之室不妨馬生匿於此子將數
人持兵器下馬入來衝踏夜叉夜叉奮起大吼數聲

裂人馬噉食血肉殆盡夜叉意氣徐步而去四更東
方月上燧覺寂靜乃出而去見人馬骨肉狼藉燧乃
獲免後立大勲官爵穹崇詢訪胡二姊之由竟不能
得思報不及每春秋祠饗別置胡二姊一座列於廟
左

徐佐卿　唐　薛用弱

明皇天寶十三載重陽日獵於沙苑雲間有孤鶴徊翔焉上親御弧矢一發而中其鶴則帶箭徐墜將及地丈許歘然矯翰西南而逝萬衆極目良久乃滅益州城距郭十五里有明月觀焉依山臨水松桂深寂道流非修習精慤者莫得而居觀之東廊第一院尤爲幽絕每有自稱青城道士徐佐卿者風局清古一

歲率三四而至焉觀之耆舊因虛其院之正堂以俟其來而佐卿至則棲焉或三五日或旬朔言歸青城甚爲道流之所傾仰一日忽自外至神爽不怡謂院中人曰吾行山中偶爲飛矢所加尋已無恙矣然此箭非人間所有吾留之於壁上後年箭主到此即宜付之慎無墜失仍援毫記壁云留箭之時則十三載九月九日也及玄宗避幸蜀暇日命駕行遊偶至斯觀樂其佳景因遍幸道室既入此堂忽覩挂箭則命侍臣取而玩之蓋御箭也深異之因詢觀之道士省以實對即是佐卿所題乃前歲沙苑縱畋之日也佐卿蓋中箭孤鶴耳究其題乃沙苑翻飛當日集於斯觀上大奇之因收其箭而寶焉自後蜀人亦無復有逢佐卿者矣

王積薪

玄宗南狩百司奔赴行在翰林善圍棊者王積薪從焉蜀道隘狹每行旅止息中道之郵亭人舍多爲尊官有力者之所見占積薪棲棲而無所入因沿溪深遠寓宿於山中孤姥之家但有婦姑止給水火纔暝

婦姑皆闔戶而休積薪棲于簷下夜闌不寐忽聞堂內姑謂婦曰良宵無以爲適與子圍棊一賭可乎婦曰諾積薪私心奇之況堂內素無燈燭又婦姑各處東西室積薪乃附耳門扉俄聞婦曰起東五南九置子矣姑應曰東五南十二置子矣婦又曰起西八南十置子矣姑又應曰西九南十置子矣每置一子皆良久思惟夜將盡四更積薪一一密記其下止三十六忽聞姑曰子已敗矣吾止勝九枰耳婦亦甘焉積薪遲明具衣冠請問孤姥曰爾可率已之意而按局

置子弱積薪郎出橐中局盡平生之秘妙而布子未及十數孤姥顧謂婦曰是子可教以常勢耳婦乃指示攻守殺奪救應防拒之法其意甚略積薪郎更求其說孤姥笑曰止此已無敵於人間矣積薪虔謝而別行十數步再詣則已失向之室閭矣自是積薪之藝絕無其倫郎布所記婦姑對敵之勢罄竭心力較其九枰之勝終不得也因名鄧艾開蜀勢至今基圖有焉而世人終莫得而解矣

平等閣

隋開皇中釋子澄空年甫二十誓願於晉陽汾西鑄鐵像高七十尺鳩集金炭細求用度周二十年物力乃辦於是告報遐邇大集賢愚然後選日而寫像焉及爐焰息滅啟鑪之後其像無成澄空郎深自咎責稽首懺悔復堅前約再謀鑄造精勤艱苦又二十年事費復備則又告報遐邇大集賢愚然後選日而寫像焉及啟鑪其像又復無成澄空於是呼天求哀呻備請罪太加貶挫深自勤勵又二十年功力復集乃告遐邇大集賢愚然後選日而寫像焉及期澄空乃登鑪巔百尺懸絕揚聲謂觀者曰吾少發誓願鑄寫大佛今年八十兩已不成此更違心則吾無身以終志矣況今衆善虛費積年如或踵前失吾亦無面目見衆善也吾今俟其啟鑪欲於金液而捨命焉一以謝僭於諸佛一以表誠於衆善儻大像圓滿後五十年吾當為建重閣耳衆觀萬衆號泣諫止而澄空殊不聽覽俄而金液注射赫耀踴躍澄空於是揮手辭謝投身如飛鳥而入焉及開鑪鐵像莊嚴端妙毫髮皆備自是并州之人咸思起閣以覆之而佛身洪

大功用極廣自非殊力無自而致開元初李暠充太平軍節度使出游因仰大像歎曰如此相好而為風日所侵痛哉郎施錢七萬緡周歲之內而重閣成就只今北都謂之平等閣者是也計俯死像成之日至暠正五十年矣以釋法推之則暠也得非澄空之後身歟

裴珙

裴孝廉珙者家在洛京仲夏自鄭西歸及端午以覲親焉下駟蹇劣日勢已晚方至石橋於是聊馬徒行

儕顧其迹續有乘馬而牽一馬者步驟極駿顧珙有仁色珙因謂曰子非投夕入都哉曰然珙曰珙有懇誠將丐餘力於君子子其聽乎即以誠告之乘馬者曰但及都門而下則不遠也珙許約因顧謂巳之二僮曰爾可緩驅疲乘投宿于白馬寺西吾之表兄竇溫之墅來辰徐歸因上馬揮鞭而騖俄頃至上東門遂歸其馬珍重而別乘馬者馳去極速珙居水南日巳半規即促步而進及家暝矣入門方見其親與珙之弟妹張燈會食珙乃前拜曾莫顧瞻因俯階高語

曰珙自外至即又不問珙即大呼弟妹之名字亦無應者笑言自若珙心神忿惑因又極叫皆亦不知但見其親顧謂卑小曰珙在何處那今日不至耶遂涕下而坐者皆泣珙私怪曰吾豈爲異物耶何其幽顯之隔如此哉因由至通衢徘徊久之有貴人導從甚盛遙見珙即以鞭指之曰彼乃生者之魂也俄有佩櫜鞬者出於道左曰地界啓事裴珙孝廉命未合終遇昆明池神七郎子案鷹廻借馬送歸以爲戲耳今當領赴本身貴人微哂曰小鬼無理將人命爲戲明日與尊父書令笞之既室而櫜鞬者擠珙復出上東門度門隙中至竇莊櫜鞬者令其閉目自後推之省然而蘇其二僮皆曰向者行至石橋察郎君疾作語言大異懼其將甚因投于此既至則已絕矣珙驚嘆久之少頃無恙及歸乃以其實陳於家余於上都自見竇溫細話其事

蕭穎士

蘭陵蕭穎士楊府功曹秩滿南遊行侶共濟瓜洲舟中有二少年熟視穎士相顧曰此人甚有肖於鄱陽

忠烈王也穎士是鄱陽曾孫即自款陳二子曰吾識爾祖久矣穎士以廣衆中未敢詢訪俟及岸方將啓請而二子忽遽負擔而去穎士必謂非仙則神虔心嚮囑而已明年穎士北歸止于盱眙邑長之署方與邑長下簾晝坐司門遽白云某吏於某處擒獲發塚盜其五六人登令召入皆反接其手束縛甚固旅之于庭而穎士懸認江中二少年亦縲絏于內穎士驚曰斯二人非仙則神因其述褁事邑長即令先窮二子須臾款伏佐驗明著皆云我之發丘塚今有年矣

穎士即以前說再令詢之皆曰我嘗關鄱陽王冢大獲金玉當門有貴人顏色如生年方五十鬚鬢斑白偃臥于石塌姿狀正與穎士相類無少差異我舟中遇子又知蕭氏因是鄱陽胤也因此啓言我豈有他術哉用弱嘗聞人之紹續其或三五世則必一人有肖其祖先之形狀者斯豈驗歟

韋宥

元和中故都尉韋宥出牧溫州忽忽不怡江波修永舟船燠熱一日晚涼乃跨馬登岸依舟而行忽逢蘆

沙亂流蘆葦青翠因縱轡飲馬而蘆枝有拂鞭者宥因閑援熱視忽見新絲箏絃周纏蘆心宥即拔蘆伸絃其長倍尋則試縱之應手復結宥奇駭因寘于懷行次江館其家室皆已維舟入亭矣宥故駙馬也家有妓樂即付箏妓曰我於蘆心得之頗甚新緊然沙洲江徼是物何自而來吾甚異之試施於器以聽其音妓將安之更無少異唯短二三寸耳方餽妓即置之赴食適置復紉及食罷就視則已蜿蜒舒展逕蠕播蟠妓乃驚告衆來競觀而雙眸瞭然矣宥駭曰得非龍乎遽命衣冠焚香致敬盛諸盂水之內而投於江纔及中流風濤皆作蒸雲走電咫尺昏晦俄有白龍長百丈拏攫昇天衆咸觀之良久乃滅

蔡少霞

蔡少霞者陳留人也性情恬和幼而奉道早歲明經得第遂蘄州參軍秩滿漂寓江淮者久之再授兗州泗水丞遂於縣東二十里買山築室爲終焉之計居處深僻俯近龜蒙水石雲霞境象殊勝少霞世累早祛尤諧夙尚一日沿溪獨行忽得美蔭因就憩焉

神思昏然不覺成寐因爲褐衣鹿幘人之夢中召去隨之遠遠乃至城郭處所碧天虛曠瑞日曈曨人俗潔清卉木鮮茂少霞舉目移足惶惑不寧即被導之令前經歷門堂深邃莫測遙見玉人當軒獨立少霞遽修敬謁玉人謂曰愍子虔心今宜領事少霞靡知所謂復爲鹿幘人引至東廊止于石碑之側謂少霞曰召君書此賀遇良因少霞素不工書即極辭讓鹿幘人曰但按文而錄胡乃拒違俄有二青僮自北而至一捧牙箱內有兩幅紫絹文書二貫筆硯即付少

霞日法此而寫少霞凝神搦管頃刻而畢因覽讀之已記于心矣題云蒼龍溪新宮銘紫陽眞人山玄卿撰良常西麓源澤東澨新宮宏宏崇軒巘巘雕珉盤礎鏤檀竦楶璧瓦鱗差瑶階肪截閣凝瑞霧樓橫祥霓騶虞巡徼昌明捧閽珠樹規連玉泉矩洩靈飈遐集聖日俯晰太上游儲無遜便闕百神守護諸眞班列仙翁鵠駕道師氷潔飲玉成漿饌瓊爲屑桂旗不動蘭屋互設妙樂竟臻流鈴閒發天籟虛徐風簫泠澈鳳歌諧律鶴舞會節三變玄雲九成絳闕易遷虛

語章祕泯說如毀乾坤自有日月淸寧二百三十一年四月十二日建於是少霞方更周視遂爲鹿幘人促之忽遽而返醒然遂錄急命紙筆登即紀録自是究豫好奇之人多詣少霞詢訪其事有鄭還古者爲立傳薛用弱亦常至其居就求第一本視之筆迹宛有書石之態少霞無文乃孝廉一叟耳固知其不妄矣少霞爾後修道尤劇元和末已云物故

集翠裘

則天時南海郡獻集翠裘珍麗異常張昌宗侍側則天因以賜之遂命披裘供奉雙陸宰相狄梁公仁傑時入奏事則天令昇座因命梁公與昌宗雙陸梁公拜恩就局則天曰卿二人賭何物梁公對曰爭先三籌賭昌宗所衣毛裘則天謂曰卿以何物爲對梁公指所衣紫絁袍曰臣以此敵則天笑曰卿未知此裘價逾千金卿之所指爲不等矣梁公起曰臣此袍乃大臣朝見奏對之衣昌宗所衣乃嬖倖寵遇之服對臣之袍臣猶怏怏則天業已處分遂依其說而昌宗心赧神沮氣勢索莫累局連北梁公對御就褫其裘

拜恩而出及至光範門遂付家奴衣之乃促馬而去

王維

王維右丞年未弱冠文章得名性閑音律妙能琵琶遊歷諸貴之間尤爲岐王之所眷重時進士張九皐聲稱籍甚客有出入于公主之門者爲其致公主邑司牒京兆試官令以九皐爲解頭維方將應舉具其事言於岐王仍求庇借岐王曰貴主之强不可力爭吾爲子畫焉子之舊詩清越者可錄十篇琵琶之新聲怨切者可度一曲後五日當詣此維即依命如期

而至岐王謂曰子以文士請謁貴主何門可見哉子能如吾之教乎維曰謹奉命岐王則出錦繡衣服鮮華奇異遣維衣之仍令賫琵琶同至公主之第岐王入曰承貴主出內故携酒樂奉讌即令張筵諸伶旅進維妙年潔白風姿都美立於前行公主顧之謂岐王曰斯何人哉荅曰知音者也即令獨奏新曲聲調哀切滿座動容公主自詢曰此曲何名維起曰號鬱輪袍公主大奇之岐王曰此生非止音律至於詞學無出其右公主尤異之則曰子有所為文乎維即出

獻懷中詩卷公主覽讀驚駭曰皆我素所誦習者常謂古人佳作乃子之為乎因令更衣昇之客右維風流蘊籍語言諧戲大為諸貴之所欽矚岐王因曰若使京兆今年得此生為解頭誠為國華矣公主乃曰何不遣其應舉岐王曰此生不得首薦義不就試然已承貴主論託張九皐矣公主笑曰何預兒事本為他人所託顧謂維曰子誠取解當為子力維起謙謝公主則召試官至第遣宮婢傳教維遂作解頭而一舉登第

王渙之

開元中詩人王昌齡高適王渙之齊名時風塵未偶而遊處畧同一日天寒微雪三詩人共詣旗亭貰酒小飲忽有梨園伶官十數人登樓會讌三詩人因避席隈映擁爐火以觀焉俄有妙妓四輩尋續而至奢華艷曳都冶頗極旋則奏樂皆當時之名部也昌齡等私相約曰我輩各擅詩名每不自定其甲乙今者可以密觀諸伶所謳若詩入歌詞之多者則為優矣俄而一伶拊節而唱乃曰寒雨連江夜入吳平明送

客楚山孤洛陽親友如相問一片冰心在玉壺昌齡則引手畫壁曰一絕句尋又一伶謳之曰開篋淚霑臆見君前日書夜臺何寂寞猶是子雲居適則引手畫壁曰一絕句尋又一伶謳曰奉帚平明金殿開強將團扇共徘徊玉顏不及寒鴉色猶帶昭陽日影來昌齡則又引手畫壁曰二絕句渙之自以詩名已久因謂諸人曰此輩皆潦倒樂官所唱皆巴人下俚之詞耳豈陽春白雪之曲俗物敢近哉因指諸妓之中最佳者曰待此子所唱如非我詩吾即終身不敢與

子爭衡矣厥是吾詩子等當須列拜床下奉吾爲師
因歡笑而俟之須臾次至雙鬟發聲則曰黃沙遠上
白雲間一片孤城萬仞山羌笛何須怨楊柳春風不
度玉門關渙之即擨歈二子曰田舍奴我豈妄哉因
大諧笑諸伶不喻其故皆起詣曰不知諸郎君何此
歡噱昌齡等因話其事諸伶競拜曰俗眼不識神仙
乞降清重俯就筵席三子從之飲醉竟日

張鎰

張相公鎰大曆中守工部尚書判度支因奏事稱旨

代宗面許宰相恩澤獨厚張公日日以冀而累旬無
耗忽夜夢有人自門遽入抗聲曰任調拜相張驚寤
因思中外初無其人尋繹不解有外甥李通禮者博
學善智張公因召而示之令研其理李生沉思良久
因賀曰舅作相矣張公即詰之通禮答曰任調反語
是饒甜饒甜無逾甘草獨爲珍藥珍藥反語即舅名
氏也張公甚悦俄有走馬吏報曰白麻適下公拜中
書侍郎平章事

裴通遠

憲宗遷葬于景陵都城人士畢至時有前集州司馬
裴通遠家在崇賢里妻女輩亦以車輿縱觀於通化
門及歸日勢已晚車馳馬驟自平康北街後乃有白
頭嫗徒步奔走隨車而來氣力殆盡至天門街夜鼓
將動車馬轉逸嫗亦忙遽而行車中有老青衣從四
小女其中或有哀其奔迫者則問其所居對曰崇賢
即謂曰與嫗同里今亦將歸若步履不逮懼犯禁車
中尚可通容能登車至里門否其嫗乃荷愧丁寧因
命同載及至則珍重辭謝而去乃於車中遺下小紅

錦囊諸女笑而共開之中有白羅製爲逝者覆面之
物四焉諸女驚駭登棄於路自是不旬日四女相次
而卒

邢曹進

贈工部尚書邢曹進至德以來名爲河朔之健將也
守職魏郡爲田承嗣所縻曾因討叛飛矢中目左右
與之拔箭而鏃留于骨微露其末焉即以鐵鉗遣有
力者挾而出之痛毒則極其鏃堅然不可搖動曹進
痛楚計無所施妻孥輩但爲廣修佛事用希慈蔭數

日則又以索縛身于床復命出之而特牢如故曹進
呻吟忍耐俟死而已忽因晝寢夢見　僧入于庭中
曹進則以所苦訴之　僧久而謂曰能以米汁注于
其中當自愈矣及寤登言於醫工醫工曰米汁即淵
也豈宜漬瘡哉遂令廣詢于人人莫諭者明日忽有
僧詣門丐食因遽召入而曹進中堂遙見乃昨之
所夢者矣即延之俯近告以危苦　僧曰何不灌以
寒食餳當知其神驗也曹進遂悟餳爲米汁況所見
復肖夢中則取之如法以點瘡于清涼頓減酸楚然

既夜其瘡稍癢即令如前綳縛用力以拔鏃鏃及臉
鏃已突然而出後傳藥不旬月而差矣吁西方聖人
恩惠顯灼乃若此之明徵邪

韋知微

開元中士人韋知微者選授越州蕭山縣令縣多山
魅變幻百端無敢犯者而前後官吏事之如神然終
遭其害知微既至則究其窟宅廣備薪採伺候集聚
因環薪縱火衆持兵刃焚煞殆盡而邑中累月蹤跡
杜絕忽一日晨朝有客詣縣門車馬風塵僕馭憔悴
投刺請謁曰蘭陵蕭慥知微初不疑慮即延入上座
談論笑謔敏辯無雙知微甚加顧重因授館休焉客
乃謂知微曰僕途經峽中收得猴雛智能可玩敬以
奉貺乃出懷中小合開之而有獮猴大纔如栗跳躑
宛轉識解人情知微奇之因携入誇與於宅內獮猴
於是騰踔踊駭化爲虎焉闔閉不及兵仗靡加知微
闔門皆爲啗噬孑遺無有矣

狄梁公

狄梁公性閑醫藥尤妙針術顯慶中應制入關路由

華州闤闠之北稠人廣衆聚觀如堵狄梁公引轡遥
望有巨牌大字云能療此兒酬絹千疋即就觀之有
富室兒年可十四五臥牌下鼻端生贅大如拳石根
蒂綴鼻纔如食筯或觸之酸痛刻骨於是兩眼爲贅
所繚目睛翻白痛楚危極頃刻將絕惻然久之乃曰
吾能爲也其父母洎親屬叩顙祈請即輦千絹寘于
坐側公因令扶起即於腦後下針寸許仍詢病者曰
針氣已達病處乎病人頷之公遽抽針而疣贅應手
而落雙目登亦如初曾無病痛其父母親眷且泣且

拜則以縑物奉焉公笑曰吾哀爾命之危逼吾蓋急病行志耳吾非鬻伎者也不顧而去焉

寧王

寧王方集賓客讌話之際鬻馬牙人麴神奴者請呈二馬焉寧王即於中堂閱試步驟毛骨形相神駿精彩座客觀之不相上下寧王顧問神奴曰其價幾何牙人先指曰此一千緡次指曰此五百緡寧王忻然謂左右曰如言付錢馬送上廄賓客莫測其價之懸殊卽共咨詢寧王曰諸公未喻當爲驗之卽令鞭轡

馳驟往復數四笑謂座客曰辨其優劣否皆曰不知寧王乃顧千貫者曰此馬緩急百返蹄下不起纖埃復顧五百緡者曰此馬往來十過足下頗生塵埃以此等衰其價之高下焉座客乃伏

歲華紀麗譜

元　費著

成都遊賞之盛甲於西蜀蓋地大物繁而俗好娛樂凡太守歲時宴集騎從雜沓車服鮮華倡優鼓吹出入擁導四方奇技幻怪百變序進於前以從民樂歲率有期謂之故事及期則士女櫛比輕裘袨服扶老携幼闐道嬉游或以坐具列于廣庭以待觀者謂之遨床而謂太守爲遨頭宋朝以益州重地嘗謀帥以命宋公祁宰相對曰蜀風奢侈祁喜遊宴恐非所宜

宋朝不從卒遣之公先奉詔修唐書因以書局自隨自成都每宴罷盥漱闔寢門垂簾燃二椽燭媵婢夾侍和墨伸紙望之者知公修唐書若神仙焉嘗宴於錦江偶微寒命索半臂諸婢各送一枚公視之慮有厚薄之嫌訖不服忍冷以歸舊俗傳誇以爲談本田公況貫爲成都遨樂詩二十一章以紀其實而薛公奎亦作何處春游好詩一十章自號薛春游以從其俗且欲以易尹京之舊稱（公知開府專以嚴治人謂之薛出油）此皆可以想承平之遺風也至清獻公爲記乃曰蠶時宴會皆牙校掌之蓋榷酤之利有餘人樂於爲役公略歲入亡慮千萬貫有奇自新法頒行酒坊爲官所鬻牙校雖得券錢不足自贍乃者議罷成都市易務方游觀時人情懼然減常歲之半及浣花後始聞罷去乃復朋聚游江今公使錢歲給三萬貫常廩廩慮不足譬之巨人以狹衾覆趾則露肩擁左則闕右豈可笑也今盤餽比舊從省樂優之給亦復過殺設遂廢之則非天子所以付畀一隅惠保遠人之意而小民之鬻肴果者但告蔬供藉以爲養此游宴之不可廢

也觀公此言則蜀人之貧富欣戚可以知政矣今以元日爲始而第其事

正月元日郡人曉持小綵幡遊安福寺塔粘之盈柱若鱗次然以爲厭禳懲咸平之亂也塔上燃燈梵唄交作僧徒駢集太守詣塔前張宴晚登塔眺望焉

二日出東郊早宴移忠寺（舊名碑樓院）晚宴大慈寺清獻公記云宴罷妓以新詞送茶自宋公祁始蓋臨邛周之純善爲歌詞嘗作茶詞授妓首度之以奉公後因之

五日五門蠶市蓋蠶叢氏始爲之俗往往呼爲蠶叢
太守卽門外張安
上元節放燈舊記稱唐明皇上元京師放燈燈甚盛
葉法善奏曰成都燈亦盛遂引帝至成都市酒于富
春坊此方外之言存而勿論咸通十年正月二日街
坊點燈張樂晝夜喧闐蓋大中承平之餘風由此言
之則唐時放燈不獨上元也蜀王孟昶時間亦放燈
率無定日宋開寶二年命明年上元放燈三夜自是
歲以爲常十四十五十六三日皆早宴大慈寺晚宴

五門樓甲夜觀山棚變燈其斂散之遲速惟太守意
也如繁雜綺羅街道燈火之盛以昭覺寺爲最又爲
錢燈會會始於張公詠蓋燈夕二都監戎服分移以
察姦盜既罷故作宴以勞焉通判主之就宣詔亭或
涵虛亭舊以十七日今無定日仍就府治專以宴監
司也
二十三日聖壽寺前蠶市張公詠始卽寺爲會使民
鬻農器太守先詣寺之都安王祠奠獻然後就宴舊
出萬里橋登樂俗園亭今則早宴祥符寺晚宴信相
院
二十八日俗傳爲保壽侯誕日出笮橋門卽侯祠奠
拜次詣淨衆寺邠國杜丞相祠奠拜畢事會食晚宴
大智院
二月二日踏青節初郡人游賞散在四郊張公詠以
爲不若聚之爲樂乃以是日出萬里橋爲綵舫數十
艘與賓僚分乘之歌吹前導號小游江蓋指浣花爲
大游江也士女駢集觀者如堵晚宴於寶曆寺公爲
詩有曰春游千萬家美人顔如花三三兩兩映花立

飄飄似欲乘烟霞公鐵心石腸乃賦此麗詞哉後以
爲故事清獻公爲記時綵舫至增數倍今不然矣八
日觀街藥市早宴大慈寺之設廳晚宴金繩院
三月三日出北門宴學射山既罷後射弓蓋張伯子
以是日卽此地上升巫覡賣符於道遊者佩之以宜
蠶辟災輕裾小蓋照爛山阜晚宴于萬歲池亭泛舟
池中九日觀街藥市早晚宴如三月八日二十一日
出大東門宴海雲山鴻慶寺登衆春閣觀摸石蓋開
元二十三年靈智禪師以是日歸寂邦人敬之入山

遊禮因而成俗山有小池士女探石其中以占求子之祥旣又晚宴于大慈寺之設廳二十七日大西門睿聖夫人廟前蠶市初在小市橋田公以禱雨而應移於廟前太守先詣諸廟奠拜宴于衆淨寺晚宴大智院寒食出大東門早宴移忠院晚宴大慈寺設廳曩時寒食太守先設酒饌於近郊祭鬼物之無依者謂之遙享後置廣仁院以瘞死而無主者乃遣官臨祭之而民間上塚者各儀集於郊外大僞二年趙公積嘗開西樓亭榭俾士庶遊觀自是每歲寒食闢園

張樂酒壚花市茶房食肆過于蠶市士女從觀太守會賓僚凡浹旬此最府廷遊宴之盛近歲自二月即開園踰月而後罷酒人利於酒息或請於府展其日府尹亦許之

四月十九日浣花佑聖夫人誕日也太守出笮橋門至梵安寺謁夫人祠就宴于寺之設廳旣宴登舟觀諸軍騎射倡樂導前泝流至百花潭觀水嬉競渡官舫民船乘流上下或幕帟水濱以事遊賞最爲出郊之勝清獻公記云往昔太守分遣使臣以酒均給遊人隨所會之數以爲斗升之節自公使限錢茲例遂罷以遠民樂太平之盛不可遽廢以孤其心乃以隨行公使錢釀酒畀之然不逮昔日矣

五月五日宴大慈寺設廳醫人鬻艾道人賣符朱索綵縷長命辟災之物筒飯角黍莫不咸在

六月初伏日會監司中伏日會職官以上末伏日會府縣官皆就江瀆廟設廳初文潞公建設廳以伏日爲會避暑自是以爲常早宴罷泛舟池中復出就廳晚宴觀者臨池張飲盡日爲樂趙清獻公使限錢但

爲初伏會今因之

七月七日晚宴大慈寺設廳暮登寺門樓觀錦江夜市乞巧之物皆備焉十八日大慈寺散盂蘭盆宴于寺之設廳宴已就華嚴閣下散

八月十五日中秋玩月舊宴于西樓望月于錦亭今宴于大慈寺

九月九日玉局觀藥市宴監司賓僚于舊宣詔堂晚飲于五門凡三日官爲幕帟棚屋以事遊觀或云有恍惚遇仙者

冬至節宴于大慈寺後一日早宴金繩寺晚宴大慈寺清獻公記云至前一日太守領客出北門石魚橋具樽豆觀樵已乃即天長觀晚宴㳟文潞公始爲之後復罷

家世舊事

宋　程頤

少師影帳畫侍婢二人一曰鳳子一曰宜子頤幼時猶記伯祖母指其爲誰今則無能識者抱笏執頭曰福郎家人傳曰畫工呼使啜茶視而寫之福郎尋卒人以爲畫殺叔父七郎中影帳亦畫侍者二人大者曰楚雲小者曰僕奴未幾二人皆卒由是家中益神其事人壽短長有定數豈畫能殺蓋偶然爾

成都寺院皆無高門限傳云少師脚短當時皆去之至今猶不復用

少師卜居醴泉第舍卑狹頤少時嘗到宛然如舊誌房門皆題誰居先公太中所記也後十年再到則已爲四翁房子孫所賣更易房室不忍復視矣自少師貴顯居京師醴泉第宅大評事諸孫居之後遂分而賣之先公未嘗問也券契皆存以其上有少師書字故不忍毀去然收藏甚密家中子弟有未嘗見者先公守夙州時四翁問欲得宅否先公答以叔有之與㛐有之正同當善守而已又出一少師小印合云頤曰祖物也可收之頤曰翁能保之足矣不敢受者所以安其疑心也又知太宗皇帝御書及少監真像皆在亦未敢求見不意纔數年四翁卒比再至醴泉則散失盡矣思之痛傷後又二十年頤到醴泉改葬少師始求得少監段太君告于三翁家少師犀帶于長安太監簿家少師綠玉枕于四翁女和家鞍瓦于三翁家

少師厭河北五代兵戈及宰醴泉遂謀居焉徙葬少監于縣城之西既顯雖賜第居京師囊槖至于御書

誥勑皆多在醴泉從高祖太評事四評事治生事皆淳儉嚴整太評事家人未嘗見笑惟長孫始生一者婦曰月承肯新婦生男微開顏曰善視之曾祖母崔夫人亦留醴泉與從曾祖母雷氏奉祀二叔舅姑晨夕祗畏平居必著長裙裒飪少有失節則不食拱手而起二婦恐懼不敢問所由伺其食美取所餘嘗之然後知所嗜太高祖母楊氏前卒四高祖母李氏主內事性尤嚴峻二婦晝則供侍夜復課以女工之事雷氏不堪其勞有間則泣于後庭崔夫人每勸勉之

竟得羸疾而終崔夫人怡怡如也叔舅姑遂加愛之後外祖崔駕部過雍見其艱苦之甚屬少師取至京師不撤帷帳盡置囊篋云暫往省覲叔舅姑方聽其來少師之待兄弟崔夫人之事叔舅姑後世所當法也

少師治醴泉惠愛及人至深其後諸房子弟既多不無侵損于邑人而邑人敬愛之不衰有爭忿者及門則止俟過而復爭小兒持盤賣菓爲族中群兒奪取啼而不敢較嘉祐初頤過邑去少師時八十年矣驢足病呼醫治之問知姓程辭錢不受昔時村婦多持香茶祈蠶于家因掐取其土以乞靈後禁止之

族父文簡公應舉來京師舘于廳旁書室唯秉一驢更無餘資至則賣驢得錢數千伯祖殿直輕財好義待族人甚厚日責文簡公具酒餚欲觀其器度文簡公訴曰驢兒已喫至尾矣

文簡公一夕夢紫衣持箱襆其中若勑書受之曰壽州陳氏不測所謂以問伯祖殿直亦莫能曉後登科有媒氏來告有陳氏求婿必欲得高科名問其鄉里乃壽州人文簡公年少才高欲婿名家弗許伯祖曰爾夢如是蓋默定矣豈可違也强之使就後累年猶怏怏陳夫人賢德宜家夫婦偕老享封大國子孫如繼豈偶然哉

叔祖寺丞有知人之鑒常謂文簡公公輔之器文簡公爲著作佐郎時賈文元尚少一日侍叔祖坐曰某昨夜夢坐此有一人乘驢而來索紙寫門狀復乘驢而去坐中有一人指之曰此將來宰相也頃之文簡公乘驢而來索紙寫門狀復登驢而出正如所説之夢賈文元曰程六當爲宰相歎羡不已叔祖謂曰爾無羡後爾作相在先及文簡公爲兩制賈方小官及參大政風望傾朝衆謂旦夕爰立俄以事罷去比三易藩郡而賈已登庸方拜使相雖古之精于術者無以過也

叔祖寺丞年四十謂家人曰吾明年死矣居數月又指堂前屋曰吾去死如隔此屋矣又數月指室中牕曰吾之死止如隔此紙爾未幾而卒叔祖多才藝與人會射發矢能如其意常從主人之後主人中則亦

中主人遠則亦遠不差尺寸

伯叔殿直嘗施而與人周一日苦寒有儒生造門郎持綿袴與之其人大驚曰何以知我無袴也蓋于游從間常察其不足也至晚年家資懸罄而爲義不衰有儒生以講說釀錢時家無所有偶伯祖母有珠子裝抹胸賣得十三千盡以與之

明道先生宰晉城時有富民張氏子其父死未幾晨起有老父立于門外問之曰我汝父也今來就汝居具陳其由張氏子驚疑莫測相與詣縣請辨之老父

曰業醫遠出治疾而妻生子貧不能養以與張氏某年某月某日某人抱去某人某人見之先生謂曰歲久矣爾何記之詳也老父曰某歸而知之則書于藥法策後因懷中取策進之其所記曰某年月日某人抱兒與張三翁家先生問張氏子曰爾年幾何曰三十六矣爾父而在年幾何曰七十六矣謂老父曰是子之生其父年纔四十人巳謂之三翁乎老父驚駭服罪

明道主簿上元時謝師直爲江東轉運判官師宰來省其兄嘗從明道假公僕掘桑白皮明道問之[illegible]司役卒甚多何爲不使曰本草說桑白皮出土見日者殺人以伯淳所使人不欺故假之耳師宰之相信如此謝師直尹洛時嘗談經與鄙意不合因曰伯淳亦然往在上元某說春秋猶時見取至言易則皆曰非是頤謂曰二君皆通易者也監司談經而主簿乃曰非是監司不怒主簿敢言非通易能如是乎

教坊記

唐　崔令欽

西京右教坊在光宅坊左教坊在延政坊右多善歌
左多工舞蓋相因習東京兩教坊俱在明義坊而右
在南左在北也坊南西門外即苑之東也其間有頃
餘水泊俗謂之月陂形似偃月故以名之
妓女入宜春院謂之內人亦曰前頭人常在上前也
其家猶在教坊謂之內人家敕有司給賜同十家雖
數十家猶故以十家呼之每月二日十六日內人母

得以女對無母則姊妹若姑一人對十家就本落餘
內人並坐內教坊對內人生日則許其母姑姊妹來
來對其對所如式
樓下戲出隊宜春院人少即以雲韶添之雲韶謂之
宮人蓋賤隸也非直美惡殊貌居然易辨明內人帶
魚宮人則否平人女以容色選入內者教習琵琶三
絃箜篌箏等者謂搊彈家
開元十一年初製聖壽樂令諸女衣五方色衣以歌
舞之宜春院女教一日便堪上場惟搊彈家彌月不
成至戲日上令宜春院人為首尾搊彈家在行間令
學其舉手也宜春院亦有工拙必擇尤者為首尾首
既引隊眾所屬目故須能者樂將闋稍稍失隊餘二
十許人舞曲終謂之合殺尤要快健所以更須能者
也
聖壽樂舞衣襟皆各繡一大窠皆隨其衣本色製純
縵衫下纔及帶若短汗衫者以籠之所以藏繡窠也
舞人初出樂次皆是縵衣舞至第二疊相聚場中即
於眾中從領上抽去籠衫各納懷中觀者忽見眾女

咸文繡炳煥莫不驚異
凡欲出戲所司先進曲名上以墨點者即舞不點者
即否謂之進點戲日內伎出舞教坊人惟得舞伊州
五天重來疊不離此兩曲餘盡讓內人也垂手羅回
波樂蘭陵王春鶯囀半社渠借席烏夜啼之屬謂之軟
舞阿遼柘枝黃麞拂林大渭州達摩之屬謂之健舞
凡樓下兩院進雜婦女上必召內人姊妹入內賜食
因謂之曰今日娘子不須唱歌且饒姊妹並兩院婦
女於是納妓與兩院歌人更代上舞臺唱歌內妓歌

聊黄幡綽贊揚之兩院人歌則幡綽輒訾詬之有肥大年長者即呼爲屈突干阿姑貌稍胡者即云康太賓阿妹隨類名之標弄百端諸家散樂呼天子爲崖公以歡喜爲蜆斗以每日長在至尊左右爲長入筋斗裴承恩妹大娘善歌兄以配竿木侯氏又與長入趙解愁私通侯氏有疾因欲藥殺之王輔國鄭銜山與解愁相知又是侯鄉里密謂薛忠王琰曰爲我語侯大兄晚間有人送粥愼莫喫及期果有贈粥者侯遂不食其夜裴大娘引解愁謀殺其夫銜山願擎

土袋壓既滅銜山乃以土袋置侯身上不壓口鼻餘黨不之覺也比明侯氏不死有司以聞上令范安窮究其事於是趙解愁等皆決一百衆皆不知侯氏不掩口鼻而不死也或言土袋綻裂故活是以諸女戲相謂曰自今後縫壓壻土袋當加意夾縫縫之更勿令開綻也

坊中諸女以氣類相似約爲香火兄弟每多至十四五人少不下八九輩有兒郎聘之者輒被以婦人稱呼即所聘者兄見呼爲新婦弟見呼爲嫂也兒郎有任官僚者官參與內人對同日垂到內門車馬相遇或褰車簾呼阿嫂若新婦者同黨未達殊爲怪異問被呼者笑而不答兒郎既娉一女其香火兄弟多相奔云學突厥法又云我兄弟相憐愛欲得嘗其婦也主者知亦不妬他香火即不通

蘇五奴妻張少娘善歌舞有邀迓者五奴輒隨之前人欲得其速醉多勸酒五奴曰但多與我錢喫䭔子亦醉不煩酒也今呼鬻妻者爲五奴自蘇始

范漢女大娘子亦是竿木家開元二十一年出內有姿媚而微愠羝（謂腋氣也）

曲名

獻天花 和風柳 美唐風 透碧空
巫山女 度春江 衆仙樂 大定樂
龍飛樂 慶雲樂 繞殿樂 泛舟樂
拋毬樂 清平樂 放鷹樂 夜半樂
破陣樂 還京樂 天下樂 同心樂
賀聖朝 奉聖樂 千秋樂 泛龍舟
泛玉池 春光好 迎春花 鳳樓春

賀陽春　帝臺春　繞池春　滿園春
長命女　武媚娘　杜韋娘　柳青娘
楊柳枝　柳含烟　楷楊柳　倒垂柳
浣溪沙　浪淘沙　撒金沙　紗窻恨
金簔嶺　隔簾聽　恨無媒　望梅花
望江南　好郎君　想夫憐　別趙十
憶趙十　念家山　紅羅襖　烏夜啼
牆頭花　摘得新　北門西　煮羊頭
河瀆神　二郎神　醉鄉遊　醉花間

燈下見　醉思鄉　太邊郵　太白星
剪春羅　會佳賓　當庭月　思帝鄉
歸國遙　感皇恩　戀皇恩　皇帝感
戀情深　憶漢月　憶先皇　聖無憂
定風波　木蘭花　更漏長　菩薩蠻
破南蠻　八拍蠻　芳草洞　守陵宮
臨江仙　虞美人　映山紅　獻忠心
臥沙堆　怨黃沙　遐方怨　怨胡天
送征衣　送行人　望梅愁　阮郎迷

牧羊怨　掃市舞　鳳歸雲　羅裙帶
同心結　一捻鹽　阿也黃　劫家雞
綠頭鴨　下水船　留客住　離別難
喜長新　羌心怨　女王國　繚踏歌
天外聞　賀皇化　五雲仙　滿堂花
南天竺　定西番　荷葉杯　感庭秋
月遮樓　感恩多　長相思　西江月
拜新月　上行杯　團亂旋　喜春鶯
大獻壽　鵲踏枝　萬年歡　曲玉管

傾杯樂　謁金門　巫山一段雲　望月婆羅門
後庭花　西河獅子　西河劍氣　怨陵三臺
儒士謁金門　武士朝金闕　搊工不下　麥秀兩岐
金雀兒　滻水吟　玉搔頭　鸚鵡杯
路逢花　初漏情　相見歡　蘇幕遮
遊春苑　黃鍾樂　訴衷情　折紅蓮
征步郎　洞仙歌　太平樂　長慶樂
喜回鑾　漁父引　喜秋天　大郎神
夢渭州　夢江南　濮陽女　靜戎煙

三臺　上韻　中韻　下韻
普恩光　戀情歡　楊下采桑　大酺樂
合羅縫　蘇合香　山鷓鴣　七星管
醉公子　朝天　木笪　看月宮
宮人怨　歎疆場　拂霓裳　駐征遊
泛濤溪　胡相問　廣陵散　帝歸京
喜還京　遊春夢　柘枝引　留諸錯
如意娘　黃羊兒　蘭陵王　小秦王
花黃髮　大明樂　望遠行　思友人

唐四姐　放鷹樂　鎮西樂　金殿樂
南歌子　八拍子　漁歌子　七夕子
十拍子　措大子　風流子　吳吟子
生查子　胡醉子　山花子　水仙子
綠鈿子　金錢子　竹枝子　天仙子
赤棗子　千秋子　心事子　胡蝶子
沙磧子　酒泉子　迷神子　得蓬子
剉碓子　麻婆子　紅娘子　甘州子
曆刺子　鎮西子　北庭子　采蓮子

破陣子　劒器子　獅子　女冠子
仙鶴子　穆護子　贊普子　蕃將子
回戈子　帶竿子　摸魚子　南鄉子
大呂子　南浦子　撥棹子　河瀆子
曹大子　引角子　隊踏子　水沽子
化生子　金蛾子　拾麥子　多利子
毗砂子　上元子　西溪子　劒閣子
嵇琴子　莫靼子　胡攢子　唧唧子
翫花子　西國朝天　大曲名　踏金蓮

綠腰　涼州　薄媚　賀聖樂
伊州　甘州　泛龍舟　采桑
千秋樂　霓裳　玉樹後庭花　伴侶
雨霖鈴　柘枝　胡僧破　平翻
相駝逼　呂太后　突厥三臺　大寶
一斗鹽　羊頭神　大姊　舞大姊
急月記　斷弓弦　碧霄吟　穿心蠻
羅步底　回波樂　千春樂　龜茲樂
醉渾脫　映山雞　昊破　四會子

安公子　舞春風　迎春風　看江波
寒雁子　又中春　翫中秋　迎仙客
同心結
大面出北齊蘭陵王長恭性膽勇而貌婦人自嫌不足以威敵乃刻木爲假面臨陣著之因爲此戲亦入歌曲
踏謡娘北齊有人姓蘇䶌鼻實不仕而自號爲郎中嗜飲酗酒每醉輒毆其妻妻銜悲訴於鄰里時人弄之丈夫著婦人衣徐步入場行歌每一疊旁人齊聲

和之云踏謡和來踏謡娘苦和來以其且步且歌故謂之踏謡以其稱寃故言苦及其夫至則作毆鬬之狀以爲笑樂今則婦人爲之遂不呼郎中但云阿叔子調弄又加典庫全失舊旨或呼爲談容娘又非
烏夜啼宋彭城王義康衡陽王義季弟四之壽陽後宥之使未達衡王家人扣二王所囚院曰昨夜烏夜啼官當有赦少頃使至故有此曲亦入琴操
安公子隋大業末煬帝幸揚州樂人王令言以年老不去其子從焉其子在家彈琵琶令言驚問此曲何名其子曰内裏新翻曲子名安公子令言流涕悲愴謂其子曰爾不須扈從大駕必不回子問其故令言曰此曲宮聲往而不返宮爲君吾是以知之
春鶯囀高宗曉聲律晨坐聞鶯聲命樂工白明達寫之遂有此曲
記曰夫以廉潔之美而道之者寡驕淫之醜而陷之者衆何哉志意劣而嗜慾靡也借如涉畏途不必皆死而人知懼溺聲色則必傷夭而莫之思不其惑歟且人之生身所稟五常耳至有悦其妻而

圖其夫前古多矣是違仁也納異寵而薄糟糠凡今衆矣是忘義也重衽席之虞輕宗祀之敬是廢禮也貪耳目之玩忽禍敗之端是無智也忘有所愛則醜其有得不顧宿諾是棄信也敦諭履仁蹈義修禮任智而信以成之嗚呼國君保之則比德堯舜士庶由之則齊名周孔矣當爲來代表式寧止一時稱舉儻謂修小善而無益犯小惡而無傷殉嗜慾近情忘性命大節施之於國則國風敗行之於家則家法壞敗與壞不其痛哉是以楚莊悔

權斥遣夏氏宋武納諫遂絕慕容終成霸業號爲
眞主豈比高緯以馮小憐滅身叔寶以張貴妃亡
國漢成以昭儀絕冢嗣燕熙以苻氏覆邦家乎非
無元龜洎有人鑑遂形簡牘敢告後賢

青樓集序

君子之於斯世也孰不欲才加諸人行足諸已其肯甘於自棄乎哉蓋時有否泰分有窮達故才或不羈行或不掩焉當其泰而達也園林鐘鼓樂且未央君子宜之當其否而窮也江湖詩酒迷而不復君子非獲已者焉我皇元初并海宇而金之遺民若杜散人白蘭谷關已齋輩皆不屑仕進乃嘲風弄月留連光景庸俗易之用世者嗤之三君之心固難識也百年未幾世運中否士失其業志則鬱矣酣酒載嚴詩禍

叵測何以紓其愁乎小軒居寂維夢是觀商顏黃公之裔孫曰雪簑者攜青樓集示余且徵序引其志言讀之蓋已詳矣余奚庸贅竊惟雪簑在承平時嘗蒙富貴餘澤豈若杜樊川贏得薄倖之名乎然樊川自負奇節不爲齪齪小謹至論列大事如罪言原十六衛戰守二論與時宰論兵論江賊書達古今審成敗視昔之平安杜書記爲何如邪惜乎天慭將相之權弗使究其設施廻翔紫微文空言耳揚州舊夢尚奚憶哉今雪簑之爲是集也殆亦夢之覺也不然歷歷青樓歌舞之妓而成一代之艷史傳之也雪簑於行不下時俊顧屑爲此余恐世以青樓而疑雪簑且不白其志也故并樊川而論之噫優伶則賤藝樂則靡焉文墨之間每傳好事其湮没無聞者亦已多矣黃四娘託老杜而名存獨何幸也覽是集者尚感士之不遇時至正甲辰六月既望觀夢道人朧右朱經謹序

青樓集

元　黃雪蓑

梁園秀

姓劉氏行第四歌舞談諧爲當代稱首喜親文墨作字楷媚間吟小詩亦佳所製樂府如小梁州青歌兒紅衫兒抝搏兒寨兒令等世所共唱之又善隱語其夫從小喬樂藝亦超絕云

張怡雲

能詩詞善談笑藝絕流輩名重京師趙松雪商正叔

高房山皆爲寫怡雲圖以贈諸名公題詩殆遍姚牧菴閻靜軒每於其家小酌一日過鍾樓街遇史中丞中丞下道笑而問曰二先生所往可容侍行否姚云中丞上馬史於是屏騶從速其歸携酒殽因與造海子上之居姚與閻呼曰怡雲今日有佳客此乃中丞史公子也我輩當爲爾作主人張便取酒先壽史且歌雲間貴公子玉骨秀横秋水調歌一闋史甚喜有頃酒殽至史取銀二定酧歌席終左右欲徹酒器皆金玉者史云休將去留待二先生來此受用其賞音有如此者又嘗佐貴人樽俎姚閻二公在焉姚偶言暮秋時三字閻曰怡雲續而歌之張應聲作小婦孩兒且歌且續曰暮秋時菊殘猶有傲霜枝西風了却黃花事貴人曰且止遂不成章張之才亦敏矣

曹娥秀

京師名妓也賦性聰慧色藝俱絕一日鮮于伯機開宴座客皆名士鮮于因事入内命曹行酒適遍公出自内客曰伯機未飲曹亦曰伯機未飲客笑曰汝以伯機相呼可爲親愛之至鮮于佯怒曰小鬼頭敢如

此無禮曹曰我呼伯機便不可却只許爾叫王羲之也一座大笑

解語花

姓劉氏尤長於慢詞廉野雲招盧疎齋趙松雪飲於京城外之萬柳堂劉左手持荷花右手舉杯歌驟雨打新荷曲諸公喜甚趙即席賦詩云萬柳堂前數畝池平鋪雲錦蓋漣漪主人自有滄洲趣遊女仍歌白雪詞手把荷花來勸酒步隨芳草去尋詩誰知咫尺京城外便有無窮萬里思

珠簾秀

姓朱氏行第四雜劇爲當今獨步駕頭花旦軟末泥等悉造其妙胡紫山宣慰嘗以沉醉東風曲贈云錦織江邊翠竹絨穿海上明珠月淡時風清處都隔斷落紅塵土一片閒情任卷舒挂盡朝雲暮雨馮海粟待制亦贈以鷓鴣天云憑倚東風遠映樓流鶯窺面燕低頭蝦鬚瘦影纖纖織龜背香紋細細浮　紅霧斂彩雲收海霞爲帶月爲鉤夜來捲盡西山雨不著人間半點愁葢朱背微僂馮故以簾鉤寓意至今後

輩以朱娘娘稱之者

趙眞眞楊玉娥

善唱諸宮調楊立齋見其謳張五牛商正叔所編雙漸小卿怨因作鷓鴣天哨遍耍孩兒煞以詠之後出多不錄今錄前曲云煙柳風花錦作園霜芽露葉玉裝船誰知皓齒纖腰會只在輕衫短帽邊　啼玉靨咽冰絃五牛身去更無傳詞人老筆佳人口再喚春風在眼前

劉燕歌

善歌舞齊參議還山東劉賦太常引以餞云故人別我出陽關無計鎖離鞍今古別離難兀誰畫蛾眉遠山一尊別酒一聲杜宇寂寞又春殘明月小樓閒第二夜相思淚彈至今膾炙人口

順時秀

姓郭氏字順卿行第二人稱之曰郭二姐姿態閑雅雜劇爲閨怨最高駕頭諸旦本亦得體劉時中待制嘗以金簧玉管鳳吟鸞鳴擬其聲韻平生與王元鼎密偶疾思得馬板腸王即殺所騎駿馬以啗之阿魯

溫參政在中書欲瞩意於郭一日戲曰我何如王元鼎郭曰參政宰臣也元鼎文士也經綸朝政致君澤民則元鼎不及參政嘲風弄月惜玉憐香則參政不敢望元鼎阿魯溫一笑而罷

小娥秀

姓邳氏世傳邳三姐是也善小唱能曼詞張子友平章甚加愛賞中朝名士贈以詩文盈軸焉

杜妙隆

金陵佳麗人也盧疎齋欲見之行李匆匆不果所題

因題踏沙行於壁云雪暗山明溪深花早行人馬上
詩成了歸來鬧說妙隆歌金陵郤比蓬萊澎寶釵慵
窺玉容空好梁塵不動歌聲悄無人知我此時情春
風一枕松總曉

喜春景

姓段氏姿色不逾中人而藝絕一時張子友平章以
側室置之

聶檀香

姿色嫵媚歌韻清圓東平嚴侯甚愛之

南春宴

姿容偉麗長於駕頭雜劇亦京師之表表者

李心心楊奈兒袁當兒于盼盼于心心吳女燕
雪梅

此數人者皆國初京師之小唱也又有牛四姐乃元
壽之妻俱擅一時之妙壽之尤為京師唱社中之巨
擘也

朱六嫂

小字同壽元遺山有贈廉栗工張猪兒詞即其父也

宋與其夫合樂妙入神品蓋宋善謳其夫能傳其父
之藝滕玉霄待制嘗賦念奴嬌以贈云柳顰花困把
人間恩愛尊前傾盡何處飛來雙比翼直是同聲相
應寒玉嘶風香雲捲雪一串驪珠引元郎去後有誰
著意題品誰料濁羽清商繁絃急管猶自餘風韻莫
是紫鸞天上曲兩兩玉童相並白髮梨園青衫老傅
試與畱連聽可人何處滿庭霜月清冷

周人愛

京師旦色姿藝並佳其兒婦玉葉兒元文苑嘗贈以

南呂一枝花曲又有瑤池景呂總管之妻也賈島春
蕭子才之妻也皆一時之拔萃者王玉帶馮六六王
榭燕王庭燕周獸頭皆色藝兩絕又有劉信香因李
侯寵之名尤著焉

秦玉蓮秦小蓮

善唱諸宮調藝絕一時後無繼之者

司燕奴

精雜劇聲名與宋郭相頡頏後有班真真程巧兒李
趙奴亦擅一時之妙

天然秀

姓高氏行第二人以小二姐呼之母劉嘗侍史開府高丰神艷雅殊有林下風致才藝尤度越流輩閨怨雜劇為當時第一手花旦駕頭亦臻其妙始嫁行院王元俏王死再嫁焦太素治中焦後没復落樂部人咸以國香深惜然尚高潔凝重尤為白仁甫李溉之所愛賞云

國玉第

教坊副使童關高之妻也長於綠林雜劇尤善談謔

得名京師

張玉梅

劉子安之母也劉之妻曰蠻婆兒皆擅美當時其女鬬鬬謂之小婆兒七八歲已得名湘湖間

王金帶

姓張氏行第六色藝無雙鄧州王同知娶之生子矣有譖之於伯顏太師欲取入教坊承應王因一尼為地求問於太師之夫人乃免

魏道道

勾欄內獨舞鷓鴣四篇打散自國初以來無能繼者妝旦色有不及焉

玉蓮兒

端麗巧慧歌舞談諧悉造其妙尤善文楸握槊之戲嘗得侍於英廟由是名冠京師

樊事真

京師名妓也周仲宏參議嬖之周歸江南樊飲餞于齊化門外周曰別後善自保持毋貽他人之誚樊以酒酹地而誓曰妾若負君當刳一目以謝君子亡何

有權豪子來其母既迫於勢又利其財樊則始毅然終不從已後周來京師樊相語曰別後非不欲保持奈為豪勢所逼昔日之誓豈徒設哉乃抽金篦刺左目血流遍地周為之駭然因歡好如初好事者編為雜劇曰樊事真金篦刺目行於世

賽簾秀

朱簾秀之高弟也侯要俏之妻也中年雙目皆無所覩然其出門入戶步線行鍼不差毫髮有目莫之及焉聲遏行雲乃古今絕唱

天錫秀
姓王氏侯總管之妻也善綠林雜劇足甚小而步武甚壯女天生秀稍不逮焉後有工於是者賜恩深謂之邦老趙家又有張心哥亦馳名淮浙

金獸頭
湖廣名妓也貫只歌平章納之貫沒流落湘湖間敏齋嘗有老鶴啄之誚

周喜歌
字悅卿貌不甚揚而體態溫柔趙松雪書悅卿二字

鮮于困學衛山齋都廉使公及諸名公皆贈以詞至今其家寶藏之

王巧兒
歌舞顏色稱於京師陳雲嶠與之狎王欲嫁之其母密遣其流輩開喻曰陳公之妻乃鐵太師女妬悍不可言爾若歸其家必遭凌辱矣王曰巧兒一賤倡蒙陳公厚眷得侍巾櫛雖死無憾母知其志不可奪潛挈家僻所陳不知也旬月後王密遣人謂陳曰母氏設計置我某所有富商約某日來君當圖之不然恐無及矣至期商果至王辭以疾悲啼宛轉飲至夜分商欲就寢王抓其肌膚皆損遂不及亂既五鼓陳宿搆忽剌罕赤闖轉商欲赴刑部處置商大懼告陳公曰某初不知幸寬其事願獻錢二百緡以助財禮之費陳笑曰不須也遂厚遺其母携王歸江南陳卒王與正室鐵皆能守其家業人多所稱述云

王奔兒
長於雜劇然身背微僂金玉府總管張公置於側室劉文卿嘗有買得不直之誚張沒流落江湖為教師

以終

時小童
善調話即世所謂小說者如丸走坂如水建瓴女童亦有舌辯嫁末泥度豐年不能盡母之伎云

于四姐
字慧卿尤長琵琶合唱為一時之冠名公士夫皆以詩贈之後有朱春兒亦得名於淮浙

平陽奴
姓徐氏一目眇四體文繡精於綠林雜劇又有郭次

香陳德宣之妻也亦微眇一目韓獸頭曹皇宣之妻也亦善雜劇皆馳名金陵者也

趙偏惜

樊孛闌奚之妻也旦末雙全江淮間多師事之樊院本亦罕與比

連枝秀

姓孫氏京師角妓也逸人風高老點化之遂為女道士浪遊湖海間嘗至松江引一髽髻曰閙童亦能歌舞有招飲者酒酣則自起舞唱青天歌女童亦舞而和之真仙音也欲於東門外化緣造庵陸宅之為造疏語多寓譏誚其中有不比尋常鉤子曾經老大鉗槌百煉不回萬夫難敵之句孫於是飄然入吳遇醫人李恕齋乃欲下舊好遂從俗嫁之後不知所終

王玉梅

善唱慢調雜劇亦精致身材短小而聲韻清圓故鍾繼先有聲似磬圓身如磬槌之誚云

李芝秀

賦性聰慧記雜劇三百餘段當時旦色號為廣記者皆不及也金玉府張總管置於側室張沒後復為娼

朱錦繡

侯耍俏之妻也雜劇旦末雙全而歌聲墜梁塵雖姿不逾中人高藝實超流輩侯又善院本時稱負絕藝者前輩有趙偏惜樊孛闌奚後則侯朱也

樊香歌

金陵名妹也妙歌舞善談謔亦頗涉獵書史臺端雖鷹角輩亦悉皆愛賞士夫造其廬盡日笑談惜壽不永二十三歲而卒葬南關外好事者春遊必攜酒奠其墓至今率以為常

小玉梅

姓劉氏獨步江浙其女匾匾姿格嬌冶資性聰明雜劇能迭生按之號小技後嫁末泥安太平常鬱鬱而卒有女寶寶亦喚小枝梅藝則不逮其母云

楊買奴

楊駒兒之女也美姿容善謳唱公卿士夫翕然加愛性嗜酒後嫁樂人查查鬼張四為妻憔悴而死買奴嘗以髻挽青螺裙拖白帶之句譏之蓋以其有白

滯疾也

張玉蓮

人多呼爲張四媽舊曲其音不傳者皆能尋腔依調唱之絲竹咸精摴博盡解笑談亹亹文雅彬彬南北令詞鄭脣成賦審音知律時無比焉往來其門率富貴公子積家豐厚喜延款士夫復揮金如土無少暫惜愛林經歷嘗以側室置之後再占樂籍班彥功與之甚狎班司儒秩滿北上張作小詞折桂令贈之末句朝夕思君淚點成斑亦自可喜又有一聯云側

耳聽門前過馬和淚看簾外飛花尤爲膾炙人口有女倩嬌粉兒數人皆藝殊絕後以從良散去余近年見之崑山年餘六十矣兩鬢如黧容色尚潤風流談謔不減少年時也

趙眞眞

馮蠻子之妻也善雜劇有絕聲之譽其女西夏秀嫁江閫甫亦得名淮浙間江西文墨通史鑑教坊流輩咸不逮焉

李嬌兒

王德名妻也姿容姝麗意度閑雅時人號爲小天然花旦雜劇特妙江浙駙馬丞相常眷之李生辰相君致賀禮遇公燕則遺以馬腰截至今歌館以爲盛事

張奔兒

李牛子之妻也姿容丰格妙於一時善花旦雜劇時人目奔兒爲溫柔旦李嬌兒爲風流旦

龍樓景丹墀秀

皆金門高之女也俱有姿色專工南戲龍則梁塵暗遶丹則驪珠宛轉後有芙蓉秀者婺州人戲曲小人

不在二美之下且能雜劇尤爲出類拔萃云

賽天香

李魚頭之妻也善歌舞美風度性嗜潔玉骨冰肌纖塵不染無錫倪元鎮有潔病亦甚愛之則其人可知矣

翠荷秀

姓李氏雜劇爲當時所推自維揚來雲間石萬戶置之別館石沒李誓不他適終日却掃焚香誦經石之子雲壑萬戶孫伯玉萬戶歲時往拜之余見其年已

七旬鬢髮如雪兩手指甲皆長尺餘焉

趙偷哥

張有才之妻也美姿色善歌舞名雖高而壽不永張繼娶和當當雖貌不揚而藝甚絕在京師曾接司燕奴排場由是江湖馳名老而歌調高如貫珠其女鸞童能傳母之技云

陳婆惜

善彈唱聲遏行雲然貌微陋而談笑風生應對如響省憲大官皆愛重之在弦索中能彈唱韃靼曲者南北十人而已女觀音奴亦得其彷彿不能造其妙也

汪憐憐

湖州角妓美姿容善雜劇涅古伯經歷甚屬意焉汪曰若不棄寒微當以側室處我涅遂備禮納之克盡婦道人無間言數年涅沒汪髡髮爲尼公卿士夫多訪之汪汨其形以絕衆之狂念而終身焉

米里哈

回回旦色歌喉清宛妙入神品貌雖不揚而專工貼旦雜劇余曾識之名不虛得也

顧山山

行第四人以顧四姐呼之本良家子因父而俱失身資性明慧技藝絕倫始嫁樂人李小大李沒華亭縣長哈剌不花置于側室凡十二年後復居樂籍至今老于松江而花旦雜劇猶少年時體態後輩且蒙其指教人多稱賞之

李芝儀

維揚名妓也工小唱尤善慢詞王繼學中丞甚愛之贈以詩序余記其一聯云善和坊裏驊騮構出繡花

來錢塘江邊燕子銜將春色去又有塞鴻秋四闋至今歌館尤傳之喬夢符亦贈以詩詞甚富女童童善雜劇間來松江後歸維揚次女多嬌尤聰慧今留京口

李真童

張奔兒之女也十餘歲即名動江浙色藝無比舉止溫雅語不傷氣綽有閨閣風致達天山檢校浙省一見遂屬意焉周旋三歲一作載達秩滿赴都且約以明年相會李遂爲女道士杜門謝客日以焚誦爲事至

鄭達授諸暨州同知而來備禮取之後達沒復爲道
士節行愈勵云

真鳳歌

山東名妓也善小唱彭庭堅爲沂州同知確守不亂
真恃以機辯圓轉欲求好於彭一日大雪彭會客深
夜方散真托以天寒不回而造彭室彭竟不辭後遂
甚密

大都秀

姓張氏其夫張七乘名黃子醋善雜劇其外脚供過

亦妙

喜溫柔

曾九之妻也姿色端麗而舉止溫柔淮浙馳名老而
丞寓江西亦有喜溫柔姓孫氏其藝則不逮焉

金鸞兒

山東名妹也美姿色善談笑搊箏合唱鮮有其比賈
伯堅任山東僉憲一見屬意焉與之甚昵後除西臺
御史不能忘情作醉高歌紅繡鞋曲以寄之曰樂心
兒比目連枝肯意兒新婚燕爾畫船開拋閃的人獨
自遙望關西店兒黃河水流不盡心事中條山隔不
斷相思常記得夜深沉人靜悄自來時來時節三四
句話去時節一篇詩記在人心窩兒裏直到死也是
臺端知之被劾而去至今山東以爲美談

一分兒

姓王氏京師角妓也歌舞絕倫聰慧無比一日丁指
揮會才人劉士昌程繼善等於江鄉園小飲王氏佐
樽時有小姬歌菊花會南呂曲云紅葉落火龍褪甲
青松枯怪蟒張牙丁曰此亢醉東風首句也王氏可

足成之王應聲曰紅葉落火龍褪甲青松枯怪蟒張
牙可詠題堪描畫喜觥籌席上交雜答剌蘇頻斟入
禮廝麻不醉呵休扶上馬一座歎賞由是聲價愈重
焉

般般醜

姓馬字素卿善詞翰達音律馳名江湘間時有劉廷
信者南臺御史劉廷翰之族弟俗呼曰黑劉五落魄
不羈工於笑談天性聰慧至於詞章信口成句而街
市俚近之談變用新奇能道人所不能道者與馬氏

名相聞而未識一日相遇於道偕行者曰二人請相見曰此劉五舍也此即馬般般醜也見畢劉熟視之曰名不虛得馬氏含笑而去自是往來甚密所賦樂章極多至今爲人傳誦

劉婆惜

樂人李四之妻也江右與楊春秀同時頗通文墨滑稽歌舞迥出其流時貴多重之先與撫州常推官之子三舍者交好苦其夫間阻一日偕宵遁事覺決杖劉負愧將之廣海居焉道經贛州時有全普菴撒里

字子仁由禮部尚書值天下多故選用除贛州監郡平昔守官清廉文章政事敢歷臺省但未免耽於花酒每日公餘即與士夫酣歌賦詩帽上常喜簪花否則或果或葉亦簪一枝一日劉之廣海過贛謁全公全曰刑餘之婦無足與也劉謂閽者曰妾欲之廣海誓不復還久聞尚書清譽獲一見而逝死無憾也全哀其志而與進焉時賓朋滿座全帽上簪青梅一枝行酒全口占清江引曲云青青子兒枝上結令賓朋續之衆未有對者劉斂衽進前曰能容妾一辭乎全曰可劉應聲曰青青子兒枝上結引惹人攀折其中全子仁就裏滋味別只爲你酸留意兒難棄舍全大稱賞由是顧寵無間納爲側室後兵興全死節劉克守婦道善終於家

小春宴

姓張氏自武昌來浙西天性聰慧記性最高勾闌中作場常寫其名目貼於四周遭梁上任看官選揀需索近世廣記者少有其比

孫秀秀

都下小旦色也名公巨卿多愛重之京師諺曰人間孫秀秀天上鬼婆婆

事事宜

姓劉氏姿色歌舞悉妙其夫玳瑁斂其叔象牛頭皆副淨色浙西馳名

簾前秀

末泥任國恩之妻也雜劇甚妙武昌湖南等處多敬愛之

燕山景

用眼睛光妻也夫婦樂藝皆妙

燕山秀

姓李氏其夫馬二名黒駒頭朱簾秀之高第旦末雙全雜劇無比

荊堅堅

善唱工於花旦雜劇人呼爲小順時秀

孔千金

善撥阮能曼詞獨步於時其兒婦王心奇善花旦雜劇尤妙

李定奴

歌喉宛轉善雜劇勾闌中曾唱八聲甘州喝采八聲其夫帽兒王雜劇亦妙凡妓以墨點破其面者爲花旦

羅春伯閙兒錄載諫了翁趙蔡奴像曰覩今盛時風塵中人物尚如此嗚呼盛哉余於青樓集不能無感云爾至正丙午夏五月郡人夏邦彥書于鳳月樓中

小名錄

唐　陸龜蒙

娥姁

漢呂后名娥姁

戌兒

武帝即位尊太后母戌兒爲平原君

太孫

成帝名驁元帝之子以宣帝之世生於甲觀畫堂號曰世嫡皇孫皇帝愛之因曰太孫常置左右

犬子

司馬相如字長卿母少字之曰犬子長好讀書學擊劍慕藺相如乃更名

童烏

揚雄之子小字童烏九歲與子雲論玄

匡鼎

匡衡字稚圭少勤學家貧邑有大姓文不識家富積籍衡乃爲客作而不求直主人怪問衡曰願得主人書徧觀之主人感嘆遂給書衡能說詩時人語曰無說詩匡鼎來匡說詩解人頤鼎衡小字也其見服如此

緹縈

齊太倉令淳于公有罪當刑以無子爲嘆少女緹縈感激上書願沒入官婢以贖父刑天子憐其意爲除肉刑改定律令

陳持弓

成帝元始中有渭城小女陳持弓年九歲走入城門入未央宮內尚方掖庭殿門門者莫見至鉤盾禁中乃覺

阿嬌

初武帝爲太子時長公主欲以女配帝帝尚小長公主指女問帝曰得阿嬌好不帝曰若得阿嬌作婦當以金屋貯之公主大喜乃以配帝是曰陳后阿嬌小字也

劉秀

東漢世祖諱秀字文叔初南頓君爲濟陽令而世祖生是歲嘉禾生縣界大熟因名秀按此即小名也當時尚質長遂不復

耳故讖言劉秀作天子于是世祖亦自負焉

聖通

皇后郭氏眞定人父昌眞定恭王以女妻昌昌早終其妻號曰郭主好禮節儉以王女之富手常操作女曰聖通有寵生皇子彊況以爲城門校尉封綿曼侯況皇后弟也賞賜甚厚京師號爲金穴

班昭

班昭字惠姬曹世叔妻彪之女也大家集云父爲陳留長大家隨至作東征賦

阿瞞

魏武帝曹操字孟德一小名阿瞞故有曹瞞傳南陽許攸字子遠少與袁紹及太祖善官渡之役攸諫紹勿與太祖爭紹不從乃往詣太祖紹破走及後得冀州攸有功焉攸恃勳勞時與太祖相戲每在座席不自限至呼太祖小字曰阿瞞卿不得我不得冀州太祖笑曰汝言是也

女王

文德郭皇后少淸慧父永奇之曰吾此女女中王遂以女王爲字早失二親遭難流離在銅鞮侯家太祖爲魏公時得入東宮文帝所愛

薛靈芸

美人姓薛名靈芸靈芸年十七容貌絕世時文帝選良家子以入六宮靈芸別父母升車以玉唾壺承淚壺皆紅色帝遣文車十乘以迎靈芸芸去京十里帝乘雕玉之輦以望車徒之盛嗟曰昔言朝爲行雲暮爲行雨今非雲非雨非朝非暮因易名爲夜來夜來妙於針工非夜來我則帝不服也宮中號爲針神

小同

關內侯鄭小同玄之孫也玄別傳曰玄有子爲孔融吏舉孝廉融之被圍往赴爲賊害有遺腹子以丁卯月生而玄以丁卯歲生命之曰小同長遂名焉

萬億

李通字文達江夏平春人也小字萬億勇冠三軍爲太祖所知卒謚剛侯

寇奴

臧霸字宣高泰山人也聞黃巾起霸從陶謙擊破之

拜騎都尉遂收兵於青徐間與孫觀吳敦尹禮並聚衆霸以兵助呂布布敗歸太祖太祖善之霸一名寇奴孫觀名嬰子吳敦名黯奴尹禮名盧兒觀官至青州刺史從征孫權爲矢貫足力戰不顧

曹黯

曹爽之專政也其黨何晏鄧颺丁謐爽敬之言無不從於時謗書牓臺中三狗二狗崖柴不可當一狗憑黯作狙囊三狗謂何鄧丁黯爽小字其意言三狗皆欲齧人者

紡績

孫權末臨海羅陽縣有神自稱王表（羅陽今之安國）周旋民間言語飲食與人無異然不見其形有一婢名紡績權遣中書郎李崇齎輔國將軍羅陽王印綬迎表表隨崇俱出所歷山川遣紡績與神相聞崇與表至權立第舍于蒼龍門外數使近臣齎酒往表問水旱小事往往有中

彭祖

後主孫皓字元宗一名彭祖字皓宗或云彭祖小字也

阿斗

蜀後主禪小字阿斗孟達與劉封書曰自立阿斗以來可爲寒心

南風

晉愍太子名遹字熙祖惠帝長子娉王衍小女字惠風其將廢也有童謡曰南風烈烈吹白沙南望魯國鬱嵬峩千歲髑髏上齒牙南風賈后小字也白晉行沙門太子小字魯賈謐國言太子遭賈后與謐相危之酷也

桃符

齊獻王攸字猷少岐嶷及長清和平易親賢好施愛經籍能屬文善尺牘世推才望出武帝之右景帝無子命立爲嗣及帝崩攸年十歲哀動左右武帝踐阼臨朝時病創攸總統軍事撫寧內外莫不景附焉初獻王寵攸每見輒撫床呼其小字曰此桃符座幾爲太子者數矣（文明太后將崩謂武帝曰桃符性急汝宜慈之矣）

齊奴

石崇字季倫勃海清河人苞之子生于青州故小字齊奴苞六男崇是小子苞臨終分諸子財獨不及崇其母爲之言苞曰此兒雖小大能自得拜黃門累遷荊州刺史崇有愛婢名翔風魏末於胡市買得年始十歲至二十遂有容色妙别玉聲觀寶色石氏之富瑰寶皆殊方異國所得莫辨其處翔風别之皆出入地崇寵麗者數千翔風以文詞擅愛綠珠弟子宋褘國色善吹簫後入秦明帝宮中

阿童

王濬字士治弘農人也小字阿童爲益州刺史時吳中有童謠曰阿童復阿童銜刀浮渡江不畏岸上虎但畏水中龍羊祜聞之乃表濬監益州加龍驤將軍竟平吳謠言應矣

婉淑

賈充字公閭娶李氏名婉淑生二女一曰褒裕二曰荃裕李氏父豐被誅李坐流徙充復娶陽城太守郭配女槐妬忌甚李氏會赦得還帝特詔充置左右夫人充謙不敢當其實畏槐也

銅環

瑯琊恭王覲妃小字銅環生元帝先有讖云銅馬入海建業期後元帝果興於江左

阿戎

王戎字濬冲瑯琊臨沂人祖雄父渾阮籍素與渾友年十五在郎舍籍毎過渾俄傾輒去過視戎良久方出謂渾曰濬冲清儁非卿比與卿言不如共阿戎談士季目王安豐曰阿戎阿戎解人語

遥集

阮咸字仲容性任誕不拘小節私姑家之鮮婢姑臨居初云留後乃携去咸時居喪聞之借客驢追之與騎而返獲譏與世廢棄者久之及孚之生也其姑取王延壽魯靈光殿賦語曰胡遥集于上楹乃字曰遥集仲容毎嘆曰我雖失三公然得遥集

阿大中郎

王凝之妻謝氏道韞安西將軍奕之女也初適凝之還甚不悅叔父安曰王郎逸少子不惡汝何恨耶荅曰一門叔父則有阿大中郎群從兄弟復有封胡遏

末（封胡遏末謝玄輩四小字）不意天壤之中乃有王郎

謝遏

謝公因諸子集聚問毛詩何句最佳遏稱曰昔我往矣楊柳依依今我來思雨雪霏霏公曰訏謨定命遠猷辰告此句偏有騷人深致（遏玄小字）遏年少時好着紫羅香囊垂覆手叔父患之而不欲傷其意乃譎與棋賭得乃燒之

謝虎子

桓宣武作徐州時謝奕爲晉陵先桓經虔懷而無異常及桓遷荆州時面晤之間意氣甚篤奕弗之疑唯謝虎子（據小字奕之弟）婦王（據取太原王韜女名綏）悟其旨曰每曰桓荆州用意殊異必與晉陵俱西矣俄而引奕爲司馬奕在溫座席岸幘嘯詠宣武曰我方外司馬

買得郎

桓沖字幼子彝之子溫諸弟中最淹識有武幹溫甚器之初彝亡弟兄並小家貧母患須羊以解無由得之溫乃以沖爲質羊主甚富言欲爲質幸爲養買得郎（沖小字）及沖爲江州出射羊主於射堂邊看沖識之曰買得也遂厚報之沖性儉素常浴後其妻送以新衣沖怒促持去其妻曰衣不經新何緣得故沖笑而服之

靈寶

桓玄字敬道一字名靈寶玄南郡被召作洗馬泊船荻渚王大（王大忱小字也）服散已小醉往看桓玄爲設酒（或云忱字佛大）王大能飲顧左右令溫酒來玄以手巾掩淚王求去因謂王曰犯我家諱何預卿事王歎曰靈寶故自達（語林曰玄未立忌日北號時其達而不拘皆此類也）桓循少爲玄所侮每言論常鄙薄之循深以爲憾及玄將墓循請於母庾夫人計襲玄庾曰靈寶視我爲骨肉恐相圖耶循乃止（循小字阿匡）

盤龍

劉毅字希樂彭城人破桓玄以功授都督淮南五郡軍事豫州刺史封南平郡開國公都督宣城軍事初桓玄在南州起齋悉書盤龍號盤龍齋毅小字盤龍至是居焉

桓鎮惡

桓石虔小字鎮惡豁之子有材幹趫捷絕倫從父在荊州於獵圍中有猛獸被箭而伏諸督將素知其勇戲令拔箭石虔亦跳高於獸獸伏復拔一箭以歸有患瘧者呼石虔來疾者多愈

期生

褚爽字茂弘河南人太傅裒之孫祕書監歆之子太傅謝安見其少嘆曰若期生爽小字不佳我不復論事長果俊邁有風氣

阿大

王忱字元達坦之子王恭隨父蘊在會稽王大忱小字都來拜墓恭暫往墓下看之二人素善遂十餘日方還父問何故多日對曰與阿大語蟬連不得歸

又

司馬太傅爲二王題目曰孝伯亭亭直上阿大羅羅清疎

佛大

王衍嘗爲天下士題目曰阿平第一王澄小字庾家阿恭庾敳第二處仲得第三王敦王孝伯恭字問王大曰阮籍何如司馬相如王大曰阮籍胸中壘塊故須酒燒之王佛大笑曰三日不飲酒便覺形神不復相親

赤玉

庾統字長仁衛將軍懌之子也少有令名仕至尋陽太守簡文目庾赤玉省率除理謝仁祖常云庾赤玉胸中無宿物統小字赤玉

嘉賓阿源

郗超小字嘉賓少有才氣越世遺俗常檢語曰大才槃槃謝家安盛德日新郗嘉賓桓公聞之向佛大歎譽曰嘉賓阿源殷浩字巨源小字阿源有德有言向使作令僕足以儀刑百揆朝廷用違其才耳

袁虎

郗嘉賓書與袁虎寵小字戴安道謝居士云恒任之風當有所引耳以無常以此激之

阿林

王臨之字仲產僕射彪之子位至東城太守王右軍曰我家阿林臨之小字情章太出

阿乞

郗恢字道胤小字阿乞王子猷詣郗雍州郗在內見有氍毹云阿乞那得物勅左右送還家郗出覔之曰向有大力者負之而趨郗無怍色

阿齡

王胡之子循齡清約以風操自居才器率衆舉有秀悟小字阿齡謝太傅語劉長卿曰阿齡於此事欲太厲劉曰亦名士之高操者也

阿興

王蘊恭之父也小字阿興世稱荀子秀出阿興清和

僧珍法獲

王珣字元琳小字法獲一云阿苽王珉字季琰小字僧珍並有才藝時人語曰僧珍難爲兄法獲難爲弟

小虎

吳步夫人生二女長曰魯班字虎少曰魯育字小虎

怪名造字

孫休字子烈權第六子即位立子𩅦爲太子乃下詔曰人之有名以相紀別長爲作字憚其名矣禮名子欲令難犯易避今爲四方作名字太子名𩅦音如湖水灣之灣字闟音如迅令之迅次名庛音如兕覩之兕字𩑶音如價首之價次名壾音如草莽之莽字盄音如舉物之舉次名音如褒寬大之褒字焚音如摧特有所之待此都不與世所用同故鈔舊文今造此字既不相配又字但一庶易避也普告天下咸使聞知此名之奇雅故附于此

朝姝麗居潔華洛寶

孫亮字子明權少子權薨即尊號亮有愛姬四人皆振古絕倫一名朝姝二名麗居三名潔華四名洛寶又作綠琉璃屏風甚薄而徹每月下清夜舒之使四姬坐屏風內而外望之如無隔唯氣不通耳爲四姬合四氣香皆異國所出香氣在衣歷年彌盛百濯不歇因名百濯香

阿螭

王恬字敬豫小字阿螭少好武不爲文公所重丞相每見長豫悅字則喜見敬豫則瞋阿螭甚爲中興第一

謝公嘗與謝萬其出西過吳阿欲相與萃王恬所恬時爲吳郡太傅曰恐汝不必酬汝意不足爾萬猶若要太傅堅不迴萬獨往坐少時王便入內謝殊有忻色以

爲厚待巳良久乃沐頭散髮而出亦不坐仍據胡床
在中庭晒頭神氣傲邁無相酬對意甚於是乃還未
至船乃逆太傅曰阿螭不作壁

虎犍虎犢

王彭之字安壽小字虎犍彪之字叔武小字虎犢皆
彬之子彪之年二十鬢皓白時人號爲王白鬚爲會
稽內史豪右斂手

又

王右軍在南丞相與書每嘆子姪不令云虎犍虎犢
還其所知

圖客

庾翼字稚恭爲荊州臨終自表以子圖客庾爰之字仲真小字
自代朝廷慮其不從命未知所爲乃共議桓溫劉惔
曰使伊去必能克定荊州恐不可復王後果如惔言

桓王

桓伊字叔夏譙國銍人伊少有才藝善音律有柯亭
笛常自吹之一日王徽之赴召京師泊舟於青溪側
舊素不與徽之相識伊於岸上過船中客稱伊小字
曰桓王也徽之使人謂伊曰聞君善吹笛試爲我一
奏伊時貴顯素聞徽之名便下車踞胡床作三調弄
上車便去主客不交一言一云字子野也

豹奴 崔附

桓嗣字恭祖沖之子也小字豹奴人或謂之桓豹奴
是王丹陽王混外甥形似其舅桓甚諱之宣武云不恒
似時似耳或謂恒似是形時似是神桓愈不悅
桓允素輕桓崖桓修小字家在京下有好桃玄連就之遂
得佳者玄與殷仲文書曰德之休明肅愼貢其楛矢

如其不爾籬壁間物亦不可得

胡奴

陶範字道則侃第十九子諸子中最知名王修齡嘗
在東甚貧乏陶胡奴範小字爲烏程令送一船米遺之
卻不肯取直答語王修齡若饑自當就謝仁祖索不
須陶

盧奴

江敳字仲愷濟陽人父彪僕射敳歷黃門侍郎御驃
騎諮議王恭請盧奴敳小字爲長史晨往詣江江猶在

帳中王坐不敢即言良久乃得及江不應直呼人取酒自飲一椀又不與王王乃笑而去

棘奴

後趙石季龍殺勒子弘僭位大饗羣臣於太武殿佛圖澄吟曰殿乎殿乎棘子成林將壞人衣季龍令發殿石下視之有棘生焉諸石後爲冉閔滅畧盡閔小字棘奴

阿鐵

石季龍立子邃爲太子邃字大淵少而雄慧帝深愛之及爲嗣每顧左右曰馬家父子兄弟自爲殘滅者其不然吾豈有今日如我當有殺阿鐵理乎鐵邃小字

白瓜

涼天水太守史稷暴疾而死五旬乃書云見涼光豐中皆生白瓜至秦使梁熙至熙小字白瓜

長生桐推

西涼武昭王李暠小字長生後立歆字士業玄盛夢爲涼公領涼州牧代沮渠爲蒙遜所殺又燉煌父老令狐熾家見白頭翁衣袷謠曰南風動吹長木胡桐推木中轂言訖不見士業小字桐推三王是乃亡

鳳凰惡奴

前燕慕容沖小字鳳凰後燕慕容農小字惡奴

寄奴

宋高祖劉裕字德輿小字寄奴

車兵

少帝義符小字車兵武帝長子

車兒

文帝名義隆小字車兒武帝第三子

道民

孝帝武駿字休龍小字道民文帝第三子

法師

前廢帝子業小字法師孝武長子殘忍無道湘東王彧廢之

榮期

明帝彧字休炳小字榮期文帝第十一子

慧震

後廢帝昱字德融小字慧震明帝長子

智觀

順帝准字仲謀小字智觀

道隣

廣陵王義眞字車士爲揚州刺史太后謂帝曰道隣汝布衣時兄弟宜用爲揚州上曰寄奴爲道隣豈有所惜但揚州根本所寄事務至多非道隣所了太后曰道隣年出五十不如汝十歲兒也上曰車士雖爲刺史事無大小皆由寄奴道隣年長不親其事則於聽不足太后默然

王駒

王褕小字駒晉尚書僕射江右冠族子綏亦有重名

劉道民

劉穆之字道和小字道民高祖初尅京城謂何無忌曰急須得一府主簿如何何無忌曰無過劉道民也

何秀

劉秀之小字何秀瑀族叔秀之爲丹陽尹瑀與親故書曰吾家黑面何秀遂居劉安衆處朝廷不爲多士

王鎭惡

王鎭惡祖猛父休五月五日生家以俗忌欲以出繼疎宗猛見曰此非常兒昔孟嘗君以五月五日生而將興吾門矣遂用爲嗣鎭惡後封博陵侯進號征將軍

向稱

向靖小名稱與高祖諱同改稱小字今傳稱向稱是也

阿壽

劉敬宣爲青州都督諸葛長民招以同叛敬宣遂遣使呈高祖曰阿壽敬宣小字正謂不負我也

道兒

謝述與劉湛爲異常之交湛美其有風度謂人曰我見謝道兒未嘗足道兒述小字

客兒

謝靈運小字客兒初錢塘杜明師夜夢東南有人來入館是夕即靈運生于會稽旬日而謝玄亡其家以子難得遂送靈運于杜治養之十五方還都故名曰

客兒

虎頭

始興王濬字休明將產之夕有鵩鳥鳴于屋上巫蠱事發上以潘淑日妃太子圖貴富更是一理虎頭濬小字也復如此非思慮所及汝母子豈可一日無我也皆賜死

阿遠

謝弘微父母思武昌太守從叔峻無子峻以弘微爲嗣本名密犯所係內諱故以字稱與族子靈運瞻曜並以文義賞會居烏衣巷同遊叔父混敬賞之嘗目阿遠瞻小字剛而負氣阿客博而無檢曜奴才而眛操篤善不同設後功濟三子終亦以此爲恨徽子吾無間然

班虎

劉湛字弘仁小字班虎殷景仁與湛俱爲太守經遇初相欵洽後漸猜隙義康專權而湛昔爲上佐以舊情自結傾黜景仁義康盡屬湛諸人附欵無復至殷氏門湛黨劉敬文父成未睹其機詣景仁求郡敬文遽往謝湛曰老父悖耄遂就殷鐵求郡有負生成闔門慚懼其姦諂如此阿鐵景仁小字

范博

范曄字蔚宗父泰母如廁產之額爲博所傷故小字博

女生

曾爽小字女生祖宗之南陽郡公宗之子軌一名象齒即爽之父也

劉胡

劉南陽涅陽人本字柪胡以其顏面柪黑似胡及長乃單爲胡出牙郡將捉口善處分稍至隊主蠻甚畏之小兒啼怖之曰劉胡來便止

阿舒

陶潛字元亮一字淵明集載責子詩云白髮被兩鬢肌膚不復實雖有五男兒初不好紙筆阿舒已十二懶惰故無匹阿宣行志學而不好文述雍端年十三不識九與七通子垂六齡但覓梨與栗天運苟如此且進杯中物又載與儼等疏云告儼俟份修等云云

又有命子詩云三千之罪後嗣及成念呱呱聞爾泣下嘉日占亦良將名爾曰皦字曰求思按此皦卽阿舒也

鮑令暉

鮑照字明遠妹字令暉亦才思亞於明遠著香茗賦集行於世

鬪將　龍兒

齊高帝名道成字紹伯小字鬪將世祖皇帝賾字宣遠太祖長子生於建康青溪宅其夕陳孝后劉昭后同夢龍據因小字曰龍兒初高祖在府夢着屐上太極殿三人從一人武帝一人明帝一人張天地圖而不識意言是梁太祖子弟及踐祚常與梁太祖晏語曰我辛若得天下而祚不傳孫我死龍子當得 龍兒 也龍子死當屬阿度 玄度 也此後當還卿子

法身

鬱林王昭業字文尚文惠太子長子小字法身文惠薨立爲皇太孫美容止好隸書世祖勑皇孫手書不得妄出意貴重之嘗呼爲法身坐之重幄別撫問卽位不君以罪廢

玄度

高宗明皇帝鸞字栖景始安王道生子小字玄度自宣城王卽位

白澤

文惠太子長懋字雲喬世祖長子小字白澤

阿答

前湘州刺史王蘊太后兄弟有膽力以父楷名宦不達將欲自奮每撫劍曰龍泉太阿汝知我者叔父景文曰阿答滅我門戶蘊答曰與童烏貴賤覺異童烏景文子絢小字阿答蘊小字後與劉康玄粲謀反死

崑崙

王琨祖薈 音衛 將軍父懌不慧初不爲娶家以婢侍之生琨遂名崑崙懌後娶南陽樂玄女無子改名琨立以爲嗣性淸愼官至侍中

白象

長沙威王晃宣明太祖第四子有武力太祖愛子臨崩以晃屬世祖晃愛武飾鞠罪徐州私載數百人犯

還都爲禁司所覺棄之江氷世祖大怒豫章王嶷啣前稽首涕泣曰晃罪誠不足宥陛下當憶先朝念白象上亦垂泣舍之白象晃小字

阿五

武陵昭王曄字宣照太祖第五子母羅氏以罪誅曄見愛世祖即位曄數以言語忤旨世祖嘗幸豫章王嶷東田晏諸長王獨不召曄嶷曰風景殊美今日甚憶武陵上乃令呼之曄善射屢發命中顧四座曰手如何上神色甚怪嶷曰阿五常日不爾今日可謂仰

藉天威帝意乃釋阿五曄小字

玉兒

東昏侯潘淑妃小字玉兒帝爲潘起神仙永壽玉殿爲蓮花貼地上令潘妃行曰步步生蓮花常市琥珀釵一隻直百七十萬

阿稱

劉瓛字子珪沛郡相人晉丹陽尹恢六世孫少篤學博通五經聚徒教授常有數千性至孝祖母病疽經年手持膏藥漬指皆爛孔氏甚嚴明謂所親曰阿稱瓛小字便是今世曾也諡貞簡先生

張梨

張冲字思約吳人冲出繼伯父景徹景徹字槿父邵小字梨宋文帝戲景徹曰槿何如梨徹答曰梨是百果之宗槿何敢及

狗兒

張敬兒南陽冠軍人也父醜爲郡將毋常在田捃拾困極乃臥于瀆間夢有物如犬子頭有角䑛之因感而有娠故小字狗兒宋明帝以其名鄙改焉年少便

馬有膽氣好射虎發無不中累以軍功爲南陽守

蠻奴

巴東王子響爲荊州刺史直閤將軍董蠻奴粗有氣力子響要與同行蠻奴曰殿下癲如雷敢相隨乎子響笑曰君敢出此言亦復奇癲上聞而不悅曰人名蠻奴復何容得蘊藉乃改名仲舒

練兒

梁武帝衍字叔達小字練兒

六通

簡文帝諱綱字世讚高祖第三子小字六通

七符

元帝諱繹字世誠高祖第七子小字七符

法真

敬王方智字惠相世祖第九子小字法真

維摩迦葉

昭明太子統字德施高祖長子母曰丁貴嬪小字維摩蕭淵字靖藝少立名行志操清潔善屬文好古體詩高祖每曰子弟並如迦葉吾復何憂累遷尚書左

僕射小字迦葉統

仙婢

馬仙琕字靈馥小名仙婢長乃改名仙琕善爲將與士卒同勞苦居無帷幕衾屏與厮養最下者同

東里西華南容北叟

任昉字彥升樂安人文章之美冠絕一時官至太常昉有四子東里西華南容北叟俱小名竝無術墜其家業劉孝標見昉諸子流離不能自振平生舊交莫有收卹者西華冬月著葛帔練裙路逢峻峻惕然矜之乃廣朱公叔絕交論劉溉見其論抵几於地終身爲恨

申子

郗中禮小字申子故庾信哀江南賦云申子奮發勇氣咆哮實悠元戎身先士卒

養矩

謝覽弟舉與王筠王泰俱有令名時人爲之語曰王有養矩謝有覽舉養矩筠泰小字也

阿士

劉孝綽字孝綽幼聰敏能屬文舅王融深賞異之每言曰天下文章若無我當歸阿士阿士綽小字也

大善

羊侃字祖忻少瑰偉身長七尺八寸愛文雅博涉書記闊弓至十石嘗於兗州堯廟墻直上至五尋橫行七迹性豪侈善音律自造採蓮歌甚有新致姬妾列侍窮極侈靡有彈箏人名大善着鹿角爪長七寸舞人張靜琬腰圍一尺六寸時人咸推能掌上舞又有孫景玉能反腰帖地銜得席上玉簪大同中魏使楊

裴同晏賓客三百餘人皆食金寶器奏三部女樂至
夕侍女百餘人皆執金花燭偘不飲酒而好賓遊終
日獻酬同其醒醉

法生

陳高祖霸先字典國小字法生

藥王

廢帝伯宗字奉業小字藥王世祖長子也

師利

宣帝頊字紹世小字師利始興王第二子

黄奴

後祖叔寶字元秀小字黄奴宣帝長子

僧悦

徐陵字孝穆摘之子幼聰敏善屬文爲兒時沙門寶
誌見之驚曰天上麒麟何因至此小字僧悦

任蠻奴

任忠字奉誠小字蠻奴汝陰人少孤微不爲鄉里所
重及長譎詭多計後累以戰功進鎮南將軍

黄頭

游雅字伯度小字黄頭廣平任人也太武時與渤海
高允俱知名徵拜中書博士

侍兒小名錄

宋　洪遂

延娟延娛

周昭王二十四年東甌獻二女一曰延娟一曰延娛此二人辯口麗辭巧善歌笑步塵無跡行日中無影及昭王遊于漢水二女與王乘舟夾擁王身同溺於水故江漢之人到今思之立祠於江湄數十年間人於江漢之上猶見王與二女乘舟戲於水際

旋娟提謨

燕昭王二年廣延國獻舞者二人一名旋娟一名提

謨並玉質凝膚體輕氣馥綽約而窈窕絕古無倫其舞一名縈塵次曰集羽末曰旋懷昭王知其神異處於崇霞之臺王好神仙之術玄天之女託形作此昭王之末莫知所在

朝姝麗居洛珠潔華

孫亮作琉璃屏風甚薄而瑩徹每於月下清夜舒之常與愛姬四人皆振古絕色一名朝姝二名麗居三名洛珠四名潔華使四人坐屏風內而外望之了如無隔惟香氣不通於外爲四人合四氣香百濯不歇名曰百濯或以人名香每出皆同輿席以前後爲次所居室名爲思香媚寢

麗娟

漢武帝所幸宮人麗娟年十四玉膚柔輭吹氣如蘭娟身輕弱不欲衣纓拂之恐傷爲痕每歌李延年和之於芝生殿旁唱迴風之曲庭中樹爲之翻落常致娟於琉璃帳恐垢污體也常以衣帶繫娟袂閉於重幕中恐隨風起娟以琥珀佩置衣中不使人知乃言

娟骨節自鳴相與爲神怪也

降仙

隋煬帝宮妃吳絳仙善畫長蛾眉帝甚憐之由是殯御皆倣此宮吏日供螺子黛五斛名蛾綠而進之帝每倚簾顧之移時不去

西施

越王句踐陰謀吳乃得國中苧蘿山鬻薪之女曰西施飾以羅縠教以容步三年使范蠡進於吳夫差大悅

蒻蘭

國初朝廷遣陶穀使江南以假書爲名實使覘之丞國李獻以書抵韓熙載曰五柳公驕甚其善待之穀至則果如李所言熙載謂所親曰陶秀實非端介者其守可隳當使諸君一笑因令宿歧曆六朝書半年乃畢熙載使歌姬秦蒻蘭衣弊衣爲驛卒女穀見之而喜遂犯愼獨之戒作長短句贈之明日中主燕客穀凜然不可犯中主持觥立使蒻蘭出歌續斷絃之曲侑觴穀大慙而罷詞名風光好詞因緣惡因緣奈

得郵亭一夜眠別神仙琵琶撥盡相思調知音少再把鸞膠續斷絃是何年

東玉

秦少游在蔡州與營妓婁琬字東玉者甚密贈之詞云小樓連苑横空又云玉佩丁東别後者是也又贈云天外一鉤横月帶三星謂心字也

玉環

楊貴妃小字玉環

秋娘

唐杜秋娘金陵女子也年十五爲浙西觀察使李錡妾嘗爲錡辭云勸君莫惜金縷衣勸君莫惜少年時有花堪折君須折莫待花殘空折枝長慶中裴航遊襄漢與樊夫人同舟樊贈詩云一飲瓊漿百感生玄霜擣盡見雲英藍橋便是神仙宅何必崎嶇上玉京航後經藍橋驛遇仙女雲英遂娶之後俱得仙

紀陵

袁眞在豫州遣女妓紀陵送諸郭馬三妓與桓宣武馬遂生桓南郡

衛小兒

霍去病父仲孺河東人以縣吏給事平陽侯家與侍女衛小兒私通生去病仲孺吏畢歸家娶婦生光因絶不相聞久之去病爲驃騎大將軍擊匈奴道出河東河東太守郊迎至平陽傳舍遣吏人仲孺趨入拜謁將軍迎拜因跪曰去病不早知爲大人遺體也仲孺叩頭曰老臣得託命將軍此天力也去病爲仲孺大買田宅奴婢而去

承福

晉賈后召愍懷太子入朝置于別室遣婢陳舜賜太子酒三升子辭而不能飲舜過之曰不孝也天賜汝酒而不飲中有惡物耶太子不得已強飲遂大醉又令小婢承福以紙筆授太子使書之曰陛下不自了吾當入了之字半不成后補成之呈帝廢太子

辟邪

孫緯韓非靈語責李中書曰建元元年六月余家婢辟邪夜寐如夢囈語半時云忽有一老公著黃練巾身短衣長甚自矜瞋目切齒云吾是刑名先生韓

非弟子李充日習吾業綜習吾書云云

鸚鵡

宋元凶劭姊東陽公主應閤婢王鸚鵡

瓊樹夜來尚衣巧笑

魏文帝宮中侍女所絕寵者有莫瓊樹薛夜來陳尚衣段巧笑四人

紫雲

崔紫雲兵部李尚書樂妓詞華清峭眉目端麗李公罷鎮北都爲尹東洛時方家妓盛列諸府有宴臺官不赴杜紫微時爲分司御史過公有宴故留南行一位待之爲訪諸妓併歸北行三重而坐宴將酣杜公輕騎而來連飲三觥顧北行回顧主人曰嘗聞有能篇詠紫雲者今日方知名不虛得儻垂一惠無以加焉諸妓皆回頭掩笑杜作詩曰華堂今日綺筵開誰召分司御史來忽發狂言驚滿座三重粉面一時回詩罷升車驊騮而歸李公尋以紫雲送贈之紫微臨行獻詩曰從來學得斐然詞不料霜臺御史知愁見便教隨命去戀恩腸斷出門時

碧玉

唐右司郎中馮翊喬知之有美妾曰碧玉知之爲之不昏武承嗣借以教諸姬遂留不還知之作綠珠怨詩以寄之碧玉赴井死承嗣得詩於裙帶大怒諷酷吏羅告族誅之

柳條

柳條女奴也成都米市橋僞蜀時有柳條家酒肆蓋當時皆以當壚者爲名柳條偶得患沉綿經歲俟死而已有一道士常來貰酒柳條每加勤奉乃詔所患

粒柳條初服一粒疾起能食再服能行終服充盛如
初

靜君

元公鎮南海日疽發於鬢氣息惙然忽有一少年道
士直來床前謂元曰本師知公病遣某將少膏藥來
可傳之元公寵姬號靜君收藥貼之至暮而愈失道
士所在

小東

小東長沙之妓女娛寵諳得幸於馬氏後因入爲郡

窮於京師里面人絕不知余憫其老詢長沙宮中事
則必南望泣涕而後言因爲作小東詩焉

寵姐

寵姐寧王愛姬王宴客妓妾皆在獨寵姐無得見者
李太白恃酒強之乃設七寶簾使寵姐隔簾而歌

楚賓

前南鄭尉李雲於長安求納一姬其母未許雲曰予
誓不婚乃許之號姬曰楚賓數年後姬卒卒後經歲
遂婚前南鄭沈氏及婚日雲淬於浄室見楚賓執一

貼藥末經前謂雲曰誓余不婚今又與沈家作婿無
物相奉贈君香一帖以資沐浴寫藥末入斛中以斂
攪水訖而去雲甚覺不安羸困不能出浴遂死肢體
如綿筋骨並散

鄭櫻桃

石季龍趫捷便弓馬勇冠當時勒深嘉之拜征一將
軍爲聘將軍郭榮妹爲妻季龍寵惑優僮鄭櫻桃而
殺郭氏更納清河崔氏女櫻桃又譖而殺之

雅娘

隋煬帝幸月觀宇宴覺蕭妃有說東宮時事適有小
黃門映薔薇叢調宮婢衣帶爲薔薇罥骨結笑聲吃吃
不止帝望見腰肢纖弱意爲寶兒而有私帝披單衣
長衫不帶急行擒之乃宮婢雅娘也

櫻桃

霍小玉命侍兒櫻桃褰幃執燭授李生筆硯又取珠
絡縫繡囊中出越姬烏絲欄素服以授生生素多才
思援筆成章

鮑十一娘

長安中有娼氏鮑十二娘故薛蒼駙馬家青衣也折務從良十餘年矣性便僻巧言語豪家戚里無不經過追風挾策推爲渠師

紅娘

崔氏鶯鶯婢曰紅娘嘗爲崔特將牋以授張生

申胡子

申胡子朔客李氏之蒼頭也李氏本亦世家子得祀江夏王廟吾與對舍於長安崇義里遂將衣質酒命余合飲氣熱杯闌因謂吾曰李長吉嘗徒能長調不

能作五言歌詩直強回筆端與陶謝詩勢相遠幾里吾請撰申胡子觱篥歌以五字斷句歌成朔客大喜擎觴起立命花娘出幕徘徊拜客稱善三弄於是以觱篥配聲與予爲壽

縞練

謝秀才有妾縞練改從於人秀才引留之不得後往感憶座人果詩嘲謝賀復繼四首

雷尚書

王丞相有幸妾姓雷頗預政事納賄蔡公謂之雷尚書

仙鶯

唐監察御史清河張佶侍兒仙鶯能歌舞解書翰嘗出使以仙鶯充使典有窃知者將發之佶鈎距多數竟得不發

麟書

宋　汪若海

太學生臣汪若海誠惶誠懼頓首頓首謹言臣於十二月二十五日從張叔夜幕中爲兵火所逼倉惶走艮嶽匿於神運石之下居一夕忽遇磐固侯謂臣曰吾居太湖鴟夷子去越時遺書一編屬吾祕之語甚異殆弗曉昨睹城中偈號暮夜亟鑽火取讀若爲今日計者幸上皇遇我素厚吾寧在人不有下邳老父之奇子其爲我獻之嗣君臣再拜曰唯唯臣歸而讀

之其引獸合事符應不失如光之與影臣竊論之麟書舉天下之獸而言之也論以一網則畢其議矣夫網獸之與見網於獸不可不察故曰事貴制人不貴見制於人然而用之匪道其道必隱此鴟夷子之所以祕之於磐固侯磐固侯之所以歸之於陛下也臣聞絃斷不可復續而西國有續絃之膠人死不可復起而神醫有起死之藥故黄石變化爲老父能與漢於未萌神運感槩山麟書欲存宋於已壞天授之意其實一也臣謹昧死再拜以聞

中山之山綿地千里東有茂林是爲東藪南有茂林是爲南藪西藪居旁北藪在後三百六十蹠實而走(中山謂王室，四藪謂四方，三百六十謂州郡。)麟實君之四靈之首猗哉唯麟元枵之精音中律呂步中規矩遊必擇土詳而後動履仁戴義禮修視明六合同歸天下太平(凡此謂祖宗)示武不用忽於守成(麟有角第示武不用，謂崇觀以來)威靈日降火德大虧(凡麟生於火遊於土，故修其母致其子)白狼鉤鷹鶩袁乾數歲星復合(歲星散爲麟)機星依迷(機星得其所則生)斷鰲立極(鰲四足之獸謂莲良獸)獸樽不施(晉書施白獸樽於道，能獻直言則發此樽)競執虎子(謂侯

在側)號禿角犀(謂不爲士)左右前後覆楂棠皮(無德而衣朱紫謂之麒麟，楂棠皮謂羊質之麋棠以虎皮)夫諸橫流天戒罔覺(夫諸之獸見則其邑必大水，謂京師不測大水至城下，李綱以起居舍人言災異反見罷去)閹競指鹿(謂宦者童貫用事)相不問牛(謂李相王黼領應奉司)狡容是用乃有攸攸(攸攸之獸見則其國多狡客，謂蔡攸輩)以燕伐燕猾褱是遊(猾音滑，褱音懷，猾褱之獸見則天下大徭役，謂取燕起免夫錢)唇亡齒寒(謂遼亡我及)蛇不食猴(蛇火也，猴金也，王在論衡曰火勝金，何以不食獼猴)一豬治燕首鼠兩頭(郭由化爲一豬，謂郭藥師守燕，乃投拜於敵)於是北藪之北崛有異獸射鹿以群殺人以(女真俗勇善能爲鹿鳴以呼群鹿而殺之食酋生肉飲糜酒醉或殺人不能辨其父母衆爲殺之

雙謂帝信令雠滅仇與麟格鬬謂敵與我共取遼終覆燕雲其詐如北雙雙
俱來公羊傳曰雙雙而俱至有三青獸爲一體名曰雙雙謂敵與黑水勃海俱來也孟極是
孟極之獸善伏謂敵用兵尤長於用伏初女真臣屬於契丹天祚歲求海東青於女真女真至爨男
女以供其求不勝其憤遂舉兵背契丹契丹興師誅之女真盡徙其部落至千里無人煙契丹深入糧食
乏絕女真乃出伏攻之盡走契丹其後女真反深入契丹契丹悉國之師以禦之女真復由間道陷契丹
之師爲二大賊契丹海東青契丹蘆果以濟天聰也謀我山北左衽是守去聲謂敵
謂敵河北我有孽狐素毘粹白謂主和棄地之臣鉛刀一割將無
我宅挾麋抱薪大河是劃按郭璞麟贊麟爲靈獸與麋同體則麋謂康王與上
同體也抱薪謂割地以求安猶抱薪而救火初王雲副康王奉使其後又使耿南仲聶昌主割河北以界

敵我有解馬觸邪不懼解廌之獸見邪則觸謂主用兵之臣北敷與巨
何爲其與元枵曰然中山宰舞謂上不肯割地而國人皆喜天禍
中山耕父凌波耕父遊青泠之淵見則其國敗天狗電落天狗所降以戒守禦
其光如電吳楚七國反時吠過梁野吳楚攻梁梁堅城守遂敗吳楚之兵是又賤梁之夾門山而我不
知恐懼堅守故敗不恐雍和豐山有獸曰雍和見則國大恐其神是爲耕父中山所
恃邪界大河倉光弗用倉光水中之獸善覆人船尚父帥師渡孟津號其衆曰倉
光欲令急渡不急渡倉光害汝守以蒲牢游畔有獸名蒲牢見鯨則畏謂李回爲河使異
獸鯨躍魚鼈爲橋北東明南渡以弓擊水魚鼈浮爲橋於是中山魯
無闘候以指昌門之練孔子與顏子俱上魯泰山孔子東南望見吳昌門外有繫

白馬引顏子指以示之曰吳昌門外何有□有繫練魯去吳千餘里孔顏能知之駒入塞直抵城下而
大臣尚不覺而北荒之獸抵垂天之續蹈亘野之維斥堠不測也
刳野椿地靡不被夷中山之族曾不能一摧其班而
崇林巳圖矣且夫越國踰限謂敵越邊而侵我輕肆麟趾遞
捷有餘實投死地兵法最下攻城塹以龍淵絡以虎壘謂于室城周
兆之徒撼雷骨夔鼓張勢流波山有獸其名曰夔撅以雷獸之骨聲聞五百里
謂敵於城外撾鼓四振不絕睥睨摩牙未敢輕噬兩者相苦必見
蚌捕漁父寔來唾手可虜漁父謂捷兵云何黠驢蹄彼彪
虎黠之驢事載柳子厚集謂郭京出兵郭京者老軍負有術見鬼物如兵馬狀丞相何㮚試之畧驗遂

令募兵人聞其多怪且日不戰可致粘罕斡離不之頭於是市人爭進之不旬日得兵數萬以十一月二
十五日出兵陳州門與敵遇大敗敵遂乘城驢既敗露祇太平日久民不知兵遇敵則走於
是何㮚諸公爲背水陳示兵一進不可復還故郭京盡驅其衆出陳州門外乃拽釣橋陳未畢衆爲鐵騎
所蹂皆委弓刀於地莫敢闘者往往自投於壕水彼乃狗怒矗矗緣雉如蟻
平地我無驩疏禦彼一燧驩音歡驩疏之獸可以禦火謂敵用火箭燒壞東南
敵樓遂登城我走百群負彼一矢國語獸一介負矢百群皆走一矢尚
可迺有六幟謂敵先揷六黑旗於城下人競爭之故敵得登國結一解天動
地岌或斷尾自免謂兵皆棄甲或碎袪肘逸謂斬關夜遁麟居
五門開明虎崑崙之墟帝之所都而有五門門有一關所獸守之是爲百神之所在謂城

成之日宣德門衛士皆散毛羯號呼機駭螽軼鹿蜀不佩子孫是
棄鹿蜀之獸佩之宜子孫謂城破之人皆棄襁褓於汴河麟迺惆然舒節笛狄
謂上由汴六蚪弗御匹馬警蹕謂上出南薰門虜從者爲所邦數不存
之地倒手足之義越在草莽自辛至癸凡三日唯此獸
心厥計甚詭吾居中山沐猴而冠謂敵自言我不可於中原必得
如約交頸相歡謂敵邀上遣使下河北中山之族踊躍大喜空
其珍怪億萬數計謂國人獻金帛於虜狒狒聞之大笑不已狒狒
之獸見人則笑北藪罔麏謂立康王四方逐鹿謂割據雖得中山何
異空谷挾麟取麏伐木拔根謂邀上遣曹輔取康王則趙氏之後無人挾

麟執鹿天下未逐謂邀上詔勤王之師稱已講和麏鹿方疑克而無
補麏鹿既定猶之外府果存麟族是自遺虎謂敵必不存不
存謀異姓吁嗟我族命垂猻獅猻獅之獸繫於遇風乃復生謂圍城之人性命甚危
遥噓紘中占麏之風謂惟恃康王以爲命麏而可取吾屬且虜
謂曹輔詔康王上來則中國左袵麏而自置翟犬可世趙簡子夢上帝屬一翟犬
趙氏遂昌謂康王當自立則趙氏不絕安得朓朒之與遊而釋我之憂
也哉朓朒之獸可以已憂於是中山之族獗猾迫懼相與謂狒
狒曰固知饕餮之心肆嗜弈欲窮山極海貪殘我族
我族猥猳可以谷量未直其銖已逆其體故茲不武

蟣伏北荒雖然孽狐止戈解廌輿戎上既還自青城人皆以講和爲
是用兵爲非是邪非邪孰雌孰雄狒狒笑曰今日割北藪
以彌禍明日割西藪以取容中山之地有限而北荒
之割無窮是使中山地弗容錐而吾族不得邪徑而
託足也割與不割是非莫決知和知戰雌雄乃見蚩
饕餮既多尾將如何邊境者國之尾謂不早救太原蓋手斬手蓋足斬
足欲守我林必固我麓滋蔓難圖見兎呼獹謂敵至城下始
發兵何㮚所募謂之六甲兵如呼小兒安得狻猊狻猊獅子百獸畏之謂人將
彼獸之蛇必食以貘彼獸之豹必食以駮貘能食蛇駮能食豹

謂我擇將當勝於粘罕斡離不以攫以拏匪熊匪羆貔嗾夷獒雖猛
何爲猛倘不可况郭京欲以小術取勝是故虎兕出於柙麟可係而
羈也中山之族曰然則何如狒狒笑曰麟出而還是
豢中山謂上得還彼給我爾彼銜檠不變於外則係羈復生於
内謂被外事略定則必再邀上出毋作由鹿而信其族彼豢之者將
食麟肉由鹿者由鹿燥以誘致群鹿由取鹿必以鹿取人必以人謂上則信何㮚之言何㮚則信
李若水之言李若水則信女眞之言麟化白龍羿射爾躬河伯化爲白龍爲羿所射
訴於上帝上帝反責何伯不自愼謂上不可再出麟徙則拘孰獻騶虞周文王朝
紂紂拘之羑里散宜生乃以千金求天下之珍怪得騶虞獻於紂紂見而說之乃免謂上再出必爲虜擄

大臣亦宜散宜生行騶虞之計麟走則顚孰載騶驩北方有獸名曰騶虞則顚走顚得騶驩負之而走謂上遺城破大臣徙斬關目闘載上而出者麟放獵狗澆躓厥首澆與其嫂通少康因獵而殺澆謂虜得我之子女日爲淫亂喪其軍政不如率國中之人背城一戰是時京師無門匹夫匹婦俱欲死社稷麟復何求狐死首丘謂上往則拘走則顚別無他策不若死社稷麟或可目兒觸鼻縮謂君闘面出孰爲外助合彼窮奇是時勦王之師遣使持蠟彈約日進兵王時雍皆因之開目府孰爲內助合我老羆猶蜉闘虎蜘蛛執豸毋言我弱逢彼之貪吾爲此庚孰川斯謀是時虜已破京城不敢赫赫言故爲庚語麟書之所以作吾謀其效毋愢謝豹謝豹者人勸之以事不從後化爲獸常掩面自羞因號爲謝豹中

山掩衣左之右之北虜據中原開掩衣之左右世無老馬吾誰與歸管仲征山戎問塗於老馬謂徽管仲吾其左衽乎吾恐楚終欺於秦秦昭王與懷王會武關因留楚王不遣謂上若再之青城必有楚懷之事而大業之後無難易之臣矣公孫杵臼謂程嬰曰立孤與死孰難程嬰曰死易立孤難爾公孫杵臼曰子姑爲其難者我爲其易者乃先死後程嬰卒立趙氏孤見謂上儻爲虜所留必無大臣如二子中山之族曰然則柰何彿彿笑曰得巴蛇所吐之骨以除心腹之疾則反縛貳負可使爲相顧之尸巴蛇食象三歲而出其骨君子服之可除心腹之疾貳負之臣殺窫窳帝乃梏之疏屬之山反縛盜械名爲相顧之尸貳負謂二酋不然吾將反唇蔽目化爲山獐之哭矣山獐之獸見人則哭中山

之族曰反縛之道柰何彿彿乃屏去左右授以秘計此時鶡夷子適遊中山目擊中山之事乃潛書之以爲一笑

鶡夷子曰麟百獸之長也一跌於北荒遂屈節於異類失麟之爲麟矣貽彿彿之笑宜哉北荒圖中山業已講解彿彿猶笑而不知止因以得笑疾故其後裔見人則笑嗚呼屈於百世之上不能伸於百世之下理固然也人或有負世之累豈惟舉世笑之惟來世免以爲口實可不圖哉越遭吳難辱甚中山於是鶡

夷子出麟書一編越王勾踐讀之曰嗟乎寡人甚羞夫彿彿者鶡夷子曰王如甚羞夫彿彿則請授以秘計勾踐遂欲聞秘計鶡夷子曰事以密成語以泄敗大王不密則國人與聞國人不密則吳人與聞曾未足以肥越而適足以重越之禍矣勾踐曰今日之言出於子口入於予耳而已幸毋過慮於是勾踐卒授秘計反滅强吳抗衡上國鶡夷子之力也鶡夷子屢徙立名其於世飄然若不繫之舟其好釋亂解紛殖出於天性誠有所不忍異時或有所不忍嘗以麟書

之其竟反爲魚不可脫於淵神龍失勢則與蚯蚓同故持其綱而驅之麟書所以制天下之命也當世之能用而功亦不能以自見豈鴟夷子計有然否哉時有遇不遇也於是鴟夷子念世無可與共成功者託越之事以叙麟書云爾

南方有黑魚懼物之得己則吐墨以自蔽然漁者觀墨之所在則知魚之所濟矣是自蔽者乃所以自彰也靖康丙午冬王地失守太學汪君東叟爲以麟書俾一時廢興之迹昭若日星且曰未平之吾不可以求進也故託名鴟夷子將以自蔽然作如是文書如是事安得以自蔽邪卑卑以求者將不免於予矣雖然予其謹之願予從九罭不願予從敝笱予其謹之丁未春正月十日栟櫚鄧肅書

司馬長卿作大人賦詼詭譎怪不可致詰然意實有在漢武帝蓋未之知也汪子之爲麟書蓋往往於此予因知之矣呂本中書

尤射

魏 繆襲

□贊從王圯厥德縱射觀游罔度獲尤于丄天□遂戒旃觀游內誧搌畫也悛民于時誦太史㕑采似姓名作尤射志悛也

㝵稽觀射□氏□烈黨敝譜悛若濬靖言其德也都淑奕珇允魏恂繹令順懿揚言其威儀□□也有聞旁外三十有一載射□乃踦艘于門爰路于泣以捜厥媿有牟有憮有惬有馮曰寡人爽義爽于義謂射也罔曰弗俚惟媿咨人亦有言惟天斯地惟文斯武謂射不可已也□□□媿罔紆下多闕文鳳凰來儀此錯簡當在有聞旁外之下

右稽觀第一

□匚□我報聘于王亦亟曰求仇二月□□遘射太罰于江纍弗逆尤自此也故有後戒有攓于厥中艘于鑠射惡我旋于王惟辰心弗逞釗抽厥畢惟脅閱艱遘惟曰河濁有清寧朕挺于倚清哉清哉余惟辰愼哉闕

右報聘第二

□□戊□又適射于林丘旋有非六月□□命浹錫我以言格我以詠辰我惟禔曰厲哉宿哉浹再格曰厲我于時聿厥憮曰小子敬告惟略朕詠黹朕殺朕殺庸悀恩以詹惟恍以延朕弗德罔承譬華艫軸也而朽桄賊襦而敗裳奚摭偶己肙子之錫敢弗蕍以副格錫畢惟對厥錫□□□□□□□惟乃兢兢䍃化于朕躬允若時辰乃朕扈乃錫于萬億禩罔悛□□諷逞由畸罔夙夜達厥問先求得其歡心然後諫于射□□□□□賦我思二章此句當在爽再格曰厲下□

右遇射第三

喘有事于江纍姦芋輿咨我灼捭書訓之尤曰烏子天產吉人挺吉惟寒稟敬采事閇躬罔弗終輕采慢躬罔獲濟古哲有言輕火略焚慢水略溺烏乎戒哉地匪屨勿屨采匪廸勿廸謹于行事□□上下睤明也爰易蹵陰陽鏰亘也爰罔僭嚴于治國道本也戒自茲哉古夵成氏獵于江百辟弗邇中央氏遻于應門百姓躋譪貕稚豕也競食于梢靡戓訾鳳烏妄擾有師具啼自茲聳願也勿忞厥遊妄奔傷足忞遊圯度采踣于尤靡坴□□躬恊于義靡夵□也俾惟曰甫田弗悉去厥

秀大壁弗悉去厥瑕辰肆下觀游亦惟割于乃懿問
俾惟曰奐大也墻底壞胎杪穴喬木底朽胎趙壼辰
撿于厥身亦惟光于乃令德奚臧否于朕觀□□□
□□□□警戒勔釗朕觀惟辰迹迹𠔃所指者廣不必及射
而射在其中可謂善諫矣射□疢旃于時亟悛

右尤戒第四

□□□□我贈玉藉芳報如旃罔藉惟惟曰侯乃巳
敦芳奚席于寡人侯□□我贈元毛報如旃□□錫
實以糊椅我滋遲賦無衣于時辰期于江門奄矐蓮

罔遊辟惡也侯□□上國之香龕□盞香辰易□□
□夢月墜于前典賦詩曰明月爛兮何以有翰兮嘐
曰匪觀兮迹卬之館兮□□我獻箴嘉旃□□我有
松丘之志將會曰侯□□好也俾俾訣迺曰寡人弗德幼弃于
我前社嗣羅多難茲恃乃以薄荷指何有即弗有寡
人將弗有湊匪艾疇乂厥中罔中惟乃中厥行罔行
惟乃行厥言罔言惟乃言若茁方前弗耕弗耘弗有
旋成熟也若雞方卵弗伏弗遊弗有晨寡人侯媓崽鄉姓
冬媓崽侯艾蔣依艾之松丘時甤寡人觀觀鱉導縱

艾苦哉弗苦何奢也而松丘之茹膜服珥止抑嬉諭
何弗苦也舟嘗之言其去國也于辰我請戾于西殿侯魏
盈焉弗格惟錫醲餚餴餢我遲弗瞋眩弗克樹戾聆
褻焉以俺錫我寶梲鈴也玉席筆也命寧□□命空
于期門弗遷□□□甘露降于時辰奏樂名曰玉
華曲名也靡辰罔奏盛□□令□侯古寶古圖二辰錫
我一辰易如香□□□乃會八乙卯甲子侯月會
丙子丙辰侯日會癸亥戊辰侯歲會侯時會二咸以
戊子壽好也□□我辰奏筬牒匪攸匭然以服辟濈

也□侯□聘我元玉土等玉□誓也錫書弗藉善聿書曰
觀徇立誓筵罔底貳攸貳于厥中有如大江于厥內
宮昭告皇天□□□既而賦大章之末章藏于盟府
□□侯曰寡人惟背回也反言若治而曰亂也若在疢匪藥焉有
瘳背寡人將以仲秋之望□□錫我寶環粔𨛰一卣
我拜錫□□望不果背奏書寓忱我甫對曰曩我逖
罔或布厥悰幸乃射慾于游射徇失德展乃皇天置
介俾覬觀其乘合我展嘉天之賜自茲迄茲靡有愆
賜胎即命我背寧甲子遑侯小罔大矢厥胎衷我展

馘于古有姦咎我馘姦逝厥咎覆射于令德垂蹝于
子孫顯問於後枼馘乃蘊于乃射靡獲釋玆侯曰盬
空典辰豈貽㚒貽易我玉莫巳脈玆非我背莫巳葯
貽戒乃射莫罔躬玆暌㬎誓莫罔人㫄茵恒眛于秋
穫晴夙恒眛于昏雨首祓末否鮮末然我焉獲乃終
以馘寧靡盟府㬎誓匪申永言曰東圃有木其名曰
李招我于圃曰請食爾恒緐者華恒鮮者子命乎命
乎吾將去此書□□有□□責其□□旨詩□□□侯諷有報盬憯韙
請于時我盬空以上乃□□□□□□以下賞□□□

右贈玉第五

侯□□逹厥令幼𡖖于學我憪旃亟純成華也葯勳
墨也丹牒滕書訓曰維鏞弗鑠終匪金維人弗學終
匪彥肆古聖后勳劬靡怠閩旃大庭有懿元妃名曰
無設大庭𡐓勅鄉厥學界策三千有奇俾抽中宮采
采糊厥躬無設服于靡斁日昏衎輯采藏錠螽于學
恒悖虜以狃雞鳴循祥瞻厥采旬日之夕僅一瞑恭
芡然有成庸作大庭之歌白鴒悟悟朱鸞翁翁悟悟鳴學
翁翁容貌終㨗于厥宮無設弗屬祥禨弗懟再恭而後咏

明月敷厥行爍聨罔晝詠學若時焉弗學而可底時
侯念于玆內朕訓奏純成葯勳暨丹牒輿聊玄以妙
惟乃索心以從斯罔俾無設專顯于大庭朕嘉乃錫
惟芊維秋九月拜丹牒于內殿夜殿以佔輿有獲

右學訓第六

侯冬十月□□有東之役我弗従□□我賦卷耳之
首章□歸自東我弗克逆皆道我□□我東厥駕□
賦伯兮之二章我賦鴟鴞之三章□□我暨繹示之
圖而旋

右東役第七

維三十有三載克終我訓令于辟民歌曰瞻彼世兮
靡有㚒㬎謂蛇兮今則龍何必佔畢盤游是從□□
□□□□□□□□□□侯時□內豫信信贐致
我玄韐一兩苴欽二布之貴重者可以為帶寶珠二圓丘石二
大玉出海外神山□□我報以承澤三寶扇也由□□志侯永寶□
□□□□□□□□□□□玄韐履也

右贐致第八

春正月□□越□日□□我報□□之聘遂倘旃屨

伻問仲秋之背厥庸則書寓我曰欽拜稽首糊言烏
乎浸遜予觀弗克儀惟弗天屬罹凶旋扞于卬下若
麋鹿之在厥籓若野鳥之在厥筱靡敢花也以邇乃德
展龐濟 深也 矦慨慨于厥衷罔攸寧金疇弗曰厥孔
堅恒液于厥孅淵疇弗曰厥孔深恒測于厥泳御 至
也 子觀之弗詎夫情厥惟恂堅監深哉允適于淵金
夫嘗察越于觀 鮮達于茲厥言劭聆諸黃耇農矦
貪耕卒有穫女矦貪績卒有織夫惟庸罔越乃心從
惟終穫遂乃顧烏乎允監哉予觀靡啻若厥魚踖步
尤射　八
離水罔靡悔苟離末悔食言乃厥諱 辰也此章□言□□ 我
庸作咎曰猷祗膺乃告昭乃怳攸隱辰弗辰矦予墜
焉械若矦躬隱譬苗之式雨厥旱罔天咎咎矦苗譬
譬之式相厥顛罔相咎咎矦譬予攸弗辰或咎乃允
若乃告予誕 大也 禔茲藉右人厥一人辰術升若降
厥心弗朝卬罔益厥一人遜越參若商厥心辰在若
若何貪若其靡曰寧遜乃心允一予紓背矦罔憾苟
設或辰在予側亦罔光允若乃告予誕禔予志乃嶶
采穫乃嶶言服乃慰卬浸遜乃嶶言矦冀嗚呼乃射

勿申盤厥門 又服射忠哉 人胥詩張皇匪乃之皇慶尚稚
背世音 叙有行文此章□□會不□□□也
右糊言第九
巳巳召會于呂圃弗至□□庚午我申欸采越右志
遇也 欸刻也□□□□采事□□□縺□□□□□ 夏五月□□越□□
□寅籍詩滕我志服也其一曰鷄鳴歐歐 聲也 明燈
皙皙 音制 摩彼華衾 彼歸之辭 三載在是薄言軝之爾
矣初製 賦也三載而若初製示不寢也□□ 其二曰方舠伊何榜人擊
鼓其聲橦橦歷我江滸思予不見踦然獨舞 賦也□□□
尤射　八
□踦予也 其三曰昔我邂于繭莔蕆蕤今我懷子有蒲參
差日月疾邁永矣我息 賦也□□ 其四曰青青綠竹蔭我
宮墻馥馥幽蘭發我堂廂 堂之左右廂 安得覯子薦以兕
觥 賦也 其五曰曰汙卬手于彼淸水丹魚羣游衎衎
其體彼何修斯天佑之祉 賦也羡佑祉于魚悼已不天也 其六曰歷
覿重門以眺玄里楊柳方方倉庚嚶止願乗行雲言
覯君子 賦也
右志服第十
六月□□我尋盟矦錫書曰赤帝肆毒金石具沸請

絣厥會商弗界覿者貿監侯厥攸行我趕闕文

右赤帝第十一

㘝囗囗囗錫我紫絅之韠黃金飾囗秋囗囗寒盟我
弗豫于時晉侯靳好靳求也闕文

右紫韠第十二

癸酉歸我以承澤囗囗乙亥錫我服屬覿寶器也冬至
囗囗囗日卜夢其繇曰有女孏娥坐彼虎子有窺厥
牖展矦吉士卜人曰有女有士陰陽協也虎子威始
也窺牖通明也陰陽既協威始而通明闕弗吉尤租

于射于時又縱射觀游我戒之囗囗囗丙子錫我蓄
菖鶩婺壁障覿造也躬覿其造囗實重也囗囗囗囗闕文

右承澤第十三

十一月囗囗我卜會其繇曰言索其絢觀光于朝卜
人曰索絢合也觀光于朝不慶哉裁其繇曰有芳其
香矦合合止曰已合也而芳在其中若明攸疑會也
囗囗薛伯楚囗矦先往我矦弗遄闕文

右卜會第十四

戊寅越七日壬子吉實至于吕圖有陳矦之會我西
弗遄我賚書曰屬古囗囗夏囗囗越茲疇曰厥弗逖
卒未獲丕會矦微茲乃令厥帗匪乃扰何底時予方
道于費會陳矦辰維舁孟䞣會儀草震東風丕會匪
茲疇攸善予何弗辰乃弗在館疇式授几筵疇式蠲
飲食疇式蕤戾疇式逆逝疇式送徙帥于乃躬罔繇
丕會乃越上何伉予越下何戾上下天地也俾若將譽舟
之幾覆暨壖而風慈譬大旱踰蔆而降霖若弗慈弗
降鬱陶乎厥衷予雅靡攸如乃弗格巳行午格邁巳
逾辰格焉汗勝焉予中靡攸泊若孑雁越海若鰥寘

之止于遐夷芒芒曷獲次尚乃弗罪厥弗逕予欽辰
辰空乃駕闕文

右實至第十五

囗囗丁丑我有京師之役我賚以華虫帶鉤也報我趾
澤之屨趾澤在眞臘西出奇錦囗囗我歸自京師闕

右華虫第十六

囗囗癸酉我賚以追㧕寶扇名藉用芳鞮我襦襋也寶器一
奠交也闕囗乞膚金銀也作今于我

右追㧕第十七

右兩會第十八 闕

四月□□戍命史于京師發黄金廿兩（兩一車兩輸也）五月哉生明□□□□□□□□丁未錫我辟邪流蘇五色錦幃 闕 許報合

右命史第十九

□□□□□復射禮也□□□□書曰渡于鴐水舍厥禽獲越子里先得金嗣射從時昌于孫惟振振永膺天休 闕

右復射第二十

煎茶水記

唐　張又新

故刑部侍郎劉公諱伯芻於又新丈人行也爲學
精博頗有風鑒稱較水之與茶宜者凡七等
揚子江南零水第一
無錫惠山寺石水第二
蘇州虎丘寺石水第三
丹陽縣觀音寺水第四
揚州大明寺水第五

吳松江水第六
淮水最下第七
斯七水余嘗俱瓶於舟中親挹而比之誠如其說
也客有熟於兩浙者言搜訪未盡余嘗志之及刺
永嘉過桐廬江至嚴子瀨溪色至清水味甚冷家
人輩用陳黑壞茶潑之皆至芳香又以煎佳茶不
可名其鮮馥也又愈於揚子南零殊遠及至永嘉
取仙巖瀑布用之亦不下南零以是知客之說信
矣夫顯理鑒物今之人信不逮於古人蓋亦有古
人所未知而今人能知之者元和九年春予初成
名與同年生期于薦福寺余與李德垂先至憩西
廂玄鑒室會適有楚僧至置囊有數編書余偶抽
一通覽焉文細密皆雜記卷末又一題云煑茶記
云代宗朝李季卿刺湖州至維揚逢陸處士鴻漸
李素熟陸名有傾蓋之懽因之赴郡泊揚子驛將
食李曰陸君善于茶蓋天下聞名矣況揚子南零
水又殊絕今者二妙千載一遇何曠之乎命軍士
謹信者挈瓶操舟深詣南零陸利器以俟之俄水

至陸以杓揚其水曰江則江矣非南零者似臨岸
之水使曰某櫂舟深入見者累百敢虛紿乎陸不
言既而傾諸盆至半陸遽止之又以杓揚之曰自
此南零者矣使蹶然大駭伏罪曰某自南零齎至
岸舟蕩覆半懼其尠挹岸水增之處士之鑒神
鑒也其敢隱焉李與賓從數十人皆大駭愕李因
問陸既如是所經歷處之水優劣精可判矣陸曰
楚水第一晉水最下李因命筆口授而次第之
廬山康王谷水簾水第一

無錫縣惠山寺石泉水第二
蘄州蘭溪石下水第三
峽州扇子山下有石突然洩水獨清冷狀如龜形俗云蝦
蟇口水第四
蘇州虎丘寺石泉水第五
廬山招賢寺下方橋潭水第六
揚子江南零水第七
洪州西山西東瀑布泉第八
唐州柏巖縣淮水源第九淮水亦佳

廬州龍池山嶺水第十
丹陽縣觀音寺水第十一
揚州大明寺水第十二
漢江金州上游中零水第十三水苦
歸州玉虛洞下香溪水第十四
商州武關西洛水第十五未嘗泥
吳松江水第十六
天台山西南峰千丈瀑布水第十七
郴州圓泉水第十八

桐廬嚴陵灘水第十九
雪水第二十用雪不可太冷

此二十水余嘗試之非繫茶之精麤過此不之知也夫茶烹於所產處無不佳也蓋水土之宜離其處水功其半然善烹潔器全其功也李置諸笥焉遇有言茶者即示之又新刺九江有客李滂門生劉魯封言嘗見說茶余醒然思往歲僧室獲是書因盡篋書在焉古人云瀉水置瓶中焉能辨淄澠此言不必可判也萬古以為信然蓋不疑矣豈知

天下之理未可言至古人研精固有未盡强學君子孜孜不懈豈止思齊而已哉此言亦有裨於勸勉故記之

大明水記

歐陽修

世傳陸羽茶經其論水云山水上江水次井水下又云山水乳泉石池漫流者上瀑湧湍漱勿食食久令人有頸疾江水取去人遠者井取汲多者其說止於此而未嘗品第天下之水味也至張又新為煎茶水記始云劉伯芻謂水之宜茶者有七等又載羽為李

季卿論水次第有二十種今考二說與羽茶經皆不
合羽謂山水上乳泉石池又上江水次而井水下
伯芻以揚子江爲第一惠山石泉爲第二虎丘石井
爲第三丹陽寺井爲第四揚州大明寺井爲第五而
松江第六淮水第七與余說相反季卿所說二十水
廬山康王谷水第一無錫惠山石泉第二蘄州蘭溪
石下水第三扇子峽蝦蟆口水第四虎丘寺井水第
五廬山招賢寺下方橋潭水第六揚子江南零水第
七洪州西山瀑布泉第八桐栢淮源第九廬山頂水
第十丹陽寺井水第十一揚州大明寺井第十二漢
江南零水第十三玉虛洞香溪水第十四武關西路
水第十五松江水第十六天台千丈瀑布水第十七
柳州圓泉水第十八嚴陵灘水第十九雪水第二十
如蝦蟆口水西山瀑布天台千丈瀑布皆羽戒人勿
食食而生疾其餘江水居山水上井水居江水上皆
與茶經相反疑羽不當二說以自異使誠羽說何足
信也得非又新妄附益之耶其述羽辯南零岸水特
怪其妄也水味有美惡而已欲舉天下之水一二而
次第之者妄說也故其爲說前後不同如此然此井
於揚水之美者也羽之論水惡渟浸而喜泉源故井
取汲多者江雖長流然衆水雜聚故次山水惟此說
近物理云

浮槎山水記　歐陽修

浮槎山在愼縣南三十五里或曰浮巢二山其事出於
浮圖老子之徒荒怪誕妄之說其上有泉自前世論
水者皆弗道余嘗讀茶經愛陸羽善言水後得張又
新水記載劉伯芻李季卿所列水次第以爲得之於
羽然以茶經考之皆不合又新妄狂險譎之士其言
難信頗疑非羽之說及得浮槎山水然後益之羽爲
知水者浮槎與龍池山皆在廬州界中較其味不及
浮槎遠甚而又新所記以龍池爲第十浮槎之水棄
而不錄以此知其所失多矣羽則不然其說曰山水
上江次之井爲下山水乳泉石池漫流者上其言雖
簡而於論水盡矣浮槎之水發自李侯嘉祐二年
李侯鎭東留後出守廬州因遊金陵登蔣山飲其水
又登浮槎至其山上有石池涓涓可愛蓋羽所謂浮

泉漫流者也飲之而甘乃考圖記問故老得其事迹因以其水遺余於京師余報之曰李侯可謂賢矣蓋窮天下之物無不得其欲者富貴之樂也至於蔭長松籍豐草聽山溜之潺湲飲石泉之滴瀝此山林者之樂也而山林之士視天下之樂不一動其心或有欲於心顧力不可得而止者乃能退而獲樂於斯彼富貴者之能致物矣而其可兼者惟山林之樂爾惟李侯生長富貴厭於耳目又知山林之爲樂至於攀緣上下幽隱窮絶人所不及者皆能得之其兼取於物者可謂多矣李侯折節好學善交賢士敏於爲政所至有能名凡物不能自見而待人以彰者有矣其物未必可貴而因人以重者有矣故予爲誌其事俾世知奇泉發自李侯始也